教員

採用試験対策

ステップアップ問題集❹

専門教科

中学・高校 数学

基礎から実践へ段階的に得点力を付ける！
合格レベルまでステップアップできる！
教員採用試験必携の問題集

東京アカデミー｜編

東京アカデミー七賢出版

はじめに

教員採用試験は，自治体ごとに実施され，その出題傾向は多種多様です。そのため，受験生にとっては対策を立てる上で大変困難を極めます。また，近年の試験では，人物試験を重視する傾向にあり，その対策にも多くの時間が必要となります。これらの状況を考えると，筆記試験においては，限られた時間の中でより的確かつ効率よく学習を進めていくことが求められます。

このオープンセサミシリーズは，全国に拠点をもつ東京アカデミーのネットワークを最大限に活かして過去の教員採用試験を徹底的に分析し，より効率よく，かつ合理的に，合格に必要な知識を身に付けることができるよう編集されたものです。

多くの受験生が見事合格を勝ちとり，晴れて教師としてご活躍されますよう，ご健闘を心からお祈り申し上げます。

本書が，受験生の皆さまの合格の一助となりましたら幸いです。

東京アカデミー編集部スタッフ一同

■ 本書の特徴と構成

本書は，教員採用試験の出題傾向を子細に研究・分析したうえで，頻出項目ごとにテーマ別に編集し，基礎・基本の知識整理から，実践的・即応的な合格力まで，段階的に実力がステップアップできるように構成しています。

▶ STEP　1

各章に，頻出テーマの基礎事項を整理するための“要点整理”と，その定着を図るための“例題”を掲載しています。

▶ STEP　2

章末には，同章で学んだ知識を確認・反復するために“演習問題”を掲載しています。

▶ STEP　3

巻末には，各章で学んだテーマを横断的に扱った問題や，発展的な論点をカバーした問題などを，総合問題形式で“実践問題”として掲載しています。

※ 演習問題・実践問題は過去問題（及びその改題）を精選して掲載しています。

●表示説明：演習問題および実践問題に表示されている★印は，各問題の難度を示します。

★☆☆　普通　　★★☆　やや難しい　　★★★　難しい

Contents　中学・高校 数学

1　学習指導要領 …… 2
2　数と式 …… 32
3　方程式・不等式 …… 54
4　集合・論理 …… 81
5　場合の数・確率 …… 94
6　データの分析 …… 129
7　平面幾何 …… 153
8　図形と計量 …… 178
9　数列 …… 200
10　三角関数・指数関数・対数関数 …… 220
11　ベクトル …… 241
12　複素数 …… 267
13　図形と方程式 …… 286
14　行列 …… 310
15　微分 …… 337
16　積分 …… 367
17　実践問題 …… 399

1 学習指導要領

傾向と対策

学習指導要領については，数学教育の目標，各学年の目標及び内容(中学校の場合)，または各科目の目標と内容(高等学校の場合)，指導計画の作成と内容の取扱いからまんべんなく出題され，選択解答方式による空欄補充の問題が比較的多く出題されている。自治体によっては指導法(記述式)の出題も見受けられる。生徒に対してどのように指導するか，要点を考えておく必要がある。

要点Check!

1 学習指導要領

数学の構成を次に示す。

中学校 (平成29年告示)	第2章　各教科　－第3節　数学－
	第1　目標 第2　各学年の目標及び内容 第3　指導計画の作成と内容の取扱い
高等学校 (平成30年告示)	第2章　各学科に共通する各教科　－第4節　数学－
	第1款　目標 第2款　各教科(科目ごとに「目標」「内容」「内容の取扱い」) 第3款　各科目にわたる指導計画の作成と内容の取扱い

中学校・高等学校ともに全体的に熟読し，数学科における理念を十分に理解しておくこと。特に，目標については頻出であるため，正確に覚えておきたい。

以下，第1，3(款)は引用し，第2(款)は内容のあらましだけをまとめた。

➤ 中学校：目標

数学的な見方・考え方を働かせ，数学的活動を通して，数学的に考える資質・能力を次のとおり育成することを目指す。

(1)　数量や図形などについての基礎的な概念や原理・法則などを理解するとともに，事象を数学化したり，数学的に解釈したり，数学的に表現・処理したりする技能を身に付けるようにする。

(2)　数学を活用して事象を論理的に考察する力，数量や図形などの性質を見いだし統合的・発展的に考察する力，数学的な表現を用いて事象を簡潔・明瞭・的確に表現する力を養う。

(3)　数学的活動の楽しさや数学のよさを実感して粘り強く考え，数学を生活や学習に生かそうとする態度，問題解決の過程を振り返って評価・改善しようとする態度を養う。

➤　中学校：各学年の内容のあらまし

上段は単元，下段は用語・記号

領域	学年		
	1年	2年	3年
A 数と式	正の数と負の数 文字を用いた式 一元一次方程式	文字を用いた式 連立二元一次方程式	数の平方根 多項式と二次方程式
	自然数，素数，符号，絶対値，項，係数，移項，≦，≧	同類項	根号，有理数，無理数，因数，√
B 図形	平面図形 空間図形	平面図形 数学的な推論	図形の相似 円周角と中心角の関係 三平方の定理
	弧，弦，回転体，ねじれの位置，π，//，⊥，∠，△	対頂角，内角，外角，定義，証明，逆，反例，≡	∽
C 関数	比例，反比例	一次関数	関数$y=ax^2$
	関数，変数，変域	変化の割合，傾き	
D データの活用	データの分布と確率	データの分布と確率	標本調査
	範囲，累積度数		全数調査

➤　中学校：指導計画の作成と内容の取扱い

1　指導計画の作成に当たっては，次の事項に配慮するものとする。

(1)　単元など内容や時間のまとまりを見通して，その中で育む資質・能力の育成に向けて，数学的活動を通して，生徒の主体的・対話的で深い学びの実現を図るようにすること。その際，数学的な見方・考え方を働かせながら，日常の事象や社会の事象を数理的に捉え，数学の問題を見いだし，問題を自立的，協働的に解決し，学習の過程を振り返り，概念を形成するなどの学習の充実を図ること。

(2)　第2の各学年の目標の達成に支障のない範囲内で，当該学年の内容の一部を軽く取り扱い，それを後の学年で指導することができるものとすること。また，学年の目標を逸脱しない範囲内で，後の学年の内容の一部を加えて指導することもできるものとすること。

(3)　生徒の学習を確実なものにするために，新たな内容を指導する際には，既に指導した関連する内容を意図的に再度取り上げ，学び直しの機会を設定することに配慮すること。

(4)　障害のある生徒などについては，学習活動を行う場合に生じる困難さに応じた指導内容や指導方法の工夫を計画的，組織的に行うこと。

(5)　第1章総則の第1の2の(2)に示す道徳教育の目標に基づき，道徳科などとの関連を考慮しながら，第3章特別の教科道徳の第2に示す内容について，数学科の特質に応じて適切な指導をすること。

2　第2の内容の取扱いについては，次の事項に配慮するものとする。

(1)　思考力，判断力，表現力等を育成するため，各学年の内容の指導に当たっては，数学的な表現を用いて簡潔・明瞭・的確に表現したり，互いに自分の考えを表現し伝え合ったりするなどの機会を設けること。

(2)　各領域の指導に当たっては，必要に応じ，そろばんや電卓，コンピュータ，情報通信ネットワークなどの情報手段を適切に活用し，学習の効果を高めること。

(3)　各領域の指導に当たっては，具体物を操作して考えたり，データを収集して整理したりするなどの具体的な体験を伴う学習を充実すること。

(4)　第2の各学年の内容に示す〔用語・記号〕は，当該学年で取り扱う内容の程度や範囲を明確にするために示したものであり，その指導に当たっては，各学年の内容と密接に関連させて取り上げること。

3　数学的活動の取組においては，次の事項に配慮するものとする。

(1)　数学的活動を楽しめるようにするとともに，数学を学習することの意義や数学の必要性などを実感する機会を設けること。

(2)　数学を活用して問題解決する方法を理解するとともに，自ら問題を見いだし，解決するための構想を立て，実践し，その過程や結果を評価・改善する機会を設けること。

(3)　各領域の指導に当たっては，観察や操作，実験などの活動を通して，数量や図形などの性質を見いだしたり，発展させたりする機会を設けること。

(4)　数学的活動の過程を振り返り，レポートにまとめ発表することなどを通して，その成果を共有する機会を設けること。

4　生徒の数学的活動への取組を促し思考力，判断力，表現力等の育成を図るため，各領域の内容を総合したり日常の事象や他教科等での学習に関連付けたりするなどして見いだした問題を解決する学習を課題学習と言い，この実施に当たっては各学年で指導計画に適切に位置付けるものとする。

➤　高等学校：目標

数学的な見方・考え方を働かせ，数学的活動を通して，数学的に考える資質・能力を次のとおり育成することを目指す。

(1)　数学における基本的な概念や原理・法則を体系的に理解するとともに，事象を数学化したり，数学的に解釈したり，数学的に表現・処理したりする技能を身に付けるようにする。

(2)　数学を活用して事象を論理的に考察する力，事象の本質や他の事象との関係を認識し統合的・発展的に考察する力，数学的な表現を用いて事象を簡潔・明瞭・的確に表現する力を養う。

(3)　数学のよさを認識し積極的に数学を活用しようとする態度，粘り強く考え数学的論拠に基づいて判断しようとする態度，問題解決の過程を振り返って考察を深めたり，評価・改善したりしようとする態度や創造性の基礎を養う。

➤　高等学校：各科目の内容のあらまし

科目	内容	用語・記号	標準単位数
数学Ⅰ	数と式		3
	図形と計量	正弦，sin，余弦，cos，正接，tan	
	二次関数		
	データの分析	外れ値	
数学Ⅱ	いろいろな式	二項定理，虚数，i	4
	図形と方程式		
	指数関数・対数関数	累乗根，$\log_a x$，常用対数	
	三角関数		
	微分・積分の考え	極限値，lim	
数学Ⅲ	極限	∞	3
	微分法	自然対数，e，変曲点	
	積分法		
数学A	図形の性質		2
	場合の数と確率	${}_nP_r$，${}_nC_r$，階乗，$n!$，排反	
	数学と人間の活動		
数学B	数列	Σ	2
	統計的な推測	信頼区間，有意水準	
	数学と社会生活		
数学C	ベクトル		2
	平面上の曲線と複素数平面	焦点，準線	
	数学的な表現の工夫		

➤ 高等学校：各科目にわたる指導計画の作成と内容の取扱い

1　指導計画の作成に当たっては，次の事項に配慮するものとする。

(1)　単元など内容や時間のまとまりを見通して，その中で育む資質・能力の育成に向けて，数学的活動を通して，生徒の主体的・対話的で深い学びの実現を図るようにすること。その際，数学的な見方・考え方を働かせながら，日常の事象や社会の事象を数理的に捉え，数学の問題を見いだし，問題を自律的，協働的に解決し，学習の過程を振り返り，概念を形成するなどの学習の充実を図ること。

(2)「数学Ⅱ」,「数学Ⅲ」を履修させる場合は,「数学Ⅰ」,「数学Ⅱ」,「数学Ⅲ」の順に履修させることを原則とすること。

(3)「数学A」については,「数学Ⅰ」と並行してあるいは「数学Ⅰ」を履修した後に履修させ,「数学B」及び「数学C」については,「数学Ⅰ」を履修した後に履修させることを原則とすること。

(4)　各科目を履修させるに当たっては，当該科目や数学科に属する他の科目の内容及び理科，家庭科，情報科，この章に示す理数科等の内容を踏まえ，相互の関連を図るとともに，学習内容の系統性に留意すること。

(5)　障害のある生徒などについては，学習活動を行う場合に生じる困難さに応じた指導内容や指導方法の工夫を計画的，組織的に行うこと。

2　内容の取扱いに当たっては，次の事項に配慮するものとする。

(1)　各科目の指導に当たっては，思考力，判断力，表現力等を育成するため，数学的な表現を用いて簡潔・明瞭・的確に表現したり，数学的な表現を解釈したり，互いに自分の考えを表現し伝え合ったりするなどの機会を設けること。

(2)　各科目の指導に当たっては，必要に応じて，コンピュータや情報通信ネットワークなどを適切に活用し，学習の効果を高めるようにすること。

(3)　各科目の内容の[用語・記号]は，当該科目で扱う内容の程度や範囲を明確にするために示したものであり，内容と密接に関連させて扱うこと。

3　各科目の指導に当たっては，数学を学習する意義などを実感できるよう工夫するとともに，次のような数学的活動に取り組むものとする。

(1)　日常の事象や社会の事象などを数理的に捉え，数学的に表現・処理して問題を解決し，解決の過程や結果を振り返って考察する活動。

(2)　数学の事象から自ら問題を見いだし解決して，解決の過程や結果を振り返って統合的・発展的に考察する活動。

(3)　自らの考えを数学的に表現して説明したり，議論したりする活動。

2　評価基準

➤ 中学校

(1)　評価の観点及びその趣旨

評価の観点	趣旨
知識・技能	・数量や図形などについての基礎的な概念や原理・法則などを理解している。 ・事象を数学化したり，数学的に解釈したり，数学的に表現・処理したりする技能を身に付けている。
思考・判断・表現	数学を活用して事象を論理的に考察する力，数量や図形などの性質を見いだし統合的・発展的に考察する力，数学的な表現を用いて事象を簡潔・明瞭・的確に表現する力を身に付けている。
主体的に学習に取り組む態度	数学的活動の楽しさや数学のよさを実感して粘り強く考え，数学を生活や学習に生かそうとしたり，問題解決の過程を振り返って評価・改善しようとしたりしている。

(2)　学年別の評価の観点の趣旨

〈第1学年〉

評価の観点	趣旨
知識・技能	・正の数と負の数，文字を用いた式と一元一次方程式，平面図形と空間図形，比例と反比例，データの分布と確率などについての基礎的な概念や原理・法則などを理解している。 ・事象を数理的に捉えたり，数学的に解釈したり，数学的に表現・処理したりする技能を身に付けている。
思考・判断・表現	数の範囲を拡張し，数の性質や計算について考察したり，文字を用いて数量の関係や法則などを考察したりする力，図形の構成要素や構成の仕方に着目し，図形の性質や関係を直観的に捉え論理的に考察する力，数量の変化や対応に着目して関数関係を見いだし，その特徴を表，式，グラフなどで考察する力，データの分布に着目し，その傾向を読み取り批判的に考察して判断したり，不確定な事象の起こりやすさについて考察したりする力を身に付けている。
主体的に学習に取り組む態度	数学的活動の楽しさや数学のよさに気付いて粘り強く考え，数学を生活や学習に生かそうとしたり，問題解決の過程を振り返って検討しようとしたり，多面的に捉え考えようとしたりしている。

〈第２学年〉

評価の観点	趣旨
知識・技能	・文字を用いた式と連立二元一次方程式，平面図形と数学的な推論，一次関数，データの分布と確率などについての基礎的な概念や原理・法則などを理解している。 ・事象を数学化したり，数学的に解釈したり，数学的に表現・処理したりする技能を身に付けている。
思考・判断・表現	文字を用いて数量の関係や法則などを考察する力，数学的な推論の過程に着目し，図形の性質や関係を論理的に考察し表現する力，関数関係に着目し，その特徴を表，式，グラフを相互に関連付けて考察する力，複数の 集団のデータの分布に着目し，その傾向を比較して読み取り批判的に考察して判断したり，不確定な事象の起こりやすさについて考察したりする力を身に付けている。
主体的に学習に取り組む態度	数学的活動の楽しさや数学のよさを実感して粘り強く考え，数学を生活や学習に生かそうとしたり，問題解決の過程を振り返って評価・改善しようとしたり，多様な考えを認め，よりよく問題解決しようとしたりしている。

〈第３学年〉

評価の観点	趣旨
知識・技能	・数の平方根，多項式と二次方程式，図形の相似，円周角と中心角の関係，三平方の定理，関数$y=ax^2$，標本調査などについての基礎的な概念や原理・法則などを理解している。 ・事象を数学化したり，数学的に解釈したり，数学的に表現・処理したりする技能を身に付けている。
思考・判断・表現	数の範囲に着目し，数の性質や計算について考察したり，文字を用いて数量の関係や法則などを考察したりする力，図形の構成要素の関係に着目し，図形の性質や計量について論理的に考察し表現する力，関数関係に着目し，その特徴を表，式，グラフを相互に関連付けて考察する力，標本と母集団の関係に着目し，母集団の傾向を推定し判断したり，調査の方法や結果を批判的に考察したりする力を身に付けている。

主体的に学習に取り組む態度	数学的活動の楽しさや数学のよさを実感して粘り強く考え，数学を生活や学習に生かそうとしたり，問題解決の過程を振り返って評価・改善しようとしたり，多様な考えを認め，よりよく問題解決しようとしたりしている。

➤ 高等学校

評価の観点	趣旨
知識・技能	・数学における基本的な概念や原理・法則を体系的に理解している。 ・事象を数学化したり，数学的に解釈したり，数学的に表現・処理したりする技能を身に付けている。
思考・判断・表現	数学を活用して事象を論理的に考察する力，事象の本質や他の事象との関係を認識し統合的・発展的に考察する力，数学的な表現を用いて事象を簡潔・明瞭・的確に表現する力を身に付けている。
主体的に学習に取り組む態度	・数学のよさを認識し積極的に数学を活用しようとしたり，粘り強く考え数学的論拠に基づいて判断したりしようとしている。 ・問題解決の過程を振り返って考察を深めたり，評価・改善しようとしたりしている。

3　基礎概念や基本的な定理の指導

指導のねらいや，指導上の留意点，工夫なども合わせて問われる場合があるため，実際に指導することを想定して取り組もう。また，解答欄を黒板に見立てて，板書内容を問う出題もあるので，板書計画や指導案なども考えておきたい。

➤ 出題例（中学校）

・$a-(-b)=a+b$ や $(-a)\times(-b)=ab$ などの負の数の演算
・根号$\sqrt{\ }$の意味(2乗すると2になる正の数を$\sqrt{2}$と表す)
・多角形の内角の和 /・平行四辺形の定義
・相似(対応する辺の長さの比が一定という図形間の関係)
・円周角の定理(中心角の半分) /・与えられた角度の作図　　など

➤ 出題例（高等学校）

・$a^0$$(a\neq 0)$の定義 /・分母を有理化することの意味(よさ)
・円の面積の公式の視覚化，球の体積の公式から球の表面積の公式を導く。
・$\sqrt{2}$が無理数であることの証明 /・点と直線との距離の公式　　など

4　間違いの指摘・指導

生徒の誤った答案から，なぜそのように間違えたのかを気付かせ，正しい解答へ導くための指導方法が問われる。解答欄を生徒のノートに見立てて，添削をさせる場合もある。

➤ 出題例（中学校）

- 文字式の計算。$4a-a=4$，$3x+2x=5x^2$，$\sqrt{a}+\sqrt{b}=\sqrt{a+b}$　　など
- 相似比と面積比の混同。
- 不等式の両辺に文字式をかけるとき，その正負または0か0でないかを考慮しない。
- $y=-3x$を満たす数表を比例と認識できず，$y=2(x+1)$を満たす数表を比例と誤認。　　など

➤ 出題例（高等学校）

- 二次不等式で二次の項の係数の符号を考慮しない。
- $y \geqq y_0$という不等式を得てyの最小値をy_0とする（等号成立の確認をしない）。
- $\sqrt{x^2}=|x|$で絶対値記号を忘れる。
- 根元事象の勘違い（反復試行の確率で${}_nC_r$を書かない，2枚のコインを区別しない）。
- 条件付き確率$P_A(B)=\dfrac{P(A\cap B)}{P(A)}$の誤解。
- $\sin A:\sin B:\sin C=a:b:c$の右辺を$A:B:C$と誤解。　　など

例題1　指導法（中学校）

生徒が次の【計算】をしていた。この生徒の【計算】の①～⑥の等号の中で誤っているものをすべて指摘し，その理由を記せ。

【計算】　$8 \underset{①}{=} \sqrt{64} \underset{②}{=} \sqrt{2^6} \underset{③}{=} \sqrt{(-2)^6} \underset{④}{=} \sqrt{\{(-2)^3\}^2} \underset{⑤}{=} (-2)^3 \underset{⑥}{=} -8$

〈島根県〉

解答　⑤

解説　$\sqrt{\{(-2)^3\}^2}>0$であるが，$(-2)^3=-8<0$となるので，⑤が誤り。

5 作問

実生活における具体的な題材を求められることもあるため，生徒になじみのある題材を選ぶことも大切である。また，作問のねらいについても明確にしておくこと。

➤ 出題例(中学校)

・日常に現れる負の数，平方根，文字式 /・カレンダーに並ぶ数の規則性
・連立二元一次方程式の文章題 /・ベン図の使い方　　など

➤ 出題例(高等学校)

・二次方程式の文章題における解の吟味(解の一方のみが題意を満たす問題)
・二次不等式の文章題 /・二次関数の最大最小
・数学的帰納法 /・中間値の定理　　など

例題2　**指導法(高等学校)**

数学Ⅰの「一次不等式」の単元において，おおむね満足できる状況を示す評価基準として「具体的な事象の考察に一次不等式を使用しようとする」を設定することとする。

この評価基準に到達できているかどうかを問う評価問題を作れ。

〈広島県・広島市〉

解答〔解答例〕

1個150円のリンゴと1個60円のミカンをとりまぜて10個買い，その代金を1000円以下にしたい。リンゴは最大何個買うことができるか。

演習問題

1 ★☆☆

次の各問いに答えよ。

⑴ 次の文は，中学校学習指導要領(平成29年告示)数学の目標を示したものである。(ア)～(オ)に当てはまる語句を書け。

数学的な見方・考え方を働かせ，(ア)を通して，数学的に考える資質・能力を次のとおり育成することを目指す。

① 数量や図形などについての基礎的な概念や(イ)などを理解するとともに，事象を数学化したり，数学的に解釈したり，数学的に表現・処理したりする技能を身に付けるようにする。

② 数学を活用して事象を(ウ)に考察する力，数量や図形などの性質を見いだし統合的・発展的に考察する力，数学的な表現を用いて事象を簡潔・明瞭・的確に表現する力を養う。

③ (ア)の楽しさや(エ)を実感して粘り強く考え，数学を生活や学習に生かそうとする態度，問題解決の過程を振り返って評価・改善しようとする(オ)を養う。

⑵ 次のア～オの中で，中学校学習指導要領(平成29年告示)数学の「指導計画の作成と内容の取扱い」で述べられていないものを1つ選び，記号で答えよ。

ア．数学を活用して問題解決する方法を理解するとともに，自ら問題を見いだし，解決するための構想を立て，実践し，その過程や結果を評価・改善する機会を設けること。

イ．数学的活動の過程を振り返り，レポートにまとめ発表することなどを通して，その成果を共有する機会を設けること。

ウ．各領域の指導に当たっては，観察や操作，実験などの活動を通して，数量や図形などの性質を見いだしたり，発展させたりする機会を設けること。

エ．具体物，図，数，式，表，グラフ相互の関連を図る機会を設けること。

オ．数学的活動を楽しめるようにするとともに，数学を学習することの意義や数学の必要性などを実感する機会を設けること。

2 ★☆☆

次の文は，中学校学習指導要領(平成29年告示)数学の「第2　各学年の目標及び内容〔第2学年〕 1　目標」を示したものである。(ア)～(オ)

に当てはまる語句を書け。

⑴　文字を用いた式と連立二元一次方程式，(　ア　)と数学的な推論，一次関数，データの分布と確率などについての基礎的な概念や原理・法則などを理解するとともに，事象を(　イ　)したり，数学的に解釈したり，数学的に(　ウ　)・処理したりする技能を身に付けるようにする。

⑵　文字を用いて数量の関係や法則などを考察する力，数学的な(　エ　)の過程に着目し，図形の性質や関係を論理的に考察し(　ウ　)する力，関数関係に着目し，その特徴を表，式，グラフを相互に関連付けて考察する力，複数の集団のデータの分布に着目し，その傾向を比較して読み取り批判的に考察して判断したり，不確定な事象の起こりやすさについて考察したりする力を養う。

⑶　数学的活動の楽しさや数学のよさを実感して粘り強く考え，数学を生活や学習に生かそうとする態度，問題解決の過程を振り返って(　オ　)しようとする態度，多様な考えを認め，よりよく問題解決しようとする態度を養う。

〈沖縄県〉

3　★☆☆

次の文は，中学校学習指導要領(平成29年告示)数学の「第2　各学年の目標及び内容」の一部である。それぞれ第何学年の目標と示されているか，書け。

①　文字を用いて数量の関係や法則などを考察する力，数学的な推論の過程に着目し，図形の性質や関係を論理的に考察し表現する力，関数関係に着目し，その特徴を表，式，グラフを相互に関連付けて考察する力，複数の集団のデータの分布に着目し，その傾向を比較して読み取り批判的に考察して判断したり，不確定な事象の起こりやすさについて考察したりする力を養う。

②　数の平方根，多項式と二次方程式，図形の相似，円周角と中心角の関係，三平方の定理，関数$y=ax^2$，標本調査などについての基礎的な概念や原理・法則などを理解するとともに，事象を数学化したり，数学的に解釈したり，数学的に表現・処理したりする技能を身に付けるようにする。

③　正の数と負の数，文字を用いた式と一元一次方程式，平面図形と空間図形，比例と反比例，データの分布と確率などについての基礎的な概念や原理・法則などを理解するとともに，事象を数理的に捉えたり，数学的に解釈したり，数学的に表現・処理したりする技能を身に付けるようにする。

④　文字を用いた式と連立二元一次方程式，平面図形と数学的な推論，一次関数，データの分布と確率などについての基礎的な概念や原理・法則などを理解するとともに，事象を数学化したり，数学的に解釈したり，数学的に表現・処理したりする技能を身に付けるようにする。

⑤　数学的活動の楽しさや数学のよさに気付いて粘り強く考え，数学を生活や学習に生かそうとする態度，問題解決の過程を振り返って検討しようとする態度，多面的に捉え考えようとする態度を養う。

4 ★☆☆

次の文は，中学校学習指導要領(平成29年告示)数学における「第2　各学年の目標及び内容」の「2　内容　A　数と式」の一部抜粋である。(　①　)～(　⑤　)に当てはまる語句を書け。

〔第1学年〕
A　数と式
(エ)(　①　)や法則などを文字を用いた式に表すことができることを理解し，式を用いて表したり読み取ったりすること。
〔第2学年〕
A　数と式
(イ)(　②　)な(　③　)の中の(　①　)を文字を用いた式で表したり，式の意味を読み取ったりすること。
〔第3学年〕
A　数と式
(ア)既に学習した計算の方法と関連付けて，(　④　)や(　⑤　)をする方法を考察し表現すること。

5 ★☆☆

次の文の中に，中学校学習指導要領(平成29年告示)数学における「第2　各学年の目標及び内容」の〔第1学年〕の「2　内容」において，取り組むよう示されている数学的活動が3つある。その数学的活動3つを，下の①～⑤から選べ。

①　日常の事象を数理的に捉え，数学的に表現・処理し，問題を解決したり，解決の過程や結果を振り返って考察したりする活動

②　数学的な表現を用いて筋道立てて説明し伝え合う活動

③　日常の事象や社会の事象を数理的に捉え，数学的に表現・処理し，問題を解決したり，解決の過程や結果を振り返って考察したりする活動

④　数学の事象から問題を見いだし解決したり，解決の過程や結果を振り返って統合的・発展的に考察したりする活動
⑤　数学の事象から見通しをもって問題を見いだし解決したり，解決の過程や結果を振り返って統合的・発展的に考察したりする活動

6 ★☆☆

次の文は，中学校学習指導要領(平成29年告示)数学における「第2　各学年の目標及び内容」の〔第3学年〕の「2　内容　D　データの活用」の抜粋である。(　①　)～(　⑤　)に当てはまる語句を書け。

⑴　標本調査について，数学的活動を通して，次の事項を身に付けることができるよう指導する。
　ア　次のような知識及び技能を身に付けること。
　　(ア)標本調査の(　①　)と意味を理解すること。
　　(イ)(　②　)などの情報手段を用いるなどして無作為に標本を取り出し，整理すること。
　イ　次のような思考力，判断力，表現力等を身に付けること。
　　(ア)標本調査の方法や結果を(　③　)に考察し表現すること。
　　(イ)(　④　)について標本調査を行い，(　⑤　)の傾向を推定し判断すること。

7 ★☆☆

次の文は，中学校学習指導要領(平成29年告示)数学における「第3　指導計画の作成と内容の取扱い」の一部を抜粋したものである。文中の(　ア　)～(　オ　)に当てはまる語句の正しい組合せを，①～⑤から1つ選びなさい。

⑴　第2の各学年の目標の達成に支障のない範囲内で，当該学年の内容の一部を(　ア　)，それを後の学年で(　イ　)ができるものとすること。また，学年の目標を逸脱しない範囲内で，(　ウ　)の一部を加えて指導することもできるものとすること。

⑵　生徒の学習を確実なものにするために，新たな内容を指導する際には，既に指導した関連する内容を(　エ　)取り上げ，(　オ　)機会を設定することに配慮すること。

	ア	イ	ウ	エ	オ
①	重点的に扱い	省略すること	高等学校の内容	意図的に再度	振り返る
②	重点的に扱い	指導すること	後の学年の内容	確認のために	学び直しの
③	軽く取り扱い	指導すること	高等学校の内容	意図的に再度	振り返る
④	軽く取り扱い	省略すること	後の学年の内容	確認のために	学び直しの
⑤	軽く取り扱い	指導すること	後の学年の内容	意図的に再度	学び直しの

8 ★☆☆

次の文は,「中学校学習指導要領(平成29年告示)第2章　第3節　数学」及び「高等学校学習指導要領(平成30年告示)第2章　第4節　数学」において,数学科の目標について述べたものである。(　ア　)～(　カ　)にあてはまる語句を答えよ。なお,同じ記号には同じ語句が入る。

【中学校】

(　ア　)を働かせ,(　イ　)を通して,数学的に考える資質・能力を次のとおり育成することを目指す。

(1)　数量や図形などについての基礎的な概念や原理・法則などを(　ウ　)するとともに,事象を数学化したり,数学的に解釈したり,数学的に表現・処理したりする(　エ　)を身に付けるようにする。

(2)　数学を活用して事象を論理的に(　オ　)する力,数量や図形などの性質を見いだし統合的・発展的に(　オ　)する力,数学的な表現を用いて事象を簡潔・明瞭・的確に(　カ　)する力を養う。

(3)　(　イ　)の楽しさや数学のよさを実感して粘り強く考え,数学を生活や学習に生かそうとする態度,問題解決の過程を振り返って評価・改善しようとする態度を養う。

【高等学校】

(　ア　)を働かせ,(　イ　)を通して,数学的に考える資質・能力を次のとおり育成することを目指す。

(1)　数学における基本的な概念や原理・法則を体系的に(　ウ　)するとともに,事象を数学化したり,数学的に解釈したり,数学的に表現・処理したりする(　エ　)を身に付けるようにする。

(2)　数学を活用して事象を論理的に(　オ　)する力,事象の本質や他の事象との関係を認識し統合的・発展的に(　オ　)する力,数学的な表現を用いて事象を簡潔・明瞭・的確に(　カ　)する力を養う。

(3)　数学のよさを認識し積極的に数学を活用しようとする態度,粘り強く考え数学的論拠に基づいて判断しようとする態度,問題解決の過程を振り返って（　オ　）を深めたり，評価・改善したりしようとする態度や創造性の基礎を養う。

〈島根県〉

9 ★☆☆

「中学校学習指導要領（平成29年告示）第２章　各教科　第３節　数学　第２　各学年の目標及び内容〔第３学年〕　３　内容の取扱い」に関する記述として最も適切なものを，次のａ～ｅから１つ選びなさい。

ａ．誤差や近似値，$a\times 10^n$の形の表現を取り扱うものとする。
ｂ．自然数を素数の積として表すことを扱うものとする。
ｃ．数の集合と四則計算の可能性を取り扱うものとする。
ｄ．大小関係を不等式を用いて表すことを取り扱うものとする。
ｅ．簡単な比例式を解くことを取り扱うものとする。

〈茨城県〉

10 ★☆☆

次の文は，高等学校学習指導要領（平成30年告示）数学の目標を示したものである。（　ア　）～（　オ　）に当てはまる語句を書け。

数学的な見方・考え方を働かせ，（　ア　）を通して，数学的に考える資質・能力を次のとおり育成することを目指す。

(1)　数学における基本的な概念や原理・法則を（　イ　）に理解するとともに，事象を数学化したり，数学的に解釈したり，数学的に表現・処理したりする技能を身に付けるようにする。
(2)　数学を活用して事象を（　ウ　）に考察する力，事象の本質や他の事象との関係を認識し統合的・発展的に考察する力，数学的な表現を用いて事象を簡潔・明瞭・的確に表現する力を養う。
(3)　（　エ　）を認識し積極的に数学を活用しようとする態度，粘り強く考え数学的論拠に基づいて判断しようとする態度，問題解決の過程を振り返って考察を深めたり，評価・改善したりしようとする態度や（　オ　）を養う。

11 ★☆☆

次の文は，高等学校学習指導要領（平成30年告示）数学の「第２款　各科目　第１　数学Ⅰ　１　目標」を示したものである。（　ア　）～（　エ　）に当てはまる語句を書け。

(1)　数と式，図形と計量，二次関数及び（　ア　）についての基本的な概念や原則・法則を体系的に理解するとともに，事象を数学化したり，数学的に解釈したり，数学的に表現・処理したりする技能を身に付けるようにする。

⑵　命題の条件や結論に着目し，数や式を多面的にみたり目的に応じて適切に(　イ　)したりする力，図形の構成要素間の関係に着目し，図形の性質や計量について論理的に考察し表現する力，関数関係に着目し，事象を的確に表現してその特徴を表，式，グラフを相互に関連付けて考察する力，社会の事象などから設定した問題について，データの散らばりや変量間の関係などに着目し，適切な手法を選択して分析を行い，問題を解決したり，解決の過程や(　ウ　)を批判的に考察し判断したりする力を養う。

⑶　数学のよさを認識し数学を活用しようとする態度，粘り強く考え数学的論拠に基づいて判断しようとする態度，問題解決の過程を振り返って考察を深めたり，評価・改善したりしようとする(　エ　)や創造性の基礎を養う。

12 ★☆☆

次の文は，高等学校学習指導要領(平成30年告示)数学の「第2款　各科目　第2　数学Ⅱ　2　内容　⑵　図形と方程式」の一部を示したものである。(　①　)～(　③　)に当てはまる語句を下の語群から選べ。

図形と方程式について，数学的活動を通して，その有用性を認識するとともに，次の事項を身に付けることができるよう指導する。

ア　次のような知識及び技能を身に付けること。

㋐　座標を用いて，平面上の線分を内分する点，外分する点の位置や(　①　)の距離を表すこと。

㋑　座標表面上の直線や(　②　)を方程式で表すこと。

㋒　(　③　)について理解し，簡単な場合について(　③　)を求めること。

㋓　簡単な場合について，不等式の表す領域を求めたり領域を不等式で表したりすること。

【語群】

二点間　　三点間　　円　　楕円　　軌跡　　曲線　　二次関数

13 ★★☆

次のア～カのうち，正しい[用語・記号]と科目の組合せをすべて選べ。

ア．sin・cos・tan：数学Ⅰ

イ．二項定理：数学Ⅱ

ウ．外れ値：数学Ⅲ

エ．階乗：数学A

オ．虚数：数学B
カ．極限値・lim：数学C

14 ★☆☆

次の文は，高等学校学習指導要領(平成30年告示)数学の「指導計画の作成と内容の取扱い」の一部を示したものである。(　ア　)〜(　カ　)に当てはまる語句を書け。

2　内容の取扱いに当たっては，次の事項に配慮するものとする。

(1)　各科目の指導に当たっては，(　ア　)，(　イ　)，(　ウ　)等を育成するため，数学的な表現を用いて簡潔・明瞭・的確に表現したり，数学的な表現を解釈したり，互いに自分の考えを表現し伝え合ったりするなどの機会を設けること。

(2)　各科目の指導に当たっては，必要に応じて，(　エ　)や情報通信ネットワークなどを適切に活用し，(　オ　)を高めるようにすること。

(3)　各科目の内容の［用語・記号］は，当該科目で扱う内容の程度や範囲を明確にするために示したものであり，内容と(　カ　)に関連させて扱うこと。

15 ★★☆

次のア〜オの中で，高等学校学習指導要領(平成30年告示)数学の「指導計画の作成と内容の取扱い」で述べられていないものを1つ選び，記号で答えよ。

ア．「数学Ⅱ」，「数学Ⅲ」を履修させる場合は，「数学Ⅰ」，「数学Ⅱ」，「数学Ⅲ」の順に履修させることを原則とすること。

イ．「数学A」については，「数学Ⅰ」と並行してあるいは「数学Ⅰ」を履修した後に履修させ，「数学B」及び「数学C」については，「数学Ⅱ」を履修した後に履修させることを原則とすること。

ウ．各科目を履修させるに当たっては，当該科目や数学科に属する他の科目の内容及び理科，家庭科，情報科，この章に示す理数科等の内容を踏まえ，相互の関連を図るとともに，学習内容の系統性に留意すること。

エ．障害のある生徒などについては，学習活動を行う場合に生じる困難さに応じた指導内容や指導方法の工夫を計画的，組織的に行うこと。

オ．単元など内容や時間のまとまりを見通して，その中で育む資質・能力の育成に向けて，数学的活動を通して，生徒の主体的・対話的で深い学びの実現を図るようにすること。

16 ★★☆

次の表は，高等学校学習指導要領(平成30年告示)数学の各科目の内容と用語・記号・標準単位数についてまとめたものである。(　ア　)～(　コ　)の空欄に当てはまる語句を書け。

科目	内容	用語・記号	標準単位数
数学Ⅰ	数と式		(　ク　)
	図形と計量	正弦，sin，(　エ　)，cos，正接，tan	
	(　ア　)		
	データの分析	外れ値	
数学Ⅱ	いろいろな式	二項定理，虚数，i	4
	図形と方程式		
	指数関数・対数関数	(　オ　)，$\log_a x$，常用対数	
	三角関数		
	微分・積分の考え	極限値，lim	
数学Ⅲ	極限	∞	(　ケ　)
	微分法	(　カ　)，e，変曲点	
	積分法		
数学A	図形の性質		2
	場合の数と(　イ　)	${}_nP_r$，${}_nC_r$，階乗，$n!$，排反	
	数学と人間の活動		
数学B	(　ウ　)	Σ	(　コ　)
	統計的な推測	信頼区間，有意水準	
	数学と社会生活		
数学C	ベクトル		2
	平面上の曲線と複素数平面	(　キ　)，準線	
	数学的な表現の工夫		

17 ★★☆

次の文は,「中学校学習指導要領解説 数学編(平成29年7月)第3章　各学年の目標及び内容　第1節　第1学年の目標及び内容　1　第1学年の目標」の一部である。下の各問いに答えなさい。

> (2)　数の範囲を拡張し，数や性質や計算について考察したり，文字を用いて数量の関係や法則などを考察したりする力，図形の構成要素や構成の仕方に着目し，図形の性質や関係を(　①　)に捉え論理的に考察する力，数量の変化や(　②　)に着目して関数関係を見いだし，その特徴を(　③　)，式，グラフなどで考察する力，データの分布に着目し，その傾向を読み取り批判的に考察して判断したり，(　④　)な事象の起こりやすさについて考察したりする力を養う。

問1　(　　　)に当てはまる語句を答えなさい。

問2　下線部に関して，第1学年の内容「Dデータの活用」において,『大縄跳び大会で，あるクラスの選手が，1列に並んで跳ぶのと，2列に並んで跳ぶのでは，どちらがより多くの回数を連続で跳ぶと見込めるか』について述べられている。この過程で，2種類の並び方で跳んだ回数の記録を，ヒストグラムや相対度数などを用いて，そのデータの分布の状況を調べることを例に示し，次のように述べている。

> ここで，批判的に考察することとは，物事を単に否定することではなく，多面的に吟味し，よりよい解決や結論を見いだすことである。

データに基づいて問題を解決する過程において，多面的に吟味する具体例として,「データの収集の仕方は適切か」などについて検討することが挙げられている。この他に，検討する具体例としてどのようなことが「中学校学習指導要領解説 数学編(平成29年7月)」に示されているか，1つ答えなさい。

〈宮崎県〉

18 ★★☆

次の文は,「中学校学習指導要領解説 数学編(平成29年7月)第3章　第1節　第1学年の目標及び内容」の「A数と式」で，一元一次方程式を解くことについて示された内容の一部である。(　ア　),(　イ　)にあてはまるものを，文中の①～④からすべて選び，その番号を書きなさい。

一元一次方程式を解くには，等式の性質を基にして式を変形し，$x=k$の形の式をつくり解を求める。このとき使われる等式の性質は次の四つである。

①　$a=b$ならば，$a+c=b+c$

② $a=b$ならば，$a-c=b-c$

③ $a=b$ならば，$ac=bc$

④ $a=b$かつ$c\neq 0$ならば，$\dfrac{a}{c}=\dfrac{b}{c}$

＜中略＞

また，等式の性質を用いることによって，一元一次方程式$ax+b=cx+d$を$x=k$の形に変形し，解を求めることができるようにする。ここでは，等式の性質(　ア　)によって移項が導かれ，移項によって$\mathrm{A}x=\mathrm{B}\,(\mathrm{A}\neq 0)$の形の方程式に変形し，性質(　イ　)によって，$x$の係数を1にして解を導く。

〈岩手県〉

19 ★★☆

中学2年生の「文字式の利用」の授業において，次の【問題】を扱った。

【問題】2つの奇数の和は偶数になることを説明しなさい。

上の【問題】を次のように解答した生徒がいた。

【生徒の解答】
nを整数とすると，2つの奇数は$2n+1$，$2n+3$と表される。
よって，2つの奇数の和は，
$(2n+1)+(2n+3)$
$=4n+4$
$=2(2n+2)$
となる。
$2n+2$は整数であるから，$2(2n+2)$は偶数である。
したがって，2つの奇数の和は偶数になる。

上の【生徒の解答】は正しくない。その誤りを指導する場面を想定し，次の各問いに答えなさい。

(1) この生徒に対して，同じような誤りをさせないために，どのような指導をしたらよいと考えるか。指導をするときの要点を述べなさい。

(2) 正答例を示しなさい。

〈京都府〉

20 ★★★

中学校の数学では,「いろいろな事象と関数」として, 比例, 反比例, 一次関数, 関数$y=ax^2$のいずれとも異なる, 具体的な関数関係にあるものを1つ設定し, その内容を, グラフを用いて説明しなさい。また, 指導上の留意事項を2つ述べなさい。

〈京都府〉

21 ★★★

中学校第1学年の「文字と式」の学習において, 次のような問題を扱った。後の(1)〜(4)の問いに答えなさい。

【問題】

マッチ棒を図のように並べます。n個の正方形をつくるのに必要なマッチ棒の本数を求めなさい。

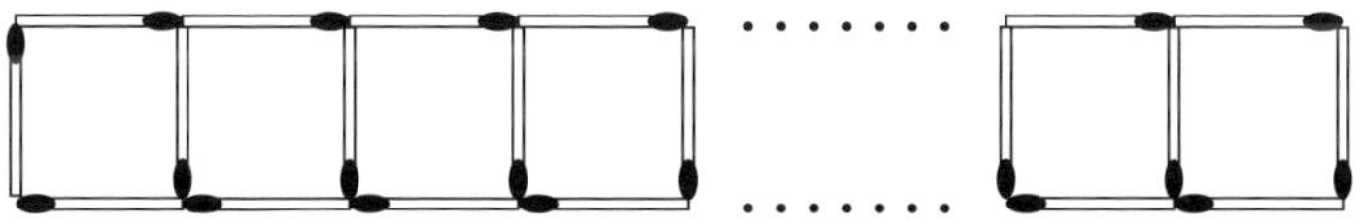

(1)　下の式は, 生徒Aがマッチ棒の本数を具体的な数値を基に表した式と, 文字nを用いて表した式である。具体的な数値を用いた式と文字を用いた式では, どのような意味の違いがあるのか説明しなさい。

$$3\times 1+1$$
$$3\times 2+1$$
$$3\times 3+1$$
$$\vdots$$
$$3\times n+1$$

(2)　生徒Bは, マッチ棒の本数を, $2n+(n+1)$と表した。どのように考えたのかが分かるように【問題】のマッチ棒の図を線で囲み, その考え方を説明しなさい。

(3)　この問題を扱うとき, 上記の$3n+1$や$2n+(n+1)$の他に, $4n-(n-1)$なども取り上げ, 複数の式を比較する場面を設定することがある。このような場面を設定する意義を書きなさい。

(4)　この問題の条件を変えて, 本時の目標に即した力が, どのくらい定着しているのかを評価できるような問題をつくりなさい。また, 問題文とともに生徒に提示する図も書きなさい。

〈群馬県改題〉

22 ★★★

中学校第2学年の「三角形と四角形」の学習において，以下は，図形の性質を見いだす授業場面における教師と生徒の会話である。

教師：今から言う条件にあてはまるような図をかいてみてください。
　　　2つの線分AB，CDをそれぞれ中点Oで交わるように引き，AとC，BとDをそれぞれ結びます。どんな図形ができましたか。

生徒A：三角形ができました。

生徒B：△AOCと△BODは合同になりそうです。

教師：なるほど。では2つの三角形が合同になるのか，証明してみましょう。

（略）

教師：△AOCと△BODは合同であることが証明できましたね。
　　　さて，皆さんがかいた図をそれぞれ見比べてみましょう。

生徒C：あれれ，ぼくのかいたものはずいぶん形が違うよ。

生徒D：2つの三角形の位置も違うよね。

生徒E：どちらの図でも合同なのかな。

生徒F：どちらの図も確かに先生の示した条件にあてはまっているけど・・・

問　教師は下線部のように各自がかいた図を比較する場を設け，生徒から疑問を引き出そうとした。このとき，生徒から出されると想定される図をその後の生徒の会話に合うように，2通り書きなさい。また，このような活動を取り入れたのは，どのような意図からか書きなさい。

〈群馬県改題〉

23 ★★☆

次の問の解答例は説明が不足している。正しい解答となるように，解答例に続けて説明を加筆しなさい。

問　3次関数$f(x)=x^3+ax^2+bx+2$は，$x=3$で極小値-25をとる。定数a，bの値を求めなさい。

解答例　$f'(x)=3x^2+2ax+b$

$f(x)$は$x=3$で極小値-25をとるので，$f'(3)=0$，$f(3)=-25$

したがって，

$27+6a+b=0$　…①

$29+9a+3b=-25$　…②

①，②を解いて，$a=-3$，$b=-9$

〈鳥取県〉

24 ★★☆

「数学Ⅱ」の微分・積分の考えの単元について，次の(1)，(2)に答えなさい。

(1) 微分係数の定義を書きなさい。

(2) 微分係数の意味を理解させるために，どのような指導を行いますか。簡潔に書きなさい。

〈広島県・広島市〉

25 ★★★

次の【問題】に対し，生徒が【答案】を作成した。この生徒の【答案】の誤りを指摘し，正しい解答を記せ。

【問題】 正の実数x，yが$xy=3$を満たして変化するとき，

$z=\left(x+\dfrac{1}{x}\right)^2+\left(y+\dfrac{1}{y}\right)^2$の最小値を求めよ。

【答案】 $x>0$より，相加・相乗平均の大小関係より，

$$x+\frac{1}{x}\geqq 2\sqrt{x\cdot\frac{1}{x}}=2 \qquad \text{ゆえに，}\left(x+\frac{1}{x}\right)^2\geqq 4 \quad \cdots①$$

同様に $$y+\frac{1}{y}\geqq 2\sqrt{y\cdot\frac{1}{y}}=2 \qquad \text{ゆえに，}\left(y+\frac{1}{y}\right)^2\geqq 4 \quad \cdots②$$

①，②の辺々を加えて

$$\left(x+\frac{1}{x}\right)^2+\left(y+\frac{1}{y}\right)^2\geqq 4+4$$

よって，$z\geqq 8$であるから，zの最小値は8である。

〈島根県〉

26 ★★☆

二次関数の最大または最小の考えを用いて解く応用問題を高校生に出題したい。具体的な事象を題材にした文章題と，その解答を作成せよ。

〈山口県〉

27 ★★☆

身近な事象を題材とした，二次不等式を用いて解く問題を1つ作れ。また，二次不等式の扱いで配慮すべき点を1つ簡潔に書け。

〈群馬県〉

28 ★★☆

高校生に数学的帰納法を指導するための命題を作成し，それを証明せよ。ただし，命題は以下の手順で証明できるものとする。

【手順】

① $n=1$，$n=2$のとき，命題は成り立つ。

② $n=k-1$，k($k \geqq 2$，k：自然数)のときに，命題が成り立つと仮定すると$n=k+1$で命題は成り立つ。

③ すべての自然数nで命題は成り立つ。

〈富山県〉

演習問題　解答・解説

1

(1)　ア．数学的活動　イ．原理・法則
　ウ．論理的　エ．数学のよさ
　オ．態度

(2)　エ

2

ア．平面図形　イ．数学化
ウ．表現　エ．推論
オ．評価・改善

3

①　第2学年　②　第3学年
③　第1学年　④　第2学年
⑤　第1学年

4

①　数量の関係　②　具体的
③　事象　④　式の展開
⑤　因数分解

5

①, ②, ④

解説

③, ⑤は〔第2学年〕〔第3学年〕の数学的活動である。

6

①　必要性　②　コンピュータ
③　批判的　④　簡単な場合
⑤　母集団

7

⑤

8

ア．数学的な見方・考え方
イ．数学的活動　ウ．理解
エ．技能　オ．考察
カ．表現

9

a

解説

b～e．第1学年で取り扱う内容である。

10

ア．数学的活動　イ．体系的
ウ．論理的　エ．数学のよさ
オ．創造性の基礎

11

ア．データの分析　イ．変形
ウ．結果　エ．態度

12

①　二点間　②　円
③　軌跡

13

ア，イ，エ

解説

ウ．外れ値は，数学Ⅰの「データの分析」の[用語・記号]である。
オ．虚数は，数学Ⅱの「いろいろな式」の[用語・記号]である。
カ．極限値・limは，数学Ⅱの「微分・積分の考え」の[用語・記号]である。

14

ア．思考力　　イ．判断力
ウ．表現力　　エ．コンピュータ
オ．学習の効果　　カ．密接
(ア〜ウは順不同)

15

イ

解説

イ．高等学校学習指導要領(平成30年告示)数学では,「数学B」及び「数学C」については,「数学Ⅰ」を履修した後に履修させることを原則とすると示されている。

16

ア．二次関数　　イ．確率
ウ．数列　　エ．余弦
オ．累乗根　　カ．自然対数
キ．焦点　　ク．3
ケ．3　　コ．2

17

問1　①直観的　　②対応
　　③表　　④不確定

問2　〔解答例〕

・分布の形に着目しているか。
・どの代表値が根拠としてふさわしいのか。
・傾向を読み取りやすいグラフで表せているか。
・グラフの目盛りなどを加工して過度に誇張していないか。
・分析した結果から得られる結論が妥当か。

など

18

ア．①②　　イ．③④

19

(1)〔解答例〕

与えられた生徒の解答において，3，5や－9，－7などの連続する2つの奇数について説明しているが，1，5や－7，－3などの連続していない2つの奇数については説明していないことを理解させ，どの2つの奇数についても成り立つことを説明しなければならないことを教える。すべての2つの奇数を表すには，1種類の文字ではなく2種類m，nの文字を使って，$2m+1$，$2n+1$のようにおく必要があることを指導する。

(2)　m，nを整数とすると，2つの奇数は$2m+1$，$2n+1$と表される。

よって，2つの奇数の和は，$(2m+1)+(2n+1)=2(m+n+1)$

ここで，$m+n+1$は整数であるから，$2(m+n+1)$は偶数である。

したがって，2つの奇数の和は偶数になる。

20 〔解答例〕

【具体的な関数関係】

京都府からA県まで，品物を箱に入れて送るとき，ある運送会社では，箱の縦，横，高さの合計によって，料金が下の表のように決まっている。箱の縦，横，高さの合計を$x$cm，料金をy円とすると，yはxの関数である。

縦，横，高さの合計	60cmまで	100cmまで	140cmまで
料金	900円	1200円	1500円

これをグラフに表すと，次の図のようになる。

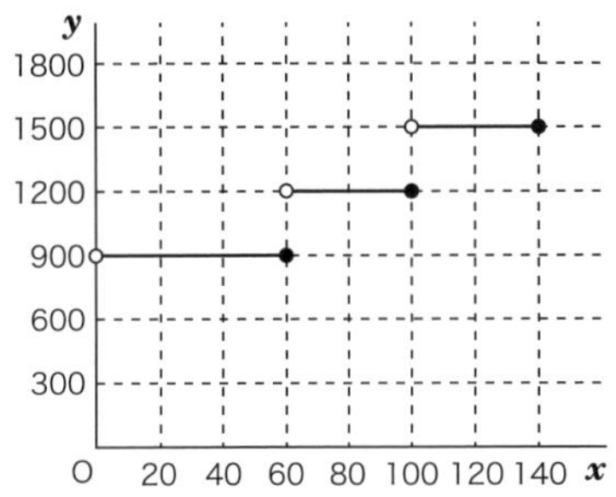

【指導上の留意事項】

・関数関係は必ず式で表すことができると考えている生徒については，伴って変わる二つの数量について，一方の値を決めたとき他方の値がただ一つに決まれば関数関係といえることを確認する。

・グラフについては，連続した直線や曲線にならず，階段状の線分になることや，このことがある区間の料金が一定であることを意味していることについて説明する。

・グラフに表すことができない生徒については，具体的な距離と料金の関係などを座標平面上に点で示すことで，グラフの概形を捉えることができるようにする。

21 〔解答例〕

(1)　具体的な数値を用いた式は，正方形の数を決めたときの棒の本数そのものを示しているが，文字を用いた式は棒の本数を一般的に表現している。

(2)

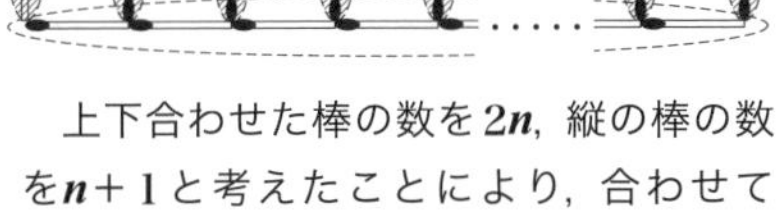

上下合わせた棒の数を$2n$，縦の棒の数を$n+1$と考えたことにより，合わせて$2n+(n+1)$という式になった。

(3)　本数を求める考えが異なると，表す式も異なるということに気付くことができる。

(4)　棒を図のように並べます。n個の正三角形をつくるのに必要な棒の本数を求めなさい。

22 〔解答例〕

【図】

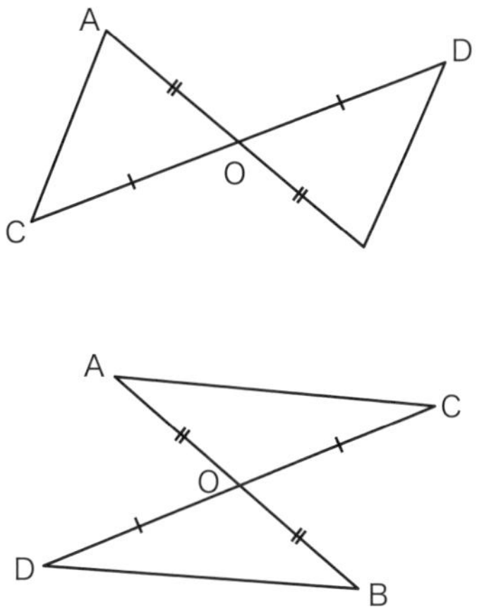

【意図】

条件を満たす全ての図形についての証明をしていることを理解させるため。

23

このとき，$f(x)=x^3-3x^2-9x+2$

逆にこの3次関数が条件を満たすことを示す。

$f'(x)=3x^2-6x-9=3(x-3)(x+1)$

$f'(x)=0$とすると，$x=-1$，3

3次関数$f(x)$の増減表は次のようになる。

x	…	-1	…	3	…
$f'(x)$	$+$	0	$-$	0	$+$
$f(x)$	↗	7	↘	-25	↗

したがって，3次関数$f(x)$は$x=-1$で極大値7，$x=3$で極小値-25をとり条件を満たす。

よって，$a=-3$，$b=-9$

24

⑴　関数$f(x)$において，

極限値$\displaystyle\lim_{h\to 0}\frac{f(a+h)-f(a)}{h}$が存在するとき，その極限値を$f(x)$の$x=a$における微分係数という。

⑵　微分係数と平均変化率の関係について具体例を通して考察させるとともに，微分係数を関数のグラフの接線と関連付けて考察させる指導を行う。

25

等号成立を考えると，

①は　$x=\dfrac{1}{x}$　すなわち　$x=1$のとき

②は　$y=\dfrac{1}{y}$　すなわち　$y=1$のとき

であるが，$xy=3$であるから，これが同時に成り立たないことが誤りである。

正しい解答は次のようになる。

$$z=(x^2+y^2)+\left(\frac{1}{x^2}+\frac{1}{y^2}\right)+4$$

$$=(x^2+y^2)\left(1+\frac{1}{x^2y^2}\right)+4$$

ここで，$xy=3$，$x\neq 0$より，$y=\dfrac{3}{x}$を代入して，

$$z=\left(x^2+\frac{9}{x^2}\right)\cdot\frac{10}{9}+4$$

$x>0$より，$x^2>0$，$\dfrac{9}{x^2}>0$　であるから相加平均・相乗平均の大小関係より，

$$z\geqq 2\sqrt{x^2\cdot\frac{9}{x^2}}\cdot\frac{10}{9}+4=\frac{32}{3}$$

等号は，$x^2=\dfrac{9}{x^2}$すなわち，

$x=\sqrt{3}$，$y=\sqrt{3}$のとき成立する。

よって，zの最小値は$\dfrac{32}{3}$である。

26　〔解答例〕

（問題文）

地上から真上に30m/秒の速さでボールを投げ上げるとき，投げ上げてからx秒後の高さymは，

$y=30x-5x^2$

で表される。投げ上げてから何秒後に最高の高さに達するか。また，その高さは何mか。

（解答）

$y=30x-5x^2=-5(x-3)^2+45$

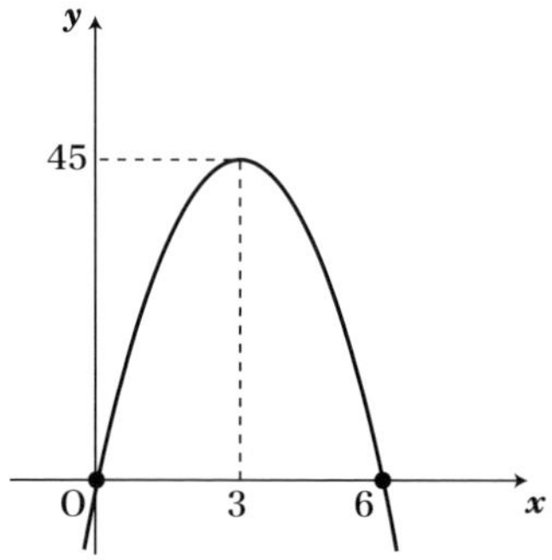

図より，3秒後に，最高の高さ45mに達する。

27　〔解答例〕

（2次不等式の問題例）

たて4m，横6mの長方形の池の周囲に，図のように一定の幅の花壇を造る。花壇の面積を56m²以上，96m²以下とするには，花壇の幅は，何mから何mの範囲にすればよいか。

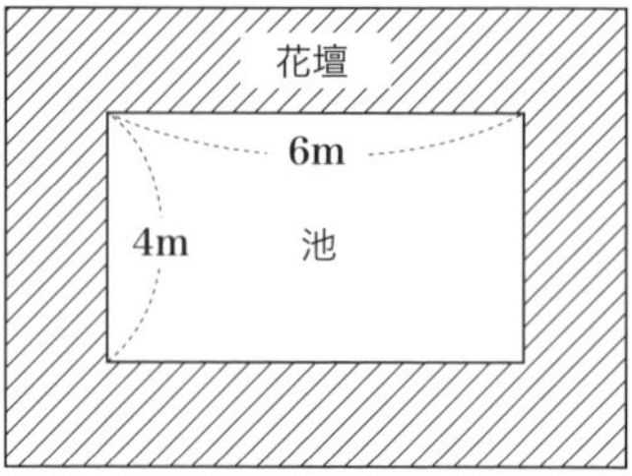

（指導上の留意事項）

2次不等式の解と2次関数のグラフとの対応関係を明らかにする。解法を理解させ，その解を数直線上に図示できるようにする。

28

（命題）

数列$\{a_n\}$が，$a_1=1$，$a_2=7$，$a_{n+2}=2(a_{n+1}+a_n)$を満たすとき，a_nを3で割った余りは1になる。

（証明）

「a_nを3で割った余りは1である」　…①

とする。

(i)　$n=1$，2のとき，

$a_1=1$，$a_2=7$より，①は成り立つ。

(ii)　$n=k-1$，kのとき，①が成り立つと仮定すると，

$a_{k-1}=3l+1$，$a_k=3m+1$

（l，mは整数）

よって，

$$a_{k+1}=2(a_k+a_{k-1})$$
$$=2(3m+1+3l+1)$$
$$=3(2l+2m+1)+1$$

$2l+2m+1$は整数であるから，a_{k+1}を3で割った余りは1となり，$n=k+1$のときにも①は成り立つ。

(i)，(ii)により，すべての自然数nについて，a_nを3で割った余りは1となる。

（証明終わり）

2 数と式

傾向と対策

多岐にわたって出題されるが、特に因数分解・不定方程式の整数解・整数問題・整式の剰余などが多く出題されている。この分野から出題される問題の主なキーワードとしては，次のものが挙げられる。

- ・数直線，絶対値，整数，有理数，無理数，循環小数，実数，平方根，有理化
- ・素因数分解，互いに素，剰余，最大公約数，最小公倍数，記数法（n進法）
- ・1次式，2次式，整式（多項式），有理式（分数式），無理式
- ・四則演算（加減乗除），比例式，因数分解，展開，対称式と交代式

要点Check!

Check!

1　整数の問題

・具体的に考え，規則性（周期性）を見つける。

・剰余による分類

例えば，3で割った余りに着目すると，すべての整数は「3で割り切れる数」「3で割ると1余る数」「3で割ると2余る数」の3つに分類される。つまりすべての整数は，kを整数として

$3k$，$3k+1$，$3k+2$　…（＊）

のいずれかの形に表すことができる。

このように，整数全体を，ある数による剰余で分類するという手法はしばしば有効である。例えば，

（問）$5m+2$が3で割り切れるとき，整数mの満たすべき条件は？

という問題に対しては，mを3で割った余りをr（$r=0$，1，2）として，$m=3k+r$とおけば，

$$5m+2=5(3k+r)+2=3\cdot 5k+5r+2$$

となる。よって，

$$5m+2\text{が3で割り切れる} \iff 5r+2\text{が3で割り切れる}$$

が得られ，$r=0$，1，2について調べると題意を満たすのは$r=2$のときであることがわかる。

この解のポイントは，3による剰余$r=0$，1，2の3つのみの確認で済ませられたという点である。つまり，本来整数は無数にあるが，剰余に着目す

れば有限個の議論ですべてを尽くすことが可能になるというのが，剰余による分類の利点である。

なお，(＊)の分類の代わりに，

$3k-1$，$3k$，$3k+1$

と分類するのもよい。

例題１　整数問題

どのような自然数m，nを用いても，$3m+4n$で表すことのできない自然数をすべて求めよ。

〈石川県〉

解答　1，2，3，4，5，6，8，9，12

解説　自然数は無限にあるので，大きいものはこの形で表せると見当がつく。小さいm，nに対して，$3m+4n$の値を調べてみる。

$3m$ ＼ $4n$	4	8	12	16	20	24	…
3	7	11	15	19	23	27	
6	10	14	18	22	26	30	
9	13	17	21	25	29	33	
12	16	20	24	28	32	36	
⋮							

表を右に1マス進むと4増え，上に1マス進むと3減るので，右上に進むと1増える。

すなわち，この表は右上方向に自然数が連続している。したがって，13以上の自然数は$3m+4n$で表せ，表せないのは，1，2，3，4，5，6，8，9，12である。

補足　式で表すと，

$3k+4\cdot1=3(k+1)+1$で7以上の3で割って1余る数は表せる。

$3(k-1)+4\cdot2=3(k+1)+2$で11以上の3で割って2余る数は表せる。

$3(k-2)+4\cdot3=3(k+2)$で15以上の3の倍数は表せる。

7	−	−	10	−	−	13	−	−	16	−	−	…
−	−	−	−	11	−	−	14	−	−	17	−	…
−	−	−	−	−	−	−	−	15	−	−	18	…

よって，$3m+4n$で表せない自然数は，6以下と8，9，12である。

例題2　**平方数の剰余**

aを3より大きい素数とする。a^2を24で割った余りはいくつになるか。

〈群馬県〉

解答　1

解説　$5^2=24+1$，$7^2=24\cdot 2+1$，$11^2=24\cdot 5+1$から，求める余りは1と推測できる。

aは3より大きい素数なので，2の倍数でも3の倍数でもない。よってaを6で割った余りは1か5である。そこでkを整数として$a=6k\pm 1$とおくことができる。すると，

$$a^2=(6k\pm 1)^2=36k^2\pm 12k+1=12k(3k\pm 1)+1$$

となる。ここでkと$3k\pm 1$の偶奇は異なるので，一方は必ず偶数である。よって$12k(3k\pm 1)$は24の倍数なので，a^2を24で割った余りは1である。

2　不定方程式の整数解

問題のタイプは大きく3つに分かれる。

1．変数の範囲が絞りこめれば，その範囲の整数を1つずつ，方程式を満たすかどうか調べていけばよい。例えば，$x^2+2y^2\leqq 5$の整数解は$2y^2\leqq 5$から$|y|=0$，1と限定できる。

2．整数は一意に素因数分解できることを利用する。
例えば，$xy=6\,(=2\cdot 3)$の正の整数解は$(x,\ y)=(1,\ 6),\ (2,\ 3),\ (3,\ 2),\ (6,\ 1)$で尽きる。「素数$p$が2つの整数の積$ab$を割り切れば，$p$は$a$または$b$を割り切る」という事実に注意する。

3．$ax+by=c$　…★　　(a, b, cは整数)
このタイプの不定方程式については，次の2点がポイントになる。
(i)　aとbが互いに素であるならば，任意の整数cに対して，★を満たす整数x, yは必ず存在する。しかもそれは無数に存在する。
(ii)　★を満たす解$(x,\ y)$が1つ見つかれば，他のすべての解も求められる。
詳しくは**例題5**参照。

まず，問題がどのタイプか考える。タイプ1はいわば全数検査(↔抜取《ぬきとり》検査)だが，効率よくチェックできるように工夫する。タイプ2は2次以上となることが多く，タイプ3は文章題として出題されることも多い。

例題3　不定方程式（タイプ1）

自然数x, y, zにおいて，$2x+3y+5z=28$を満たす(x, y, z)は何組あるか。

〈三重県改題〉

解答　9

解説　まず，自然数という条件があるので，変数の下限は1である。次に係数が最も大きいzに着目する。$5z<28$より$z=1，2，3，4，5$となる。以下，場合を分ける。$2x\,(=28-5z-3y)$が正の偶数であることに注意すると

$z=5$のとき，$2x=3-3y$　よって，解なし

$z=4$のとき，$2x=8-3y$　よって，$y=2\,(x=1)$

$z=3$のとき，$2x=13-3y$　よって，$y=1，3$（それぞれ，$x=5，2$）

$z=2$のとき，$2x=18-3y$　よって，$y=2，4$（それぞれ，$x=6，3$）

$z=1$のとき，$2x=23-3y$　よって，$y=1，3，5，7$

（それぞれ，$x=10，7，4，1$）

よって，求める数は，$1+2+2+4=9$

例題4　不定方程式（タイプ2）

整数x, yが，等式$(3x+2y+1)(2x+3y+2)=12$を満たすとき，和$x+y$の最大値，及び，そのときのx, yの値をすべて求め，(x, y)のように表せ。

〈千葉県・千葉市〉

解答　最大値2　$(x, y)=(7，-5)，(-4，6)$

解説　$3x+2y+1=m$, $2x+3y+2=n$とおくと，$mn=12\,(=2^2\cdot 3)$より，複号同順で，$(m, n)=(\pm 1，\pm 12)，(\pm 2，\pm 6)，(\pm 3，\pm 4)，(\pm 4，\pm 3)，(\pm 6，\pm 2)，(\pm 12，\pm 1)$である。

よって，12組の2元連立1次方程式を解き，整数解ならば$x+y$を計算し，最大のものを選べば答が出る。しかし，この問題では，$m+n=5(x+y)+3$より$x+y=\dfrac{1}{5}(m+n-3)$の変形に気付けば，$m+n$が最大のとき$x+y$が最大であることがわかる。よって，$m+n=13$のとき，整数解の存在を確認すればよい。

$$(m, n)=(12，1)\Rightarrow\begin{cases}3x+2y+1=12\\2x+3y+2=1\end{cases}\quad\therefore\begin{cases}3x+2y=11\\2x+3y=-1\end{cases}\quad\therefore\begin{cases}x=7\\y=-5\end{cases}$$

$$(m, n)=(1，12)\Rightarrow\begin{cases}3x+2y+1=1\\2x+3y+2=12\end{cases}\quad\therefore\begin{cases}3x+2y=0\\2x+3y=10\end{cases}\quad\therefore\begin{cases}x=-4\\y=6\end{cases}$$

よって，求める最大値は2で，このとき$(x, y)=(7，-5)$または$(-4，6)$。

例題5　不定方程式（タイプ3）

$3x-7y=1$ を満たす自然数の組 $(x,\ y)$ のうち，x の値が10番目に小さいものを求めよ。

〈広島県・広島市〉

解答 68

解説 ここでは一般的な解法を紹介する。

まず，$3x-7y=1$　…①　の特殊解を1つ探す。何でもかまわないが，絶対値が小さい方が扱いやすい。例えば，$(x,\ y)=(-2,\ -1)$ がある。つまり，

$3\cdot(-2)-7\cdot(-1)=1$　…②

①−②より，$3(x+2)-7(y+1)=0$

すると，3と7は互いに素なので，k を任意の整数として，

$$\begin{cases} x+2=7k \\ y+1=3k \end{cases} \quad \therefore \quad \begin{cases} x=7k-2 \\ y=3k-1 \end{cases} \quad \cdots③$$

③が①の一般解である。x は k の1次式で，$k=1$ から正で単調に増加する。よって，$k=10$ として求める数は $x=68$

補足 よくある質問をまとめる。

Q：③は本当に一般解か。また，一般解だとしても表し方は他にもあるのでは?

A：解の流れを見ると，必要十分条件として $x,\ y$ を求めたことになっているので，③は一般解である。ただし，解の表し方は，特殊解のとり方により無数にある。例えば特殊解として $(x,\ y)=(5,\ 2)$ をとれば，$x=7k'+5$，$y=3k'+2$ が一般解となる。これは③で $k=k'+1$ とおいたものにほかならない。

Q：特殊解が見つからないときはどうするのか?

A：大きい方の係数を小さい方で割ってみる。この場合 $7=3\cdot2+1$ なので，①は $3(x-2y)-y=1$ と変形できる。$x-2y=z$ とおくと，$3z-y=1$ となり，この特殊解 $(z,\ y)=(1,\ 2)$ は見つけやすい（特にこの場合 $y=3z-1$ で既に一般解が得られている）。この操作を繰り返したものが，ユークリッドの互除法である。

Q：3と7が互いに素という特別な事情があったので解けたのでは?

A：指摘どおり。逆に，例えば3と6だと解なしとなる。$3x+6y=1$ の左辺は3の倍数で右辺はそうでないので，この方程式は整数解をもたない。一般に，**$ax+by=c$ が整数解をもつならば a と b の任意の公約数は c を割り切る**。つまり，**a と b の最大公約数は c を割り切る**。実は，これは十分条件でもある（「4 ユークリッドの互除法」参照）。a と b の最大公約数を d として，

$a=a'd$, $b=b'd$とすればa'とb'は互いに素となるので，このタイプの問題は一般にaとbが互いに素という条件で出題される。そうでないときは，両辺をaとbの最大公約数で割ればよい。

3　除法の原理

a, bを整数とする（ただし$b>0$）と，

$$a=bq+r,\ 0\leqq r<b$$

を満たす整数q, rが1組だけ存在する。全く同じことが多項式でも成り立つ。これは整数の集合と多項式の集合が同じ構造をもっているからである。

$f(x)$, $g(x)$を整式とする（ただし$g(x)$は0でない整式）と，

$$f(x)=g(x)q(x)+r(x)\quad \cdots(☆)\ ,\quad \deg r(x)<\deg g(x)$$

を満たす整式$q(x)$, $r(x)$が1組だけ存在する。ここで，degは次数を表す関数である。定数の次数は0であり，特に定数0の次数は不定と定義する。(☆)の等式は**恒等式**である。よって，$f(x)$, $g(x)$が具体的に与えられている問題では，$q(x)$の次数および$r(x)$の次数の上限が決まるので，**未定係数法**（係数比較法または数値代入法）が使える。

除法の原理の応用は多い。例えば以下のものがある。

- ユークリッドの互除法の証明。
- 「$x=1-\sqrt{2}$のとき，$f(x)=x^3+2x^2-4x-1$の値はいくらか」という問題を考えた場合，

  $$x=1-\sqrt{2}\Rightarrow(x-1)^2=2\Rightarrow x^2-2x-1=0\quad\cdots(*)$$

  である。整式$f(x)$を整式x^2-2x-1で割って（商と）余りを求めると

  $$f(x)=(x^2-2x-1)(x+4)+5x+3$$

  となるので，ここに$x=1-\sqrt{2}$を代入（そのとき$(*)$により$x^2-2x-1=0$となることに注意）して，

  $$\begin{aligned}f(1-\sqrt{2})&=5(1-\sqrt{2})+3\\&=8-5\sqrt{2}\end{aligned}$$

  が得られる（直接代入して計算するより楽である）。
- 2次の正方行列Xが具体的に与えられているとき，ケーリー・ハミルトンの定理を利用して，Xの高次式の計算を1次式の計算に帰着させる。

4　ユークリッドの互除法

2つの整数（または整式）の最大公約数を求める算法（アルゴリズム）。aとbの最大公約数を$(a,\ b)$で表すことにする。まず，除法の原理$a=bq+r\ (0\leqq r<b)$から，$(a,\ b)=(b,\ r)$に注意する。これは，$(a,\ b)$はb, rを割り切るので，$(a,\ b)\leqq(b,\ r)$，また，$(b,\ r)$はa, bを割り切るので$(b,\ r)\leqq(a,\ b)$となることからわかる。ここで次のように割算をくり返す。

$$
\begin{aligned}
a&=bq+r & 0&\leqq r<b\\
b&=rq_1+r_1 & 0&\leqq r_1<r\\
r&=r_1q_2+r_2 & 0&\leqq r_2<r_1\\
r_1&=r_2q_3+r_3 & 0&\leqq r_3<r_2\\
&\ \ \vdots & &\ \ \vdots
\end{aligned}
$$

すると，$r>r_1>r_2>r_3>\cdots\geqq 0$は単調減少列で，負にはならないので，いつか0になる。簡単に説明するため，$r_3=0$とすると

$$(a,\ b)=(b,\ r)=(r,\ r_1)=(r_1,\ r_2)=(r_2,\ r_3)=(r_2,\ 0)=r_2$$

よって，aとbの最大公約数はr_2と計算できる。また，割算の過程を逆にたどると，

$$
\begin{aligned}
r_2&=r-r_1q_2=r-(b-rq_1)q_2\\
&=(a-bq)-\{b-(a-bq)q_1\}q_2\\
&=a(1+q_1q_2)+b(-q-q_2-qq_1q_2)
\end{aligned}
$$

つまり，**aとbの最大公約数はaとbの1次結合で表せる。**

5　合同式

a, b, mを整数（$m\geqq 2$）とする。ここで，aとbをmで割った余りが等しい（$\Longleftrightarrow$ $a-b$がmの倍数である）とき，

$$\boldsymbol{a\equiv b\ (\mathrm{mod}\ m)}$$

と表す（aとbはmを法として合同，と読む）。特に$0\leqq b<m$ならば，これはaをmで割った余りがbであることを意味する。

いま$a\equiv b\ (\mathrm{mod}\ m)$，$c\equiv d\ (\mathrm{mod}\ m)$であるとき（以下mod mは省略），

$$
\begin{aligned}
&a+c\equiv b+d\\
&a-c\equiv b-d\\
&ac\equiv bd\\
&a^k\equiv b^k\ (k\text{は自然数})
\end{aligned}
$$

が成り立つ。つまり合同式≡では，加法・減法・乗法については等式＝と同様な計算ができる。

6　展開と因数分解

展開・因数分解に関して，まず以下のものは確実に使いこなせなければならない。

$(a+b)^2=a^2+2ab+b^2$　…①

$(a-b)^2=a^2-2ab+b^2$　…①′

$(a-b)(a+b)=a^2-b^2$　…②

$(ax+b)(cx+d)=acx^2+(ad+bc)x+bd$（いわゆる「たすき掛け」）…③

$(a+b)^3=a^3+3a^2b+3ab^2+b^3$　…④

$(a-b)^3=a^3-3a^2b+3ab^2-b^3$　…④′

$(a-b)(a^2+ab+b^2)=a^3-b^3$　…⑤

$(a+b)(a^2-ab+b^2)=a^3+b^3$　…⑤′

ここで①や④の一般化としての

$$(a+b)^n=a^n+{}_nC_1a^{n-1}b+{}_nC_2a^{n-2}b^2+\cdots+{}_nC_{n-1}ab^{n-1}+b^n$$
$$=\sum_{k=0}^{n}{}_nC_ka^{n-k}b^k \qquad \text{（二項定理）}$$

も重要公式である。②や⑤の一般化としての

$$a^n-b^n=(a-b)(a^{n-1}+a^{n-2}b+\cdots+ab^{n-2}+b^{n-1})$$
$$=(a-b)\sum_{k=0}^{n-1}a^{n-1-k}b^k$$

もおさえておきたい。また，

$(a+b+c)^2=a^2+b^2+c^2+2(ab+bc+ca)$　…⑥

もしばしば利用される公式である。

3次式の因数分解については，さらに

$a^3+b^3+c^3-3abc=(a+b+c)(a^2+b^2+c^2-ab-bc-ca)$　…⑦

も覚えておきたい。この右辺の第2因子は

$$a^2+b^2+c^2-ab-bc-ca=\frac{1}{2}\{(a-b)^2+(b-c)^2+(c-a)^2\}$$

と変形できるから，a，b，cが実数ならこの値は常に非負である。よって，

a，b，cが0以上ならば，⑦$\geqq 0$

が成り立つことがわかる。

例題6　式の値

$x+\dfrac{1}{x}=3$のとき，次の式の値を求めよ。

$$x^3+\frac{1}{x^3}$$

〈静岡県・静岡市〉

解答　18

解説　「与方程式をxについて解き，その値を与式に代入する」という解法だと計算量が多くなってしまう。公式$a^3+b^3=(a+b)(a^2-ab+b^2)$を使って与式を因数分解するか，$a^3+b^3=(a+b)^3-3ab(a+b)$という恒等式を使う。

$$(\text{与式})=\left(x+\frac{1}{x}\right)\left(x^2-1+\frac{1}{x^2}\right)=\left(x+\frac{1}{x}\right)\left\{\left(x+\frac{1}{x}\right)^2-3\right\}$$

$$=3(3^2-3)=18$$

参考　一般に

$$x^n+\frac{1}{x^n}=\left(x^{n-1}+\frac{1}{x^{n-1}}\right)\left(x+\frac{1}{x}\right)-\left(x^{n-2}+\frac{1}{x^{n-2}}\right)$$

が恒等的に成立するので，数学的帰納法により，$x^n+\dfrac{1}{x^n}$は$x+\dfrac{1}{x}$のn次式で表せる。

また，恒等式$\left(x-\dfrac{1}{x}\right)^2=\left(x+\dfrac{1}{x}\right)^2-4$が成り立つので，$x+\dfrac{1}{x}$の値が決まれば，$x-\dfrac{1}{x}$の値が得られ，

$$x^n-\frac{1}{x^n}=\left(x-\frac{1}{x}\right)\left(x^{n-1}+x^{n-3}+\cdots+\frac{1}{x^{n-3}}+\frac{1}{x^{n-1}}\right)$$

$$=\left(x-\frac{1}{x}\right)\left\{\left(x^{n-1}+\frac{1}{x^{n-1}}\right)+\left(x^{n-3}+\frac{1}{x^{n-3}}\right)+\cdots\right\}$$

も計算できる。

演習問題

1　★☆☆

整数nに対して，n^3+5nは6の倍数であることを証明せよ。

〈富山県〉

2　★★☆

x, y, zを自然数とし，$p=x^2+y^2+z^2$とする。このとき，次の(1), (2)を証明せよ。

(1)　x, y, zがいずれも3の倍数でないならば，pは3の倍数である。

(2)　x, y, z, pがすべて素数ならば，x, y, zのうち少なくとも1つは3である。

〈大阪府・大阪市〉

3　★★☆

99^{10}の下位5桁の数を求めよ。

〈埼玉県・さいたま市〉

4　★★★

Aさんは右の図に示すような計算をした。

8	…0段目
+7	…1段目
+5	…2段目

この計算の仕方は，8＋7の計算の繰り上がりを考えないように，一の位だけを計算結果として2段目に記入する。

その後，次頁の図1に示すように，

(n)段目の数＋$(n+1)$段目の数＝$(n+2)$段目の数

となるように計算をくり返していくと，15段目の数字は6となった。同様に，図2に示す8＋5の計算，図3に示す8＋1のいずれの計算でも，15段目の数字が6となった。

図1		
	8	0段目
	+7	1段目
	+5	2段目
	+2	3段目
	+7	4段目
	+9	5段目
	+6	6段目
	+5	7段目
	+1	8段目
	+6	9段目
	+7	10段目
	+3	11段目
	+0	12段目
	+3	13段目
	+3	14段目
	6	15段目

図2		
	8	0段目
	+5	1段目
	+3	2段目
	+8	3段目
	+1	4段目
	+9	5段目
	+0	6段目
	+9	7段目
	+9	8段目
	+8	9段目
	+7	10段目
	+5	11段目
	+2	12段目
	+7	13段目
	+9	14段目
	6	15段目

図3		
	8	0段目
	+1	1段目
	+9	2段目
	0	3段目
		4段目
	…	・
	…	・
	…	・
	…	・
	…	・
	…	・
	…	・
	…	・
	…	・
	…	・
	6	15段目

そこで，Aさんは，次のように推測した。

> 0段目の数字が8のとき　どんな数を足しても　15段目の数字は6になる。

この推測が，正しいかどうか説明せよ。

〈京都市〉

5 ★★☆

次の問題を読んで，後の各問いに答えよ。

> 問題：与えられた自然数 $N=p^lq^m$（［　　　　　　　　］で，l，mは0以上の整数）について，
> ①　Nの正の約数の個数を求めよ。
> ②　Nの正の約数の総和を求めよ。

(1)　上記問題の①のNの正の約数の個数が，$(l+m+1)(l+1)(m+1)$となるように，［　　　］に適する条件を書き，問題を完成させよ。

(2)　(1)の条件のもとで，②の問題を解け。

〈鳥取県〉

6 ★☆☆

1099と1727の最大公約数を求めよ。

〈愛媛県〉

7 ★★☆

$\dfrac{1}{a}+\dfrac{1}{b}+\dfrac{1}{c}=1$ を満たす1桁の正の整数 a, b, c で $100a+10b+c$ なる整数 d をつくる。整数 d は何個できるか。

〈愛媛県〉

8 ★★☆

$x^3+y^3+z^3=3$　…①

$x+y+z=3$　…②　が成り立つとき，次の各問いに答えよ。

(1)　$(y+z)(z+x)(x+y)$ の値を求めよ。

(2)　①と②を同時に満たす整数 x, y, z の値をすべて求めよ。

〈埼玉県・さいたま市〉

9 ★★☆

3つの自然数 x, y, z について，次の各問いに答えよ。ただし，$x \leqq y \leqq z$ とする。

(1)　3つの自然数 x, y, z を3辺の長さとする三角形ができる条件を求めよ。

(2)　$x+z=28$，$y=14$ のとき，3つの自然数 x, y, z を3辺の長さとする三角形はいくつできるか。

(3)　$x+y+z=42$ のとき，3つの自然数 x, y, z を3辺の長さとする三角形はいくつできるか。

〈長崎県〉

10 ★☆☆

x, y を1桁の自然数とするとき，等式 $\dfrac{10+x}{10x+y}=\dfrac{1}{y}$ を満たす $(x,\ y)$ の組は何通りあるか。

〈神奈川県・横浜市・川崎市〉

11 ★☆☆

連続した3つの正の奇数がある。そのうち，小さいほうの2数の平方の和は，一番大きい数の平方より65大きいという。これらの3つの数を求めよ。

〈高知県〉

12 ★★★

a, bを整数とするとき，次の2つの条件(i)，(ii)について，(i)と(ii)は同値であることを証明せよ。

(i)　a, bは互いに素である。すなわち，aと bの最大公約数は1である。

(ii)　$ax_0 + by_0 = 1$となる2つの整数 x_0，y_0が存在する。

〈大阪府・大阪市〉

13 ★★☆

次の各問いに答えよ。

(1)　5進法で表された数314を10進法で表せ。

(2)　10進法で表された数0.12を5進法で表せ。

(3)　10進法で表された正の数Nがある。Nを5進法で表すと，整数部分が2けたの循環小数 $xy.\dot{z}$となる。また，$N-1$を7進法で表すと，整数部分が2けたの循環小数 $zy.\dot{x}$となる。このとき，整数 x, y, zの値をすべて求めよ。

〈岡山県〉

14 ★☆☆

下の図は1目盛りが1cmの方眼紙である。次の各問いに答えよ。

(1)　この方眼紙を利用して，面積が5cm^2，10cm^{2}の正方形を作図せよ。

(2)　この方眼紙を利用して，面積が整数となる正方形を作図するとき，小さいものから順に7つ，その面積を書け。

(3)　中学校第3学年の平方根の学習において，A先生は(1)，(2)の学習活動を導入時に取り入れた。このような学習活動を行わせるねらいを書け。

目盛りの大きさは実数値と異なる

〈群馬県〉

15 ★☆☆

循環小数$0.\dot{2}\dot{4}=\dfrac{8}{33}$であることを，証明せよ。

〈愛媛県〉

16 ★☆☆

次の各問いに答えよ。

(1)　$x^2+4xy+3y^2-3x-7y+2$を因数分解せよ。

(2)　$(x+y):(x-y)=2:3$のとき，$x^2+10xy+25y^2$の値を求めよ。

〈北海道・札幌市〉

17 ★☆☆

次の文の空欄に当てはまる数値を答えよ。

$a+b+c=0$，$a^2+b^2+c^2=3$のとき，$(ab+bc+ca)^2$の値は（　①　）で，$a^4+b^4+c^4$の値は（　②　）である。

〈三重県〉

18 ★☆☆

整式 x^n-1を次の各式で割ったときの余りの整式を求めよ。(nは自然数とする)

(1)　$(x-1)(x-2)$

(2)　$(x-2)^2$

〈福井県〉

19 ★★☆

$(4x^3-2x^2+1)^3$を x^2-x+1で割ったときの余りを求めよ。

〈京都市〉

20 ★☆☆

関数$y=\left||x|-1\right|$のグラフをかけ。

〈山形県〉

1

数学的帰納法を用いる。

Ⅰ．$n=1$ のとき

$n^3+5n=6$

よって，6の倍数である。

Ⅱ．k が自然数のとき，$k^3+5k=6A$（A は整数）とすると，

$$(k+1)^3+5(k+1)$$
$$=k^3+5k+3k^2+3k+6$$
$$=6A+3k(k+1)+6$$

$k(k+1)$ は連続する2整数の積だから，2の倍数となるので $3k(k+1)$ は6の倍数である。よって，

$(k+1)^3+5(k+1)$

も6の倍数である。

Ⅲ．以上のことより，すべての自然数 n について，n^3+5n は6の倍数。

ところで，

$(-n)^3+5(-n)=-(n^3+5n)$

で，$n=0$ のときも明らかに6の倍数だから，すべての整数 n について，n^3+5n は6の倍数である。

（証明終わり）

解説

（別解）

$n\equiv 0 \pmod 6$ のとき（以下の合同式はすべてmod 6とする）　$n^3+5n\equiv 0$

$n\equiv\pm 1$ のとき　$n^3+5n\equiv\pm 6\equiv 0$

$n\equiv\pm 2$ のとき　$n^3+5n\equiv\pm 18\equiv 0$

$n\equiv 3$ のとき　$n^3+5n\equiv 42\equiv 0$

以上より，すべての整数 n について，n^3+5n は6の倍数である。

（証明終わり）

2

(1)　n を3の倍数でない自然数とすると，k を整数として

$n=3k\pm 1$

と表すことができ，このとき

$$n^2=9k^2\pm 6k+1$$
$$=3(3k^2\pm 2k)+1$$

となるので，n^2 を3で割ったときの余りは1である。よって，

x, y, z がいずれも3の倍数でないならば，x^2, y^2, z^2 をそれぞれ3で割ったときの余りはすべて1である。

したがって，

$x^2=3a+1,\ y^2=3b+1,\ z^2=3c+1$

（a, b, c は0以上の整数）と表されるので，

$p=x^2+y^2+z^2=3(a+b+c+1)$

であり，ここで $a+b+c+1$ は整数なので，p は3の倍数であることがいえる。

（証明終わり）

(2)　背理法を用いる。

$x\neq 3,\ y\neq 3,\ z\neq 3$ と仮定する。

このとき，x, y, z がすべて素数であることから，x, y, z はいずれも3の倍数でない。よって，(1)より，p は3の倍数である。

p が素数であることから，$p=3$　…①

一方，x, y, z がすべて素数だから，

$x\geqq 2,\ y\geqq 2,\ z\geqq 2$

ゆえに，

$p=x^2+y^2+z^2\geqq 2^2+2^2+2^2=12$ …②

①と②は明らかに矛盾しているので，x, y, z のうち少なくとも1つは3である。

（証明終わり）

3

49001

解説

$99=10^2-1$とみて二項定理を使う。

$$
\begin{aligned}
99^{10} &= (10^2-1)^{10}\\
&= \sum_{r=0}^{10} {}_{10}\mathrm{C}_r(-1)^{10-r}(10^2)^r\\
&\equiv \sum_{r=0}^{2} {}_{10}\mathrm{C}_r(-1)^{10-r}10^{2r} \quad (\mathrm{mod}\ 10^5)\\
&= 1-{}_{10}\mathrm{C}_1\cdot 10^2+{}_{10}\mathrm{C}_2\cdot 10^4\\
&= 1-10^3+45\cdot 10^4\\
&\equiv 1-10^3+5\cdot 10^4 \quad (\mathrm{mod}\ 10^5)\\
&= 49001
\end{aligned}
$$

4

$\boldsymbol{n}$段目の数(十の位以上も含める)を$\boldsymbol{a_n}$として，$\boldsymbol{a_1=x}$　とすると，

$$
\begin{aligned}
&\boldsymbol{a_0=8}\\
&\boldsymbol{a_1=x}\\
&\boldsymbol{a_2=8+x}\\
&\boldsymbol{a_3=8+2x}\\
&\boldsymbol{a_4=16+3x}\\
&\boldsymbol{a_5=24+5x}\\
&\boldsymbol{a_6=40+8x}\\
&\boldsymbol{a_7=64+13x}\\
&\boldsymbol{a_8=104+21x}\\
&\boldsymbol{a_9=168+34x}\\
&\boldsymbol{a_{10}=272+55x}\\
&\boldsymbol{a_{11}=440+89x}\\
&\boldsymbol{a_{12}=712+144x}\\
&\boldsymbol{a_{13}=1152+233x}\\
&\boldsymbol{a_{14}=1864+377x}\\
&\boldsymbol{a_{15}=301\underline{6}+610x}
\end{aligned}
$$

だから，$\boldsymbol{x}$の値にかかわらず，$\boldsymbol{a_{15}}$の一の位は6である。

解説

一の位だけ計算してもよい。つまり，10で割った余りに着目すると

$$
\begin{aligned}
&a_0\equiv 8\\
&a_1\equiv x\\
&a_2\equiv 8+x\\
&a_3\equiv 8+2x\\
&a_4\equiv 6+3x\\
&a_5\equiv 4+5x\\
&\quad\vdots\\
&a_{13}\equiv 2+3x\\
&a_{14}\equiv 4+7x\\
&a_{15}\equiv 6+0x=6
\end{aligned}
$$

となる。a_nをxの1次式とみて，xの係数列を$\{F_n\}$とすると

$$
\begin{aligned}
&F_1=F_2=1\\
&F_{n+2}=F_{n+1}+F_n
\end{aligned}
$$

となっている。これはフィボナッチ数列とよばれ，関連する問題がしばしば出題される(例えば，「3　方程式・不等式　演習問題6」や「16　実践問題29」)。いろいろな性質をもつ数列で，例えばF_{nk}はF_kで割り切れる。この場合F_{15}は$F_3=2$でも$F_5=5$でも割り切れるので10でも割り切れることがわかる。

5

(1)　**$\boldsymbol{p}$，$\boldsymbol{q}$の最大公約数を$\boldsymbol{r}$とすると，$\boldsymbol{\dfrac{p}{r}}$，$\boldsymbol{\dfrac{q}{r}}$，$\boldsymbol{r}$は異なる素数**

(2)　$\boldsymbol{\dfrac{(p^{l+1}-r^{l+1})(q^{m+1}-r^{m+1})(r^{l+m+1}-1)}{(p-r)(q-r)(r-1)r^{l+m}}}$

解説

(2)　$\dfrac{p}{r}=a$，$\dfrac{q}{r}=b$ とおくと，

$$
\begin{aligned}
N&=p^lq^m\\
&=(ar)^l(br)^m\\
&=a^l\cdot b^m\cdot r^{l+m}
\end{aligned}
$$

ここで，a，b，r は異なる素数なので，Nの正の約数の総和は

$$
\begin{aligned}
S=&(a^0+a^1+\cdots+a^l)\\
&(b^0+b^1+\cdots+b^m)\\
&(r^0+r^1+\cdots+r^{l+m})\\
=&\frac{1-a^{l+1}}{1-a}\cdot\frac{1-b^{m+1}}{1-b}\cdot\frac{1-r^{l+m+1}}{1-r}
\end{aligned}
$$

$$=\frac{1-\left(\frac{p}{r}\right)^{l+1}}{1-\left(\frac{p}{r}\right)}\cdot\frac{1-\left(\frac{q}{r}\right)^{m+1}}{1-\left(\frac{q}{r}\right)}\cdot\frac{1-r^{l+m+1}}{1-r}$$

$$=\frac{(p^{l+1}-r^{l+1})(q^{m+1}-r^{m+1})(r^{l+m+1}-1)}{(p-r)(q-r)(r-1)r^{l+m}}$$

6

157

解説

ユークリッドの互除法より，

$1727\div1099=1\cdots628$

$1099\div628=1\cdots471$

$628\div471=1\cdots157$

$471\div157=3$

7

10個

解説

$(a,\ b,\ c)$の組とdは1対1に対応するので，$(a,\ b,\ c)$の組が何通りあるかを数えればよい。ここで一旦$a\leqq b\leqq c$と仮定しよう。すると，まず

$$1=\frac{1}{a}+\frac{1}{b}+\frac{1}{c}\leqq\frac{1}{a}+\frac{1}{a}+\frac{1}{a}=\frac{3}{a}$$

$\therefore\quad a\leqq3$

となる。

(i)　$a=1$のとき

与式は$\frac{1}{b}+\frac{1}{c}=0$となり，これを満たす自然数$b$, cは存在しないので不適。

(ii)　$a=2$のとき

与式は$\frac{1}{b}+\frac{1}{c}=\frac{1}{2}$となる。

ここで$b\leqq c$より，

$\frac{1}{2}=\frac{1}{b}+\frac{1}{c}\leqq\frac{2}{b}\quad\therefore\quad b\leqq4$

となり，またcは正なので$b\geqq3$である。

$b=3$のとき，$\frac{1}{3}+\frac{1}{c}=\frac{1}{2}\quad\therefore\quad c=6$

$b=4$のとき，$\frac{1}{4}+\frac{1}{c}=\frac{1}{2}\quad\therefore\quad c=4$

(iii)　$a=3$のとき

与式は$\frac{1}{b}+\frac{1}{c}=\frac{2}{3}$となる。

ここで$b\leqq c$より，

$\frac{2}{3}=\frac{1}{b}+\frac{1}{c}\leqq\frac{2}{b}\quad\therefore\quad b\leqq3$

となり，さらに$3=a\leqq b$より$b=3$となる。

そして$b=3$のとき，$\frac{1}{3}+\frac{1}{c}=\frac{2}{3}$

$\therefore\quad c=3$

改めて$a\leqq b\leqq c$の仮定を除くと，a, b, cの3数の組み合わせは，

①順不同で2，3，6

②順不同で2，4，4

③順不同で3，3，3

のいずれかになる。

①の場合，a, b, cの決め方は

$3!=6$(通り)

②の場合，a, b, cの決め方は

$\frac{3!}{2!}=3$(通り)

③の場合，a, b, cの決め方は1通りなので，求める答えは

$6+3+1=10$(個)

である。

8

(1)　**8**

(2)　$(\boldsymbol{x},\ \boldsymbol{y},\ \boldsymbol{z})=(-5,\ 4,\ 4),\ (4,\ -5,\ 4),\ (4,\ 4,\ -5),\ (1,\ 1,\ 1)$

解説

(1)　$x^3+y^3+z^3=3\quad\cdots①$

$x+y+z=3\quad\cdots②$

$x^3+y^3+z^3-3xyz$

$=(x+y+z)(x^2+y^2+z^2-xy-yz-zx)$

$=(x+y+z)\{(x+y+z)^2-3(xy+yz+zx)\}$

①，②より

$3-3xyz=3\{9-3(xy+yz+zx)\}$

$3(xy+yz+zx)-xyz=8\quad\cdots③$

また，$y+z=3-x$, $z+x=3-y$,

$x+y=3-z$と①，②，③より，

$(y+z)(z+x)(x+y)$

$=(3-x)(3-y)(3-z)$

$=27-9(x+y+z)+3(xy+yz+zx)-xyz$

$=27-9\cdot3+8=8$

⑵　$(3-x)+(3-y)+(3-z)$

$=9-(x+y+z)$

$=9-3=6$ (∵　②)　…④

⑴の結果より，

$(3-x)(3-y)(3-z)=8$　…⑤

④，⑤より，

$3-x$	8	-1	-1	2
$3-y$	-1	8	-1	2
$3-z$	-1	-1	8	2

∴　$(x, y, z)=(-5, 4, 4)$,

$(4, -5, 4)$,

$(4, 4, -5)$,

$(1, 1, 1)$

9

⑴　$x+y>z$　　⑵　**7個**　　⑶　**37個**

解説

⑵　$x+14>z=28-x$ より，

$x>7$

$x\leqq y=14$より，

x	8	9	10	11	12	13	14
y	14	14	14	14	14	14	14
z	20	19	18	17	16	15	14

以上7個

⑶　$x+y+z=42$, $x+y+z\leqq3z$ より，

$z\geqq14$

また，$z<x+y=42-z$ より，

$z<21$

したがって，$14\leqq z<21$

よってzの最大値は20なので，条件から$x\geqq2$が保証される。

(イ)　$z=14$のとき，

$x+y=28$, $x+y\leqq2y$より，

$y\geqq14$

$y\leqq z=14$より，$y=14$, $x=14$

以上，1個

(ロ)　$z=15$のとき，

$x+y=27$, $x+y\leqq2y$より

$y\geqq\dfrac{27}{2}$

$y\leqq z=15$より，$y=14$, 15

x	13	12
y	14	15
z	15	15

以上，2個

(ハ)　$z=16$のとき，

$x+y=26$, $x+y\leqq2y$より $y\geqq13$

$y\leqq z=16$より，$13\leqq y\leqq16$

x	13	12	11	10
y	13	14	15	16
z	16	16	16	16

以上，4個

一般に $\dfrac{42-z}{2}\leqq y\leqq z$なので，以下，

$z=17$　のとき，5個

$z=18$　のとき，7個

$z=19$　のとき，8個

$z=20$　のとき，10個

以上のことより，全部で37個

10

3通り

解説

与式より，

$(10+x)y=10x+y$

$xy-10x+9y=0$

$(x+9)(y-10)=-90$

x, yは1桁の自然数だから，

$10\leqq x+9\leqq18$, $-9\leqq y-10\leqq-1$

$x+9$	10	15	18
$y-10$	-9	-6	-5

∴

x	1	6	9
y	1	4	5

以上より，$(x, y)=(1, 1), (6, 4), (9, 5)$ の3通り。

11

11，13，15

解説

連続した3つの正の奇数を $2n-1$，$2n+1$，$2n+3$ とすると，仮定より，

$$(2n-1)^2+(2n+1)^2=(2n+3)^2+65$$

$$n^2-3n-18=0$$

$$(n+3)(n-6)=0$$

$2n-1>0$ より，$n>\dfrac{1}{2}$

よって，$n+3>\dfrac{7}{2}$　だから

$n-6=0$

$\therefore\ \ n=6$

したがって，求める3つの正の奇数は，

11，13，15

12

$\boldsymbol{Z}$を整数の集合とし，

$$\boldsymbol{J}=\{\boldsymbol{ax}+\boldsymbol{by}\mid \boldsymbol{x},\ \boldsymbol{y}\in\boldsymbol{Z}\}$$

とおく。定義から，$\boldsymbol{J}$は和と整数倍について閉じている。また，$\boldsymbol{a}\in\boldsymbol{J}$，$\boldsymbol{b}\in\boldsymbol{J}$である。

(Ⅰ)　(ⅰ)⇒(ⅱ)の証明

$\boldsymbol{a}$，$\boldsymbol{b}$は互いに素なので，少なくとも一方は$\boldsymbol{0}$でない。よって，$\boldsymbol{J}$は$\boldsymbol{0}$以外の元をもつ。$\boldsymbol{J}$は正の元をもつので$\boldsymbol{J}$の正の元のうち最小のものを$\boldsymbol{d}$とおく。この$\boldsymbol{d}$が$\boldsymbol{1}$に等しいことを示せばよい。

任意の$\boldsymbol{m}\in\boldsymbol{J}$に対して，$\boldsymbol{m}$を$\boldsymbol{d}$で割った商を$\boldsymbol{q}$，余りを$\boldsymbol{r}(0\leqq \boldsymbol{r}\leqq \boldsymbol{d}-1)$とおく。すると，$\boldsymbol{J}$は和と整数倍について閉じているので，

$$\boldsymbol{m}-\boldsymbol{qd}=\boldsymbol{r}\in\boldsymbol{J}$$

となる。ここで$\boldsymbol{d}$の最小性から，$\boldsymbol{r}=0$でなくてはならない。以上により，$\boldsymbol{J}$の元はすべて$\boldsymbol{d}$の倍数になっていることがわかる。

ところで，$\boldsymbol{a}$も$\boldsymbol{b}$も$\boldsymbol{J}$の元であるから，$\boldsymbol{d}$は$\boldsymbol{a}$と$\boldsymbol{b}$の公約数である。いま$\boldsymbol{a}$と$\boldsymbol{b}$は互いに素なので，$\boldsymbol{d}=1$でなくてはならない。よって，(ⅰ)⇒(ⅱ)が示された。

(Ⅱ)　(ⅱ)⇒(ⅰ)の証明

対偶を示す。いま$\boldsymbol{a}$，$\boldsymbol{b}$が互いに素でないと仮定する。

$\boldsymbol{a}$，$\boldsymbol{b}$の最大公約数を$\boldsymbol{g}(\boldsymbol{g}\geqq 2)$とすると，

$\boldsymbol{a}=\boldsymbol{a'g}$，$\boldsymbol{b}=\boldsymbol{b'g}$（$\boldsymbol{a'}$，$\boldsymbol{b'}$は整数）

と書けるので，任意の整数$\boldsymbol{x}$，$\boldsymbol{y}$に対して，

$$\boldsymbol{ax}+\boldsymbol{by}=(\boldsymbol{a'x}+\boldsymbol{b'y})\boldsymbol{g}$$

は$\boldsymbol{g}$の倍数である。$\boldsymbol{g}\geqq 2$なので，これが$\boldsymbol{1}$になることはない。よって，(ⅱ)⇒(ⅰ)が示された。

以上，(Ⅰ)(Ⅱ)により，(ⅰ)と(ⅱ)が同値であることが示された。

（証明終わり）

補足

(ⅰ)⇒(ⅱ)の証明について他の方法も紹介しておこう。

まず先に述べた証明を環論の言葉で書くと次のようになる。

(ⅰ)⇒(ⅱ)の別証明①

整数環Zにおいて，aとbにより生成されるイデアルをJとおく。Zは単項イデアル整域であるから，ある元$d(>0)$によって$J=dZ$と書ける。つまりaとbはともにdの倍数となるが，aとbは互いに素なので，$d=1$でなくてはならない。よって，$J=Z$となるので，(ⅰ)⇒(ⅱ)が示された。

(ⅰ)⇒(ⅱ)の別証明②

a，bを非負としても一般性を失わない。$a=0$ならば$b=1$になる（$\because$　aとbは互いに素）ので，$1=b\in J$がいえる。また$a=1$であれば$1=a\in J$であるから証明することはない。そこで$a\geqq 2$とする。

このとき，a個の整数$kb\ (1\leqq k\leqq a)$をaで割ったときの余りはすべて異なる。実際，$1\leqq i\leqq a$，$1\leqq j\leqq a$としてibとjbを aで割っ

たときの余りが等しいとすると,
$ib-jb=(i-j)b$は aで割り切れ, いま aと bは互いに素だから, $i-j$は aの倍数である。すると i, jのとり方から $i=j$となるしかない。

よって, a個の整数 kb ($1\leqq k\leqq a$) を a で割ったときの余りは順不同で0, 1, …, $a-1$となる。特に, これら a個の整数のなかに, aで割ると1余るものがある。それを lbとおくと,

$$lb=qa+1$$

を満たす整数 qがとれる。このとき,

$$1=(-q)a+lb\in J$$

となるので, (i)⇒(ii)が示された。

(i)⇒(ii)の別証明③

互除法のシステムを具体的に述べればよい。要点Check!参照。

13

(1)　**84**　　(2)　**$0.03_{(5)}$**

(3)　**$(x,\ y,\ z)=(3,\ 0,\ 2),\ (3,\ 1,\ 2)$**
$(3,\ 2,\ 2),\ (3,\ 3,\ 2)$
$(3,\ 4,\ 2)$

解説

(1)　$314_{(5)}=3\times5^2+1\times5+4=84$

(2)　$0.12=\dfrac{12}{100}=\dfrac{3}{25}=\dfrac{3}{5^2}=0.03_{(5)}$

(3)　$N=xy.\dot{z}_{(5)}$

$$=5x+y+\frac{1}{5}z+\left(\frac{1}{5}\right)^2z+\left(\frac{1}{5}\right)^3z+\cdots$$

$$=5x+y+\frac{\frac{1}{5}z}{1-\frac{1}{5}}$$

$$=5x+y+\frac{1}{4}z\quad\cdots①$$

$N-1=zy.\dot{x}_{(7)}$

$$=7z+y+\frac{1}{7}x+\left(\frac{1}{7}\right)^2x+\left(\frac{1}{7}\right)^3x+\cdots$$

$$=7z+y+\frac{1}{6}x\quad\cdots②$$

①, ②より Nを消去すると,

$$5x+y+\frac{1}{4}z=7z+y+\frac{1}{6}x+1$$

整理して,

$$58x-81z=12\quad\cdots③$$

$0\leqq x,\ y,\ z\leqq4$で, $x,\ z\neq0$なので③より, $z=2,\ 4$

(i)　$z=2$のとき
$x=3$
$y=0,\ 1,\ 2,\ 3,\ 4$

(ii)　$z=4$のとき
xは整数とならず不適

よって, 解答のようになる。

14

(1)

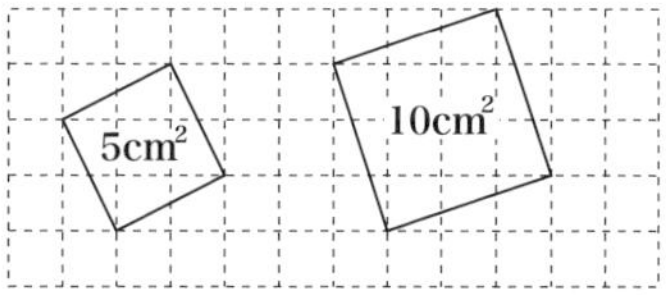

(2)　**$1\text{cm}^2,\ 2\text{cm}^2,\ 4\text{cm}^2,\ 5\text{cm}^2,\ 8\text{cm}^2,\ 9\text{cm}^2,\ 10\text{cm}^2$**

(3)　**有理数から無理数へ数の拡張をする。**

解説

(1)　面積が 5cm^2より, 1辺の長さが $\sqrt{5}$の正方形を考える。$\sqrt{5}=\sqrt{1^2+2^2}$より, 1辺を上図のようにとって正方形をつくる。
10cm^2の場合も同様に考える。

(2)　$0\leqq y\leqq x$の範囲で原点に近い格子点を選ぶ。
$(1,\ 0),\ (1,\ 1),\ (2,\ 0),\ (2,\ 1),\ (2,\ 2),\ (3,\ 0),\ (3,\ 1)$

15

$x=0.\dot{2}\dot{4}$　…①とする。

両辺を100倍すると,

$100x=24.\dot{2}\dot{4}$　…②

②−①より

$$99\boldsymbol{x}=24$$

$$\boldsymbol{x}=\frac{8}{33}$$

（証明終わり）

16

(1) $(\boldsymbol{x}+\boldsymbol{y}-2)(\boldsymbol{x}+3\boldsymbol{y}-1)$

(2) 0

解説

(2) $(x+y):(x-y)=2:3$ より,

$$3(x+y)=2(x-y)$$

$$\therefore\ x+5y=0$$

したがって,

$$x^2+10xy+25y^2=(x+5y)^2=0$$

17

① $\dfrac{9}{4}$　　② $\dfrac{9}{2}$

解説

3つの文字a, b, cについて, 恒等式

$$(a+b+c)^2=a^2+b^2+c^2+2(ab+bc+ca)$$

が成り立つので, 設問の場合は

$$0=3+2(ab+bc+ca)$$

$$\therefore\ ab+bc+ca=-\frac{3}{2}$$

$$\therefore\ (ab+bc+ca)^2=\frac{9}{4}$$

さらに,

$$(a^2+b^2+c^2)^2=a^4+b^4+c^4+2(a^2b^2+b^2c^2+c^2a^2)\ \cdots①$$

一方, 設問の場合,

$$(ab+bc+ca)^2=a^2b^2+b^2c^2+c^2a^2+2(ab^2c+abc^2+a^2bc)$$
$$=a^2b^2+b^2c^2+c^2a^2+2abc(a+b+c)$$
$$=a^2b^2+b^2c^2+c^2a^2$$

が成り立つので,

$$a^2b^2+b^2c^2+c^2a^2=\frac{9}{4}$$

よって, これを①に代入して,

$$3^2=a^4+b^4+c^4+2\cdot\frac{9}{4}$$

$$\therefore\ a^4+b^4+c^4=\frac{9}{2}$$

18

(1) $(\boldsymbol{2^n}-1)(\boldsymbol{x}-1)$

(2) $\boldsymbol{n}\cdot 2^{\boldsymbol{n}-1}\boldsymbol{x}+(1-\boldsymbol{n})2^{\boldsymbol{n}}-1$

解説

(1) $x^n-1=(x-1)(x-2)Q_1(x)+ax+b$

とすると, $x=1$ を代入して,

$$0=a+b\ \cdots①$$

$x=2$ を代入して,

$$2^n-1=2a+b\ \cdots②$$

①, ②を解いて,

$$a=2^n-1,\ b=-(2^n-1)$$

よって, 求める余りの整式は,

$$(2^n-1)(x-1)$$

(2) $x^n-1=(x-2)^2Q_2(x)+px+q\ \cdots③$

とすると, $x=2$ を代入して,

$$2^n-1=2p+q\ \cdots④$$

③の両辺を, xで微分すると,

$$nx^{n-1}=2(x-2)Q_2(x)+(x-2)^2Q_2'(x)+p$$

$x=2$ を代入して,

$$n\cdot 2^{n-1}=p\ \cdots⑤$$

④, ⑤を解いて,

$$p=n\cdot 2^{n-1},\ q=(1-n)2^n-1$$

よって, 求める余りの整式は,

$$n\cdot 2^{n-1}x+(1-n)2^n-1$$

(別解)

(2) $x^n-1=\{(x-2)+2\}^n-1$として, これを二項定理を用いて展開すると,

$$x^n-1=\sum_{k=0}^{n}{}_n\mathrm{C}_k2^{n-k}(x-2)^k-1$$

となる。ここでΣの中身について, $k\geqq 2$の項はすべて$(x-2)^2$で割り切れるので, 与式を$(x-2)^2$で割った余りは

$$\sum_{k=0}^{1}{}_n\mathrm{C}_k2^{n-k}(x-2)^k-1$$

$=1\cdot 2^n+n\cdot 2^{n-1}(x-2)-1$

$=n\cdot 2^{n-1}x+(1-n)2^n-1$

である。

19

$-18x+19$

解説

$x^2-x+1=A$ とすると,

$4x^3-2x^2+1=A(4x+2)-(2x+1)$

より

$(4x^3-2x^2+1)^3$

$=\{A(4x+2)-(2x+1)\}^3$

$=AQ-(2x+1)^3$　(Qは整式)

また,

$(2x+1)^3=8x^3+12x^2+6x+1$

$=A(8x+20)+18x-19$

だから,

$(4x^3-2x^2+1)^3$

$=A\{Q-(8x+20)\}-18x+19$

したがって, 求める余りは,

$-18x+19$

20

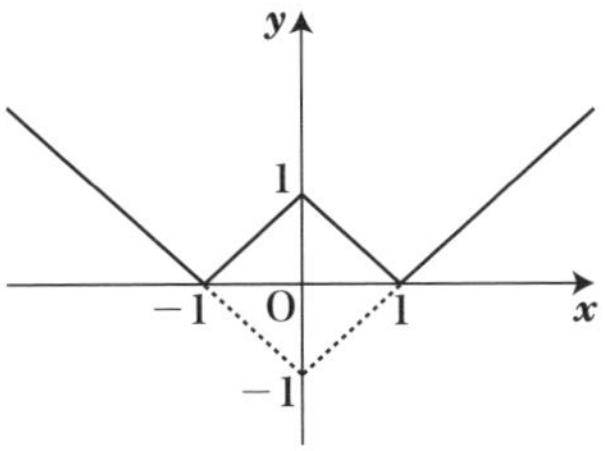

解説

・$x\geqq 0$　のとき

$$y=|x-1|=\begin{cases}x-1\,(x\geqq 1)\\ -x+1\,(0\leqq x<1)\end{cases}$$

・$x<0$　のとき

$$y=|-x-1|=\begin{cases}x+1\,(-1\leqq x<0)\\ -x-1\,(x<-1)\end{cases}$$

3 方程式・不等式

傾向と対策

本章では，実数係数の有理式および無理式の方程式・不等式を扱う。解の範囲は複素数までとするが，虚数には大小関係がないので，不等式で扱う数は必然的に実数である。1次関数，2次関数の知識は前提となる。この分野から出題される問題の主なキーワードとしては，次のものが挙げられる。

・2次関数のグラフ（主要項，軸），2次方程式，2次不等式，判別式
・解と係数の関係，解の配置（分離）
・高次方程式，因数定理（組立除法），複2次方程式，相反方程式
・無理方程式・不等式，分数方程式・不等式
・連立方程式，連立不等式
・方程式と恒等式，絶対不等式（相加・相乗平均の関係など）

要点Check!

1　2次方程式の解の公式と判別式

xの2次方程式 $ax^2+bx+c=0\ (a\neq 0)$　…★は，これを平方完成して

$$\left(x+\frac{b}{2a}\right)^2=\frac{b^2-4ac}{4a^2}$$

と変形することにより，

$$\boldsymbol{x=\frac{-b\pm\sqrt{b^2-4ac}}{2a}}$$

を解にもつことがわかる。これが2次方程式の**解の公式**である。ルートの中身を$\boldsymbol{D=b^2-4ac}$とおくと，

$D>0 \Longleftrightarrow$ ★は異なる2つの実数解をもつ
$D=0 \Longleftrightarrow$ ★は（実数の）重解をもつ
$D<0 \Longleftrightarrow$ ★は異なる2つの虚数解をもつ

ということがわかる。Dを2次方程式★の**判別式**という。

なお，bが偶数である場合は，

$ax^2+2b'x+c=0\ (a\neq 0)$ の解は $x=\dfrac{-b'\pm\sqrt{b'^2-ac}}{a}$，$\dfrac{D}{4}=b'^2-ac$

となることを利用すると便利である。

方程式 $f(x)=g(x)$ の実数解は，2つの曲線 $y=f(x)$，$y=g(x)$ の共有点の x 座標に他ならない。よって，当然ながら

(方程式 $f(x)=g(x)$ の異なる実数解の個数)

＝(2曲線 $y=f(x)$，$y=g(x)$ の共有点の個数)

が成り立つ。

よって，例えば放物線 $y=ax^2+bx+c$ と直線 $y=px+q$ の位置関係（2点で交わる・接する・共有点をもたない）を調べるには，2次方程式 $ax^2+bx+c=px+q$ の判別式の符号を調べればよい。

例題1　**2次方程式が重解をもつ条件**

x についての2次方程式 $2x^2+2(k-1)x+k+3=0$ が重解をもつように，定数 k の値を求めよ。

〈茨城県〉

解答　$k=-1,\ 5$

解説　2次方程式の判別式を D とすると求める条件は，$D=0$

$$\frac{D}{4}=(k-1)^2-2(k+3)=k^2-4k-5=(k+1)(k-5)$$

よって，$k=-1$ または 5

例題2　**分数関数の値域**

$y=\dfrac{2x+1}{x^2+x+1}$ の値域を求めよ。ただし，x は実数とする。

解答　$|y|\leqq\dfrac{2\sqrt{3}}{3}$

解説　y がある値をとるということは，x についての方程式

$$y(x^2+x+1)-(2x+1)=0$$

$$\therefore\ \ yx^2+(y-2)x+y-1=0 \quad \cdots ①$$

が実数解をもつことと同値である。$y=0$ のとき，①は1次方程式で，実数解 $x=-\dfrac{1}{2}$ をもつ。$y\neq 0$ のとき，①は2次方程式である。判別式を D とすると

$$D=(y-2)^2-4y(y-1)=-3y^2+4$$

$D\geqq 0$ より $|y|\leqq\dfrac{2\sqrt{3}}{3}$

これは $y=0$ を含むので求める値域である。

2 解と係数の関係

xのn次方程式 $f(x)=0$は，複素数の範囲で（重複度をこめて）n個の解をもつ（代数学の基本定理）。それらn個の解をα_1，α_2，…，α_nとおけば，

$$f(x)=a(x-\alpha_1)(x-\alpha_2)\cdots(x-\alpha_n)$$

と因数分解できる（aは $f(x)$ のn次の項の係数）。右辺を展開して両辺の係数を比較することにより解と係数の関係が得られる。例えば，

α，βが2次方程式 $ax^2+bx+c=0$の2解

$$\Longleftrightarrow \boldsymbol{\alpha+\beta=-\frac{b}{a},\ \alpha\beta=\frac{c}{a}}$$

α，β，γが3次方程式 $ax^3+bx^2+cx+d=0$の3解

$$\Longleftrightarrow \boldsymbol{\alpha+\beta+\gamma=-\frac{b}{a},\ \alpha\beta+\beta\gamma+\gamma\alpha=\frac{c}{a},\ \alpha\beta\gamma=-\frac{d}{a}}$$

が成り立つ。

3 対称式

式中の任意の2つの文字を入れ替えても変わらない式を対称式という。例えば，$\alpha^2+\beta^2-\alpha\beta$は，$\alpha$と$\beta$を入れ替えると$\beta^2+\alpha^2-\beta\alpha$となり，元の式と同じになるので対称式である。

2つの文字，α，βの対称式のうち，

$\alpha+\beta$，$\alpha\beta$　の2つ

を基本対称式という。一般に，対称式は基本対称式の式として表すことができる。例えば，

$$\alpha^2+\beta^2-\alpha\beta=(\alpha+\beta)^2-3\alpha\beta$$

$$(\alpha+2)(\beta+2)=\alpha\beta+2(\alpha+\beta)+4$$

$$\frac{1}{\alpha}+\frac{1}{\beta}=\frac{\alpha+\beta}{\alpha\beta}$$

のようになる。

2次方程式 $ax^2+bx+c=0$の2解をα，βとすると，2解の差の2乗$(\beta-\alpha)^2$は対称式なので，基本対称式$\alpha+\beta$，$\alpha\beta$で表すことができ，さらに解と係数の関係を用いることにより，

$$\begin{aligned}(\beta-\alpha)^2&=(\alpha+\beta)^2-4\alpha\beta\\&=\left(-\frac{b}{a}\right)^2-4\cdot\frac{c}{a}\\&=\frac{b^2-4ac}{a^2}\end{aligned}$$

と書ける。

なお，3つの文字α，β，γの式については，

$\alpha+\beta+\gamma$，$\alpha\beta+\beta\gamma+\gamma\alpha$，$\alpha\beta\gamma$

の3つが基本対称式である。

例題3　対称式の計算

2次方程式$3x^2+6x+1=0$の2つの解をα，βとするとき，次の各問いに答えよ。

(1)　$\left(1+\dfrac{1}{\alpha}\right)\left(1+\dfrac{1}{\beta}\right)$の値を求めよ。

(2)　$1+\dfrac{1}{\alpha}$と$1+\dfrac{1}{\beta}$を2解にもつ2次方程式で，2次の係数が1であるものを作れ。

解答　(1)　-2

(2)　$x^2+4x-2=0$

解説　まず，解と係数の関係から$\alpha+\beta=-\dfrac{6}{3}=-2$，$\alpha\beta=\dfrac{1}{3}$である。

(1)　与式はαとβの対称式なので，これを基本対称式で表すことにより，

$$
\begin{aligned}
(\text{与式})&=1+\frac{1}{\alpha}+\frac{1}{\beta}+\frac{1}{\alpha\beta}\\
&=1+\frac{\alpha+\beta}{\alpha\beta}+\frac{1}{\alpha\beta}\\
&=1+\frac{-2}{\frac{1}{3}}+\frac{1}{\frac{1}{3}}\\
&=1+(-2)\cdot3+3\\
&=-2
\end{aligned}
$$

となる。

(2)　$\alpha'=1+\dfrac{1}{\alpha}$，$\beta'=1+\dfrac{1}{\beta}$　とおく。

すると，

$$
\begin{aligned}
\alpha'+\beta'&=1+\frac{1}{\alpha}+1+\frac{1}{\beta}\\
&=2+\frac{\alpha+\beta}{\alpha\beta}\\
&=2-6=-4
\end{aligned}
$$

であり，また(1)の結果から

$\alpha'\beta'=-2$

である。

よって，α'とβ'を2解とする2次方程式で2次の係数が1であるものは

$x^2-(-4)x+(-2)=0$　すなわち　$x^2+4x-2=0$

である。

例題4　2次方程式の解の配置

2次方程式 $x^2+bx+c=0$が1より大きい2つの異なる実数解をもつ条件を求めよ。ただし，b, cは実数とする。

解答 $b^2-4c>0$　かつ　$b+2<0$　かつ　$c+b+1>0$

解説 与方程式の判別式をD, 2解をα，βとすると，求める条件は

$$\begin{cases} D>0 \\ (\alpha-1)+(\beta-1)>0 \\ (\alpha-1)(\beta-1)>0 \end{cases} \iff \begin{cases} b^2-4c>0 \\ b+2<0 \\ c+b+1>0 \end{cases}$$

補足 2次関数のグラフを考えてもよい。方程式の左辺を$f(x)$とおくと，求める条件は，$D>0$，軸>1，$f(1)>0$で，上記と同じになる。

もし，この例題が「2つの実数解が1以上4以下」だったら，グラフを考えた方が早い。重解も2つと考えるならば，求める条件は次のようになる。

$$\begin{cases} D\geqq 0 \\ 1\leqq \text{軸} \leqq 4 \\ f(1)\geqq 0 \\ f(4)\geqq 0 \end{cases}$$

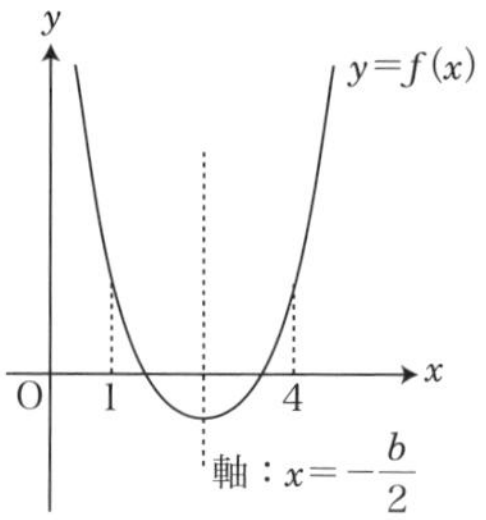

4　高次方程式

一般の高次方程式を解くのは容易ではない。ということは，出題されるのは比較的容易に解けるものだといえる。通常，次の手法をとることにより解ける問題が多い。

- 因数定理「$f(\alpha)=0 \iff f(x)$ は$x-\alpha$で割り切れる」を使う。
- 係数の特別な関係に着目し，より低次な方程式に帰着させる。
- 実数係数の高次方程式 $f(x)=0$が虚数解$\alpha=a+bi$ (a, bは実数で$b\neq 0$)をもてば，その共役複素数$\overline{\alpha}=a-bi$も解であることを利用する。

$\because\ f(\alpha)=0 \Longrightarrow f(\overline{\alpha})=\overline{f(\alpha)}=\overline{0}=0$

整数係数のn次方程式

$$x^n+c_1x^{n-1}+\cdots+c_{n-1}x+c_n=0$$

が整数解をもてば，それは±（c_nの約数）であり，

$$c_0x^n+c_1x^{n-1}+\cdots+c_{n-1}x+c_n=0$$

が有理数解をもてば，それは$\pm\dfrac{c_n\text{の約数}}{c_0\text{の約数}}$という形である。

例題5　因数定理の利用

方程式$2x^4+5x^3-5x^2-5x+3=0$を解け。

〈茨城県〉

解答　$x=1,\ -1,\ -3,\ \dfrac{1}{2}$

解説　方程式の左辺を$f(x)$とおくと，$f(\pm 1)=0$，$f(-3)=0$，$f\left(\dfrac{1}{2}\right)=0$

4次方程式の解は4個なので，求める解は，$1,\ -1,\ -3,\ \dfrac{1}{2}$

補足　$f(\pm 1)=0$がわかれば，$f(x)$をx^2-1で割った商は2次式なので割算を実行してもよい。$f(1)=0$だけ見つかったときでも，組立除法をくり返せばよい。

$$
\begin{array}{rrr|rrrrr}
 & & & 2 & 5 & -3 & & \\ \hline
1 & 0 & -1 & 2 & 5 & -5 & -5 & 3 \\
 & & & 2 & 0 & -2 & & \\ \hline
 & & & & 5 & -3 & -5 & \\
 & & & & 5 & 0 & -5 & \\ \hline
 & & & & & -3 & 0 & 3 \\
 & & & & & -3 & 0 & 3 \\ \hline
 & & & & & & & 0
\end{array}
\qquad
\begin{array}{r|rrrrr}
1 & 2 & 5 & -5 & -5 & 3 \\
 & & 2 & 7 & 2 & -3 \\ \hline
-1 & 2 & 7 & 2 & -3 & 0 \\
 & & -2 & -5 & 3 & \\ \hline
 & 2 & 5 & -3 & 0 &
\end{array}
$$

残る2次方程式$2x^2+5x-3=0$はたすき掛けで，場合によっては解の公式で，解く。

奇数次の項のない4次方程式（**複2次方程式**）

$ax^4+bx^2+c=0$

は，次のようにして解ける。

・$b^2-4ac<0$ の場合，2次の項を加減して因数分解する。例えば

$$x^4+x^2+1=x^4+\underline{2x^2}+1\underline{-x^2}=(x^2+1)^2-x^2$$
$$=(x^2+x+1)(x^2-x+1)$$

・$b^2-4ac\geqq 0$ の場合，$x^2=t$ とおいて t についての2次方程式を解き，続けて $x^2=t$ という x についての実数係数の2次方程式を解く。

また，係数が左右対称な方程式（**相反方程式**）も，置き換えにより，より低次な方程式に帰着できる。

例題6　相反方程式

方程式 $x^4-x^3+x^2-x+1=0$ を解け。

解答　$x=\dfrac{1+\sqrt{5}}{4}\pm\dfrac{\sqrt{10-2\sqrt{5}}}{4}i,\ \dfrac{1-\sqrt{5}}{4}\pm\dfrac{\sqrt{10+2\sqrt{5}}}{4}i$

解説　$x=0$ は解ではないので，両辺を x^2 で割ると

$$x^2-x+1-\frac{1}{x}+\frac{1}{x^2}=0$$

$x+\dfrac{1}{x}=t$　…①とおくと

$$t^2-t-1=0\quad\therefore\quad t=\frac{1\pm\sqrt{5}}{2}$$

①より，$x^2-tx+1=0$

よって，

$$x=\frac{t\pm\sqrt{t^2-4}}{2}=\frac{t\pm\sqrt{t-3}}{2}$$

$$\therefore\quad x=\frac{1+\sqrt{5}}{4}\pm\frac{\sqrt{10-2\sqrt{5}}}{4}i,\ \frac{1-\sqrt{5}}{4}\pm\frac{\sqrt{10+2\sqrt{5}}}{4}i$$

参考　$(x+1)(x^4-x^3+x^2-x+1)=x^5+1$ なので，本問の解は -1 の虚数5乗根となっている。

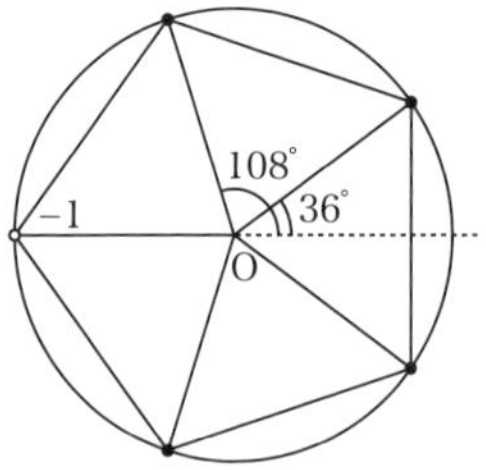

5　方程式の共通解

α が $f(x)=0$ と $g(x)=0$ の共通解ならば，α は $Af(x)+Bg(x)=0$ の解でもある。

$$f(\alpha)=0 \text{かつ} g(\alpha)=0 \Rightarrow Af(\alpha)+Bg(\alpha)=0$$

より自明の命題である。A, B は式でもよい。A, B をうまく選んで $Af(x)+Bg(x)=0$ という方程式を簡単にできれば，**必要条件**としての共通解が求まる。A, B の選び方として，最高次の項や定数項を消去することが多い。例えば，f, g がともに2次式ならば，$f(x)=0$ と $g(x)=0$ を何倍かして辺々引き算することにより2次の項を消去する。

$$\begin{cases} f(x)=0 \\ g(x)=0 \end{cases} \iff \begin{cases} f(x)-g(x)=0 & \cdots① \\ f(x)=0 & \cdots② \end{cases}$$
（②は $g(x)=0$ でもよい）

①が1次方程式になったとすると，その解 α が必要条件となる。あとは，実際に解になっているかどうか試せばよい（**十分性の確認**）。つまり，α が②の解かどうか調べる。②がないと，上記の式で⇐が成り立たないことに注意する。

同様の考え方により，2つの曲線 $f(x, y)=0$ と $g(x, y)=0$ が共有点をもつならば，$Af(x, y)+Bg(x, y)=0$ という曲線は両曲線のすべての共有点を通る。このような曲線の集合を**束**《そく》という。

・2円 $x^2+y^2+ax+by+c=0$ と $x^2+y^2+a'x+b'y+c'=0$ とが交わるならば

$$(a-a')x+(b-b')y+(c-c')=0$$

は，共通弦の方程式である。

・空間の直線 l の方程式が

$$\frac{x-x_0}{a}=\frac{y-y_0}{b}=\frac{z-z_0}{c}$$

で与えられているとき，l は，2平面

$$P_1 : \frac{x-x_0}{a}=\frac{y-y_0}{b} \qquad P_2 : \frac{y-y_0}{b}=\frac{z-z_0}{c}$$

の交線である。よって l を含む任意の平面の方程式は，A, B を定数として

$$A\left(\frac{x-x_0}{a}-\frac{y-y_0}{b}\right)+B\left(\frac{y-y_0}{b}-\frac{z-z_0}{c}\right)=0$$

と表せる。特に，例えば P_1 自身を表す必要がなければ

$$A\left(\frac{x-x_0}{a}-\frac{y-y_0}{b}\right)+\left(\frac{y-y_0}{b}-\frac{z-z_0}{c}\right)=0$$

でよい。

6 無理方程式・不等式，分数方程式・不等式

方程式が分数式を含む場合，分母は0でない，として問題を解く。これは問題成立の前提条件である。指導上は，「関数 $f(x)=\dfrac{1}{x}$ の定義域は0を除く実数全体」と考えておく。

無理方程式・不等式を解くときは，式変形の同値性に注意しなくてはいけない。例えば不等式「$\sqrt{f(x)}<g(x)$」を解くのに，両辺を2乗して「$f(x)<\{g(x)\}^2$」を考えるだけでは不十分であり，正しくは

$$\sqrt{f(x)}<g(x) \iff \begin{cases} f(x) \geqq 0 & \text{(問題成立の前提条件)} \\ g(x)>0 & \text{(必要条件)} \\ f(x)<\{g(x)\}^2 & \text{(上記の2条件のもとで同値変形)} \end{cases}$$

として考えなくてはならない。また，

$$\sqrt{f(x)}>g(x) \iff \begin{cases} f(x) \geqq 0 \\ g(x)<0 \end{cases} \text{または} \begin{cases} g(x) \geqq 0 \\ f(x)>\{g(x)\}^2 \ \text{(自動的に}f(x)>0\text{)} \end{cases}$$

である。

分数不等式についても，例えば「不等式 $\dfrac{6}{x-1}>x-2$ を解け」という問題を解くのに，いきなり分母を払って $6>(x-2)(x-1)$ などとしてはいけない。分母の $x-1$ が正か負かによって場合分けして

$x-1>0$ のとき　$6>(x-2)(x-1)$

$x-1<0$ のとき　$6<(x-2)(x-1)$

とするか，または $x\neq 1$ のもとで両辺に $(x-1)^2$ をかけて（このとき $(x-1)^2>0$ なので不等号の向きは変わらない）

$$\frac{6}{x-1}>x-2 \iff 6(x-1)>(x-2)(x-1)^2$$

とする。なお，この不等式は「$x<-1$ または $1<x<4$」となる。

例題7　**無理方程式**

方程式$\sqrt{2x+2}=-x+3$を解け。

〈北海道・札幌市〉

解答 $x=1$

解説

$$(\text{与方程式})\iff\begin{cases}2x+2\geqq 0\\ -x+3\geqq 0\\ 2x+2=(-x+3)^2\end{cases}\iff\begin{cases}-1\leqq x\leqq 3\\ (x-1)(x-7)=0\end{cases}\iff x=1$$

補足　前頁で述べたように，無理方程式・不等式や分数方程式・不等式では，うかつに式変形すると同値性が崩れて無縁解が得られてしまったりするので注意が必要である。1次の無理式や分数式を扱うときは，グラフを意識すると間違いが起こりにくい。例えば本問では，$y=\sqrt{2x+2}$と$y=-x+3$のグラフを考えながら解くとよい（$x=7$が無縁解であることがわかる）。

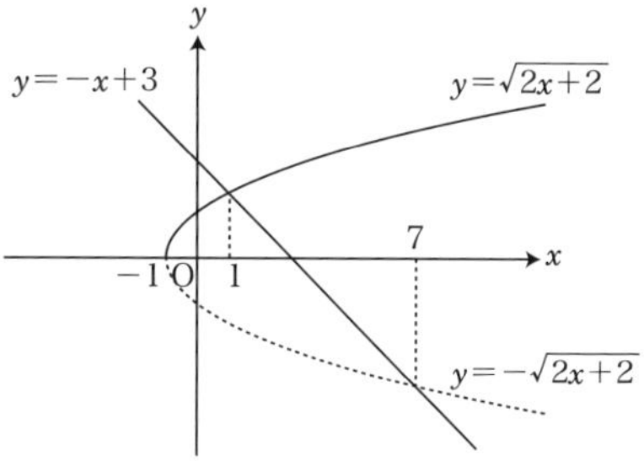

7　連立方程式

変数がn個のとき，独立した方程式がn個あれば解ける。この見通しは重要で，あとは変数を1つずつ消去していけばよい。

・$A=B=C$は方程式2個である。つまり，$A=B$と$B=C$である。$A=C$はこの2個から導かれるので独立な方程式ではない。

・例えば一般的な平面の方程式$ax+by+cz+d=0$を求めるとき，$a:b:c:d$が求まれば平面は決定するので，変数は実質3個である。

例題8　2元連立方程式

$\sin\alpha+\cos\alpha=\sin\alpha\cos\alpha$ のとき，$\sin\alpha+\cos\alpha$ の値を求めよ。

〈名古屋市〉

解答 $1-\sqrt{2}$

解説 一見，方程式1つ変数2つにみえるが，変数2つが独立ではない。本問は通常は三角関数の知識を利用して解くが，ここでは2元連立方程式として解いてみる。

$\sin\alpha=X$, $\cos\alpha=Y$ とおくと

$$\begin{cases} X^2+Y^2=1 & \cdots① \\ X+Y=XY & \cdots② \end{cases}$$

さらに，$X+Y=t$ とおくと，$(X+Y)^2=X^2+2XY+Y^2$ から

$$t^2-2t-1=0 \qquad \therefore\ \ t=1\pm\sqrt{2}$$

ここで $X+Y=t$, $XY=t$ より，X, Y は u についての2次方程式

$$u^2-tu+t=0$$

の2解なので，(判別式) $\geqq 0$ より

$$t^2-4t\geqq 0 \qquad \therefore\ \ t\leqq 0 \text{ または } t\geqq 4 \qquad \therefore\ \ t=1-\sqrt{2}$$

補足 最初に求まった t は必要条件であることに注意する。つまり，本問では $X=\cos\alpha$，$Y=\sin\alpha$ は実数なので，求まった t に対して，実数 X, Y が存在するか否かを確かめなければならない。

連立方程式の実数解は曲線の交点の座標なので，視覚的に捉えることもできる。①は原点中心の単位円，②は原点を通り $(X-1)(Y-1)=1$ と変形すると $X=1$，$Y=1$ を漸近線とする双曲線である。

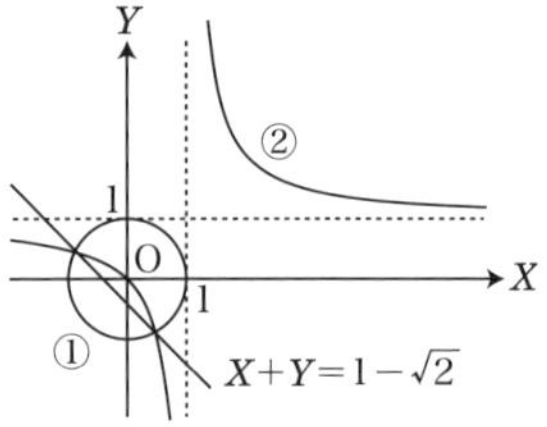

8　絶対不等式

一定の条件のもとで常に成り立つ不等式をこうよぶことがある。例えば，$x^2+y^2\geqq 0$ も絶対不等式である。

これは，関数の値域を求めるときに利用できることがある。ただし，この場合，等号が成立することは必ずいわなければならない。例えば $y=x^2+1$ のとき，$y\geqq 0$ は正しい不等式だが，y の最小値は0でなく1である。つまり，最小値や最大値を与える x について（問題で要求されていなければ求める必要はないが），その存在は保証しなければならない。

以下の2つが代表的である。

・(相加平均) ≧ (相乗平均)：

$$a>0,\ b>0 \text{のとき} \frac{a+b}{2} \geqq \sqrt{ab} \ (\text{等号は} a=b \text{のとき})$$

・コーシー・シュワルツの不等式：

$$(x_1^2+y_1^2)(x_2^2+y_2^2) \geqq (x_1x_2+y_1y_2)^2 \ (\text{等号は} x_1 : y_1 = x_2 : y_2 \text{のとき})$$

ベクトルの内積を考えると，$\vec{a}=(x_1,\ y_1)$，$\vec{b}=(x_2,\ y_2)$ として

$$\vec{a}\cdot\vec{b}=|\vec{a}||\vec{b}|\cos\theta \quad \therefore \quad |\vec{a}|^2|\vec{b}|^2 \geqq (\vec{a}\cdot\vec{b})^2$$

式のある部分を変数に置き換えることによってこれらの形が現れることもよくあるので，常にこの不等式の可能性を考えるようにする。証明は，いずれも左辺から右辺を引くと平方完成できる。

例題9　(相加平均) ≧ (相乗平均) の利用

xを0でない実数とするとき，$k=x+\dfrac{1}{x}$のとりうる値の範囲を求めよ。

解答　$k \leqq -2$または$k \geqq 2$

解説

$$|k|=\left|x+\frac{1}{x}\right| \underset{(*)}{=} |x|+\frac{1}{|x|} \geqq 2\sqrt{|x|\cdot\frac{1}{|x|}}=2$$

等号は$|x|=\dfrac{1}{|x|}$，すなわち$x=\pm1$のとき成立する。kはxの連続関数で，$|k|$はいくらでも大きくなるので，求める範囲は$k \leqq -2$または$k \geqq 2$である。

補足　(＊) について，一般に$|a+b| \leqq |a|+|b|$であるが，aとbが実数で異符号でない (つまり$ab \geqq 0$) 場合，常に等号が成立する。いま，xと$\dfrac{1}{x}$は同符号であるから，(＊) の等号が成立する。

また，本問は他にもいろいろな解法が考えられるので，まとめておく。

1．微分して増減を調べる。手堅い方法であり，特にxの定義域が制限されているときに有効である。

2．分母を払うと$x^2-kx+1=0$となるので，このxについての2次方程式の判別式$D=k^2-4 \geqq 0$を解く。

3．図形的に考えると，直線$y=-x+k$と双曲線 (反比例のグラフ) $y=\dfrac{1}{x}$とが，共有点をもつように直線のy切片の値の範囲を定めたことになる。

例題10　コーシー・シュワルツの不等式の利用

だ円$\dfrac{x^2}{a^2}+\dfrac{y^2}{b^2}=1$（ただし，$a>0$，$b>0$）の接線が$x$軸，$y$軸と交わる点をそれぞれP，Qとするとき，線分PQの長さの最小値を求めよ。

〈愛知県〉

解答　$a+b$

解説　接点の座標を$(x_0,\ y_0)$とする。図形の対称性および接線が両軸と交わることから$x_0>0$かつ$y_0>0$としてよい。接線の方程式は

$$\frac{x_0x}{a^2}+\frac{y_0y}{b^2}=1 \qquad \left(ここで\frac{{x_0}^2}{a^2}+\frac{{y_0}^2}{b^2}=1\right)$$

よって，$\mathrm{P}\left(\dfrac{a^2}{x_0},\ 0\right)$，$\mathrm{Q}\left(0,\ \dfrac{b^2}{y_0}\right)$となるので，

$$\mathrm{PQ}^2=\frac{a^4}{{x_0}^2}+\frac{b^4}{{y_0}^2}=\left(\frac{a^4}{{x_0}^2}+\frac{b^4}{{y_0}^2}\right)\left(\frac{{x_0}^2}{a^2}+\frac{{y_0}^2}{b^2}\right)\geqq\left(\frac{a^2}{x_0}\cdot\frac{x_0}{a}+\frac{b^2}{y_0}\cdot\frac{y_0}{b}\right)^2$$

$$=(a+b)^2$$

等号は$\dfrac{a^2}{x_0}:\dfrac{b^2}{y_0}=\dfrac{x_0}{a}:\dfrac{y_0}{b}$ すなわち $x_0:y_0=a^{\frac{3}{2}}:b^{\frac{3}{2}}$ すなわち

$(x_0,\ y_0)=\left(\sqrt{\dfrac{a^3}{a+b}},\ \sqrt{\dfrac{b^3}{a+b}}\right)$のとき成立。

よって，求める最小値は$a+b$である。

演習問題

1 ★☆☆

2次関数$y=-x^2+2x+3$の区間$[a,\ a+1]$における最大値$M(a)$，最小値$m(a)$を求めよ。また，$y=M(a)$のグラフをかけ。

〈青森県〉

2 ★☆☆

関数$y=(x^2-2x)^2-4(x^2-2x)+5$について，次の各問いに答えよ。ただし，$-2\leqq x\leqq 2$とする。

(1)　$t=x^2-2x$とおくとき，tのとりうる値の範囲を求めよ。

(2)　yの最大値および最小値を求めよ。

〈香川県改題〉

3 ★☆☆

a，b，cが実数のとき，$ax^2+bx+c=0$の解を求めよ。また解答の過程で，2次方程式の解の公式を導き出せ。

〈大分県〉

4 ★☆☆

不等式$x^2\leqq|x-2|+3$を満たす整数xはいくつあるか。

〈神奈川県・横浜市・川崎市〉

5 ★☆☆

$x^2+x+1\leqq a(x^2+1)$がすべての実数xに対して成立するようなaの最小値を求めよ。

〈長野県〉

6 ★★☆

方程式$x^2-x-1=0$の解をα，β（$\alpha>\beta$）とするとき，次の各問いに答えよ。

(1) すべての自然数nについて，$\alpha^{n+2}-\beta^{n+2}=\alpha^{n+1}-\beta^{n+1}+\alpha^n-\beta^n$を証明せよ。

(2) $\alpha^7-\beta^7$の値を求めよ。

〈愛知県〉

7 ★☆☆

xについての2次方程式 $x^2-2(\sqrt{2}-1)x-2\sqrt{2}=0$の2つの解を$p$，$q$（$p<q$）とするとき，$pq+p+q+1$の値を求めよ。

〈北海道・札幌市〉

8 ★☆☆

連立方程式$\begin{cases} xy-y^2-3=0 & \cdots① \\ x-ky-4=0 & \cdots② \end{cases}$が異なる2組の実数解をもつような定数$k$の値の範囲を求めよ。

〈茨城県〉

9 ★☆☆

次の方程式の異なる実数解の個数を調べよ。ただし，aは実数の定数とする。

$$x^3-3x^2+(a-4)x+a=0$$

〈鳥取県〉

10 ★☆☆

問題：x，yが実数であるとき，点P$(x+y, xy)$の存在する領域を，座標平面上に図示せよ。

(1) この問題を解け。

(2) この問題の解法を授業で指導する際に説明する手順，内容を書け。

〈鳥取県〉

11 ★☆☆

2次方程式 $ax^2-2x+b=0\ (a\neq 0)$ が0と1の間に異なる2つの実数解をもつ。このとき，点 $(a,\ b)$ の存在する範囲を図示せよ。

〈愛媛県〉

12 ★★☆

$f(x)=x^3+(a+1)x^2+5x+a-2$，$g(x)=x^3+ax^2+6x+a$ とするとき，$f(x)$ と $g(x)$ が共通の因数（x の1次式）をもつような定数 a の値を求めよ。さらにそのとき，$f(x)$，$g(x)$ を因数分解せよ。

〈茨城県〉

13 ★☆☆

x が $x^5=1$ を満たすとき，$x+\dfrac{1}{x}$ の値をすべて求めよ。

〈香川県〉

14 ★☆☆

次の連立方程式を解け。

$$\begin{cases} x+y+z=0 \\ 2x+3y+2z=-3 \\ 3x-y-4z=5 \end{cases}$$

〈埼玉県・さいたま市〉

15 ★★☆

連立方程式 $\begin{cases} x^3+y^3+3xy-1=0 \\ x^2+y^2=2 \end{cases}$ を満たす実数 x，y を求めよ。

〈京都市〉

16 ★★☆

x の方程式 $\sqrt{x-a}=x$ の実数解を求めよ。ただし，a は実数とする。

〈愛知県〉

17 ★☆☆

1辺の長さが1の正方形のタイルAと，1辺の長さが2の正方形のタイルBがある。タイルAとタイルBの2種類のタイルを必ず用いて，それぞれのタイルが重ならないように，すき間なく敷き詰めて，1辺の長さがm（mは3以上の奇数）の正方形をつくる。ただし，タイルBをできるだけ多く用いて，用いる2種類のタイルの合計枚数を最も少なくするものとする。

このとき，次の各問いに答えよ。

⑴　$m=9$のとき，タイルAとタイルBはそれぞれ何枚必要であるか，答えよ。

⑵　タイルBの枚数が，タイルAの枚数より44枚多くなるときの，作られた正方形の1辺の長さを求めよ。

〈京都府〉

18 ★☆☆

下の表は，1か月あたりのインターネットの使用料金について表したものである。

A，Bの2つのプランのうち，プランAを利用した料金の方が安いのは，1か月あたりの利用時間が何時間何分までかを求めよ。

プランA	利用時間が4時間まで980円，それを超えると1分間につき7円加算
プランB	利用時間が10時間まで1980円，それを超えると，1分間につき5円加算

〈香川県〉

19 ★★☆

次の各問いに答えよ。

⑴　$x^3+y^3+z^3-3xyz$を因数分解せよ。

⑵　$a>0$，$b>0$，$c>0$のとき，$\dfrac{a+b+c}{3} \geqq \sqrt[3]{abc}$が成り立つことを証明せよ。また，等号が成り立つのはどのようなときか，答えよ。

⑶　a，b，cは正の数で，$a+b+c=1$のとき，次の不等式が成り立つことを証明せよ。また，等号が成り立つのはどのようなときか，答えよ。

$$\left(2+\frac{1}{a}\right)\left(2+\frac{1}{b}\right)\left(2+\frac{1}{c}\right) \geqq 125$$

〈大分県〉

20 ★☆☆

$x>0$のとき，$f(x)=\dfrac{x^4+4x^3+8x^2+4x+1}{x^3+x}$の最小値とそのときの$x$の値を求めよ。

〈茨城県〉

21 ★☆☆

次の各問いに答えよ。

(1)　次の不等式が成り立つことを証明せよ。ただし，文字はすべて実数とする。

$(p^2+q^2+r^2)(x^2+y^2+z^2)\geqq(px+qy+rz)^2$

(2)　座標空間内の原点を中心とする半径1の球面上の点$(x,\ y,\ z)$に対し，$x+2y+3z$のとりうる値の範囲を求めよ。

〈愛知県〉

演習問題　解答・解説

1

$$\boldsymbol{M(a)}=\begin{cases}-a^2+4 & (a<0)\\ 4 & (0\leqq a<1)\\ -a^2+2a+3 & (1\leqq a)\end{cases}$$

$$\boldsymbol{m(a)}=\begin{cases}-a^2+2a+3 & \left(a<\dfrac{1}{2}\right)\\ -a^2+4 & \left(\dfrac{1}{2}\leqq a\right)\end{cases}$$

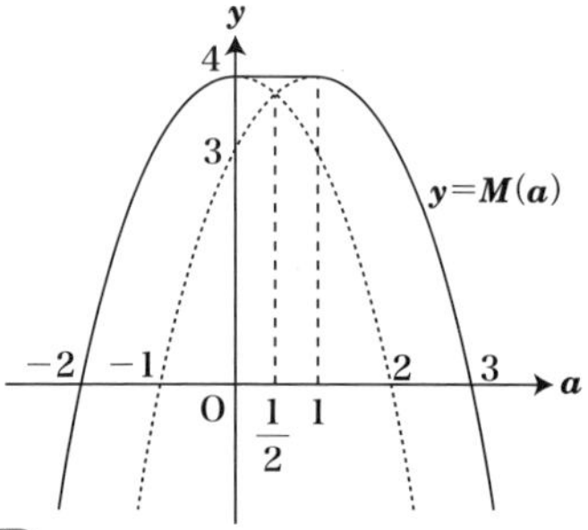

解説

$y=f(x)=-x^2+2x+3$

$\quad=-(x-1)^2+4$

より，この2次関数のグラフは次のとおり。

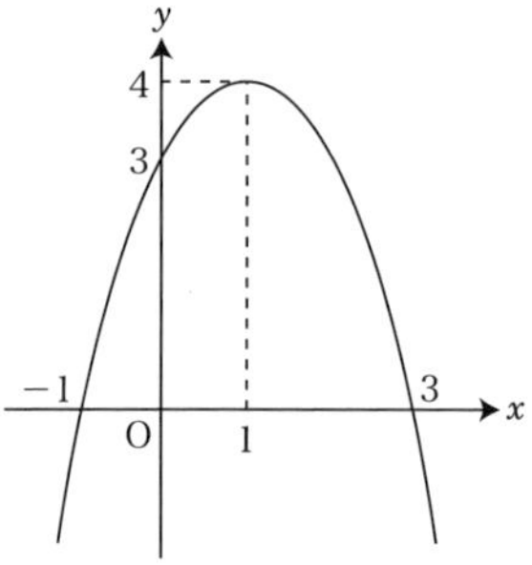

したがって，

最大値

$a<0$のとき

$f(a+1)=-a^2+4$

$0\leqq a<1$のとき

$f(1)=4$

$1\leqq a$のとき

$f(a)=-a^2+2a+3$

最小値

$a<\dfrac{1}{2}$のとき

$f(a)=-a^2+2a+3$

$a\geqq\dfrac{1}{2}$のとき

$f(a+1)=-a^2+4$

となるので，

$$M(a)=\begin{cases}-a^2+4 & (a<0)\\ 4 & (0\leqq a<1)\\ -a^2+2a+3 & (1\leqq a)\end{cases}$$

$$m(a)=\begin{cases}-a^2+2a+3 & \left(a<\dfrac{1}{2}\right)\\ -a^2+4 & \left(\dfrac{1}{2}\leqq a\right)\end{cases}$$

2

(1)　$\boldsymbol{-1\leqq t\leqq 8}$

(2)　**最大値　37　　最小値　1**

解説

(1)　$t=x^2-2x=(x-1)^2-1$であり，いまxのとりうる値の範囲は$-2\leqq x\leqq 2$であるから，下のグラフから，求めるtの値の範囲は

$-1\leqq t\leqq 8$

である。

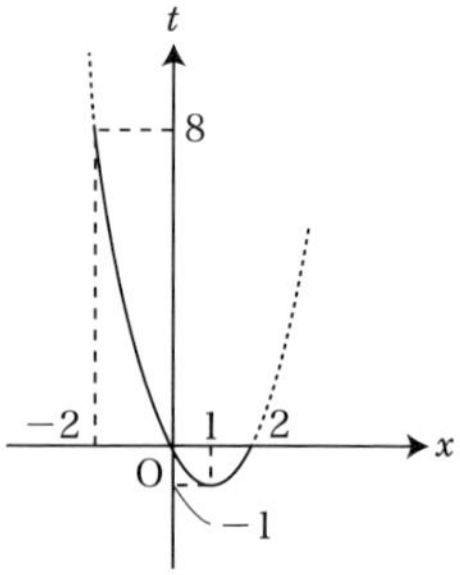

(2)　(1)で定めたtを用いると，

$y=t^2-4t+5=(t-2)^2+1$

と表すことができる。(1)より，tのとりうる値は$-1 \leqq t \leqq 8$なので，次のグラフから，

$t=8$のとき　最大値　37

$t=2$のとき　最小値　1

をとることがわかる。

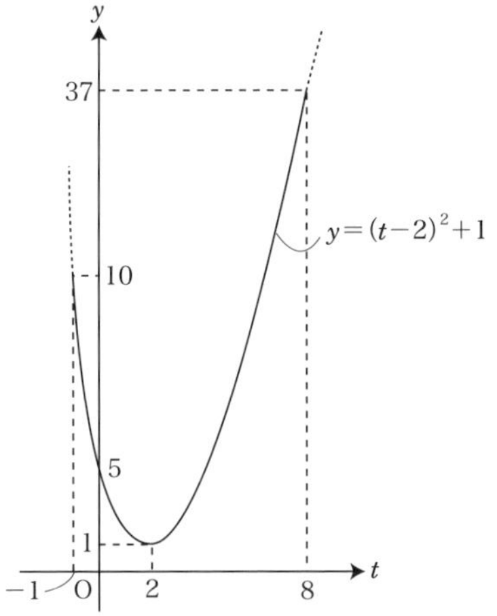

3

$\boldsymbol{a \neq 0}$のとき

$$a\left(x^2+\frac{b}{a}x\right)+c=0$$

$$a\left\{\left(x+\frac{b}{2a}\right)^2-\frac{b^2}{4a^2}\right\}=-c$$

$$a\left(x+\frac{b}{2a}\right)^2=\frac{b^2}{4a}-c$$

$$a\left(x+\frac{b}{2a}\right)^2=\frac{b^2-4ac}{4a}$$

$$\left(x+\frac{b}{2a}\right)^2=\frac{b^2-4ac}{4a^2}$$

$$x+\frac{b}{2a}=\frac{\pm\sqrt{b^2-4ac}}{2a}$$

$$x=\frac{-b\pm\sqrt{b^2-4ac}}{2a}$$

$\boldsymbol{a=0}$のとき

$$bx+c=0$$

$\boldsymbol{b \neq 0}$ならば，

$$x=-\frac{c}{b}$$

$\boldsymbol{a=b=c=0}$のとき，

$\boldsymbol{0=0}$となり不定(解は任意の数)。

$\boldsymbol{a=b=0,\ c \neq 0}$のとき，

$\boldsymbol{c=0}$となり不能(解なし)。

4

4個

解説

(与不等式) $\Longleftrightarrow x^2-3 \leqq |x-2|$

の解は，$x>2$の範囲には存在しないことが次図からわかる。

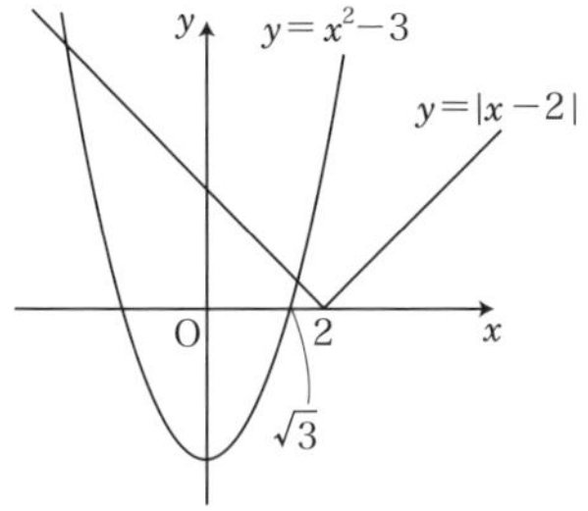

よって，与えられた不等式は$x \leqq 2$でのみ考えればよく，

(与不等式)

$\Longleftrightarrow x^2 \leqq (2-x)+3$

$\Longleftrightarrow x^2+x-5 \leqq 0$

$\Longleftrightarrow \dfrac{-1-\sqrt{21}}{2} \leqq x \leqq \dfrac{-1+\sqrt{21}}{2}$

となる。ここで，$4<\sqrt{21}<5$なので，

$$-3<\frac{-1-\sqrt{21}}{2}<-2.5$$

$$1.5<\frac{-1+\sqrt{21}}{2}<2$$

となり，よって与えられた不等式を満たす整数は-2，-1，0，1の4個

5

$$a=\frac{3}{2}$$

解説

与不等式より，

$$(a-1)x^2-x+(a-1) \geqq 0$$

すべての実数xに対して成立するためには，

$$\begin{cases} a-1>0 \\ D=(-1)^2-4(a-1)^2 \leqq 0 \end{cases}$$

これを解いて,

$$a \geqq \frac{3}{2}$$

6

(1) **$\boldsymbol{\alpha}$, $\boldsymbol{\beta}$は$\boldsymbol{x^2-x-1=0}$の解であるから**

$$\boldsymbol{\alpha^2-\alpha-1=0} \quad \cdots ①$$

$$\boldsymbol{\beta^2-\beta-1=0} \quad \cdots ②$$

(左辺)−(右辺)

$$\boldsymbol{=(\alpha^{n+2}-\beta^{n+2})-(\alpha^{n+1}-\beta^{n+1})-(\alpha^n-\beta^n)}$$

$$\boldsymbol{=(\alpha^{n+2}-\alpha^{n+1}-\alpha^n)-(\beta^{n+2}-\beta^{n+1}-\beta^n)}$$

$$\boldsymbol{=\alpha^n(\alpha^2-\alpha-1)-\beta^n(\beta^2-\beta-1)=0}$$

よって,

$$\boldsymbol{\alpha^{n+2}-\beta^{n+2}=\alpha^{n+1}-\beta^{n+1}+\alpha^n-\beta^n}$$

(証明終わり)

(2) **$\boldsymbol{13\sqrt{5}}$**

解説

(2) $x^2-x-1=0$の解は, $x=\frac{1\pm\sqrt{5}}{2}$であるから, $\alpha>\beta$より,

$$\alpha-\beta=\frac{1+\sqrt{5}}{2}-\frac{1-\sqrt{5}}{2}=\sqrt{5}$$

①−②より, $(\alpha^2-\beta^2)-(\alpha-\beta)=0$であるから,

$$\alpha^2-\beta^2=\alpha-\beta=\sqrt{5}$$

$\alpha^n-\beta^n=S_n$とおくと, (1)より,

$$S_{n+2}=S_{n+1}+S_n$$

これより, $\{S_n\}$を順次計算すると

$\sqrt{5}$, $\sqrt{5}$, $2\sqrt{5}$, $3\sqrt{5}$, $5\sqrt{5}$, $8\sqrt{5}$, $13\sqrt{5}$, …

$$\therefore \quad S_7=13\sqrt{5}$$

7

$\boldsymbol{-1}$

解説

解と係数の関係から

$p+q=2(\sqrt{2}-1)$, $pq=-2\sqrt{2}$

となるので,

$$pq+p+q+1$$
$$=-2\sqrt{2}+2(\sqrt{2}-1)+1$$
$$=-1$$

8

$\boldsymbol{-\frac{1}{3}<k<1,\ 1<k}$

解説

②より, $x=ky+4$ …(ア)

①へ代入して,

$(k-1)y^2+4y-3=0$ …(イ)

(ア)から, yの値が1つ定まればそれに対してxの値も1つ定まる。よって, 与方程式が異なる2組の実数解をもつための条件は, yの方程式(イ)が異なる2つの実数解をもつことである。

よって, $k-1\neq 0$ かつ $4+3(k-1)>0$

よって, $k\neq 1$ かつ $k>-\frac{1}{3}$

9

$\boldsymbol{a>4}$のとき, 1個

$\boldsymbol{a=4}$, $\boldsymbol{-5}$のとき, 2個

$\boldsymbol{a<-5}$, $\boldsymbol{-5<a<4}$のとき, 3個

解説

$x^3-3x^2+(a-4)x+a=0$ …①

$(x+1)(x^2-4x+a)=0$

したがって, $x=-1$, $x^2-4x+a=0$

$x^2-4x+a=0$ …②の判別式をDとすると,

$$\frac{D}{4}=-a+4$$

(イ) $-a+4<0$ つまり $a>4$のとき, 方程式②は実数解をもたないので, 方程式①の実数解は, $x=-1$の1個

(ロ) $-a+4=0$ つまり $a=4$のとき, 方程式②は重解$x=2$をもつので, 方程式①は, 2個の実数解$x=-1$, 2をもつ。

(ハ) $-a+4>0$ つまり $a<4$のとき, 方程式②は異なる2つの実数解をもつ。

$x=-1$が，方程式②の解の1つとすると，$a=-5$だから，このとき，方程式①は2つの実数解$x=-1$と5をもつ。

$a\neq-5$のとき，方程式②は$x=-1$を除く2つの解をもつので，方程式①は3個の実数解をもつ。

10

(1) $\boldsymbol{X=x+y}$，$\boldsymbol{Y=xy}$とすると，$\boldsymbol{x}$，$\boldsymbol{y}$は2次方程式 $\boldsymbol{t^2-Xt+Y=0}$の2つの解である。

よって，$\boldsymbol{x}$，$\boldsymbol{y}$は実数だから，

$$\boldsymbol{X^2-4Y\geqq 0}$$

$$\therefore\quad \boldsymbol{Y\leqq \frac{1}{4}X^2}$$

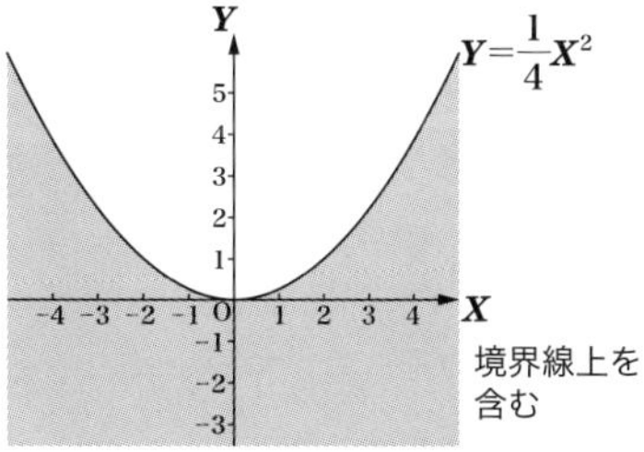

(2) ① 2次方程式の解と係数の関係

$\boldsymbol{\alpha}$，$\boldsymbol{\beta}$を2つの解とする2次方程式は，

$$\boldsymbol{(x-\alpha)(x-\beta)=0}$$

$$\boldsymbol{x^2-(\alpha+\beta)x+\alpha\beta=0}$$

② 2次方程式の解の判別

2次方程式$\boldsymbol{ax^2+bx+c=0}$の判別式を$\boldsymbol{D=b^2-4ac}$とすると，

$\boldsymbol{D>0}$ ⟺ 異なる2つの実数解

$\boldsymbol{D=0}$ ⟺ 2重解(実数解)

⟺ ($\boldsymbol{D\geqq 0}$ ⟺ 実数解)

$\boldsymbol{D<0}$ ⟺ 異なる2つの虚数解

③ 不等式の表す領域

$\boldsymbol{y>f(x)}$……曲線$\boldsymbol{y=f(x)}$の上方部

$\boldsymbol{y<f(x)}$……曲線$\boldsymbol{y=f(x)}$の下方部

境界線上の判断

以上の3点について，適宜，復習をしながら解説する。

11

求める範囲は，図の斜線部分(境界線を含まない)

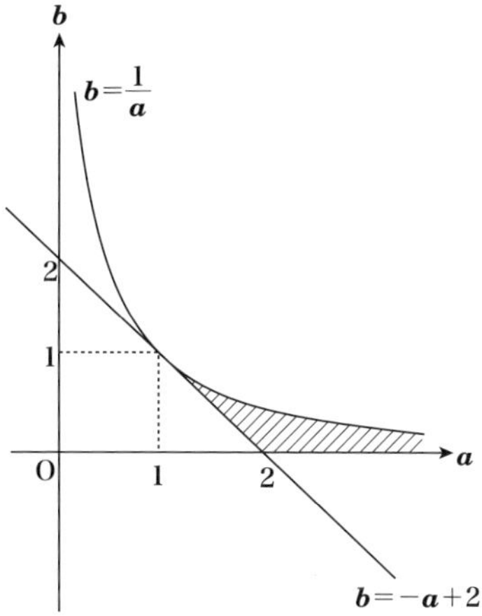

解説

(i) 軸について

$f(x)=ax^2-2x+b$とおく

$$=a\left(x^2-\frac{2}{a}x\right)+b$$

$$=a\left\{\left(x-\frac{1}{a}\right)^2-\frac{1}{a^2}\right\}+b$$

$$=a\left(x-\frac{1}{a}\right)^2-\frac{1}{a}+b$$

よって，$y=f(x)$の軸は，$x=\frac{1}{a}$

条件より，

$$0<\frac{1}{a}<1$$

$$0<a<a^2$$

よって

$$\begin{cases}a>0\\a^2>a\end{cases}\text{ より }\begin{cases}a>0\\a(a-1)>0\end{cases}$$

$\therefore\quad a>1\quad\cdots$①

(ii) 判別式Dについて

$$\frac{D}{4}=1-ab>0$$

$\therefore\quad ab<1$

①より

$b<\dfrac{1}{a}$ …②

(iii) $f(0)$, $f(1)$について

①より放物線 $y=f(x)$ は下に凸だから

$f(0)=b>0$

$f(1)=a-2+b>0$

よって, $\begin{cases} b>0 \\ b>-a+2 \end{cases}$ …③

①, ②, ③より, 求める範囲は解答のようになる(ただし境界線を含まない)。

12

$\boldsymbol{a=\dfrac{7}{2}}$ **のとき**

$\boldsymbol{f(x)=(x+1)(x+3)\left(x+\dfrac{1}{2}\right)}$

$\boldsymbol{g(x)=(x+1)\left(x^2+\dfrac{5}{2}x+\dfrac{7}{2}\right)}$

$\boldsymbol{a=-4}$ **のとき**

$\boldsymbol{f(x)=(x-2)(x^2-x+3)}$

$\boldsymbol{g(x)=(x-2)(x^2-2x+2)}$

解説

$f(x)$ と $g(x)$ が共通因数 $m(x)$ をもつとき, $m(x)$ は $f(x)-g(x)$ の因数でもある。ここで,

$f(x)-g(x)=x^2-x-2$

$=(x+1)(x-2)$

なので, $f(x)$ と $g(x)$ が1次の共通因数をもつなら, それは $x+1$ または $x-2$ である。

$f(x)$ が $x+1$ を因数にもつのは

$f(-1)=2a-7=0$ $\therefore$ $a=\dfrac{7}{2}$

のときで, また $f(x)$ が $x-2$ を因数にもつのは

$f(2)=5a+20=0$ $\therefore$ $a=-4$

のときである。よって求める a の値は

$a=\dfrac{7}{2}$, -4

そして,

$a=\dfrac{7}{2}$ のとき

$f(x)=(x+1)(x+3)\left(x+\dfrac{1}{2}\right)$

$g(x)=(x+1)\left(x^2+\dfrac{5}{2}x+\dfrac{7}{2}\right)$

$a=-4$ のとき

$f(x)=(x-2)(x^2-x+3)$

$g(x)=(x-2)(x^2-2x+2)$

13

2, $\dfrac{-1\pm\sqrt{5}}{2}$

解説

$x^5=1$ より $x^5-1=0$

$(x-1)(x^4+x^3+x^2+x+1)=0$

$\therefore$ $x-1=0$

または $x^4+x^3+x^2+x+1=0$

(i) $x=1$ のとき $x+\dfrac{1}{x}=2$

(ii) $x^4+x^3+x^2+x+1=0$ のとき

$x=0$ はこの等式を満たさないので $x\neq 0$

両辺を x^2 で割って

$x^2+\dfrac{1}{x^2}+x+\dfrac{1}{x}+1=0$

ここで, $x+\dfrac{1}{x}=t$ とおくと

$x^2+\dfrac{1}{x^2}=t^2-2$

だから, $t^2+t-1=0$

$\therefore$ $t=\dfrac{-1\pm\sqrt{5}}{2}$

$\therefore$ $x+\dfrac{1}{x}=\dfrac{-1\pm\sqrt{5}}{2}$

(i), (ii)より求める値は,

2, $\dfrac{-1\pm\sqrt{5}}{2}$

14

$\boldsymbol{x=2,\ y=-3,\ z=1}$

解説

$$\begin{cases} x+y+z=0 & \cdots① \\ 2x+3y+2z=-3 & \cdots② \\ 3x-y-4z=5 & \cdots③ \end{cases}$$

①+③より，$4x-3z=5$　…④

①×3−②より，$x+z=3$　…⑤

④，⑤より，$x=2$，$z=1$

これを①に代入して，$y=-3$

15

$\boldsymbol{(x,\ y)=\left(\dfrac{1\pm\sqrt{3}}{2},\ \dfrac{1\mp\sqrt{3}}{2}\right)}$**(複号同順)，**

$\boldsymbol{(-1,\ -1)}$

解説

$x^3+y^3+3xy-1=0$ より，

$(x+y-1)(x^2+y^2-xy+x+y+1)=0$

(イ) $\begin{cases} x+y-1=0 & \cdots① \\ x^2+y^2=2 & \cdots② \end{cases}$ のとき，

①より，$x+y=1$　だから，

$(x+y)^2=1$

$x^2+2xy+y^2=1$

②より，$xy=-\dfrac{1}{2}$

したがって，x，yは2次方程式

$t^2-t-\dfrac{1}{2}=0$

つまり，

$2t^2-2t-1=0$

の2つの解だから，

$t=\dfrac{1\pm\sqrt{3}}{2}$

よって，

$(x,\ y)=\left(\dfrac{1\pm\sqrt{3}}{2},\ \dfrac{1\mp\sqrt{3}}{2}\right)$(複号同順)

(ロ) $\begin{cases} x^2+y^2-xy+x+y+1=0 & \cdots③ \\ x^2+y^2=2 & \cdots④ \end{cases}$

のとき，④を③に代入して，

$xy=x+y+3$　…⑤

④より，

$(x+y)^2-2xy=2$

⑤を代入して，

$(x+y)^2-2(x+y)-8=0$

$(x+y+2)(x+y-4)=0$

$\therefore$　$x+y=-2$，4

(i) $\begin{cases} x+y=-2 \\ xy=1 \end{cases}$ のとき，

x，yは2次方程式 $t^2+2t+1=0$ の2つの解だから，$t=-1$(重解)より，

$(x,\ y)=(-1,\ -1)$

(ii) $\begin{cases} x+y=4 \\ xy=7 \end{cases}$ のとき，

x，yは2次方程式 $t^2-4t+7=0$ の2つの解であるが，この2次方程式は実数解をもたないので不適。

以上より，$(x,\ y)=(-1,\ -1)$

16

$\boldsymbol{0\leqq a\leqq\dfrac{1}{4}}$ **のとき，**

$\boldsymbol{x=\dfrac{1\pm\sqrt{1-4a}}{2}}$

$\boldsymbol{a<0}$ **のとき，**

$\boldsymbol{x=\dfrac{1+\sqrt{1-4a}}{2}}$

解説

$\sqrt{x-a}=x$　…①　で左辺は正または0だから，$x\geqq0$　…②

①の両辺を2乗して，$x-a=x^2$

すなわち，

$x^2-x+a=0$　…③

③の判別式をDとすると，$D=1-4a$

(i) $D<0$　つまり　$1-4a<0$　すなわち，

$a>\dfrac{1}{4}$ のとき，実数解をもたない。

(ii) $D=0$　つまり　$1-4a=0$　すなわち，

$a=\dfrac{1}{4}$ のとき，$x=\dfrac{1}{2}$(重解)

これは②を満たす。

(iii) $D>0$　つまり　$1-4a>0$　すなわち，

$a<\frac{1}{4}$のとき,

③は実数解 $x=\frac{1\pm\sqrt{1-4a}}{2}$ をもつ。

これらを,

$$\alpha=\frac{1-\sqrt{1-4a}}{2},\quad \beta=\frac{1+\sqrt{1-4a}}{2}$$

とすると,

$$\frac{\alpha+\beta}{2}=\frac{1}{2}>0$$

また, $f(x)=x^2-x+a$とおくと,

(ア) $f(0)=a\geqq 0$ならば, α, βは②を満たす。

(イ) $f(0)=a<0$ならば, $\alpha<0<\beta$

以上, (i)(ii)(iii)より,

$0\leqq a\leqq\frac{1}{4}$のとき,

$$x=\frac{1\pm\sqrt{1-4a}}{2}$$

$a<0$のとき,

$$x=\frac{1+\sqrt{1-4a}}{2}$$

17

(1) **タイルA　17枚, タイルB　16枚**

(2) **19**

解説

(1)

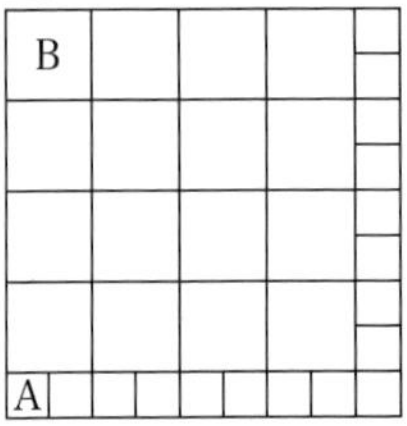

図より, タイルAが17枚, タイルBが16枚

(2) タイルAの枚数をa, タイルBの枚数をbとすると, タイルBは正方形に並べるので, bは平方数となる。

また, 1辺の長さは$2\sqrt{b}+1$だから,

$a=2\times2\sqrt{b}+1$　…①

題意より, $b-a=44$　…②

①, ②を連立させて解くと,

$\sqrt{b}=9$

よって, 1辺の長さは

$2\times9+1=19$

(別解)

求める正方形の1辺の長さを$(2n+1)$とすると,

タイルAの枚数は　$4n+1$　…①

タイルBの枚数は　n^2　…②

②−①が44なので,

$n^2-(4n+1)=44$

$n^2-4n-45=0$

$(n+5)(n-9)=0$

$n>0$より, $n=9$

よって, 正方形の1辺の長さは19

18

6時間22分

解説

1か月あたりの利用時間をx分とすると, $x\leqq240$のときは, プランAの方が安い。

$x>240$のときは, プランAの1か月あたりの利用料金は,

$980+7(x-240)=7x-700$

だから,

$1980>7x-700$

の不等式を満たす最大の自然数までが, プランAの方が安い。

$1980>7x-700$

$x<382.8\cdots$

よって, この不等式を満たす最大の自然数は382である。

19

(1) $\boldsymbol{(x+y+z)(x^2+y^2+z^2-xy-yz-zx)}$

(2) (1)で得た式の第2因子について,

$$\boldsymbol{x^2+y^2+z^2-xy-yz-zx}$$

$$\boldsymbol{=\frac{1}{2}\{(x-y)^2+(y-z)^2+(z-x)^2\}\geqq0}$$

が成り立ち，等号成立は$x=y=z$のときである。また，x，y，zが正のとき$x+y+z$も正だから，(1)の結果と合わせて

$$x^3+y^3+z^3-3xyz\geqq 0$$

(等号成立は$x=y=z$のとき)

が成り立つ。

ここで，$a>0$，$b>0$，$c>0$のとき，

$x=a^{\frac{1}{3}}$，$y=b^{\frac{1}{3}}$，$z=c^{\frac{1}{3}}$とおけば，

$$a+b+c-3\sqrt[3]{abc}\geqq 0$$

$$\therefore\quad \frac{a+b+c}{3}\geqq\sqrt[3]{abc}$$

(証明終わり)

等号は，$a^{\frac{1}{3}}=b^{\frac{1}{3}}=c^{\frac{1}{3}}$のとき，すなわち$a=b=c$のときに成り立つ。

(3)　$\left(2+\dfrac{1}{a}\right)\left(2+\dfrac{1}{b}\right)\left(2+\dfrac{1}{c}\right)$

$$=8+4\left(\frac{1}{a}+\frac{1}{b}+\frac{1}{c}\right)+2\left(\frac{1}{ab}+\frac{1}{bc}+\frac{1}{ca}\right)+\frac{1}{abc}$$

$$=8+4\left(\frac{1}{a}+\frac{1}{b}+\frac{1}{c}\right)+2\cdot\frac{a+b+c}{abc}+\frac{1}{abc}$$

$$=8+4\left(\frac{1}{a}+\frac{1}{b}+\frac{1}{c}\right)+\frac{3}{abc}\quad\cdots①$$

($\because\quad a+b+c=1$)

ここで(2)の不等式により，

$$\frac{1}{a}+\frac{1}{b}+\frac{1}{c}\geqq\frac{3}{\sqrt[3]{abc}}\quad\cdots②$$

が成り立ち，さらに(2)の不等式により

$$\sqrt[3]{abc}\leqq\frac{a+b+c}{3}=\frac{1}{3}$$

$$\therefore\quad \frac{1}{\sqrt[3]{abc}}\geqq 3\quad\cdots③$$

が成り立つので，②と③から

$$\frac{1}{a}+\frac{1}{b}+\frac{1}{c}\geqq 9\quad\cdots④$$

よって，

$$①\geqq 8+4\cdot 9+3\cdot 3^3=125$$

が得られ，題意の不等式が成り立つことが示された。

(証明終わり)

ここで，②，③そして④において等号が成り立つのは $a=b=c$ のときなので，題意の不等式においても等号成立は$a=b=c$のときである。

20

$x=\dfrac{\sqrt{6}\pm\sqrt{2}}{2}$のとき，最小値$2\sqrt{6}+4$

解説

$$f(x)=\frac{x^2+4x+8+\dfrac{4}{x}+\dfrac{1}{x^2}}{x+\dfrac{1}{x}}$$

$$=\frac{\left(x+\dfrac{1}{x}\right)^2+4\left(x+\dfrac{1}{x}\right)+6}{x+\dfrac{1}{x}}$$

$$=\left(x+\frac{1}{x}\right)+\frac{6}{x+\dfrac{1}{x}}+4$$

$x+\dfrac{1}{x}>0$だから，相加・相乗平均の関係より，

$$f(x)\geqq 2\sqrt{6}+4$$

等号は，$x+\dfrac{1}{x}=\dfrac{6}{x+\dfrac{1}{x}}$

$$x+\frac{1}{x}=\sqrt{6}$$

$$\therefore\quad x=\frac{\sqrt{6}\pm\sqrt{2}}{2}$$

のとき成立する。

21

(1)　2つのベクトル，$\vec{a}$，$\vec{b}$に対して，内積

$\vec{a}\cdot\vec{b}=|\vec{a}|\,|\vec{b}|\cos\theta$であり，

$-1\leqq\cos\theta\leqq 1$であるから，

$$-|\vec{a}|\,|\vec{b}|\leqq\vec{a}\cdot\vec{b}\leqq|\vec{a}|\,|\vec{b}|$$

$$\therefore\quad |\vec{a}|^2|\vec{b}|^2\geqq(\vec{a}\cdot\vec{b})^2$$

$\vec{a}=(p,\ q,\ r)$，$\vec{b}=(x,\ y,\ z)$とおけば，

$$(\boldsymbol{p}^2+\boldsymbol{q}^2+\boldsymbol{r}^2)(\boldsymbol{x}^2+\boldsymbol{y}^2+\boldsymbol{z}^2) \geqq (\boldsymbol{px}+\boldsymbol{qy}+\boldsymbol{rz})^2$$

（証明終わり）

(2)　$-\sqrt{14} \leqq x+2y+3z \leqq \sqrt{14}$

解説

(2)　$\vec{a}=(1, 2, 3)$, $\vec{b}=(x, y, z)$ として，(1)の結果より，

$$(1^2+2^2+3^2)(x^2+y^2+z^2) \geqq (x+2y+3z)^2 \quad \cdots ①$$

(x, y, z) は，原点を中心とする半径1の球面上の点だから，

$$x^2+y^2+z^2=1$$

よって，①より

$$-\sqrt{14} \leqq x+2y+3z \leqq \sqrt{14}$$

4 集合・論理

傾向と対策

集合と論理そのものを主題とする問題は少ない。しかし，どの問題の背景にも集合と論理は存在する。この分野から出題される問題の主なキーワードとしては，次のものが挙げられる。

・集合の演算（全体集合，空《くう》集合，和集合，共通部分，補集合），集合と写像
・命題，真偽，必要条件，十分条件
・逆，裏，対偶，否定，ド・モルガンの法則，反例，背理法

要点Check!

1 集合の基本

ある条件を満たすものの集まりを集合といい，集合に含まれる1つ1つのものをその集合の**要素**（または**元**）という。

xが集合Aの要素であるとき，$\boldsymbol{x \in A}$と書き，xがAの要素でないときは$\boldsymbol{x \notin A}$と書く。

集合を表記するには，要素を列挙する方法の他に，「Pを満たすxの集合」を$\{x|P\}$というふうに表す方法もある。例えば，

$\{2, 4, 6, 8\}$
$\{x|x$は10未満の正の偶数$\}$
$\{2n|n=1, 2, 3, 4\}$

は，表し方が違っても同じ集合である。

2つの集合AとBに対して，Aのどの要素もBの要素になっているとき，AはBの**部分集合**であるといい，$\boldsymbol{A \subset B}$と書く。

要素を1つももたない集合を**空集合**といいϕと表す。任意の集合は空集合ϕを部分集合にもつ。

2つの集合A，Bに対して，

$A=B \Longleftrightarrow$「$A \subset B$かつ$B \subset A$」

と定義する。

n個の要素をもつ有限集合Aに対して，その部分集合は2^n通りある。実際，$A=\{a_1, a_2, \cdots, a_n\}$とすると，$A$の部分集合を1つ定める際，それが$a_1$を含むか否かで2通り，$a_2$を含むか否かで2通り，…，$a_n$を含むか否かで2通りの定め方

があることから，部分集合の決定には2^n通りの方法があることがいえる。

例えば，集合$\{a,\ b,\ c\}$の部分集合は，

$$\phi,\ \{a\},\ \{b\},\ \{c\},\ \{a,\ b\},\ \{a,\ c\},\ \{b,\ c\},\ \{a,\ b,\ c\}$$

の$8\,(=2^3)$通りである。

2 集合の演算

集合A, Bに対して，AとBの少なくとも一方に含まれる要素全体の集合をAとBの**和集合**（または結び）といい，$\boldsymbol{A \cup B}$と表す。また，AとBの両方に含まれる要素全体の集合をAとBの**共通部分**（または交わり）といい，$\boldsymbol{A \cap B}$と表す。

$$A \cup B = \{x \mid x \in A \text{ または } x \in B\}$$

$$A \cap B = \{x \mid x \in A \text{ かつ } x \in B\}$$

ある集合Uを定め，その集合の要素だけを考えるとき，Uを全体集合とよぶ。AがUの部分集合であるとき，Uの要素のうちAに含まれないもの全体の集合を，(Uに関する)Aの補集合といい，$\boldsymbol{\overline{A}}$と表す。

$$\overline{A} = \{x \mid x \in U \text{ かつ } x \notin A\}$$

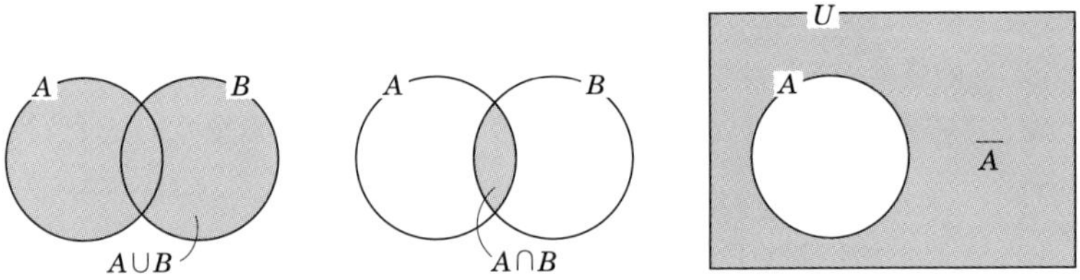

和集合，共通部分，補集合については次の性質が成り立つ。

交換法則	$A \cup B = B \cup A$
	$A \cap B = B \cap A$
結合法則	$(A \cup B) \cup C = A \cup (B \cup C)$
	$(A \cap B) \cap C = A \cap (B \cap C)$
分配法則	$A \cup (B \cap C) = (A \cup B) \cap (A \cup C)$
	$A \cap (B \cup C) = (A \cap B) \cup (A \cap C)$
ド・モルガンの法則	$\overline{A \cup B} = \overline{A} \cap \overline{B}$
	$\overline{A \cap B} = \overline{A} \cup \overline{B}$

3　集合の要素の個数

有限集合Xに対して，その要素の個数を $n(X)$ と表す。

有限な全体集合Uと，その部分集合A, B, Cに対して，

$$n(A\cup B)=n(A)+n(B)-n(A\cap B)$$

$$n(A\cup B\cup C)=n(A)+n(B)+n(C)$$
$$-n(A\cap B)-n(B\cap C)-n(C\cap A)+n(A\cap B\cap C)$$

$$n(\overline{A})=n(U)-n(A)$$

が成り立つ。

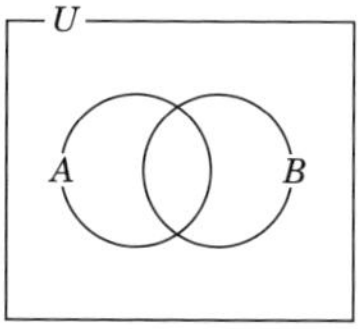

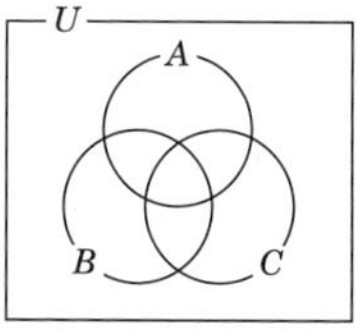

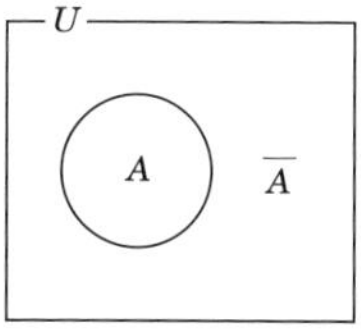

ド・モルガンの法則を用いると，

$$n(A\cap B)=n(U)-n(\overline{\overline{A}\cap\overline{B}})$$
$$=n(U)-n(\overline{A}\cup\overline{B})$$
$$=n(U)-\{n(\overline{A})+n(\overline{B})-n(\overline{A}\cap\overline{B})\}$$

が得られる。これは，$A\cap B$を数えるよりも$\overline{A}$, $\overline{B}$, $\overline{A}\cap\overline{B}$を数える方が楽な場合に有効である。

例題1　ド・モルガンの法則の利用

右の図のように，東西に5本，南北に6本の道路をもつ町がある。A地点からB地点まで最短距離で行く場合，P地点もQ地点も通らないで行く方法は何通りあるか。

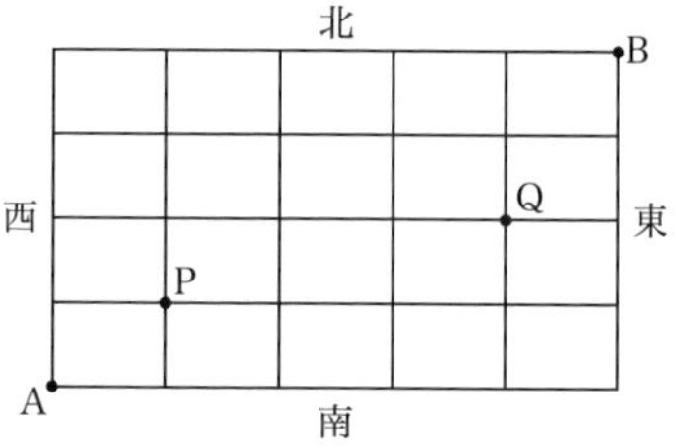

〈長崎県改題〉

解答　35通り

解説　AからBへの最短経路の集合をU，うちP，Qを通る経路の集合をそれぞれP, Qとする。求めるものは$\overline{P}\cap\overline{Q}$の要素の個数であり，ここでド・モルガンの法則により$\overline{P}\cap\overline{Q}$は$P\cup Q$の補集合であるから，求める数を$N$とおくと，

$$N=n(U)-n(P\cup Q)=n(U)-\{n(P)+n(Q)-n(P\cap Q)\}$$
$$={}_9C_4-({}_2C_1\cdot{}_7C_3+{}_6C_2\cdot{}_3C_1-{}_2C_1\cdot{}_4C_1\cdot{}_3C_1)$$
$$=126-(70+45-24)=35$$

4　必要条件，十分条件

命題「$p \Rightarrow q$」が真のとき

「qはpであるための必要条件である」

「pはqであるための十分条件である」

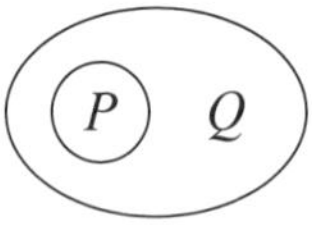

という。命題p, qに対応する集合をそれぞれP, Qとすると，$P \subset Q$となる。

命題「$p \Rightarrow q$」および「$q \Rightarrow p$」がともに真のとき

「qはpであるための必要十分条件である」または

「pはqであるための必要十分条件である」または

「pとqは同値である」

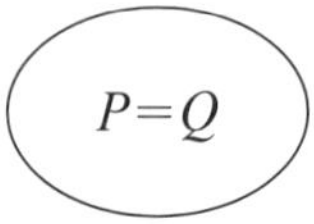

といい「$p \Longleftrightarrow q$」と表す。必要十分条件を単に条件ということもある。この場合，$P \subset Q$かつ$P \supset Q$なので$P=Q$となる。

「条件～を満たすものを求めよ」という数学の問題は多い。「もの」とは方程式の解であったり，点の軌跡だったりする。この問題は，もちろん

・条件を満たすものすべてを求めよ。

・条件を満たすものだけを求めよ。

といっている。つまり，必要十分条件を要求している。通常，条件を同値変形することにより解くが，それが困難な場合，まず必要条件を求め，その後，十分性を吟味するという方法をとる。

例題２　必要条件による情報の取得

(1) $\displaystyle\lim_{x \to 1} \frac{x^2+2x-a}{x-1} = b$（$a$, bは定数）が成り立つとき，a, bの値を求めよ。

(2) $\displaystyle\lim_{x \to \infty} (\sqrt{x^2-1}+cx+d) = 1$（$c$, dは定数）が成り立つとき，c, dの値を求めよ。

〈富山県改題〉

解答 (1) $a=3$, $b=4$　　(2) $c=-1$, $d=1$

解説 (1) 左辺の有理式は$x \to 1$のとき一定値bに収束しており，このとき（分母）$\to 0$なので，（分子）$\to 0$が必要である。よって$1+2-a=0$　∴　$a=3$

すると，$x \neq 1$のとき

$$(\text{左辺の有理式}) = \frac{x^2+2x-3}{x-1} = \frac{(x-1)(x+3)}{x-1} = x+3 \to 4 \quad (x \to 1)$$

∴　$b=4$

(2) $x>0$のとき

$$(\text{左辺の無理式}) = x\left(\sqrt{1-\frac{1}{x^2}}+c\right)+d$$

これが$x\to\infty$のとき1に収束するには，(　)の中が0に収束する必要がある。
よって$\sqrt{1}+c=0$　∴　$c=-1$

$$(\text{左辺の無理式})=\frac{(\sqrt{x^2-1}-x)(\sqrt{x^2-1}+x)}{\sqrt{x^2-1}+x}+d$$

$$=\frac{-1}{\sqrt{x^2-1}+x}+d\to d\quad(x\to\infty)$$

∴　$d=1$

補足　xが十分大きいと$\sqrt{x^2-1}\fallingdotseq\sqrt{x^2}=x$なので，記述式でなければ，直ちに$c=-1$としてよい。

5　否定

「￣」で否定，「∧」で「かつ」，「∨」で「または」を表すことにすると

- ド・モルガンの法則：$\overline{p\wedge q}=\overline{p}\vee\overline{q}$　　$\overline{p\vee q}=\overline{p}\wedge\overline{q}$
- $\overline{\text{ある}x\text{について}p(x)}$＝すべての$x$について$\overline{p(x)}$
- $\overline{\text{すべての}x\text{について}p(x)}$＝ある$x$について$\overline{p(x)}$

が成り立つ。ある命題が偽であることを示すには，その命題が成り立たない例(これを反例という)を具体的に作ればよい。わかりやすい反例は説得力があり，誤りの指摘・指導でも有効である。

例題3　反例の作成

Qを有理数の集合，Zを整数の集合とすると，$S_1=\{a+b\sqrt{2}\,|\,a\in Q,\ b\in Q\}$は除算について閉じているが，$S_2=\{a+b\sqrt{2}\,|\,a\in Z,\ b\in Z\}$は閉じていないことを示せ。

解答　$a,\ b,\ c,\ d\in Q$(ただしcとdの少なくとも一方は0でない)とすると，
$a+b\sqrt{2}\in S_1$，$c+d\sqrt{2}\in S_1$で

$$\frac{a+b\sqrt{2}}{c+d\sqrt{2}}=\frac{(a+b\sqrt{2})(c-d\sqrt{2})}{(c+d\sqrt{2})(c-d\sqrt{2})}=\frac{ac-2bd}{c^2-2d^2}+\frac{-ad+bc}{c^2-2d^2}\sqrt{2}\in S_1$$

$$\left(\because\quad\frac{ac-2bd}{c^2-2d^2}\in Q,\ \frac{-ad+bc}{c^2-2d^2}\in Q\right)$$

よって，S_1は除算について閉じている。

一方，$1\in S_2$かつ$2\in S_2$だが，$\dfrac{1}{2}\notin S_2\left(\because\quad\dfrac{1}{2}\notin Z\right)$

よって，S_2は除算について閉じていない。

(証明終わり)

6 逆・裏・対偶

命題 $p \Rightarrow q$ に対し，

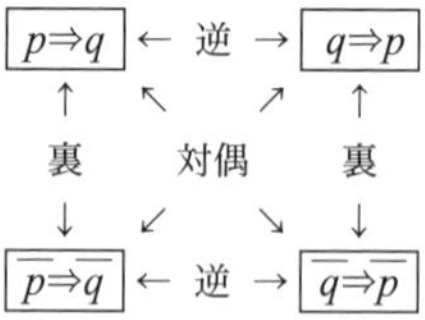

$$q \Rightarrow p$$

$$\overline{p} \Rightarrow \overline{q}$$

$$\overline{q} \Rightarrow \overline{p}$$

をそれぞれ逆・裏・対偶という。

もとの命題とその対偶は同値な命題であり，よってその真偽は常に一致する。よって，ある命題が真であることを証明するには，その対偶が真であることを示してもよい。

一方，もとの命題とその逆や裏は同値ではなく，よってそれらの真偽は一般には一致しない。

7 背理法

ある命題が真であることを示すのに，その命題を否定すると矛盾が導かれることを示す証明方法。

いろいろな命題で使われる証明方法だが，特に，有理数の定義は「整数の比で表される数」であるのに対し，無理数の定義は「有理数でない実数」なので，ある数が無理数であることを証明するときは，一般に背理法を使う。

演習問題

1 ★☆☆

次のア〜カの三角形の間の関係を，ア〜カの記号を用いて下のベン図に表せ。

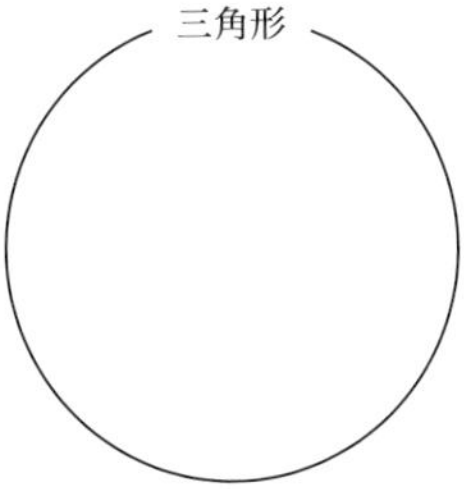

ア．鋭角三角形	イ．直角三角形	ウ．鈍角三角形
エ．二等辺三角形	オ．正三角形	カ．直角二等辺三角形

〈静岡県・静岡市〉

2 ★★☆

あるクラス40人の生徒のうちで，運動部に加入している人は文化部に加入している人の2倍より1人少なく，運動部と文化部の両方に加入している人は5人であった。運動部に加入している人は，何人以上何人以下であるか求めよ。

〈千葉県・千葉市〉

3 ★☆☆

全体集合をU，その部分集合をA，Bとする。$n(U)=50$，$n(A\cap B)=3$，$n(\overline{A}\cap B)=15$であるとき，$n(\overline{B})$を求めよ。ただし，$n(X)$は集合Xの要素の個数を表す。

〈高知県〉

4 ★☆☆

実数全体の集合の中に，演算$a*b$を次のように定義する。

$$a*b=ab-a-b+2$$

この演算についての単位元を求めよ。

〈福島県〉

5 ★☆☆

Zは，数の集合で次の(i)(ii)(iii)を満たす。

(i)　$0 \in Z$

(ii)　Zに属する0でない整数が存在する

(iii)　$x_1 \in Z$かつ$x_2 \in Z$ならば$x_1 - x_2 \in Z$

このとき，『$a \in Z$ならば，nを任意の正の整数として，$na \in Z$である』ことを示せ。

〈神戸市〉

6 ★★☆

まなぶ君の家は，プチ，チロ，ポチという3匹の犬を飼っている。

それぞれ白，黒，茶色の色をしている3匹の犬について，まなぶ君の家の人は次のように説明したが，1人だけ間違った内容を言っている。

お父さん：白い犬はプチではありません。
お母さん：黒い犬はプチではありません。
お兄さん：茶色の犬はチロです。
お姉さん：黒い犬はチロです。

このとき，正しいものをA～Eから選べ。また，その理由も書け。

A. ポチは白い犬だ。

B. チロは白い犬だ。

C. プチは黒い犬だ。

D. チロは茶色の犬だ。

E. ポチは茶色の犬だ。

〈北海道・札幌市〉

7 ★★☆

100メートル走でA～Eの5人が1組で走り，その結果について次のように発言している。このA～Eはそれぞれ2つの内容を発言しているが，1つは正しい内容であり，もう1つは故意に間違った内容を言っている。

A：「私は2着で，Dは5着でした。」

B：「私は5着で，Cは2着でした。」

C：「私は2着で，Aは4着でした。」

D：「私は4着で，Bは1着でした。」

E：「私は4着で，Cは1着でした。」

このとき，3着に入ったのはA～Eのだれか答えよ。また，その理由を書け。

〈北海道・札幌市〉

8 ★★☆

$x+y+z=1$, $\frac{1}{x}+\frac{1}{y}+\frac{1}{z}=1$のとき, x, y, zのうち, 少なくとも1つは1であることを証明せよ。

〈新潟県〉

9 ★☆☆

$x^2-x-2<0$が, $x^2-(2a+1)x+a^2+a<0$であるための必要条件であるとき, 定数aの値の範囲を求めよ。

〈佐賀県〉

10 ★☆☆

x, yが実数のとき, $(x-1)^2+(y-2)^2\leqq 4$が$x+y\leqq k$であるための十分条件となるような定数kの値の範囲を求めよ。

〈長崎県〉

11 ★☆☆

下の文の $\boxed{}$ に当てはまるものを次の①～④から選び, その番号を書け。

$|x-3|<2$は$x^2-6x-7\leqq 0$であるための $\boxed{}$ 。

① 必要条件であるが十分条件ではない

② 十分条件であるが必要条件ではない

③ 必要十分条件である

④ 必要条件でも十分条件でもない

〈高知県〉

12 ★☆☆

背理法を用いて, 素数が無限に存在することを証明せよ。

〈和歌山県〉

13 ★☆☆

$\log_2 3$が無理数であることを背理法によって証明せよ。

〈兵庫県改題〉

14 ★☆☆

$\sqrt{7}$が無理数であることを，背理法によって証明せよ。

〈新潟県〉

15 ★★☆

0でない整数x, yに対して，yがxで割り切れるとき$x\angle y$と書く。このとき，次の各問いに答えよ。

(1) 次の(a), (b)の成立しない例をそれぞれ挙げよ。

(a) $x\angle y$で，$y\angle x$のとき，$y=x$

(b) $x\angle y$, $x=y$, $y\angle x$のうち少なくとも1つは成立する。

(2) $x\angle y$と$y\angle x$が同時に成立するとき$x\sim y$と書く。$x\angle 1364$となる整数xの個数をnとするとき，$n\sim m$となる整数mをすべて求めよ。

〈福井県〉

16 ★☆☆

次の①～③の命題はそれぞれ正しいか。

正しい場合は，○を書き，正しくない場合は，×と書き，その反例を1つ書け。

① xを実数とするとき，$x\geqq 0$ならば，$x^2\geqq x$である。

② m, nを自然数とするとき，$m+n$, mnがともに5の倍数ならば，m, nはともに5の倍数である。

③ △ABCが鈍角三角形ならば，$\cos A<0$である。

〈香川県〉

演習問題　解答・解説

1

〔解答例〕

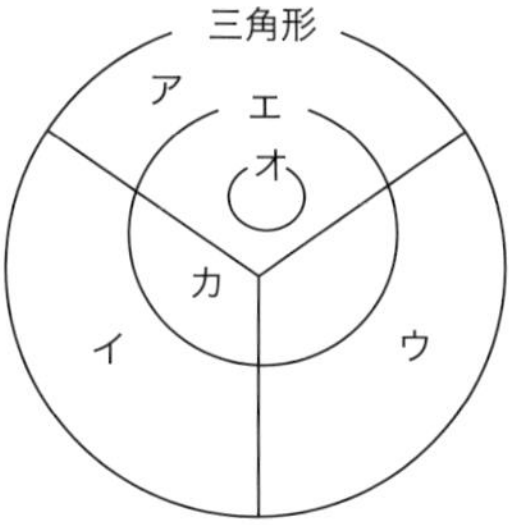

2

9人以上29人以下

解説

運動部だけ，文化部だけに加入している人の人数を，それぞれx, yとすると，

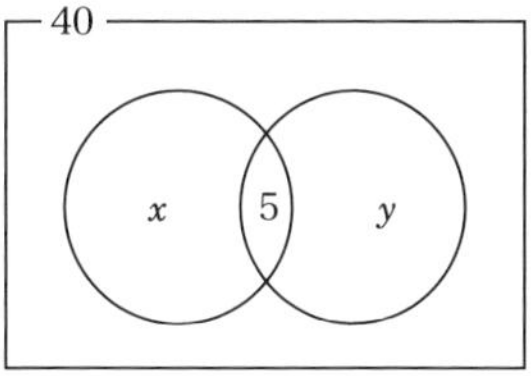

$$\begin{cases} x+y+5 \leqq 40 \\ x+5=2(y+5)-1 \\ x \geqq 0,\ y \geqq 0 \end{cases}$$

これより，$4 \leqq x \leqq 24$

よって，9人以上29人以下

3

$\boldsymbol{n(\overline{B})=32}$

解説

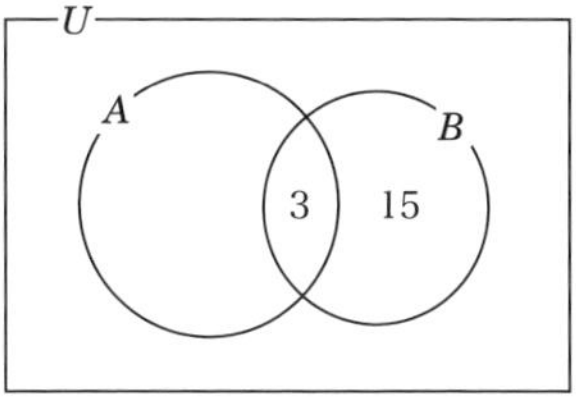

$n(B)=n(A \cap B)+n(\overline{A} \cap B)=18$

だから，

$n(\overline{B})=n(U)-n(B)$

$=50-18$

$=32$

4

2

解説

単位元をeとすると，任意のaに対して，

$a*e=a$

$ae-a-e+2=a$

$(a-1)e=2(a-1)$

$\therefore\ \ e=2$　（$\because$　aは任意）

$*$は交換法則を満たすので，単位元は2である。

5

$\boldsymbol{a} \in \boldsymbol{Z}$ならば

$0 \in \boldsymbol{Z}$かつ$\boldsymbol{a} \in \boldsymbol{Z}$であるから，

$0-\boldsymbol{a} \in \boldsymbol{Z}$　　$\therefore\ \ -\boldsymbol{a} \in \boldsymbol{Z}$

よって，

$\boldsymbol{a}-(-\boldsymbol{a})=2\boldsymbol{a} \in \boldsymbol{Z}$　となるので，

$2\boldsymbol{a}-(-\boldsymbol{a})=3\boldsymbol{a} \in \boldsymbol{Z}$

同様に$(\boldsymbol{n}-1)$回考えると，

$(\boldsymbol{n}-1)\boldsymbol{a} \in \boldsymbol{Z}$

$\therefore\ \ (\boldsymbol{n}-1)\boldsymbol{a}-(-\boldsymbol{a})=\boldsymbol{na} \in \boldsymbol{Z}$

したがって，$\boldsymbol{a} \in \boldsymbol{Z}$ならば　$\boldsymbol{na} \in \boldsymbol{Z}$である。

（証明終わり）

6

A

（理由）

兄と姉のどちらかが偽である。

父と母の発言から，プチは茶色となるので，兄が偽となる。したがって，チロは黒色，ポチは白色の犬である。

7

A

(理由)

Aの発言の前半部「私(A)は2着」が正しいとすると，Cの発言は前半「私(C)は2着」も後半「Aは4着」も間違いになり問題の仮定に反する。よってAの発言は前半部が間違いで後半部が正しいことになる。

するとDは5着になるので，Dの発言は前半部が間違いになるから後半部が正しい。するとBは1着になるので，Bの発言は前半部が間違いになるから後半部が正しい。するとCは2着になるので，Eの発言は後半部が間違いになるから前半部が正しい。よってEは4着になり，残るAが3着に決まる。

よって3着になったのはAである。

8

$\boldsymbol{x}$, $\boldsymbol{y}$, $\boldsymbol{z}$のうち少なくとも1つが1であることを示すには

$(x-1)(y-1)(z-1)=0$を示せばよい。

条件より　$x+y+z=1$　…①

また$\dfrac{1}{x}+\dfrac{1}{y}+\dfrac{1}{z}=1$　より，

$xyz-(xy+yz+zx)=0$　…②

$\therefore$　$(x-1)(y-1)(z-1)$

$=xyz-(xy+yz+zx)+(x+y+z)-1$

$=0+1-1$　($\because$　①，②より)

$=0$

となるので，題意は示された。

(証明終わり)

9

$-1\leqq a\leqq 1$

解説

$A=\{x|x^2-x-2<0\}$

$\quad=\{x|-1<x<2\}$

$B=\{x|x^2-(2a+1)x+a^2+a<0\}$

$\quad=\{x|a<x<a+1\}$

仮定より，$A\supset B$となるためには，

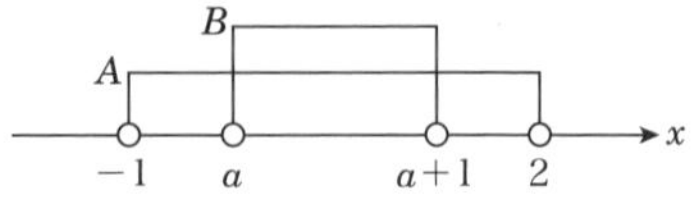

$-1\leqq a$かつ$a+1\leqq 2$

$\therefore$　$-1\leqq a\leqq 1$

10

$k\geqq 3+2\sqrt{2}$

解説

円$(x-1)^2+(y-2)^2=4$と直線$x+y=k$が接するときは，

$$\frac{|1+2-k|}{\sqrt{1^2+1^2}}=2$$

つまり，$k=3\pm 2\sqrt{2}$のときだから，次のグラフより，

$k\geqq 3+2\sqrt{2}$

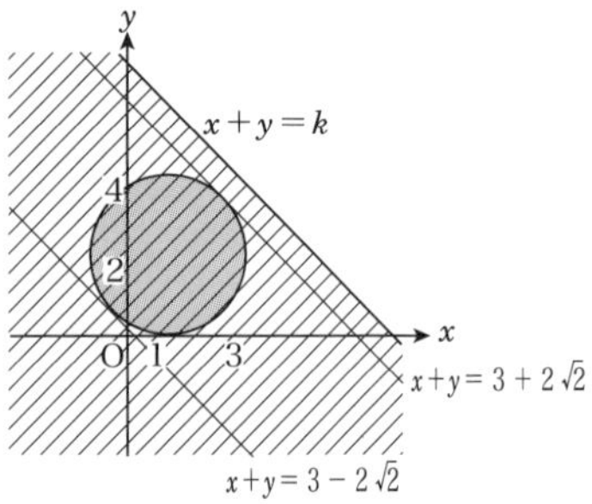

11

②

解説

$A=\{x||x-3|<2\}=\{x|1<x<5\}$

$B=\{x|x^2-6x-7\leqq 0\}=\{x|-1\leqq x\leqq 7\}$

より，$A\subset B$であるが$A=B$ではないので，

$|x-3|<2$は$x^2-6x-7\leqq 0$であるための十分条件であるが必要条件ではない。

12

素数が有限個しかないと仮定して，最大の素数をp_nとする。

p_n 以下のすべての素数 p_1，p_2，p_3，…，p_{n-1}，p_nを用いて，自然数

$a=p_1p_2p_3\cdots p_n+1$

をつくる。

aが素数とすると，$p_n<a$である素数が存在することになるので，矛盾する。

aが合成数とすると，どの素数で割っても1余るので矛盾する。

よって，素数は無限に存在する。

（証明終わり）

13

$\log_2 3$が有理数であると仮定すると，

$\log_2 3=\dfrac{m}{n}$（m，nは互いに素な整数）

と表すことができる。このとき，

$2^{\frac{m}{n}}=3$より，$2^m=3^n$　…①

①の左辺は偶数，右辺は奇数となり矛盾する。よって$\log_2 3$は無理数である。

（証明終わり）

14

$\sqrt{7}$が無理数でない，すなわち有理数であると仮定すると，互いに素である2つの自然数m，nを用いて，

$\sqrt{7}=\dfrac{m}{n}$

と表せる。

よって，$m=\sqrt{7}n$となり，この両辺を平方すると，

$m^2=7n^2$　…①

となるので，m^2は7の倍数。

したがって，mも7の倍数である。

よって，kを自然数として，$m=7k$としたとき，①より，

$(7k)^2=7n^2$

ゆえに，$49k^2=7n^2$で　$7k^2=n^2$

よって，n^2は7の倍数。

したがって，nも7の倍数である。

このことは，m，nが互いに素であることに矛盾する。

したがって，$\sqrt{7}$は無理数である。

（証明終わり）

15

(1)　(a)　反例：$x=2$，$y=-2$

(b)　反例：$x=2$，$y=3$

(2)　24，-24

解説

(1)　(a)　反例：$y=-x$のとき

(b)　反例：±1を除く互いに素な2つの整数

(2)　いまの場合，$x\sim y$であることは$y=\pm x$であることと同値である。

さて，$1364=2^2\cdot 11^1\cdot 31^1$なので，1364の正の約数の個数は$3\times2\times2=12$（個）である。ゆえに，1364を割り切る整数（負のものも含む）の個数は$n=2\times12=24$である。よって，

$n\sim m\iff 24\sim m\iff m=\pm24$

であるから，求める整数mは24，-24の2つである。

16

①　×　反例$\left(x=\dfrac{1}{2}\right)$

②　○

③　×　反例（$B=120^\circ$の二等辺三角形）

解説

②　5は素数なのでmnが5の倍数ならば，m，nの少なくとも一方は5の倍数である。さらに，$m+n$も5の倍数なので，他方も5の倍数である。

5 場合の数・確率

傾向と対策

確率の問題が多い。これは，事象の数を数えるときに「場合の数」の知識が必要になり，また，整数，集合と論理，数列の漸化式，極限値などの分野とも複合しやすいテーマだからだと考えられる。この分野から出題される問題の主なキーワードとしては，次のものが挙げられる。

・樹形図，積の法則，和の法則，排反
・順列，組合せ，重複順列，重複組合せ
・根元事象，全事象，空《くう》事象，余事象
・加法定理，乗法定理，条件付き確率
・二項定理，多項定理，反復試行，期待値，確率分布表

要点Check!

Check!

1 数え方の基本

ものを数えるときは，何を区別し何を同一視するかを明らかにする。

場合の数を求める問題では，特に断りのない限り，

・人はすべて区別する。
・同色の玉・同じ数字の書かれたカードなどは区別しない。
・いくつかのリンゴを何人かに分けるような場合，リンゴに区別はないとする（人は区別するので，この場合は誰に何個のリンゴを与えられるか，つまり，“個数”だけが問題になる）。

などとして扱う。

一方，確率を計算する際には，原則としてすべてのものを区別しなければならない（そうしなければ正しい計算ができない）。

例えば，

(問) $\boxed{1}\ \boxed{1}\ \boxed{2}\ \boxed{3}$ の4枚のカードから2枚選ぶ方法は何通りか。

という問題では，答えは「$\boxed{1}\ \boxed{1}$, $\boxed{1}\ \boxed{2}$, $\boxed{1}\ \boxed{3}$, $\boxed{2}\ \boxed{3}$」の4通りである。

しかし，

(問) $\boxed{1}\ \boxed{1}\ \boxed{2}\ \boxed{3}$ の4枚のカードから2枚選ぶとき，$\boxed{1}\ \boxed{1}$が選ばれる確率はいくらか。

という問題では，2枚ある$\boxed{1}$を区別して（ここでは$\boxed{1_a}$と$\boxed{1_b}$と区別しよう）考えなくてはならない。すなわち，$\boxed{1_a}$, $\boxed{1_b}$, $\boxed{2}$, $\boxed{3}$の異なる4枚のカードから2枚選ぶ

方法は全部で${}_4C_2=6$通りで，そのうち$\boxed{1_a}$ $\boxed{1_b}$を選ぶ場合は1通りなので，求める確率は$\dfrac{1}{6}$となる。

さて，実際にものを数える際には，

・すべてのものを数える。(数え漏れがあってはいけない。)

・1個のものを1回だけ数える。(ダブルカウントしてはいけない。)

そのためには，数えるとき，図や表を使って整理するとよい。

・樹　形　図：パターンを排反な場合に分けていく。

・2次元の表：1つのパターンと1つのマスを対応させ，条件にあうマスに印を付けていく。表を作っているうちに規則性に気付くこともある。

(さいころを2回振って目の積が6の倍数)

	1	2	3	4	5	6
1						✓
2			✓			✓
3		✓		✓		✓
4			✓			✓
5						✓
6	✓	✓	✓	✓	✓	✓

・イメージ図：直接は解に結び付かなくても，アイデアが浮かぶかもしれない。例えば「箱Aに白い石が2つ黒い石が2つ，箱Bに白い石が1つ黒い石が3つ入っている」とあれば

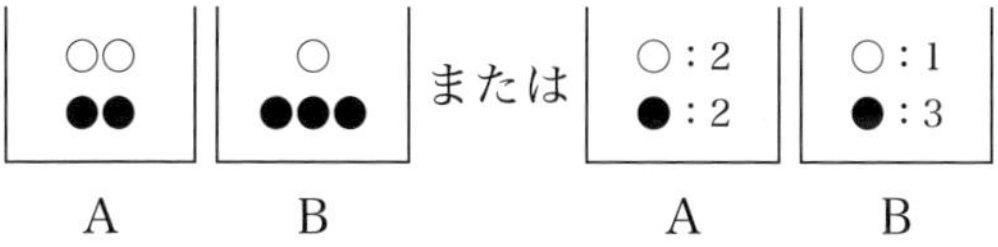

といった図を描いてみる。図を描くことにより，何度も文章に戻らなくて済むというメリットもある。

例題1　樹形図

赤1本，黄2本，青3本，合計6本の旗のうち5本を選ぶ方法は何通りあるか。また，6本のうち5本の旗を選んで1列に並べる方法は何通りあるか。ただし，同じ色の旗は区別できないものとする。

〈高知県改題〉

解答　選び方：3通り

並べ方：60通り

解説　5本の選び方は樹形図で考える。

赤（≦1）	0			1		
黄（≦2）	0	1	2	0	1	2
青（≦3）	×	×	3	×	3	2
（計5本）			✓		✓	✓

よって，選び方は，(赤，黄，青)＝(0，2，3)，(1，1，3)，(1，2，2)の3通り。並べ方は，同じものを含む順列なので

$$\frac{5!}{0!2!3!}+\frac{5!}{1!1!3!}+\frac{5!}{1!2!2!}=10+20+30=60\text{（通り）}$$

例題2　多項定理

$\left(a+\dfrac{1}{a}+1\right)^5$を展開したときの$a^3$の係数の値を求めよ。

〈東京都改題〉

解答　15

解説　まず一般論から，$(x+y+z)^n$の展開式を考えよう。これは

$$(x+y+z)^n=\sum_{p+q+r=n}\frac{n!}{p!q!r!}x^py^qz^r\quad\text{（多項定理）}$$

と表される（和は，$p+q+r=n$となるすべての非負整数p，q，rの組についてとる）。

実際，$(x+y+z)^n$を展開するということは，$(x+y+z)$をn個並べた

$(x+y+z)(x+y+z)\cdots(x+y+z)$

において，各カッコ内からの1つずつ文字を選んで掛け合わせたものの総和を作ることである。そのとき，$x^py^qz^r$の項を作るには，n個のカッコのうち「p個からxを選び，q個からyを選び，r個からzを選ぶ」ので，その選び方は$\dfrac{n!}{p!q!r!}$通

り (同じものを含む順列) ある，というわけである。

すると本問の場合,

$$\left(a+\frac{1}{a}+1\right)^5=\sum_{p+q+r=5}\frac{5!}{p!q!r!}a^p\cdot\left(\frac{1}{a}\right)^q\cdot 1^r$$

$$=\sum_{p+q+r=5}\frac{5!}{p!q!r!}a^{p-q}$$

であり，よってa^3の項は,「和が5である非負整数p, q, rで$p-q=3$を満たすもの」から作られる。このようなp, q, rの組は

$$(p,\ q,\ r)=(4,\ 1,\ 0),\ (3,\ 0,\ 2)$$

なので，求める係数は

$$\frac{5!}{4!1!0!}+\frac{5!}{3!0!2!}=5+10=15$$

例題3　同じものを含む順列

FUKUOKAKENの10個の文字全部を使って作られる順列で，OはAより左側にあり，かつAはEより左側にあるような並べ方は，何通りあるか。

〈福岡県・福岡市・北九州市改題〉

解答 50400通り

解説 各文字の個数をみると

F	U	K	O	A	E	N
1	2	3	1	1	1	1

(計10文字) となっている。

題意の並べ方は，3つの文字O, A, Eをそれぞれ一旦□に置き換えて,

F	U	K	□	N
1	2	3	3	1

… (＊)

の10個のものを1列に並べると考えればよい (その後3つの□に左からO, A, Eを入れればよい)。

例えばF□K□KNU□KUと並べたら，ここにO, A, Eを入れて

F$\boxed{\text{O}}$K$\boxed{\text{A}}$KNU$\boxed{\text{E}}$KUとする。

よって求める並べ方の総数は,（＊）の10個のものを並べる順列の総数であり，$\dfrac{10!}{1!2!3!3!1!}=50400$ (通り)

例題4　重複組合せ

7個のリンゴをA，B，Cの3人に分ける方法は全部で何通りあるか。その総数を求めよ。ただし，1個も受け取らない人があってもよいものとする。

〈香川県〉

解答　36通り

解説　例えばリンゴ7個を1列にならべ，3人にそれぞれ2個，4個，1個と分けて仕切りを入れてみる。

○○｜○○○○｜○

他の分け方についても7個の○と2本の仕切り｜の，計9個のものを並べたとき仕切り2本がどの位置に入るかで分け方が決まってくる。

よって求める答えは

${}_{7+2}C_2 = {}_9C_2 = 36$（通り）

補足　本問の解は3種類のものから重複を許して7個選ぶ（重複組合せ）方法の数である。${}_3H_7 = {}_{3+7-1}C_7 = {}_9C_7 = {}_9C_2$で上記の解と一致する。

また，$x+y+z=7$の非負整数解の個数と同じである。

例題5　重複組合せ（各種とも1個以上選ぶ場合）

リンゴ，ミカン，ナシが合計13個入っている果物かごを作りたい。その盛り合わせ方は何通りあるか答えよ。ただし，どの果物も最低1個は入っているものとする。

〈沖縄県〉

解答　66通り

解説　最初に，各種果物を1個ずつかごに入れる。次に，3種類の果物から重複を許して10（＝13－3）個選ぶ。よって，盛り合わせ方は

${}_3H_{10} = {}_{3+10-1}C_{10} = {}_{12}C_{10} = {}_{12}C_2 = 66$（通り）

補足　本問の解は$x+y+z=13$の自然数解の個数と同じである。$X=x-1$，$Y=y-1$，$Z=z-1$とおけば$X+Y+Z=10$の非負整数解の個数と同じである。

例題6　重複順列

6個の異なる品物をA, B, Cの3人に分けるとき，その分け方は何通りあるか求めよ。ただし，3人とも少なくとも1個はもらえるものとする。

〈千葉県・千葉市〉

解答 540通り

解説 但し書がなければ，3種類のものから重複を許して6個選んで並べる（重複順列）方法の数で3^6通り。

これは，6個の品物をG_1〜G_6として，

まずG_1をA〜Cの誰に与えるかで3通り

次にG_2をA〜Cの誰に与えるかで3通り

⋮

次にG_6をA〜Cの誰に与えるかで3通り

と考えれば自明である。

ここから，もらえない人がいる場合の数を除く。例えば，A, Bの2人以下に分ける方法は2^6通り，Aだけに分ける方法は1通り。よって，求める数は

$$3^6-{}_3C_2\cdot(2^6-2)-3=3\cdot(3^5-2^6+1)=3\cdot(243-64+1)=540\text{（通り）}$$

2 集合の利用

2つの有限集合A, Bの間に1対1の対応がつけられれば，$n(A)$を数える代わりに$n(B)$を数えてもよい。

また，集合と確率の用語には次の対応関係があり，公式も対応している。

集合	全体集合	空集合	補集合	部分集合	集合の元（要素）	和集合	共通部分	平均値
確率	全事象	空事象	余事象	事象	根元事象	和事象	積事象	期待値

例えば，$\phi\subset A\subset U$について，$0\leqq P(A)\leqq 1$，$A\cup\overline{A}=U$から，$P(\overline{A})=1-P(A)$。

確率の加法定理は，和集合の要素数の公式と同じ形になる。

$$P(A\cup B)=P(A)+P(B)-P(A\cap B)$$

特にAとBが排反（$A\cap B=\phi$）のとき，$P(A\cup B)=P(A)+P(B)$

ただし，集合と異なり，確率には乗法定理がある。

$$P(A)P_A(B)=P(B)P_B(A)=P(A\cap B)$$

ここで，$P_A(B)$は，事象Aが起こったという前提のもとで事象Bが起こる確率で，条件付き確率という。$P_B(A)$についても同様。

$P_A(B)=\dfrac{P(A\cap B)}{P(A)}$は，ベン図の面積比 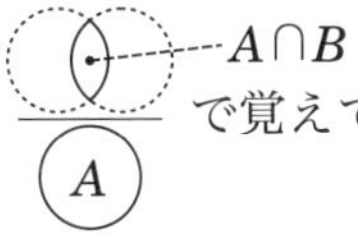

で覚えておく。

特に，$P_A(B)=P(B)$ または $P_B(A)=P(A)$ が成り立つとき，事象 A と B は独立であるといい，$P(A)P(B)=P(A\cap B)$ が成り立つ。

例題7　1対1の対応

正八角形の頂点を結んでできる三角形の中で，正八角形と辺を共有しない三角形はいくつできるか答えよ。

〈沖縄県〉

解答　16個

解説　補集合を考える。

正八角形の頂点を結んでできる三角形は，正八角形の3個の頂点の組と1対1に対応するので $_8C_3$ 個。

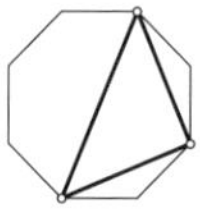

うち，正八角形と2辺を共有するものは，各頂点と1対1に対応するので8個。

また，正八角形と1辺だけを共有するものは，1辺あたり4個。
よって求める数は，$_8C_3-8-4\cdot 8=16$

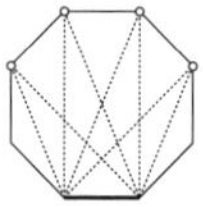

例題8　条件付き確率

9人の学生A，B，C，D，E，F，G，H，Iを3つの組に分けたい。
(1)　3人ずつ，3つの組に分ける分け方は何通りあるか。
(2)　(1)のとき，特定の2人，A，Bが同じ組になる確率を求めよ。

〈群馬県〉

解答　(1)　280通り

(2)　$\dfrac{1}{4}$

解説　関連する小問だが，条件付き確率について補足する。

(1)　9人から3人選んで1組目とし，残る6人から3人選んで2組目とすると，残る3人が自動的に3組目となる。ただし，各組は区別しないので，求める数は $\dfrac{_9C_3\cdot{}_6C_3}{3!}=280$

(2)　A，B2人とC〜Iの中の1人を選んで1組目とし，残る6人を2組に分ける場合の数は，$_7C_1\cdot\dfrac{_6C_3}{2!}=70$ となる。よって，求める確率は $\dfrac{70}{280}=\dfrac{1}{4}$

補足 (2)で，題意の事象を，組分け後Aがある組に入り，その条件のもとでBがAと同じ組に入っている，と分解する。組分けが終わるとAは必ずどこかの組に入っており

$\{A, X_1, X_2\}\{X_3, X_4, X_5\}\{X_6, X_7, X_8\}$

となっている。このとき，X_1～X_8の誰かがBだが，X_1またはX_2がBのときに限って，題意は成立する。よって，求める確率は$\frac{2}{8}=\frac{1}{4}$

3 くじ引き

くじ引きで当たる確率は引く順番によらない。例えば，5本中当たり2本のくじを引かれる順に並べる方法は

① ○○×××　② ○×○××　③ ○××○×　④ ○×××○
⑤ ×○○××　⑥ ×○×○×　⑦ ×○××○
⑧ ××○○×　⑨ ××○×○
⑩ ×××○○

の10通りで，どの並びも等確率で起こる。最初に引く人が当たる並びは，①②③④の4通り，2番目に引く人が当たる並びは，①⑤⑥⑦の4通り，…。したがって，何番目に引いても当たる確率は$\frac{4}{10}=\frac{2}{5}$である。

問題文はくじ引きの体裁をとっていなくても，同値な言い替えによりくじ引きの問題になることもある。

4 確率の漸化式

ある試行をくり返し，n回目の試行で事象Aが起こる確率をP_nとする。直前の試行でAが起こったとき続けてAが起こる確率をa，直前の試行でAが起こらなかったとき次にAが起こる確率をbとすると

$$P_n=aP_{n-1}+b(1-P_{n-1})$$

という漸化式が成り立つ。

5 状態遷移図

状態がいくつかあり，試行をくり返すごとにどれかの状態に移行するというタイプの問題では，状態遷移図が有効である。これは，状態を点に対応させ，移行可能な点と点を矢印で結び，その矢印に移行する確率を記入した図(グラフ)である。そして，状態遷移図から漸化式を作る。このとき，全事象の確率は1であることに注意する。ある点から出ていく矢印に書かれた確率の和は1である。また，例えば，状態がAとBの2つあり，n回の試行後それぞれの状態にある確率をa_n，b_nとすれば，$a_n+b_n=1$である。

例題9　状態遷移図

3人がじゃんけんをくり返し，負けた者は抜け，1人が勝ち残るまで続ける。このとき，じゃんけんが4回行われて終了する確率を求めよ。

解答　$\dfrac{7}{81}$

解説　勝ち残っている人数は，3，2，1のどれかだが，まず，状態が1つ推移する確率を計算する。3人で1回じゃんけんするときの全事象の数（すなわち，3人の出し手の組の総数）は3^3通りで，うち

・1人が勝つ場合の数は，誰がどの手で勝つかで3^2通り。

・2人が勝つ場合の数は，1人が負ける場合の数なので，対称性から3^2通り。

・引き分けの場合の数は，全員同じ手か全員異なる手で$3+3!$通り。

2人で1回じゃんけんするときの全事象の数は3^2通りで，うち

・勝ち負けが決まる場合の数は，どちらがどの手で勝つかで$2\cdot3$通り，

・引き分けの場合の数は，2人が同じ手で3通り。

（なお，どちらの場合も，引き分けは余事象を考えてもよい。）

すると，勝ち残っている人数は，次図のように左から右へ一方向に推移する。

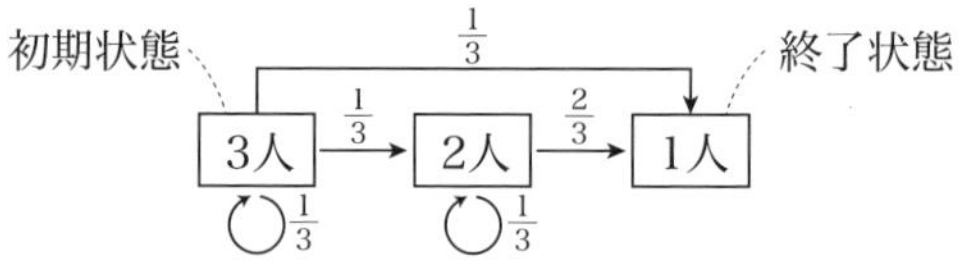

題意のケースは

3人→3人→3人→3人→1人，

3人→3人→3人→2人→1人，

3人→3人→2人→2人→1人，

3人→2人→2人→2人→1人

の4通りなので，求める確率をPとすると

$$P=\left(\frac{1}{3}\right)^3\cdot\frac{1}{3}+\left(\frac{1}{3}\right)^2\cdot\frac{1}{3}\cdot\frac{2}{3}+\frac{1}{3}\cdot\frac{1}{3}\cdot\frac{1}{3}\cdot\frac{2}{3}+\frac{1}{3}\cdot\left(\frac{1}{3}\right)^2\cdot\frac{2}{3}=\frac{7}{81}$$

例題10 状態遷移図と漸化式

1回の試行で，正八面体の1つの頂点から，辺でつながる4つの頂点のどれかへ等確率で移動する動点がある。いま頂点Aにある動点が，5回の試行の結果，Aに戻ってくる確率を求めよ。

解答 $\dfrac{5}{32}$

解説 図のように頂点に名前を付け，$S=\{B,\ C,\ D,\ E\}$とすると，動点がある場所は

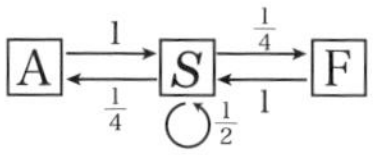

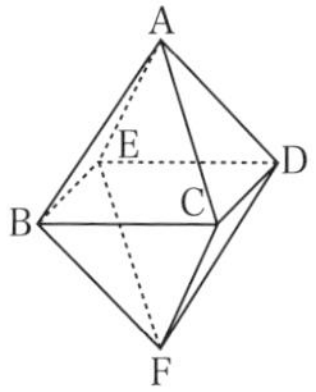

と推移する。n回の試行後，動点が，A, S, Fにある確率をそれぞれa_n, s_n, f_nとすると，$a_1=0$，$s_1=1$，$f_1=0$で

$$\begin{cases} a_n=\dfrac{1}{4}s_{n-1} & \cdots① \\ s_n=a_{n-1}+\dfrac{1}{2}s_{n-1}+f_{n-1} & \cdots② \\ f_n=\dfrac{1}{4}s_{n-1} & \cdots③ \end{cases}$$

n	1	2	3	4	5
a_n	0	$\frac{1}{4}$	$\frac{1}{8}$	$\frac{3}{16}$	$\frac{5}{32}$
s_n	1	$\frac{1}{2}$	$\frac{3}{4}$	$\frac{5}{8}$	$\frac{11}{16}$
f_n	0	$\frac{1}{4}$	$\frac{1}{8}$	$\frac{3}{16}$	$\frac{5}{32}$

よって，求める確率は$a_5=\dfrac{5}{32}$

参考 ①, ②, ③を解くと次のようになる。(「9　数列」参照)

$$a_n=f_n=\frac{1}{6}+\frac{1}{3}\left(-\frac{1}{2}\right)^n$$

$$s_n=\frac{2}{3}+\frac{1}{3}\left(-\frac{1}{2}\right)^{n-1}$$

6 P_nの最大値

反復試行の確率の問題で，試行回数が変数nで，nの関数としての確率P_nがnの2次関数とnの指数関数の積となる場合，P_nの最大値を問われることがある。

例えば，$P_n=n(n-1)\left(\dfrac{1}{2}\right)^n$とする。$P_1=0$，$n\geqq 2$で$P_n>0$，$\displaystyle\lim_{n\to\infty}P_n=0$なので，たしかに最大値をとる$n$がある。このような場合は，$n$が離散変数であることを利用して，階差数列を調べる。

$$P_{n+1}-P_n \gtreqless 0 \iff \begin{cases} \text{単調増加} \\ \text{増減なし（横ばい）} \\ \text{単調減少} \end{cases}$$

$\dfrac{P_{n+1}}{P_n} \gtreqless 1$を考えても同じである。この例では

$$P_{n+1}-P_n=(n+1)n\left(\frac{1}{2}\right)^{n+1}-n(n-1)\left(\frac{1}{2}\right)^{n}$$

$$=-n(n-3)\left(\frac{1}{2}\right)^{n+1}$$

より，$P_1<P_2<P_3=P_4>P_5\cdots$すなわち，$n=3$または4のとき，$P_n$は最大となる。

7　確率変数・確率分布・期待値

確率的試行において，起こりうるすべての事象に対して数値を対応させたものを**確率変数**という。

例えば，

①　2つのさいころを同時に振るときの，出た目の和

②　n枚のコインを同時に振るとき，表を向くコインの枚数

などは確率変数である。

確率変数Xが，$X=x$の値をとる確率$P(X=x)$を，確率変数Xの**確率分布**とよぶ。全事象の確率は1なので，Xのとりうる値すべてに対する$P(X=x)$の総和は1になる。

$$\sum_{x} P(X=x)=1$$

例えば上の例①の確率変数をXにすると，Xは2～12の整数値をとり，確率$P(X=x)$（$2 \leqq x \leqq 12$）は次の表のようにまとめられる。

X	2	3	4	5	6	7	8	9	10	11	12
$P(X=x)$	$\frac{1}{36}$	$\frac{2}{36}$	$\frac{3}{36}$	$\frac{4}{36}$	$\frac{5}{36}$	$\frac{6}{36}$	$\frac{5}{36}$	$\frac{4}{36}$	$\frac{3}{36}$	$\frac{2}{36}$	$\frac{1}{36}$

このような表を確率分布表という。また，上の例②の確率変数をXとすると，Xは0～nの整数値をとり，

$$P(X=k)={}_n\mathrm{C}_k\left(\frac{1}{2}\right)^n \quad (0 \leqq k \leqq n)$$

となる。

確率変数Xのとりうる値がx_1，x_2，…，x_nであるとする。$P(X=x_i)=p_i$と表すとき，

$$E(X)=x_1p_1+x_2p_2+\cdots+x_np_n$$

をXの**期待値**という。つまり期待値とは「Xのとりうる値の，確率を重みづけして加重平均をとったもの」である。前頁の例①で，期待値を計算すると

$$2\cdot\frac{1}{36}+3\cdot\frac{2}{36}+4\cdot\frac{3}{36}+5\cdot\frac{4}{36}+6\cdot\frac{5}{36}+7\cdot\frac{6}{36}$$
$$+8\cdot\frac{5}{36}+9\cdot\frac{4}{36}+10\cdot\frac{3}{36}+11\cdot\frac{2}{36}+12\cdot\frac{1}{36}$$
$$=7$$

となる。

Eは線形である。すなわち，aを定数，X，Yを確率変数とすると

$$E(aX)=aE(X)$$
$$E(X+Y)=E(X)+E(Y)\quad\text{（和の期待値＝期待値の和）}$$

$X-E(X)$つまり平均からの隔たりを**偏差**といい，偏差の２乗の期待値を**分散**という。分散は，$E(X)$の周りでのXの散らばり具合を示す指標である。分散の正の平方根を**標準偏差**という。分散，標準偏差をそれぞれ$V(X)$，σとすると

$$V(X)=E(\{X-E(X)\}^2)\qquad \sigma=\sqrt{V(X)}$$
$$=E(X^2)-\{E(X)\}^2$$

$V(X)$の公式は定義に基づいて計算すれば導ける。$E(X)$も$V(X)$も定数であることに注意する。

特に，二項分布の期待値と標準偏差は覚えておく。1回の試行で事象Aが起こる確率がpのとき，この試行をn回繰り返したときにAの起こる回数を確率変数にとると，反復試行の確率により

$$P(X=r)={}_n\mathrm{C}_r\,p^r(1-p)^{n-r}\qquad(r=0,1,\cdots,n)$$

となる。このような確率分布を**二項分布**といい，$B(n,p)$と表す。以下が成り立つ。

$$E(X)=np\qquad \sigma=\sqrt{np(1-p)}$$

例えば，さいころを100回振ったとき1の目が出る回数Xは，二項分布$B\left(100,\dfrac{1}{6}\right)$に従う。$E(X)=\dfrac{100}{6}\fallingdotseq 16.7$は経験に合致する。参考までに，$\sigma=\sqrt{100\cdot\dfrac{1}{6}\cdot\dfrac{5}{6}}\fallingdotseq 3.7$であるが，$n$が十分大きいと二項分布は正規分布に従うとみてよいことが知られており，そう仮定すると以下が成り立つ。

$$P(|X-E(X)|\leqq\sigma)=P(12.9\leqq X\leqq 20.4)\fallingdotseq 0.68$$
$$P(|X-E(X)|\leqq 2\sigma)=P(9.2\leqq X\leqq 24.1)\fallingdotseq 0.95$$
$$P(|X-E(X)|\leqq 3\sigma)=P(5.5\leqq X\leqq 27.8)\fallingdotseq 1.00$$

例題11　期待値

赤玉が3個，白玉が2個入っている袋の中から，無作為に1個ずつ玉を取り出す操作を行う。同じ色の玉を2個続けて取り出したときか，または，5個すべて取り出したとき，この操作をやめることにする。取り出した玉の個数をXとするとき，次の各問いに答えよ。ただし，取り出した玉はもとに戻さないものとする。

(1)　$X=5$となる確率を求めよ。

(2)　取り出した玉の個数Xの期待値を求めよ。

〈新潟県〉

解答 (1)　$\dfrac{1}{5}$　　(2)　$\dfrac{31}{10}$

解説　玉を取り出される順番に並べて考える。並べ方は${}_5C_2=10$通りある。赤玉，白玉をそれぞれ●，○で，「どちらか」を△で表す。

$X=5$となる並べ方は●○●○●と○●○●●の2通り。

よって$P(X=5)=\dfrac{2}{10}=\dfrac{1}{5}$

$X=4$となる並べ方は●○●●○の1通り（○●○○△はない）。

よって$P(X=4)=\dfrac{1}{10}$

$X=3$となる並べ方は●○○●●の1通りと○●●△△の2通り。

よって$P(X=3)=\dfrac{3}{10}$

$X=2$となる並べ方は●●△△△の3通りと○○●●●の1通り。

よって$P(X=2)=\dfrac{4}{10}$

ルール上$X=1$となることはない。よって

$$E(X)=5\cdot\frac{2}{10}+4\cdot\frac{1}{10}+3\cdot\frac{3}{10}+2\cdot\frac{4}{10}=\frac{31}{10}\ (=3.1)$$

例題 12 和の期待値

数字1を記入したカードが1枚，数字2を記入したカードが2枚，数字3を記入したカードが3枚，合計6枚のカードがある。この6枚のカードをよくきって，同時に3枚を取り出すとき，それぞれのカードに記入されている数字の和の期待値を求めよ。

〈愛媛県〉

解答 7

解説 取り出した3枚のカードの数字の和をXとすると，Xは5～9の整数値をとる。しかし，Xの確率分布を求めるのは少し面倒である。そこでここでは（和の期待値）＝（期待値の和）であることを利用して次のように考えるとよい。

まず問題では「同時に3枚を取り出す」とあるが，これを「順に3枚を取り出す」としても結果は変わらない。そして1枚目のカードの数字をX_1，2枚目のカードの数字をX_2，3枚目のカードの数字をX_3とおく。

このとき$X=X_1+X_2+X_3$である。

ここで，“くじ引きの確率は引く順序によらない”ことからX_1，X_2，X_3の確率分布は同じであり，よって$E(X_1)=E(X_2)=E(X_3)$となる。またX_1は1，2，3のいずれかの値をとり，その期待値は

$$E(X_1)=1\cdot\frac{1}{6}+2\cdot\frac{2}{6}+3\cdot\frac{3}{6}=\frac{7}{3}$$

である。

以上により，求める期待値は，

$$\begin{aligned}E(X)&=E(X_1+X_2+X_3)\\&=E(X_1)+E(X_2)+E(X_3)\\&=3E(X_1)\\&=3\cdot\frac{7}{3}=7\end{aligned}$$

である。

補足 ちなみに，Xの確率分布は次のようになる。

X	5	6	7	8	9
$P(X=x)$	$\frac{1}{20}$	$\frac{6}{20}$	$\frac{6}{20}$	$\frac{6}{20}$	$\frac{1}{20}$

これより，Xの期待値を

$$E(X)=5\cdot\frac{1}{20}+6\cdot\frac{6}{20}+7\cdot\frac{6}{20}+8\cdot\frac{6}{20}+9\cdot\frac{1}{20}=7$$

と求めることもできる。

演習問題

1 ★☆☆

次の各問いに答えよ。

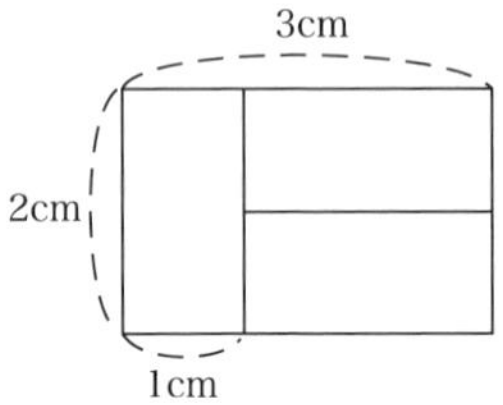

⑴　縦2cm，横1cmの長方形を3つ並べて，縦2cm，横3cmの長方形を作りたい。右に示す並べ方のほかに，何通りの並べ方があるか，答えよ。

⑵　縦2cm，横1cmの長方形を6つ並べて，縦4cm，横3cmの長方形を作りたい。何通りの並べ方があるか，答えよ。

〈石川県〉

2 ★☆☆

3個のさいころを同時に投げるとき，次の各問いに答えよ。

⑴　出る目の数の和が6となる確率を求めよ。

⑵　出る目の数の最大値をM，最小値をmとするとき，$M-m=2$となる確率を求めよ。

〈山口県〉

3 ★★☆

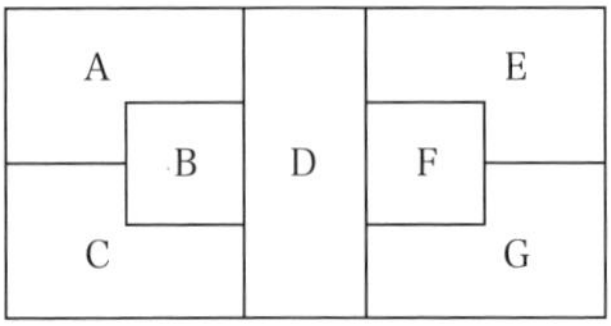

右図のように画用紙に上下・左右対称に線を引き，A～Gの7区画を塗り分けるとき，次のそれぞれの場合について何通りの塗り分け方があるか答えよ。

ただし，隣り合う区画は異なる色で塗るものとし，回転により同じ塗り方になる場合は一通りと考え，画用紙の裏面には絵の具を塗らないものとする。

⑴　7色で塗り分ける場合。

⑵　4色で塗り分ける場合。(同じ色を何回使ってもよい。)

〈三重県〉

4 ★☆☆

下の図のように1本のひもを半分の長さになるように，順に折っていく。10回折ったとき，真ん中で切るとひもは何本に分かれるか，答えよ。

なお，どのように求めたのか，考え方も書け。

(例)〈2回折った場合〉

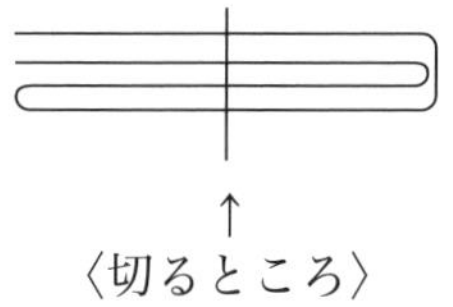

〈群馬県〉

5 ★☆☆

$(x-2y)^8$を展開したときのx^6y^2の係数を求めよ。

〈埼玉県・さいたま市〉

6 ★★☆

次の各問いに答えよ。

(1)　Aの袋には赤玉3個と白玉7個，Bの袋には赤玉2個と白玉3個が入っている。

①　1つの袋を選び，その中から1個の玉を取り出すとき，それが赤玉である確率を求めよ。

②　1つの袋を選び，その中から1個の玉を取り出したところ，赤玉であった。それがAの袋の赤玉である確率を求めよ。

(2)　1からnまでの自然数を1つずつ書いたn枚のカードがある。このn枚のカードから1枚を取り出し，書かれた数を確認して元に戻す。これを2回くり返し，確認した2つの数の大きい方をXとする。ただし，2つの数が同じであるときは，その数をXとする。

①　kをn以下の自然数とするとき，$X=k$となる確率を求めよ。

②　Xの期待値を求めよ。

〈福島県〉

7 ★★☆

P，Qの２人がいて，Qには区別のつかない２つの袋A，Bがあり，袋Aには$4n$個の白玉と$2n$個の黒玉が入っており，袋Bにはn個の白玉と$5n$個の黒玉が入っている。PはQに見えないように２個の硬貨を投げ，表が２枚出たとき，袋AをQに渡し，それ以外のときは，袋BをQに渡す。Qは渡された袋から３個の玉をとりだし，白玉の数が黒玉の数よりも多いときは渡された袋はAであると判断し，黒玉の数が白玉の数よりも多いときは渡された袋はBであると判断する。このとき，Qが誤った判断をする確率をP_nとして，$\lim_{n\to\infty}P_n$を求めよ。ただし，nは自然数とする。

〈京都市〉

8 ★☆☆

赤玉と白玉が合わせて13個入っている袋の中から同時に２個の玉を取り出すとき，同じ色の玉が出る確率が$\dfrac{7}{13}$となるようにしたい。そのためには袋の中の赤玉の個数をいくらにすればよいか。①～⑤から１つ選べ。ただし，袋の中には，赤玉のほうが白玉より多く入っているものとする。

①　7個　　②　8個　　③　9個　　④　10個　　⑤　11個

〈大阪府・大阪市〉

9 ★☆☆

袋の中に白玉10個，黒玉60個が入っている。この袋の中から１個ずつ40回取り出すとき次の各場合において白玉が何回取り出される確率が最も多いか，求めよ。

(1)　取り出した玉を袋に戻す。

(2)　取り出した玉を袋に戻さない。

〈長野県〉

10 ★☆☆

10本のくじの中に２本の当たりくじがある。このくじをくり返し引き，当たりくじを２回引いたところで終わるものとする。ただし，一度引いたくじは毎回元に戻す。n回目を引いて終わる確率をP_nとするとき，次の各問いに答えよ。

(1)　$P_n\,(n\geqq 2)$を求めよ。

(2)　P_nが最大となるnを求めよ。

〈三重県〉

11 ★☆☆

Aさんは1，2，3，4，5の数字が1つずつ書かれた5枚のカードから同時に2枚を引き，Bさんは2，4，6，8，10の数字が1つずつ書かれた5枚のカードから1枚を引く。Aさんが引いた2枚のカードの数の和をx，Bさんが引いた1枚のカードの数をyとする。このとき，$x>y$となる確率を求めよ。

〈広島県・広島市〉

12 ★★☆

さいころを3回投げて，1回目に出た数をa，2回目に出た数をb，3回目に出た数をcとする。このとき，$\dfrac{b\times c}{a}$が整数となる確率を求めよ。

〈茨城県〉

13 ★★★

男子6人，女子6人がいる。男子は，2人ずつそれぞれ赤，青，黄の帽子をかぶっている。女子は，1人が赤，2人が青，3人が黄の帽子をかぶっている。このとき，次の各問いに答えよ。

(1) 男子，女子それぞれ1人ずつ選ぶとき，帽子の色が同じになる確率を求めよ。

(2) 男子1人，女子1人のペアを6組作るとき，男子と女子の帽子の色が同じであるペアが4組以上となる確率を求めよ。

(3) 男子1人，女子1人のペアを6組作るとき，どのペアも男子と女子の帽子の色が異なる確率を求めよ。

〈岩手県〉

14 ★★☆

1～6の目がある1つのさいころをn回投げ，出たn回の目の積をA_nとする。このとき，次の各問いに答えよ。ただし，1～6の目が出ることは同様に確からしいとし，nは2以上の整数とする。

(1) $A_n=12$になる確率をnを用いて表せ。

(2) A_nが6の倍数になる確率をnを用いて表せ。

〈新潟県〉

15 ★★☆

次の各問いに答えよ。

(1)　方程式 $x^2+y^2+ax+by+3c=0$ が円を表すための a, b, c の条件を求めよ。

(2)　1つのさいころを3回振って出た目の数を順に a, b, c とする。

a, b, c が(1)の条件を満たす確率を求めよ。ただし，さいころの1から6までの目の出方は同様に確からしいものとする。

〈福岡県・福岡市・北九州市〉

16 ★★☆

A, Bがゲームをくり返し行い，2回連続で勝てば優勝することにする。ただし，1回ごとのゲームについて，Aが勝つ確率は $\frac{2}{3}$，Bが勝つ確率は $\frac{1}{3}$ とし，引き分けはないものとする。

次の(1)〜(3)の文中の空欄に当てはまるものを①〜⑤の中からそれぞれ1つずつ選べ。

(1)　ちょうど2回ゲームを行ってAが優勝する確率は（　ア　）である。また，ちょうど4回ゲームを行ってAが優勝する確率は（　ア　）の（　イ　）倍である。

【（　ア　）の選択肢】

①　$\frac{4}{27}$　　②　$\frac{2}{9}$　　③　$\frac{4}{9}$　　④　$\frac{2}{3}$　　⑤　①〜④以外

【（　イ　）の選択肢】

①　$\frac{1}{9}$　　②　$\frac{2}{9}$　　③　$\frac{1}{3}$　　④　$\frac{4}{9}$　　⑤　①〜④以外

(2)　ちょうど3回ゲームを行ってAが優勝する確率は（　　　）である。

①　$\frac{4}{27}$　　②　$\frac{4}{9}$　　③　$\frac{16}{27}$　　④　$\frac{2}{3}$　　⑤　①〜④以外

(3)　Aが優勝する確率は（　　　）である。

①　$\frac{4}{9}$　　②　$\frac{2}{3}$　　③　$\frac{9}{14}$　　④　$\frac{16}{21}$　　⑤　①〜④以外

〈岐阜県〉

17 ★★☆

A，B 2つのさいころを投げるとき，次の各問いに答えよ。

(1) 出た2つの目の積が偶数である確率を求めよ。

(2) 出た2つの目の積が偶数であったときに，Aのさいころの目が偶数である確率を求めよ。

〈高知県〉

18 ★★☆

14段の階段を使って，秀夫さんと博さんがゲームをする。じゃんけんをして，グーで勝てば3段，チョキで勝てば5段，パーで勝てば6段上がり，早く階段の一番上に着いた方が勝ちである。なお，例えば「パーで3回続けて勝ったとき」も14段を超えるので勝ちとなる。

3回目のじゃんけんで秀夫さんが勝つ確率を求めよ。ただし，あいこも1回と数える。

〈静岡県・静岡市〉

19 ★★★

次の各問いに答えよ。

(1) 2つのさいころを同時に投げたとき，一方のさいころは6の目が出た。このとき，他方のさいころは6の目が出ない確率を求めよ。

(2) 1個のさいころを投げる試行をn回行う。このとき，1回目からk回目$(k=1, 2, 3, \cdots, n)$までに出た目の和をX_kとし，$X_1, X_2, \cdots, X_n$のうちどれかがnとなる確率を$P(n)$とする。このとき，次の問いに答えよ。

① $P(1)$，$P(2)$をそれぞれ求めよ。

② $n \leqq 6$のとき，$P(n)$を求めよ。

〈栃木県〉

20 ★☆☆

箱の中に10本のくじが入っている。このうち，1本が1等，4本が2等，残りの5本ははずれである。引いたくじにはそれぞれ，1等に4点，2等に2点，はずれには0点の点数が与えられる。この箱からくじを1本ずつ続けて3回引くとき，与えられる点数の和の期待値を求めよ。ただし，引いたくじはもとに戻さないものとする。

〈静岡県・静岡市〉

21 ★☆☆

袋の中に数字1が書かれた玉が2個，数字2が書かれた玉が3個，数字3が書かれた玉が3個入っている。この袋の中から無作為に1個の玉を取り出し，取り出された玉に書かれている数字を記録して元の袋の中に戻すという試行を3回繰り返す。

1回目に記録した数字をX_1，2回目に記録した数字をX_2，3回目に記録した数字をX_3とするとき，次の各問いに答えよ。

(1)　3つの数X_1，X_2，X_3の最小値が1となる確率を求めよ。

(2)　3つの数の和$X_1+X_2+X_3$の期待値を求めよ。

〈京都府〉

22 ★★☆

右の図のように四角形ABCDの3つの頂点A, B, Cにコインを1個ずつ置き，1個のさいころを振りながら次のルールでゲームを行う。

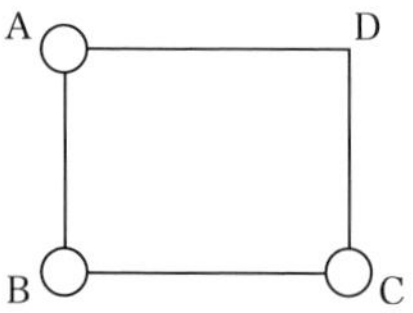

〈ルール〉

・1の目が出たら頂点A, Bにあるコインの1つを頂点C, Dのうちコインを置いていない頂点へと移す。 ・6の目が出たら頂点C, Dにあるコインの1つを頂点A, Bのうちコインを置いていない頂点へと移す。 ・1または6以外の目が出たときはコインの移動はしない。 ・各頂点には2個以上のコインを置くことはできない。 ・1または6の目が出て，コインが移動できなければゲームを終了する。

このとき，次の各問いに答えよ。

(1)　1回さいころを振って，頂点A, Bのうちどちらか一方だけにコインがある確率を求めよ。

(2)　2回さいころを振って，ゲームが終了することなく，頂点C, Dのうちどちらか一方だけにコインがある確率を求めよ。

(3)　3回さいころを振って，ゲームが終了する確率を求めよ。

〈佐賀県〉

23 ★★☆

正方形ABCDにおいて，4つの辺と対角線BDを経路として，頂点から頂点へ1秒毎に1辺または対角線を移動する点Pがある。始めに頂点Aにいた点Pが，n秒後に頂点A，B，C，Dにいる確率をそれぞれa_n，b_n，c_n，d_nとするとき，次の各問いに答えよ。ただし，1つの頂点から次の頂点へ移るとき，どの経路を選ぶ確率も同じとする。

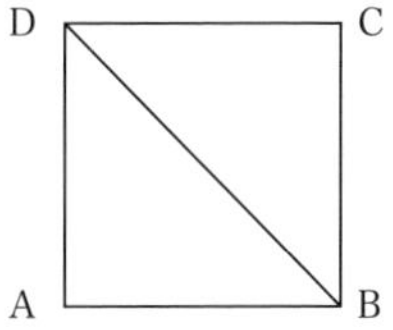

(1)　3秒後に頂点Aにいる確率a_3を求めよ。

(2)　b_{n+1}をa_n，c_n，d_nを用いて表せ。

(3)　b_{n+1}とb_nの関係式を作り，b_nを求めよ。

(4)　$\lim_{n\to\infty} b_n$を求めよ。

〈石川県〉

24 ★★☆

1個のさいころをn回投げたとき，出る目の和が初めて6の倍数になる確率をP_nとする。このとき次の各問いに答えよ。ただし，nは自然数とする。

(1)　P_2を求めよ。

(2)　P_nを求めて，$\lim_{m\to\infty} \sum_{n=1}^{m} nP_n$の値を求めよ。

〈島根県〉

25 ★★☆

下の図のように，正三角形ABCの頂点Aに赤玉1個，頂点B，Cそれぞれに白玉1個ずつが置いてある。4枚のカード$\boxed{1}$，$\boxed{2}$，$\boxed{2}$，$\boxed{3}$があり，この中から1枚取り出し，数字を調べ，カードをもとに戻す。取り出したカードが$\boxed{1}$のときはAとBの玉を置きかえ，$\boxed{2}$のときはBとCの玉を置きかえ，$\boxed{3}$のときはCとAの玉を置きかえる。これを1回の操作とする。

この操作をn回くり返したあとに，赤玉がA，B，Cにある確率をそれぞれp_n，q_n，r_nとするとき，次の各問い に答えよ。

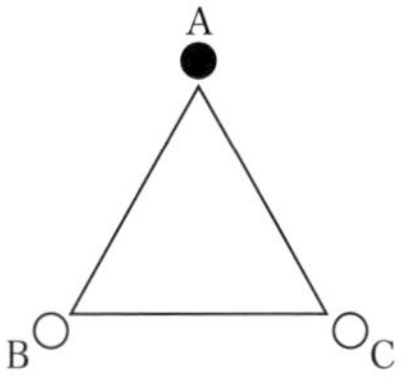

(1)　p_1，q_1，r_1を求めよ。

(2)　p_nを求めよ。

(3)　q_n，r_nを求めよ。

〈佐賀県〉

26 ★★★

3枚のコインがあり，はじめはすべて表の状態になっている。この中から，無作為に1枚のコインを選びひっくり返す。この操作をn回くり返したとき，すべてのコインが表になっている確率をP_nとする。このとき，次の各問いに答えよ。

(1) P_1，P_2，P_3，P_4を求めよ。

(2) nが奇数のときと偶数のときの表の枚数をそれぞれ求めよ。

(3) P_{2n+2}をP_{2n}で表せ。また，P_{2n}をnの式で表せ。

〈岩手県〉

演習問題 解答・解説

1

(1) **2通り** (2) **11通り**

解説

(1)

(2) 樹形図で考える。縦4cm，横3cmの方眼の左上から順に2cm×1cmの小長方形を並べていく。このとき，必然的な配置が現れたら直ちに書き込む（図の＊）。また，残った方眼が(1)の形になったら，そこで場合分けをやめてよいことに注意する。図から，求める数は，3＋1＋3＋1＋3＝11

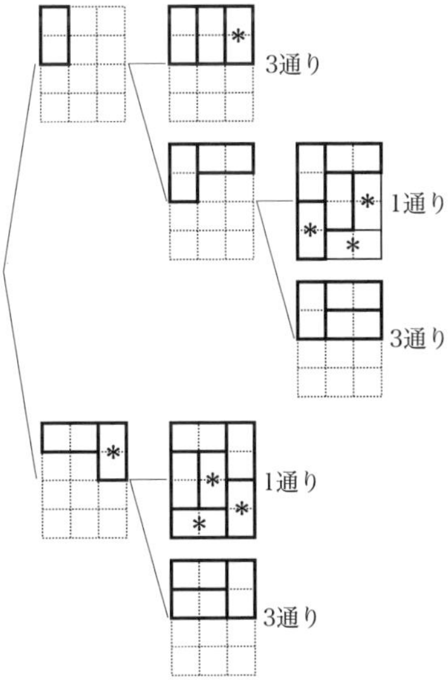

2

(1) $\dfrac{5}{108}$ (2) $\dfrac{2}{9}$

解説

(1) 6となる場合は，(4，1，1)→3通り

(3，2，1)→6通り

(2，2，2)→1通り

$$\frac{10}{6^3}=\frac{5}{108}$$

(2) $M=6$のとき，

(6，6，4)→3通り

(6，5，4)→6通り

(6，4，4)→3通り

$M=5$のとき，

(5，5，3)

(5，4，3)

(5，3，3)

$M=4$のとき，

(4，4，2)

(4，3，2)

(4，2，2)

$M=3$のとき，

(3，3，1)

(3，2，1)

(3，1，1)

いずれの場合も12通り

$$\frac{12\times4}{6^3}=\frac{2}{9}$$

3

(1) **2520通り** (2) **84通り**

解説

(1) 7色で7区画を塗り分ける方法は，7!通りあり，左右対称だから180°回転で同じ塗り分け方法が含まれるので，

$$\frac{7!}{2}=2520$$

(2) 中央のD区画の塗り方が4通り。

各場合について，左側A～C区画の塗り方が，3!＝6通り。

それらの各場合について，右側E～G区画の塗り方が，3!＝6通り。

全部で6×6＝36(通り)あるが，この中には，

(i) 180°回転すると同じ

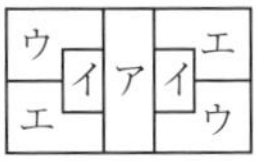

例えばこのような図の場合

3!＝6(通り)

(ii) (i)以外が

36－6＝30通り

あり，こちらは，重複して数えているの

で，

$30 \div 2 = 15$通り

例えば
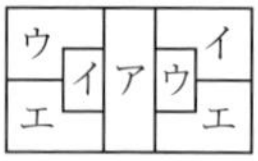

と
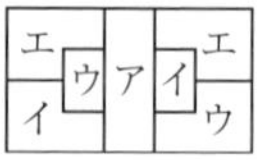

と

は回転により同じ塗り方になる。

(i)+(ii)より，$6 + 15 = 21$

中央の4通りに対しそれぞれ21通りなので全部で，

$4 \times 21 = 84$(通り)

4

〔解答例〕

1回折り曲げるごとに，重なりあうひもの本数は2倍になるので，**n**回折り曲げると重なりあうひもの本数は2^n本となる。

切り口が2^nだから，ひもは$2^n + 1$本に分かれる。**$n = 10$**の場合1025本。

5

112

解説

二項定理より

$${}_8C_6 x^6 (-2y)^2 = 28 \times 4 \times x^6 y^2$$
$$= 112 x^6 y^2$$

6

(1) ① $\frac{7}{20}$　　② $\frac{3}{7}$

(2) ① $\frac{2k-1}{n^2}$

② $\frac{(n+1)(4n-1)}{6n}$

解説

(1) ① $\frac{1}{2} \cdot \frac{3}{10} + \frac{1}{2} \cdot \frac{2}{5} = \frac{7}{20}$

である。

② 条件付き確率を考えることにより，求める確率は

$$\frac{\frac{1}{2} \cdot \frac{3}{10}}{\text{①の確率}} = \frac{3}{7}$$

となる。

(2) ① カードの取り出しを2回行ったとき，取り出された2つの数の組はn^2通りある。そのうち$X=k$となる場合を考えると，まず$k=1$の場合は明らかに1通りで，$k \geqq 2$の場合は，

「2回ともk以下のカードを取り出す場合」から「2回とも$k-1$以下のカードを取り出す場合」を除いた場合

なので，$k^2 - (k-1)^2 = 2k-1$通りある($k=1$のときもこれでよい)。よって，

$$P(X=k) = \frac{2k-1}{n^2}$$

② 求める期待値は，

$$E(X) = \sum_{k=1}^{n} kP(X=k)$$
$$= \frac{1}{n^2} \sum_{k=1}^{n} (2k^2 - k)$$
$$= \frac{1}{n^2} \left\{ \frac{n(n+1)(2n+1)}{3} - \frac{n(n+1)}{2} \right\}$$
$$= \frac{(n+1)(4n-1)}{6n}$$

7

$\frac{13}{108}$

解説

「Aである」と誤った判断をする確率

(イ) Bの袋から，3個の白玉を取り出したとき

$$\frac{3}{4} \times \frac{{}_nC_3}{{}_{6n}C_3} = \frac{3(n-1)(n-2)}{24(6n-1)(6n-2)}$$

(ロ) Bの袋から，2個の白玉と1個の黒玉を取り出したとき

$$\frac{3}{4} \times \frac{{}_nC_2 \times {}_{5n}C_1}{{}_{6n}C_3} = \frac{45n(n-1)}{24(6n-1)(6n-2)}$$

「Bである」と誤った判断をする確率

(ハ) Aの袋から，3個の黒玉を取り出したとき

$$\frac{1}{4}\times\frac{{}_{2n}\mathrm{C}_3}{{}_{6n}\mathrm{C}_3}=\frac{2(2n-1)(2n-2)}{24(6n-1)(6n-2)}$$

(二) Aの袋から，2個の黒玉と1個の白玉を取り出したとき

$$\frac{1}{4}\times\frac{{}_{2n}\mathrm{C}_2\times{}_{4n}\mathrm{C}_1}{{}_{6n}\mathrm{C}_3}=\frac{24n(2n-1)}{24(6n-1)(6n-2)}$$

以上より，

$$P_n=\frac{3(n-1)(n-2)+45n(n-1)+2(2n-1)(2n-2)+24n(2n-1)}{24(6n-1)(6n-2)}$$

よって，

$$\lim_{n\to\infty}P_n=\frac{3+45+2\cdot2\cdot2+24\cdot2}{24\cdot6\cdot6}$$

$$=\frac{104}{24\cdot6\cdot6}$$

$$=\frac{13}{108}$$

8

③

解説

赤玉n個，白玉$(13-n)$個とすると，

仮定より　$n\geqq7$

同色の玉が出る確率は，

$$\frac{{}_n\mathrm{C}_2+{}_{13-n}\mathrm{C}_2}{{}_{13}\mathrm{C}_2}$$

$$=\frac{n(n-1)+(13-n)(12-n)}{13\cdot12}$$

$$=\frac{n^2-13n+78}{78}$$

仮定より，

$$\frac{n^2-13n+78}{78}=\frac{7}{13}$$

$$n^2-13n+36=0$$

$$(n-4)(n-9)=0$$

$n\geqq7$より，　$n=9$

9

(1)　5回　　　(2)　6回

解説

(1)　白玉がn回取り出される確率P_nは，

$$P_n={}_{40}\mathrm{C}_n\left(\frac{1}{7}\right)^n\left(\frac{6}{7}\right)^{40-n}$$

だから，

$$\frac{P_{n+1}}{P_n}=\frac{{}_{40}\mathrm{C}_{n+1}\left(\frac{1}{7}\right)^{n+1}\left(\frac{6}{7}\right)^{40-(n+1)}}{{}_{40}\mathrm{C}_n\left(\frac{1}{7}\right)^n\left(\frac{6}{7}\right)^{40-n}}$$

$$=\frac{40-n}{6(n+1)}$$

$n\leqq4$のとき，

$$\frac{P_{n+1}}{P_n}>1\quad\therefore\quad P_{n+1}>P_n$$

$n\geqq5$のとき，

$$\frac{P_{n+1}}{P_n}<1\quad\therefore\quad P_{n+1}<P_n$$

したがって，

$$P_1<P_2<P_3<P_4<P_5>P_6>P_7>P_8>\cdots$$

よって，P_5が最大になるので，答は5回である。

(2)　白玉がn回取り出される確率を$q_n(0\leqq n\leqq10)$とおくと，

$$q_n=\frac{{}_{10}\mathrm{C}_n\cdot{}_{60}\mathrm{C}_{40-n}}{{}_{70}\mathrm{C}_{40}}$$

と表される（$n>10$なら明らかに$q_n=0$）。

すると，$n\leqq9$において，

$$q_n\leqq q_{n+1}$$

$$\Longleftrightarrow\frac{q_{n+1}}{q_n}\geqq1$$

$$\Longleftrightarrow\frac{{}_{10}\mathrm{C}_{n+1}\cdot{}_{60}\mathrm{C}_{40-n-1}}{{}_{10}\mathrm{C}_n\cdot{}_{60}\mathrm{C}_{40-n}}\geqq1$$

$$\Longleftrightarrow\frac{(10-n)(40-n)}{(n+1)(21+n)}\geqq1$$

$$\Longleftrightarrow n\leqq\frac{379}{72}=5.2\cdots$$

であるから，

$$q_1<q_2<q_3<q_4<q_5<q_6>q_7>\cdots$$

となることがわかる。つまりq_nは$n=6$のときに最大になるので，答は6回である。

10

(1)　$\boldsymbol{P_n=\dfrac{(n-1)4^{n-2}}{5^n}}$

(2)　$\boldsymbol{n=5,\ 6}$

解説

(1)　$P_n=\left\{{}_{n-1}\mathrm{C}_1\left(\dfrac{1}{5}\right)\left(\dfrac{4}{5}\right)^{n-2}\right\}\times\dfrac{1}{5}$

$=(n-1)\times\dfrac{4^{n-2}}{5^n}$

(2)　$\dfrac{P_{n+1}}{P_n}\geqq 1$　より，$n\leqq 5$

したがって，

$P_2<P_3<P_4<P_5=P_6>P_7>P_8$

以上より，

$n=5,\ 6$

11

$\boldsymbol{\dfrac{23}{50}}$

解説

(イ)　Bが $\boxed{2}$ を引いたとき，常に$x>y$

だから，この場合の確率は$\dfrac{1}{5}$

(ロ)　Bが $\boxed{4}$ を引いたとき，Aは

$\boxed{1}+\boxed{2}$, $\boxed{1}+\boxed{3}$

以外のカードを引けばよいので，

$\dfrac{1}{5}\times\left(1-\dfrac{2}{{}_5\mathrm{C}_2}\right)=\dfrac{8}{50}$

(ハ)　Bが $\boxed{6}$ を引いたとき，Aは

$\boxed{1}+\boxed{2}$, $\boxed{1}+\boxed{3}$, $\boxed{1}+\boxed{4}$, $\boxed{1}+\boxed{5}$

$\boxed{2}+\boxed{3}$, $\boxed{2}+\boxed{4}$

以外のカードを引けばよいので，

$\dfrac{1}{5}\times\left(1-\dfrac{6}{{}_5\mathrm{C}_2}\right)=\dfrac{4}{50}$

(ニ)　Bが $\boxed{8}$ を引いたとき，Aは

$\boxed{4}+\boxed{5}$

のカードを引けばよいので，

$\dfrac{1}{5}\times\dfrac{1}{{}_5\mathrm{C}_2}=\dfrac{1}{50}$

(ホ)　Bが $\boxed{10}$ を引いたとき，$x>y$となることはありえない。

以上のことより

$\dfrac{1}{5}+\dfrac{8}{50}+\dfrac{4}{50}+\dfrac{1}{50}=\dfrac{23}{50}$

12

$\boldsymbol{\dfrac{31}{54}}$

解説

aは1～6のいずれかで，その目が出る確率はいずれも$\dfrac{1}{6}$である。

・$a=1$のとき，b, cの値は何でもよい。

・$a=2$のとき

b, cのうち少なくとも一方が2の倍数であればよく，その確率は

$1-\left(\dfrac{3}{6}\right)^2=\dfrac{27}{36}$

・$a=3$のとき

b, cのうち少なくとも一方が3の倍数であればよく，その確率は

$1-\left(\dfrac{4}{6}\right)^2=\dfrac{20}{36}$

・$a=4$のとき

b, cの組が次表で○をつけた15通りのうちのいずれかであればよく，その確率は

$\dfrac{15}{36}$

・$a=5$のとき

b, cのうち少なくとも一方が5の倍数であればよく，その確率は

$1-\left(\dfrac{5}{6}\right)^2=\dfrac{11}{36}$

・$a=6$のとき

b, cの組が次表で斜線をつけた15通りのうちのいずれかであればよく，その確率は

$\dfrac{15}{36}$

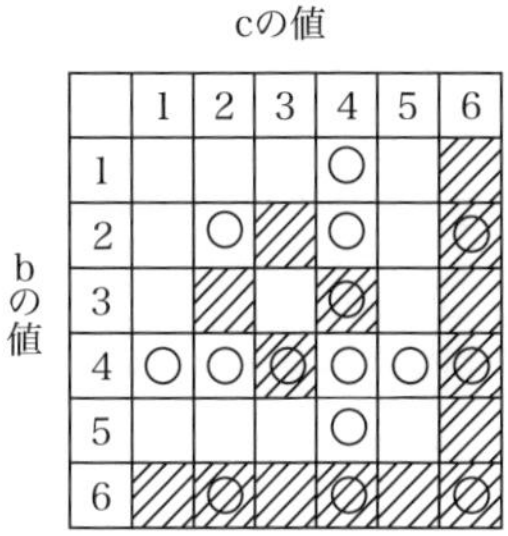

よって求める確率は,

$$\frac{1}{6}\times\frac{36+27+20+15+11+15}{36}=\frac{31}{54}$$

13

(1) $\frac{1}{3}$　(2) $\frac{1}{10}$　(3) $\frac{1}{10}$

解説

(1) (イ) 赤のとき, $\frac{2}{6}\times\frac{1}{6}=\frac{1}{18}$

(ロ) 青のとき, $\frac{2}{6}\times\frac{2}{6}=\frac{2}{18}$

(ハ) 黄のとき, $\frac{2}{6}\times\frac{3}{6}=\frac{3}{18}$

よって, 求める確率は,

$$\frac{1}{18}+\frac{2}{18}+\frac{3}{18}=\frac{6}{18}=\frac{1}{3}$$

(2) 男子を上段に一定の順序に並べて固定し, 女子を下段で動かす。黄のペアが2組できないと, ペアは3組以下しかできないことに注意する。

(i) 4組の男女がそれぞれ同じ色になるときの組合せは,

男 赤 赤 青 青 黄 黄
　 | | | | | |
女 赤 青 青 黄 黄 黄

の4通りが考えられる。

(ii) 5組の男女がそれぞれ同じ色になるときの組合せは,

男 赤 赤 青 青 黄 黄
　 | | | | | |
女 赤 黄 青 青 黄 黄

の2通りが考えられる。

(iii) 6組の男女がそれぞれ同じ色になることはあり得ない。

男子の並び方を固定した上で, 女子の赤1, 青2, 黄3の並び方の総数は同じものを含む順列より,

$$\frac{6!}{1!2!3!}=60(\text{通り})\quad\cdots①$$

そのうち, (i)〜(iii)の合計は

$$4+2+0=6(\text{通り})$$

よって, 求める確率は,

$$\frac{6}{60}=\frac{1}{10}$$

(3) 6組とも異なるのは

男	赤	赤	青	青	黄	黄
女	黄	黄	黄	赤	青	青
	黄	青	黄	黄	青	赤

の6通りなので, (2)の①より求める確率は,

$$\frac{6}{60}=\frac{1}{10}$$

14

(1) $\dfrac{n(n-1)(n+2)}{2\cdot 6^n}$

(2) $1-\left(\dfrac{1}{2}\right)^n-\left(\dfrac{2}{3}\right)^n+\left(\dfrac{1}{3}\right)^n$

解説

(1) $n\geqq 3$のとき

$A_n=12$となるのは, 出る目の組合せが

$\{6,\ 2,\ 1,\ \cdots,\ 1\}$, $\{4,\ 3,\ 1,\ \cdots,\ 1\}$,

$\{3,\ 2,\ 2,\ 1,\ \cdots,\ 1\}$

の場合である。目の出方の場合の数は,

$${}_nC_1\cdot{}_{n-1}C_1+{}_nC_1\cdot{}_{n-1}C_1+{}_nC_1\cdot{}_{n-1}C_2$$

$$=n(n-1)+n(n-1)+n\frac{(n-1)(n-2)}{2}$$

$$=\frac{n(n-1)(n+2)}{2}$$

であるから，

求める確率は，$\dfrac{n(n-1)(n+2)}{2\cdot 6^n}$ …①

$n=2$のとき

$A_n=12$となるのは，出る目の組合せが$\{6，2\}$，$\{4，3\}$の場合であり，目の出方の場合の数はそれぞれ2通りずつあるから，求める確率は

$\dfrac{4}{6^2}=\dfrac{1}{9}$となり，これは①の$n=2$のときに含まれる。

(2) 6の倍数は2の倍数かつ3の倍数の積だから，2か4か6の目が少なくとも1回出るという事象をA，3か6の目が少なくとも1回出るという事象をBとすると，求める確率は，$P(A\cap B)$である。

$$\begin{aligned}
&P(A\cap B)\\
&=1-P(\overline{A\cap B})\\
&=1-P(\overline{A}\cup\overline{B})\\
&=1-\{P(\overline{A})+P(\overline{B})-P(\overline{A}\cap\overline{B})\}\\
&=1-\left\{\left(\frac{3}{6}\right)^n+\left(\frac{4}{6}\right)^n-\left(\frac{2}{6}\right)^n\right\}\\
&=1-\left(\frac{1}{2}\right)^n-\left(\frac{2}{3}\right)^n+\left(\frac{1}{3}\right)^n
\end{aligned}$$

15

(1) $\boldsymbol{a^2+b^2>12c}$ (2) $\dfrac{\mathbf{19}}{\mathbf{54}}$

解説

(1) $\left(x+\dfrac{a}{2}\right)^2+\left(y+\dfrac{b}{2}\right)^2=\dfrac{a^2}{4}+\dfrac{b^2}{4}-3c$

円を表すためには，

$\dfrac{a^2}{4}+\dfrac{b^2}{4}-3c>0$

$\therefore\ \ a^2+b^2>12c$

(2) $a<b$とすると，

a	b	a^2+b^2	$12c$	場合の数
1	4	17	12	1
1	5	26	12，24	2
1	6	37	12，24，36	3
2	3	13	12	1
2	4	20	12	1
2	5	29	12，24	2
2	6	40	12，24，36	3
3	4	25	12，24	2
3	5	34	12，24	2
3	6	45	12，24，36	3
4	5	41	12，24，36	3
4	6	52	12，24，36，48	4
5	6	61	12，24，36，48，60	5

以上32通りある。$a>b$のときも同様に32通り。

$a=b$のときは，

a	b	a^2+b^2	$12c$	場合の数
3	3	18	12	1
4	4	32	12，24	2
5	5	50	12，24，36，48	4
6	6	72	12，24，36，48，60	5

の12通りある。

よって，求める確率は

$$\frac{76}{6^3}=\frac{19}{54}$$

16

(1) ㋐ ③ ㋑ ②

(2) ①

(3) ④

解説

(1) ㋐ $\left(\dfrac{2}{3}\right)^2=\dfrac{4}{9}$

㋑ 条件を満たす勝敗パターンは，

○×○○

だから，その確率は，

$$\frac{2}{3}\times\frac{1}{3}\times\frac{2}{3}\times\frac{2}{3}=\frac{8}{81}$$

よって，$\dfrac{2}{9}$倍

(2) 条件を満たす勝敗パターンは，

×○○

だから，その確率は，

$$\frac{1}{3}\times\frac{2}{3}\times\frac{2}{3}=\frac{4}{27}$$

(3) 偶数回目で，Aが優勝する確率は，

$$\frac{4}{9}+\frac{4}{9}\cdot\frac{2}{9}+\frac{4}{9}\cdot\left(\frac{2}{9}\right)^2+\frac{4}{9}\cdot\left(\frac{2}{9}\right)^3+\cdots$$

$$=\frac{\frac{4}{9}}{1-\frac{2}{9}}$$

$$=\frac{4}{7}$$

奇数回目で，Aが優勝する確率は，

$$\frac{4}{27}+\frac{4}{27}\cdot\frac{2}{9}+\frac{4}{27}\cdot\left(\frac{2}{9}\right)^2+\cdots$$

$$=\frac{\frac{4}{27}}{1-\frac{2}{9}}$$

$$=\frac{4}{21}$$

よって，求める確率は，

$$\frac{4}{7}+\frac{4}{21}=\frac{16}{21}$$

17

(1) $\frac{3}{4}$ (2) $\frac{2}{3}$

解説

(1)

さいころA

さいころB	積	偶数	奇数
	偶数	(偶数) $\frac{1}{4}$	(偶数) $\frac{1}{4}$
	奇数	(偶数) $\frac{1}{4}$	(奇数) $\frac{1}{4}$

出た目の積が偶数である確率は$\frac{3}{4}$

(2) さいころAの目が偶数であるのは$\frac{1}{2}$の確率だから，

$$\frac{\frac{1}{2}}{\frac{3}{4}}=\frac{2}{3}$$

18

$\frac{17}{729}$

解説

題意を満たすには，3回ともじゃんけんに勝ち，なおかつ14段を超える勝ち方をしなければならない。

(イ) パーで3回勝つとき

$${}_3C_3\left(\frac{1}{9}\right)^3=\frac{1}{9^3}$$

(ロ) パーで2回，チョキで1回勝つとき

$${}_3C_2\left(\frac{1}{9}\right)^2\left(\frac{1}{9}\right)=\frac{3}{9^3}$$

(ハ) パーで2回，グーで1回勝つとき

$${}_3C_2\left(\frac{1}{9}\right)^2\left(\frac{1}{9}\right)=\frac{3}{9^3}$$

(ニ) パーで1回，チョキで2回勝つとき

$${}_3C_1\left(\frac{1}{9}\right)\left(\frac{1}{9}\right)^2=\frac{3}{9^3}$$

(ホ) パーで1回，チョキで1回，グーで1回勝つとき

$${}_3C_1\left(\frac{1}{9}\right)\times{}_2C_1\left(\frac{1}{9}\right)\times\frac{1}{9}=\frac{6}{9^3}$$

(ヘ) チョキで3回勝つとき

$${}_3C_3\left(\frac{1}{9}\right)^3=\frac{1}{9^3}$$

以上，(イ)〜(ヘ)より

$$\frac{1}{9^3}(1+3+3+3+6+1)=\frac{17}{729}$$

19

(1) $\frac{5}{6}$

(2) ① $\boldsymbol{P(1)=\frac{1}{6}}$ $\boldsymbol{P(2)=\frac{7}{36}}$

② $\boldsymbol{P(n)=\frac{7^{n-1}}{6^n}}$

解説

(2) ① $P(1)$は，1回目の試行で1の目が出る場合だから，$P(1)=\dfrac{1}{6}$

$X_1=2$となる確率は，$\dfrac{1}{6}$

$X_2=2$となる確率は，$\left(\dfrac{1}{6}\right)^2$

よって，

$$P(2)=\frac{1}{6}+\left(\frac{1}{6}\right)^2=\frac{7}{36}$$

② 例えば，1回目に「1」，2回目に「2」，3回目に「3」が出た場合

$X_3=6$で，さいころの目の1つを○，回数毎の区切りを｜で図示すると，

○｜○○｜○○○

したがって，$X_k=n$となる場合の数は，${}_{n-1}\mathrm{C}_{k-1}$で，それぞれの確率は$\left(\dfrac{1}{6}\right)^k$である。

したがって，

$$\begin{aligned}P(n)&=\sum_{k=1}^{n}{}_{n-1}\mathrm{C}_{k-1}\left(\frac{1}{6}\right)^k\\&=\frac{1}{6}\sum_{k=0}^{n-1}{}_{n-1}\mathrm{C}_{k}\left(\frac{1}{6}\right)^k\\&=\frac{1}{6}\left(1+\frac{1}{6}\right)^{n-1}\\&=\frac{7^{n-1}}{6^n}\end{aligned}$$

20

$\dfrac{18}{5}$点

解説

n回目に引くくじの得点を確率変数X_nで表す ($n=1, 2, 3$)。くじが当たる確率は引く順番によらないので，求める期待値は

$$\begin{aligned}&E(X_1+X_2+X_3)\\&=E(X_1)+E(X_2)+E(X_3)\\&=3\cdot\left(4\cdot\frac{1}{10}+2\cdot\frac{4}{10}+0\cdot\frac{5}{10}\right)\\&=\frac{18}{5}\end{aligned}$$

21

(1) **$\dfrac{37}{64}$**　(2) **$\dfrac{51}{8}$**

解説

(1) 少なくとも1回①の玉を取り出せばよいので，

$$1-\left(\frac{6}{8}\right)^3=\frac{37}{64}$$

(2) $E(X_1)=1\times\dfrac{2}{8}+2\times\dfrac{3}{8}+3\times\dfrac{3}{8}=\dfrac{17}{8}$

$E(X_2)$，$E(X_3)$も同様に$\dfrac{17}{8}$だから，

$$E(X_1+X_2+X_3)=\frac{51}{8}$$

22

(1) **$\dfrac{1}{6}$**　(2) **$\dfrac{17}{36}$**　(3) **$\dfrac{25}{216}$**

解説

4つの頂点に3個のコインがあるので，左側ABあるいは右側CDのうち片側は2頂点ともコインが置かれている（これを“満員状態”とよぶことにする）。また，片側が満員状態なら，反対側には2頂点のうち一方だけコインが置かれている。ここで，

AB満員状態で
- 1の目が出たらCD満員状態に移行
- 6の目が出たらゲーム終了
- 他の目が出たらAB満員状態のまま

CD満員状態で
- 1の目が出たらゲーム終了
- 6の目が出たらAB満員状態に移行
- 他の目が出たらCD満員状態のまま

である（以下，1と6以外の目を「他の目」とよぶ）。状態遷移図は以下のとおり。

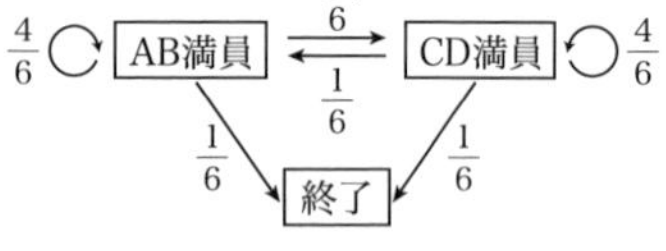

(1) 最初はAB満員状態なので，1回さいころを振った結果これがCD満員状態に移るには，1の目が出るしかない。よって求める

確率は$\frac{1}{6}$である。

⑵　2回さいころを振った結果，(ゲームが終了せず)AB満員状態になるのは，次の㈠㈡のいずれかの場合である。

	1回目	2回目
㈠	1の目	6の目
㈡	他の目	他の目

よって求める確率は

$$\frac{1}{6}\cdot\frac{1}{6}+\frac{4}{6}\cdot\frac{4}{6}=\frac{17}{36}$$

である。

⑶　3回さいころを振ってゲーム終了となるのは，次の㈢〜㈥のいずれかの場合である。

	1回目	2回目	3回目
㈢	1の目	6の目	6の目
㈣	1の目	他の目	1の目
㈤	他の目	1の目	1の目
㈥	他の目	他の目	6の目

よって求める確率は

$$\frac{1}{6}\cdot\frac{1}{6}\cdot\frac{1}{6}+\frac{1}{6}\cdot\frac{4}{6}\cdot\frac{1}{6}$$

$$+\frac{4}{6}\cdot\frac{1}{6}\cdot\frac{1}{6}+\frac{4}{6}\cdot\frac{4}{6}\cdot\frac{1}{6}=\frac{25}{216}$$

である。

23

⑴　$\frac{1}{9}$

⑵　$\boldsymbol{b_{n+1}=\frac{1}{2}a_n+\frac{1}{2}c_n+\frac{1}{3}d_n}$

⑶　$\boldsymbol{a_n+b_n+c_n+d_n=1}$

図形の対称性より，

$\boldsymbol{a_n=c_n}$

$\boldsymbol{b_n=d_n}$

これらと⑵の結果より，

$$\boldsymbol{b_{n+1}=-\frac{2}{3}b_n+\frac{1}{2}}$$

数列　$\left\{\boldsymbol{b_n-\frac{3}{10}}\right\}$は，

初項$\boldsymbol{b_1-\frac{3}{10}=\frac{1}{2}-\frac{3}{10}=\frac{1}{5}}$，

公比$-\frac{2}{3}$の等比数列だから，

$$\boldsymbol{b_n-\frac{3}{10}=\frac{1}{5}\left(-\frac{2}{3}\right)^{n-1}}$$

$$\therefore\quad \boldsymbol{b_n=\frac{3}{10}+\frac{1}{5}\left(-\frac{2}{3}\right)^{n-1}}$$

⑷　$\boldsymbol{\lim_{n\to\infty}b_n=\frac{3}{10}}$

解説

⑴　3秒後に頂点Aにいるのは，

A⟶B⟶D⟶A

A⟶D⟶B⟶A

のとき。

$$a_3=\frac{1}{2}\times\frac{1}{3}\times\frac{1}{3}\times 2$$

$$=\frac{1}{9}$$

⑷　$\lim_{n\to\infty}b_n=\lim_{n\to\infty}\left\{\frac{3}{10}+\frac{1}{5}\left(-\frac{2}{3}\right)^{n-1}\right\}$

$$=\frac{3}{10}$$

24

⑴　$\frac{5}{36}$

⑵　$\boldsymbol{P_{n+1}=\{1-(P_1+P_2+P_3+\cdots+P_n)\}\times\frac{1}{6}}$

より

$$\boldsymbol{P_n=\{1-(P_1+P_2+P_3+\cdots+P_{n-1})\}\times\frac{1}{6}}$$

辺々の引き算をすると

$$\boldsymbol{P_{n+1}-P_n=-\frac{1}{6}P_n}$$

$$\therefore\quad \boldsymbol{P_{n+1}=\frac{5}{6}P_n}$$

$\boldsymbol{P_1=\frac{1}{6}}$だから，$\boldsymbol{P_n=\frac{1}{6}\left(\frac{5}{6}\right)^{n-1}}$

よって，

$$\boldsymbol{nP_n=\frac{n}{6}\left(\frac{5}{6}\right)^{n-1}}$$

$$\sum_{n=1}^{m} nP_n=\frac{1}{6}+\frac{2}{6}\cdot\frac{5}{6}+\frac{3}{6}\cdot\left(\frac{5}{6}\right)^2+\cdots+\frac{m}{6}\left(\frac{5}{6}\right)^{m-1}$$

$$\frac{5}{6}\sum_{n=1}^{m} nP_n=\frac{1}{6}\cdot\frac{5}{6}+\frac{2}{6}\left(\frac{5}{6}\right)^2+\cdots+\frac{m-1}{6}\left(\frac{5}{6}\right)^{m-1}+\frac{m}{6}\left(\frac{5}{6}\right)^{m}$$

辺々，引き算すると，

$$\frac{1}{6}\sum_{n=1}^{m} nP_n=\frac{1}{6}+\frac{1}{6}\cdot\frac{5}{6}+\frac{1}{6}\left(\frac{5}{6}\right)^2+\cdots+\frac{1}{6}\left(\frac{5}{6}\right)^{m-1}-\frac{m}{6}\left(\frac{5}{6}\right)^{m}$$

$$\therefore\quad \sum_{n=1}^{m} nP_n=\frac{1-\left(\frac{5}{6}\right)^m}{1-\frac{5}{6}}-m\left(\frac{5}{6}\right)^m$$

$m\to\infty$とすると，$\left(\frac{5}{6}\right)^m\to 0$かつ

$m\left(\frac{5}{6}\right)^m\to 0$だから，

$$\lim_{m\to\infty}\sum_{n=1}^{m} nP_n=\frac{1}{1-\frac{5}{6}}=6$$

解説

(1)

1回目	2回目	確率
1	5	それぞれ$\frac{1}{36}$
2	4	
3	3	
4	2	
5	1	
6	−	

よって，

$$P_2=5\times\frac{1}{36}=\frac{5}{36}$$

25

(1) $p_1=\frac{1}{2}$，$q_1=\frac{1}{4}$，$r_1=\frac{1}{4}$

(2) $p_n=\frac{1}{6}\left(\frac{1}{4}\right)^{n-1}+\frac{1}{3}$

(3) $q_n=r_n=-\frac{1}{12}\left(\frac{1}{4}\right)^{n-1}+\frac{1}{3}$

解説

(2)

$$\begin{cases} p_n=\frac{1}{2}p_{n-1}+\frac{1}{4}q_{n-1}+\frac{1}{4}r_{n-1} \\ p_{n-1}+q_{n-1}+r_{n-1}=1 \end{cases}$$

より，

$$p_n=\frac{1}{2}p_{n-1}+\frac{1}{4}(1-p_{n-1})$$

$$=\frac{1}{4}p_{n-1}+\frac{1}{4}$$

$$\therefore\quad p_n-\frac{1}{3}=\frac{1}{4}\left(p_{n-1}-\frac{1}{3}\right)$$

だから，数列$\left\{p_n-\frac{1}{3}\right\}$は，初項が

$p_1-\frac{1}{3}=\frac{1}{6}$，公比$\frac{1}{4}$の等比数列である。

よって，

$$p_n-\frac{1}{3}=\frac{1}{6}\left(\frac{1}{4}\right)^{n-1}$$

$$\therefore\quad p_n=\frac{1}{6}\left(\frac{1}{4}\right)^{n-1}+\frac{1}{3}$$

(3) $q_n=\frac{1}{4}p_{n-1}+\frac{1}{4}q_{n-1}+\frac{1}{2}r_{n-1}$

$$=\frac{1}{4}(1-r_{n-1})+\frac{1}{2}r_{n-1}$$

$$=\frac{1}{4}r_{n-1}+\frac{1}{4}\quad\cdots①$$

同様に，

$$r_n=\frac{1}{4}q_{n-1}+\frac{1}{4}\quad\cdots②$$

①−②より

$$q_n-r_n=-\frac{1}{4}(q_{n-1}-r_{n-1})=\cdots\cdots$$

$$=\left(-\frac{1}{4}\right)^{n-1}(q_1-r_1)$$

$$=0$$

$$\therefore\quad q_n=r_n$$

$p_n+q_n+r_n=1$より

$$q_n=r_n=\frac{1}{2}(1-p_n)$$

$$=-\frac{1}{12}\left(\frac{1}{4}\right)^{n-1}+\frac{1}{3}$$

26

⑴ $P_1=0$，$P_2=\dfrac{1}{3}$，$P_3=0$，$P_4=\dfrac{7}{27}$

⑵ nが奇数のとき：0枚または2枚

（ただし$n=1$のときは2枚）

nが偶数のとき：1枚または3枚

⑶ $P_{2n+2}=\dfrac{1}{9}P_{2n}+\dfrac{2}{9}$

$P_{2n}=\dfrac{1}{4}+\dfrac{1}{12}\left(\dfrac{1}{9}\right)^{n-1}$

解説

「すべてのコインが表になる」という事象（すなわち「裏になっているコインが0枚」という事象）をEと表す。

（表の枚数，裏の枚数）の状態は次のように推移する。

$$E=(3,0)\leftrightarrows(2,1)\leftrightarrows(1,2)\leftrightarrows(0,3)$$

⑴ この操作をn回行ったとき，表になっているコインとは「偶数回ひっくり返されたコイン」であり，裏になっているコインとは「奇数回ひっくり返されたコイン」である。ゆえに，nが奇数のときには裏になっているコインは奇数枚であり，またnが偶数のときは裏になっているコインは偶数枚である。

よって，この操作を奇数回行ったときにEが起こることはないので，

$$P_1=0,\ P_3=0$$

である。

この操作を2回行うとき，コインのひっくり返し方の総数は$3^2=9$通りである。そのうちEが起こるのは，2回とも同じコインをひっくり返すときで，それは3枚のうちどれをひっくり返すかで3通りある。

よって

$$P_2=\frac{3}{9}=\frac{1}{3}$$

である。

この操作を4回行うとき，コインのひっくり返し方の総数は$3^4=81$通りである。そのうちEが起こるのは，

(ア) 4回とも同じコインをひっくり返すとき

(イ) 3枚のうち2枚のコインを2回ずつひっくり返すとき

のケースがある（これらは排反）。このうち(ア)は3枚のうちどれをひっくり返すかで3通りある。また(イ)は，「3枚のうちどの2枚をひっくり返すか」「その2枚のコインをそれぞれ何回目にひっくり返すか」を考えて，${}_3C_2\times{}_4C_2=18$通りある。よって，

$$P_4=\frac{3+18}{81}=\frac{7}{27}$$

となる。

⑵ ⑴の最初の部分で述べたことから，表の枚数は，

- nが奇数のときは0枚または2枚（ただし$n=1$のときは2枚）
- nが偶数のときは1枚または3枚

である。

⑶ この操作を$(2n+2)$回繰り返したときEが起こるのは，次の排反な2つの場合に分けられる。

(a) $2n$回目の操作終了の時点でEが起こり，続く2回の操作で1枚のコインを2回続けてひっくり返したとき。

(b) $2n$回目の操作終了の時点でEが起こらず，つまり表が1枚・裏が2枚という状態で，このとき裏になっている2枚のコインを続く2回の操作でそれぞれひっくり返したとき。

ここで，(a)の確率は

$$P_{2n}\times1\times\frac{1}{3}$$

で，また(b)の確率は

$$(1-P_{2n})\times\frac{2}{3}\times\frac{1}{3}$$

と書けるので，

$$P_{2n+2}=\frac{1}{3}P_{2n}+\frac{2}{9}(1-P_{2n})$$

$$\therefore\ P_{2n+2}=\frac{1}{9}P_{2n}+\frac{2}{9}$$

となる。

ここで$Q_n=P_{2n}$とおくと，上の漸化式から，

$$Q_{n+1}=\frac{1}{9}Q_n+\frac{2}{9}$$

$$\therefore\quad Q_{n+1}-\frac{1}{4}=\frac{1}{9}\left(Q_n-\frac{1}{4}\right)$$

となるので，数列$\left\{Q_n-\frac{1}{4}\right\}$は公比$\frac{1}{9}$の等比数列であり，よって

$$Q_n-\frac{1}{4}=\left(\frac{1}{9}\right)^{n-1}\left(Q_1-\frac{1}{4}\right)$$

$$=\frac{1}{12}\left(\frac{1}{9}\right)^{n-1}$$

$$\left(\because\quad Q_1=P_2=\frac{1}{3}\right)$$

となる。Q_nをP_{2n}に改めて，

$$P_{2n}=\frac{1}{4}+\frac{1}{12}\left(\frac{1}{9}\right)^{n-1}$$

6 データの分析

傾向と対策

データをもとに平均値や分散，標準偏差を求める問題が多い。また，共分散や相関係数を問われることもあるが，データ数が少ない問題がほとんどである。箱ひげ図は読み取るだけでなく図をかけるようにしておく必要がある。この分野から出題される問題の主なキーワードとしては,次のものが挙げられる。

・度数分布表，階級，階級の幅，階級値，度数，ヒストグラム
・平均値，最頻値(モード)，中央値
・範囲(レンジ)，四分位数(第１四分位数，第２四分位数，第３四分位数)，四分位偏差，四分位範囲，箱ひげ図
・偏差，分散，標準偏差
・散布図，相関，相関係数，共分散

要点Check!

1 データの整理

ある変量の測定値や観測値の集まりを**データ**といい，データ全体の傾向をわかりやすくした表を**度数分布表**という。度数分布表において，区切られた各区間を**階級**，区間の幅を**階級の幅**，各階級に含まれる値の個数を**度数**，各階級の中央の値を**階級値**という。ある階級の全体に対する割合を**相対度数**といい，全体の度数が異なるデータを比べるときには，度数の代わりに相対度数を用いるとよい。

$$\text{相対度数}=\frac{\text{その階級の度数}}{\text{度数の合計}}$$

例題1　度数分布表

右の表は，ある中学校の男子50人のハンドボール投げの記録をまとめたものである。表の中の[ア]～[ウ]に当てはまる数をそれぞれ答えよ。

階級(m)	度数(人)	相対度数
以上　未満		
13 ～ 15	2	0.04
15 ～ 17	[ア]	0.08
17 ～ 19	7	0.14
19 ～ 21	10	0.20
21 ～ 23	12	0.24
23 ～ 25	[イ]	[ウ]
25 ～ 27	5	0.10
27 ～ 29	1	0.02
合計	50	1.00

〈熊本県〉

解答　ア．4　　イ．9　　ウ．0.18

解説　ア．$50 \times 0.08 = 4$

イ．$50 - (2 + 4 + 7 + 10 + 12 + 5 + 1) = 9$

ウ．$9 \div 50 = 0.18$

2　データの代表値

データ全体の特徴を適当な1つの数値で代表させてそれらを比べることが多い。そのような値をデータの**代表値**といい，よく使われるものに**平均値**，**中央値**，**最頻値**(モード)がある。

n個のデータの値が，x_1，x_2，x_3，…，x_nであるとき，それらの総和をnで割った値を平均値といい，$\overline{x}$で表すと，

$$\overline{x} = \frac{1}{n}(x_1 + x_2 + x_3 + \cdots\cdots + x_n)$$

データを値の大きさの順に並べたとき，中央の値にくる値を中央値という。データの個数が偶数のとき，中央にある2つの値の平均値を中央値とする。

データにおいて最も度数の多い値を最頻値といい，度数分布表では度数が最も大きい階級の階級値を最頻値とする。

例題2　代表値

下の表は，生徒30人に行った10点満点のテストで，得点ごとの人数をまとめたものである。

得点(点)	0	1	2	3	4	5	6	7	8	9	10	計
人数(人)	1	0	3	4	5	3	4	2	3	4	1	30

得点の平均値，中央値，最頻値を求めよ。ただし，小数第2位を四捨五入せよ。

〈鹿児島県改題〉

解答 平均値：5.4点　中央値：5点　最頻値：4点

解説 平均値は，

$$\frac{1}{30}(0\times1+1\times0+2\times3+3\times4+4\times5+5\times3+6\times4+7\times2+8\times3+9\times4+10\times1)$$

$$=\frac{1}{30}(0+0+6+12+20+15+24+14+24+36+10)$$

$$=\frac{1}{30}\cdot161$$

$$=5.36\cdots\fallingdotseq5.4(点)$$

中央値は，15番目と16番目の点数の平均値である。表より，15番目と16番目は2人とも5点であるから中央値は5点。

最頻値は最も度数の多い値なので表より4点。

3 データの散らばりと四分位数

データの散らばりの様子を**分布**という。

データの散らばりの度合いを表す値として**範囲**(レンジ)を用いることがある。

(範囲)＝(最大値)－(最小値)

データの範囲が大きいほど，散らばりの度合いが大きいと考えられる。データを値の大きさの順に並べたとき，4等分する位置の値を**四分位数**という。四分位数は値の小さい方から，**第1四分位数**，**第2四分位数**，**第3四分位数**といい，順に，Q_1，Q_2，Q_3で表す。第2四分位数は中央値である。

四分位数の求め方

①データを値の大きさ順に並べる。

②・データの個数が偶数のとき，データの個数を2等分し，下位のデータの中央値をQ_1，上位のデータの中央値をQ_3とする。

・データの個数が奇数のとき，中央値を除く下位のデータの中央値をQ_1，上位のデータの中央値をQ_3とする。

データの第３四分位数Q_3と第１四分位数Q_1の差Q_3-Q_1を**四分位範囲**という。

(四分位範囲)＝(第３四分位数)－(第１四分位数)

四分位範囲の半分を**四分位偏差**という。

$$(\text{四分位偏差})=\frac{(\text{第3四分位数})-(\text{第1四分位数})}{2}$$

例題３　四分位数

次のデータは10人の生徒に100点満点の試験を行った結果を，左から小さい順に並べたものである。

21，29，37，38，41，a，52，59，60，75

第２四分位数が44のとき，aの値を求めよ。また，四分位範囲を求めよ。

〈富山県〉

解答　$a=47$　　四分位範囲：22

解説　21，29，37，38，41，a，52，59，60，75

下位のデータ５個（21，29，37，38，41）　上位のデータ５個（a，52，59，60，75）

第２四分位数＝中央値

データの個数が10なので，５番目と６番目のデータの平均値が第２四分位数である。したがって，

$$\frac{41+a}{2}=44$$

$$a=47$$

第１四分位数Q_1は下位のデータの中央値だから，$Q_1=37$

第３四分位数Q_3は上位のデータの中央値だから，$Q_3=59$

したがって，四分位範囲$=Q_3-Q_1$

$=59-37$

$=22$

4　箱ひげ図

データの最小値，第1四分位数，中央値，第3四分位数，最大値を箱と線(ひげ)で表した図を**箱ひげ図**という。

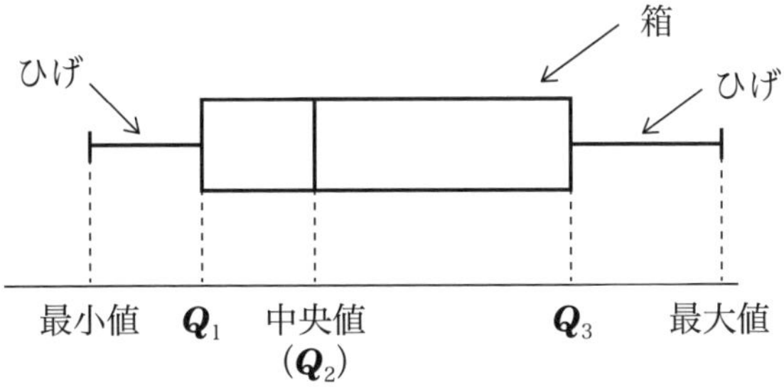

補足　箱ひげ図は縦に表されることもある。また，箱の中に「＋」を書き入れ，平均値を表すこともある。箱ひげ図の箱の大きさは，データの散らばりの度合いを表している。

例題4　箱ひげ図

下のデータの箱ひげ図をかけ。

7，6，8，6，4，1，6，5，2，4，2，7，5，1，4，4，10，3

〈山梨県〉

解答

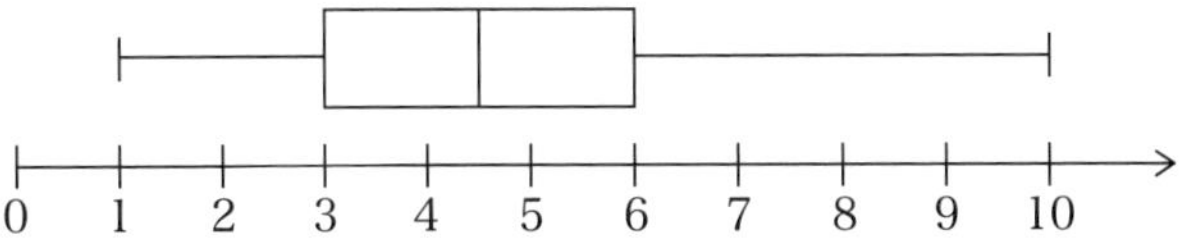

解説　データを度数分布表に表す。

データ	0	1	2	3	4	5	6	7	8	9	10	計
度　数	0	2	2	1	4	2	3	2	1	0	1	18

下位のデータ9個　　上位のデータ9個

最小値は1，最大値は10 。

第2四分位数(中央値)は，9番目と10番目の値の平均値だから，表より，

$$\frac{4+5}{2}=4.5$$

第1四分位数は5番目の値だから3

第3四分位数は14番目の値だから6

5 分散と標準偏差

n個のデータの値x_1，x_2，…，x_nの平均値を$\overline{x}$とするとき，各値と平均値との差$x_1-\overline{x}$，$x_2-\overline{x}$，…，$x_n-\overline{x}$をそれぞれx_1，x_2，…，x_nの**偏差**という。それぞれの偏差を2乗したものの平均値を**分散**といい，分散の正の平方根を**標準偏差**といい，sで表す。

分散　$s^2=\dfrac{1}{n}\{(x_1-\overline{x})^2+(x_2-\overline{x})^2+\cdots+(x_n-\overline{x})^2\}$

標準偏差　$s=\sqrt{\dfrac{1}{n}\cdot\{(x_1-\overline{x})^2+(x_2-\overline{x})^2+\cdots+(x_n-\overline{x})^2\}}$

$=\sqrt{(\text{分散})}$

例題5　標準偏差

次のデータは，10人の生徒に計算テストを行った結果である。このデータの標準偏差を，小数第2位を四捨五入して求めよ。

10，16，5，9，12，8，7，18，5，10

〈福岡県・北九州市〉

解答　4.1

解説　平均値は，

$\dfrac{1}{10}(10+16+5+9+12+8+7+18+5+10)$

$=\dfrac{1}{10}\cdot 100$

$=10$

分散は，

$\dfrac{1}{10}\{(10-10)^2+(16-10)^2+(5-10)^2+(9-10)^2+(12-10)^2$
$+(8-10)^2+(7-10)^2+(18-10)^2+(5-10)^2+(10-10)^2\}$

$=\dfrac{1}{10}(0+36+25+1+4+4+9+64+25+0)$

$=\dfrac{1}{10}\cdot 168$

$=16.8$

標準偏差は，$\sqrt{16.8}\fallingdotseq 4.1$

6 分散と平均値

分散を求める式を変形すると，

$$s^2=\frac{1}{n}\{(x_1-\overline{x})^2+(x_2-\overline{x})^2+\cdots+(x_n-\overline{x})^2\}$$

$$=\frac{1}{n}\{(x_1^2+x_2^2+\cdots+x_n^2)-2\overline{x}(x_1+x_2+\cdots+x_n)+n(\overline{x})^2\}$$

$$=\frac{1}{n}(x_1^2+x_2^2+\cdots+x_n^2)-2\overline{x}\cdot\underbrace{\frac{1}{n}(x_1+x_2+\cdots+x_n)}_{=\overline{x}}+(\overline{x})^2$$

$$=\frac{1}{n}(x_1^2+x_2^2+\cdots+x_n^2)-2(\overline{x})^2+(\overline{x})^2$$

$$=\frac{1}{n}(x_1^2+x_2^2+\cdots+x_n^2)-(\overline{x})^2$$

$=$(x^2のデータの平均値)$-$(xのデータの平均値)^2

したがって，

(xのデータの分散)$=$(x^2のデータの平均値)$-$(xのデータの平均値)^2

例題6　分散と平均

例題5のデータの分散を 6 の関係式を用いて求めよ。

解答 16.8

解説　データの平均値は10

データの平方の平均値は，

$$\frac{1}{10}(10^2+16^2+5^2+9^2+12^2+8^2+7^2+18^2+5^2+10^2)$$

$$=\frac{1}{10}(100+256+25+81+144+64+49+324+25+100)$$

$$=\frac{1}{10}\cdot1168$$

$=116.8$

したがって，分散は，

$116.8-10^2=16.8$

7　データの相関

2つの変量のデータにおいて，一方が増加すると他方も増加(減少)する傾向がみられるとき，2つの変量の間に正の（負の）相関関係があるという。どちらの傾向もみられないときは，相関がないまたは相関関係がないという。

また，2つの変量からなるデータを平面上に図示したものを散布図(相関図)といい，散布図をかくと2つの変量のデータの関係を視覚的にとらえることができる。

xとyの間に正の相関がある　　xとyの間に負の相関がある　　xとyの間に相関がない

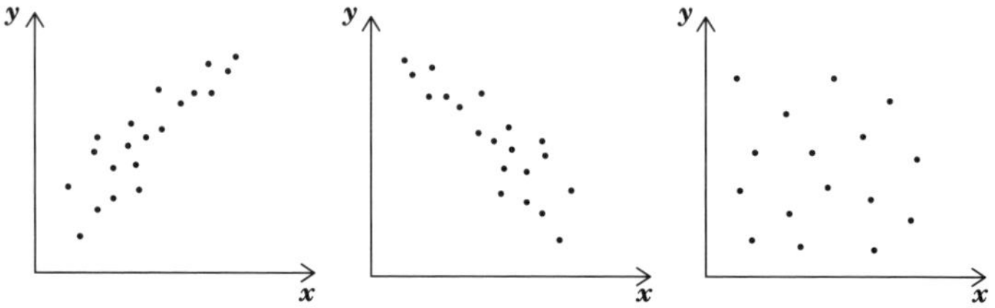

2つの変量x, yからなるn個のデータの値の組(x_1, y_1), (x_2, y_2), …, (x_n, y_n)において，

$x_1, x_2, \cdots, x_n$の平均値を$\overline{x}$，標準偏差をs_x

$y_1, y_2, \cdots, y_n$の平均値を$\overline{y}$，標準偏差をs_yとする。

xの偏差とyの偏差の積の平均値を共分散といい，s_{xy}で表す。

共分散　$s_{xy}=\dfrac{1}{n}\{(x_1-\overline{x})(y_1-\overline{y})+(x_2-\overline{x})(y_2-\overline{y})+\cdots+(x_n-\overline{x})(y_n-\overline{y})\}$

相関関係の正負や強弱を表す値を相関係数といい，rで表す。

相関係数　$r=\dfrac{s_{xy}}{s_x \cdot s_y}$

$$=\frac{\dfrac{1}{n}\{(x_1-\overline{x})(y_1-\overline{y})+(x_2-\overline{x})(y_2-\overline{y})+\cdots+(x_n-\overline{x})(y_n-\overline{y})\}}{\sqrt{\dfrac{1}{n}\{(x_1-\overline{x})^2+(x_2-\overline{x})^2+\cdots+(x_n-\overline{x})^2}\times\sqrt{\dfrac{1}{n}(y_1-\overline{y})^2+(y_2-\overline{y})^2+\cdots+(y_n-\overline{y})^2\}}}$$

分母分子にnをかけると，

$$=\frac{(x_1-\overline{x})(y_1-\overline{y})+(x_2-\overline{x})(y_2-\overline{y})+\cdots+(x_n-\overline{x})(y_n-\overline{y})}{\sqrt{\{(x_1-\overline{x})^2+(x_2-\overline{x})^2+\cdots+(x_n-\overline{x})^2\}\{(y_1-\overline{y})^2+(y_2-\overline{y})^2+\cdots+(y_n-\overline{y})^2\}}}$$

$r>0$…正の相関関係がある

$r<0$…負の相関関係がある

相関係数rについては，一般に，$-1\leqq r\leqq 1$が成り立つ。

相関係数rの値が1に近いほど正の相関が強く，-1に近いほど負の相関が強い。

相関がないとき，rは0に近い値をとる。

相関係数rと散布図

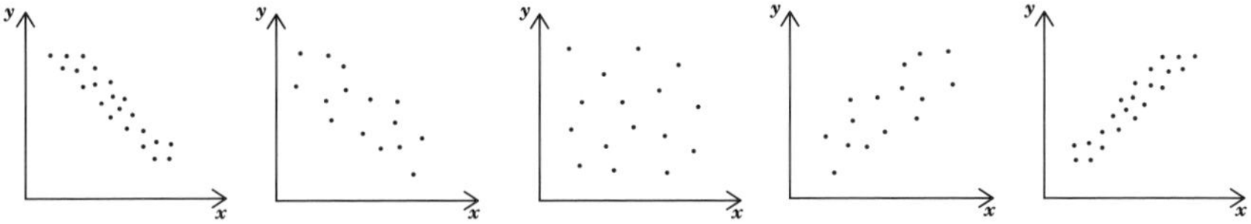

$r=-1$ ←――――――― $r=0$ ―――――――→ $r=1$

負の相関　　　　　　　　正の相関

例題7　共分散と相関係数

次の表は，生徒4人の国語と数学の小テストの結果である。国語のテストの得点をx，数学のテストの得点をyとして，共分散s_{xy}と相関係数rの値を求めよ。結果は小数点以下第3位を四捨五入して答えよ。

国語	9	5	7	7
数学	6	3	6	5

〈山梨県〉

解答　$s_{xy}=1.50$　　$r=0.87$

解説　国語の平均値$\overline{x}$は，

$$\overline{x}=\frac{1}{4}(9+5+7+7)=7$$

数学の平均値$\overline{y}$は，

$$\overline{y}=\frac{1}{4}(6+3+6+5)=5$$

よって，

$$s_{xy}=\frac{1}{4}\{(9-7)(6-5)+(5-7)(3-5)+(7-7)(6-5)+(7-7)(5-5)\}$$

$$=\frac{1}{4}(2+4+0+0)$$

$$=\frac{3}{2}=1.50$$

xとyそれぞれの標準偏差s_x，s_yは，

$$s_x=\sqrt{\frac{1}{4}\{(9-7)^2+(5-7)^2+(7-7)^2+(7-7)^2\}}$$

$$=\sqrt{\frac{1}{4}(4+4+0+0)}=\sqrt{2}$$

$$s_y=\sqrt{\frac{1}{4}\{(6-5)^2+(3-5)^2+(6-5)^2+(5-5)^2\}}$$

$$=\sqrt{\frac{1}{4}(1+4+1+0)}=\sqrt{\frac{3}{2}}$$

$$r=\frac{s_{xy}}{s_x \cdot s_y}=\frac{\frac{3}{2}}{\sqrt{2}\cdot\sqrt{\frac{3}{2}}}=\frac{3}{2\sqrt{3}}$$

$$=\frac{\sqrt{3}}{2}\fallingdotseq 0.87\ (\because\sqrt{3}=1.732)$$

演習問題

1 ★☆☆

次の表は，ある中学校の生徒12人が行った50m走の記録である。この生徒12人の記録の平均値，中央値を求めよ。ただし，小数第2位を四捨五入せよ。

生徒	A	B	C	D	E	F	G	H	I	J	K	L
記録(秒)	8.0	8.2	7.6	9.2	6.8	7.0	7.6	8.7	9.0	8.4	8.5	7.3

〈愛媛県改題〉

2 ★☆☆

次の7個の値からなるデータの平均値は61，中央値は63である。

87，35，46，85，a，72，b

$a>b$とするとき，a，bの値を求めよ。

〈長崎県〉

3 ★★☆

次のデータは，ある店の10日間における，1日当たりに販売したペットボトル飲料の本数である。ただし，aの値は0以上の整数である。

96，75，107，81，99，92，85，103，88，a　　（単位は本）

1日当たりの本数の中央値をaの値によって場合分けして求めよ。

〈長野県〉

4 ★★☆

次のデータは，生徒10人の試験の得点である。

42，73，65，50，62，46，37，x，48，55　　（単位は点）

整数x（ただし，$0 \leqq x \leqq 100$）の値が分からないとき，次の各問いに答えよ。

(1)　10人の得点の平均値が53点のとき，xの値を求めよ。

(2)　データの中央値としてとりうる値をすべて求めよ。ただし，求める過程も記述すること。

〈宮崎県〉

5 ★☆☆

次の文の空欄に当てはまる数値を答えよ。

下の表は，あるクラスの生徒10人が10点満点の計算テストをしたときの点数を書いたものである。10人の点数の平均値は7.0，範囲は8であった。Eの点数がFの点数より高いとき，xは（　　　），中央値は（　　　），最頻値は（　　　）である。ただし，点数は自然数とする。

生徒	A	B	C	D	E	F	G	H	I	J
点数	6	10	9	8	x	y	6	4	10	9

〈沖縄県〉

6 ★☆☆

商店Aでは，毎日弁当を仕入れて販売している。次のデータは，ある月の10日間について，1日の弁当の売上個数を調べ，それを小さい方から順に並べたものである。

56　59　63　64　64　69　69　69　79　82　　（個）

このデータの中央値と第3四分位数を求めよ。

〈長野県〉

7 ★☆☆

15人の選手が50点満点のゲームに参加したところ，得点のデータについて，平均値，最小値，第1四分位数，中央値，最頻値，第3四分位数，最大値は次の表のようになった。表の数値は四捨五入されていない正確な値である。

平均値	最小値	第1四分位数	中央値	最頻値	第3四分位数	最大値
32.0	23	27.0	30	33	36.0	44

得点の分布を表す箱ひげ図として，正しいものを次の⓪～③から選び記号で答えよ。

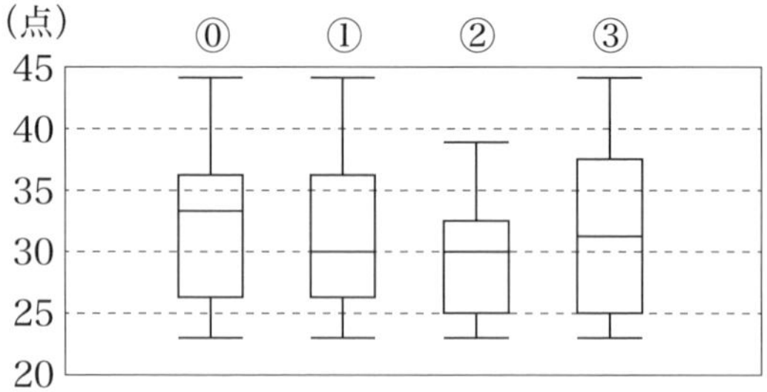

〈佐賀県〉

8 ★★☆

次のデータは，ある地方気象台が観測した2009年から2016年までのA市における猛暑日の日数を1年ごとに集計した結果である。(単位は日)

4　　41　　26　　32　　23　　19　　20　　8

このデータの箱ひげ図として正しいものを，次の1～4の中から1つ選べ。

1

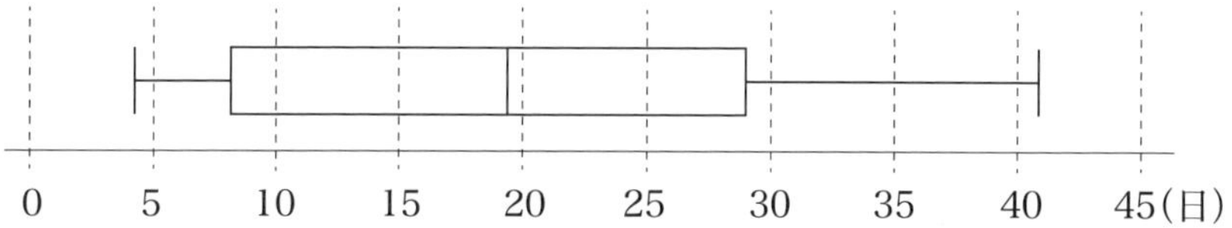

2

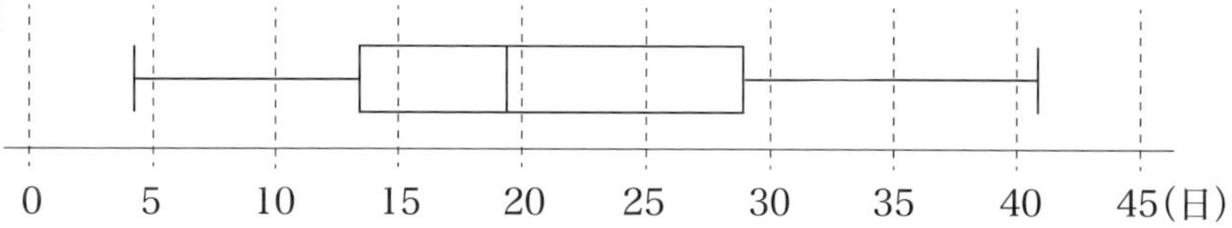

3

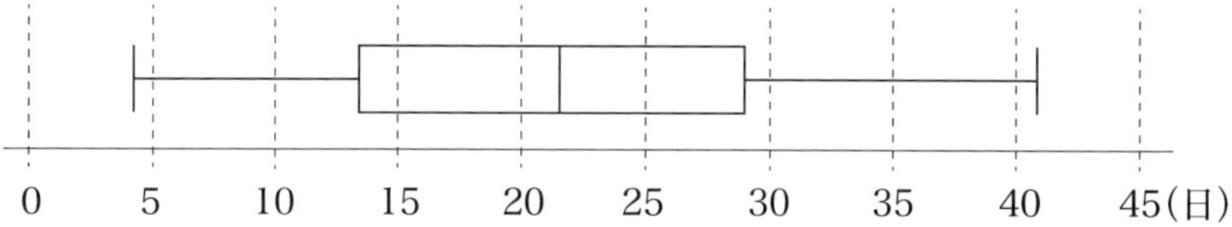

4

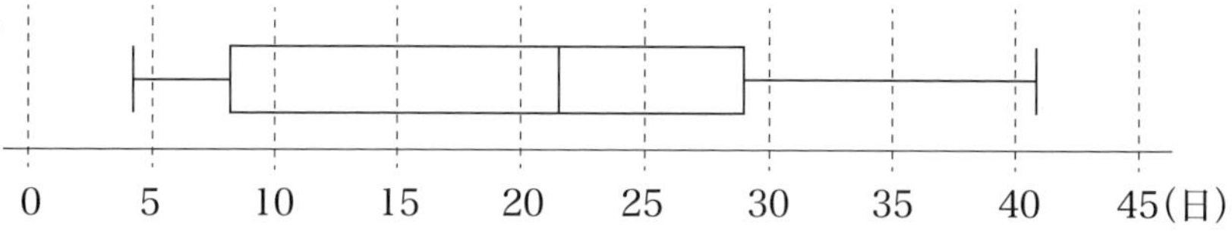

〈埼玉県・さいたま市〉

9 ★☆☆

右の図は，ある中学校3年生30人に行った英語と国語の小テストにおける得点のデータの箱ひげ図である。この箱ひげ図から読み取れる事柄として常に成り立つものを次のA～Dから一つ選び，その記号を書け。

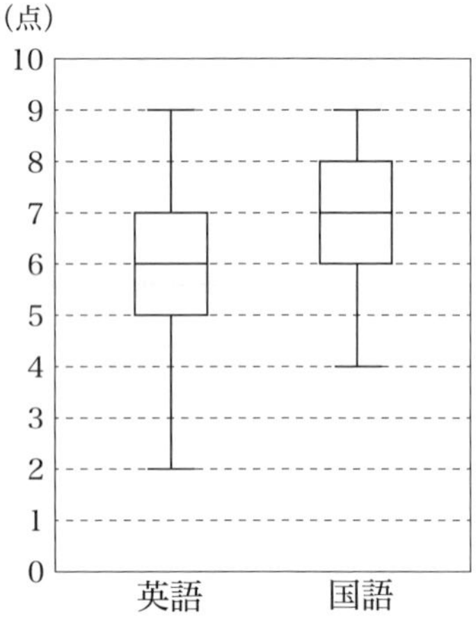

A 英語の小テストの平均得点は，国語の小テストの平均得点より1点低い。
B 英語の小テストで，得点が8点以上の生徒は7人いる。
C 国語の小テストで，得点が7点以上の生徒は15人以上いる。
D 英語と国語の両方の小テストに，得点が4点の生徒がいる。

〈愛媛県〉

10 ★☆☆

表1は，ある生徒の5教科のテスト(各10点満点)の結果である。この生徒の5教科の得点の平均値は6点，分散は4であり，英語より数学の得点の方が高かったという。このとき，数学の得点aの値を求めよ。

表1

教科	得点
国語	6
社会	3
数学	a
理科	9
英語	b

〈島根県〉

11 ★★☆

次の各問いに答えよ。

(1)　変量xのn個のデータの値を，x_1，x_2，……，x_nとする。

x_1，x_2，……，x_nの平均値を$\overline{x}$とし，$x_1{}^2$，$x_2{}^2$，……，$x_n{}^2$の平均値を$\overline{x^2}$とするとき，変量xのデータの分散s^2について，次の等式が成り立つことを証明せよ。

$$s^2=\overline{x^2}-(\overline{x})^2$$

(2)　あるテストを30人の生徒が受験した。受験前日の睡眠時間が6時間以上の生徒と6時間未満の生徒に分けて，テストの点数の平均値と分散を調べた結果が下の表である。このとき，生徒30人の点数の分散を求めよ。

睡眠時間	生徒の人数	平均値	分散
6時間以上	10	8	6
6時間未満	20	5	4.5

〈静岡県・静岡市・浜松市〉

12 ★☆☆

次の文の空欄に当てはまる数値を答えよ。

変量xのデータが次のように与えられている。

232，196，200，192，236，208，204，196

$y=\dfrac{x-200}{4}$として新たな変量yを作る。

変量yのデータの平均値は（　A　），分散は（　B　）であり，またxの分散は（　C　）である。

〈三重県〉

13 ★★☆

ある数学のテストを，A班の10名が受験したところ，得点の平均値は13.0点，分散は10.2，B班の8名が受験したところ，得点の平均値は4.0点，分散は7.5であった。次の各問いの空欄に当てはまる数値を答えよ。

(1)　A班とB班の合計18名の平均値は(　　　　)点である。

(2)　A班とB班の合計18名の分散は(　　　　)である。

〈愛知県〉

14 ★☆☆

10個の値からなるデータがあり，このデータの平均値は50，分散は100であった。ところが，その10個のデータのうち1個の値に誤りが見つかり，その値が40から60に訂正された。このとき，訂正後のデータの平均値と分散をそれぞれ求めよ。

〈熊本県〉

15 ★★☆

次の空欄にあてはまる最も適当なものを，下の解答群の①～⑧のうちからそれぞれ一つずつ選べ。

ある試験の結果，受験生全員の得点の平均値がm点，標準偏差がn点であった。受験生全員の得点をそれぞれ3倍すると，平均値は(　ア　)点，標準偏差は(　イ　)点となる。

また，受験生全員の得点をそれぞれ3倍し15点を加えると，分散は(　ウ　)となる。

解答群

①	$3m$	②	$3m+15$	③	$3n$	④	$3n+15$
⑤	$3n^2$	⑥	$9n^2$	⑦	$9n^2+15$	⑧	$9n^2+225$

〈千葉県・千葉市〉

16 ★★☆

10個の値からなるデータがあり，そのうちの4個の平均は5，分散は2で，残りの6個の平均は7，分散は3である。このとき，全体の分散s^2を求めよ。

〈新潟県〉

17 ★★☆

図は，10人の生徒に行った10点満点の2種類のテストA，Bの得点の結果をまとめたものである。Aの得点の平均値は7.0で，x，yの値はともに0以上10以下の整数である。次の各問いに答えよ。

生徒番号	1	2	3	4	5	6	7	8	9	10
Aの得点	8	9	6	9	4	8	7	5	8	x
Bの得点	7	9	4	8	3	6	5	4	7	y

図

(1)　xの値と，Aの得点の分散，四分位範囲を求めよ。

⑵　Bの得点の中央値は，yの値によってどのように変わるか。

⑶　$y=7$のとき，Aの得点とBの得点の相関係数を求めよ(解答には$\sqrt{\ }$を用いてよい)。

〈青森県〉

18 ★★☆

次の表は，あるクラスの生徒5人の数学と理科の小テストの結果である。このとき，数学，理科のテストの得点について，数学と理科の相関係数rを求めよ。

数学	9	6	8	7	10
理科	6	5	7	4	8

〈高知県〉

19 ★★☆

変量xのデータの平均値$\overline{x}$が32，分散$s_x{}^2$が12であるとする。このとき，$y=\dfrac{1}{2}x+5$によって得られる新しい変量yのデータの平均値$\overline{y}$と分散$s_y{}^2$を求めよ。

〈山口県〉

20 ★★★

2つの変量x, yについて，右の表のようにデータがある。さらに2つの変量X, Yについて，$X=2x-3$，$Y=-3y+1$とする。

また，x, y, X, Yの平均値をそれぞれ$\overline{x}$, $\overline{y}$, $\overline{X}$, $\overline{Y}$, 分散をそれぞれ$s_x{}^2$，$s_y{}^2$，$s_X{}^2$，$s_Y{}^2$，標準偏差をそれぞれs_x, s_y, s_X, s_Yとする。このとき，次の各問いに答えよ。

変量 番号	x	y	X	Y
1	x_1	y_1	X_1	Y_1
2	x_2	y_2	X_2	Y_2
3	x_3	y_3	X_3	Y_3
⋮	⋮	⋮	⋮	⋮
n	x_n	y_n	X_n	Y_n
平均値	$\overline{x}$	$\overline{y}$	$\overline{X}$	$\overline{Y}$
分散	$s_x{}^2$	$s_y{}^2$	$s_X{}^2$	$s_Y{}^2$
標準偏差	s_x	s_y	s_X	s_Y

⑴　xの平均値$\overline{x}$とXの平均値$\overline{X}$の間に，関係式$\overline{X}=2\overline{x}-3$が成立することを証明せよ。

⑵　yの標準偏差s_yとYの標準偏差s_Yの間に成り立つ関係式を求めよ。

⑶　xとyの共分散をr_{xy}, XとYの共分散をr_{XY}とするとき，$\dfrac{r_{XY}}{r_{xy}}$の値を求めよ。

〈鳥取県〉

演習問題　解答・解説

1

平均値：**8.0**　中央値：**8.1**

解説

平均値は，

$$\frac{1}{12}(8.0+8.2+7.6+9.2+6.8+7.0+7.6+8.7+9.0+8.4+8.5+7.3)$$

$$=\frac{1}{12}\cdot 96.3$$

$$=8.025$$

$$\fallingdotseq 8.0$$

中央値は，数値を小さい順に並べたときの6番目と7番目の値の平均値だから，

$$\frac{8.0+8.2}{2}=8.1$$

2

$\boldsymbol{a=63}$，$\boldsymbol{b=39}$

解説

データの値の個数は7であるので，中央値63もデータの値である。63より大きい値は72，85，87の3個あり，中央値は4番目の値だから

$a>b$より，$a=63$

平均値が61であることから，

$$\frac{1}{7}(b+35+46+63+72+85+87)=61$$

$$b=39$$

3

$\boldsymbol{a\leqq 88}$**のとき，90（本）**

$\boldsymbol{89\leqq a\leqq 95}$**のとき，**$\boldsymbol{\dfrac{a+92}{2}}$**（本）**

$\boldsymbol{96\leqq a}$**のとき，94（本）**

解説

aを除くデータを小さい順に並べると，

75，81，85，88，92，96，99，103，107

中央値は5番目と6番目の値の平均値だから，

$a\leqq 88$のとき，$\dfrac{88+92}{2}=90$（本）

$89\leqq a\leqq 95$のとき，$\dfrac{a+92}{2}$（本）

$96\leqq a$のとき，$\dfrac{92+96}{2}=94$（本）

4

(1)　**52**

(2)　**$\boldsymbol{x}$を除いたデータを小さい順に並べると，**

37，42，46，48，50，55，62，65，73となる。データの個数は10なので，中央値は5番目と6番目の値の平均値である。

i）　$\boldsymbol{x\leqq 48}$のとき，中央値は，

$$\boldsymbol{\frac{48+50}{2}=49}$$

ii）　$\boldsymbol{48<x<50}$のとき，中央値は，

$\boldsymbol{\dfrac{x+50}{2}}$で表される。

$\boldsymbol{x}$は整数だから考えられる$\boldsymbol{x}$の値は49。中央値は，49.5

iii）　$\boldsymbol{x=50}$のとき，中央値は，

$$\boldsymbol{\frac{50+50}{2}=50}$$

iv）　$\boldsymbol{50<x<55}$のとき，中央値は，

$\boldsymbol{\dfrac{50+x}{2}}$で表される。

考えられる$\boldsymbol{x}$の値と中央値は次の通り。

51のとき，中央値は50.5

52のとき，中央値は51

53のとき，中央値は51.5

54のとき，中央値は52

v）　$55 \leqq x$ のとき，中央値は，

$$\frac{50+55}{2}=52.5$$

よって，とりうる値は，49，49.5，50，50.5，51，51.5，52，52.5

解 説

(1)　$\frac{1}{10}(42+73+65+50+62+46+37+x+48+55)$

$$=\frac{1}{10}(478+x)$$

したがって，

$$\frac{1}{10}(478+x)=53$$
$$478+x=530$$
$$x=52$$

5

$x=6$，中央値：7，最頻値：6

解 説

題意より，$x>y$　…①

点数の最大値が10点，範囲が8より，最小値は2点であるが，表中に2点の生徒はいないので，①より$y=2$

平均値について，

$$\frac{1}{10}(6+10+9+8+x+2+6+4+10+9)$$

$$=\frac{1}{10}(64+x)$$

したがって，

$$\frac{1}{10}(64+x)=7.0$$
$$64+x=70$$
$$x=6$$

これより最頻値は6

中央値は，点数を小さい順に並べたときの5番目と6番目の平均値だから，

$$\frac{6+8}{2}=7$$

6

中央値：66.5個

第3四分位数：69個

解 説

中央値はデータを小さい順に並べたときの5番目と6番目の値の平均値だから，

$$\frac{64+69}{2}=66.5(\text{個})$$

第3四分位数は8番目の値なので69。

7

①

8

3

解 説

データを小さい順に並べると，

4，8，19，20，23，26，32，41

このデータの最大値は41，最小値は4

中央値は4番目と5番目の平均値だから，

$$\frac{20+23}{2}=21.5$$

第1四分位数は2番目と3番目の平均値だから，

$$Q_1=\frac{8+19}{2}=13.5$$

第3四分位数は6番目と7番目の平均値だから，

$$Q_3=\frac{26+32}{2}=29$$

これらの値をとっている箱ひげ図は3である。

9

C

解 説

A　箱ひげ図から平均得点を求めることはできない。

B　この図からはわからない。

C　中央値が7点なので，半数以上の生徒が7点以上である。

D　国語は4点の生徒がいるのはわかるが，英語はこの図からはわからない。

10

$a=7$

解説

平均値について，

$$\frac{1}{5}(6+3+a+9+b)=6$$

$$a+b+18=30$$

$$a+b=12 \quad \cdots①$$

分散について，

$$\frac{1}{5}\{(6-6)^2+(3-6)^2+(a-6)^2+(9-6)^2+(b-6)^2\}=4$$

$$\frac{1}{5}\{0+9+(a-6)^2+9+(b-6)^2\}=4$$

$$(a-6)^2+(b-6)^2=2 \quad \cdots②$$

①より，$b=12-a$　…①'

これを②に代入して，

$$(a-6)^2+(a-6)^2=2$$

$$2(a-6)^2=2$$

$$(a-6)^2=1$$

$$a-6=\pm 1$$

$$a=7,\ 5$$

このとき①'より，$b=5,\ 7$

$a>b$より，$a=7$

11

(1)　分散の定義より，

$$s^2=\frac{1}{n}\{(x_1-\overline{x})^2+(x_2-\overline{x})^2+\cdots\cdots+(x_n-\overline{x})^2\}$$ であるから

$$s^2=\frac{1}{n}\{(x_1{}^2+x_2{}^2+\cdots\cdots+x_n{}^2)-2\overline{x}(x_1+x_2+\cdots\cdots+x_n)+n(\overline{x})^2\}$$

$$=\frac{1}{n}(x_1{}^2+x_2{}^2+\cdots\cdots+x_n{}^2)-2\overline{x}\cdot\frac{1}{n}(x_1+x_2+\cdots\cdots+x_n)+(\overline{x})^2$$

$$=\overline{x^2}-2\overline{x}\cdot\overline{x}+(\overline{x})^2$$

$$=\overline{x^2}-(\overline{x})^2$$

(2)　7

解説

(2)　生徒30人の平均値を$\overline{x}$とすると，

$$\overline{x}=\frac{8\times10+5\times20}{30}=6$$

6時間以上の生徒の平均値を$\overline{x_1}$，6時間未満の生徒の平均値を$\overline{x_2}$とすると，(1)の公式を使って，

$$6=\overline{x_1{}^2}-8^2$$

$$\overline{x_1{}^2}=70$$

$$4.5=\overline{x_2{}^2}-5^2$$

$$\overline{x_2{}^2}=29.5$$

したがって，生徒30人のデータの平方の平均値は，

$$\overline{x^2}=\frac{70\times10+29.5\times20}{30}$$

$$=\frac{1290}{30}=43$$

よって，求める分散s^2は，

$$s^2=43-6^2=7$$

12

A　2　　B　15.5　　C　248

解説

x	y	$x-\overline{x}$	$y-\overline{y}$	$(x-\overline{x})^2$	$(y-\overline{y})^2$
232	8	24	6	576	36
196	−1	−12	−3	144	9
200	0	8	−2	64	4
192	−2	−16	−4	256	16
236	9	28	7	784	49
208	2	0	0	0	0
204	1	−4	−1	16	1
196	−1	−12	−3	144	9
1664	16			1984	124

$\overline{x}=\frac{1664}{8}=208$　$s_x{}^2=\frac{1984}{8}=248$

$\overline{y}=\frac{16}{8}=2$　$s_y{}^2=\frac{124}{8}=15.5$

13

(1)　**9.0**　　(2)　**29.0**

解説

(1)　A班, B班それぞれの得点のデータの平均値を$\overline{x}$, $\overline{y}$点とおくと, A班とB班の合計の平均値は,

$$\frac{1}{18}(10\overline{x}+8\overline{y})$$

$$=\frac{1}{18}(13.0\times10+4.0\times8)$$

$$=\frac{162}{18}=9.0(\text{点})$$

(2)　分散について,

$$\begin{cases}10.2=\overline{x^2}-13.0^2\\ 7.5=\overline{y^2}-4.0^2\end{cases}\quad \text{より,}$$

$\overline{x^2}=179.2$, $\overline{y^2}=23.5$

したがって, 18名のデータの平方の平均値は,

$$\frac{179.2\times10+23.5\times8}{18}$$

$$=\frac{1980}{18}=110$$

よって, 求める分散s^2は,

$s^2=110-9^2=29.0$

14

平均値：**52**　　分散：**96**

解説

訂正後のデータの平均値は,

$$\frac{50\times10-40+60}{10}$$

$$=\frac{520}{10}=52$$

訂正前のデータの平方の平均値を$\overline{x^2}$とすると,

$100=\overline{x^2}-50^2$

$\overline{x^2}=2600$

したがって, 平方和は,

$2600\times10=26000$

訂正後のデータの平方の平均値は,

$$\frac{26000-40^2+60^2}{10}=2800$$

よって, 訂正後のデータの分散s^2は,

$s^2=2800-52^2$

$=96$

15

ア. ①　　イ. ③　　ウ. ⑥

解説

受験生全員の得点のデータを

x_1, x_2, …, x_kとおくと, 平均値について,

$$\frac{1}{k}(x_1+x_2+\cdots\cdots+x_k)=m \quad \cdots①$$

つまり, $\frac{1}{k}\sum_{i=1}^{k}x_i=m$　…①'

分散について,

$$n^2=\frac{1}{k}\sum_{i=1}^{k}x_i^2-m^2$$

$$\frac{1}{k}\sum_{i=1}^{k}x_i^2=n^2+m^2 \quad \cdots②$$

受験生全員の得点を3倍したときの平均値は,

$$\frac{1}{k}(3x_1+3x_2+\cdots\cdots+3x_k)$$

$$=3\cdot\frac{1}{k}(x_1+x_2+\cdots\cdots+x_k)$$

$=3m$　　(∵①)

分散については,

$$\frac{1}{k}\sum_{i=1}^{k}(3x_i)^2-(3m)^2$$

$$=9\cdot\frac{1}{k}\sum_{i=1}^{k}x_i^2-9m^2$$

$=9(n^2+m^2)-9m^2$　　(∵②)

$=9n^2$

よって, 標準偏差は, $\sqrt{9n^2}=3n$

次に, 受験生全員の得点をそれぞれ3倍し15点を加えたときの平均値は,

$$\frac{1}{k}\{(3x_1+15)+(3x_2+15)+\cdots\cdots+(3x_k+15)\}$$

$$=\frac{1}{k}\{3(x_1+x_2+\cdots\cdots+x_k)+15k\}$$

$$=3\cdot\frac{1}{k}(x_1+x_2+\cdots\cdots+x_k)+15$$

$=3m+15$　　(∵①)

よって，分散は，

$$\frac{1}{k}\sum_{i=1}^{k}(3x_i+15)^2-(3m+15)^2$$

$$=\frac{1}{k}\sum_{i=1}^{k}(9x_i^2+90x_i+15^2)-(3m+15)^2$$

$$=9\cdot\frac{1}{k}\sum_{i=1}^{k}x_i^2+90\cdot\frac{1}{k}\sum_{i=1}^{k}x_i+15^2-(3m+15)^2$$

$$=9(n^2+m^2)+90m+15^2-(3m+15)^2$$

(∵①’，②)

$$=9n^2$$

16

3.56

解説

10個の数の平均は，$\dfrac{4\times5+6\times7}{10}=6.2$ である。

4個の数の分散について，$2=\dfrac{1}{4}\sum_{i=1}^{4}x_i^2-5^2$ だから，

$\sum_{i=1}^{4}x_i^2=108$ である。同様に，6個の数の分散について，

$3=\dfrac{1}{6}\sum_{i=1}^{6}y_i^2-7^2$ だから，$\sum_{i=1}^{6}y_i^2=312$ である。よって求める分散s^2は，

$$s^2=\frac{1}{10}\times(108+312)-6.2^2=42-38.44$$

$=3.56$ である。

17

(1)　**$x=6$　分散：2.6　四分位範囲：2**

(2)　**$0\leqq y\leqq5$ のとき　5.5**

$y=6$ のとき　6

$7\leqq y\leqq10$ のとき　6.5

(3)　$\dfrac{\sqrt{221}}{17}$

解説

(1)　Aの得点の平均値を計算すると，

$\dfrac{1}{10}(8+9+6+9+4+8+7+5+8+x)=7.0$ より，$x=6$

また，Aの得点の分散は，

$$\frac{1}{10}\{(4-7)^2+(5-7)^2+2(6-7)^2+(7-7)^2+3(8-7)^2+2(9-7)^2\}$$

$$=\frac{1}{10}(9+4+2+0+3+8)=2.6$$

さらに，10人のAの得点を低い順に並べると，4，5，6，6，7，8，8，8，9，9となるので，

第1四分位数は6，第3四分位数は8

よって，四分位範囲は，$8-6=2$

(2)　10人の得点を低い順に並べたとき，5番目と6番目の値の平均値が中央値となる。

生徒番号1～9のテストBの得点を低い順に並べると3，4，4，5，6，7，7，8，9となるので，中央値は次の通りとなる。

$0\leqq y\leqq5$ のとき　中央値は $\dfrac{5+6}{2}=5.5$

$y=6$ のとき　中央値は6

$7\leqq y\leqq10$ のとき　中央値は $\dfrac{6+7}{2}=6.5$

(3)　Bの得点の平均値は，

$$\frac{1}{10}(7+9+4+8+3+6+5+4+7+7)=6.0$$

Bの得点の分散は，

$$\frac{1}{10}\{(3-6)^2+2(4-6)^2+(5-6)^2+(6-6)^2+3(7-6)^2+(8-6)^2+(9-6)^2\}$$

$$=\frac{1}{10}(9+8+1+0+3+4+9)=3.4$$

Aの得点とBの得点の共分散は，

$$\frac{1}{10}\{(8-7)(7-6)+(9-7)(9-6)+(6-7)(4-6)$$

$+(9-7)(8-6)+(4-7)(3-6)+(8-7)(6-6)$
$+(7-7)(5-6)+(5-7)(4-6)+(8-7)(7-6)$
$+(6-7)(7-6)\}$

$=\dfrac{1}{10}(1+6+2+4+9+0+0+4+1-1)=2.6$

よって，求める相関係数は，

$$\frac{2.6}{\sqrt{2.6}\sqrt{3.4}}=\sqrt{\frac{13}{17}}=\frac{\sqrt{221}}{17}$$

18

0.8

解説

数学，理科のそれぞれのテストの平均値を $\overline{x}$, $\overline{y}$とする。

$$\overline{x}=\frac{1}{5}(9+6+8+7+10)=8$$

$$\overline{y}=\frac{1}{5}(6+5+7+4+8)=6$$

x	y	$x-\overline{x}$	$y-\overline{y}$	$(x-\overline{x})(y-\overline{y})$	$(x-\overline{x})^2$	$(y-\overline{y})^2$
9	6	1	0	0	1	0
6	5	−2	−1	2	4	1
8	7	0	1	0	0	1
7	4	−1	−2	2	1	4
10	8	2	2	4	4	4
				8	10	10

求める相関係数は，

$$\frac{8}{\sqrt{10}\sqrt{10}}=0.8$$

19

$\overline{y}=21$，$s_y{}^2=3$

解説

変量xのデータの値がx_1，x_2，……，x_nとn個あるとすると，

$$\overline{x}=\frac{1}{n}(x_1+x_2+\cdots+x_n)=32 \quad \cdots①$$

求めるyのデータの平均値$\overline{y}$は，

$$\overline{y}=\frac{1}{n}(y_1+y_2+\cdots+y_n)$$

$$=\frac{1}{n}\left\{\left(\frac{1}{2}x_1+5\right)+\left(\frac{1}{2}x_2+5\right)+\cdots+\left(\frac{1}{2}x_n+5\right)\right\}$$

$$=\frac{1}{n}\left\{\frac{1}{2}(x_1+x_2+\cdots+x_n)+5n\right\}$$

$$=\frac{1}{2}\cdot\frac{1}{n}(x_1+x_2+\cdots+x_n)+5$$

$$=\frac{1}{2}\cdot 32+5 \quad (\because ①)$$

$$=21$$

$$s_y{}^2=\frac{1}{n}(y_1{}^2+y_2{}^2+\cdots+y_n{}^2)-21^2$$

$$=\frac{1}{n}\left\{\left(\frac{1}{2}x_1+5\right)^2+\left(\frac{1}{2}x_2+5\right)^2+\cdots+\left(\frac{1}{2}x_n+5\right)^2\right\}-21^2$$

$$=\frac{1}{4}\cdot\frac{1}{n}(x_1{}^2+x_2{}^2+\cdots+x_n{}^2)+5\cdot\frac{1}{n}(x_1+x_2+\cdots+x_n)+5^2-21^2$$

ここで，$12=\dfrac{1}{n}(x_1{}^2+x_2{}^2+\cdots+x_n{}^2)-32^2$

より，

$$\frac{1}{n}(x_1{}^2+x_2{}^2+\cdots+x_n{}^2)=12+32^2$$

したがって，

$$s_y{}^2=\frac{1}{4}(12+32^2)+5\cdot 32+5^2-21^2$$

$$=3+8\cdot 32+5\cdot 32+25-21^2$$

$$=444-441$$

$$=3$$

20

(1)　(証明)

Xのデータは次のn個の値である。

$X_1=2x_1-3$，$X_2=2x_2-3$，…，$X_n=2x_n-3$

また，$\boldsymbol{\overline{x}=\dfrac{1}{n}(x_1+x_2+\cdots+x_n)}$　…①

であるから

$$\boldsymbol{\overline{X}=\frac{1}{n}(X_1+X_2+\cdots+X_n)}$$

$$=\frac{1}{n}\{(2x_1-3)+(2x_2-3)+\cdots+(2x_n-3)\}$$

$$=\frac{1}{n}\{2(x_1+x_2+\cdots+x_n)-3n\}$$

$$=2\,\frac{1}{n}(x_1+x_2+\cdots+x_n)-3$$

$=2\overline{x}-3$ (∵①)ゆえに $\overline{X}=2\overline{x}-3$

(2) $s_Y=3s_y$

(3) -6

解説

(2) $s_y{}^2=\frac{1}{n}\sum_{k=1}^{n}y_k{}^2-(\overline{y})^2$ より,

$$\frac{1}{n}\sum_{k=1}^{n}y_k{}^2=s_y{}^2+(\overline{y})^2 \quad \cdots②$$

$$s_Y{}^2=\frac{1}{n}\sum_{k=1}^{n}Y_k{}^2-(\overline{Y})^2$$

$$=\frac{1}{n}\sum_{k=1}^{n}(-3y_k+1)^2-(\overline{Y})^2$$

$$=\frac{1}{n}\sum_{k=1}^{n}(9y_k{}^2-6y_k+1)-(\overline{Y})^2$$

$$=9\cdot\frac{1}{n}\sum_{k=1}^{n}y_k{}^2-6\cdot\frac{1}{n}\sum_{k=1}^{n}y_k+\frac{1}{n}\sum_{k=1}^{n}1-(\overline{Y})^2$$

$$=9\{s_y{}^2+(\overline{y})^2\}-6\overline{y}+1-(\overline{Y})^2$$

$$=9s_y{}^2+9(\overline{y})^2-6\overline{y}+1-(-3\overline{y}+1)^2$$

(∵(1) $\overline{Y}=-3\overline{y}+1$)

$s_Y{}^2=9s_y{}^2$

したがって,

$\sqrt{s_Y{}^2}=\sqrt{9s_y{}^2}$

$s_Y=3s_y$

(3) $r_{xy}=\frac{1}{n}\{(x_1-\overline{x})(y_1-\overline{y})+(x_2-\overline{x})(y_2-\overline{y})+\cdots+(x_n-\overline{x})(y_n-\overline{y})\} \quad \cdots③$

$$r_{XY}=\frac{1}{n}\{(X_1-\overline{X})(Y_1-\overline{Y})+(X_2-\overline{X})(Y_2-\overline{Y})+\cdots+(X_n-\overline{X})(Y_n-\overline{Y})\}$$

$$=\frac{1}{n}〔\{(2x_1-3)-(2\overline{x}-3)\}\{(-3y_1+1)-(-3\overline{y}+1)\}+\cdots+\{(2x_n-3)-(2\overline{x}-3)\}\{(-3y_n+1)-(-3\overline{y}+1)\}〕$$

$$=\frac{1}{n}〔2(x_1-\overline{x})\cdot\{-3(y_1-\overline{y})\}+\cdots+2(x_n-\overline{x})\cdot\{-3(y_n-\overline{y})\}〕$$

$$=\frac{1}{n}〔-6(x_1-\overline{x})(y_1-\overline{y})+\cdots+\{-6(x_n-\overline{x})(y_n-\overline{y})\}〕$$

$$=-6\cdot\frac{1}{n}\{(x_1-\overline{x})(y_1-\overline{y})+\cdots+(x_n-\overline{x})(y_n-\overline{y})\}$$

$r_{XY}=-6r_{xy}$ (∵③)

よって,

$$\frac{r_{XY}}{r_{xy}}=-6$$

7 平面幾何

傾向と対策

証明問題と作図問題が出題される。また，基本的な定理の証明が問われることもあるので，試験会場で考えるというよりは，予め覚えておくこと。この分野から出題される問題の主なキーワードとしては，次のものが挙げられる。

- 三角形の成立条件，三角形の五心，三角形の内角（と外角）の二等分線と比例
- 三平方の定理，中線定理，メネラウスの定理，チェバの定理
- 円周角の定理，円に内接する四角形の外角と内対角，方べきの定理，接弦定理

なお，本章では，証明のポイントとなる補助線には色を付けた。

要点Check!

1 三角形の成立条件

正の数a，b，cが三角形の3辺の長さとなる条件は，①または②または③である。

①最大辺＜他の2辺の和 $\iff$ ②$|b-c|<a<b+c$ $\iff$ ③$\begin{cases} a<b+c \\ b<c+a \\ c<a+b \end{cases}$

$a<b+c$の証明を演習問題に収録した。これさえ示すことができれば，同様に$b-c<a$，$c-b<a$なので，$|b-c|<a$が導かれる。

2 三角形の五心

代表的な記号	名前	定義（作図法）	特徴
G	重心	各中線の交点	中線を頂点側から2：1に内分する。
O	外心	各辺の垂直二等分線の交点	各頂点からの距離が一定。外接円の中心。
I	内心	各内角の二等分線の交点	各辺からの距離が一定。内接円の中心。
I_A，I_B，I_C	傍心	1内角と2外角の二等分線の交点	各辺またはその延長線との距離が一定。傍接円の中心。
H	垂心	各頂点から対辺に下ろした垂線の交点	外心を原点とする位置ベクトルは $\overrightarrow{OH}=\overrightarrow{OA}+\overrightarrow{OB}+\overrightarrow{OC}=3\overrightarrow{OG}$ (OG：GH＝1：2)

〈重心〉

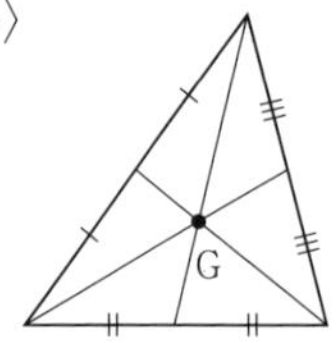

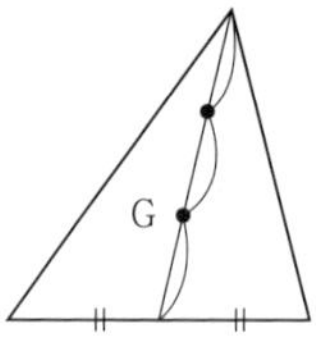

〈外心〉

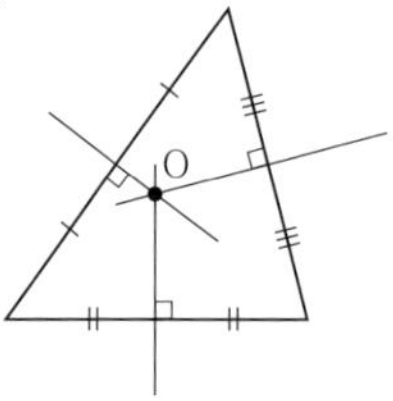

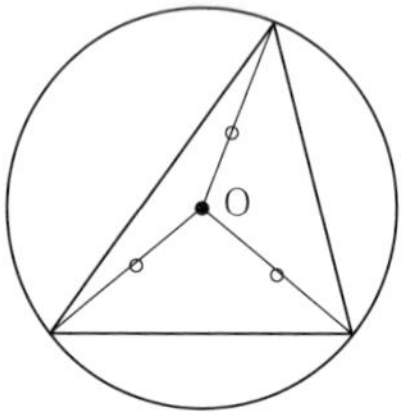

〈内心〉

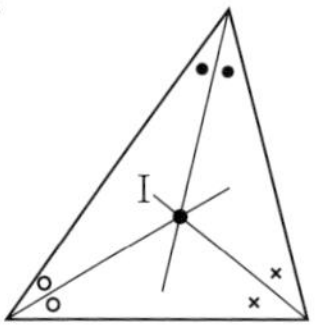

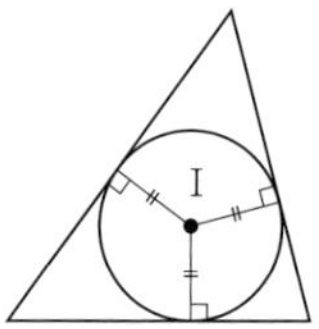

〈傍心〉

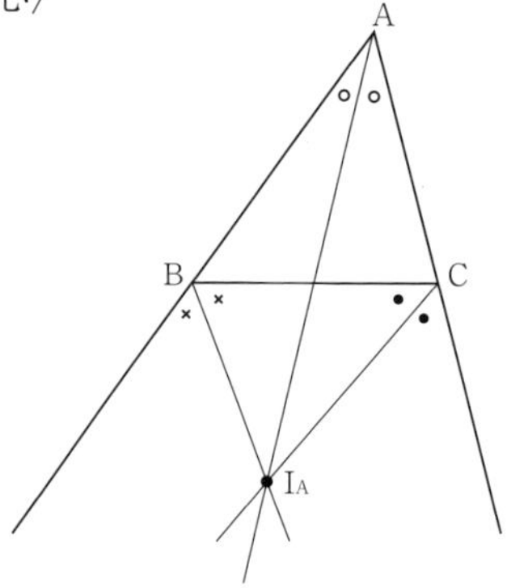

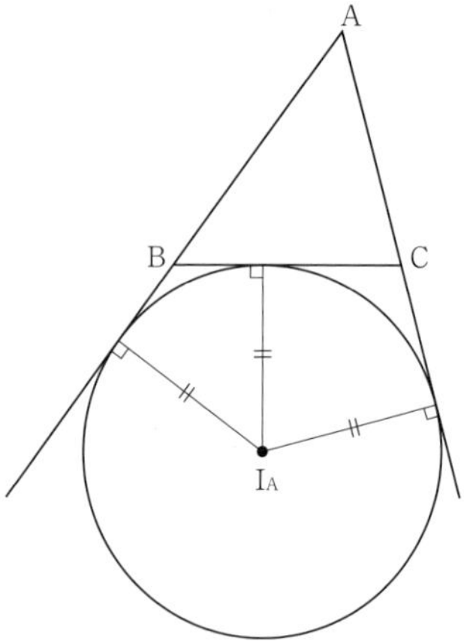

〈垂心〉

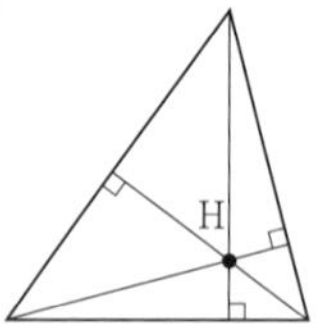

3　三角形の定理

ここに挙げた定理は中線定理を除いて，すべて逆が成り立つ。

・中点連結定理

三角形の２辺の中点を結んだ線分は他の１辺と平行で長さが半分である。

一般に，平面上に２本の直線 l, mがあるとき，平行線によって切り分けられる線分の長さの比は一定である。図より次が成り立つ。

$x : y = x' : y'$　$(x : x' = y : y')$

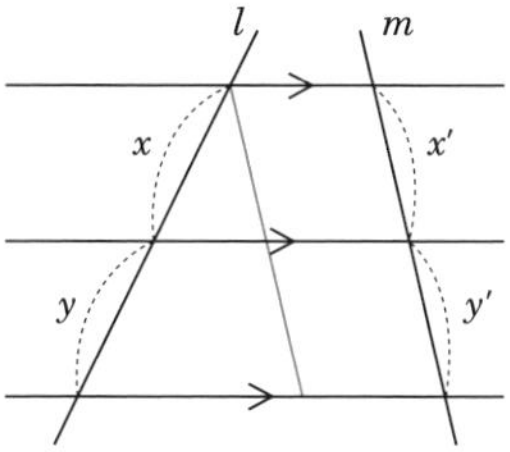

・三角形の内角（と外角）の二等分線と比例

△ABCのAの内角の二等分線とBCの交点をDとすると

BD：DC＝AB：AC

証明は，BAの延長線上にAD//ECとなる点Eをとればよい。また，Aの外角の二等分線はBCをAB：ACの比に外分する。

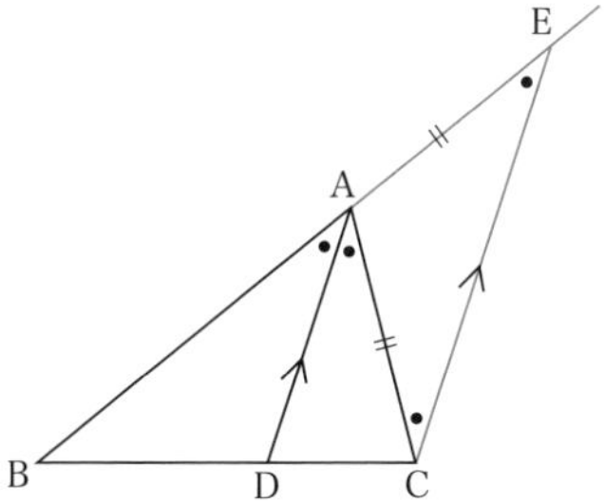

・三平方の定理

直角三角形の斜辺の平方は他の２辺の平方の和に等しい。

証明は，直角の頂点Aから斜辺に下ろした垂線の足をHとして△ABC∽△HBAおよび△ABC∽△HACに着目する。他にも多くの証明があり，方べきの定理の項でもう一つ紹介する。

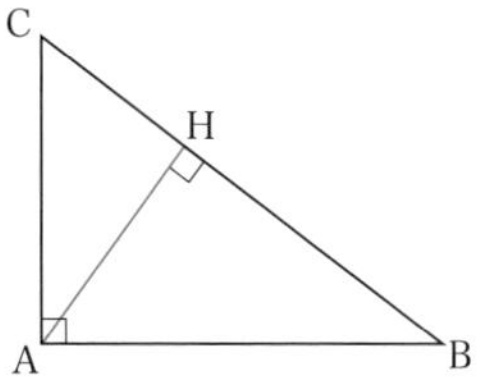

なお，座標平面の２点間の距離の公式は三平方の定理から導かれるので，幾何学の公理的構成という観点からは，例えば

$$a^2 = b^2 + c^2 - 2bc\cos 90^\circ = b^2 + c^2$$

$$|\vec{a}|^2 = |\vec{b} - \vec{c}|^2 = |\vec{b}|^2 - 2\vec{b}\cdot\vec{c} + |\vec{c}|^2 = |\vec{b}|^2 + |\vec{c}|^2$$

などを三平方の定理の証明とするのは不適切である。

逆は，３辺の長さがa, b, cで$a^2 = b^2 + c^2$が成り立つ三角形ABCと，直角をはさむ２辺がb, cの直角三角形A'B'C'を作ると，三辺相等により

$\triangle ABC \equiv \triangle A'B'C'$からわかる。

3辺の長さが具体的な数値で与えられている問題では，最長辺の平方と，他の2辺の平方和を比較して，直角・鋭角・鈍角を判断して図を描く。

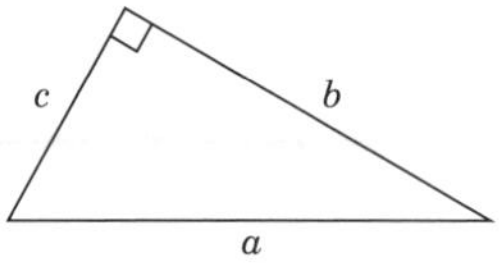

直角三角形：1つの角が直角。
$a^2=b^2+c^2$（三平方の定理）

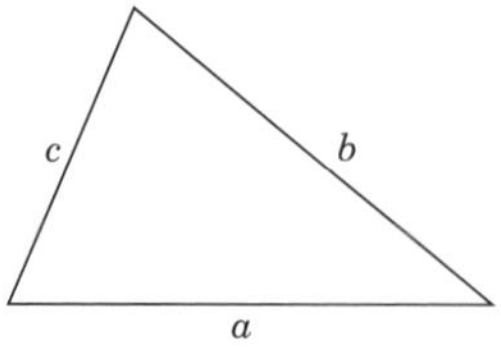

鋭角三角形：すべての角が90°より小さい。
$a^2<b^2+c^2$（他辺も同様）

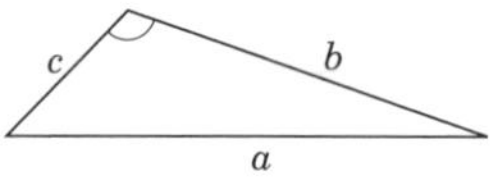

鈍角三角形：1つの角が90°より大きい。
$a^2>b^2+c^2$

・中線定理（パップスの定理）

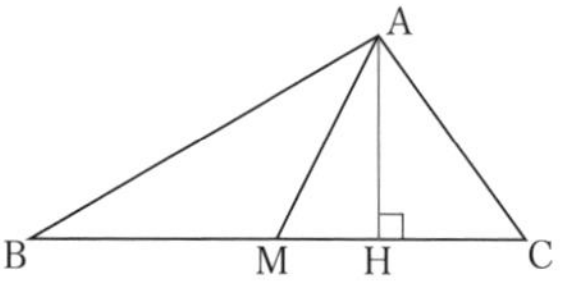

$\triangle ABC$の辺BCの中点をMとすると

$$AB^2+AC^2=2(AM^2+BM^2)$$

余弦定理とともに三平方の定理を拡張した形になっている。証明は，AからBC（またはその延長）へ下ろした垂線の足をHとして$\triangle ABH$，$\triangle ACH$，$\triangle AMH$に三平方の定理を適用する。Hが辺BC上にない場合も同様。

複数の証明を問われることもある。座標を導入したり，三角比やベクトルを使ったりするとHの位置で場合分けしなくて済むというメリットがある（演習問題19参照）。

・メネラウスの定理

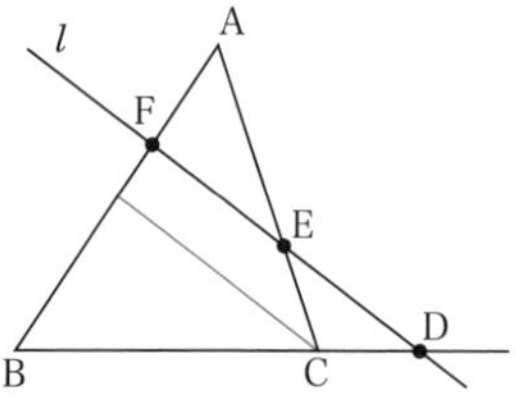

$\triangle ABC$と直線lについて，辺BC，CA，ABまたはその延長とlとの交点をそれぞれD，E，Fとすると

$$\frac{BD}{DC}\cdot\frac{CE}{EA}\cdot\frac{AF}{FB}=1$$

証明は，Cを通り，lに平行な直線を引き，平行線と比例の関係を使う。

この定理は，ベクトルの内分点・外分点の問題で利用できることがある。

また，この定理の逆は，3点が同一直線上にあること（共線という）を示すときに使える。

・チェバの定理

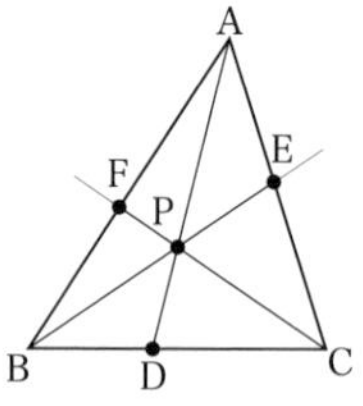

$\triangle ABC$と点Pについて，辺BC，CA，ABまたはその延長と直線AP，BP，CPとの交点をそれぞれD，E，Fとすると

$$\frac{BD}{DC}\cdot\frac{CE}{EA}\cdot\frac{AF}{FB}=1$$

証明は，△ADCと直線BE，および△ABDと直線CFにメネラウスの定理を適用する。

逆に，定理の関係式を満たす3直線は1点で交わるか，互いに平行である。これは，3直線が1点で交わること（共点という）を示すときに使える。

例題1　平行四辺形

平行四辺形ABCDの辺BCの中点をM，AMと対角線BDの交点をEとする。BE：EDを求めよ。

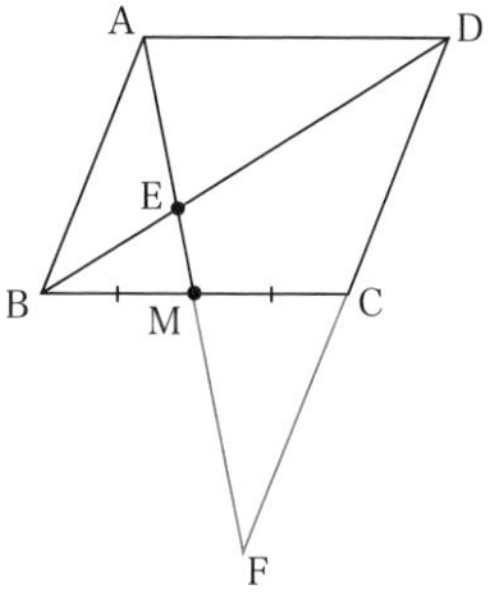

解答　BE：ED＝1：2

解説　直線AMとDCの交点をFとすると，△BCDと直線AFにメネラウスの定理を適用して

$$\frac{BE}{ED}\cdot\frac{DF}{FC}\cdot\frac{CM}{MB}=1$$

△FADにおいて，中点連結定理の逆から，CはFDの中点なので

DF：FC＝2：1　∴　BE：ED＝1：2

参考　平行四辺形の対角線は互いに他を二等分するので，Eは△ABCの重心であることを利用する方法もある。

4　円の定理

ここに挙げた定理はすべて逆が成り立つ。

・円周角の定理

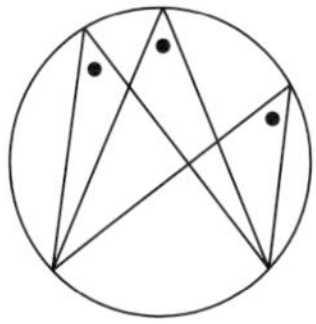

等しい弧の上に立つ円周角は互いに等しい。
（円周角の定理）

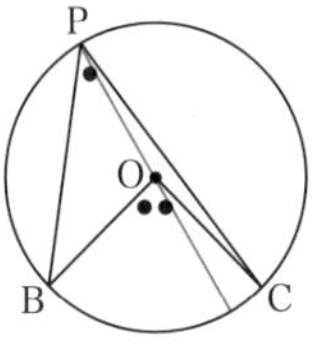

円周角は中心角の半分である。

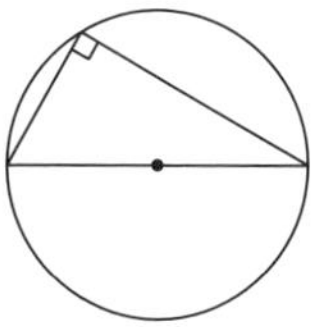

特に，半円に対応する円周角は直角である。
（直径を1辺とする内接三角形は直角三角形）

証明は，弧と中心角が1対1に対応するので，任意の円周角は中心角の半分であることを示す。図の△OPBと△OPCとで外角が内対角の和に等しいことを使えばよい。ただし，Pの位置による分けが必要である。

逆は，4点が同一円周上にあること（共円という）を示すときに使える。

・円に内接する四角形の外角と内対角は等しい。

(「円に内接する四角形では，向かいあう角の和が180°」といってもよい。)

　証明は，内接四角形の1組の対角のそれぞれの中心角の和が360°であることから示せる。

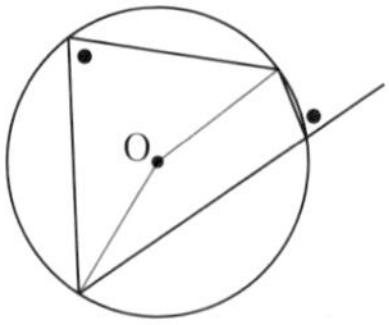

・方べきの定理

　右の図において，

　　PA・PB＝PC・PD

　この式の値は，点Pと円Oが与えられれば決まる定数で，点Pから円Oへの方べきという。

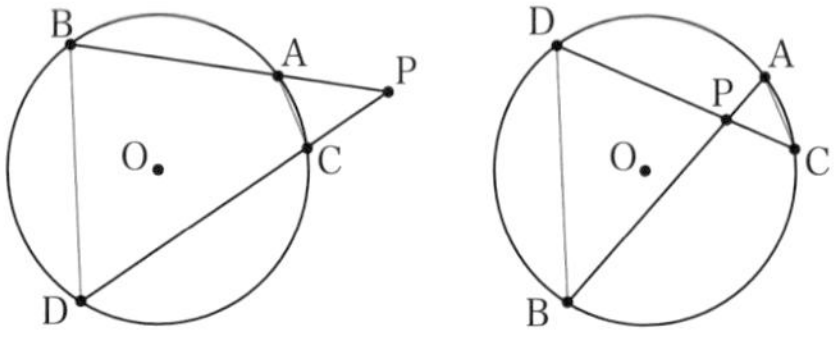

　証明は，△PAC∽△PDBから示せる。

　Pを通る一方の直線が接線のとき，特に接線の定理ということがある。

　　$PA \cdot PB = PT^2$

　Oの半径をrとすると，三平方の定理より$OP^2 - r^2$が方べきの値である。

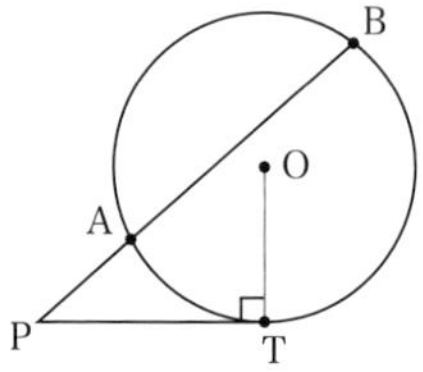

　さらに，もう一方の直線ABが円の中心を通るとき

　　$PA \cdot PB = (PO - r)(PO + r) = PO^2 - r^2$

となり，直角三角形△OPTで三平方の定理が証明されたことになる。

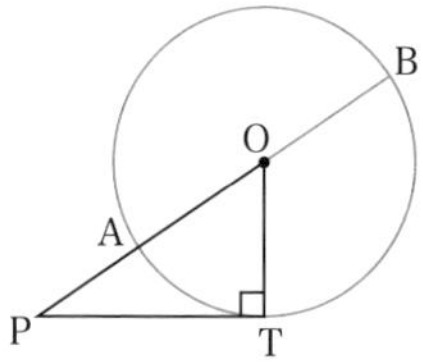

・接弦定理

　　∠PTA＝∠ABT

　証明は，△OATが二等辺三角形であることと∠PTO＝90°に着目し，∠AOT＝2×∠PTAを示せばよい。

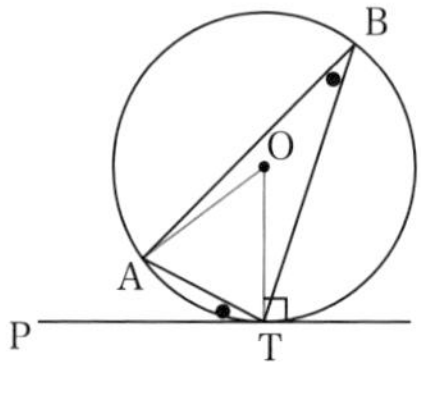

・トレミーの定理

　円に内接する四角形ABCDで

　　AB・CD＋BC・DA＝AC・BD

　証明は，対角線BD上に点Eを∠BAE＝∠CADとなるようにとると，△ABE∽△ACD，△ABC∽△AEDとなることから示せる。

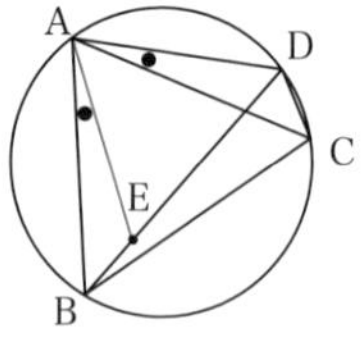

例題2 内心と傍心

$\triangle ABC$の内心をI, $\angle A$内の傍心をI_Aとする。AIと$\triangle ABC$の外接円との交点をMとすると, B, I, C, I_AはMを中心とする円周上にあることを示せ。

解答 $\begin{cases} \angle MBI = \angle IBC + \angle MBC \\ \angle MIB = \angle IBA + \angle IAB \end{cases}$（外角は内対角の和）

$\angle IBC = \angle IBA$

（∵ Iは内心なので, BIは$\angle ABC$を二等分する）

$\angle MBC = \angle MAC = \angle IAB$

（∵ 円周角, 内心）

$\therefore \angle MBI = \angle MIB$

よって, $\triangle MBI$は二等辺三角形より, $MB = MI$

同様に$MC = MI$

また, 傍心の定義から, I_AはIM上にあり, I_ABはBの外角の二等分線なので, $\angle IBI_A = 90^\circ$, すなわち, II_Aは題意の円の直径である。

（証明終わり）

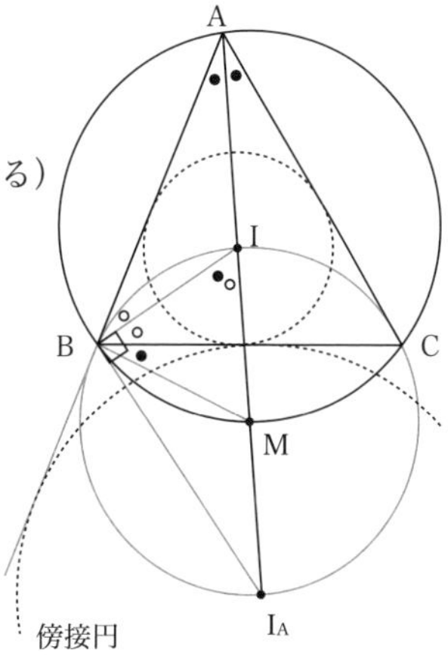

解説 まず, 結論を言い替える。つまり$MB = MI = MC = MI_A$を示せばよい。

例えば$MB = MI$を示すには, $\triangle MBI$が二等辺三角形であることを示せばよい。それには, 内心や外接円という状況設定から, 底角に着目するのが妥当と考えられる。図を描き等しい角を書き込んでいく。

5 2円の位置関係

2円の半径をr, R $(r < R)$, 中心間距離をdとすると, 5種類の位置関係がある。共通接線の数とともに表にまとめると次のようになる。

	離れている	外接	交わる	内接	包含
	$d > R + r$	$d = R + r$	$R - r < d < R + r$	$d = R - r$	$d < R - r$
共通外接線	2	2	2	1	0
共通内接線	2	1	0	0	0

2つの円が接線の同じ側にある場合を共通外接線といい, 別の側にある場合を共通内接線という。

共通接線の長さは, 円の中心をO_1, O_2, 一方の円の中心から, 他方の円の接線に垂直な半径（またはその延長）へ下ろした垂線の足をHとし, $\triangle O_1O_2H$に三平方の定理を使えば導ける。

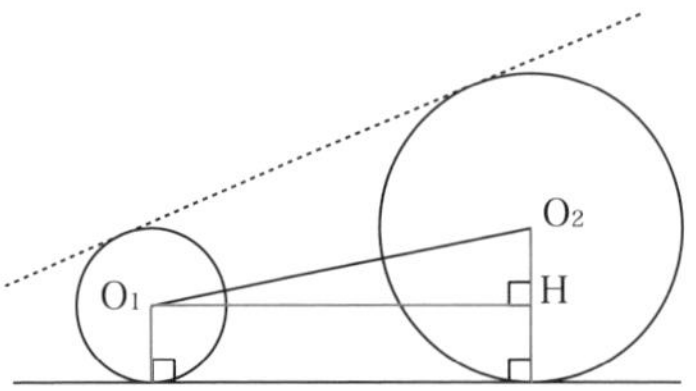

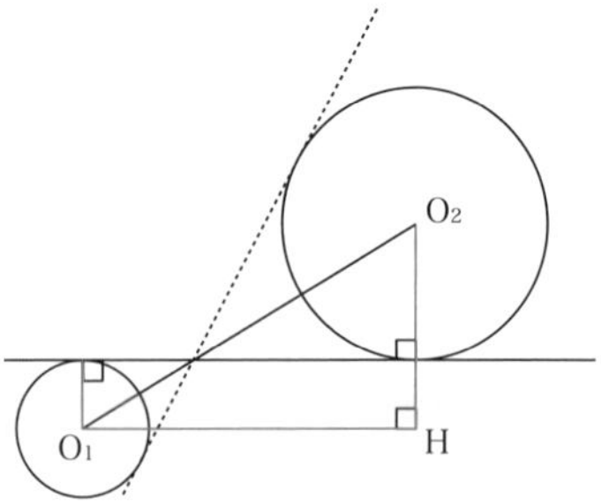

(共通外接線の長さ)$=\sqrt{d^2-(R-r)^2}$　　(共通内接線の長さ)$=\sqrt{d^2-(R+r)^2}$

6 作図問題

・相乗平均の作図

BCを直径とする半円

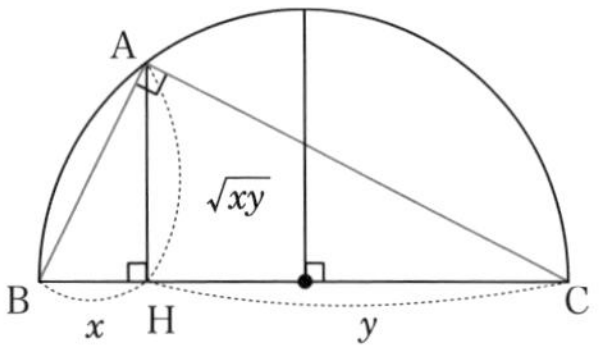

正の数x, yが与えられたとき，図のように点AをとればAHがxとyの相乗平均となる。

これは△ABH∽△CAHからx：AH＝AH：yにより導かれる。特に，$x=1$とすれば与えられた数の平方根を作図できる。

相加平均は半径として現れているので，作図から(相加平均)≧(相乗平均)もわかる。

・等積変形

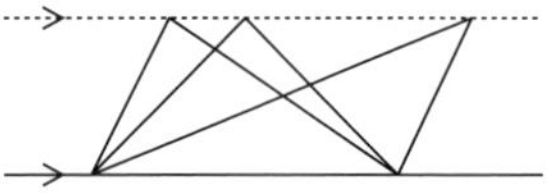

三角形の面積は$\frac{1}{2}$×(底辺)×(高さ)であることから，ある頂点を，その点を通り対辺に平行な直線上で動かしても面積は変わらない。

平行四辺形の面積を二等分する直線は，対角線の交点(つまり重心)を通る。これは，図形が点対称だからで，例えば，三角形では成り立たない。重心を通り1辺に平行な直線が反例である。面積比は$2^2:3^2-2^2=4:5$となる。

・軌跡

平面幾何における軌跡の問題の解は，直線か円が多い。始点，終点があるならば，それらを求め，何点かプロットして見当をつける。

次の点の軌跡は直線(または半直線，線分)となる。

(1) 定点と動点を結ぶ直線が定直線と一定の角をなす(特に0°ならば平行，90°ならば垂直)。

(2) 動点と2定点がメネラウスの定理の関係式を満たす(演習問題4参照)。

次の点の軌跡は円（または円弧）となる。

(1)　定点からの距離が一定の点（円の定義）

(2)　定線分を一定の角に見込む点（円周角の定理の逆，特に見込む角が90°のときは定線分を直径とする円）

(3)　2定点からの距離の比が一定の点

これをアポロニウスの円という。図でAP：BP＝m：nとすると，Pの軌跡は，線分ABをm：nに内分する点Xと，外分する点Yを直径の両端とする円である。

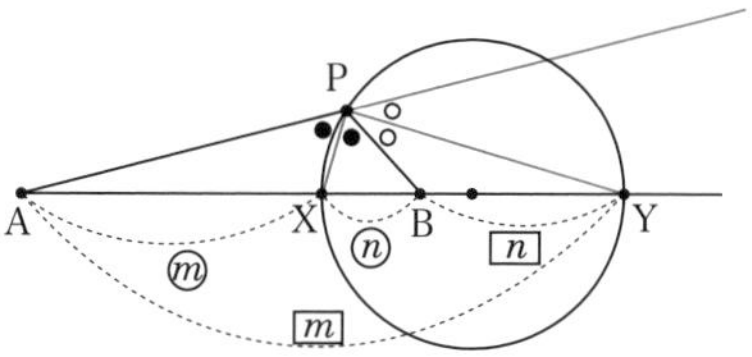

これは，△APBにおいて，直線XPが∠APBの，直線YPがその外角の二等分線となることから，∠XPY＝90°によりわかる。

ただし，$m=n$のときは，軌跡は線分ABの垂直二等分線である（直線を“半径無限大の円”とみてもよい）。

複素数平面では，方程式$|z-\alpha|=k|z-\beta|$を満たす複素数zが，座標平面では，ベクトル方程式$|\overrightarrow{\mathrm{AP}}|=k|\overrightarrow{\mathrm{BP}}|$を満たす点Pが，アポロニウスの円を描く（ここで$k$は1でない正の数で，$\alpha\neq\beta$，A≠B）。

演習問題

1 ★☆☆

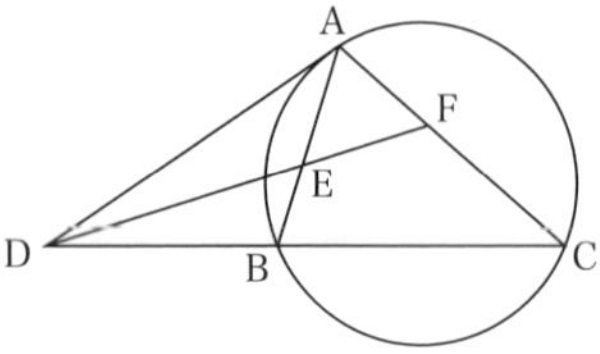

右の図において，△ABCは円に内接する三角形である。点Aにおける円の接線と直線BCとの交点をD，∠ADBの二等分線と，辺AB，ACとの交点をそれぞれE，Fとする。

⑴　△ADE∽△CDFを証明せよ。

⑵　AD＝6，BC＝5，BE＝$\dfrac{4}{3}$のとき，次の各問いに答えよ。

①　線分BDの長さを求めよ。

②　線分AEの長さを求めよ。

③　直線CEと辺ADの交点をGとしたとき，線分の長さの比AG：GDを最も簡単な整数比で表せ。

〈静岡県・静岡市〉

2 ★★☆

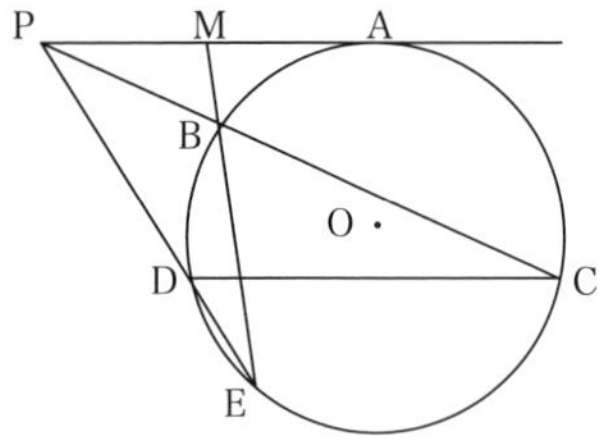

右の図のように，円O外の点Pから円Oに引いた接線の1つの接点をAとし，点Pから円の中心Oと接点Aの間を通るように円Oと交わる直線を引き，円Oとの交点をPに近いほうからB，Cとする。点Cを通って直線PAに平行な直線を引き，点C以外の円Oとの交点をDとする。また，直線PDが再び円Oと交わる点をEとし，直線EBと直線PAとの交点をMとするとき，次の各問いに答えよ。

⑴　直線PAは，△BPEの外接円に接することを証明せよ。

⑵　点Mは，線分PAの中点であることを証明せよ。

〈新潟県〉

3 ★☆☆

次の図において，△ABCは，AB＝8，BC＝6，CA＝4であり，円Oはその外接円である。また，点D，点Eは，それぞれ∠BACの二等分線と辺BC，外接円Oとの交点であり，点Fは，∠BACの外角の二等分線と辺BCの延長線との交点である。

次の各問いの空欄に当てはまる数値を答えよ。

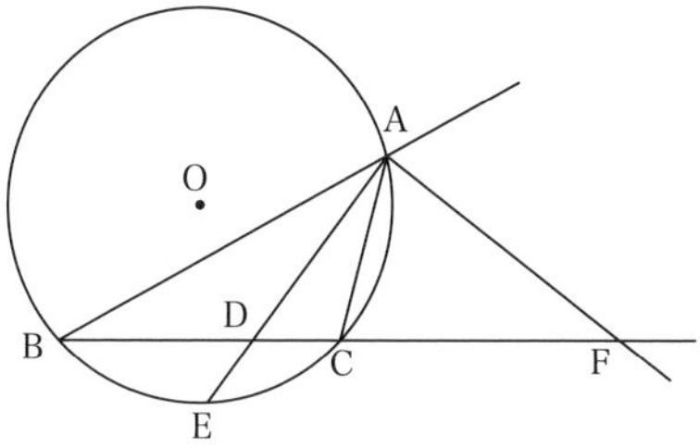

⑴　BD＝(　ア　)
　　DC＝(　イ　)
⑵　AD：DE＝(　ウ　)：(　エ　)
⑶　CF＝(　オ　)
⑷　3点A, D, Fを通る円の半径は(　カ　)である。

〈東京都〉

4　★★☆

右の図のように，正方形ABCDの辺AB上を，頂点Bから Aまで動く点Eがあり，辺ADの延長線上に，DF＝BEとなる点Fをとり，△ECFをつくる。

BC, BE, ECの長さをそれぞれ a, b, cとして，次の各問いに答えよ。

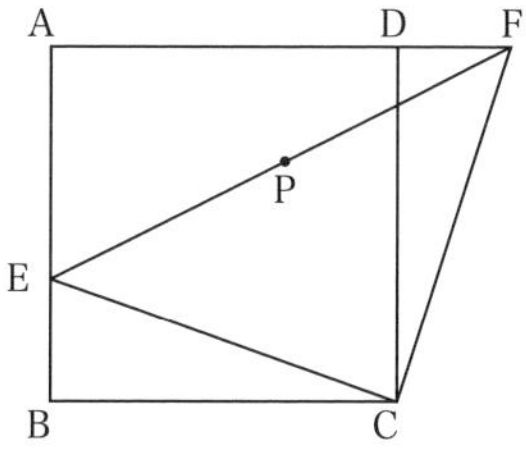

⑴　辺EFの中点をPとするとき，点Eの移動にともなって，点Pが描く線の長さを aを用いて表せ。

⑵　直角三角形EBCに着目し，「四角形AECF＝△AEF＋△ECF」であることを用いて，三平方の定理 $a^2+b^2=c^2$ を証明せよ。ただし，点Eは，頂点A, B上にないものとする。

〈埼玉県・さいたま市〉

5　★★★

任意の長方形を2つの合同な長方形に分割するために，次の①～⑤の手順で作図をした。

①　長方形ABCDの対角線の交点をOとする。
②　AB上に任意の点Eをとり，線分DEとAOの交点をFとする。
③　BとF, EとOを結び，BFとEOとの交点をGとする。
④　直線AGとBCの交点をHとする。
⑤　直線OHは，長方形ABCDを，2つの合同な長方形に分ける直線である。

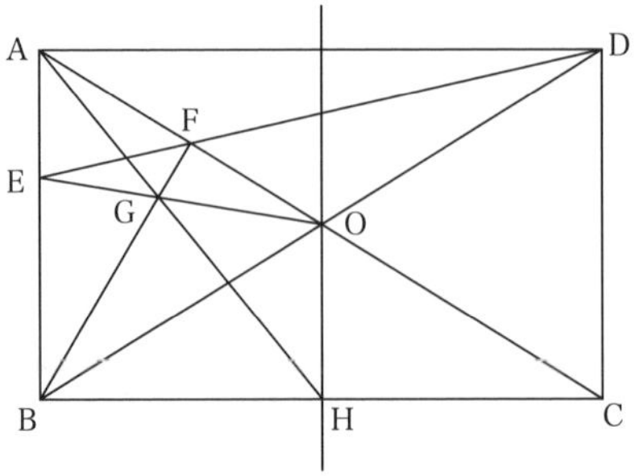

この作図の方法が正しいことを証明せよ。

〈宮城県・仙台市〉

6　★★☆

正五角形について，次の各問いに答えよ。

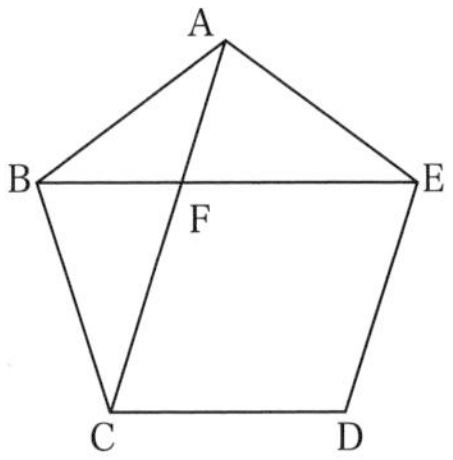

(1)　右図のような正五角形ABCDEがある。2つの対角線ACとBEの交点をFとする。

①　∠BFCの大きさを求めよ。

②　AB＝1とするとき，対角線ACの長さを求めよ。

(2)　下図の線分CDを1辺とする正五角形ABCDEの頂点Aの位置を作図によって求めたい。

下図の線分CDの垂直二等分線を作図したうえで，(1)を参考にして，下図の線分CDを1辺とする正五角形ABCDEの頂点Aの位置を作図により求めよ。ただし，線分CDより下の正五角形の頂点Aについての作図は不要とする。

〈兵庫県〉

7　★☆☆

次の各問いに答えよ。

(1)　中学校第1学年で学習する基本的な作図について，図をかくという操作の意義を記せ。

(2)　図のように，直径がAB，CBの半円が重なっている。このとき，斜線部と面積が等しくなるADを直径とする半円を1つ作図せよ。(ただし作図のために使った補助線は，残しておくこと)

(3)　図の斜線部の面積と，(2)で作図したADを直径とする半円の面積が，等しくなることを，中学校3年生に分かるよう説明せよ。

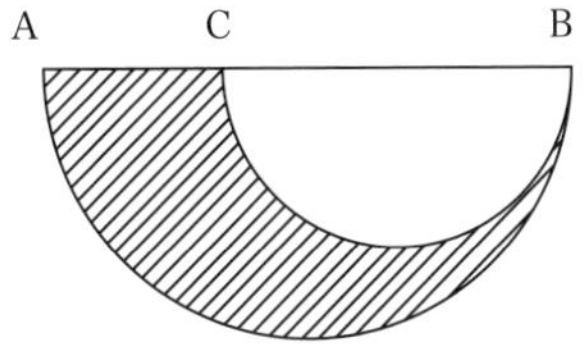

〈岡山県〉

8　★★☆

正方形ABCDの面積が3倍になる正方形AB′C′D′をコンパスと定規を使って作図せよ。

ただし，B′は辺ABの延長上に，また，D′は辺ADの延長上にとることとする。

なお，作図に使ったコンパスの跡は残しておくこと。

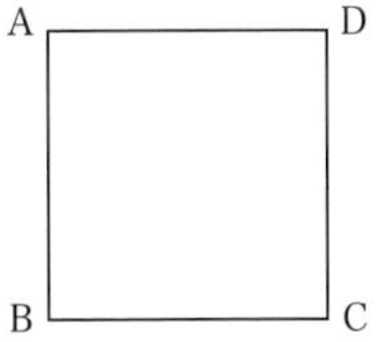

〈北海道・札幌市〉

9　★★☆

右の (図1) は，∠B＝90°，AB＝BCの直角二等辺三角形である。

このとき，次の各問いに答えよ。

(1)　(図1) において，∠Aを三等分する直線を，定規とコンパスを用いて作図せよ。

　ただし，作図に用いた線は消さないでおくこと。

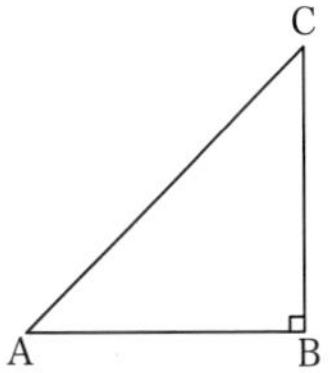

(図1)

⑵　△ABCにおいて，∠Aを三等分する直線を引き，頂点Cに近いほうからl, l'とする。

　△ABCと合同な△A′B′C′を，頂点C′が直線l'上にくるようにとったものが（図2）である。

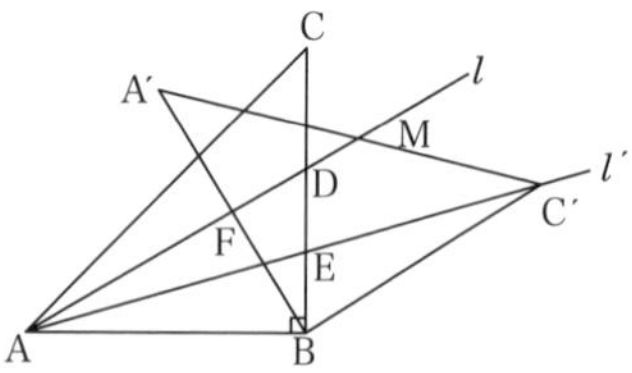

（図2）

　辺BCと直線l, l'との交点をそれぞれD, Eとし，辺A′B′と直線lとの交点をFとする。
辺A′C′と直線lとの交点をMとするとき，A′M＝MC′となることを証明せよ。
ただし，頂点C′は頂点Aと異なる点で，頂点A′は直線ABに対して，頂点Cと同じ側にあるものとする。

〈埼玉県・さいたま市〉

10 ★★☆

次の各問いに答えよ。

⑴　半径が$a$cm, $b$cmの2つの円がある。この2つの円の面積の和と等しい面積の円（1つ）を作図せよ。（なお，作図に用いた線は消さずに残しておくこと）

　また，その作図の方法が正しいとする理由を中学生に説明するつもりで書け。

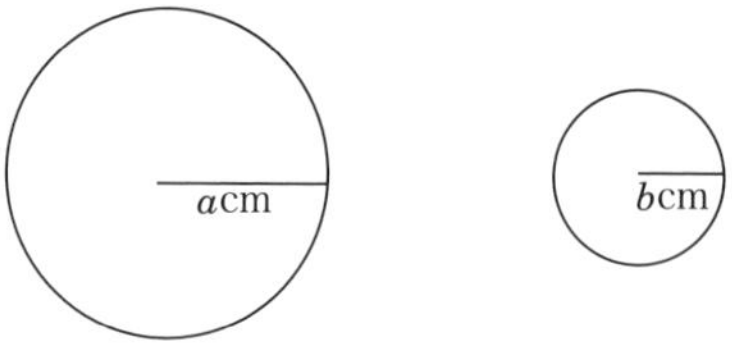

⑵　たて$a$cm, 横$b$cmの長方形（$a<b$）がある。この長方形の面積と等しい面積の正方形を作図せよ。（なお，作図に用いた線は消さずに残しておくこと）

　また，その作図の方法が正しいとする理由を中学生に説明するつもりで書け。

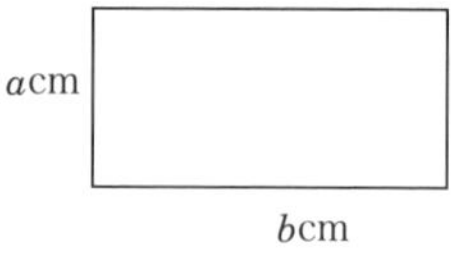

〈鳥取県〉

11 ★☆☆

右の図のように，中心角∠AOB＝90°の扇形OABの$\overset{\frown}{\mathrm{AB}}$上に点Pをとり，点Pから半径OAに垂線をひき，その交点をHとする。

次に，線分OP上に，OQ＝OHとなるような点Qをとる。

点Pが$\overset{\frown}{\mathrm{AB}}$上を点AからBまで動くとき，点Qが描く線を定規とコンパスを用いて作図せよ。

ただし，作図に用いた線は消さないでおくこと。

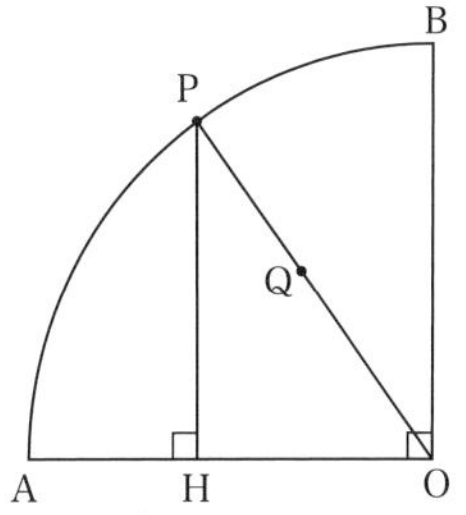

〈埼玉県・さいたま市〉

12 ★★☆

右の図のようなL字型の図形の面積を二等分する直線lを，3通り作図せよ。ただし，作図に用いた線は消さずに残しておくこと。

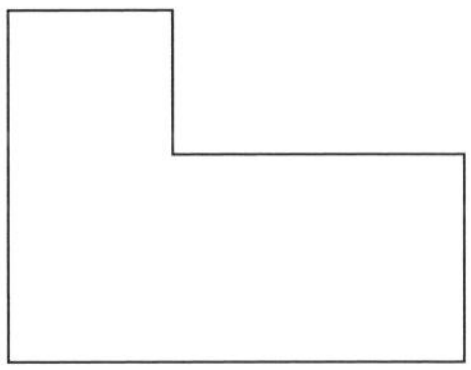

〈愛媛県〉

13 ★★☆

コンパスと直定規のみを用いて次の作図をせよ。(作図の跡は必ず残すこと。ただし，証明は不要。)

(1)　2直線l, mがある。いま，l上に2定点A, Bがあるとき，PA＋PBが最小となるような点Pを直線m上に作図せよ。

(2) 次の三角形の面積を二等分するように，点Pを一端とする線分PQを作図せよ。

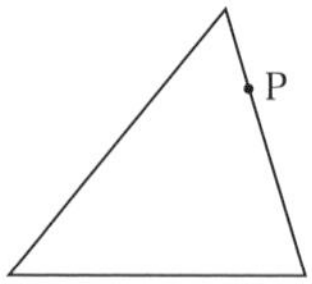

〈三重県〉

14 ★☆☆

右の図のように，正三角形ABCの内側に点Pをとり，BP，CPをそれぞれ1辺とする正三角形PBD，PCEを△PBCの外側につくる。

四角形ADPEはどんな四角形になるか書け。また，それを証明せよ。

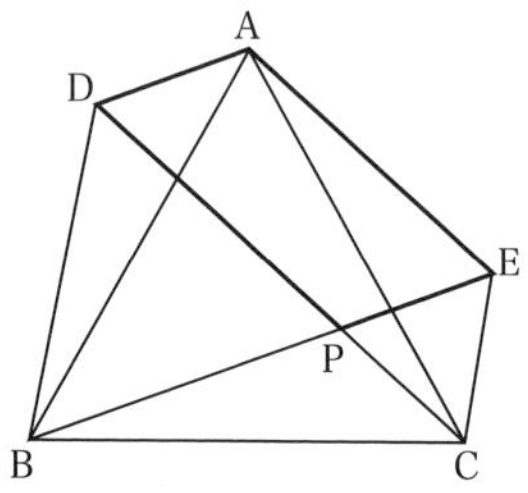

〈青森県〉

15 ★☆☆

AB＝ACである二等辺三角形ABCにおいて底辺BC上に点Dをとり，直線ADと△ABCの外接円の交点のうち，点Aと異なるものをPとする。このとき，

$AB^2=AD\cdot AP$

が成り立つことを証明せよ。

〈青森県〉

16 ★☆☆

正三角形ABCの辺AC上に点Dをとり，辺BCの延長線上にAD＝CEとなるように点Eをとる。このとき，BD＝DEとなることを証明せよ。

〈広島県・広島市〉

17 ★★☆

△ABCにおいて，次の各問いに答えよ。

(1) 2辺AB，ACの長さと∠B，∠Cの大きさの大小について，次の関係が成り立つ。次の □ に適する式を記入せよ。

AC＞AB ⟺ □

(2)　(1)の性質を利用して，AB＋AC＞BCであることを証明せよ。

(3)　$\sin A:\sin B:\sin C=5:3:1$となることはあるか。理由を述べて答えよ。

〈大分県〉

18 ★☆☆

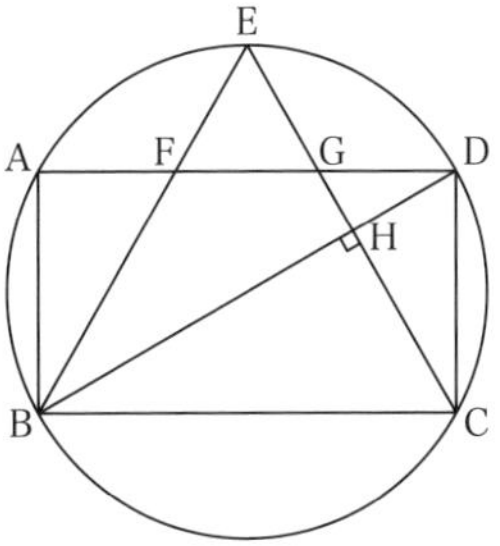

図のように，円に内接する長方形ABCDがあり，点Eは弧ADの中点である。また，点F，Gはそれぞれ辺ADと線分EB，ECとの交点である。線分ECと対角線BDが垂直に交わっているとき，次の各問いに答えよ。

(1)　△BCH≡△BEHであることを証明せよ。

(2)　AB：BCを求めよ。

(3)　AF＝FG＝GDであることを証明せよ。

〈大分県〉

19 ★★☆

次の定理を，2通りの方法で証明せよ。

> 中線定理（パップスの定理）
> 　△ABCの辺BCの中点をMとすると，
> 　　$AB^2+AC^2=2(AM^2+BM^2)$

〈岡山県〉

演習問題　解答・解説

1

(1) 仮定より,

$\angle \mathrm{ADE}=\angle \mathrm{CDF}$ …①

接弦定理より,

$\angle \mathrm{DAE}=\angle \mathrm{DCF}$ …②

①, ②より, 2角相等だから,

$\triangle \mathrm{ADE} \backsim \triangle \mathrm{CDF}$

（証明終わり）

(2) ① $\mathrm{BD}=4$　　② $\mathrm{AE}=2$

③ $\mathrm{AG}:\mathrm{GD}=5:6$

解説

(2) ① $\mathrm{BD}=x$とすると, 方べきの定理より,

$\mathrm{DA}^2=\mathrm{DB}\cdot\mathrm{DC}$だから,

$6^2=x(x+5)$

$x^2+5x-36=0$

$(x-4)(x+9)=0$

$x>0$より　$x=4$

② DEは∠ADBの二等分線だから,

$\mathrm{DA}:\mathrm{DB}=\mathrm{AE}:\mathrm{BE}$

よって,

$$\mathrm{AE}=\frac{\mathrm{DA}}{\mathrm{DB}}\times\mathrm{BE}=\frac{6}{4}\times\frac{4}{3}=2$$

③

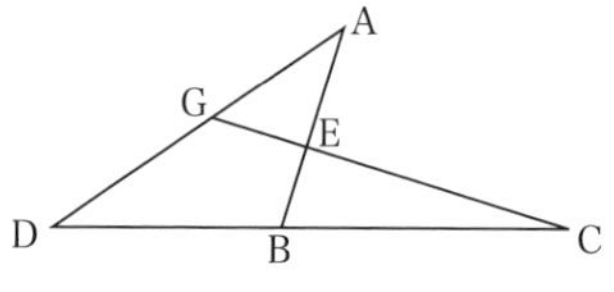

△ADBと直線CGでメネラウスの定理より

$$\frac{\mathrm{AG}}{\mathrm{GD}}\cdot\frac{\mathrm{DC}}{\mathrm{CB}}\cdot\frac{\mathrm{BE}}{\mathrm{EA}}=1$$

よって,

$$\frac{\mathrm{AG}}{\mathrm{GD}}\cdot\frac{9}{5}\cdot\frac{4}{6}=1$$

$\therefore$ $\mathrm{AG}:\mathrm{GD}=5:6$

2

(1) PA//DCより $\angle \mathrm{APB}=\angle \mathrm{BCD}$ …①

円周角は等しいから

$\angle \mathrm{BCD}=\angle \mathrm{BED}$ …②

①, ②より　$\angle \mathrm{APB}=\angle \mathrm{BED}$

よって, 接弦定理「円の接線とその接点を通る弦のつくる角は, その角の内部にある弧に対する円周角に等しい。」の逆も成り立つから, 直線PAは△BPEの外接円に接する。

（証明終わり）

(2) △BPEの外接円に方べきの定理を用いると,

$\mathrm{MP}^2=\mathrm{MB}\cdot\mathrm{ME}$ …①

また, 円Oに方べきの定理を用いると,

$\mathrm{MA}^2=\mathrm{MB}\cdot\mathrm{ME}$ …②

①, ②より　$\mathrm{MP}=\mathrm{MA}$

すなわち, 点Mは線分PAの中点である。

（証明終わり）

3

(1) ア. 4　　イ. 2

(2) ウ. 3　　エ. 1

(3) オ. 6　　(4) カ. 4

解説

(1) △ABCにおいて,

$\mathrm{AB}:\mathrm{AC}=\mathrm{BD}:\mathrm{DC}$

だから,

$$\mathrm{BD}=\frac{2}{3}\times6=4$$

$$\mathrm{DC}=\frac{1}{3}\times6=2$$

(2) $\angle \mathrm{BAE}=\angle \mathrm{CAE}=\angle \mathrm{DBE}$に注意すると,

$\triangle \mathrm{ABE} \backsim \triangle \mathrm{BDE}$より,

$$\frac{\mathrm{AB}}{\mathrm{BD}}=\frac{\mathrm{BE}}{\mathrm{DE}}=\frac{\mathrm{EA}}{\mathrm{EB}}$$

$$\therefore\ \frac{8}{4}=\frac{\mathrm{BE}}{\mathrm{DE}}=\frac{\mathrm{EA}}{\mathrm{EB}}$$

よって,

BE＝2DE, EA＝2EB

だから,

EA＝4DE

$\therefore$　AD : DE＝3 : 1

(3)　BF : FC＝AB : AC＝8 : 4

だから,

BF＝2FC

よって,

CF＝BC＝6

(4)　∠DAF＝90°だから，外接円はDFを直径とする円である。

DF＝DC＋CF＝8

よって，半径は4

4

(1)　$\dfrac{\sqrt{2}}{2}\boldsymbol{a}$

(2)　△EBC≡△FDCより，四角形AECFの面積は，四角形ABCDの面積に等しく$\boldsymbol{a}^2$

△AEFの面積は，

$$\frac{1}{2}(\boldsymbol{a}-\boldsymbol{b})(\boldsymbol{a}+\boldsymbol{b})=\frac{1}{2}(\boldsymbol{a}^2-\boldsymbol{b}^2)$$

△ECFは，∠ECF＝90°，

EC＝CF＝$\boldsymbol{c}$だから，その面積は，$\dfrac{1}{2}\boldsymbol{c}^2$

よって,

$$\boldsymbol{a}^2=\frac{1}{2}(\boldsymbol{a}^2-\boldsymbol{b}^2)+\frac{1}{2}\boldsymbol{c}^2$$

$$\therefore\quad \boldsymbol{a}^2+\boldsymbol{b}^2=\boldsymbol{c}^2$$

（証明終わり）

解説

(1)　PはBDの中点から対角線上をDまで動く。

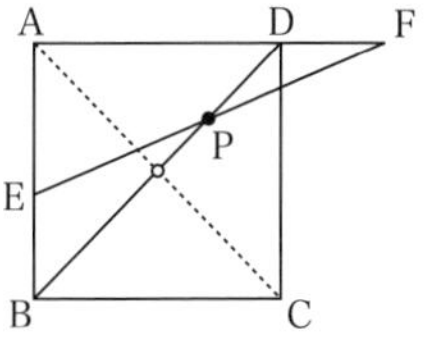

△AEFと直線BDについて

$$\frac{\mathrm{EP}}{\mathrm{PF}}\cdot\frac{\mathrm{FD}}{\mathrm{DA}}\cdot\frac{\mathrm{AB}}{\mathrm{BE}}=1$$

よって，メネラウスの定理の逆により，B，P，Dは一直線上にある。

5

AB＝1，AE＝$\boldsymbol{x}$とすると，

△AEF∽△CDFで，相似比 $\boldsymbol{x}:1$だから，

$$\mathrm{AF}=\frac{\boldsymbol{x}}{\boldsymbol{x}+1}\mathrm{AC}$$

$$\mathrm{FO}=\frac{1}{2}\mathrm{AC}-\mathrm{AF}=\frac{1-\boldsymbol{x}}{2(\boldsymbol{x}+1)}\mathrm{AC}$$

AHとBOの交点をIとすると，△ABOにおいて，チェバの定理より，

$$\frac{\mathrm{AE}}{\mathrm{EB}}\times\frac{\mathrm{BI}}{\mathrm{IO}}\times\frac{\mathrm{OF}}{\mathrm{FA}}=1$$

$$\frac{\boldsymbol{x}}{1-\boldsymbol{x}}\times\frac{\mathrm{BI}}{\mathrm{IO}}\times\frac{1-\boldsymbol{x}}{2\boldsymbol{x}}=1$$

$$\therefore\quad \frac{\mathrm{BI}}{\mathrm{IO}}=2$$

よって,

BI : ID＝2 : (1＋3)＝1 : 2

△BHI∽△DAIで，相似比1 : 2だから，点HはBCの中点である。よって，直線OHは題意を満たす。

（証明終わり）

6

(1)　①　∠BFC＝72°　②　AC＝$\dfrac{1+\sqrt{5}}{2}$

(2)

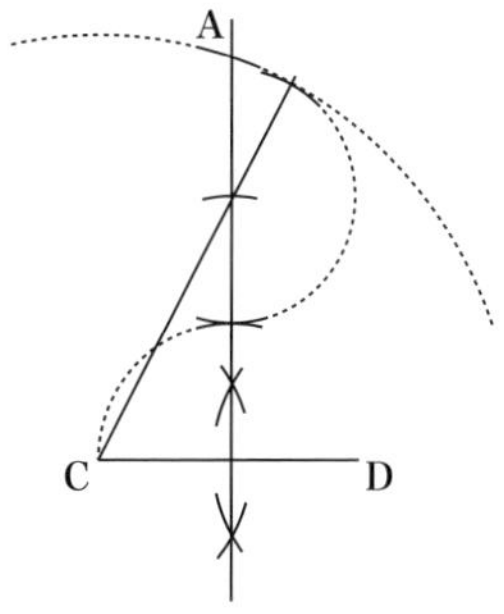

解説

(1) ①

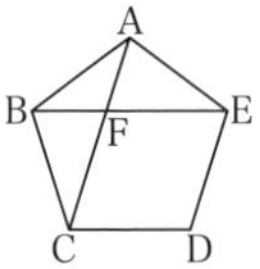

AB＝BCだから△ABCは二等辺三角形である。よって，

∠BCA＝∠BAC

∠ABC＝108°だから

∠BCA＝∠BAC

$=(180°-108°)\div 2=36°$

同様に△ABEにおいても

∠ABE＝∠AEB＝36°

したがって，∠BFC＝∠BAC＋∠ABE

$=36°\times 2=72°$

② ∠BFC＝∠FBCより△CBFは二等辺三角形である。

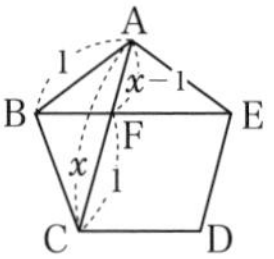

AC＝xとおくとAF＝$x-1$

△ABC∽△AFBであるから

AB：AF＝AC：AB

$1:(x-1)=x:1$

$x(x-1)=1$

$x^2-x-1=0$

$x>0$より，

$$x=\frac{1+\sqrt{5}}{2}$$

よって，　$\mathrm{AC}=\dfrac{1+\sqrt{5}}{2}$

(2)

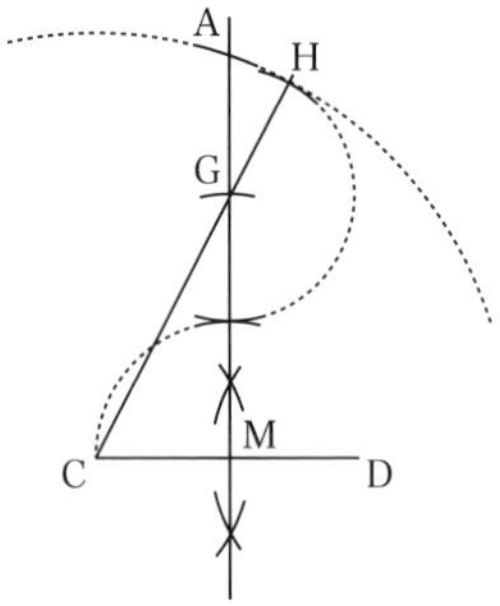

① CDの垂直二等分線を引く。

② CDの中点をMとする。CDの垂直二等分線上にMG＝CDを満たす点Gをとる。

③ CGの延長線上に，GH＝$\dfrac{1}{2}$CDを満たす点Hをとる。

④ 点Cを中心とする半径CHの円と，CDの垂直二等分線との交点をとると，これが点Aである。

7

(1) 図形の性質の根底にある本質的なものを見抜く直観力を養い，その性質を論理的に考察し表現する能力を培う。

(2)

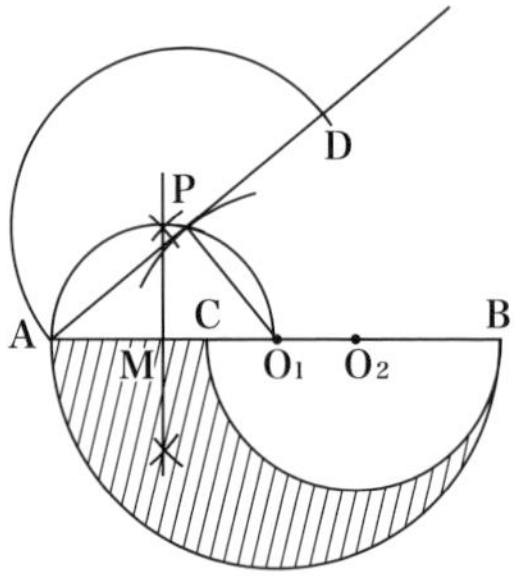

(3) AB＝$2\boldsymbol{R}$，CB＝$2\boldsymbol{r}$とすると斜線部の面積は

$$\frac{1}{2}\pi \boldsymbol{R}^2-\frac{1}{2}\pi \boldsymbol{r}^2=\frac{1}{2}\pi(\boldsymbol{R}^2-\boldsymbol{r}^2)$$

となるので，半径$\sqrt{\boldsymbol{R}^2-\boldsymbol{r}^2}$の半円を作図すればよい。

ABを直径とする円の中心を$\mathrm{O_1}$とし，$\mathrm{AO_1}$の中点Mを中心とし，$\mathrm{AO_1}$を直径とする半円を作図する。次に，いま，作図した円周上に$O_1P=r$となる点Pを求める。半円の弧に対する円周角は直角であるから，$\triangle PAO_1$は直角三角形となる。$AO_1=R$，$PO_1=r$だから，三平方の定理より，$AP=\sqrt{R^2-r^2}$となるので，APを半径とする半円，すなわちADを直径とする半円の面積と斜線部の面積は等しくなる。

8

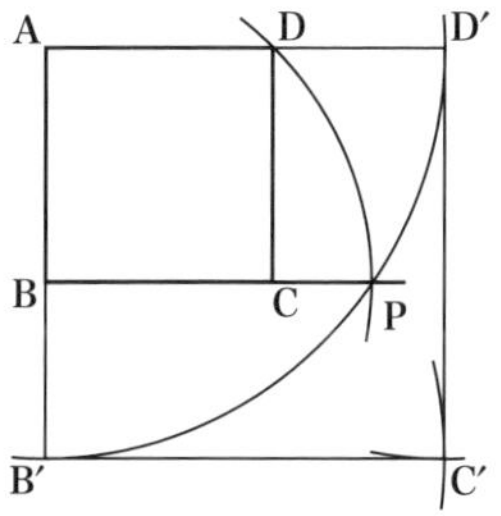

解説

$BP=BD=\sqrt{2}AB$

$AB'=AP=\sqrt{1^2+(\sqrt{2})^2}AB=\sqrt{3}AB$

よって，

(AB′C′D′の面積)＝3(ABCDの面積)

9

(1)

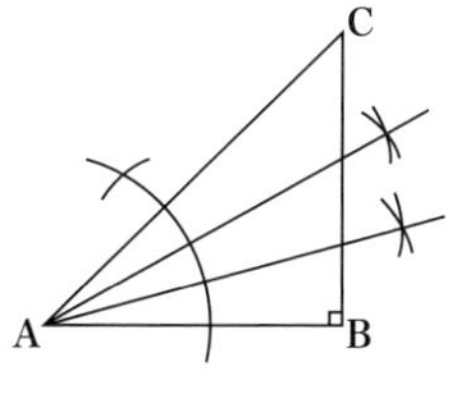

(2)　$\angle DAE=15^\circ$　…①

$\triangle BAC'$は二等辺三角形だから

$\angle BC'E=15^\circ$　…②

①，②より，$\angle DAE=\angle BC'E$だから

$BC' /\!/ l$　…③

③より，$\angle A'FM=\angle A'BC'=90^\circ$ …④

$\triangle FAB$は直角三角形で，$\angle FAB=30^\circ$より

$AB:BF=2:1$　…⑤

$AB=A'B$，⑤より，$A'B:BF=2:1$

したがって，$A'F:FB=1:1$　…⑥

③，⑥から中点連結定理により，

$A'M:MC'=1:1$

よって，$A'M=MC'$

（証明終わり）

解説

(1)

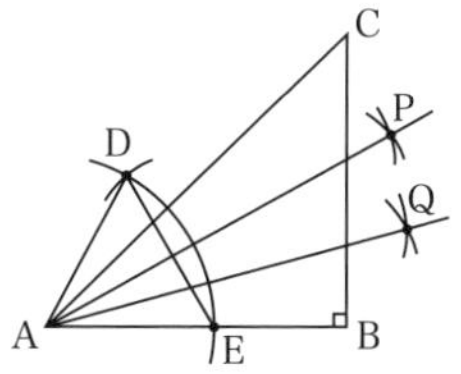

①　正三角形ADEをかく。

②　$\angle DAE$の二等分線(＝AP)をかくと，$\angle PAB=30^\circ$となる。

③　$\angle PAB$の二等分線(＝AQ)をかくと，$\angle PAQ=\angle BAQ=15^\circ$

(別解)

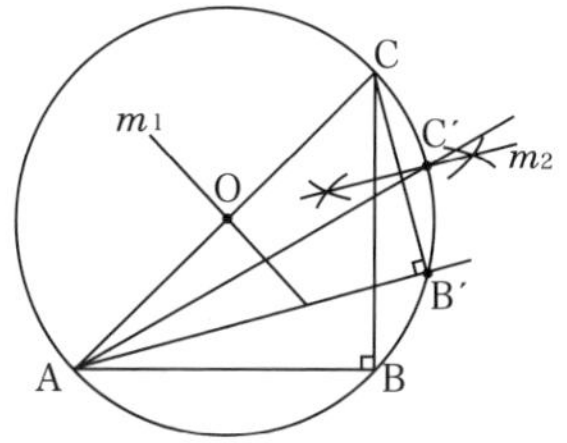

①　ACの垂直二等分線m_1を引く。$\triangle ABC$はACを斜辺とする直角三角形なので，m_1とACの交点Oは$\triangle ABC$の外心である。

②　$\triangle ABC$の外接円をかく。

③　$B'C=CO$(外接円の半径)となる点B′を円O上にとる。

$\triangle AB'C$において，$\angle AB'C=90^\circ$，

$AC:B'C=2:1$なので

$\angle B'AC=30^\circ$，$\angle B'AB=15^\circ$，である。

④　B′Cの垂直二等分線m_2を引く。m_2と円Oの交点をC′とすると，

$\overset{\frown}{CC'}=\overset{\frown}{B'C'}$である。同一円周上で等しい長さの弧に対する円周角は等しいので，

$$\angle CAC' = \angle B'AC' = \frac{1}{2}\angle CAB' = 15^\circ$$

10

(1)

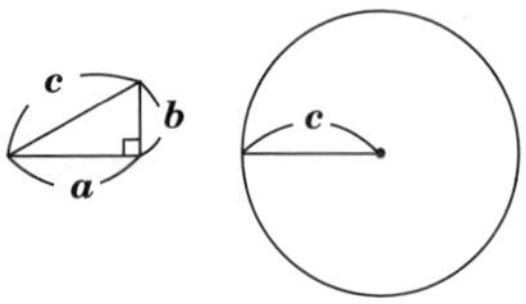

それぞれの円の面積は

$a^2\pi$，$b^2\pi$ (cm^2)だから，その和は

$(a^2+b^2)\pi$

求める円の半径をcとすると，

$(a^2+b^2)\pi = c^2\pi$

$\therefore\quad a^2+b^2=c^2$

三平方の定理の逆より，直角をはさむ長さaとbの三角形の斜辺の長さがcである。

cを半径とする円を作図すればよい。

(2)

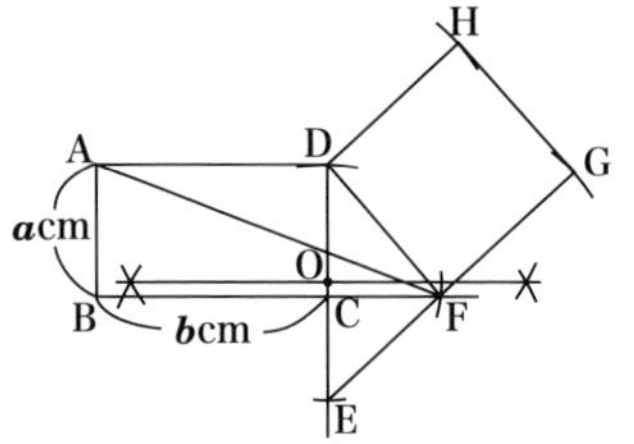

- AD＝DEとなる点Eを半直線DC上にとる。
- 線分DEの垂直二等分線を作図し，DEの中点Oを求める。
- Oを中心とし，半径OD(＝OE)の円と，半直線BCとの交点をFとする。
- DF＝FGとなる点Gを半直線EF上にとり，DF，FGを隣り合う2辺とする正方形をかけばよい。

AD＝DE，DF＝DH，∠ADF＝∠EDHより，

△ADF≡△EDH

∴　△ACD＝△ADF＝△EDH＝△FDH

∴　長方形ABCD＝正方形DFGH

となり，たて$a$cm，横$b$cmの長方形と面積の等しい正方形ができる。

解説

(2)　要点check!で解説したようにaとbの相乗平均を作図してもよいが，ここでは別の方法を示した。

11

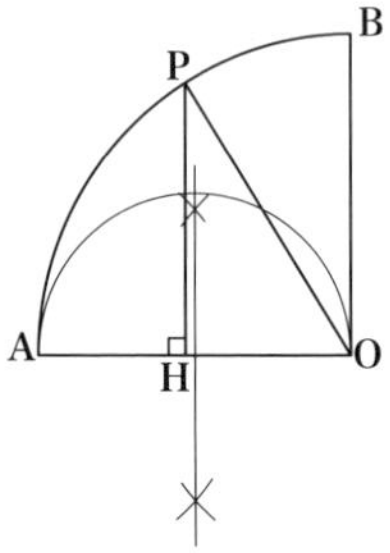

解説

Qの軌跡はAOを直径とする半円である。つまり，∠AQO＝90°が示せる。図から点Qを決定するのに必要な部分だけを抜き出すとわかりやすい。

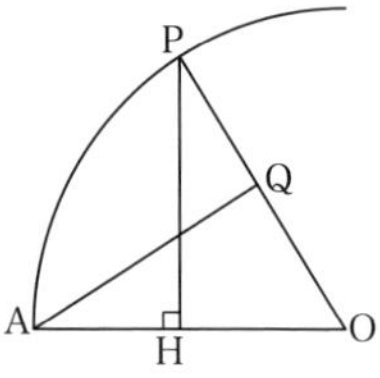

△OAQと△OPHは，OA＝OP，OQ＝OHで，∠AOPが共通なので，二辺夾角相等により合同。

よって，∠AQO＝∠PHO＝90°

12

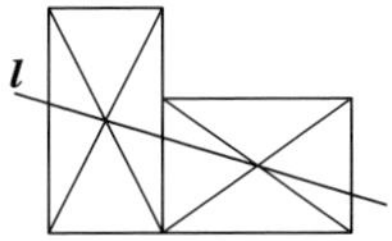

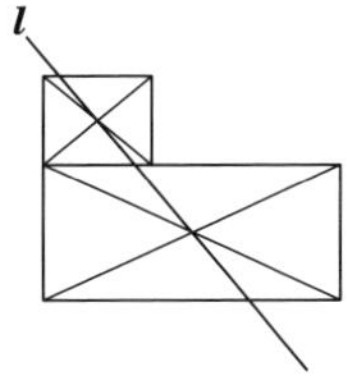

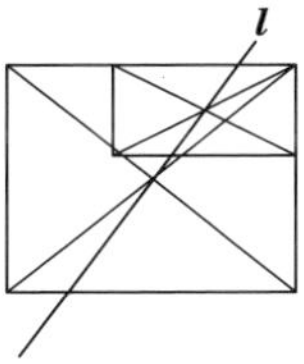

13

作図のしかたを破線や記号で示す。

(1)

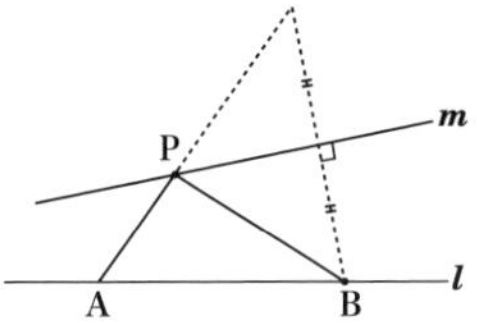

(2)

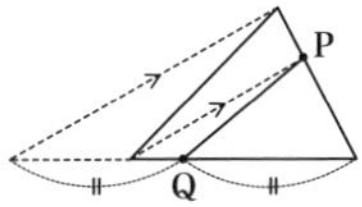

または，

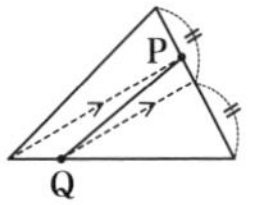

14

△AECと△BPCで，

EC＝PC(△PCEは正三角形)

AC＝BC(△ABCは正三角形)

∠ACE＝∠BCP(＝60°－∠ACP)

よって，2組の辺とその間の角がそれぞれ等しいから

△AEC≡△BPC

よって，AE＝BP

また，BP＝DPより，

AE＝DP　…①

同様に，△BPCと△BDAで，

BP＝BD(△PBDは正三角形)

BC＝BA(△ABCは正三角形)

∠PBC＝∠DBA(＝60°－∠ABP)

よって，2組の辺とその間の角がそれぞれ等しいから，

△BPC≡△BDA

よって，PC＝DA

また，PC＝PEより

DA＝PE　…②

①，②より，四角形ADPEは2組の向かい合う辺の長さがそれぞれ等しいので，平行四辺形である。

(証明終わり)

15

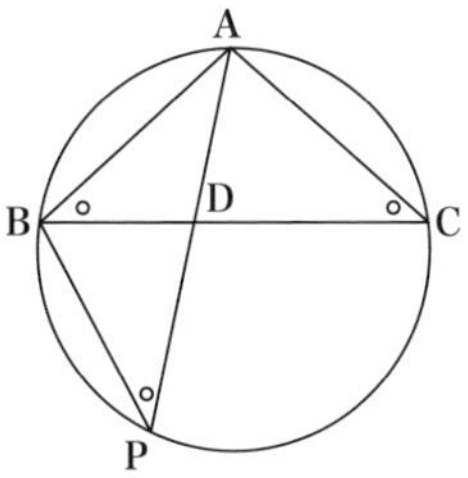

△ABPと△ADBにおいて，

∠BAP＝∠DAB(共通)

∠APB＝∠ACB＝∠ABD(∵AB＝AC)

よって，△ABP∽△ADBだから，

AB : AP＝AD : AB

これにより，

AB^2＝AD・AP

(証明終わり)

16

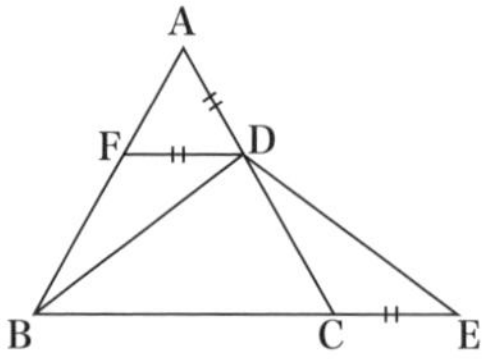

辺AB上に$BC /\!/ DF$となる点Fをとる。

$\triangle FBD$と$\triangle CDE$において

$FB = CD,\ FD = CE$

$\angle DFB = \angle ECD = 120^\circ$

だから,

$\triangle FBD \equiv \triangle CDE$

よって,

$BD = DE$

(証明終わり)

17

(1) $\angle B > \angle C$

(2) 直線AC上の,点Aに関して点Cと反対側に点Eをとり,$AE = AB$となるようにする。

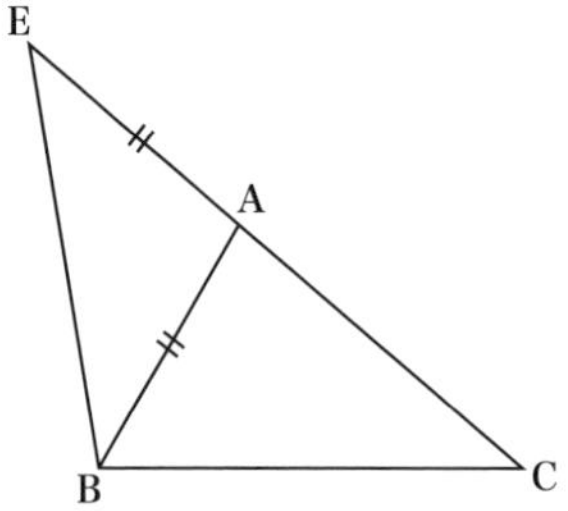

$\triangle ABE$は二等辺三角形なので,

$\angle EBA = \angle BEA$

となり,よって

$\angle EBC = \angle EBA + \angle ABC$

$= \angle BEA + \angle ABC > \angle BEA$

となる。

すると,(1)の結果から,$\triangle EBC$において$EC > BC$が成り立つ。いま

$EC = EA + AC = BA + AC$

なので,

$BA + AC > BC$

(証明終わり)

(3) ありえない。

(理由)正弦定理により,

$\sin A : \sin B : \sin C$

$= BC : CA : AB$

が成り立つ。よっていまの場合

$BC : CA : AB = 5 : 3 : 1$

となるが,これは(2)の不等式に反する。

解説

(1) ($AC > AB \Longleftrightarrow \angle B > \angle C$の証明)

(⇒について) $\angle B$が90°以上なら明らか(そのとき$\angle C$は鋭角)なので,$\angle B$が鋭角のときを考える。

点Aを中心とし点Bを通る円を描くと,その円は辺BCと交わる(もし交わらないなら点Cがその円の内部にあることになり,$AC > AB$に反する)。その交点をDとおく。

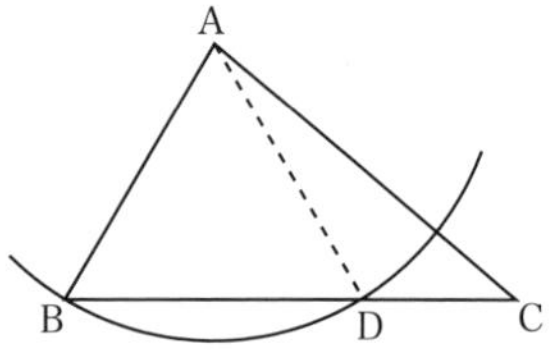

$\triangle ABD$は二等辺三角形なので,

$\angle ABD = \angle ADB$ …①

である。また$\triangle ADC$において$\angle D$の外角を考えると,

$\angle ADB = \angle ACD + \angle CAD$

$> \angle ACD$ …②

が成り立つ。①と②により

$\angle ABD > \angle ACD$

を得る。 (⇒の証明終わり)

(⇐について) $AC = AB$であるとすると,$\triangle ABC$は二等辺三角形で,ゆえに$\angle B = \angle C$となるので矛盾する。よって$AC \neq AB$である。

次に$AC < AB$であるとすると,(⇒)の証明により$\angle B < \angle C$となるので矛盾する。よって,$AC > AB$になることがわかる。

(⇐の証明終わり)

18

(1)　まず

$\angle BHC = \angle BHE$(直角)

$BH = BH$(共通)

である。また，直角三角形DCBにおいて

$\angle DBC = 90^\circ - \angle BDC$

であり，また直角三角形DHCにおいて

$\angle DCH = 90^\circ - \angle CDH$

であるから$\angle DBC = \angle DCH$が成り立つ。

さらに，

$\angle DBE = \angle DCE$ (円周角の定理)

により，$\angle CBH = \angle EBH$を得る。

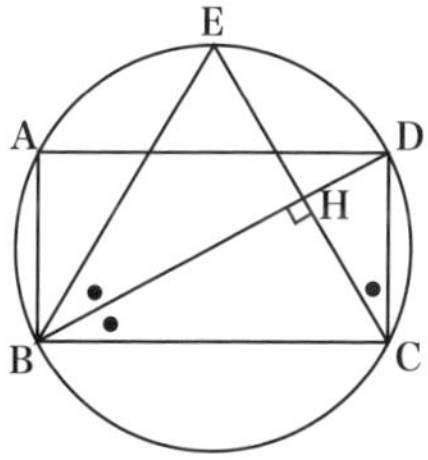

よって題意が成り立つ。

(証明終わり)

(2)　$AB : BC = 1 : \sqrt{3}$

(3)　$\angle ABF = 30^\circ$より，$\triangle BAF$は「30°，60°，90°の直角三角形」なので，

$$AF = \frac{1}{\sqrt{3}}AB = \frac{1}{\sqrt{3}} \cdot \frac{1}{\sqrt{3}}AD = \frac{1}{3}AD$$

となる。

また$\triangle CDG$も「30°，60°，90°の直角三角形」なので，

$$GD = \frac{1}{\sqrt{3}}DC = \frac{1}{\sqrt{3}} \cdot \frac{1}{\sqrt{3}}AD = \frac{1}{3}AD$$

となる。

ゆえに，

$$FG = AD - AF - GD = \frac{1}{3}AD$$

もいえるので，$AF = FG = GD$

(証明終わり)

解説

(2)　仮定により$\overset{\frown}{AE}$と$\overset{\frown}{DE}$は等しいので，

円周角の定理から，$\angle ABE = \angle DBE$がわかる。よって，$\angle ABC$はBEとBDにより三等分されるので，$\angle ABD = 60^\circ$となる。

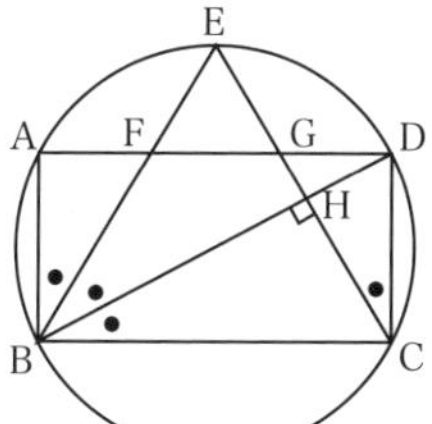

(●はすべて30°)

すると$\triangle BAD$は「30°，60°，90°の直角三角形」であり，よって

$AB : BC = AB : AD = 1 : \sqrt{3}$

19

(証明1)

Mを原点，BCをx軸にとり，$A(\boldsymbol{b},\ \boldsymbol{c})$，$B(-\boldsymbol{a},\ 0)$，$C(\boldsymbol{a},\ 0)$とすれば，

$$\begin{aligned} AB^2 + AC^2 &= (\boldsymbol{b}+\boldsymbol{a})^2 + \boldsymbol{c}^2 + (\boldsymbol{b}-\boldsymbol{a})^2 + \boldsymbol{c}^2 \\ &= 2(\boldsymbol{a}^2 + \boldsymbol{b}^2 + \boldsymbol{c}^2) \\ &= 2(AM^2 + BM^2) \end{aligned}$$

(証明終わり)

(証明2)

$\angle AMB = \theta$とすると$\angle AMC = \pi - \theta$

だから，$\triangle AMB$において，余弦定理より，

$AB^2 = AM^2 + BM^2 - 2AM \cdot BM\cos\theta$ …①

$\triangle AMC$において，余弦定理より，

$AC^2 = AM^2 + CM^2 - 2AM \cdot CM\cos(\pi - \theta)$

$\quad = AM^2 + BM^2 + 2AM \cdot BM\cos\theta$　…②

①＋②より，

$AB^2 + AC^2 = 2(AM^2 + BM^2)$

(証明終わり)

8 図形と計量

傾向と対策

平面図形や空間図形の角度，長さ，面積，体積を求める問題は多い。なかでも求積問題では，本章で扱う三角比や三平方の定理が有力である。問題文に指定がなければ，三角比を使わなくてもよいが，例えば，補助線を引いて平面幾何で解くには試行錯誤が必要になるし，座標を導入すれば方程式を解く必要がある。図形が直線，円，平面，球以外の図形の求積問題では一般に積分が必要になる。この分野から出題される問題の主なキーワードとしては，次のものが挙げられる。

- 三角比，正弦定理，余弦定理，三角形の面積公式
- 相似比，面積比，体積比，正射影
- 展開図，断面図，正多面体

要点Check!

1 三角比

和が90°の２角の関係を余角，和が180°の２角の関係を補角という。

$\sin(90^\circ-\theta)=\cos\theta$	$\cos(90^\circ-\theta)=\sin\theta$	$\tan(90^\circ-\theta)=\dfrac{1}{\tan\theta}$
$\sin(90^\circ+\theta)=\cos\theta$	$\cos(90^\circ+\theta)=-\sin\theta$	$\tan(90^\circ+\theta)=-\dfrac{1}{\tan\theta}$
$\sin(180^\circ-\theta)=\sin\theta$	$\cos(180^\circ-\theta)=-\cos\theta$	$\tan(180^\circ-\theta)=-\tan\theta$
$\sin(180^\circ+\theta)=-\sin\theta$	$\cos(180^\circ+\theta)=-\cos\theta$	$\tan(180^\circ+\theta)=\tan\theta$

以下の規則性がある。

- $90^\circ\pm\theta$では関数が変わり，$180^\circ\pm\theta$では関数は変わらない。
- 符号はθを鋭角として，$90^\circ\pm\theta$または$180^\circ\pm\theta$のある象限によって決まる。
- 90°を「90°の奇数倍」，180°を「90°の偶数倍」としても，これらの公式は成り立つ。

これらは最初から丸覚えするものでもなく，必要になれば単位円を描いて考えればよい。例えば次図より

$$\sin(90^\circ+\theta)=x=\cos\theta$$

$$\cos(90^\circ+\theta)=-y=-\sin\theta$$

が得られる。

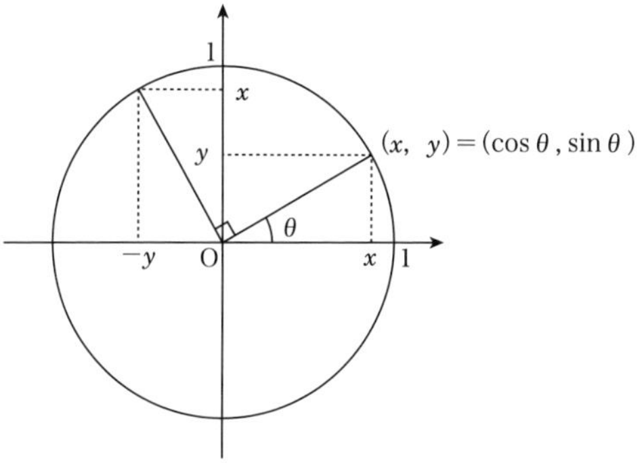

2　正弦定理と余弦定理

三角形の角と辺の関係を表す基本的な定理である。

正弦定理：辺の長さと対角の正弦の比は一定で，外接円の直径に等しい。

$$\frac{a}{\sin A}=\frac{b}{\sin B}=\frac{c}{\sin C}=2R$$

$\angle \mathrm{A}<90^\circ$のときの証明は，図のようにA′Bが外接円の直径となるようにA′をとると，円周角の定理により，

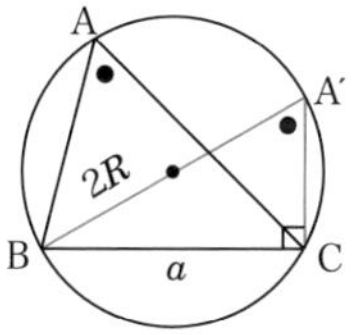

$\angle \mathrm{A}'=\angle \mathrm{A},\ \angle \mathrm{BCA}'=90^\circ$

となるので，

$2R\sin A=a$

余弦定理：三平方の定理の拡張の一種。

$$a^2=b^2+c^2-2bc\cos A \qquad \cos A=\frac{b^2+c^2-a^2}{2bc}$$

$$b^2=c^2+a^2-2ca\cos B \qquad \cos B=\frac{c^2+a^2-b^2}{2ca}$$

$$c^2=a^2+b^2-2ab\cos C \qquad \cos C=\frac{a^2+b^2-c^2}{2ab}$$

代表的な証明は，図の△BCHで三平方の定理を使って

$$\begin{aligned} a^2&=\mathrm{CH}^2+\mathrm{BH}^2\\ &=(b\sin A)^2+(c-b\cos A)^2\\ &=b^2+c^2-2bc\cos A \end{aligned}$$

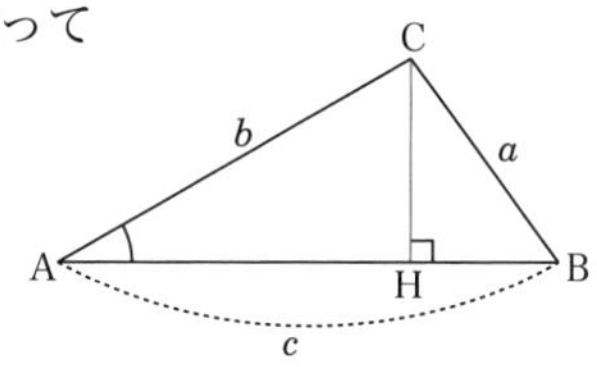

Hが辺ABの延長上にあるときも同様。

例題1	三角形の形状

△ABCにおいて，$b\cos C-c\cos B=0$ならば，どんな三角形になるか答えよ。

〈沖縄県〉

解答 AB＝ACの二等辺三角形

解説 与式がsinを含めば正弦定理で，cosを含めば余弦定理で，角の条件を長さの条件に書き直し，a，b，cだけの関係式を作る。

$$(\text{左辺})=b\cdot\frac{a^2+b^2-c^2}{2ab}-c\cdot\frac{c^2+a^2-b^2}{2ca}=\frac{b^2-c^2}{a}=\frac{(b-c)(b+c)}{a}$$

$$\therefore\quad b=c$$

よって，AB＝ACの二等辺三角形になる。

補足 答は「Aを頂角とする二等辺三角形」でもよい。なお，AからBCに下ろした垂線の足がBCの中点ならば，与式が成り立つことはわかるが，十分条件にすぎない。また，$b\cos C+c\cos B=a$（第一余弦定理）から，与式は$b\cos C=\dfrac{a}{2}$と同値だが，a，b，cだけの関係式を作って因数分解するのが確実である。

3 三角形の面積公式

いろいろな公式がある。三角形の面積をSとすると

$$S=\frac{1}{2}ah_{\mathrm{A}}=\frac{1}{2}bh_{\mathrm{B}}=\frac{1}{2}ch_{\mathrm{C}}\ (h_{\mathrm{A}}\text{はBCを底辺としたときの高さ，他も同様})$$

$$S=\frac{1}{2}bc\sin A=\frac{1}{2}ca\sin B=\frac{1}{2}ab\sin C\left(\text{特に正三角形では}S=\frac{\sqrt{3}}{4}a^2\right)$$

三角形の面積は半周長（semiperimeter）と関係がある。$s=\dfrac{a+b+c}{2}$とおくと

$S=sr$　（rは内接円の半径）

$S=\sqrt{s(s-a)(s-b)(s-c)}$　（ヘロンの公式）

4 間接的な計量

対象となる図形を直接的に計量するのが困難な場合，間接的に計量する。

- 補集合の考えを使う。
- 図形をいくつかに切ってそれぞれを計算し，和をとる。または，切ったものを計算しやすいように並べ替える。
- 相似な関係がみつけられれば，面積比は相似比の2乗，体積比は相似比の3乗として求まる。

・平面上で，長さLの線分の定直線lへの正射影の長さL'は

$L'=L\cos\theta$（θは線分とlのなす角，$0°\leqq\theta\leqq 90°$）

同じことが空間でも成り立つ。面積Sの図形の平面αへの正射影の面積S'は

$S'=S\cos\theta$（θは図形を含む平面とαのなす二面角，$0°\leqq\theta\leqq 90°$）

逆に，S'とθが計算できればSが求まる。

5　正多面体

正多面体は全部で5種類ある。f：面数，面の形状：正s角形，t：1頂点に集まる辺数（または面数），v：頂点数，e：辺数，とすると

	正四面体	正六面体（立方体）	正八面体	正十二面体	正二十面体
	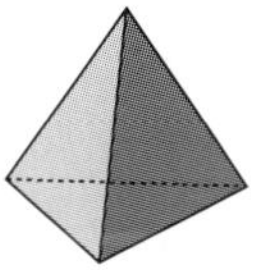	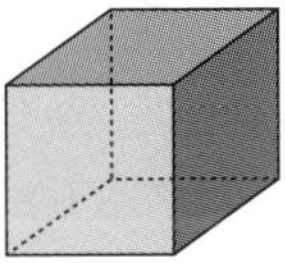	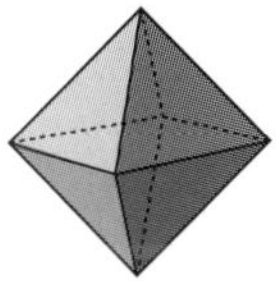	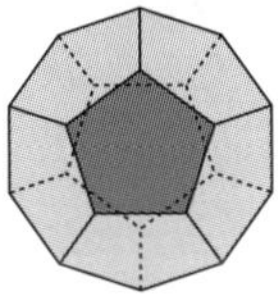	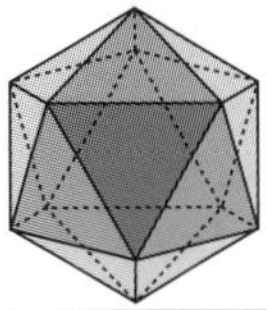
f	4	6	8	12	20
面（s）	正三角形	正方形	正三角形	正五角形	正三角形
t	3	3	4	3	5
v	4	8	6	20	12
e	6	12	12	30	30

f, s, tが重要で，v, eは$e=\dfrac{sf}{2}=\dfrac{tv}{2}$からわかる。

どの正多面体でも$v-e+f=2$が成り立っているが，これは穴のあいていない任意の多面体で成り立つことが知られている。

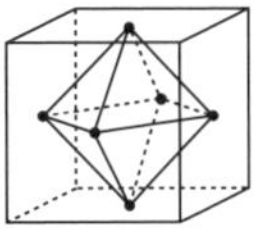

また，各面の重心をつなぐと，立方体と正八面体，正十二面体と正二十面体は，互いに他を生成する。正四面体は正四面体を生成する。

6　空間の把握

・平面の問題に帰着させる。見取図から，展開図や断面図を考える。

問題によっては，立体の底面を四方に押し広げて，立体を底面を含む平面に埋め込む。立方体と正八面体の例を図に示す。

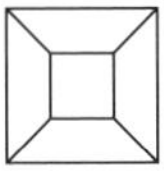

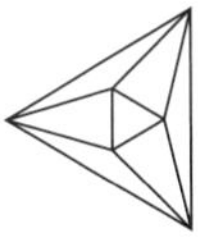

・立体を見る方向を変える。平面が直線に見える方向，直線が点に見える方向など。ねじれの位置関係にある（つまり同一平面内にない）2直線を両直線に垂直な方向からみれば直線上の長さや，2直線のなす角は実寸になる。正四面体の例を図に示す。

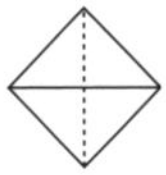

例題2　断面積

右図のように，1辺が6cmの立方体を3点A, B, Cを通る平面で切ったときの切り口の面積を求めよ。ただし，3点A, B, Cはそれぞれ辺の中点である。

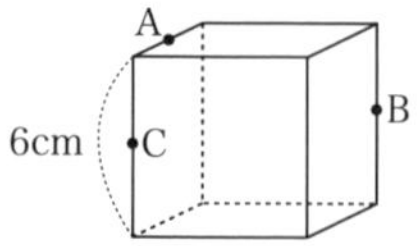

〈石川県〉

解答　$27\sqrt{3}$cm^2

解説　平行な2平面に1平面が交わっているとき，交線は平行である。まず，左右の側面を考えて，AC//BDよりDが決まる。次に，底面と底面に平行でB, Cを通る平面を考えて，BC//DEより，Eが決まる。Fは対称性から決まる。切り口はACを1辺とする正六角形なので，その面積をSとすると

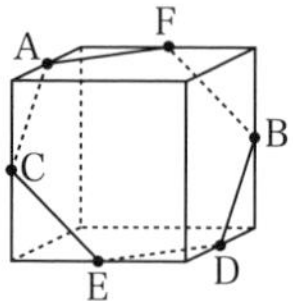

$$S=6\cdot\frac{\sqrt{3}}{4}\cdot AC^2=6\cdot\frac{\sqrt{3}}{4}\cdot(3\sqrt{2})^2=27\sqrt{3}\,(\mathrm{cm}^2)$$

例題3　展開図

図1と図2は同一の立方体の展開図である。図1の線と対応するように図2に線を書き入れよ。

図1

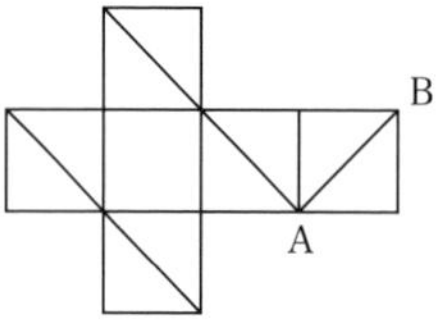

図2

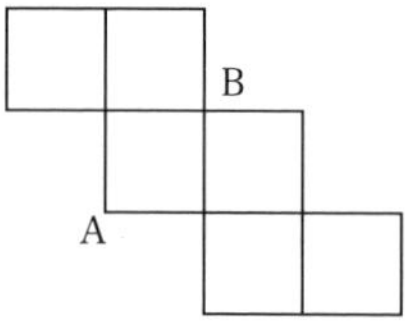

〈島根県〉

解答　図1　　図2

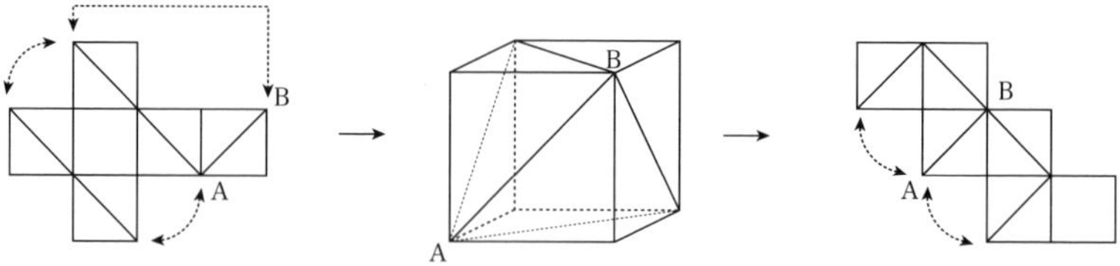

解説　図1を，対角線ABを手前の面にして組み立て，5本の対角線を書き込む。そして図2のように展開する。

例題4　正四面体と内接球

1辺の長さが1の正四面体OABCがあり，半径rの球が内接している。このとき，次の各問いに答えよ。

(1)　正四面体OABCの体積を求めよ。

(2)　球の半径rを求めよ。

〈徳島県，長崎県改題〉

解答　(1)　$\dfrac{\sqrt{2}}{12}$　　(2)　$\dfrac{\sqrt{6}}{12}$

解説　(1)　Oから△ABCに下ろした垂線の足をHとすると，Hは△ABCの重心である。よってBCの中点をMとおくと，

$$\mathrm{AH}=\frac{2}{3}\mathrm{AM}=\frac{2}{3}\cdot\frac{\sqrt{3}}{2}\mathrm{AB}=\frac{\sqrt{3}}{3}$$

$$\therefore\quad \mathrm{OH}=\sqrt{\mathrm{OA}^2-\mathrm{AH}^2}=\sqrt{1-\frac{1}{3}}=\sqrt{\frac{2}{3}}$$

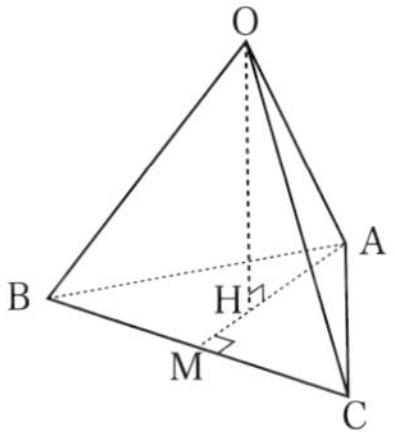

よって，求める体積をVとすると

$$V=\frac{1}{3}\cdot\triangle\mathrm{ABC}\cdot\mathrm{OH}=\frac{1}{3}\cdot\frac{\sqrt{3}}{4}\cdot1^2\cdot\sqrt{\frac{2}{3}}=\frac{\sqrt{2}}{12}$$

(2)　正四面体は，内接球の中心を頂点とし各面を底面とする4つの正三角すいに分けられる。よって

$$V=4\cdot\frac{1}{3}\cdot\triangle\mathrm{ABC}\cdot r\quad\therefore\quad \mathrm{OH}=4r$$

$$\therefore\quad r=\frac{\mathrm{OH}}{4}=\frac{\sqrt{6}}{12}$$

演習問題

1 ★☆☆

平坦な土地に４つの地点A, B, C, Dがある。A地点の真西にC地点がある。A地点の北西の方向にB地点があり，$\angle BAC=\angle ACB=30°$である。

また，A地点の南西の方向にD地点があり，$\angle ADB=60°$，$\angle ABD=45°$で，$AB=500m$である。このとき，AC, AD, CDの長さをそれぞれ求めよ。

〈北海道・札幌市〉

2 ★★☆

半径Rの円に内接する正n角形$A_1A_2A_3A_4A_5A_6A_7\cdots A_n$ ($n\geqq 7$) において，辺A_1A_2と対角線A_1A_4，A_1A_6の間に$A_1A_2+A_1A_4=A_1A_6$という関係が成り立っている。$\angle A_1A_3A_2=\theta$とおくとき，次の各問いに答えよ。

(1)　$\angle A_1A_5A_4$，$\angle A_1A_7A_6$の大きさをθを用いて表せ。

(2)　$\sin\theta+\sin3\theta=\sin5\theta$が成り立つことを証明せよ。

(3)　nの値を求めよ。

〈新潟県〉

3 ★★☆

三角形ABCの辺BC上に$BD:DC=1:2$となるように点Dをとる。

$\angle BAC=60°$，$\angle ABC=45°$のとき，$\angle ADC$の大きさを求めよ。

〈広島県・広島市〉

4 ★☆☆

１辺の長さが１の正四面体OABCがあり，辺ABの中点をMとする。

この正四面体OABCに点Mから辺OB，辺OC上の１点をそれぞれ通り，頂点Aに至るまで糸を巻きつけ，その糸の長さが最小となるようにする。

このときの辺OB上の１点をP，辺OC上の１点をQとするとき，次の各問いに答えよ。

(1)　糸の長さを求めよ。

(2)　OP，OQの長さをそれぞれ求めよ。

〈京都府〉

5 ★☆☆

右の図のように，底面の円の直径が10，母線の長さが15の直円すいがある。

母線ABを1：2の比に内分する点をNとするとき，次の各問いに答えよ。

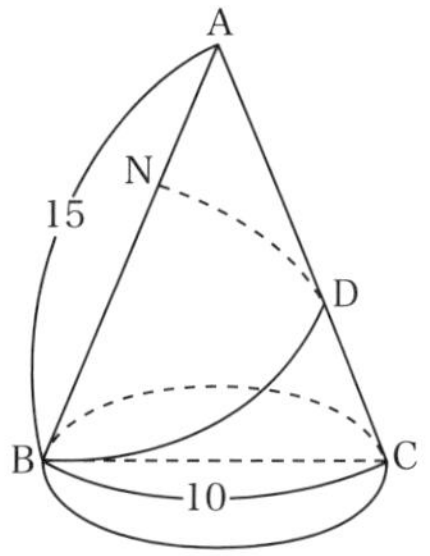

⑴　底面の円上の点Bから出発して，直円すいの側面を1まわりしながら，点Nに至る最短の曲線の長さを求めよ。

⑵　⑴の条件を満たす曲線と母線ACの交点をDとするとき，ADの長さを求めよ。

〈福島県〉

6 ★★★

次の図において，長さ10cmの線分ABの中点Mから点Bに向かって線分MB上を動く点Pがある。AP，PBをそれぞれ1辺とする正方形APCD，PBEFを線分ABに対して同じ側につくり，BCとAFの延長線との交点をGとする。また，対角線DPとAGとの交点をHとし，Hを通りBCに平行な直線とDCとの交点をIとする。次の各問いの空欄に当てはまる数値を答えよ。

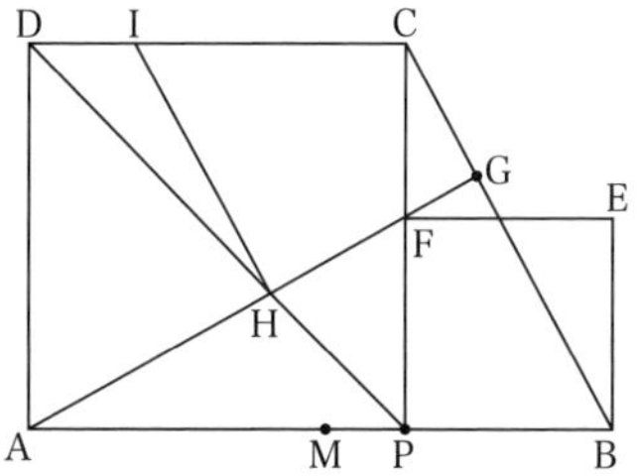

⑴　点Pが，ABの中点Mから点Bまで動くとき，点Gの動く道のりは，（　　）cmである。

⑵　四角形AHIDの外接円O_1の面積をS_1とし，四角形HFCIの外接円O_2の面積をS_2とする。$S_1：S_2＝9：5$となるのは，AP＝（　　）cmのときであり，このときの外接円O_1の直径は，（　　）cmである。

〈東京都〉

7 ★☆☆

正三角形ABCを底面とする正三角すいO-ABCにおいて，辺OAの長さは6cm，$\angle AOB = 40^\circ$である。頂点Aから辺OAの中点Mまで側面に沿ってひもをピンと張って1回まくときのひもの長さは何cmか。

〈神奈川県・横浜市・川崎市〉

8 ★★☆

次の各問いに答えよ。

(1) 右図のような長方形ABCDの中に，互いに外接する2つの円Pと円Qがあって，円PはABとBCに接し，円QはADとDCに接している。

このとき，円Pと円Qの中心を結ぶ線分の長さを求めよ。ただし，AB＝8cm，BC＝9cmとする。

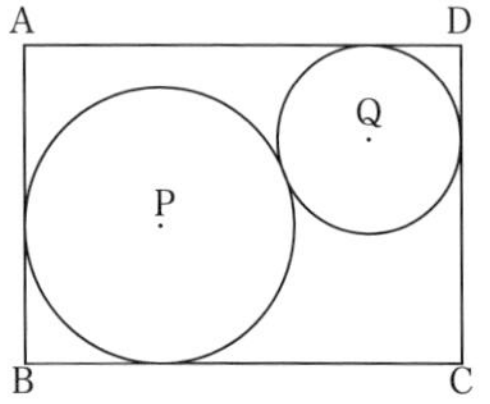

(2) 右図のようなAB＝5cmである直角二等辺三角形ABCにおいて，$\angle AHC = 60^\circ$となる点HをBC上にとる。

点HとAB上の点Dを結ぶACと平行になるDHの長さを求めよ。

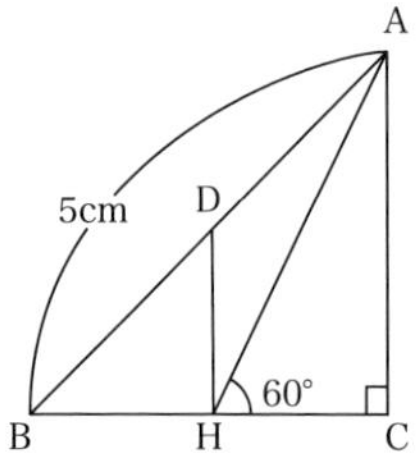

〈北海道・札幌市〉

9 ★☆☆

上底が8cm，下底が12cmの台形がある。下底の両端の内角の大きさが45°，60°であるとき，この台形の面積は何cm^{2}か。

〈神奈川県・横浜市・川崎市〉

10 ★★★

次の各問いに答えよ。

(1) 線分ABを直径とする半円の内部に点Pがあるとき，∠APBは鈍角になることを示せ。

(2) 1辺の長さが2cmの正三角形ABCの内部に1点Pをとる。図形を折り曲げて正三角形ABCの3つの頂点がすべて点Pと重なるようにする。このとき，折り曲げた部分が互いに重なり合わないような点Pの存在する範囲を求め，境界線を含めたその存在する範囲の面積を求めよ。

〈島根県〉

11 ★☆☆

三角形ABCの面積をS, 外接円の半径をR, $\angle CAB=\alpha$, $\angle ABC=\beta$, $\angle BCA=\gamma$とすると, 次の等式が成り立つことを証明せよ。

$$S=2R^2\sin\alpha\sin\beta\sin\gamma$$

〈富山県〉

12 ★★★

1辺の長さが2の立方体ABCD—EFGHがある。AB, ADの中点をそれぞれM, Nとし, 3点M, N, Gを通る平面αで立方体を切断した断面について, 次の各問いに答えよ。

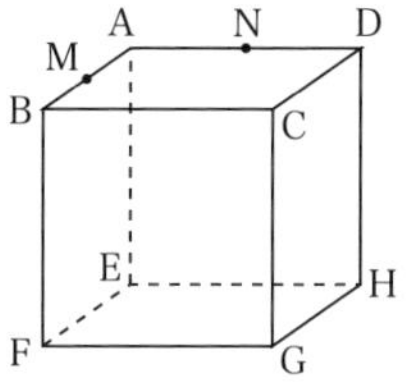

⑴ 断面の形は何か。下から選べ。
(三角形, 四角形, 五角形, 六角形, 七角形)

⑵ 平面αとBFの交点をPとするとき, BPの長さを求めよ。

⑶ 断面の周の長さl, および断面の面積Sを求めよ。

〈福島県〉

13 ★☆☆

三角形ABCにおいてAB＝8, BC＝5, CA＝7のとき, この三角形の外接円の半径をR, 内接円の半径をrとすると, $R-r$の値はいくらか。

〈奈良県〉

14 ★★☆

右の図のような直方体がある。$AB=2a$, $AC=3a$, $\angle BAC=60^\circ$のとき, 次の各問いに答えよ。

⑴ OA, OB, OCの長さをaを用いて表せ。

⑵ 点Oから平面ABCに下ろした垂直の長さhを求めよ。

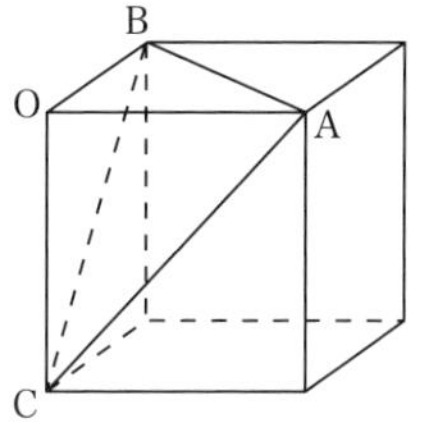

〈山口県〉

15 ★★☆

3点A(2，0，0)，B(0，−1，0)，C(0，0，4)がある。

∠BAC＝θ ($0\leqq\theta\leqq\pi$) とするとき，次の各問いに答えよ。

⑴ $\cos\theta$の値を，次の2通りの方法で求めよ。

① 余弦定理を用いる方法

② ベクトルを用いる方法

⑵ △ABCの面積Sを求めよ。

⑶ 原点から△ABCに下ろした垂線の長さhを求めよ。

〈山口県〉

16 ★★☆

正四角すいO-ABCDにおいて，OA＝AB＝4とする。辺OA，ODの中点をそれぞれE，Hとする。線分EHを含む平面と辺OB，OCとの交点をそれぞれF，Gとする。このとき，次の各問いに答えよ。

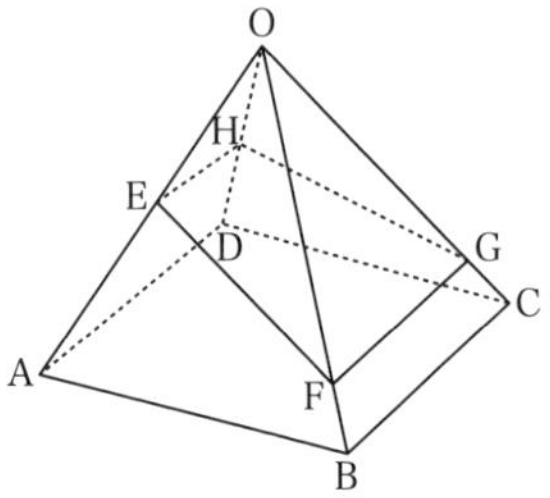

⑴ FG＝xとして，△OFHの面積をxを用いて表せ。

⑵ 四角すいO-EFGHの体積をxを用いて表せ。

⑶ 平面EFGHで切り分けたときにできる2つの立体，四角すいO-EFGHともう1つの立体の体積の比が3：13であるとき，xの値を求めよ。

〈長野県〉

17 ★☆☆

AB＝4，BC＝6，CD＝4，DB＝5である四面体ABCDにおいて，底面BCDの外接円の中心をPとする。線分APと底面BCDが垂直であるとき，次の各問いに答えよ。

⑴ △BCDにおいて，sin∠CBDの値を求めよ。

⑵ 四面体ABCDの体積を求めよ。

〈山口県〉

18 ★☆☆

下の図のように，多角形の各辺を延長して角をつくる。n角形 $(n \geqq 5)$ の場合について，このようにしてつくった角の和をnを用いて表せ。

【五角形】

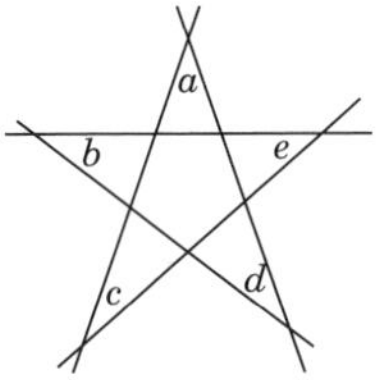

$\angle a+\angle b+\angle c+\angle d+\angle e$

【六角形】

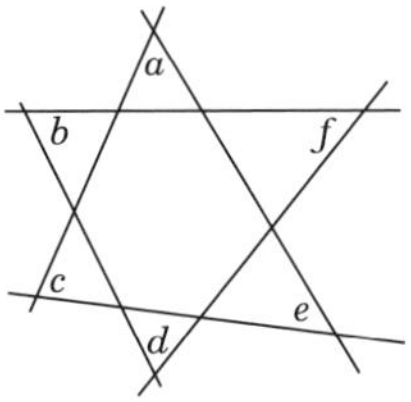

……

$\angle a+\angle b+\angle c+\angle d+\angle e+\angle f$

〈静岡県・静岡市〉

19 ★★☆

正多面体の各面は，正三角形か正方形か正五角形のいずれかであることを証明せよ。

〈京都府〉

20 ★★☆

正十二面体について，(図1) はある面の頂点をA, B, C, D, Eとしたものであり，(図2) はその展開図を示したものである。(図1) において，点Aを1つの頂点とする立方体ができるように，他の7つの頂点を正十二面体の頂点の中から選ぶ。このときできる立方体の各辺を正十二面体の展開図にかけ。

(図1)

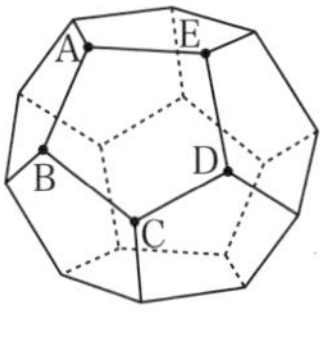

(図2)

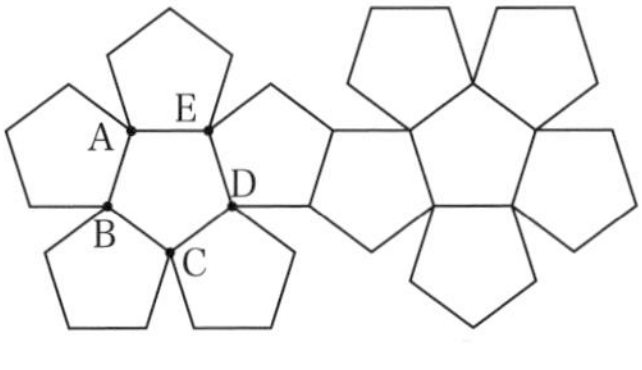

〈秋田県改題〉

演習問題　解答・解説

1

$AC = 500\sqrt{3}$〔m〕　　$AD = \dfrac{500\sqrt{6}}{3}$〔m〕

$CD = \dfrac{500\sqrt{15}}{3}$〔m〕

解説

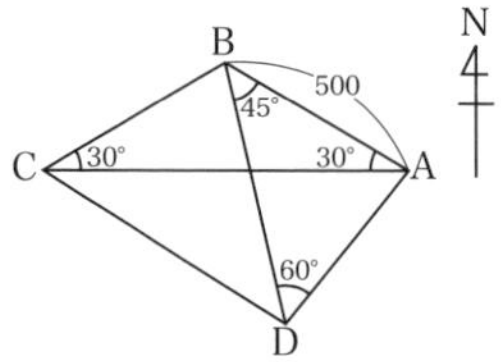

まず△ABCは二等辺三角形なので，

$AC = 2AB\cos 30° = 500\sqrt{3}$〔m〕

である。

次に，△ABDに正弦定理を用いることにより，

$$\frac{AD}{\sin 45°} = \frac{500}{\sin 60°}$$

$$\therefore \quad AD = \frac{500\sqrt{6}}{3}\text{〔m〕}$$

そして，

$\angle BAD = 180° - 45° - 60° = 75°$

$\therefore \quad \angle CAD = 75° - 30° = 45°$

に注意して△CADに余弦定理を用いると，

$$\begin{aligned} CD^2 &= AC^2 + AD^2 - 2AC \cdot AD\cos 45° \\ &= 500^2\left(3 + \frac{2}{3} - 2 \cdot \sqrt{3} \cdot \frac{\sqrt{6}}{3} \cdot \frac{\sqrt{2}}{2}\right) \\ &= 500^2 \cdot \frac{5}{3} \end{aligned}$$

となるので，よって

$$CD = 500\sqrt{\frac{5}{3}} = \frac{500\sqrt{15}}{3}\text{〔m〕}$$

2

(1)　$\angle A_1A_5A_4 = 3\theta$　　$\angle A_1A_7A_6 = 5\theta$

(2)　$\triangle A_1A_3A_2$において正弦定理より，

$$\frac{A_1A_2}{\sin\angle A_1A_3A_2} = 2R$$

よって，$A_1A_2 = 2R\sin\theta$

$\triangle A_1A_5A_4$，$\triangle A_1A_7A_6$においても同様に，

$A_1A_4 = 2R\sin 3\theta$

$A_1A_6 = 2R\sin 5\theta$

条件より，$A_1A_2 + A_1A_4 = A_1A_6$だから

$2R\sin\theta + 2R\sin 3\theta = 2R\sin 5\theta$

$\therefore \quad \sin\theta + \sin 3\theta = \sin 5\theta$

（証明終わり）

(3)　$n = 12$

解説

(1)

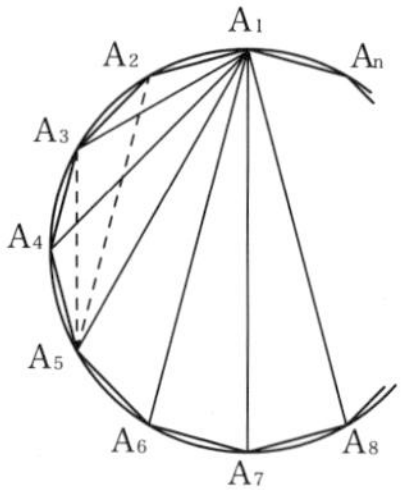

$\angle A_1A_5A_4 = \angle A_1A_3A_2 \times 3$

$= 3\theta$（円周角の定理より）

同様に，

$\angle A_1A_7A_6 = 5\theta$

(3)　(2)より，

$\sin 5\theta - \sin 3\theta = \sin\theta$

$2\cos 4\theta\sin\theta = \sin\theta$　（和積公式）

$\sin\theta(2\cos 4\theta - 1) = 0$

ここで，正n角形の1つの内角の大きさは

$\dfrac{n-2}{n}\pi$だから，

$$\theta = \frac{1}{2}\left(\pi - \frac{n-2}{n}\pi\right) = \frac{\pi}{n}$$

$n \geqq 7$ より,

$$0 < \theta \leqq \frac{\pi}{7} \quad \therefore \quad 0 < 4\theta \leqq \frac{4}{7}\pi$$

$\sin\theta \neq 0$ より,

$$2\cos 4\theta - 1 = 0 \quad \therefore \quad \theta = \frac{\pi}{12}$$

よって,

$$n = 12$$

3

$\angle \mathrm{ADC} = 60^\circ$

解説

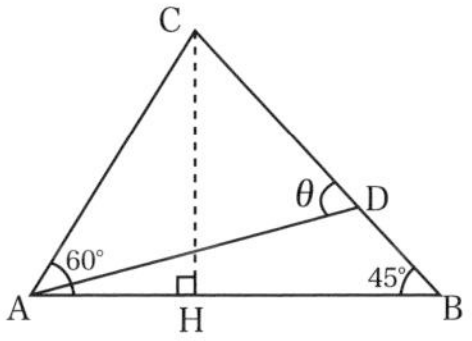

Cから垂線CHを下ろし, $\mathrm{AH} = \sqrt{3}x$とすると,

$\mathrm{AC} = 2\sqrt{3}x$, $\mathrm{CH} = 3x$, $\mathrm{BH} = 3x$,

$\mathrm{CB} = 3\sqrt{2}x$, $\mathrm{CD} = 2\sqrt{2}x$, $\mathrm{BD} = \sqrt{2}x$

と表される。

△ABDにおいて

$$\begin{aligned}\mathrm{AD}^2 &= (3+\sqrt{3})^2x^2 + 2x^2 \\ &\quad - 2\cdot(3+\sqrt{3})x\cdot\sqrt{2}x\cdot\cos 45^\circ \\ &= (8+4\sqrt{3})x^2\end{aligned}$$

$$\therefore \quad \mathrm{AD} = \sqrt{2}(\sqrt{3}+1)x$$

△ADCにおいて, $\angle\mathrm{ADC} = \theta$ とすると,

$$\cos\theta = \frac{(8+4\sqrt{3})x^2 + 8x^2 - 12x^2}{2\cdot\sqrt{2}(\sqrt{3}+1)x\cdot 2\sqrt{2}x} = \frac{1}{2}$$

$0^\circ < \theta < 180^\circ$より, $\theta = 60^\circ$

4

(1) $\dfrac{\sqrt{13}}{2}$　　(2) **$\mathrm{OP} = \dfrac{1}{3}$, $\mathrm{OQ} = \dfrac{1}{4}$**

解説

展開図は次のようになる。

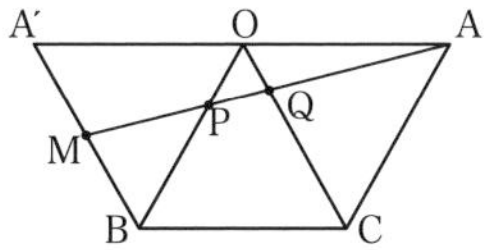

(1) △A′AMにおいて, 余弦定理より,

$$\mathrm{AM}^2 = 2^2 + \left(\frac{1}{2}\right)^2 - 2\cdot 2\cdot\frac{1}{2}\cos 60^\circ = \frac{13}{4}$$

$$\therefore \quad \mathrm{AM} = \frac{\sqrt{13}}{2}$$

(2) △AOQ∽△AA′M　より,

$$\frac{\mathrm{OQ}}{\mathrm{A'M}} = \frac{\mathrm{AO}}{\mathrm{AA'}}$$

$$\therefore \quad \mathrm{OQ} = \frac{1}{2}\times\frac{1}{2} = \frac{1}{4}$$

△OQP∽△CQA　より,

$$\frac{\mathrm{OP}}{\mathrm{CA}} = \frac{\mathrm{OQ}}{\mathrm{CQ}}$$

$$\therefore \quad \mathrm{OP} = \frac{\frac{1}{4}}{\frac{3}{4}}\times 1 = \frac{1}{3}$$

5

(1) **$5\sqrt{13}$**　　(2) **$\dfrac{15}{4}$**

解説

(1) 底面の周の長さ10π

展開図の側面扇形の中心角をθとすると,

$$\frac{\theta}{360^\circ} = \frac{10\pi}{30\pi}$$

$$\therefore \quad \theta = 120^\circ$$

△ABNにおいて, 余弦定理より,

$$\mathrm{BN}^2 = 5^2 + 15^2 - 2\cdot 5\cdot 15\cdot\cos 120^\circ = 325$$

$$\therefore \quad \mathrm{BN} = 5\sqrt{13}$$

(2)

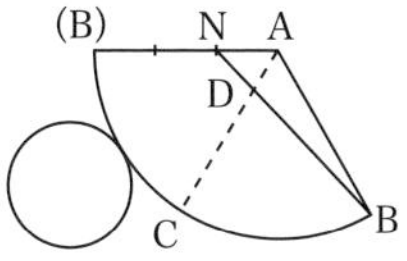

ADは∠NABの二等分線となるので,

$$\angle NAD = \angle DAB = 60^\circ$$

AD$=x$とすると，△ABNの面積を２通りに計算して

$$\frac{1}{2}\cdot 5\cdot 15\sin 120^\circ$$

$$=\frac{1}{2}\cdot 5\cdot x\sin 60^\circ + \frac{1}{2}\cdot 15\cdot x\sin 60^\circ$$

$$\therefore \quad x = AD = \frac{15}{4}$$

6

(1)　$\dfrac{5}{2}\pi$

(2)　**AP$=\dfrac{15}{2}$，外接円O_1の直径$=\dfrac{15\sqrt{5}}{4}$**

解 説

(1)　２辺夾角相等により△APF≡△CPBなので，∠AFP＝∠CBPである。

よって，△APF∽△AGBより，∠AGB＝90°だから，点GはABを直径とする円周上の点である。

P＝Mのとき，G＝C＝F

P＝Bのとき，G＝B

だから，点Gが動くのは円周の$\dfrac{1}{4}$であるので，求める道のりは

$$\frac{1}{4}\times 10\pi = \frac{5}{2}\pi$$

(2)

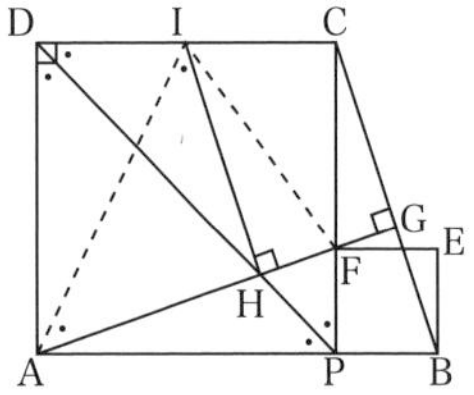

四角形AHIDの外接円の直径はAI

四角形HFCIの外接円の直径はFI

である。

$S_1 : S_2 = 9 : 5$より，AI：FI＝$3:\sqrt{5}$なので，AI$=3k$，FI$=\sqrt{5}k$とおくと，△AHIが直角二等辺三角形であることから

$$HI = HA = \frac{3}{\sqrt{2}}k$$

よって，

$$HF = \sqrt{(\sqrt{5}k)^2 - \left(\frac{3}{\sqrt{2}}k\right)^2} = \frac{1}{\sqrt{2}}k$$

PHは∠APFの二等分線なので，

$$PA : PF = HA : HF$$

$$= \frac{3}{\sqrt{2}}k : \frac{1}{\sqrt{2}}k$$

$$= 3 : 1$$

よって，

$$PA : PB = PA : PF = 3 : 1$$

AB＝10なので，

$$AP = 10\times\frac{3}{4} = \frac{15}{2}$$

このとき，

$$AF = \sqrt{3^2+1^2}\times\left(10\times\frac{1}{4}\right)$$

$$= \frac{3}{\sqrt{2}}k + \frac{1}{\sqrt{2}}k$$

より，

$$k = \frac{5\sqrt{5}}{4}$$

だから，

$$AI = 3k = \frac{15\sqrt{5}}{4}$$

すなわち，外接円O_1の直径は$\dfrac{15\sqrt{5}}{4}$

7

$3\sqrt{7}$〔cm〕

解 説

題意の正三角すいの側面を，母線OAで切り開いた次のような展開図を考える。

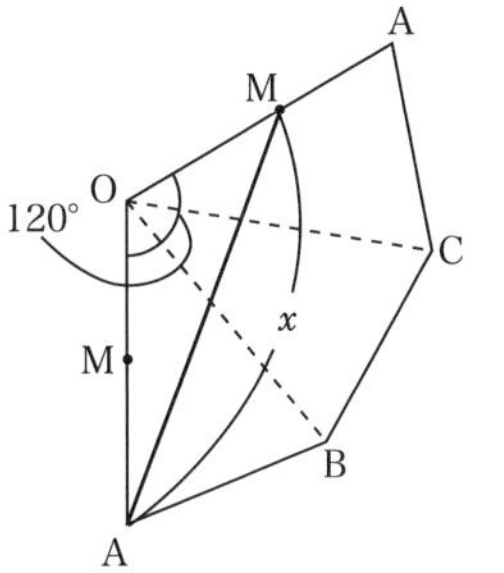

求める長さは図中のxである。OA＝6〔cm〕，OM＝3〔cm〕なので，余弦定理により，

$$x^2=6^2+3^2-2\cdot6\cdot3\cdot\cos120^\circ$$
$$=36+9+18=63$$

となる。よって求める長さは

$x=\sqrt{63}=3\sqrt{7}$〔cm〕

8

(1)　**PQ＝5〔cm〕**

(2)　**DH＝$\dfrac{5\sqrt{2}(3-\sqrt{3})}{6}$〔cm〕**

解説

(1)

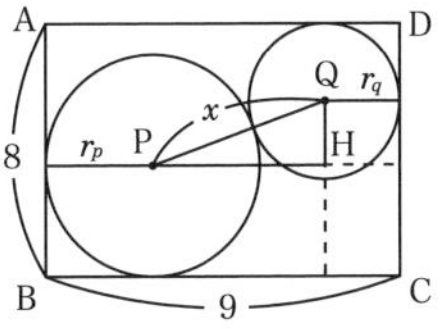

円P，Qの半径をそれぞれr_p，r_q，

PQ＝r_p+r_q＝$x$cmとすると，

$$\text{PH}=9-(r_p+r_q)=9-x$$
$$\text{QH}=8-(r_p+r_q)=8-x$$

△PQHにおいて，

$$x^2=(9-x)^2+(8-x)^2$$
$$x^2-34x+145=0$$
$$(x-5)(x-29)=0$$

$0<x<8$より　$x=5$〔cm〕

(2)　AC＝$\dfrac{5\sqrt{2}}{2}$より，

$$\text{HC}=\frac{5\sqrt{2}}{2\sqrt{3}}=\frac{5\sqrt{6}}{6}$$

DH＝xとすると，BH＝xより，

BC＝$x+\dfrac{5\sqrt{6}}{6}$だから，

$$x+\frac{5\sqrt{6}}{6}=\frac{5\sqrt{2}}{2}$$
$$\therefore\quad x=\frac{5\sqrt{2}(3-\sqrt{3})}{6}\text{〔cm〕}$$

9

$60-20\sqrt{3}$〔cm²〕

解説

この台形の4頂点を図のようにA，B，C，Dとする。また，A，DからBCに下ろした垂線の足をそれぞれH，Iとし，AH＝DI＝hとおく。

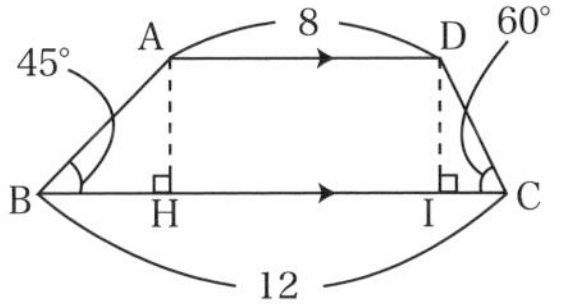

ここで，BH＋IC＝12－8＝4であり，また

$$\text{BH}=h,\ \text{IC}=\frac{h}{\sqrt{3}}$$

だから，

$$h+\frac{h}{\sqrt{3}}=4$$
$$\therefore\quad h=2(3-\sqrt{3})$$

となる。

よって，この台形の面積は，

$$\frac{1}{2}\cdot(8+12)\cdot2(3-\sqrt{3})$$
$$=60-20\sqrt{3}$$

10

(1)

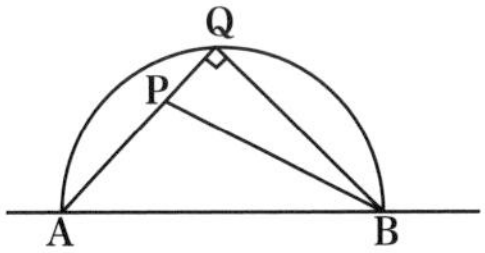

APの延長と半円との交点をQとすると，

∠AQB＝90°

だから，

$$\angle APB = \angle PQB + \angle PBQ > 90^\circ$$

（証明終わり）

(2)　まず，頂点BとCを折り曲げた部分が互いに重なり合わない点Pの存在する範囲を求める。線分PBとPCの垂直二等分線の交点，すなわち△PBCの外心(O)が△ABCの外部にあれば重なり合わない。よって，PはBCを直径とする円(かつ△ABC)の内部にあればよい。

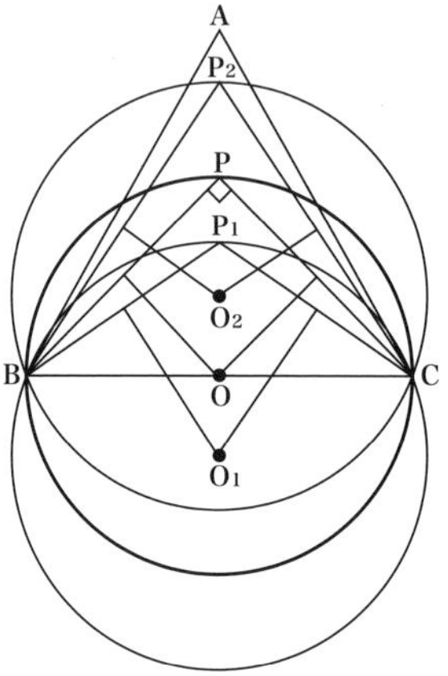

CとA，AとBについても同様なので，求める範囲は次の図の斜線部。

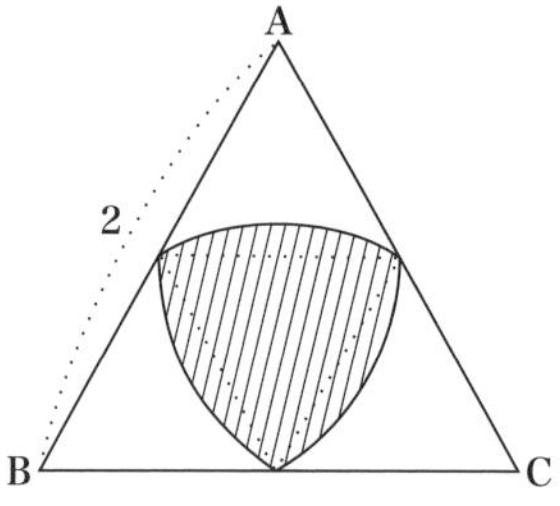

求める面積は，3つの扇形から小さい正三角形を2つ分引いて

$$3 \cdot \frac{1}{6}\pi \cdot 1^2 - 2 \cdot \frac{\sqrt{3}}{4} \cdot 1^2$$

$$= \frac{1}{2}(\pi - \sqrt{3})$$

11

正弦定理

$$\frac{BC}{\sin\alpha} = \frac{CA}{\sin\beta} = 2\boldsymbol{R}\ (\boldsymbol{R}\text{は外接円の半径})$$

より，

$$BC = 2\boldsymbol{R}\sin\alpha$$

$$CA = 2\boldsymbol{R}\sin\beta$$

面積公式より，

$$\boldsymbol{S} = \frac{1}{2}BC \cdot CA\sin\gamma$$

$$\boldsymbol{S} = 2\boldsymbol{R}^2\sin\alpha\sin\beta\sin\gamma$$

（証明終わり）

12

(1)　五角形　　(2)　$BP = \frac{2}{3}$

(3)　$\boldsymbol{l} = \sqrt{2} + 2\sqrt{13}$，$\boldsymbol{S} = \frac{7\sqrt{17}}{6}$

解説

(1)　(3)の図の通り，断面は五角形になる。

(2)　平面ABFE上の様子は次の図のようになる。

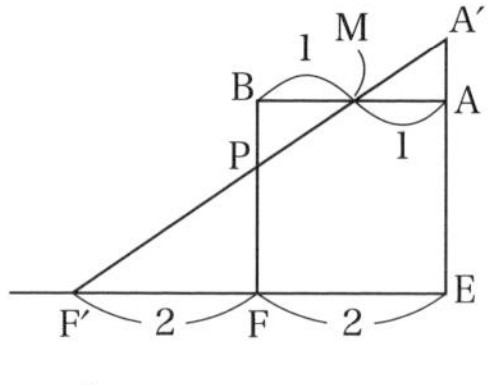

BM//FF′により△BMPと△FF′Pは相似になり，その相似比は1:2だから，

$$BP = \frac{1}{3}BF = \frac{2}{3}$$

(3)　点Gを通りMNに平行な直線を考え，これと直線EFおよび直線EHの交点をそれぞれF′，H′とおく。すると平面αは点F′および点H′を通るので，これに注意すると題意の断面は次図のようになる。

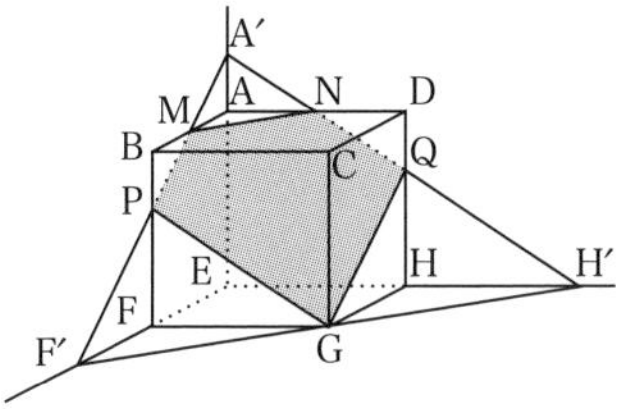

平面αとDHおよび直線AEの交点をそれぞれQ，A′とおく。

$MN=\sqrt{2}$

$MP=\sqrt{MB^2+BP^2}$

$=\sqrt{1^2+\left(\frac{2}{3}\right)^2}$

$=\frac{\sqrt{13}}{3}$

$PG=\sqrt{PF^2+FG^2}$

$=\sqrt{\left(\frac{4}{3}\right)^2+2^2}$

$=\frac{2\sqrt{13}}{3}$

であり，対称性からNQ＝MPとQG＝PGが成り立つので，五角形MPGQNの周の長さは，

$l=\sqrt{2}+2\left\{\frac{\sqrt{13}}{3}+\frac{2\sqrt{13}}{3}\right\}$

$=\sqrt{2}+2\sqrt{13}$

また，A′P＝PF′＝PGより四角形A′PGQはひし形であり，

$A'G=\sqrt{A'E^2+EG^2}$

$=\sqrt{\left(\frac{2}{3}+2\right)^2+(2\sqrt{2})^2}$

$=\frac{2\sqrt{34}}{3}$

なので，ひし形A′PGQの面積は

$\frac{1}{2}\cdot A'G\cdot PQ=\frac{4\sqrt{17}}{3}$

となる。

一方，△A′MN∽△A′PQで，その相似比は1：2なので，

$\triangle A'MN=\left(\frac{1}{2}\right)^2\cdot\triangle A'PQ$

$=\left(\frac{1}{2}\right)^2\cdot\frac{(\text{ひし形}A'PGQ)}{2}$

$=\frac{(\text{ひし形}A'PGQ)}{8}$

となる。よって，五角形MPGQNの面積は，

$S=(\text{ひし形}A'PGQ)-\triangle A'MN$

$=\frac{7}{8}\cdot(\text{ひし形}A'PGQ)$

$=\frac{7\sqrt{17}}{6}$

13

$\boldsymbol{R-r=\frac{4}{3}\sqrt{3}}$

解説

三角形ABCの面積をSとすると，ヘロンの公式より，

$S=\sqrt{10\times2\times5\times3}=10\sqrt{3}$

また，$S=\frac{abc}{4R}$　より

$\frac{70}{R}=10\sqrt{3}$　∴　$R=\frac{7}{3}\sqrt{3}$

$S=\frac{r}{2}(a+b+c)$　より

$10r=10\sqrt{3}$　∴　$r=\sqrt{3}$

よって，

$R-r=\frac{7}{3}\sqrt{3}-\sqrt{3}=\frac{4}{3}\sqrt{3}$

14

(1)　**OA＝$\sqrt{3}a$，OB＝a，OC＝$\sqrt{6}a$**

(2)　**$h=\frac{\sqrt{6}}{3}a$**

解説

(1)　OA＝x，OB＝y，OC＝zとすると，

$x^2+y^2=4a^2$

$x^2+z^2=9a^2$

また，

$BC^2=4a^2+9a^2-12a^2\cos60^\circ$

$=7a^2$

より，

$$y^2+z^2=7a^2$$

したがって,

$$x^2=3a^2 \qquad \therefore\ \mathrm{OA}=\sqrt{3}a$$

$$y^2=a^2 \qquad \therefore\ \mathrm{OB}=a$$

$$z^2=6a^2 \qquad \therefore\ \mathrm{OC}=\sqrt{6}a$$

(2) 三角すいOABCの体積は

$$V=\frac{1}{3}\times\left(\frac{1}{2}\times\mathrm{OA}\times\mathrm{OB}\right)\times\mathrm{OC}$$

$$=\frac{\sqrt{2}}{2}a^3$$

また,

$$V=\frac{1}{3}\times h\left(\frac{1}{2}\times 2a\times 3a\times\sin 60^\circ\right)$$

$$=\frac{\sqrt{3}}{2}a^2h$$

よって,

$$\frac{\sqrt{3}}{2}a^2h=\frac{\sqrt{2}}{2}a^3$$

$$\therefore\ h=\frac{\sqrt{6}}{3}a$$

15

(1)

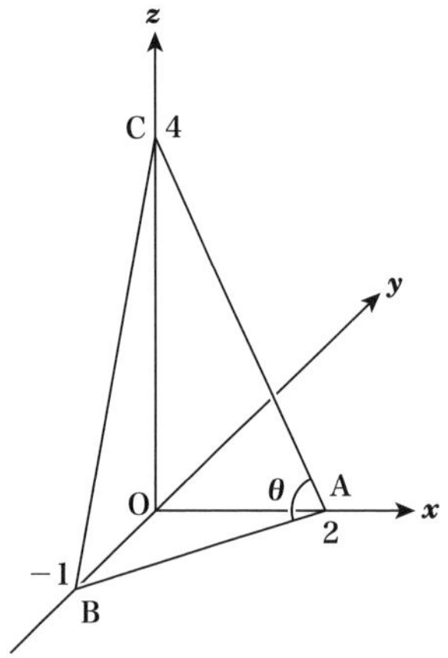

① $\mathbf{AB}=\sqrt{5}$, $\mathbf{BC}=\sqrt{17}$, $\mathbf{CA}=2\sqrt{5}$だから,

$$\cos\theta=\frac{(\sqrt{5})^2+(2\sqrt{5})^2-(\sqrt{17})^2}{2\cdot\sqrt{5}\cdot2\sqrt{5}}$$

$$=\frac{2}{5}$$

② $\overrightarrow{\mathrm{AB}}=(-2,\ -1,\ 0)$,
$\overrightarrow{\mathrm{AC}}=(-2,\ 0,\ 4)$

より,

$|\overrightarrow{\mathrm{AB}}|=\sqrt{5}$, $|\overrightarrow{\mathrm{AC}}|=2\sqrt{5}$,
$\overrightarrow{\mathrm{AB}}\cdot\overrightarrow{\mathrm{AC}}=4$

だから, 内積の定義より

$$\cos\theta=\frac{4}{\sqrt{5}\cdot2\sqrt{5}}=\frac{2}{5}$$

(2) $\sqrt{21}$

(3) $\dfrac{4\sqrt{21}}{21}$

解説

(2) $\cos\theta=\dfrac{2}{5}$, $0^\circ<\theta<180^\circ$より

$$\sin\theta=\frac{\sqrt{21}}{5}$$

よって,

$$S=\frac{1}{2}\cdot\sqrt{5}\cdot2\sqrt{5}\sin\theta=\sqrt{21}$$

(別解)

$$S=\frac{1}{2}\sqrt{|\overrightarrow{\mathrm{AB}}|^2|\overrightarrow{\mathrm{AC}}|^2-(\overrightarrow{\mathrm{AB}}\cdot\overrightarrow{\mathrm{AC}})^2}$$

$$=\frac{1}{2}\sqrt{(\sqrt{5})^2\cdot(2\sqrt{5})^2-4^2}$$

$$=\sqrt{21}$$

(3) 三角すいOABCの体積Vは,

$$V=\frac{1}{3}\times\left(\frac{1}{2}\cdot\mathrm{OA}\cdot\mathrm{OB}\right)\times\mathrm{OC}$$

$$=\frac{1}{6}\times2\times1\times4=\frac{4}{3}$$

また,

$$V=\frac{1}{3}Sh=\frac{1}{3}\times\sqrt{21}\times h$$

だから,

$$\frac{\sqrt{21}}{3}h=\frac{4}{3}$$

$$\therefore\ h=\frac{4}{\sqrt{21}}=\frac{4\sqrt{21}}{21}$$

16

(1)　$\boldsymbol{x}$

(2)　$\dfrac{\sqrt{2}}{6}x^2+\dfrac{\sqrt{2}}{3}x$

(3)　$\sqrt{13}-1$

解説

(1)　切断面△OBDを考えると，

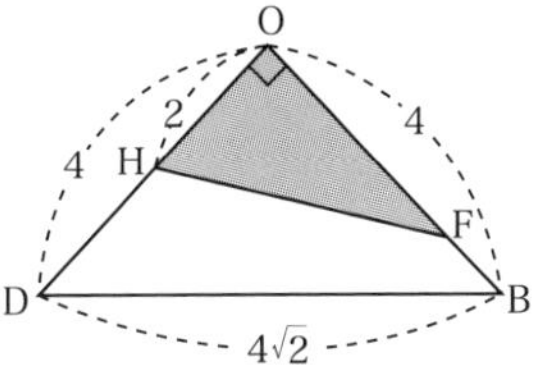

$OH=2$，$OF=FG=x$，

$\angle BOD=90°$より，

$$S=\frac{1}{2}\cdot 2\cdot x=x$$

(2)　切断面△OACを考える。

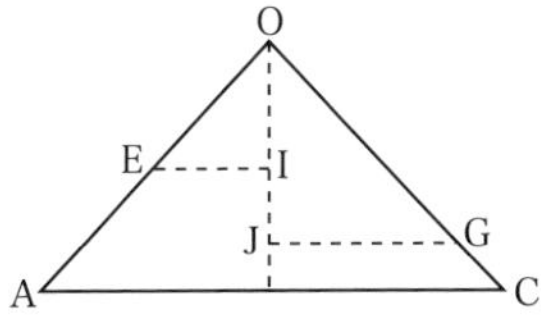

$EI=\sqrt{2}$，$GJ=\dfrac{x}{\sqrt{2}}$

四角すいO-EFGHの体積は，2つの三角すいE-OHF，G-OHFの体積の和だから，

$$\frac{1}{3}\times x\times\sqrt{2}+\frac{1}{3}\times x\times\frac{x}{\sqrt{2}}$$
$$=\frac{\sqrt{2}}{6}x^2+\frac{\sqrt{2}}{3}x$$

(3)　正四角すいO-ABCDの体積は

$$\frac{1}{3}\times 16\times\frac{4}{\sqrt{2}}=\frac{32}{3}\sqrt{2}$$

だから，

$$\left(\frac{\sqrt{2}}{6}x^2+\frac{\sqrt{2}}{3}x\right):\frac{32}{3}\sqrt{2}=3:(3+13)$$
$$(x^2+2x):64=3:16$$
$$16(x^2+2x)=64\times 3$$
$$x^2+2x-12=0$$

$x>0$より，$x=\sqrt{13}-1$

17

(1)　$\dfrac{\sqrt{7}}{4}$　　(2)　$5\sqrt{3}$

解説

(1)　余弦定理より，

$$\cos\angle CBD=\frac{5^2+6^2-4^2}{2\cdot 5\cdot 6}$$
$$\cos\angle CBD=\frac{3}{4}$$
$$\sin\angle CBD=\frac{\sqrt{7}}{4}$$

(2)

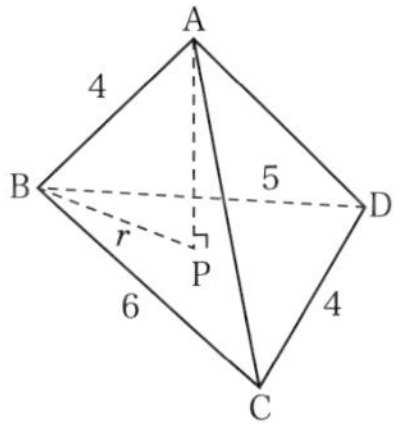

$BP=r$とすると，正弦定理より

$$\frac{4}{\sin\angle CBD}=2r$$
$$r=\frac{8}{\sqrt{7}}$$

△APBにおいて，三平方の定理より，

$$AP=\frac{4\sqrt{3}}{\sqrt{7}}$$

また

$$\triangle BCD=\frac{1}{2}\cdot 6\cdot 5\cdot\frac{\sqrt{7}}{4}=\frac{15\sqrt{7}}{4}$$

よって，求める体積Vは，

$$V=\frac{1}{3}\times\frac{15\sqrt{7}}{4}\times\frac{4\sqrt{3}}{\sqrt{7}}=5\sqrt{3}$$

18

$180^\circ \times n - 720^\circ$

解 説

(五角形の場合)

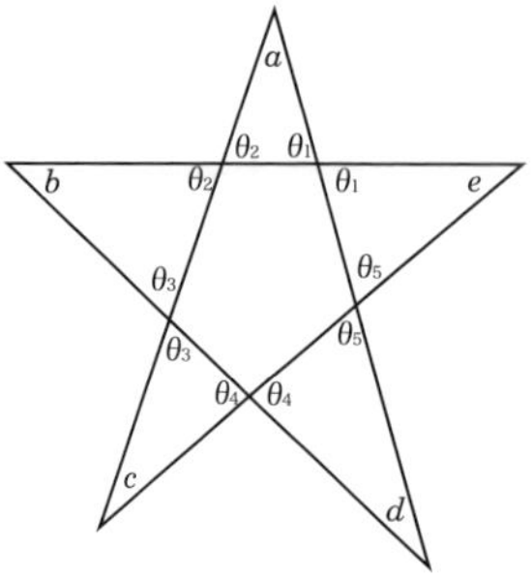

$$a + \theta_1 + \theta_2 = 180^\circ$$
$$b + \theta_2 + \theta_3 = 180^\circ$$
$$c + \theta_3 + \theta_4 = 180^\circ$$
$$d + \theta_4 + \theta_5 = 180^\circ$$
$$e + \theta_5 + \theta_1 = 180^\circ$$

辺々，加えると，

$a+b+c+d+e+2(\theta_1+\theta_2+\theta_3+\theta_4+\theta_5)$
$=180^\circ \times 5$

$\theta_1+\theta_2+\theta_3+\theta_4+\theta_5$は，外角の和だから，360°

よって

$a+b+c+d+e=180^\circ \times 5 - 720^\circ$

n角形の場合，各辺を延長してつくった角をa_1，a_2，a_3，…，a_nとし，そのとき外側にできる三角形の他の2つの内角を，順にθ_1とθ_2，θ_2とθ_3，θ_3とθ_4，…，θ_nとθ_1　とすると，

$$a_1 + \theta_1 + \theta_2 = 180^\circ$$
$$a_2 + \theta_2 + \theta_3 = 180^\circ$$
$$a_3 + \theta_3 + \theta_4 = 180^\circ$$
$$\vdots$$
$$a_n + \theta_n + \theta_1 = 180^\circ$$

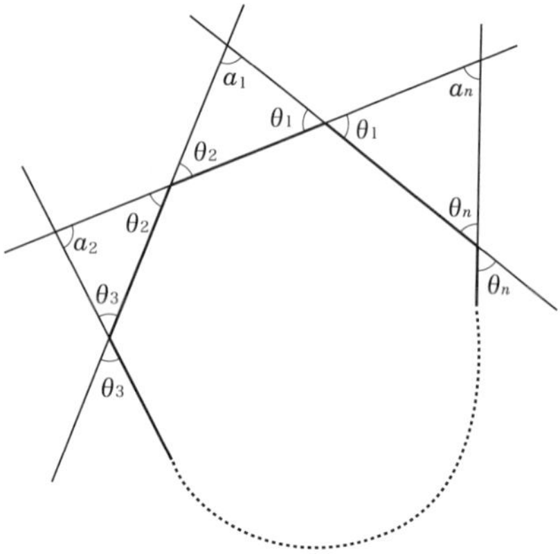

辺々，加えると，

$a_1+a_2+a_3+\cdots+a_n$
$+2(\theta_1+\theta_2+\theta_3\cdots+\theta_n)=180^\circ \times n$

よって，

$a_1+a_2+a_3+\cdots+a_n$
$=180^\circ \times n - 2 \times 360^\circ$
$=180^\circ \times n - 720^\circ$

19

正多面体の展開図を考えると，次の条件を満たさなければならない。

① 各面は全て合同な正多角形である。
② 立体の頂点を作るには，3個以上の角を集める必要がある。
③ 集めた角度の和は360°よりも小さくなければならない。

したがって，面になる正多角形の1つの内角をxとすると，

$$3x < 360^\circ$$
$$\therefore \quad x < 120^\circ$$

正三角形の1つの内角は60°
正方形の1つの内角は90°
正五角形の1つの内角は108°
正六角形の1つの内角は120°

よって，正多面体の各面は，正三角形，正方形，正五角形のいずれかである。

(証明終わり)

20

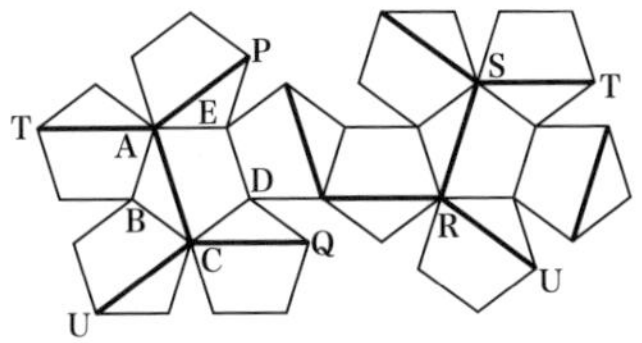

解説

次図のように点P，Qをとる。

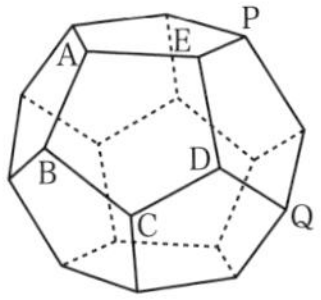

すると，AC//ED//PQであるから，ACQPは四角形を成し，かつ，AC＝CQ＝QP＝PAであるから，四角形ACPQはひし形である。さらに，図形の対称性からAQ＝CPであるので，四角形ACQPは正方形になる。

これにより，正十二面体の頂点を次のように結ぶと立方体ができることがわかる。

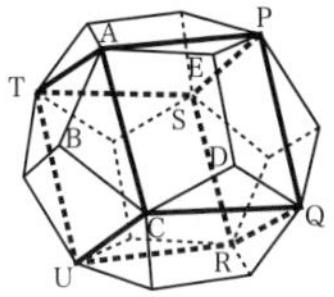

9 数列

傾向と対策

一般項を容易に求められるのは，等差数列と等比数列に限られる。よって，これらの数列と，これらに帰着する数列の問題が大半を占める。また，群数列の出題が多い。

問題のテーマは数列でなくても，数列を利用する問題はある。例えば，場合の数を数えるときや，試行を繰り返したときの確率を計算するときに，数列の漸化式が現れることがある。さらに，数列$\{a_n\}$は自然数から実数への関数だが，点列，複素数列，関数列，行列のn乗なども，自然数と何かの対応という点では数列の考え方は役に立つ。

この分野から出題される問題の主なキーワードとしては，次のものが挙げられる。

・等差・等比数列，階差数列，数列の和

・線形漸化式（2項間，3項間），群数列，数学的帰納法

要点Check!

1 数列の増減

等差数列$\{a_n\}$の一般項はnの1次関数（公差dは傾き），等比数列$\{b_n\}$の一般項はnの指数関数（公比rは底）である。また，$\sum_{k=1}^{n} k^m$はnの$m+1$次関数である。

$$a_n=a+(n-1)d \qquad b_n=ar^{n-1}$$

$$\sum_{k=1}^{n} k=\frac{1}{2}n(n+1) \qquad \sum_{k=1}^{n} k^2=\frac{1}{6}n(n+1)(2n+1) \qquad \sum_{k=1}^{n} k^3=\left\{\frac{1}{2}n(n+1)\right\}^2$$

これらは，公比が負の等比数列を除いて，nの単調関数という共通点がある。しかし，単調でない数列もある。その場合，最大値・最小値を与えるnを求めることが問題になりうる。

(1)　微分して増減を調べる。

nを連続変数とみなして，a_nをnで微分して増減を調べ，極値を与えるnの値n_0を求める。n_0が自然数でなければ，n_0の前後の自然数がa_nの極値を与えるnの候補となる。a_nがnの多項式で表される場合に有効。

(2)　$a_{n+1}-a_n$の符号，あるいは$\dfrac{a_{n+1}}{a_n}$と1の比較により増減を調べる。

　階差をとることは，連続変数の関数の微分に相当するが，階差数列の項が0ということは，もとの数列の隣接する項が等しいという点に注意する。a_nがnの2次関数とnの指数関数の積の場合などに有効(「5　場合の数・確率」参照)。

2　数列の和

　階差が微分に対応するとすれば，数列の和は積分に，数列の漸化式は微分方程式に対応する。$\{a_n\}$の最初のn項の和をS_nとすると

$$S_1=a_1\qquad S_n-S_{n-1}=a_n\qquad S_n-S_m=a_{m+1}+a_{m+2}+\cdots+a_n\quad(m<n)$$

　階差数列$b_n=a_{n+1}-a_n$に対して

$$\begin{aligned}a_n=a_1&+(a_2-a_1)\\&+(a_3-a_2)\\&\quad\vdots\\&+(a_{n-1}-a_{n-2})\\&+(a_n-a_{n-1})=a_1+\sum_{k=1}^{n-1}(a_{k+1}-a_k)=a_1+\sum_{k=1}^{n-1}b_k\end{aligned}$$

　添字に注意する。$b_n=a_n-a_{n-1}$ならば$a_n=a_1+\sum\limits_{k=2}^{n}b_k$となる。公式を覚えるというより，添字を具体的に動かして確認する。

　Σは線形である。すなわち，cを定数，$\{a_n\}$，$\{b_n\}$を数列とすると

$$\sum_k(ca_k)=c\sum_k a_k\qquad \sum_k(a_k+b_k)=\sum_k a_k+\sum_k b_k$$

　したがって，a_nがnの多項式ならば，累乗和の公式で

$$\sum_{k=1}^{n}(ak^3+bk^2+ck+d)=a\sum_{k=1}^{n}k^3+b\sum_{k=1}^{n}k^2+c\sum_{k=1}^{n}k+dn$$

と計算できる。

　なお，奇数の和$\sum\limits_{k=1}^{n}(2k-1)=n^2$は，右の図とあわせて覚えておこう。

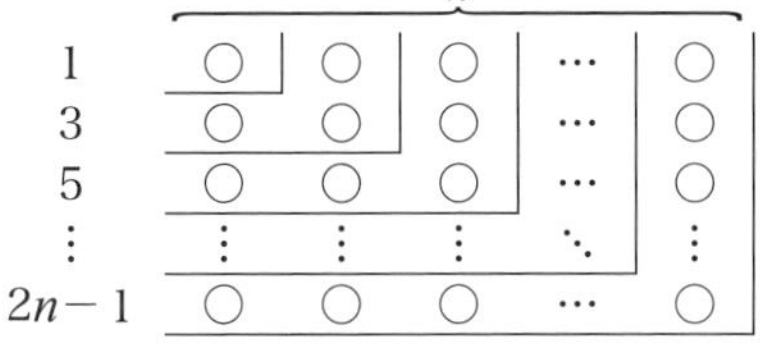

　等比数列の和は，公比に注意する。

$$\sum_{k=1}^{n}r^{k-1}=1+r+r^2+\cdots+r^{n-1}=\begin{cases}n & (r=1\text{のとき})\\ \dfrac{r^n-1}{r-1} & (r\neq 1\text{のとき})\end{cases}$$

$$\left(r<1\text{のときは}\dfrac{1-r^n}{1-r}\text{の方が使いやすい}\right)$$

3 漸化式

難しいものは誘導形式で出題されることもあるが，主なものは結論を覚えておく。

(1)　$a_n=pa_{n-1}+q\ (p\neq 1)$　…(☆)

$\alpha=p\alpha+q$　…①と辺々引き算すると$a_n-\alpha=p(a_{n-1}-\alpha)$，つまり$\{a_n-\alpha\}$は等比数列となる。$\alpha$は1次方程式①の解である（①を，漸化式☆の特性方程式という）。なお，qがnの関数のときも，$f(n)=pf(n-1)+q(n)$が恒等的に成り立つ関数fを見つければ，同様の方法で解ける。例えばqが1次式ならば$f(x)=Ax+B$などとおいて未定係数法で，A，Bを決めればよい。

(2)　$a_n+pa_{n-1}+qa_{n-2}=0$　…(★)　3項間線形漸化式

$x^2+px+q=0$　…②　の2解をα，βとすると，$\alpha\neq\beta$のときは，漸化式を

$$\begin{cases}a_n-\alpha a_{n-1}=\beta\ (a_{n-1}-\alpha a_{n-2})\\ a_n-\beta a_{n-1}=\alpha\ (a_{n-1}-\beta a_{n-2})\end{cases}$$

と変形することにより$\{a_n-\alpha a_{n-1}\}$，$\{a_n-\beta a_{n-1}\}$が等比数列であることがわかる。そして，a_{n-1}を消去すればa_nをnの式で表せる。また，$\alpha=\beta$のときは，$\left\{\dfrac{a_n}{\alpha^n}\right\}$が等差数列になる。②を，★の特性方程式という。

以上が一般的な解き方であるが，答だけが要求される場合や，解き方を問われない場合は，次の公式を使う。

$\alpha\neq\beta \Longrightarrow a_n=A\alpha^n+B\beta^n$

$\alpha=\beta \Longrightarrow a_n=(A+Bn)\alpha^n$

A，Bは定数でa_1，a_2から計算できる。$a_n=A'\alpha^{n-1}+B'\beta^{n-1}$などとおいた方が計算は簡単かもしれない。$A\alpha=A'$，$B\beta=B'$と考えれば同じことである。

(3)　$a_n=\dfrac{pa_{n-1}+q}{ra_{n-1}+s}$：等比または等差数列に帰着

$x=\dfrac{px+q}{rx+s}$の2解をα，βとすると

$\alpha\neq\beta \Longrightarrow \left\{\dfrac{a_n-\alpha}{a_n-\beta}\right\}$は等比数列

$\alpha=\beta \Longrightarrow \left\{\dfrac{1}{a_n-\alpha}\right\}$は等差数列

例題１　３項間線形漸化式

$a_1=1$，$a_2=3$，$a_{n+2}-4a_{n+1}+4a_n=0$（$n=1$，2，3，…）によって定義される数列$\{a_n\}$の一般項a_nを求めよ。

〈香川県〉

解答　$a_n=(n+1)2^{n-2}$

解説　漸化式の特性方程式 $x^2-4x+4=0$は重解2をもつので，$a_{n+1}-2a_n$を計算する。$a_{n+2}-2a_{n+1}=2(a_{n+1}-2a_n)$より，$\{a_{n+1}-2a_n\}$は等比数列なので

$$a_{n+1}-2a_n=2^{n-1}(a_2-2a_1)=2^{n-1}(3-2\cdot1)=2^{n-1}$$

両辺を2^{n+1}で割ると

$$\frac{a_{n+1}}{2^{n+1}}-\frac{a_n}{2^n}=\frac{1}{4}$$

よって，数列$\left\{\dfrac{a_n}{2^n}\right\}$は初項が$\dfrac{a_1}{2}=\dfrac{1}{2}$，公差$\dfrac{1}{4}$の等差数列だから

$$\frac{a_n}{2^n}=\frac{1}{2}+\frac{1}{4}(n-1)=\frac{1}{4}(n+1)$$

$$\therefore\quad a_n=(n+1)2^{n-2}$$

4　群数列

次の数列は，自然数の列1，2，3，4，5，6，…に，最初から1個，2個，3個，…と順に区切りを入れたものである。

1	2　3	4　5　6	7　8　9　10	11　12　…　…（＊）
第1群	第2群	第3群	第4群	

このように，いくつかの項ごとに区切られた数列を群数列とよび，区切られた各部分を順に第1群，第2群，第3群，…とよぶ。

群数列の問題では，各群の構造，特に

・各群の項数

・各群の最後の項（あるいは最初の項）

をおさえることがポイントになる。

例題2　**群数列**

前頁の数列（＊）において，

(1)　第25群の中の3番目の項は何か。

(2)　500は，第何群の何番目の項か。

解答　(1)　303

(2)　第32群の4番目

解説　この群数列では，第k群はk個の項からなる。よって，第n群の最後の項はこの数列の最初から数えて$(1+2+3+\cdots+n)$番目の項，

すなわち第$\dfrac{n(n+1)}{2}$項である。

(1)　第24群の最後の項は$\dfrac{24\cdot 25}{2}=300$であり，求める項はその3つ先である。よって求める項は303である。

(2)　$\dfrac{31\cdot 32}{2}=496$，$\dfrac{32\cdot 33}{2}=528$

であることから，500は第32群の（$500-496=$）4番目の項である。

補足　(2)で，いきなり31や32を持ち出したが，

これは$500\leqq\dfrac{n(n+1)}{2}\iff 1000\leqq n(n+1)$を満たす最小の$n$を考える際，

$n(n+1)\fallingdotseq n^2$とみなして，$n\fallingdotseq\sqrt{1000}=10\sqrt{10}\fallingdotseq 32$

と見当をつけたわけである。

例題3　**群数列（群の項数が指数関数の場合）**

1から順に奇数を並べて，下のように1個，2^1個，2^2個，2^3個，…となるように群に分ける。

$1\,|\,3\quad 5\,|\,7\quad 9\quad 11\quad 13\,|\,15\quad 17\quad 19\quad 21\quad 23\quad 25\quad 27\quad 29\,|\cdots$

このとき，第6群に含まれる数の総和を求めよ。

〈福岡県・福岡市・北九州市〉

解答　3008

解説　この数列の初項から第n項までの和は$S_n=\sum_{k=1}^{n}(2k-1)=n^2$である。初項から第$m$群の最後の項までの項数は$1+2+2^2+\cdots+2^{m-1}=2^m-1$なので，第$m$群に含まれる数の総和を$D_m$とすると

$$D_m=S_{2^m-1}-S_{2^{m-1}-1}=(2^m-1)^2-(2^{m-1}-1)^2$$

$$=(2^m+2^{m-1}-2)(2^m-2^{m-1})=(3\cdot 2^{m-1}-2)2^{m-1}$$

$$\therefore\quad D_6=(3\cdot 2^5-2)2^5=94\cdot 32=3008$$

5　数学的帰納法

数列の問題に限らず，自然数nに関する命題の証明では，まず数学的帰納法を考えてみる。万能ではないが手堅い証明方法だからだ。

数学的帰納法には決まった書式があるが，以下のように記述すると簡潔である。

題意の命題を$P(n)$で表し，nに関する数学的帰納法で証明する。
(i)　$n=1$のとき，…より，$P(1)$は真。
(ii)　$P(k)$が真と仮定すると，…。よって，$P(k+1)$も真。
(i), (ii)より，すべての自然数nについて$P(n)$は成り立つ。

(ii)の仮定のことを数学的帰納法の仮定という。帰納法の仮定に出てくるkは$k\geqq 1$である。数学的帰納法は，下図の色を付けた部分を証明することにより，与えられた命題はすべての自然数について成り立つことを主張する，という証明方法である。

$$P(1)\to P(2)\to P(3)\to P(4)\to\cdots\to P(k)\to P(k+1)\to\cdots$$

演習問題

1 ★☆☆

下の図のように，正五角形$A_1B_1C_1D_1E_1$の対角線の交点によってできる正五角形を$A_2B_2C_2D_2E_2$とする。さらに，正五角形$A_2B_2C_2D_2E_2$に対角線を引き正五角形$A_3B_3C_3D_3E_3$を作る。このように，正五角形に対角線を引くことで正五角形$A_nB_nC_nD_nE_n$を作ることができる。

正五角形$A_1B_1C_1D_1E_1$の1辺の長さをa_1，正五角形$A_nB_nC_nD_nE_n$の1辺の長さをa_nとし，$a_1=1$のとき，a_nをnを用いて表せ。

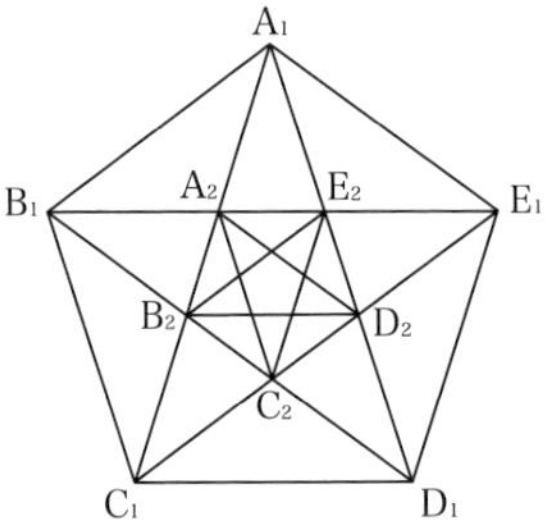

〈茨城県〉

2 ★★☆

数列$\{a_n\}$を$a_1=4$，$a_{n+1}=4-\dfrac{3}{a_n}$（nは自然数）で定め，
$b_n=a_1\times a_2\times\cdots\times a_n$とする。次の各問いに答えよ。

(1) 数列$\{b_n\}$の一般項を求めよ。

(2) 数列$\{a_n\}$の一般項を求めよ。

〈京都市〉

3 ★★☆

数列$\{a_k\}$はn個の項からなる数列で，$a_k=1-\dfrac{2}{n}\sum_{j=1}^{k}a_j$（$1\leqq k\leqq n$）を満たすとき，$a_n$を求めよ。

〈奈良県〉

4 ★☆☆

数列$\{a_n\}$は次の漸化式

$$a_1=1,\ a_{n+1}=\frac{3a_n}{a_n+3}\ (n=1,\ 2,\ 3,\ \cdots)$$

を満たしている。このとき，次の各問いに答えよ。

(1)　a_nを求めよ。

(2)　$\displaystyle\sum_{k=1}^{n} a_k a_{k+1}$を求めよ。

〈山形県〉

5 ★★☆

$a_1=1,\ a_2=2,\ a_{n+2}=2\sqrt{\dfrac{(a_{n+1})^5}{(a_n)^3}}\ (n=1,\ 2,\ 3,\ 4,\ \cdots)$によって定義される数列$\{a_n\}$の一般項$a_n$を求めよ。

〈福岡県・福岡市・北九州市〉

6 ★★☆

下の図のように，長方形に直線を引き，その長方形を分割することを考える。

直線を1本引くと，その長方形は2つに分割でき，2本引くと最大4つに分割することができ，3本引くと最大7つに分割することができる。

長方形を67個の部分に分割するためには，最も少ない本数で何本の直線を引けばよいか求めよ。

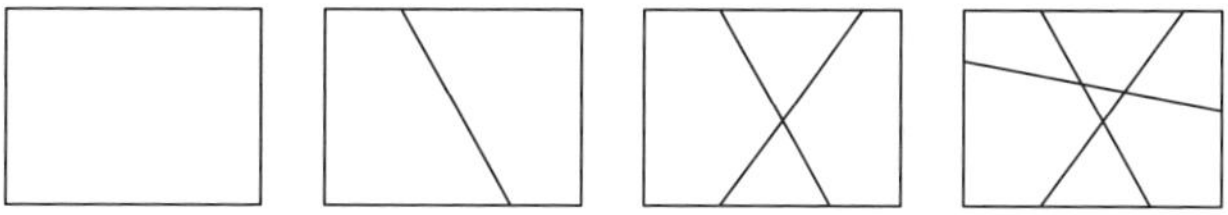

1本…2つに分割　2本…4つに分割　3本…7つに分割

〈埼玉県・さいたま市〉

7 ★☆☆

数列$\{a_n\}$が$a_1=2,\ a_2=5,\ a_{n+2}=4a_{n+1}-3a_n\ (n=1,\ 2,\ \cdots\cdots)$で与えられているとき，$a_n$を$n$で表せ。

〈山梨県〉

8 ★★☆

次の各問いに答えよ。

(1) $M=\{a+b\sqrt{2}\mid a,\ b\in Z\}$（ただし，$Z$は整数全体の集合）とする。$m,\ n\in M$のとき，$m+n\in M,\ mn\in M$であることを示せ。

(2) $(1+\sqrt{2})^n=a_n+b_n\sqrt{2}$（ただし，$n$は正の整数）で定まる２つの整数$a_n,\ b_n$の表す数列を$\{a_n\}$，$\{b_n\}$とする。このとき，次の問いに答えよ。

(i) a_{n+1}，b_{n+1}を$a_n,\ b_n$を用いて表せ。

(ii) $a_n,\ b_n$をそれぞれ求めよ。

〈栃木県〉

9 ★★☆

次の数列$\{a_n\}$の初項から第n項までの和をS_nとする。

$$a_n=\left[\frac{2n}{3}\right]\ (n=1,\ 2,\ 3,\ \cdots)$$

ただし，$[x]$はxを超えない最大の整数を表すものとする。

このとき，次の各問いに答えよ。

(1) S_3，S_6，S_{100}を求めよ。

(2) S_nを求めよ。

〈福島県〉

10 ★☆☆

次の文の空欄に当てはまる数値を答えよ。

無限級数$\dfrac{1}{2\cdot3}+\dfrac{1}{3\cdot4}+\dfrac{1}{4\cdot5}+\dfrac{1}{5\cdot6}+\cdots$の和は（　　）である。

〈愛知県〉

11 ★☆☆

数列$\{a_n\}$が$a_1=4$，$a_n>0$および関係式$\log_2\dfrac{a_{n+1}}{a_n}=2+\log_2\dfrac{n}{n+1}$（$n=1,\ 2,\ 3,\ \cdots$）を満たしている。次の各問いに答えよ。

(1) a_nをnの式で表せ。

(2) $\displaystyle\sum_{k=1}^{n}k^2a_k$を$n$の式で表せ。

〈静岡県・静岡市〉

12 ★★☆

次の数列を $\{a_n\}$ とするとき，次の各問いに答えよ。

$$\frac{1}{1},\ \frac{1}{2},\ \frac{2}{1},\ \frac{1}{3},\ \frac{2}{2},\ \frac{3}{1},\ \frac{1}{4},\ \frac{2}{3},\ \frac{3}{2},\ \frac{4}{1},\ \frac{1}{5},\ \frac{2}{4},\ \cdots$$

(1)　a_{30} を求めよ。

(2)　$a_1 \times a_2 \times a_3 \times \quad \cdots \quad \times a_{49} \times a_{50}$ を求めよ。

(3)　a_n の値が1となる n のうち，もっとも大きいものを求めよ。
ただし，$n < 100$ とする。

〈宮城県・仙台市〉

13 ★★★

次の数列について，あとの問いに答えよ。ただし，第 m 群に m 個の数が含まれるように区切られているものとする。

$1|2,\ 3|3,\ 4,\ 5|4,\ 5,\ 6,\ 7|5,\ 6,\ 7,\ 8,\ 9|\cdots\cdots|m,\ m+1,\ m+2,\ \cdots|\cdots\cdots$

(1)　各群の最後の数は奇数になることを示せ。

(2)　初めて2004が現れるのは第何群か。またそのとき，2004はその群の何番目の数であるか求めよ。

(3)　第1群から第 m 群の n 番目 $(m \geqq n)$ までのすべての数の和を $S(m,\ n)$ とする。このとき $S(m,\ n) \geqq 2004$ を満たす m の最小値とそのときの n の最小値を求めよ。

〈兵庫県〉

14 ★★☆

次のように0以上の整数 n が，2^n 個ずつ順番に並んだ数列

$0,\ 1,\ 1,\ 2,\ 2,\ 2,\ 2,\ 3,\ 3,\ 3,\ 3,\ 3,\ 3,\ 3,\ 3,\ 4,\ \cdots$

がある。このとき，次の各問いに答えよ。

(1)　この数列において初めて5が現れるのは第何項か。

(2)　この数列の第580項を求めよ。

(3)　この数列の初項から整数 n が現れる最後の項までの総和を求めよ。ただし，n は0以上の整数とする。

〈鹿児島県〉

15 ★☆☆

$a_1=4$, $a_{n+1}=2a_n-n^2+2$ ($n=1, 2, 3\cdots$) で定められる数列を $\{a_n\}$ とするとき，次の各問いに答えよ。

(1) a_3 を求めよ。

(2) 一般項 a_n を求めよ。

〈佐賀県〉

16 ★★☆

n を自然数とし，数列 $\{a_n\}$ を $a_1=1$, $a_{n+1}a_n+2a_{n+1}-8=0$ と定義する。

このとき，次の各問いに答えよ。

(1) $1\leqq a_n\leqq\dfrac{8}{3}$ であることを，数学的帰納法を用いて証明せよ。

(2) $\displaystyle\lim_{n\to\infty}a_n=2$ であることを証明せよ。

〈京都府〉

17 ★☆☆

自然数 n に関して

等式　$1^2+2^2+3^2+\cdots\cdots+n^2=\dfrac{1}{6}n(n+1)(2n+1)$　…①

が成り立つ。このとき次の各問いに答えよ。

(1) 等式①が成り立つことを数学的帰納法で証明したい。模範解答を書け。
また，指導上の留意点をその模範解答の流れにそって，箇条書きで答えよ。

(2) $(k+1)^3$ の展開式を利用して，等式①を証明せよ。

〈長崎県〉

演習問題　解答・解説

1

$$a_n=\left(\frac{3-\sqrt{5}}{2}\right)^{n-1}$$

解説

正五角形$A_nB_nC_nD_nE_n$の作り方から，

正五角形$A_nB_nC_nD_nE_n$∽正五角形$A_{n+1}B_{n+1}C_{n+1}D_{n+1}E_{n+1}$（相似比は$n$によらず等しい）。

相似比をrとすれば，数列$\{a_n\}$は公比rの等比数列で，

$$a_n=r^{n-1}a_1=r^{n-1}$$

正五角形の対称性から，$\triangle A_1A_2B_1$は二等辺三角形$(A_2A_1=A_2B_1)$で，また，$\triangle A_1A_2E_2$も二等辺三角形$(A_1A_2=A_1E_2)$である。

さらに，円周角の定理より

$\angle B_1A_1A_2=\angle A_2A_1E_2$だから，この角の大きさを$\alpha$とすると，

$$\angle A_1A_2E_2=\angle A_2A_1B_1+\angle A_2B_1A_1=2\alpha$$

すると，

$$\angle B_1A_1E_2=\angle B_1A_1A_2+\angle A_2A_1E_2=2\alpha$$

$$\angle B_1E_2A_1=\angle A_1A_2E_2=2\alpha$$

なので，$\triangle B_1A_1E_2$は二等辺三角形であり，かつ$\triangle A_1A_2E_2$と相似である。

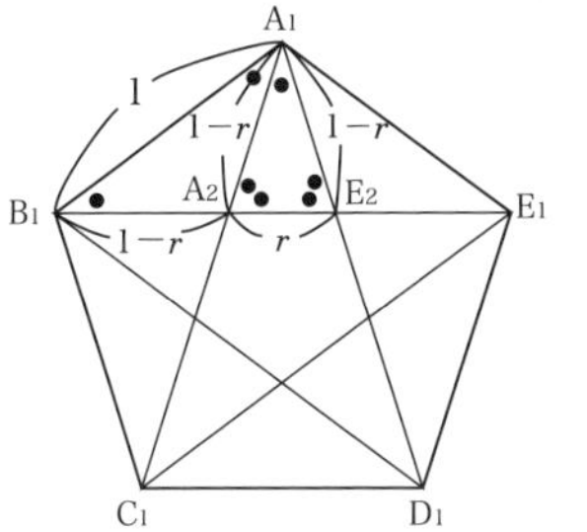

よって，

$$1:(1-r)=(1-r):r$$

$$\therefore\quad r^2-3r+1=0$$

が成り立ち，この方程式の解のうち$0<r<1$を満たすものを考えて，

$$r=\frac{3-\sqrt{5}}{2}$$

以上により，求める答は

$$a_n=\left(\frac{3-\sqrt{5}}{2}\right)^{n-1}$$

2

(1)　$\boldsymbol{b_n=\frac{1}{2}(3^{n+1}-1)}$

(2)　$\boldsymbol{a_n=\frac{3^{n+1}-1}{3^n-1}}$

解説

(1)　$a_{n+1}=4-\dfrac{3}{a_n}$より，

$$a_{n+1}a_n=4a_n-3$$

$$a_{n+1}a_na_{n-1}=4a_na_{n-1}-3a_{n-1}$$

$$\vdots$$

だから，

$$a_{n+1}a_na_{n-1}\cdots a_1$$

$$=4a_na_{n-1}\cdots a_1-3a_{n-1}\cdots a_1$$

よって，

$$b_{n+1}=4b_n-3b_{n-1}\quad\cdots①$$

①より

$$\begin{aligned}b_{n+1}-3b_n&=b_n-3b_{n-1}\\&=b_{n-1}-3b_{n-2}\\&=\cdots\cdots\\&=b_2-3b_1\end{aligned}$$

ところで

$$b_1=a_1=4$$

$$b_2=a_1a_2=4\times\left(4-\frac{3}{a_1}\right)=13$$

だから，

$$b_{n+1}-3b_n=13-12$$

$$\therefore\quad b_{n+1}-3b_n=1\quad\cdots②$$

また，①より

$$b_{n+1}-b_n=3(b_n-b_{n-1})$$

だから，数列$\{b_{n+1}-b_n\}$は，

初項$b_2-b_1=9$，公比3の等比数列だから，

$$b_{n+1}-b_n=9\cdot3^{n-1}$$

$$\therefore\quad b_{n+1}-b_n=3^{n+1}\quad\cdots③$$

②−③より

$$-2b_n=1-3^{n+1}$$

$$\therefore\quad b_n=\frac{1}{2}(3^{n+1}-1)$$

(別解)

線形3項間漸化式の特性方程式を使う。①の特性方程式は

$$t^2-4t+3=0$$

で，異なる2解3，1をもつ。よって

$$b_n=A\cdot 3^{n-1}+B$$

と形が決まる。

$b_1=4$，$b_2=13$なので

$$A+B=4$$

$$3A+B=13$$

これを解いて，$A=\frac{9}{2}$，$B=-\frac{1}{2}$

(以下同様)

(2) $n\geqq 2$のとき，

$$a_n=\frac{b_n}{b_{n-1}}=\frac{\frac{1}{2}(3^{n+1}-1)}{\frac{1}{2}(3^n-1)}$$

$$=\frac{3^{n+1}-1}{3^n-1}\quad\cdots④$$

また仮定より$a_1=4$で，これは④で形式的に$n=1$としたものに等しい。よって④はすべての自然数nについて正しいことがわかり，よって求める一般項は

$$a_n=\frac{3^{n+1}-1}{3^n-1}$$

3

$$\boldsymbol{a_n=\left(\frac{n}{n+2}\right)^n}$$

解説

$$a_k=1-\frac{2}{n}S_k\quad より$$

$$a_{k-1}=1-\frac{2}{n}S_{k-1}$$

辺々の引き算をすると，

$$a_k-a_{k-1}=-\frac{2}{n}a_k$$

$$\left(1+\frac{2}{n}\right)a_k=a_{k-1}$$

$$\therefore\quad a_k=\frac{n}{n+2}a_{k-1}$$

$$=\left(\frac{n}{n+2}\right)^2a_{k-2}$$

$$=\cdots\cdots$$

$$=\left(\frac{n}{n+2}\right)^{k-1}a_1$$

ところで，

$$a_1=1-\frac{2}{n}\sum_{j=1}^{1}a_j=1-\frac{2}{n}a_1$$

だから，

$$a_1=\frac{n}{n+2}$$

よって，

$$a_k=\left(\frac{n}{n+2}\right)^k$$

となるので，

$$a_n=\left(\frac{n}{n+2}\right)^n$$

4

(1) $\boldsymbol{a_n=\frac{3}{n+2}}$

(2) $\boldsymbol{\sum_{k=1}^{n}a_ka_{k+1}=\frac{3n}{n+3}}$

解説

(1) 任意の自然数nに対して，

$a_{n+1}=0$とすると，仮定より，

$a_n=0$だから，

$$a_{n+1}=a_n=\cdots\cdots=a_1=0$$

となり，$a_1=1$に反する。

したがって，任意の自然数nに対して，

$$a_n\neq 0$$

仮定より，

$$\frac{1}{a_{n+1}}=\frac{a_n+3}{3a_n}=\frac{1}{a_n}+\frac{1}{3}$$

よって，数列$\left\{\frac{1}{a_n}\right\}$は初項$\frac{1}{a_1}=1$，公差$\frac{1}{3}$の等差数列なので，

$$\frac{1}{a_n}=1+\frac{1}{3}(n-1)=\frac{1}{3}n+\frac{2}{3}$$

$$\therefore \quad a_n=\frac{3}{n+2}$$

(2) $$a_k a_{k+1}=\frac{9}{(k+2)(k+3)}$$

$$=9\left(\frac{1}{k+2}-\frac{1}{k+3}\right)$$

だから，

$$\sum_{k=1}^{n} a_k a_{k+1}=9\left(\frac{1}{3}-\frac{1}{n+3}\right)$$

$$=\frac{3n}{n+3}$$

5

$$\boldsymbol{a_n=2^{\frac{3^n}{2^{n-2}}-2n-4}}$$

解説

$$(a_{n+2})^2=4\cdot\frac{{a_{n+1}}^5}{{a_n}^3}$$

$$\left(4\cdot\frac{a_{n+2}}{a_{n+1}}\right)^2=\left(4\cdot\frac{a_{n+1}}{a_n}\right)^3$$

$4\cdot\dfrac{a_{n+1}}{a_n}=b_n$　…①(任意の自然数nに対して，$a_n>0$より，$b_n>0$)とすると，

$$b_{n+1}{}^2=b_n{}^3$$

両辺の対数をとると，

$$2\log b_{n+1}=3\log b_n$$

$$\therefore \quad \log b_{n+1}=\frac{3}{2}\log b_n$$

よって，数列$\{\log b_n\}$は，

初項$\log b_1=\log\left(4\cdot\dfrac{a_2}{a_1}\right)=\log 8$，

公比$\dfrac{3}{2}$の等比数列だから，

$$\log b_n=\left(\frac{3}{2}\right)^{n-1}\cdot\log 8$$

$$=\log 2^{3\cdot\left(\frac{3}{2}\right)^{n-1}}$$

$$=\log 2^{\frac{3^n}{2^{n-1}}}$$

だから，

$$b_n=2^{\frac{3^n}{2^{n-1}}}$$

①より，

$$4\cdot\frac{a_{n+1}}{a_n}=2^{\frac{3^n}{2^{n-1}}}$$

したがって，

$$\frac{4a_2}{a_1}\times\frac{4a_3}{a_2}\times\frac{4a_4}{a_3}\times\cdots\times\frac{4a_n}{a_{n-1}}$$

$$=2^3\times 2^{\frac{9}{2}}\times 2^{\frac{27}{4}}\times\cdots\times 2^{\frac{3^{n-1}}{2^{n-2}}}$$

$$4^{n-1}\cdot a_n=2^{3+\frac{9}{2}+\frac{27}{4}+\cdots+\frac{3^{n-1}}{2^{n-2}}}$$

$$=2^{6\left\{\left(\frac{3}{2}\right)^{n-1}-1\right\}}$$

したがって，

$$a_n=2^{6\left\{\left(\frac{3}{2}\right)^{n-1}-1\right\}-2(n-1)}$$

$$a_n=2^{\frac{3^n}{2^{n-2}}-2n-4}$$

6

11本

解説

分割数が最大になるようにするには，

・どの2直線も交わる

・どの3直線も1点では交わらない

というように直線を引くことになる。

直線をn本引いたときの最大分割数をa_nとおく。このとき，

$$a_0=1 \quad \cdots①$$

(1本も引いていない状態を便宜上a_0と表した。)

$$a_n=a_{n-1}+n \quad \cdots②$$

が成り立つ。②は，「n本目を引くと，それまでに比べて分割数がn個増える」ということを意味する。

これは，

・n本目の直線(Lとよぶ)を引くと，それまでに引かれている$(n-1)$本の直線すべてと交わる。

・そして，Lがすでに引かれている直線と交点を持つたびに分割数は1つ増える。

・また，Lが長方形の縁に達したときも分割数は1つ増える。

という事実からわかる。例えば，次図で4本目の直線Lを★からA_4へ引くことを考えてみる。LがA_1，A_2，A_3，A_4に達する瞬間にそれぞれ分割数が1つずつ増えていく。

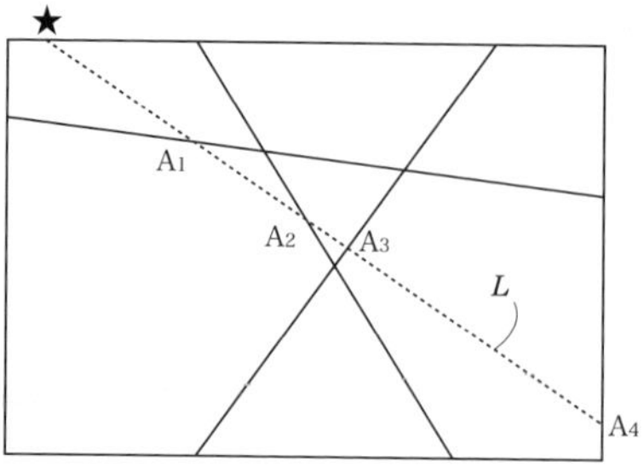

①と②から，

$$a_n=1+\sum_{k=1}^{n}k=1+\frac{n(n+1)}{2}$$

が得られる。すると，

$$a_n=67 \iff 1+\frac{n(n+1)}{2}=67$$

$$\iff (n+12)(n-11)=0$$

$$\iff n=11 \quad (\because \quad n>0)$$

となるので，求める本数は11本である。

7

$$\boldsymbol{a_n=\frac{3^n+1}{2}}$$

解説

$a_{n+2}=4a_{n+1}-3a_n$は次の①および②に変形できる。

$$a_{n+2}-a_{n+1}=3(a_{n+1}-a_n) \quad \cdots①$$

$$a_{n+2}-3a_{n+1}=a_{n+1}-3a_n \quad \cdots②$$

①は数列$\{a_{n+1}-a_n\}$が公比3の等比数列であることを，②は$\{a_{n+1}-3a_n\}$が定数数列であることを意味するので，まず①から

$$a_{n+1}-a_n=3^{n-1}(a_2-a_1)$$

$$\therefore \quad a_{n+1}-a_n=3^n \quad \cdots③$$

が得られ，また②から

$$a_{n+1}-3a_n=a_2-3a_1$$

$$\therefore \quad a_{n+1}-3a_n=-1 \quad \cdots④$$

が得られる。

③から④を辺々引いて，

$$2a_n=3^n+1$$

$$\therefore \quad a_n=\frac{3^n+1}{2}$$

8

(1) $\boldsymbol{m=a+b\sqrt{2},\ n=c+d\sqrt{2}}$

$\boldsymbol{(a,\ b,\ c,\ d\in Z)}$

とすると，

$$\boldsymbol{m+n=(a+c)+(b+d)\sqrt{2}\in M}$$

$$\boldsymbol{mn=(a+b\sqrt{2})(c+d\sqrt{2})}$$

$$\boldsymbol{=(ac+2bd)+(ad+bc)\sqrt{2}\in M}$$

（証明終わり）

(2) (i) $\boldsymbol{\begin{cases} a_{n+1}=a_n+2b_n \\ b_{n+1}=a_n+b_n \end{cases}}$

(ii) $\boldsymbol{a_n=\frac{1}{2}\{(1+\sqrt{2})^n+(1-\sqrt{2})^n\}}$

$\boldsymbol{b_n=\frac{\sqrt{2}}{4}\{(1+\sqrt{2})^n-(1-\sqrt{2})^n\}}$

解説

(2) (i) $(1+\sqrt{2})^{n+1}=(1+\sqrt{2})^n(1+\sqrt{2})$

より

$$a_{n+1}+b_{n+1}\sqrt{2}=(a_n+b_n\sqrt{2})(1+\sqrt{2})$$

$$=a_n+2b_n+(a_n+b_n)\sqrt{2}$$

だから，

$$\begin{cases} a_{n+1}=a_n+2b_n & \cdots① \\ b_{n+1}=a_n+b_n & \cdots② \end{cases}$$

(ii) ②より，　$a_n=b_{n+1}-b_n$

$$a_{n+1}=b_{n+2}-b_{n+1}$$

①に代入して

$$b_{n+2}-b_{n+1}=b_{n+1}+b_n$$

$$b_{n+2}-2b_{n+1}-b_n=0 \quad \cdots③$$

③より，

$$b_{n+2}-(1+\sqrt{2})b_{n+1}$$

$$=(1-\sqrt{2})\{b_{n+1}-(1+\sqrt{2})b_n\}$$

だから，

$$b_{n+1}-(1+\sqrt{2})b_n=(1-\sqrt{2})^n \quad \cdots④$$

また，③より，

$$b_{n+2}-(1-\sqrt{2})b_{n+1}$$

$$=(1+\sqrt{2})\{b_{n+1}-(1-\sqrt{2})b_n\}$$

だから，

$$b_{n+1}-(1-\sqrt{2})b_n=(1+\sqrt{2})^n \quad \cdots⑤$$

④−⑤より，

$$-2\sqrt{2}b_n=(1-\sqrt{2})^n-(1+\sqrt{2})^n$$

$$\therefore\quad b_n=\frac{\sqrt{2}}{4}\{(1+\sqrt{2})^n-(1-\sqrt{2})^n\}$$

$a_n=b_{n+1}-b_n$　より，

$$a_n$$
$$=\frac{\sqrt{2}}{4}\{(1+\sqrt{2})^{n+1}-(1-\sqrt{2})^{n+1}$$
$$-(1+\sqrt{2})^n+(1-\sqrt{2})^n\}$$
$$=\frac{\sqrt{2}}{4}\{(1+\sqrt{2})^n\sqrt{2}+(1-\sqrt{2})^n\sqrt{2}\}$$
$$=\frac{1}{2}\{(1+\sqrt{2})^n+(1-\sqrt{2})^n\}$$

9

(1)　$\boldsymbol{S_3=3,\ S_6=12,\ S_{100}=3333}$

(2)

$$\boldsymbol{S_n=\begin{cases}\dfrac{n^2}{3} & (n=3k\text{のとき})\\[2mm] \dfrac{1}{3}(n^2-1) & (n\neq 3k\text{のとき})\end{cases}}$$

解説

(1)　$S_3=a_1+a_2+a_3$

$$=\left[\frac{2}{3}\right]+\left[\frac{4}{3}\right]+\left[\frac{6}{3}\right]$$
$$=0+1+2$$
$$=3$$

$S_6=S_3+a_4+a_5+a_6$

$$=3+2+3+4$$
$$=12$$

$$S_{3k}-S_{3(k-1)}=a_{3k-2}+a_{3k-1}+a_{3k}$$
$$=\left[2k-\frac{4}{3}\right]+\left[2k-\frac{2}{3}\right]+[2k]$$
$$=(2k-2)+(2k-1)+(2k)$$
$$=6k-3$$

より

$$S_{100}=\sum_{k=1}^{33}(6k-3)+a_{100}$$
$$=6\sum_{k=1}^{33}k-\sum_{k=1}^{33}3+\left[\frac{200}{3}\right]$$
$$=3366-99+66$$
$$=3333$$

(2)　$\{a_n\}$を3項ずつ区切った群数列を考えると，(1)の解説から第k群は

$$\begin{array}{ccc} a_{3k-2}, & a_{3k-1}, & a_{3k}\\ \parallel & \parallel & \parallel\\ 2k-2, & 2k-1, & 2k \end{array}$$

で，その和は$6k-3$となる。

(イ)　$n=3k$のとき

$$S_n=\sum_{x=1}^{k}(6x-3)=3k^2=3\times\left(\frac{n}{3}\right)^2$$
$$=\frac{n^2}{3}$$

(ロ)　$n=3k-1$のとき

$$S_n=3k^2-a_{3k}$$
$$=3k^2-2k$$
$$=3\times\left\{\frac{1}{3}(n+1)\right\}^2-2\times\frac{1}{3}(n+1)$$
$$=\frac{1}{3}(n^2-1)$$

(ハ)　$n=3k-2$のとき

$$S_n=(3k^2-2k)-a_{3k-1}$$
$$=3k^2-2k-(2k-1)$$
$$=3k^2-4k+1$$
$$=3\left\{\frac{1}{3}(n+2)\right\}^2-\frac{4}{3}(n+2)+1$$
$$=\frac{1}{3}(n^2-1)$$

(イ)～(ハ)より，

$$S_n=\begin{cases}\dfrac{n^2}{3} & (n=3k\text{のとき})\\[2mm] \dfrac{1}{3}(n^2-1) & (n\neq 3k\text{のとき})\end{cases}$$

10

$$\boldsymbol{\frac{1}{2}}$$

解説

題意の無限級数の値は，

$$\lim_{n\to\infty}\sum_{k=1}^{n}\frac{1}{(k+1)(k+2)}$$
$$=\lim_{n\to\infty}\sum_{k=1}^{n}\left(\frac{1}{k+1}-\frac{1}{k+2}\right)$$
$$=\lim_{n\to\infty}\left(\frac{1}{2}-\frac{1}{n+2}\right)$$
$$=\frac{1}{2}$$

11

(1) $\boldsymbol{a_n=\dfrac{4^n}{n}}$

(2) $\displaystyle\sum_{k=1}^{n}\boldsymbol{k^2a_k=\frac{(3n-1)4^{n+1}+4}{9}}$

解説

(1) $\log_2\dfrac{a_{n+1}}{a_n}=\log_2\dfrac{4n}{n+1}$ より

$$\frac{a_{n+1}}{a_n}=\frac{4n}{n+1}$$

$$\therefore\quad (n+1)a_{n+1}=4\times na_n$$

よって，数列$\{na_n\}$は，初項$1\cdot a_1=4$，公比4の等比数列だから，

$$na_n=4^n\quad\therefore\quad a_n=\frac{4^n}{n}$$

(2) $k^2a_k=k^2\cdot\dfrac{4^k}{k}=k\cdot 4^k$ より

$S_n=\displaystyle\sum_{k=1}^{n}k^2a_k$ とすると，

$$S_n=1\cdot4+2\cdot4^2+3\cdot4^3+\cdots+n\cdot4^n$$

$$4S_n=\qquad 1\cdot4^2+2\cdot4^3+\cdots+(n-1)4^n+n\cdot4^{n+1}$$

辺々，引き算すると，

$$-3S_n=4+4^2+4^3+\cdots+4^n-n\cdot4^{n+1}$$

$$=\frac{4(1-4^n)}{-3}-n\cdot4^{n+1}$$

$$\therefore\quad S_n=\frac{4-4^{n+1}}{9}+\frac{n\cdot4^{n+1}}{3}$$

$$=\frac{(3n-1)4^{n+1}+4}{9}$$

12

(1) $\boldsymbol{\dfrac{2}{7}}$　　(2) $\boldsymbol{\dfrac{1}{252}}$

(3) **85**

解説

$\dfrac{1}{1}\,\Big|\,\dfrac{1}{2},\ \dfrac{2}{1}\,\Big|\,\dfrac{1}{3},\ \dfrac{2}{2},\ \dfrac{3}{1}\,\Big|\,\dfrac{1}{4},\ \dfrac{2}{3},\ \cdots$ と群に分ける。

(1) a_{30}が第k群に含まれるとすると，

$$\frac{1}{2}k(k-1)<30\leqq\frac{1}{2}k(k+1)$$

$$\frac{1}{2}\cdot8\cdot7<30\leqq\frac{1}{2}\cdot8\cdot9$$

よって，a_{30}は第8群の第2項目だから，

$$a_{30}=\frac{2}{7}$$

(2) 第k群に含まれる数の積は

$$\frac{1}{k}\times\frac{2}{k-1}\times\frac{3}{k-2}\times\cdots\times\frac{k-1}{2}\times\frac{k}{1}=1$$

また，

$$\frac{1}{2}\times10\times9<50\leqq\frac{1}{2}\times10\times11$$

より，a_{50}は第10群の第5項だから，

$$(\text{与式})=1\times\frac{1}{10}\times\frac{2}{9}\times\frac{3}{8}\times\frac{4}{7}\times\frac{5}{6}$$

$$=\frac{1}{252}$$

(3) $a_n=1$となるのは，第1群第1項，第3群第2項，第5群第3項，……だから，題意を満たす数が，第$(2k-1)$群第k項とすると，

$$\frac{1}{2}(2k-1)(2k-2)+k<100$$

$$2k^2-2k+1<100$$

$$2\left(k-\frac{1}{2}\right)^2+\frac{1}{2}<100$$

$k\geqq1$において，左辺はkについて単調増加であり，これを満たす最大の自然数は$k=7$である。したがって，第13群第7項となるので，

$$n=\frac{1}{2}\times13\times12+7=85$$

13

(1) 第$\boldsymbol{m}$群は，初項$\boldsymbol{m}$，公差1，項数$\boldsymbol{m}$の等差数列。

第$\boldsymbol{m}$群の最後の数は，第$\boldsymbol{m}$群の$\boldsymbol{m}$番目の項となるから，この数は

$$\boldsymbol{m+(m-1)\times1=2m-1}$$

となる。

よって，$\boldsymbol{m}$の値に関係なく，各群の最後の数は常に奇数となる。

（証明終わり）

(2)　第1003群の1002番目

(3)　$\boldsymbol{m=16}$，$\boldsymbol{n=10}$

解説

(2)　2004が初めて現れるのは，第m群の最後の数が2005のときだから，

$2m-1=2005$　より，

$\therefore\quad m=1003$

このとき2004は，最後から2番目となる。項数は1003だから，

$n=1003-1=1002$

(3)　第m群の各数の和をT_mとおくと，

$$T_m=\frac{m}{2}\{2m+(m-1)\}=\frac{3}{2}m^2-\frac{1}{2}m$$

$\therefore\quad S(m,\ m)$

$$=\sum_{k=1}^{m}T_k=\sum_{k=1}^{m}\left(\frac{3}{2}k^2-\frac{1}{2}k\right)$$

$$=\frac{3}{2}\times\frac{m(m+1)(2m+1)}{6}-\frac{1}{2}\times\frac{m(m+1)}{2}$$

$$=\frac{m^2(m+1)}{2}$$

ここで，$S(m,\ m)=\dfrac{m^2(m+1)}{2}\geqq 2004$ とおくと，

$m^2(m+1)\geqq 4008$　…①

$16^2\times(16+1)=4352$，

$15^2\times(15+1)=3600$ より，

①を満たす最小の自然数mは，

$m=16$

また，第1群から第15群の最後までのすべての数の和は，

$$S(15,\ 15)=\frac{15^2\times(15+1)}{2}=1800$$

また，第16群のうちで1番目からn番目までの数の和は，

$$\frac{n\{2\times16+(n-1)\}}{2}=\frac{n(n+31)}{2}$$

$$S(16,\ n)=1800+\frac{n(n+31)}{2}\geqq 2004$$

より，

$n(n+31)\geqq 408$　…②

$9\times(9+31)=360$，

$10\times(10+31)=410$ より，

②を満たす最小の自然数nは，

$n=10$

14

(1)　第32項　　(2)　9

(3)　$\boldsymbol{(n-1)2^{n+1}+2}$

解説

(1)　$1+2+2^2+2^3+2^4+1=32$

より，この数列において初めて5が現れるのは，第32項

(2)　第580項がkとすると，

$$1+2+2^2\cdots+2^{k-1}<580\leqq 1+2+2^2+\cdots+2^k$$

$2^k-1<580\leqq 2^{k+1}-1$

…，$2^8=256$，$2^9=512$，$2^{10}=1024$，…だから，

$2^9-1<580\leqq 2^{10}-1$

よって，$k=9$

(3)　$S_n=0\cdot2^0+1\cdot2^1+2\cdot2^2+\cdots+n\cdot2^n$

$2S_n=\qquad 0\cdot2^1+1\cdot2^2+\cdots+(n-1)2^n+n\cdot2^{n+1}$

辺々，引き算すると，

$$-S_n=2^1+2^2+\cdots+2^n-n\cdot2^{n+1}$$

$$=2(2^n-1)-n\cdot2^{n+1}$$

$$=(1-n)2^{n+1}-2$$

$\therefore\quad S_n=(n-1)2^{n+1}+2$

15

(1)　$\boldsymbol{a_3=16}$

(2)　$\boldsymbol{a_n=(n+1)^2}$

解説

(1)　$a_2=2a_1-1^2+2=9$

$a_3=2a_2-2^2+2=16$

(2)　$a_1=4$，$a_2=9$，$a_3=16$ より，

$a_n=(n+1)^2$　…①と推測する。

(ｲ)　$n=1$のとき

$a_1=(1+1)^2=4$

よって，①は成り立つ。

(ロ)　$n=k$のとき①が成り立つとすると，

$a_k=(k+1)^2$　…②

$n=k+1$のとき

$$a_{k+1}=2a_k-k^2+2$$
$$=2(k+1)^2-k^2+2\ (\because\ ②)$$
$$=k^2+4k+4$$
$$=\{(k+1)+1\}^2$$

だから，$n=k+1$のときも成り立つ。

以上，(イ)，(ロ)から，数学的帰納法により，すべての自然数nについて，

$a_n=(n+1)^2$

が成り立つ。

16

(1)　数学的帰納法により証明する。

(I)　$n=1$のとき，仮定より$a_1=1$なので

$1\leqq a_1\leqq\dfrac{8}{3}$は成り立つ。

(II)　$n=k$のとき$1\leqq a_k\leqq\dfrac{8}{3}$が成り立つとすると，与えられた漸化式

$a_{k+1}a_k+2a_{k+1}-8=0$は，

$$a_{k+1}=\frac{8}{a_k+2}$$

と変形できる。これより，

$$\frac{8}{\frac{8}{3}+2}\leqq a_{k+1}\leqq\frac{8}{1+2}$$

$$\therefore\quad \frac{12}{7}\leqq a_{k+1}\leqq\frac{8}{3}$$

となり，ここで$1\leqq\dfrac{12}{7}$なので，

$1\leqq a_{k+1}\leqq\dfrac{8}{3}$が成り立つ。

つまり$n=k+1$のときも成り立つ。

(I)と(II)により，すべての自然数nについて$1\leqq a_n\leqq\dfrac{8}{3}$が成り立つことが証明された。

（証明終わり）

(2)　(1)より，$a_{n+1}=\dfrac{8}{a_n+2}$だから，

$$a_{n+1}-2=\frac{8}{a_n+2}-2$$
$$=\frac{-2a_n+4}{a_n+2}$$
$$=\frac{-2}{a_n+2}(a_n-2)$$

となるので，

$$|a_{n+1}-2|=\left|\frac{2}{a_n+2}\right||a_n-2|$$

が成り立つ。ここで(1)の結果から

$$\frac{3}{7}\leqq\frac{2}{a_n+2}\leqq\frac{2}{3}$$

となるので，

$$|a_{n+1}-2|\leqq\frac{2}{3}|a_n-2|$$

であり，よって

$$(0\leqq)|a_n-2|\leqq\left(\frac{2}{3}\right)^{n-1}|a_1-2|=\left(\frac{2}{3}\right)^{n-1}$$

となる。$\left(\dfrac{2}{3}\right)^{n-1}\to 0\ (n\to\infty)$により，はさみうちの原理から

$$\lim_{n\to\infty}|a_n-2|=0\quad\therefore\quad\lim_{n\to\infty}a_n=2$$

が示される。

（証明終わり）

17　〔解答例〕

(1)　(模範解答)

数学的帰納法で証明する。

(I)　$n=1$のとき，

(左辺)$=1^2=1$

(右辺)$=\dfrac{1}{6}\times1\times2\times3=1$

よって，$n=1$のとき，等式①は成り立つ。

(II)　$n=k$のとき，等式①が成り立つとする。つまり

$$1^2+2^2+3^2+\cdots+k^2$$
$$=\frac{1}{6}k(k+1)(2k+1)\quad\cdots②$$

このとき，

$$1^2+2^2+3^2+\cdots+k^2+(k+1)^2$$

$$=\frac{1}{6}k(k+1)(2k+1)+(k+1)^2$$

$$=\frac{1}{6}(k+1)\{k(2k+1)+6(k+1)\}$$

$$=\frac{1}{6}(k+1)(2k^2+7k+6)$$

$$=\frac{1}{6}(k+1)(k+2)(2k+3)$$

$$=\frac{1}{6}(k+1)\{(k+1)+1\}\{2(k+1)+1\}$$

よって，$n=k+1$のときも，等式①は成り立つ。

以上のことより，すべての自然数nについて，等式①は成り立つ。

（指導上の留意点）

・数学的帰納法の意味とその扱い方を正しく理解させる。

・仮定と結論を明確にする。

・最終の結論を正しく記述させる。

(2)　$(k+1)^3=k^3+3k^2+3k+1$より，

$(k+1)^3-k^3=3k^2+3k+1$

$k=1$とすると

$$2^3-1^3=3\cdot1^2+3\cdot1+1$$

$k=2$とすると

$$3^3-2^3=3\cdot2^2+3\cdot2+1$$

$k=3$とすると

$$4^3-3^3=3\cdot3^2+3\cdot3+1$$

$\vdots$

$k=n$とすると

$$(n+1)^3-n^3=3\cdot n^2+3\cdot n+1$$

辺々，加えると，

$$(n+1)^3-1^3$$

$$=3(1^2+2^2+3^2+\cdots+n^2)+3\times(1+2+3+\cdots+n)+n$$

よって，

$$1^2+2^2+3^2+\cdots+n^2$$

$$=\frac{1}{3}\left\{n^3+3n^2+3n-3\times\frac{1}{2}n(n+1)-n\right\}$$

$$=\frac{1}{6}n(n+1)(2n+1)$$

（証明終わり）

10 三角関数・指数関数・対数関数

傾向と対策

三角関数・指数関数・対数関数を含む式の値の計算や方程式の出題が多い。また，対数微分法（yを直接微分しないで $\log y$を微分する方法）や，積分の計算で三角関数の公式を使って次数を下げるなどの応用としての出題がある。

なお，関数の基本的な性質や定理の証明などが出題されることもあるのでしっかり復習しておくこと。この分野から出題される問題の主なキーワードとしては，次のものが挙げられる。

- 周期，弧度法，ラジアン，加法定理，2倍角・半角の公式，合成公式
- 逆関数，底，真数，常用対数

要点Check!

1 三角関数の性質

角度の単位は度数法でも弧度法でもよい（$180°=\pi$［ラジアン］）が，微積分では弧度法を用いる。関数の特徴とグラフの概形を示す。

関数	定義域	値域	対称性	周期	備考
$\sin x$	実数全体	$\lvert\sin x\rvert \leqq 1$	奇関数	2π	$\sin ax$の周期は $\dfrac{2\pi}{\lvert a\rvert}$
$\cos x$	実数全体	$\lvert\cos x\rvert \leqq 1$	偶関数	2π	$\cos x=\sin\left(x+\dfrac{\pi}{2}\right)$
$\tan x$	$\dfrac{\pi}{2}$の奇数倍を除く実数	実数全体	奇関数	π	$x=\dfrac{\pi}{2}\times$（奇数）は漸近線

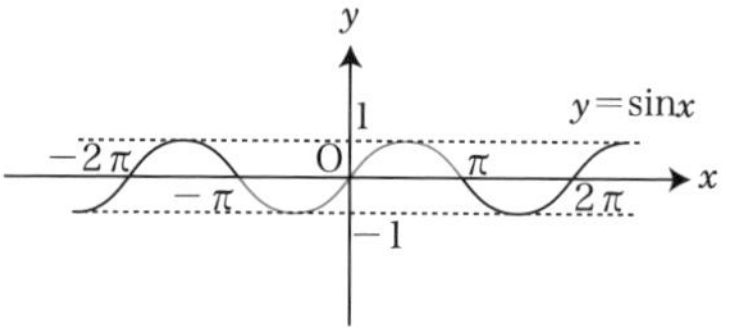

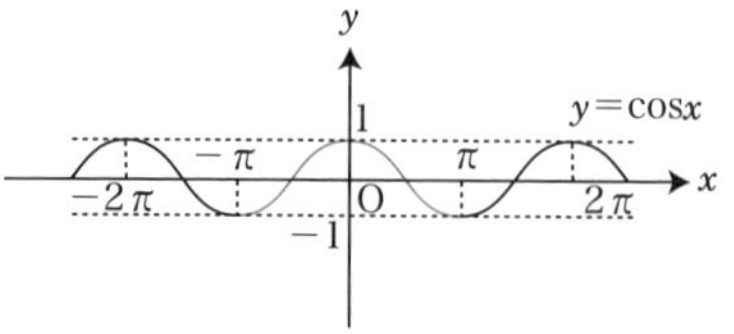

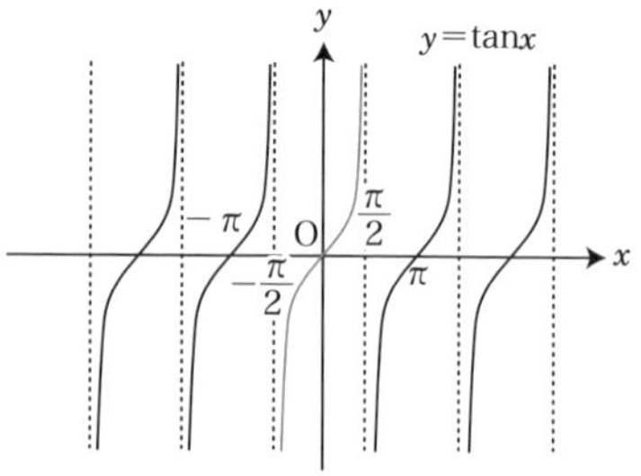

例題1　$y=\tan x$のグラフ

定義域が$0<x<2$のとき，値域が正の実数全体であるような関数$y=f(x)$を1つ求めよ。

〈名古屋市〉

解答　1つの例として，$y=\tan x\left(0<x<\dfrac{\pi}{2}\right)$を$x$軸方向に$\dfrac{2}{\frac{\pi}{2}}$倍して，$y=\tan\dfrac{\pi}{4}x$

解説　一般に$y=f(x)$をx，y軸方向にそれぞれA，B倍すると$y=Bf\left(\dfrac{x}{A}\right)$となる。本問の解は無数にある。$x=0$を漸近線にする案として，$y=\log_a x$（$0<a<1$，$0<x<1$）を$x$軸方向に2倍して$y=\log_a\dfrac{x}{2}$や，$y=\dfrac{1}{x}$（$0<x<1$）を$y$軸方向に$-1$平行移動してから$x$軸方向に2倍して$y=\dfrac{2}{x}-1$など。

2　加法定理

数多い三角関数の公式の基本となるものである。

$$\sin(\alpha\pm\beta)=\sin\alpha\cos\beta\pm\cos\alpha\sin\beta \quad \text{（複号同順）}$$

$$\cos(\alpha\pm\beta)=\cos\alpha\cos\beta\mp\sin\alpha\sin\beta \quad \text{（複号同順）}$$

$$\tan(\alpha\pm\beta)=\frac{\tan\alpha\pm\tan\beta}{1\mp\tan\alpha\tan\beta} \quad \text{（複号同順）}$$

これらは確実に覚えておかなければならない。証明は，任意のα，βに対する$\cos(\alpha-\beta)$の場合を覚えておき（演習問題5参照），他は三角関数の対称性や相互関係を使うのが堅実である。

$$\cos(\alpha+\beta)=\cos(\alpha-(-\beta))$$

$$\sin(\alpha\pm\beta)=\cos\left(\alpha\pm\beta-\frac{\pi}{2}\right)\quad \tan(\alpha\pm\beta)=\frac{\sin(\alpha\pm\beta)}{\cos(\alpha\pm\beta)}\text{（複号同順）}$$

α，βを鋭角に限れば図形的な証明もある。

例題2　tanの加法定理

右の図はAB：BC＝2：3の長方形で，点Eは辺ABの中点で，点Fは辺BCを2：1に分ける点である。このとき，∠BEF－∠ADEを求めよ。

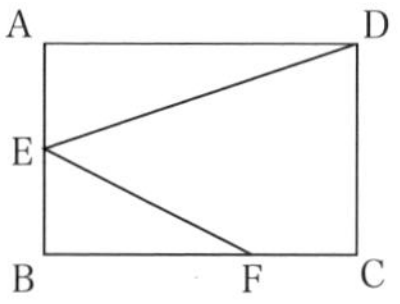

〈沖縄県〉

解答 45°

解説 加法定理を用いると機械的な計算で済む。

$\angle\mathrm{BEF}=\alpha$, $\angle\mathrm{ADE}=\beta$ とおくと $\tan\alpha=2$, $\tan\beta=\dfrac{1}{3}$, $0°<\alpha-\beta<90°$ で

$$\tan(\alpha-\beta)=\frac{\tan\alpha-\tan\beta}{1+\tan\alpha\tan\beta}=\frac{2-\dfrac{1}{3}}{1+2\cdot\dfrac{1}{3}}=1$$

$\therefore\quad \alpha-\beta=\angle\mathrm{BEF}-\angle\mathrm{ADE}=45°$

参考 傾き m, n の2直線のなす角も同様の方法で計算できる。

別解 初等幾何で解くこともできる。方針だけ紹介しておこう。

2つの直角三角形△EBFと△FCDが合同であることを示す。すると△EFDが直角二等辺三角形であることがわかる。

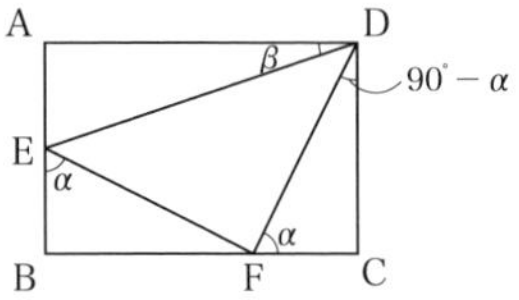

よって右図で $\beta+(90°-\alpha)=45°$ となる。

主な公式は覚えておく。**2倍角の公式**は，加法定理において $\alpha=\beta$ とすると導くことができる。

$$\sin2\alpha=2\sin\alpha\cos\alpha$$

$$\cos2\alpha=\cos^2\alpha-\sin^2\alpha=2\cos^2\alpha-1=1-2\sin^2\alpha$$

$$\tan2\alpha=\frac{2\tan\alpha}{1-\tan^2\alpha}$$

3倍角の公式

$$\sin3\alpha=3\sin\alpha-4\sin^3\alpha$$

$$\cos3\alpha=4\cos^3\alpha-3\cos\alpha$$

は，$3\alpha=2\alpha+\alpha$ とみて加法定理で展開し2倍角の公式を用いて導かれる。もしくは，ド・モアブルの定理から，

$$\begin{aligned}\cos3\alpha+i\sin3\alpha&=(\cos\alpha+i\sin\alpha)^3\\&=\cos^3\alpha+3\cos^2\alpha\,(i\sin\alpha)+3\cos\alpha\,(i\sin\alpha)^2+(i\sin\alpha)^3\\&=(4\cos^3\alpha-3\cos\alpha)+i(3\sin\alpha-4\sin^3\alpha)\end{aligned}$$

として導くこともできる。

半角の公式はcosの2倍角の公式から導ける。

$$\sin^2\frac{\alpha}{2}=\frac{1-\cos\alpha}{2},\quad \cos^2\frac{\alpha}{2}=\frac{1+\cos\alpha}{2},\quad \tan^2\frac{\alpha}{2}=\frac{1-\cos\alpha}{1+\cos\alpha}$$

$\tan\dfrac{\theta}{2}=t$ とおくと，$\sin\theta$, $\cos\theta$, $\tan\theta$ は t の有理式として表される。

$$\sin\theta = \frac{2t}{1+t^2} \qquad \cos\theta = \frac{1-t^2}{1+t^2} \qquad \tan\theta = \frac{2t}{1-t^2}$$

この公式により，例えば三角関数の積分を有理関数の積分に帰着させることができる。また，図形的には，原点を中心とする単位円と，点A（－１，０）を通り傾き$\tan\dfrac{\theta}{2}=t$の直線との，Aでない方の交点P$(x,\ y)$の座標をtで表したことになる。

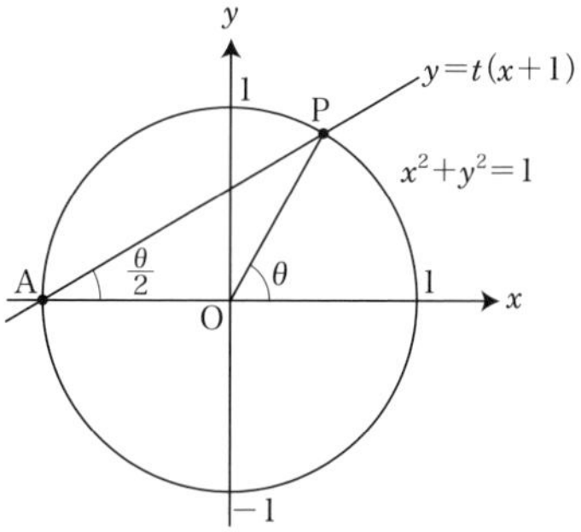

tが有理数であることとP$(x,\ y)$の座標が有理数であることは同値である（演習問題６参照）。このことから，$x^2+y^2=z^2$のすべての整数解はm, nを任意の整数として

$x=m^2-n^2$, $y=2mn$, $z=m^2+n^2$

の整数倍として表せることが示せる。よく知られた解として，

$(x,\ y,\ z)=(3,\ 4,\ 5),\ (5,\ 12,\ 13)$

などがある。

3　積和または和積公式

$$\sin\alpha\cos\beta = \frac{1}{2}\{\sin(\alpha+\beta)+\sin(\alpha-\beta)\}$$

$$\cos\alpha\sin\beta = \frac{1}{2}\{\sin(\alpha+\beta)-\sin(\alpha-\beta)\}$$

$$\cos\alpha\cos\beta = \frac{1}{2}\{\cos(\alpha+\beta)+\cos(\alpha-\beta)\}$$

$$\sin\alpha\sin\beta = -\frac{1}{2}\{\cos(\alpha+\beta)-\cos(\alpha-\beta)\}$$

$$\sin A+\sin B = 2\sin\frac{A+B}{2}\cos\frac{A-B}{2}$$

$$\sin A-\sin B = 2\cos\frac{A+B}{2}\sin\frac{A-B}{2}$$

$$\cos A+\cos B = 2\cos\frac{A+B}{2}\cos\frac{A-B}{2}$$

$$\cos A-\cos B = -2\sin\frac{A+B}{2}\sin\frac{A-B}{2}$$

これらについては，加法定理から導けるようにしておこう。

積の形を和の形に直すには，その積の形を含む加法定理の式を２つみつけてそれらを足すか引くかすればよい。例えば$\sin\alpha\cos\beta$を和の形にするなら，加法定理においてこの項を含む$\sin(\alpha+\beta)$と$\sin(\alpha-\beta)$を辺々加えればよい。

また，和の形を積の形に直すには，

$$A=\frac{A+B}{2}+\frac{A-B}{2},\ B=\frac{A+B}{2}-\frac{A-B}{2}$$

とおいて加法定理で展開すればよい。例えば$\sin A+\sin B$なら，$\frac{A+B}{2}=\alpha$，$\frac{A-B}{2}=\beta$とおくと，

$$\begin{aligned}\sin A+\sin B&=\sin(\alpha+\beta)+\sin(\alpha-\beta)\\&=(\sin\alpha\cos\beta+\cos\alpha\sin\beta)+(\sin\alpha\cos\beta-\cos\alpha\sin\beta)\\&=2\sin\alpha\cos\beta\\&=2\sin\frac{A+B}{2}\cos\frac{A-B}{2}\end{aligned}$$

例題3　和積公式の利用

方程式$\cos x=\cos 2x\ (0\leqq x<2\pi)$を解け。

〈長崎県〉

解答　$x=0,\ \frac{2\pi}{3},\ \frac{4\pi}{3}$

解説　和積公式で「因数分解」する。

$$\cos x-\cos 2x=0$$

$$\therefore\quad -2\sin\frac{x+2x}{2}\sin\frac{x-2x}{2}=0$$

$$\therefore\quad \sin\frac{3x}{2}\sin\frac{x}{2}=0$$

$$\therefore\quad \frac{3x}{2}=m\pi\ \text{または}\ \frac{x}{2}=n\pi\quad (m,\ n\text{は整数})$$

$$\therefore\quad x=\frac{2m\pi}{3}\ \text{または}\ 2n\pi$$

$0\leqq x<2\pi$より$x=0,\ \frac{2\pi}{3},\ \frac{4\pi}{3}$

補足　この場合，$\cos 2x$を2倍角の公式で$\cos x$の2次式にして，元の方程式を$\cos x$の2次方程式とみて解く方法もある。

$$\cos x-\cos 2x=-(2\cos^2 x-\cos x-1)=-(2\cos x+1)(\cos x-1)$$

と因数分解できるので容易だが，例えば$\cos 3x=\cos 4x$だと$\cos x$の4次方程式になる。しかし，和積公式による方法ならば容易に解ける。方程式$A+B=0$を解くのに$A+B=PQ$と変形し，$P=0$または$Q=0$を導くと，方程式が解けるまたは解きやすくなる。これは，因数分解を学ぶ理由の1つと考えられる。

例題4　積和公式の利用

$\displaystyle\int_0^{\pi}\sin mx\sin nx\,dx$の値を求めよ。ただし，$m$，$n$は自然数とする。

〈熊本県〉

解答　$m\neq n$のとき，0

$m=n$のとき，$\dfrac{\pi}{2}$

解説　積和公式で「次数」を下げる。

$$(\text{与式})=-\frac{1}{2}\int_0^{\pi}\{\cos(m+n)x-\cos(m-n)x\}dx$$

$$=\begin{cases}-\dfrac{1}{2}\left[\dfrac{\sin(m+n)x}{m+n}-\dfrac{\sin(m-n)x}{m-n}\right]_0^{\pi}=0 & (m\neq n\text{のとき})\\ -\dfrac{1}{2}\left[\dfrac{\sin 2mx}{2m}-x\right]_0^{\pi}=\dfrac{\pi}{2} & (m=n\text{のとき})\end{cases}$$

4　三角関数の合成

$\sin\theta$と$\cos\theta$の1次式$a\sin\theta+b\cos\theta$を1つの三角関数にまとめる変形を三角関数の合成とよぶ。例えば

$$\sqrt{3}\sin\theta+\cos\theta=2\left(\sin\theta\times\frac{\sqrt{3}}{2}+\cos\theta\times\frac{1}{2}\right)$$
$$=2(\sin\theta\times\cos30^\circ+\cos\theta\times\sin30^\circ)$$
$$=2\sin(\theta+30^\circ)\quad\cdots(*)$$

のようになる。一般には，

$$\boldsymbol{a\sin\theta+b\cos\theta}=r\left(\sin\theta\times\frac{a}{r}+\cos\theta\times\frac{b}{r}\right)$$
$$=r\sin(\theta+\alpha)\text{。ただし}r=\sqrt{a^2+b^2}\text{である。}$$

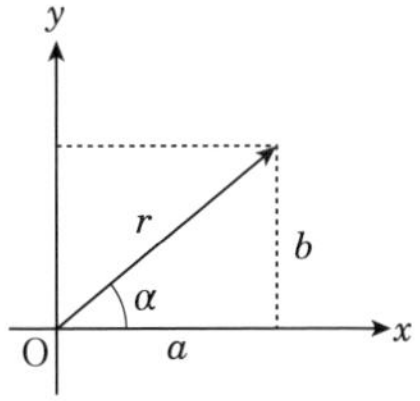

sinとcosというように，動くものが2つあるよりも，これをどちらかに1つにまとめるほうが，関数の挙動が捉えやすい。$(*)$の例では，$\sqrt{3}\sin\theta+\cos\theta$のままでは関数の値域がわかりにくいが，これを$(*)$のように合成すれば，この関数の値域が「$-2$以上2以下」であることが直ちにわかる。

また，$\sin\theta$ と $\cos\theta$ の2次式 $A\sin^2\theta + B\sin\theta\cos\theta + C\cos^2\theta$ については，

$$\sin^2\theta = \frac{1-\cos2\theta}{2},\ \cos^2\theta = \frac{1+\cos2\theta}{2},\ \sin\theta\cos\theta = \frac{1}{2}\sin2\theta$$

により $\sin2\theta$ と $\cos2\theta$ の1次式にできるので，それをさらに合成することができる。

5 指数関数・対数関数の性質

底 a $(0<a\neq1)$ に対し指数関数 $y=a^x$ が定義され，対数関数は $x=\log_a y$ と定義される。つまり両者は互いに逆関数である。

$\log_a a^x = x$　　　　　$a^{\log_a x} = x$

関数の特徴とグラフの概形を示す。

名称	記号	定義域	値域	増減
指数関数	a^x	実数全体	正の実数全体	単調 $\begin{cases}\text{増加}\ (a>1\text{のとき})\\ \text{減少}\ (0<a<1\text{のとき})\end{cases}$
対数関数	$\log_a x$	正の実数全体	実数全体	単調 $\begin{cases}\text{増加}\ (a>1\text{のとき})\\ \text{減少}\ (0<a<1\text{のとき})\end{cases}$

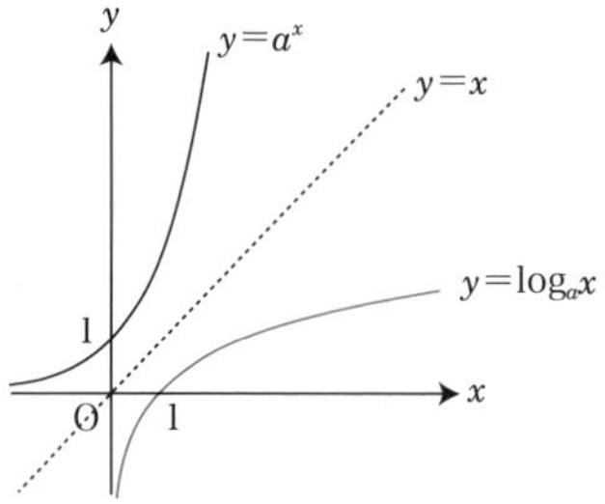

$(a>1$の場合$)$

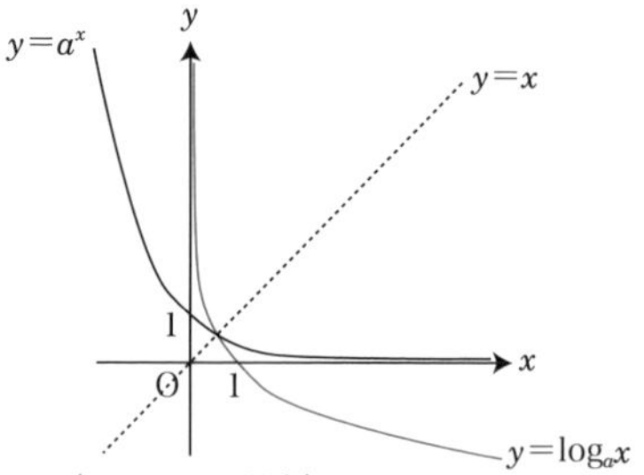

$(0<a<1$の場合$)$

指数関数の底は省略できないが，対数関数の底は省略することもある。特に，微積分の文脈では通常 $\log_e x$ を単に $\log x$ と書く。

指数関数の値域，対数関数の定義域に注意する。例えば，$a^x=t$ とおいて t についての方程式を解いたときは，$t>0$ であり，問題文に $\log_a f(x)$ とあれば，自動的に $f(x)>0$（真数条件）が付く。

指数関数・対数関数を含む方程式は，これら関数の単調性から，指数同士または真数同士を等しいとおいて解く。

$a^{f(x)} = a^{g(x)} \Longleftrightarrow f(x) = g(x)$　　$\log_a f(x) = \log_a g(x) \Longleftrightarrow f(x) = g(x)$

不等式も同様だが，底が $0<a<1$ のときは不等号の向きが逆になる。

6　指数関数・対数関数の公式

$a^0=1$（定義）	$\log_a 1=0$
$a^{m+n}=a^m a^n$	$\log_a(xy)=\log_a x+\log_a y$
$a^{m-n}=\dfrac{a^m}{a^n}$	$\log_a\dfrac{x}{y}=\log_a x-\log_a y$
$(a^m)^n=a^{mn}$	$\log_a x^n=n\log_a x$
$a^m=(a^n)^{\frac{m}{n}}$	$\log_a x=\dfrac{\log_y x}{\log_y a}$（底の変換）

対数の公式の証明は，対応する指数関数の公式で，$a^m=x$，$a^n=y$とおけばよい。

また，例えば問題文に，

・$y=\log x^2$とだけあったら，$x\neq 0$という前提で$y=2\log|x|$

・$y=\log x^3$とだけあったら，$x>0$という前提で$y=3\log x$

となる点に注意する。

例題5　底の変換

$3^{\frac{\log_5 2}{\log_5 3}}$の値を求めよ。

〈沖縄県〉

解答　2

解説　指数部分の対数の底を3に変換する。

$$(\text{指数部分})=\frac{\dfrac{\log_3 2}{\log_3 5}}{\dfrac{\log_3 3}{\log_3 5}}=\log_3 2 \qquad \therefore\quad (\text{与式})=2$$

7　常用対数

底が10の対数を常用対数とよぶ。いわゆる“桁数”や“最高位の数字”を考える問題ではしばしば用いられる。具体的には，

Nを自然数とするとき，

Nはn桁の数 $\Longleftrightarrow 10^{n-1}\leqq N<10^n$

$\Longleftrightarrow n-1\leqq \log_{10}N<n$

$0<x<1$を満たす実数xに対して，

xは小数第m位に初めて0でない数字が現れる

$$\Longleftrightarrow \left(\frac{1}{10}\right)^m\leqq x<\left(\frac{1}{10}\right)^{m-1}$$

$$\Longleftrightarrow -m\leqq \log_{10}x<-(m-1)$$

が成り立つ。桁数については,「1つずれる」というミスを犯しやすいので，迷ったら小さなnやmで試してみる。例えば10^3は4桁の数（1000）であり，また10^{-4}は小数第4位で初めて0でない数字が現れる（0.0001）。一般に,

$$10^n = \underbrace{10\cdots0}_{n個}$$

$$\left(\frac{1}{10}\right)^m = 10^{-m} = \underbrace{0.0\cdots01}_{m個}$$

である。

例題6　常用対数

次の文の空欄に当てはまる数値を答えよ。

$(0.5)^{30}$は，小数第（　ア　）位に初めて0でない数字が現れる。また，2^{100}は（　イ　）桁の整数であり，最高位の数字は（　ウ　），1の位の数字は（　エ　）である。ただし，$\log_{10}2 = 0.3010$，$\log_{10}3 = 0.4771$とする。

〈富山県〉

解答　ア．10　　イ．31　　ウ．1　　エ．6

解説　常用対数の底10を省略する。

$$\log(0.5)^{30} = 30\log\frac{1}{2} = -30\log2 = -9.030$$

$$\therefore\quad -10 < \log(0.5)^{30} < -9$$

なので，ア＝10である。また，

$$\log2^{100} = 100\log2 = 30.10 \qquad \therefore\quad 30 < \log2^{100} < 31$$

なので，イ＝31である。

また，$2^{100} = 10^{30.10} = 10^{0.10}\cdot10^{30}$であり，ここで,

$$10^0 < 10^{0.10} < 10^{0.3010}$$

$$\therefore\quad 1 < 10^{0.10} < 2$$

なので,

$$1\cdot10^{30} < 2^{100} < 2\cdot10^{30}$$

となる。つまり2^{100}の最高位の数字は1であるからウ＝1である。

また，2^{100}は初項2，公比2の等比数列の第100項である。この数列の1の位の数字を少し計算してみると，{2，4，8，6}を1サイクルとする周期4の数列であることがわかる。

よって2^{100}の1の位の数字は，第25サイクルの最後なので，エ＝6である。

$$\overbrace{2,\ 4,\ 8,\ 6}^{第1サイクル},\ \overbrace{2,\ 4,\ 8,\ 6}^{第2サイクル},\ 2,\ \cdots,\ \overbrace{2,\ 4,\ 8,\ 6}^{第25サイクル}$$

演習問題

1 ★☆☆

$\sin\theta-\cos\theta=-\sqrt{2}$のとき，$\sin^3\theta-\cos^3\theta$の値を求めよ。

〈神奈川県・横浜市・川崎市改題〉

2 ★☆☆

AB＝AC＝2，BC＝$4\sqrt{k}$の二等辺三角形ABCにおいて，$k=\sin^2 B+2\sin B$の関係があるとき，kの値を求めよ。

〈茨城県〉

3 ★☆☆

次の文の空欄に当てはまる数値を答えよ。

αは鋭角，βは鈍角とする。

$\sin\alpha=\dfrac{3}{5}$，$\cos\beta=-\dfrac{5}{13}$のとき，$\tan\alpha=$（　①　），$\sin(\alpha+\beta)=$（　②　）である。

〈愛知県〉

4 ★☆☆

$\cos\alpha+\cos\beta=a$，$\sin\alpha+\sin\beta=b$のとき，$\cos(\alpha-\beta)$をa，bを用いて表せ。

〈徳島県〉

5 ★★☆

「三角関数」の授業において，次の等式を証明するとき，あなたはどのような授業を展開するか。板書計画を示せ。

$$\cos(\alpha-\beta)=\cos\alpha\cos\beta+\sin\alpha\sin\beta$$

〈京都府〉

6 ★★☆

次の各問いに答えよ。

(1) $t=\tan\theta$ とするとき，等式 $\sin 2\theta=\dfrac{2t}{1+t^2}$，$\cos 2\theta=\dfrac{1-t^2}{1+t^2}$ が成り立つことをそれぞれ証明せよ。

(2) $-\dfrac{\pi}{2}<\theta<\dfrac{\pi}{2}$ のとき，関数 $y=\dfrac{2-\sin 2\theta}{1+\cos 2\theta}$ の最小値を求めよ。

(3) $-\dfrac{\pi}{2}<\theta<\dfrac{\pi}{2}$ のとき，$\tan\theta$ が有理数であることは，$\sin 2\theta$ と $\cos 2\theta$ がそれぞれ有理数であるための必要十分条件であることを証明せよ。

〈香川県〉

7 ★★☆

三角形ABCにおいて，$\angle \mathrm{A}=60°$，その対辺BCの長さを $2\sqrt{3}$ とする。このとき，他の2辺の長さの和の最大値を求めよ。

〈広島県・広島市〉

8 ★★☆

$0°\leqq\theta\leqq 90°$ のとき，$f(\theta)=\sin^2\theta+\sin\theta\cos\theta+6\cos^2\theta$ の最大値を求めよ。

〈茨城県〉

9 ★★★

関数 $y=2\sin 2x-4\sin x-4\cos x+1$ $(0°\leqq x\leqq 180°)$ について，次の各問いに答えよ。

(1) $\sin x+\cos x=t$ とおいて，y を t の関数として表せ。また，そのグラフをかけ。

(2) x についての方程式 $2\sin 2x-4\sin x-4\cos x+1=a$ ($0°\leqq x\leqq 180°$，a は実数の定数) の解の個数を求めよ。

〈宮城県・仙台市〉

10 ★★★

$f(\theta)=2\cos^2\theta-2\sqrt{3}\sin\theta\cos\theta-3\sin\theta+3\sqrt{3}\cos\theta+1$ $(0\leqq\theta<2\pi)$ とするとき，次の各問いに答えよ。

(1) $\sin\theta-\sqrt{3}\cos\theta=1$ を解け。

(2)　$t=\sin\theta-\sqrt{3}\cos\theta$ とするとき，tの値の範囲を求めよ。また，$f(\theta)$ をtを用いて表せ。

(3)　aを２以上の定数とするとき，方程式 $f(\theta)+a=0$の異なる実数解の個数を求めよ。

〈佐賀県〉

11 ★☆☆

関数 $f(x)=2^{2x}+2^{-2x}-2^{x+1}-2^{-x+1}+4$ において$2^{x}+2^{-x}=t$とおくとき，$f(x)$ をtを用いて表せ。また，$f(x)$ の最小値を求めよ。

〈名古屋市〉

12 ★☆☆

実数x, y, zについて，$2^{x}=3^{y}=z$, $\dfrac{1}{x}+\dfrac{1}{y}=\dfrac{1}{2}$が成り立つとき，$z$の値はいくらか。

〈大阪府・大阪市改題〉

13 ★☆☆

次の文の空欄に当てはまる数値を答えよ。

関数 $f(x)=2\log_{4}(x+2)+\log_{4}(4-x)$ は，$x=$(　①　)のとき，最大値(　②　)をとる。

〈愛知県〉

14 ★☆☆

不等式$\log_{x}(2x-1)(2x-5)<\log_{x}x(13-x)$ を満たす整数xはいくつあるか答えよ。

〈愛知県改題〉

15 ★★☆

aは定数とする。方程式$\log_{3}(x-1)^{2}+\log_{3}(x+2)=a$について，次の各問いに答えよ。

(1)　xのとりうる値の範囲を求めよ。

(2)　$a=\log_{9}16$のとき，方程式の解を求めよ。

(3)　異なる２つの正の解と１つの負の解をもつように，定数aの値の範囲を求めよ。

〈高知県〉

16 ★★☆

17^{50}は62桁の整数である。17^{24}は何桁の整数か。

〈神奈川県・横浜市・川崎市改題〉

17 ★★☆

15分ごとに分裂し，個体数がちょうど2倍に増えるバクテリアがあるとする。いま分裂したばかりの，このバクテリア1個を取り出して容器に入れた。容器内のバクテリアの個体数がはじめて100万個を超えるのは何時間何分後か。ただし，$\log_{10}2=0.3010$とする。

〈神奈川県・横浜市・川崎市改題〉

18 ★★☆

関数$y=x^{\log x-1}$について，次の各問いに答えよ。ただし，対数の底は10とする。

(1)　$X=\log_{10}x$とおき，$\log_{10}y$をXの関数として表せ。

(2)　$1\leqq x\leqq 100$のとき，$y=x^{\log x-1}$の最大値，最小値を求めよ。

〈徳島県〉

19 ★★☆

さいころを何回か投げるとき，1の目が少なくとも1回出る確率が99％以上となるのは，さいころを何回以上投げるときか求めよ。

ただし，$\log_{10}2=0.3010$，$\log_{10}3=0.4771$とする。

〈愛媛県〉

20 ★★☆

$x^{x+y}=y^4$，$y^{x+y}=x^4$を同時に満たすx，yの値を求めよ。

ただし，$x>0$，$y>0$，$x\neq 1$，$y\neq 1$とする。

〈徳島県〉

演習問題　解答・解説

1

$\sin^3\theta - \cos^3\theta = -\dfrac{\sqrt{2}}{2}$

解 説

$(\sin\theta - \cos\theta)^2 = (-\sqrt{2})^2$ より，

$$\sin\theta\cos\theta = -\frac{1}{2}$$

よって，

$$\begin{aligned}&\sin^3\theta - \cos^3\theta\\&= (\sin\theta - \cos\theta)(1 + \sin\theta\cos\theta)\\&= -\frac{\sqrt{2}}{2}\end{aligned}$$

2

$k = \dfrac{\sqrt{3}}{2}$

解 説

まず明らかに$k>0$であり，また三角形の成立条件から

$2+2>4\sqrt{k}$　　∴　$k<1$

なので，$0<k<1$である。

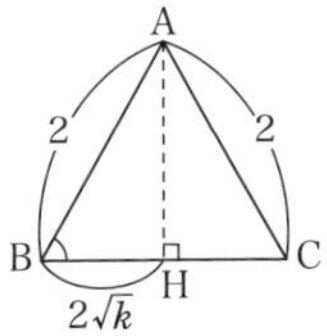

$AH^2 = 4 - 4k$より，

$$AH = 2\sqrt{1-k}$$

だから，$\triangle ABH$において，

$$\sin B = \sqrt{1-k}$$

したがって，与えられた関係式から

$$k = (1-k) + 2\sqrt{1-k}$$

$0<k<1$において，この方程式を解くと，

$$k = \frac{\sqrt{3}}{2}$$

3

①　$\dfrac{3}{4}$　　　　②　$\dfrac{33}{65}$

解 説

α，βはそれぞれ次図のように表される角である。

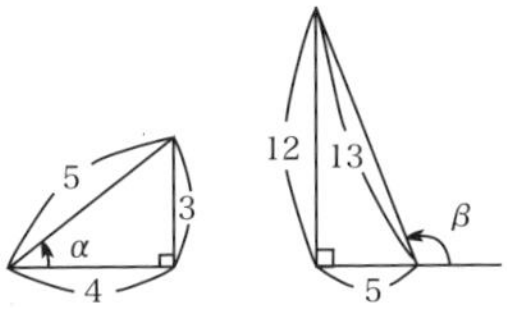

よって，

$$\tan\alpha = \frac{3}{4}$$

また，

$$\cos\alpha = \frac{4}{5},\ \sin\beta = \frac{12}{13}$$

になるので，

$$\begin{aligned}\sin(\alpha+\beta) &= \sin\alpha\cos\beta + \cos\alpha\sin\beta\\&= \frac{3}{5}\cdot\left(-\frac{5}{13}\right) + \frac{4}{5}\cdot\frac{12}{13}\\&= \frac{33}{65}\end{aligned}$$

4

$\dfrac{1}{2}(a^2+b^2-2)$

解 説

$(\cos\alpha + \cos\beta)^2 = a^2$ より，

$$\cos^2\alpha + 2\cos\alpha\cos\beta + \cos^2\beta = a^2 \quad \cdots①$$

$(\sin\alpha + \sin\beta)^2 = b^2$ より，

$$\sin^2\alpha + 2\sin\alpha\sin\beta + \sin^2\beta = b^2 \quad \cdots②$$

①＋②より，

$$2 + 2(\cos\alpha\cos\beta + \sin\alpha\sin\beta) = a^2 + b^2$$

$$\therefore\quad \cos(\alpha - \beta) = \frac{1}{2}(a^2 + b^2 - 2)$$

5 〔解答例〕

公式（復習）

① 余弦定理

$a^2=b^2+c^2-2bc\cos A$

② 2点間の距離

$\mathrm{A}(x_1,\ y_1)$，$\mathrm{B}(x_2,\ y_2)$のとき，

$\mathrm{AB}^2=(x_1-x_2)^2+(y_1-y_2)^2$

$\cos(\alpha-\beta)=\cos\alpha\cos\beta+\sin\alpha\sin\beta$

※色チョーク

（証明）

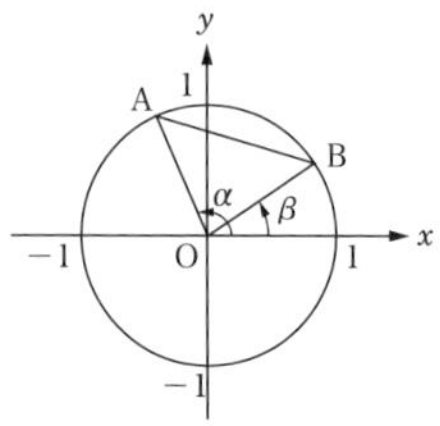

単位円上に，図のように2点A，Bをとる。

$\mathrm{A}(\cos\alpha,\ \sin\alpha)$，$\mathrm{B}(\cos\beta,\ \sin\beta)$より，

$$\mathrm{AB}^2=(\cos\alpha-\cos\beta)^2+(\sin\alpha-\sin\beta)^2$$
$$=2-2(\cos\alpha\cos\beta+\sin\alpha\sin\beta)$$

また，△OABにおいて，余弦定理より，

$$\mathrm{AB}^2=\mathrm{OA}^2+\mathrm{OB}^2-2\cdot\mathrm{OA}\cdot\mathrm{OB}\cdot\cos(\alpha-\beta)$$
$$=2-2\cos(\alpha-\beta)$$

よって，

$$\cos(\alpha-\beta)=\cos\alpha\cos\beta+\sin\alpha\sin\beta$$

（証明終わり）

6

(1) $\sin2\theta=2\sin\theta\cos\theta$

$$=2\tan\theta\cos^2\theta$$
$$=2\tan\theta\frac{1}{1+\tan^2\theta}$$
$$=\frac{2t}{1+t^2}$$

$\cos2\theta=2\cos^2\theta-1$

$$=\frac{2}{1+\tan^2\theta}-1$$
$$=\frac{2}{1+t^2}-1$$
$$=\frac{1-t^2}{1+t^2}$$

（証明終わり）

(2) $\dfrac{3}{4}$

(3) $\tan\theta$が有理数のとき，$t=\tan\theta$（tは有理数）とおくと，(1)より，

$$\sin2\theta=\frac{2t}{1+t^2},\ \cos2\theta=\frac{1-t^2}{1+t^2}$$

となり，$\sin2\theta$，$\cos2\theta$は，ともに有理数である。

逆に，$\sin2\theta$，$\cos2\theta$がともに有理数であるとき，

$\sin2\theta=\alpha$，$\cos2\theta=\beta$（α，βは有理数，$\beta\neq-1$）

とおくと，(1)より，

$$\frac{2t}{1+t^2}=\alpha \quad \cdots①$$
$$\frac{1-t^2}{1+t^2}=\beta \quad \cdots②$$

②より，$t^2=\dfrac{1-\beta}{\beta+1}$だから，$t^2$は有理数であり，①より，

$$t=\frac{1}{2}\alpha(1+t^2)$$

α，t^2は有理数だから，tつまり$\tan\theta$は，有理数である。

（証明終わり）

解説

(2) (1)の結果を利用し，yをtで表す。

$$y=\frac{2-\sin2\theta}{1+\cos2\theta}$$
$$=\frac{2-\dfrac{2t}{1+t^2}}{1+\dfrac{1-t^2}{1+t^2}}$$
$$=t^2-t+1$$
$$=\left(t-\frac{1}{2}\right)^2+\frac{3}{4}$$

よって，$t=\tan\theta=\dfrac{1}{2}$のとき，$y$は最小値$\dfrac{3}{4}$をとる。

7

$4\sqrt{3}$

解説

正弦定理より，

$$\frac{2\sqrt{3}}{\sin 60^\circ}=\frac{b}{\sin B}=\frac{c}{\sin C}$$

$$\therefore\quad b=4\sin B$$

$$c=4\sin C=4\sin(120^\circ-B)$$

よって，

$$b+c=4\{\sin B+\sin(120^\circ-B)\}$$

$$=4\cdot 2\sin 60^\circ\cos(B-60^\circ)$$

$$=4\sqrt{3}\cos(B-60^\circ)$$

$0^\circ<B<120^\circ$より$-60^\circ<B-60^\circ<60^\circ$だから，

$$\frac{1}{2}<\cos(B-60^\circ)\leqq 1$$

よって，

$$2\sqrt{3}<b+c\leqq 4\sqrt{3}$$

(等号は，$B=60^\circ$のとき)

よって求める最大値は$4\sqrt{3}$である。

(別解)

辺BCを固定しAを動かすと，円周角の定理の逆からAの軌跡は円である。BAの延長上にAD＝ACとなるようにDをとると，△ACDは二等辺三角形なので

$$\angle\mathrm{ADC}=\angle\mathrm{ACD}=\frac{1}{2}\angle\mathrm{BAC}=30^\circ$$

より，DもBCを弦とする円を描く。

AB＋AC＝BDで，最も長い弦は直径なので∠BCD＝90°のとき，

AB＋ACは最大値2×BCをとる。

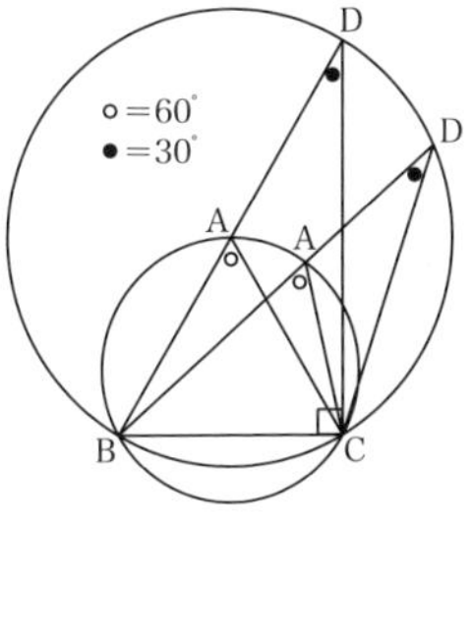

8

$$\frac{\sqrt{26}+7}{2}$$

解説

三角関数の合成を用いて，

$$f(\theta)=\frac{1}{2}(1-\cos 2\theta)$$

$$+\frac{1}{2}\sin 2\theta+3(1+\cos 2\theta)$$

$$=\frac{1}{2}(5\cos 2\theta+\sin 2\theta+7)$$

$$=\frac{1}{2}\{\sqrt{26}\cos(2\theta-\alpha)+7\}$$

と変形できる。ここでαはx軸の正の向きとベクトル(5，1)のなす角である。

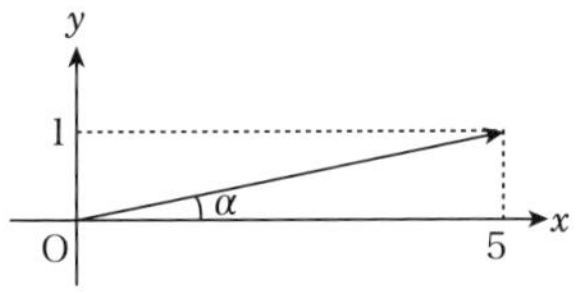

$0^\circ\leqq\theta\leqq 90^\circ$だから，$2\theta-\alpha$の変域は

$$-\alpha\leqq 2\theta-\alpha\leqq 180^\circ-\alpha\quad\cdots①$$

であり，いま$0^\circ<\alpha<90^\circ$なので，$2\theta-\alpha$の変域は0°を含む（つまり$2\theta-\alpha=0^\circ$になりうる）。

ゆえに$\cos(2\theta-\alpha)$の最大値は1なので，$f(\theta)$の最大値は

$$\frac{1}{2}\{\sqrt{26}\cdot 1+7\}=\frac{\sqrt{26}+7}{2}$$

(参考)

$2\theta-\alpha$の変域①において，$\cos(2\theta-\alpha)$は$2\theta-\alpha=180^\circ-\alpha$のとき（つまり$\theta=90^\circ$のとき）最小となる。よって$f(\theta)$の最小値は

$$f(90^\circ)=1^2+0+0=1$$

9

(1)　$\boldsymbol{y=2t^2-4t-1\,(-1\leqq t\leqq\sqrt{2})}$

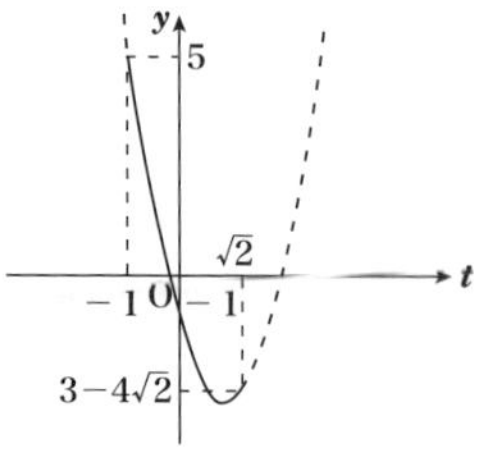

(2)
$$\begin{cases} 3-4\sqrt{2}<a\leqq 5 & \text{のとき，1個} \\ a=-3,\ 3-4\sqrt{2} & \text{のとき，2個} \\ -3<a<3-4\sqrt{2} & \text{のとき，3個} \\ a<-3,\ a>5 & \text{のとき，0個} \end{cases}$$

解説

(1)　$(\sin x+\cos x)^2=t^2$　より

$$1+2\sin x\cos x=t^2$$

$$\therefore\quad \sin 2x=t^2-1$$

よって，

$$y=2(t^2-1)-4t+1$$
$$=2t^2-4t-1$$
$$=2(t-1)^2-3$$

ただし，

$$t=\sin x+\cos x$$
$$=\sqrt{2}\sin(x+45^\circ)$$
$$(0^\circ\leqq x\leqq 180^\circ)$$

したがって，　$-1\leqq t\leqq\sqrt{2}$

(2)

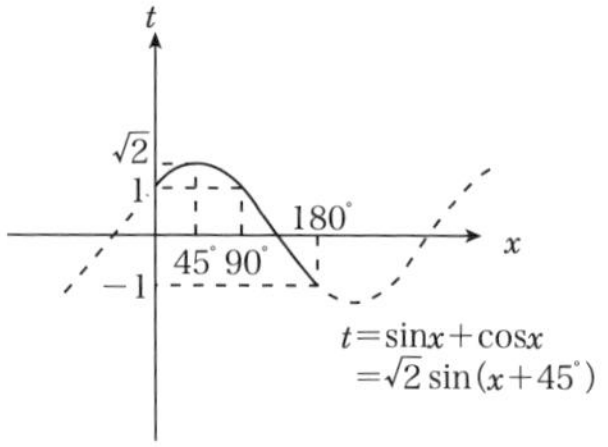

x	0°	$\cdots$	45°	$\cdots$	90°	$\cdots\cdots\cdots\cdots\cdots$	180°
t	1	$\cdots$	$\sqrt{2}$	$\cdots$	1	$\cdots\cdots\cdots\cdots\cdots$	-1
y	-3	$\cdots$	$3-4\sqrt{2}$	$\cdots$	-3	$\cdots 3-4\sqrt{2}\cdots$	5

$y=f(x)$ とおき，グラフを考える。$y=a$ との交点を数えればよいので，単調な区間は直線で近似し，y の値は大小関係さえ正しければよい。

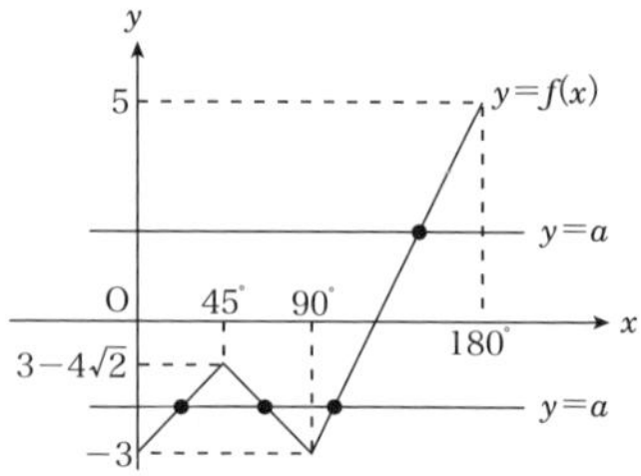

よって，

$$\begin{cases} 3-4\sqrt{2}<a\leqq 5 & \text{のとき，1個} \\ a=-3,\ 3-4\sqrt{2} & \text{のとき，2個} \\ -3<a<3-4\sqrt{2} & \text{のとき，3個} \\ a<-3,\ a>5 & \text{のとき，0個} \end{cases}$$

10

(1)　$\boldsymbol{\theta=\dfrac{1}{2}\pi,\ \dfrac{7}{6}\pi}$

(2)　$\boldsymbol{-2\leqq t\leqq 2,\ f(\theta)=t^2-3t}$

(3)
$$\begin{cases} a=2\ \text{のとき，} & \text{3個} \\ 2<a<\dfrac{9}{4}\ \text{のとき，} & \text{4個} \\ a=\dfrac{9}{4}\ \text{のとき，} & \text{2個} \\ a>\dfrac{9}{4}\ \text{のとき，} & \text{0個} \end{cases}$$

解説

(1)　$2\sin\left(\theta-\dfrac{\pi}{3}\right)=1$

$$\therefore\quad \sin\left(\theta-\dfrac{\pi}{3}\right)=\dfrac{1}{2}$$

よって，

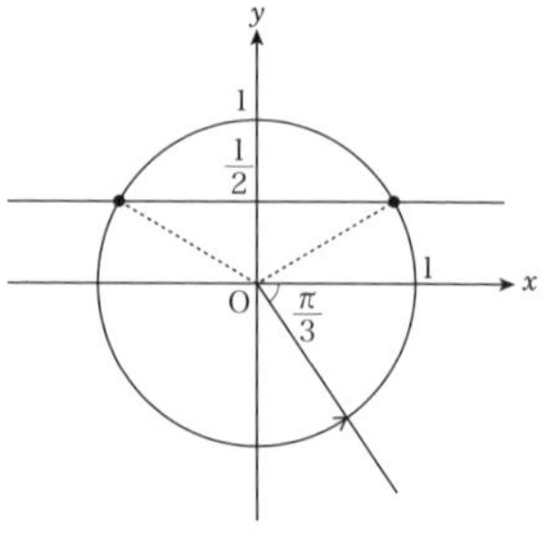

$\theta-\frac{\pi}{3}=\frac{1}{6}\pi,\ \frac{5}{6}\pi$

$\therefore\quad \theta=\frac{1}{2}\pi,\ \frac{7}{6}\pi$

(2)　$t=2\sin\left(\theta-\frac{\pi}{3}\right)$より，$-2\leqq t\leqq 2$

また，

$t^2=1-2\sqrt{3}\sin\theta\cos\theta+2\cos^2\theta$

だから，

$f(\theta)=t^2-3t$

(3)　$f(\theta)+a=0$より，$a=-f(\theta)$

$a=-t^2+3t\quad(-2\leqq t\leqq 2)$　…①

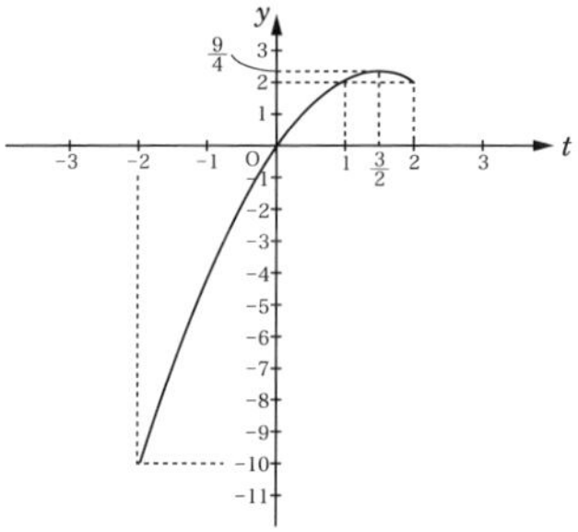

$y=-t^2+3t$とすると，

$y=-\left(t-\frac{3}{2}\right)^2+\frac{9}{4}$

(イ)　$a=2$のとき

$t=1$，2つまり$\sin\left(\theta-\frac{\pi}{3}\right)=\frac{1}{2}$，1

よって，$\theta=\frac{1}{2}\pi,\ \frac{7}{6}\pi,\ \frac{5}{6}\pi$

(ロ)　$2<a<\frac{9}{4}$のとき

方程式①は異なる2つの解をもつ$(1<t<2)$ので，実数解θは4つある。

(ハ)　$a=\frac{9}{4}$のとき

方程式①は重解を1つもつ$\left(t=\frac{3}{2}\right)$ので，実数解$\theta$は2つある。

(ニ)　$a>\frac{9}{4}$のとき

解なし

よって，

$$\begin{cases} a=2\text{のとき，} & 3\text{個} \\ 2<a<\frac{9}{4}\text{のとき，} & 4\text{個} \\ a=\frac{9}{4}\text{のとき，} & 2\text{個} \\ a>\frac{9}{4}\text{のとき，} & 0\text{個} \end{cases}$$

である。

11

$f(x)=t^2-2t+2$

最小値2　($x=0$のとき)

解説

$2^x+2^{-x}=t$より，

$2^{2x}+2^{-2x}=t^2-2$

よって，

$f(x)=t^2-2-2t+4$

$=t^2-2t+2$

$=(t-1)^2+1$

相加・相乗平均の関係より，

$t=2^x+2^{-x}\geqq 2\sqrt{2^x\cdot 2^{-x}}=2$

よって，

$t=2$，つまり，$x=0$のとき，最小値2

12

$z=36$

解説

$2^x=z$より

$x=\log_2 z\quad\therefore\quad \frac{1}{x}=\log_z 2$

$3^y=z$より

$y=\log_3 z\quad\therefore\quad \frac{1}{y}=\log_z 3$

よって，

$\frac{1}{x}+\frac{1}{y}=\log_z 6$

だから，

$\log_z 6=\frac{1}{2}$

$\therefore\quad z^{\frac{1}{2}}=6$

したがって，$z=36$

13

① 2　　　　　　② $\dfrac{5}{2}$

解説

真数条件より，$-2<x<4$

$f(x)=\log_4(x+2)^2(4-x)$だから，

$g(x)=(x+2)^2(4-x)$とすると，いま底が1より大きいので，$f(x)$が最大になるのは$g(x)$が最大になるときである。

$g'(x)=-3(x-2)(x+2)$なので，$g(x)$の増減は下表のようになる。

x	(-2)	$\cdots$	2	$\cdots$	(4)
$g'(x)$		$+$	0	$-$	
$g(x)$	(0)	$\nearrow$	32	$\searrow$	(0)

よって，$f(x)$は$x=2$のとき，最大値

$$f(2)=\log_4 32=\frac{5}{2}$$

をとる。

(参考)

$g(x)=A^2B\ (A,\ B>0)$という形なので，(相加平均)≧(相乗平均)が使える可能性がある。

$$\begin{aligned} g(x)&=(x+2)^2(4-x)\\ &=4\left(\frac{x}{2}+1\right)^2(4-x)\\ &\geqq 4\left(\frac{\left(\frac{x}{2}+1\right)+\left(\frac{x}{2}+1\right)+(4-x)}{3}\right)^3\\ &=4\cdot 2^3=2^5 \end{aligned}$$

等号は$\dfrac{x}{2}+1=4-x$すなわち$x=2$のとき成立する。

14

2個

解説

与えられた不等式において，まず底の条件からxは1でない正数であり，特にいまxとして整数を考えるので，$x>1$　…①である。また，左辺および右辺の真数条件を（①のもとで）考えると，

$$\frac{5}{2}<x<13 \quad \cdots②$$

②のもとで，与えられた不等式は

$(2x-1)(2x-5)<x(13-x)$

$\Leftrightarrow x^2-5x+1<0$

$\Leftrightarrow \dfrac{5-\sqrt{21}}{2}<x<\dfrac{5+\sqrt{21}}{2}$

であり，これと②の共通部分は

$$\frac{5}{2}<x<\frac{5+\sqrt{21}}{2}$$

となる$\left(\text{ここで，}0<\dfrac{5-\sqrt{21}}{2}<1\text{および}\ 4<\dfrac{5+\sqrt{21}}{2}<5\text{に注意}\right)$。

この範囲に属する整数は3と4の2個である。

15

(1) $\boldsymbol{-2<x<1,\ 1<x}$

(2) $\boldsymbol{x=-1,\ 2}$

(3) $\boldsymbol{a<\log_3 2}$

解説

(1) 真数条件$(x-1)^2>0$　かつ　$x+2>0$より，

$-2<x<1,\ 1<x$

(2) $\log_3\{(x-1)^2(x+2)\}=\log_3 4$

より，

$(x-1)^2(x+2)=4$

$x^3-3x-2=0$

$(x+1)^2(x-2)=0$

(1)より，

$x=-1,\ 2$

(3) $\log_3\{(x-1)^2(x+2)\}=a$より，

$(x-1)^2(x+2)=3^a$

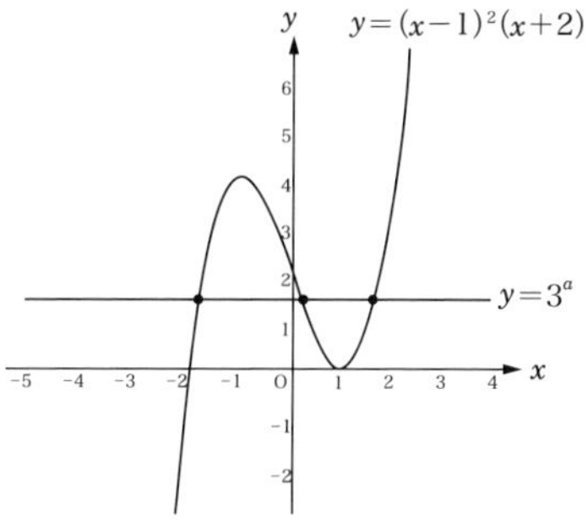

グラフより，題意を満たすためには，

$0<3^a<2$

$\therefore\quad a<\log_3 2$

16

30桁

解説

17^{50}が62桁の整数であることから，

$10^{61}\leqq 17^{50}<10^{62}$

が成り立つ。この各辺を$\dfrac{24}{50}$乗すると，

$10^{\frac{61\times 24}{50}}\leqq 17^{24}<10^{\frac{62\times 24}{50}}$

$\therefore\quad 10^{29.28}\leqq 17^{24}<10^{29.76}$

となるので，17^{24}は30桁の整数である。

17

5時間後

解説

N回分裂したときはじめて100万個$(=10^6$個$)$を超える，すなわち，

$2^n>10^6$　…①

を満たす最小の自然数nの値をNとおく。すると，

$①\Longleftrightarrow n\log_{10}2>6$

$\Longleftrightarrow n>\dfrac{6}{\log_{10}2}=\dfrac{6}{0.3010}=19.9\cdots$

により，$N=20$であることがわかる。

15分ごとに分裂するので，20回目の分裂は$15\times 20=300$分後すなわち5時間後である。

18

(1)　$\boldsymbol{\log_{10}y=X^2-X}$

(2)　$\begin{cases}\textbf{最大値}\,\mathbf{100}\quad (\boldsymbol{x=100}\textbf{のとき})\\ \textbf{最小値}\,\dfrac{\mathbf{1}}{\sqrt[4]{\mathbf{10}}}\quad (\boldsymbol{x=\sqrt{10}}\textbf{のとき})\end{cases}$

解説

(1)　関数$y=x^{\log x-1}$について，両辺の常用対数をとると，

$\log_{10}y=(\log_{10}x-1)\log_{10}x$

$X=\log_{10}x$とおくと，

$\log_{10}y=(X-1)X$

$\qquad =X^2-X$

(2)

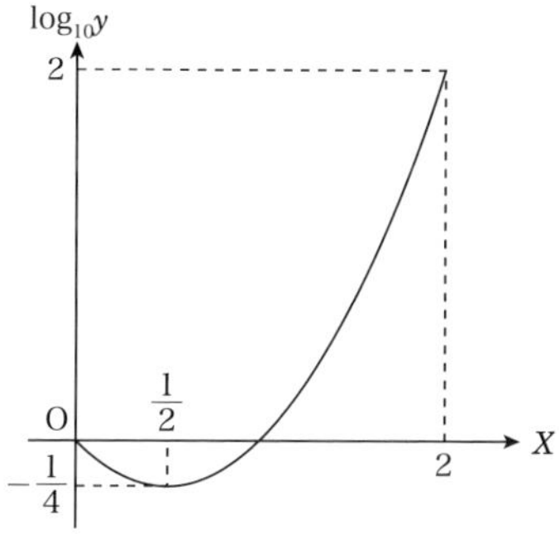

(1)より，

$\log_{10}y=X^2-X$

$\qquad =\left(X-\dfrac{1}{2}\right)^2-\dfrac{1}{4}$

$1\leqq x\leqq 100$より$0\leqq X\leqq 2$

グラフより，

$\log_{10}y$は$X=2$のとき最大値2をとる。

$\log_{10}y=2$より，$y=10^2=100$

$\log_{10}x=2$より，$x=100$

よって最大値100$(x=100$のとき$)$

また，$\log_{10}y$は$X=\dfrac{1}{2}$のとき最小値$-\dfrac{1}{4}$をとる。

$\log_{10}y=-\dfrac{1}{4}$より，$y=10^{-\frac{1}{4}}=\dfrac{1}{\sqrt[4]{10}}$

$\log_{10}x=\dfrac{1}{2}$より，$x=10^{\frac{1}{2}}=\sqrt{10}$

よって最小値$\dfrac{1}{\sqrt[4]{10}}$ $(x=\sqrt{10})$

19

26回以上

解説

n回中少なくとも1回，1の目が出る確率は，

$$1-\left(\frac{5}{6}\right)^n$$

条件より，

$$1-\left(\frac{5}{6}\right)^n \geqq 0.99$$

$$\left(\frac{5}{6}\right)^n \leqq 0.01$$

$$n(\log 5-\log 6) \leqq -2$$

$$n(1-\log 2-\log 2-\log 3) \leqq -2$$

$$n \geqq \frac{2}{0.0791} \fallingdotseq 25.3$$

よって，26回以上。

20

$(x,\ y)=(2,\ 2)$

解説

題意より，

$$(x+y)\log x=4\log y \quad \cdots ①$$

$$(x+y)\log y=4\log x \quad \cdots ②$$

①－②より，

$$(x+y+4)(\log x-\log y)=0$$

$x>0$，$y>0$ より，$x+y+4>0$ なので，

$$\log x=\log y$$

よって，

$$x=y \quad \cdots ③$$

①に代入して，

$$(2x-4)\log x=0$$

$x\neq 1$ より，$\log x\neq 0$ だから，

$$2x-4=0 \quad \therefore \quad x=2$$

③より，

$$y=2$$

11 ベクトル

傾向と対策

　幾何的に指定された点の位置ベクトルを求める問題，ベクトル方程式が表す軌跡や領域の問題，内積を使った計量の問題が多い。
　この分野から出題される問題の主なキーワードとしては，次のものが挙げられる。

- 和，差，定数倍（実数倍，スカラー倍），分点公式
- 位置ベクトル，1次独立
- 内積，外積

要点Check!

1 分点公式

線分ABを$m:n$の比に内分する点をPとすると，

$$\overrightarrow{OP}=\frac{n\overrightarrow{OA}+m\overrightarrow{OB}}{m+n}\qquad\left(\because\ \overrightarrow{OP}=\overrightarrow{OA}+\frac{m}{m+n}\overrightarrow{AB}\right)$$

$$=(1-t)\overrightarrow{OA}+t\overrightarrow{OB}\qquad\left(\frac{m}{m+n}=t\text{とおいた場合}\right)$$

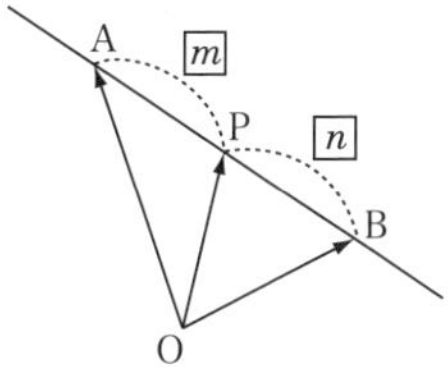

外分のときは，m，nの一方を負にする。Pが線分ABの分点であるということは，Pは直線AB上の点ということなので，分点公式は直線のベクトル方程式でもある。

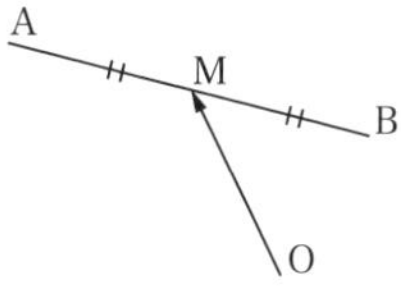

特に，ABの中点をMとおくと，$\overrightarrow{OM}=\dfrac{\overrightarrow{OA}+\overrightarrow{OB}}{2}$となる。

また，△ABCの重心をGとおくと，$\overrightarrow{OG}=\dfrac{\overrightarrow{OA}+\overrightarrow{OB}+\overrightarrow{OC}}{3}$となる。これは，ABの中点をMとすると，GはCMを2：1に内分する点だから，

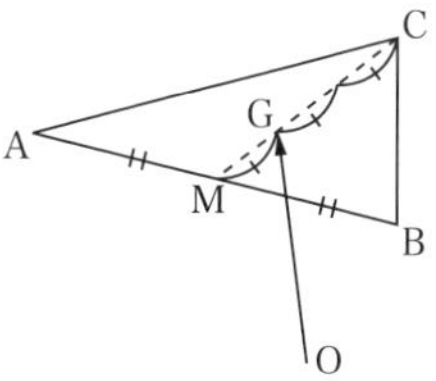

$$\overrightarrow{OG}=\frac{1\cdot\overrightarrow{OC}+2\cdot\dfrac{\overrightarrow{OA}+\overrightarrow{OB}}{2}}{2+1}$$

となり，これを整理すれば得られる。

2　1次独立なベクトル

平面上の2つのベクトル$\vec{a}$, $\vec{b}$が

$$s\vec{a}+t\vec{b}=\vec{0} \Longleftrightarrow s=t=0$$

を満たすとき，これらのベクトルは1次独立であるといい，平行四辺形の隣り合う2辺を構成する。同様に空間では

$$s\vec{a}+t\vec{b}+u\vec{c}=\vec{0} \Longleftrightarrow s=t=u=0$$

のときをいい，$\vec{a}$, $\vec{b}$, $\vec{c}$は平行六面体の1頂点から出る3辺を構成する。

平面上の2つのベクトル$\vec{a}$, $\vec{b}$が1次独立なとき，この平面（$\vec{a}$, $\vec{b}$が張る平面）上の任意のベクトル$\vec{p}$は，s, tを実数として，$\vec{a}$, $\vec{b}$の1次結合の形に一意に表せる。

$$\vec{p}=s\vec{a}+t\vec{b} \quad \cdots (*)$$

「一意」とは，例えば

$$\vec{p}=s\vec{a}+t\vec{b}=s'\vec{a}+t'\vec{b}$$

であれば必ず$s=s'$かつ$t=t'$となる，ということ。

$(*)$において，$(s,\ t)$は，$\vec{a}$, $\vec{b}$を基底とした一種の「座標」とみることができる。すなわち，基準点（原点）Oをとり，Oを通り$\vec{a}$および$\vec{b}$を方向ベクトルとする直線を「座標軸」とみれば，例えば次図の点Pの位置ベクトルは$\overrightarrow{\mathrm{OP}}=\vec{p}=2\vec{a}+3\vec{b}$で表される。つまり，この「(斜交) 座標平面」において，点Pの「座標」は$(s,\ t)=(2,\ 3)$と表されるということである。

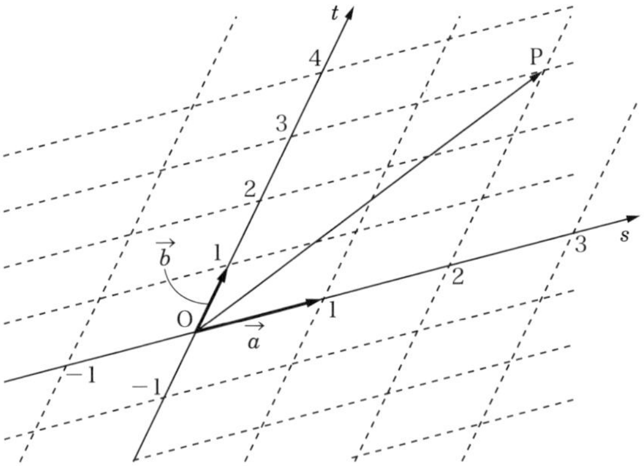

以下，$\overrightarrow{\mathrm{OP}}=\vec{p}=s\vec{a}+t\vec{b}$と表される点Pの存在範囲と$s$, tの関係についていくつか例を挙げる。

s, tの関係	$\vec{p}$の範囲	$\vec{a}=(1, 0)$, $\vec{b}=(0, 1)$ の場合	領域
任意	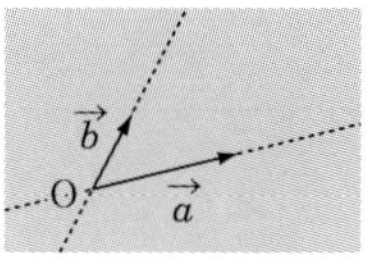	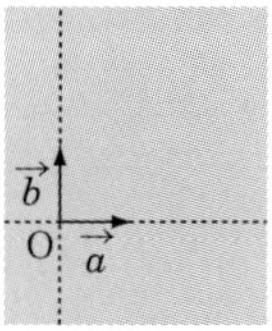	平面全体
$\begin{cases} s>0 \\ t>0 \end{cases}$	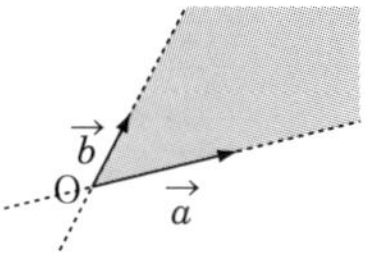	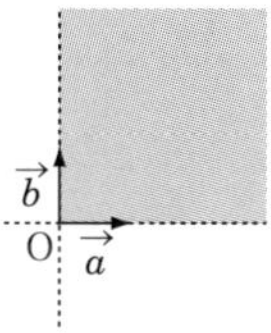	第1象限
$\begin{cases} 0<s<1 \\ 0<t<1 \end{cases}$	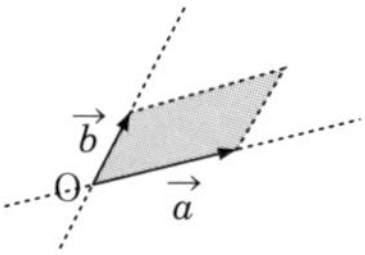	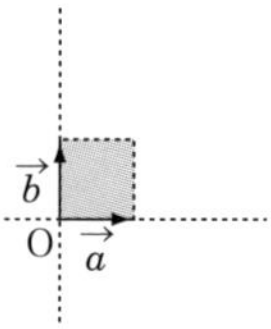	平行四辺形の内部
$s+t<1$	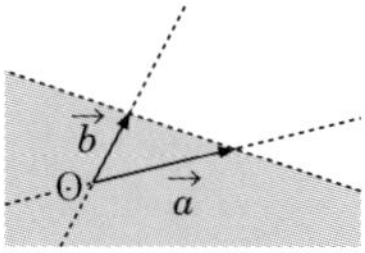	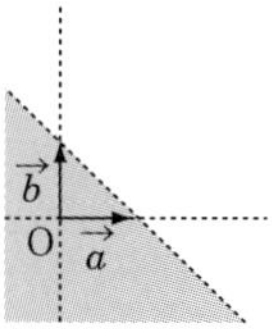	直線で分けられた領域のうち，Oを含む側
$\begin{cases} s+t<1 \\ s>0 \\ t>0 \end{cases}$	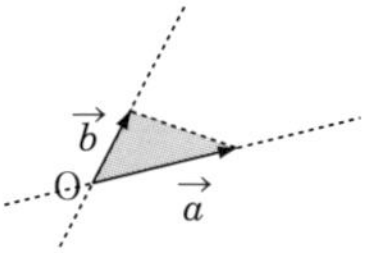	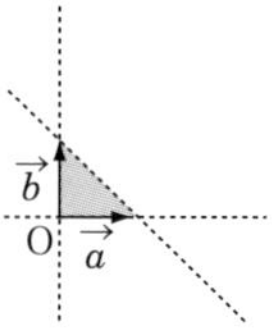	三角形の内部

空間の場合もこれに準ずる。$\vec{p}=s\vec{a}+t\vec{b}+u\vec{c}$とすると，$0<s, t, u<1$のとき$\vec{a}$, $\vec{b}$, $\vec{c}$を3辺とする平行六面体の内部になり，$s+t+u<1$，$s>0$，$t>0$，$u>0$のとき$\vec{a}$, $\vec{b}$, $\vec{c}$を3辺とする四面体の内部となる。

例題1　1次独立なベクトル

四面体OABCの辺AB，OCの中点を，それぞれM，Nとし，線分CMの中点をHとする。また，3つのベクトル$\overrightarrow{\mathrm{OA}}$，$\overrightarrow{\mathrm{OB}}$，$\overrightarrow{\mathrm{OC}}$を$\overrightarrow{\mathrm{OA}}=\vec{a}$，$\overrightarrow{\mathrm{OB}}=\vec{b}$，$\overrightarrow{\mathrm{OC}}=\vec{c}$とする。△OMCにおいて，2つの線分OH，MNの交点をQとするとき，$\overrightarrow{\mathrm{OQ}}$を$\vec{a}$，$\vec{b}$，$\vec{c}$で表せ。

〈福岡県・福岡市・北九州市改題〉

解答 $\overrightarrow{\mathrm{OQ}}=\dfrac{1}{6}\vec{a}+\dfrac{1}{6}\vec{b}+\dfrac{1}{3}\vec{c}$

解説 QをOH上の点，MH上の点として2通りに表す。k，tを実数として

$$\overrightarrow{\mathrm{OQ}}=k\overrightarrow{\mathrm{OH}}=k\cdot\frac{1}{2}\left(\vec{c}+\overrightarrow{\mathrm{OM}}\right)=k\cdot\frac{1}{2}\left(\vec{c}+\frac{1}{2}\left(\vec{a}+\vec{b}\right)\right)$$

$$=\frac{k}{4}\vec{a}+\frac{k}{4}\vec{b}+\frac{k}{2}\vec{c}\quad\cdots①$$

$$\overrightarrow{\mathrm{OQ}}=(1-t)\overrightarrow{\mathrm{OM}}+t\overrightarrow{\mathrm{ON}}$$

$$=(1-t)\frac{1}{2}\left(\vec{a}+\vec{b}\right)+t\cdot\frac{1}{2}\vec{c}$$

$$=\frac{(1-t)}{2}\vec{a}+\frac{(1-t)}{2}\vec{b}+\frac{t}{2}\vec{c}\quad\cdots②$$

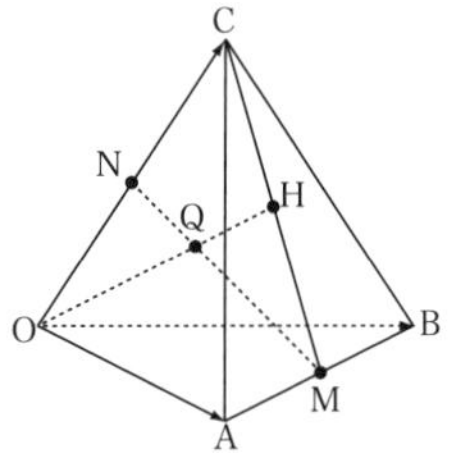

$\vec{a}$，$\vec{b}$，$\vec{c}$は1次独立なので，①，②から，

$$\begin{cases}\dfrac{k}{4}=\dfrac{1-t}{2}\\[2mm] \dfrac{k}{2}=\dfrac{t}{2}\end{cases}\qquad\therefore\quad k=t=\frac{2}{3}$$

したがって，$\overrightarrow{\mathrm{OQ}}=\dfrac{1}{6}\vec{a}+\dfrac{1}{6}\vec{b}+\dfrac{1}{3}\vec{c}$

例題2　1次結合で表される点の動く範囲

平面上にOA＝2，OB＝3，∠AOB＝60°の△OABがある。△OABに対し，$\overrightarrow{\mathrm{OP}}=s\overrightarrow{\mathrm{OA}}+t\overrightarrow{\mathrm{OB}}$とする。実数$s$，$t$が条件$2s+t\leqq1$，$s\geqq0$，$t\geqq0$を満たしながら変化するとき，点Pの描く図形の面積を求めよ。

〈福岡県・福岡市・北九州市改題〉

解答 $\dfrac{3\sqrt{3}}{4}$

解説　$(s,\ t)=(0,\ 0)$のときP＝O

$(s,\ t)\neq(0,\ 0)$のとき，$2s+t=k\ (0<k\leqq 1)$を固定すると

$$\overrightarrow{\mathrm{OP}}=k\cdot\frac{s\overrightarrow{\mathrm{OA}}+t\overrightarrow{\mathrm{OB}}}{k}=\frac{2s\cdot\frac{k}{2}\overrightarrow{\mathrm{OA}}+t\cdot k\overrightarrow{\mathrm{OB}}}{2s+t}$$

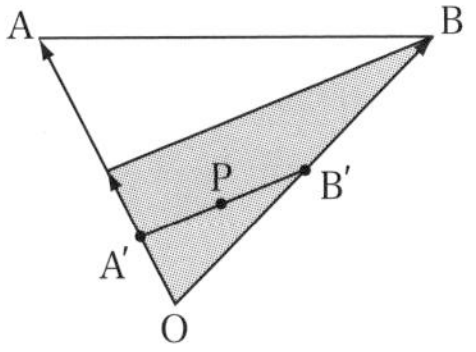

よって，$\frac{k}{2}\overrightarrow{\mathrm{OA}}=\overrightarrow{\mathrm{OA'}}$，$k\overrightarrow{\mathrm{OB}}=\overrightarrow{\mathrm{OB'}}$とおくと，Pは線分A′B′上を動く。次に$k$を0から1まで動かすと，A′はOからOAの中点まで，B′はOからBまで動くので，Pは$\frac{1}{2}\overrightarrow{\mathrm{OA}}$と$\overrightarrow{\mathrm{OB}}$を2辺とする三角形の内部を動く。よって，求める面積をSとすると

$$S=\frac{1}{2}\cdot\frac{\mathrm{OA}}{2}\cdot\mathrm{OB}\cdot\sin 60^\circ=\frac{1}{2}\cdot\frac{2}{2}\cdot 3\cdot\frac{\sqrt{3}}{2}=\frac{3\sqrt{3}}{4}$$

参考　斜交座標の考え方を用いてみよう。

通常の直交座標平面では，「$2s+t\leqq 1$，$s\geqq 0$，$t\geqq 0$」の条件を満たす点$(s,\ t)$の存在範囲は次の図(a)のような三角形の周および内部（直線$2x+y=1$より下側でかつ$x\geqq 0$，$y\geqq 0$を満たす部分）になる。よって，本問において直線OAとOBを座標軸とする斜交座標では，求める点Pの存在範囲は図(b)のようになる。ゆえに，求める面積は△OABのそれの半分である。

図 (a)

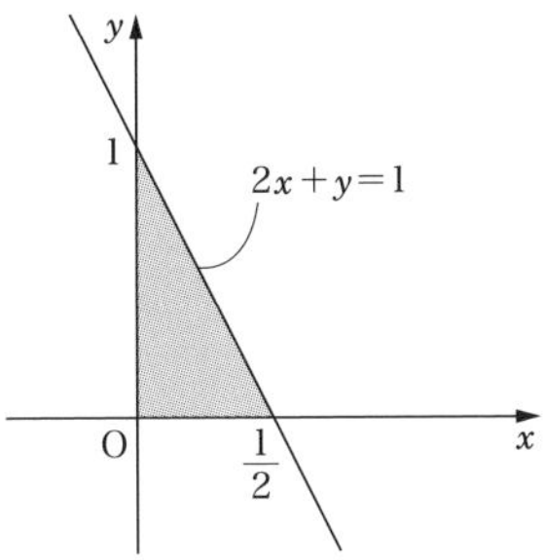

図 (b)

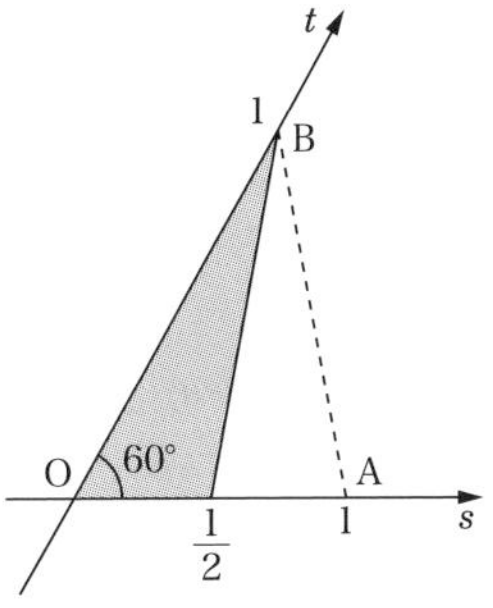

3 三角形の内部の点のベクトル表示

三角形ABCにおいて，その内部の点Pは$\overrightarrow{AP}=s\overrightarrow{AB}+t\overrightarrow{AC}$（$s>0$，$t>0$，$s+t<1$）と表せるので，ここで別に基準点Oをとると，

$$\begin{aligned}\overrightarrow{OP}&=\overrightarrow{OA}+s\overrightarrow{AB}+t\overrightarrow{AC}\\&=\overrightarrow{OA}+s(\overrightarrow{OB}-\overrightarrow{OA})+t(\overrightarrow{OC}-\overrightarrow{OA})\\&=(1-s-t)\overrightarrow{OA}+s\overrightarrow{OB}+t\overrightarrow{OC}\end{aligned}$$

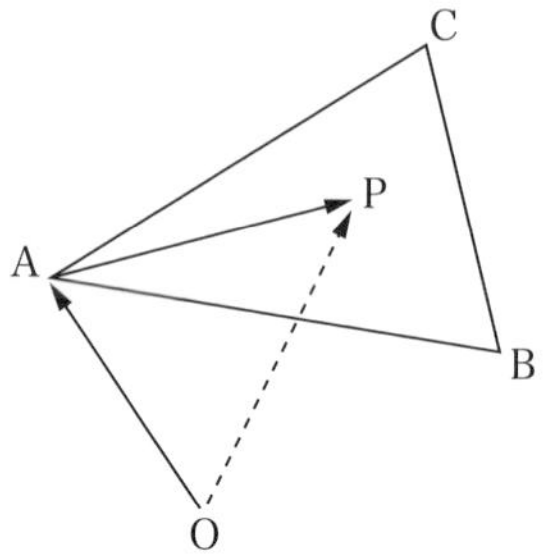

と表せる。$1-s-t=l$, $s=m$, $t=n$として変数を取り直すと，三角形ABCの内部の点Pの表式として

$$\overrightarrow{OP}=l\overrightarrow{OA}+m\overrightarrow{OB}+n\overrightarrow{OC}$$

$$(l>0,\ m>0,\ n>0,\ l+m+n=1)$$

が得られる。Oは平面ABC上の点でなくてもよい。

空間では，四面体ABCDの内部の点についても同様のことが言える。すなわち，四面体ABCDの内部の点Pは，

$$\overrightarrow{OP}=k\overrightarrow{OA}+l\overrightarrow{OB}+m\overrightarrow{OC}+n\overrightarrow{OD}$$

$$(k>0,\ l>0,\ m>0,\ n>0,\ k+l+m+n=1)$$

と表すことができる。

4 内積

2つの平面ベクトル $\vec{a}=(a_1,\ a_2)$，$\vec{b}=(b_1,\ b_2)$ に対して，$\vec{a}$と$\vec{b}$の内積 $\vec{a}\cdot\vec{b}$ は，

$$\vec{a}\cdot\vec{b}=a_1b_1+a_2b_2 \quad \cdots①$$

と定義される量（スカラー）である。

①はまったく代数的な定義だが，この量は図形的な意味をもつ。すなわち，$\vec{a}$と$\vec{b}$のなす角をθとして，

$$\boldsymbol{\vec{a}\cdot\vec{b}=|\vec{a}||\vec{b}|\cos\theta} \quad \cdots②$$

が成り立つ。

実際，$\vec{a}$と$\vec{b}$を2辺とする三角形について余弦定理を用いて$\cos\theta$を考えると，

$$\begin{aligned}|\vec{a}||\vec{b}|\cos\theta&=|\vec{a}||\vec{b}|\cdot\frac{|\vec{a}|^2+|\vec{b}|^2-|\vec{a}-\vec{b}|^2}{2|\vec{a}||\vec{b}|}\\&=\frac{1}{2}\{|\vec{a}|^2+|\vec{b}|^2-|\vec{a}-\vec{b}|^2\}\\&=\frac{1}{2}\{(a_1{}^2+a_2{}^2)+(b_1{}^2+b_2{}^2)-(a_1-b_1)^2-(a_2-b_2)^2\}\\&=\frac{1}{2}(2a_1b_1+2a_2b_2)\\&=a_1b_1+a_2b_2\end{aligned}$$

3次元ベクトルでも同様に，$\vec{a}=(a_1,\ a_2,\ a_3)$，$\vec{b}=(b_1,\ b_2,\ b_3)$ に対して，

$$\vec{a}\cdot\vec{b}=a_1b_1+a_2b_2+a_3b_3 \quad \cdots ①'$$

$$=|\vec{a}||\vec{b}|\cos\theta \quad \cdots ②'$$

②および②′より，$\vec{a}\perp\vec{b} \iff \vec{a}\cdot\vec{b}=0$ であり，また，特に$\vec{a}$を単位ベクトルにとると，内積は$\vec{b}$の$\vec{a}$方向への正射影の符号付き長さである。

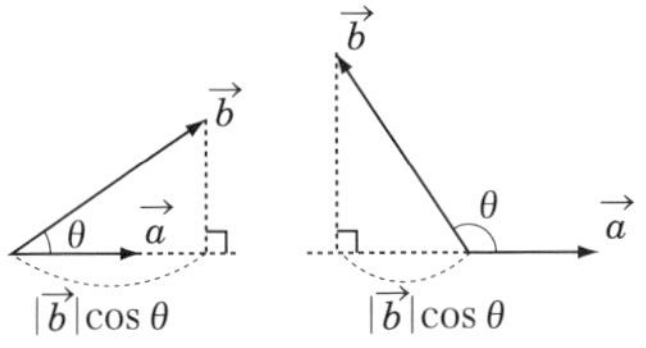

したがって，平面で，$Ax+By+C=0$ を満たす点の集合は，$(A,\ B)\cdot(x,\ y)=-C$ とみれば，ベクトル $(A,\ B)$ への正射影の符号付き長さが一定の点，すなわち $(A,\ B)$ と直交する直線である。$(A,\ B)$ のことを直線の**法線ベクトル**という。

同様に空間で $Ax+By+Cz+D=0$ を満たす点の集合は，$(A,\ B,\ C)$ を法線ベクトルとする平面である。

なお，内積計算については，交換法則・結合法則・分配法則が成り立つので，普通の数の積と同じように扱える。また，

$$\vec{a}\cdot\vec{a}=|\vec{a}|^2$$

$$|\vec{a}\pm\vec{b}|^2=|\vec{a}|^2\pm 2\vec{a}\cdot\vec{b}+|\vec{b}|^2$$

が成り立つ。

例題3　内積の計算

$|\vec{a}|=1$，$|\vec{b}|=3$，$|\vec{a}-\vec{b}|=\sqrt{13}$ とするとき，次の各問いに答えよ。

(1)　$\vec{a}\cdot\vec{b}$の値を求めよ。

(2)　$\vec{a}$と$\vec{b}$のなす角を求めよ。

解答　(1)　$\vec{a}\cdot\vec{b}=-\dfrac{3}{2}$　　(2)　120°

解説　(1)　（$|\vec{a}-\vec{b}|^2$を展開することにより$\vec{a}\cdot\vec{b}$を取り出す。）

$$|\vec{a}-\vec{b}|^2=|\vec{a}|^2-2\vec{a}\cdot\vec{b}+|\vec{b}|^2=1-2\vec{a}\cdot\vec{b}+9$$

であり，いま$|\vec{a}-\vec{b}|=\sqrt{13}$であるから，

$$1-2\vec{a}\cdot\vec{b}+9=13$$

$$\therefore\ \vec{a}\cdot\vec{b}=-\frac{3}{2}$$

(2)　ベクトルのなす角は，0°から180°の範囲で考える。

求める角を θ とおくと，$\vec{a}\cdot\vec{b}=|\vec{a}||\vec{b}|\cos\theta$ により，

$$-\frac{3}{2}=1\cdot 3\cdot\cos\theta$$

$$\therefore \quad \cos\theta = -\frac{1}{2}$$

となる。よって$\theta = 120°$である。

補足 (2)では(1)の結果を用いたが，(1)がないならば，$\vec{a}$と$\vec{b}$を2辺とする三角形に余弦定理を用いて，

$$\cos\theta = \frac{|\vec{a}|^2 + |\vec{b}|^2 - |\vec{a}-\vec{b}|^2}{2|\vec{a}||\vec{b}|}$$

$$= \frac{1+9-13}{2\cdot1\cdot3} = -\frac{1}{2}$$

と考えても早い。

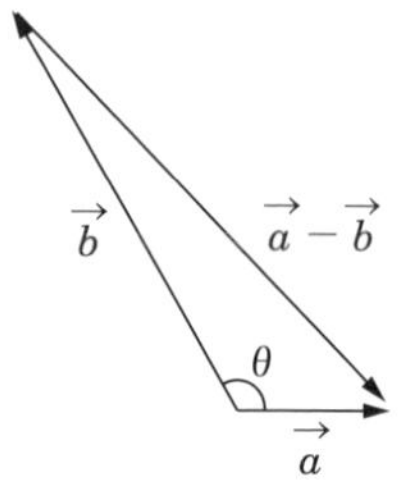

例題4　空間図形における内積

1辺の長さが2である正四面体OABCにおいて，辺OAを1：2の比に内分する点をD，辺BCを3：2の比に内分する点をEとする。このとき，2つのベクトル$\overrightarrow{DE}$と$\overrightarrow{OB}$の内積を求めよ。

〈栃木県改題〉

解答 $\dfrac{32}{15}$

解説 Oを基準点として，点A〜Cの位置ベクトルを$\vec{a}$〜$\vec{c}$と表す。

準備として$\vec{a}\cdot\vec{b}$や$\vec{b}\cdot\vec{c}$の値を求めておく。△OABは1辺の長さが2の正三角形なので，

$$\vec{a}\cdot\vec{b} = 2\cdot2\cdot\cos60° = 2$$

である。同様に$\vec{b}\cdot\vec{c} = 2$である。

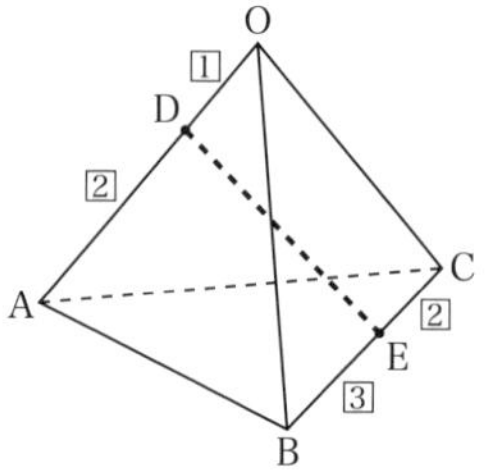

いま，

$$\overrightarrow{DE} = \overrightarrow{OE} - \overrightarrow{OD} = \frac{2\vec{b}+3\vec{c}}{5} - \frac{1}{3}\vec{a}$$

であるから，

$$\overrightarrow{DE}\cdot\overrightarrow{OB} = \left(\frac{2\vec{b}+3\vec{c}}{5} - \frac{1}{3}\vec{a}\right)\cdot\vec{b}$$

$$= \frac{2|\vec{b}|^2 + 3\vec{b}\cdot\vec{c}}{5} - \frac{1}{3}\vec{a}\cdot\vec{b}$$

$$= \frac{2\cdot2^2 + 3\cdot2}{5} - \frac{1}{3}\cdot2$$

$$= \frac{14}{5} - \frac{2}{3} = \frac{32}{15}$$

5　三角形の面積

$\triangle$OABにおいて，$\overrightarrow{OA}=\vec{a}$，$\overrightarrow{OB}=\vec{b}$，$\angle AOB=\theta$とおくと，平面でも，空間でも

$$\triangle OAB=\frac{1}{2}|\vec{a}||\vec{b}|\sin\theta=\frac{1}{2}|\vec{a}||\vec{b}|\sqrt{1-\cos^2\theta}=\frac{1}{2}|\vec{a}||\vec{b}|\sqrt{1-\left(\frac{\vec{a}\cdot\vec{b}}{|\vec{a}||\vec{b}|}\right)^2}$$

$$=\frac{1}{2}\sqrt{|\vec{a}|^2|\vec{b}|^2-(\vec{a}\cdot\vec{b})^2}$$

成分表示が与えられている場合，平面では，$\vec{a}$と$\vec{b}$を隣り合う2辺とする平行四辺形の面積Sの$\frac{1}{2}$として計算するのが速い。空間の場合は，次項で説明する。

$$\triangle OAB=\frac{1}{2}S=\frac{1}{2}|a_1b_2-a_2b_1| \qquad \text{絶対値記号の中は}\det\begin{pmatrix}a_1 & a_2\\ b_1 & b_2\end{pmatrix}$$

6　外積

2つの3次元ベクトルに1つの3次元ベクトルを対応させる3次元固有の演算。

$\vec{a}=(a_1, a_2, a_3)$，$\vec{b}=(b_1, b_2, b_3)$と成分表示されるとすると，$\vec{a}$と$\vec{b}$の外積は，記号×を用いて

$$\vec{a}\times\vec{b}=\left(\det\begin{pmatrix}a_2 & a_3\\ b_2 & b_3\end{pmatrix}, \det\begin{pmatrix}a_3 & a_1\\ b_3 & b_1\end{pmatrix}, \det\begin{pmatrix}a_1 & a_2\\ b_1 & b_2\end{pmatrix}\right)$$

と定義されるベクトルである。このベクトルには図形的な意味がある。

$$|\vec{a}\times\vec{b}|^2=(a_2b_3-a_3b_2)^2+(a_3b_1-a_1b_3)^2+(a_1b_2-a_2b_1)^2$$
$$=(a_1{}^2+a_2{}^2+a_3{}^2)(b_1{}^2+b_2{}^2+b_3{}^2)-(a_1b_1+a_2b_2+a_3b_3)^2$$
$$=|\vec{a}|^2|\vec{b}|^2-(\vec{a}\cdot\vec{b})^2$$
$$=(\vec{a}\text{と}\vec{b}\text{を隣り合う2辺とする平行四辺形の面積})^2$$

$$(\vec{a}\times\vec{b})\cdot\vec{a}=\det\begin{pmatrix}a_1 & a_2 & a_3\\ b_1 & b_2 & b_3\\ a_1 & a_2 & a_3\end{pmatrix}=0,\ (\vec{a}\times\vec{b})\cdot\vec{b}=\det\begin{pmatrix}a_1 & a_2 & a_3\\ b_1 & b_2 & b_3\\ b_1 & b_2 & b_3\end{pmatrix}=0$$

よって，$\vec{a}\times\vec{b}$の大きさは$\vec{a}$と$\vec{b}$を隣り合う2辺とする平行四辺形の面積Sに等しく，向きは$\vec{a}$と$\vec{b}$の双方に垂直で，$\vec{a}$から$\vec{b}$へ右ネジを回したときにネジが進む方向である。したがって，

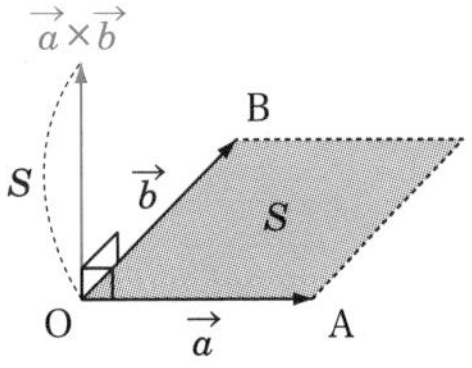

$$\vec{b}\times\vec{a}=-(\vec{a}\times\vec{b})$$

$$\triangle OAB=\frac{1}{2}S=\frac{1}{2}|\vec{a}\times\vec{b}|$$
$$=\frac{1}{2}\sqrt{(a_2b_3-a_3b_2)^2+(a_3b_1-a_1b_3)^2+(a_1b_2-a_2b_1)^2}$$

7　四面体の体積

図のような $\vec{a}$, $\vec{b}$, $\vec{c}$ を3辺とする平行六面体の体積をVとする。Vは（底面の面積）と（高さ）の積であり，例えば$\vec{a}$と$\vec{b}$を隣り合う2辺とする平行四辺形を底面とすれば，高さは$\vec{c}$の$\vec{a}\times\vec{b}$への正射影の長さに等しいので，

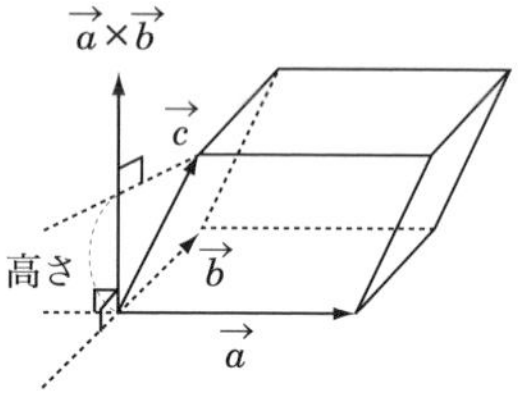

$$V=|(\vec{a}\times\vec{b})\cdot\vec{c}|=\left|\det\begin{pmatrix} a_1 & a_2 & a_3 \\ b_1 & b_2 & b_3 \\ c_1 & c_2 & c_3 \end{pmatrix}\right|$$

$$\therefore\quad (\text{四面体OABCの体積})=\frac{1}{6}V$$

なお，正方行列Mの行列式は$|M|$とも表すが，ここでは絶対値の記号と競合するので，行列式をdetで表している。

演習問題

1 ★★☆

四面体OABCにおいて，辺ABを2：1に内分する点をP，線分PCを$m:n$に内分する点をQ，線分OQの中点をR，直線ARと三角形OBCの面との交点をS，直線OSと辺BCとの交点をTとする。$\overrightarrow{OA}=\vec{a}$，$\overrightarrow{OB}=\vec{b}$，$\overrightarrow{OC}=\vec{c}$とおくとき，次の各問いに答えよ。

(1)　$\overrightarrow{OR}$を$\vec{a}$，$\vec{b}$，$\vec{c}$およびm，nを用いて表せ。

(2)　BT：TC＝2：3のとき，$m:n$の比を求めよ。

〈島根県〉

2 ★☆☆

△ABCの内部の点Pに対して，$6\overrightarrow{PA}+5\overrightarrow{PB}+4\overrightarrow{PC}=\vec{0}$が成り立つとき，APの延長と辺BCの交点をDとする。このとき，次の各問いに答えよ。

(1)　$\overrightarrow{AP}$を$\overrightarrow{AB}$と$\overrightarrow{AC}$を用いて表せ。

(2)　△PACの面積と△PBDの面積の比を求めよ。

〈徳島県〉

3 ★★★

xy平面上に，O$(0,0)$，A$(1,1)$，B$(-1,-1)$，C$(1,0)$，D$(2,1)$があり，

$$\begin{cases}\overrightarrow{OP}=a\overrightarrow{OA}+b\overrightarrow{OB}+c\overrightarrow{OC}+d\overrightarrow{OD}\\ a+b+c+d=1\\ a\geqq 0,\ b\geqq 0,\ c\geqq 0,\ d\leqq 0\end{cases}$$

を満たす動点Pがある。点Pの存在する範囲を図示せよ。

ただし，a，b，c，dは実数とする。

〈愛媛県〉

4 ★★☆

1辺の長さが1の立方体OABC－DEFGにおいて，$\vec{a}=\overrightarrow{OA}$，$\vec{b}=\overrightarrow{OC}$，$\vec{c}=\overrightarrow{OD}$とおく。図のように，頂点Oから線分CEに垂線を下ろし，CEとの交点をH，線分OHの延長と平面BCGFとの交点をLとする。このとき，次の各問いに答えよ。

(1) $\overrightarrow{OH}$を$\vec{a}$，$\vec{b}$，$\vec{c}$を用いて表せ。

(2) $\overrightarrow{OL}$を$\vec{a}$，$\vec{b}$，$\vec{c}$を用いて表せ。

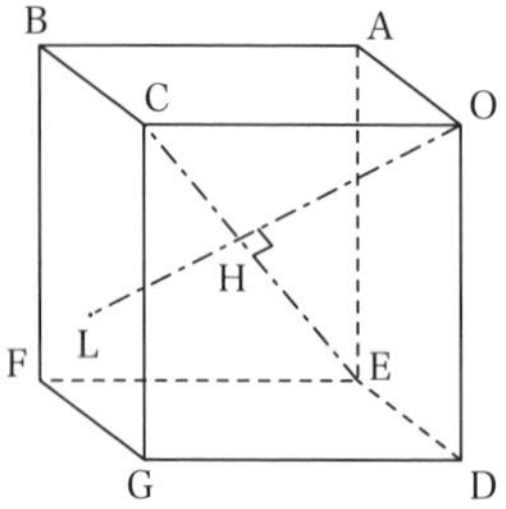

〈大分県〉

5 ★☆☆

四面体OABCにおいて，辺AB，ACを$s:1-s$（$0<s<1$）にそれぞれ内分する点をD，Eとし，線分CD，BEの交点をFとする。

$\overrightarrow{OF}$をs，$\overrightarrow{OA}$，$\overrightarrow{OB}$，$\overrightarrow{OC}$で表せ。

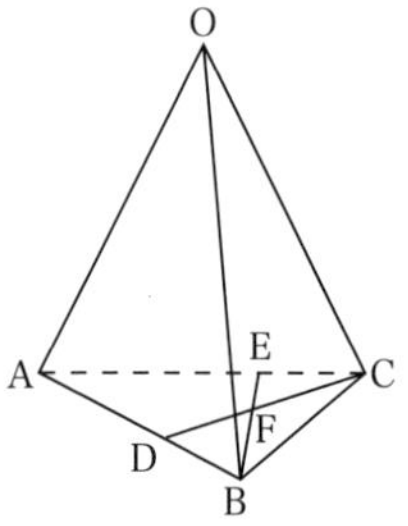

〈愛媛県〉

6 ★☆☆

$\overrightarrow{OA}=(2,1)$，$\overrightarrow{OB}=(-1,1)$のとき，

$\overrightarrow{OP}=\alpha\overrightarrow{OA}+\beta\overrightarrow{OB}$　$(3\alpha+4\beta\leqq 12,\ \alpha\geqq 0,\ \beta\geqq 0)$

で与えられる点Pの存在する領域の面積を求めよ。

〈愛知県〉

7 ★☆☆

△ABCの3点A，B，Cの位置ベクトルをそれぞれ，$\vec{a}$，$\vec{b}$，$\vec{c}$とし，BC$=a$，CA$=b$，AB$=c$とする。△ABCの内心Iの位置ベクトルを $\vec{a}$，$\vec{b}$，$\vec{c}$とa，b，cで表せ。

〈北海道・札幌市〉

8 ★★☆

四面体OABCは，OBとOCが垂直で，OB＝３，OC＝２，$\overrightarrow{OA}\cdot\overrightarrow{OB}=3$，$\overrightarrow{OA}\cdot\overrightarrow{OC}=1$を満たしている。辺BCの中点をM，線分AMの中点をDとする。また，３点O，B，Cの定める平面をαとするとき，頂点Aから平面αに引いた垂線と平面αとの交点をEとする。このとき，次の各問いに答えよ。

(1)　$\overrightarrow{OD}$を$\overrightarrow{OA}$，$\overrightarrow{OB}$，$\overrightarrow{OC}$を用いて表せ。

(2)　$\overrightarrow{OE}$を$\overrightarrow{OB}$，$\overrightarrow{OC}$を用いて表せ。

(3)　平面αに関して点Aと対称な点をFとするとき，$\overrightarrow{OF}$を$\overrightarrow{OA}$，$\overrightarrow{OB}$，$\overrightarrow{OC}$を用いて表せ。

(4)　平面α上に点Pをとり，２点A，Dから点Pまでの距離の和AP＋PDが最小となるようにする。$\overrightarrow{OP}$を$\overrightarrow{OB}$，$\overrightarrow{OC}$を用いて表せ。

〈鹿児島県〉

9 ★☆☆

右の図のような三角形ABCがある。辺AB，BC上にAD：DB＝３：１，BE：EC＝２：３となる点D，Eをとり，AE，CDの交点をFとするとき，AF：FEを求めよ。なお，ベクトルを用いた解法と，用いない解法の２通りで答えよ。

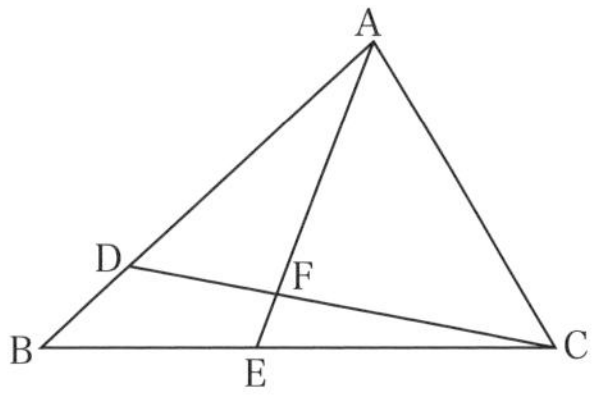

〈富山県〉

10 ★☆☆

△OABにおいて，ABの中点をCとし，OCを２：１に内分する点をDとする。点Dを通る直線が辺OA，OBとO以外で交わる点をそれぞれP，Qとし，$\overrightarrow{OP}=k\overrightarrow{OA}$，$\overrightarrow{OQ}=l\overrightarrow{OB}$とするとき，次の各問いに答えよ。

(1)　$\dfrac{1}{k}+\dfrac{1}{l}=3$を示せ。

(2)　OA＝２，OB＝３，AB＝$\sqrt{7}$，PQ⊥OAであるとき，kとlの値を求めよ。

〈山形県〉

11 ★★☆

１辺の長さが１の正五角形ABCDEについて，$\overrightarrow{AB}=\vec{a}$，$\overrightarrow{AE}=\vec{b}$とするとき，$\overrightarrow{AC}$を$\vec{a}$，$\vec{b}$で表せ。

〈島根県〉

12 ★☆☆

2点A(0，−2)，B(4，0)と放物線$y=x^2$上を動く点Pがあるとき，△PABの面積の最小値を求めよ。

〈愛知県〉

13 ★☆☆

$\overrightarrow{OA}=(1,\ 1,\ 1)$，$\overrightarrow{OB}=(2,\ 1,\ -2)$，$\overrightarrow{OC}=(7,\ -3,\ -7)$を3辺とする平行六面体について，次の各問いに答えよ。

(1)　$\overrightarrow{OA}$，$\overrightarrow{OB}$を2辺とする平行四辺形の面積を求めよ。

(2)　この平行六面体の体積を求めよ。

〈福井県〉

14 ★★☆

平面上に，OC//AB，∠OAB＝60°，OA＝2，OC＝5である等脚台形OABCにおいて，$\overrightarrow{OA}=\vec{a}$，$\overrightarrow{OC}=\vec{c}$とする。このとき，次の各問いに答えよ。

(1)　点Oから辺ABに下ろした垂線の足をHとするとき，$\overrightarrow{OH}$を$\vec{a}$と$\vec{c}$で表せ。

(2)　3点O，A，Hを通る円の中心をDとし，線分OCを4：1に内分する点をEとする。線分DEとこの円との交点をPとするとき，$\overrightarrow{OP}$を$\vec{a}$と$\vec{c}$で表せ。

〈石川県〉

15 ★★☆

右の図において，△OABはOA＝OBの直角二等辺三角形である。OAの中点をM，OBの3等分点のうちOに近いほうの点をNとし，ANとBMとの交点をPとする。

∠APB＝θとするとき，$\cos\theta$の値はいくらか。

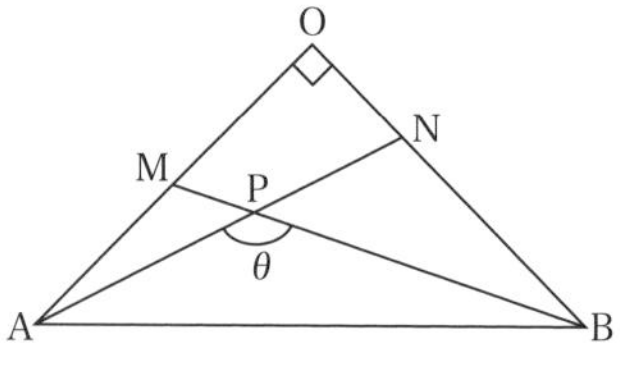

〈大阪府・大阪市改題〉

16 ★☆☆

3つのベクトル$\overrightarrow{OA}$, $\overrightarrow{OB}$, $\overrightarrow{OC}$ があり，$|\overrightarrow{OA}|=1$，$|\overrightarrow{OB}|=\sqrt{2}$, $|\overrightarrow{OC}|=1$である。

$2\overrightarrow{OA}+\overrightarrow{OB}+\overrightarrow{OC}=\overrightarrow{0}$を満たしているとき，次の各問いに答えよ。

(1)　$\overrightarrow{OB}$と$\overrightarrow{OC}$ の内積$\overrightarrow{OB}\cdot\overrightarrow{OC}$ の値を求めよ。

(2)　△OBCの面積を求めよ。

(3)　△ABCにおいて，点Oはどのような位置にあるか説明せよ。

(4)　△ABCの面積を求めよ。

〈岩手県〉

17 ★★★

Oを原点とする空間上の3点A, B, Cが，$|\overrightarrow{OA}|=|\overrightarrow{OB}|=|\overrightarrow{OC}|=2$，$\overrightarrow{OA}\cdot\overrightarrow{OB}=2$，$\overrightarrow{OB}\cdot\overrightarrow{OC}=\dfrac{4}{3}$を満たしているとき，次の各問いに答えよ。

(1)　内積$\overrightarrow{OA}\cdot\overrightarrow{OC}$がとり得る値の範囲を求めよ。

(2)　四面体OABCの体積の最大値を求めよ。

〈奈良県〉

18 ★★☆

一辺の長さが1である正四面体OABCがある。

辺ABを$p:(1-p)\ (0<p<1)$に内分する点をD,
辺OCを$q:(1-q)\ (0<q<1)$に内分する点をEとし，
$\overrightarrow{OA}=\vec{a}$, $\overrightarrow{OB}=\vec{b}$, $\overrightarrow{OC}=\vec{c}$とするとき，次の各問いに答えよ。

(1)　$\overrightarrow{OD}$を$\vec{a}$, $\vec{b}$, pを用いて表せ。

(2)　$\overrightarrow{DE}$を$\vec{a}$, $\vec{b}$, $\vec{c}$, p, qを用いて表せ。

(3)　$|\overrightarrow{DE}|$の最小値を求めよ。また，そのときのp, qの値を求めよ。

〈和歌山県〉

19 ★★☆

Oを原点とする座標空間内に4点A$(1, 3, -2)$, B$(-1, -1, 0)$, C$(3, 2, 1)$, D$(5, -2, 4)$がある。

3点A, B, Cを通る平面をαとするとき，次の各問いに答えよ。

(1)　$\overrightarrow{AB}$, $\overrightarrow{AC}$の両方に垂直な単位ベクトル$\vec{e}$を求めよ。

(2)　四面体ABCDの体積を求めよ。

(3)　点Dの平面αに関する対称点Pの座標を求めよ。

〈福島県〉

20 ★★☆

点Oを原点とする平面上に異なる2定点A, Bと動点Pがある。3点A, B, Pの原点Oに関する位置ベクトルをそれぞれ$\vec{a}$, $\vec{b}$, $\vec{p}$とするとき，次の各問いに答えよ。ただし，3点O, A, Bは同一直線上にはない。

(1)　$(\vec{p}-\vec{a})\cdot(\vec{b}-\vec{a})=0$を満たす点Pの軌跡を求め，図示せよ。

(2)　$2|\vec{p}|^2+(\vec{b}-2\vec{a})\cdot\vec{p}-\vec{a}\cdot\vec{b}=0$を満たす点Pの軌跡を求め，図示せよ。

〈佐賀県〉

演習問題　解答・解説

1

(1)　$\overrightarrow{\mathrm{OR}}=\dfrac{1}{6(m+n)}(n\vec{a}+2n\vec{b}+3m\vec{c})$

(2)　$m:n=4:9$

解説

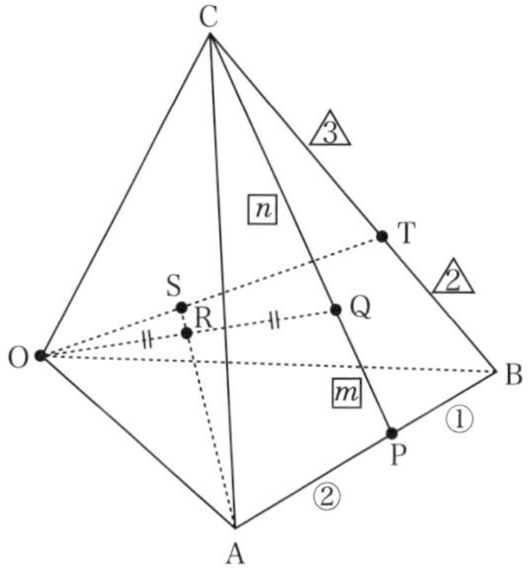

(1)　$\overrightarrow{\mathrm{OP}}=\dfrac{1}{3}\vec{a}+\dfrac{2}{3}\vec{b}$

$\overrightarrow{\mathrm{OQ}}$

$=\dfrac{n}{m+n}\overrightarrow{\mathrm{OP}}+\dfrac{m}{m+n}\overrightarrow{\mathrm{OC}}$

$=\dfrac{n}{3(m+n)}\vec{a}+\dfrac{2n}{3(m+n)}\vec{b}+\dfrac{m}{m+n}\vec{c}$

だから，

$\overrightarrow{\mathrm{OR}}$

$=\dfrac{1}{2}\overrightarrow{\mathrm{OQ}}$

$=\dfrac{n}{6(m+n)}\vec{a}+\dfrac{n}{3(m+n)}\vec{b}+\dfrac{m}{2(m+n)}\vec{c}$

$=\dfrac{1}{6(m+n)}(n\vec{a}+2n\vec{b}+3m\vec{c})$

(2)　$\overrightarrow{\mathrm{AS}}=k\overrightarrow{\mathrm{AR}}$（$k$は実数）とすると，

$\overrightarrow{\mathrm{OS}}-\overrightarrow{\mathrm{OA}}=k(\overrightarrow{\mathrm{OR}}-\overrightarrow{\mathrm{OA}})$

$\therefore\ \overrightarrow{\mathrm{OS}}=(1-k)\overrightarrow{\mathrm{OA}}+k\overrightarrow{\mathrm{OR}}$

$=\left(1-k+\dfrac{kn}{6(m+n)}\right)\vec{a}$

$+\dfrac{kn}{3(m+n)}\vec{b}+\dfrac{km}{2(m+n)}\vec{c}$

点Sは三角形OBC上の点だから，

$1-k+\dfrac{kn}{6(m+n)}=0$

$\therefore\ k=\dfrac{6(m+n)}{6m+5n}$

よって，

$\overrightarrow{\mathrm{OS}}=\dfrac{2n}{6m+5n}\vec{b}+\dfrac{3m}{6m+5n}\vec{c}$

$\overrightarrow{\mathrm{OT}}=t\overrightarrow{\mathrm{OS}}$（$t$は実数）とすると，

$\overrightarrow{\mathrm{OT}}=\dfrac{2nt}{6m+5n}\vec{b}+\dfrac{3mt}{6m+5n}\vec{c}$

BT：TC＝2：3だから，

$3mt:2nt=2:3$より，

$4n=9m$

$\therefore\ \ m:n=4:9$

2

(1)　$\overrightarrow{\mathrm{AP}}=\dfrac{1}{3}\overrightarrow{\mathrm{AB}}+\dfrac{4}{15}\overrightarrow{\mathrm{AC}}$

(2)　15：8

解説

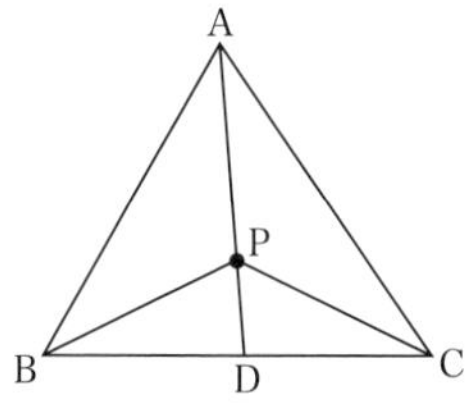

(1)　与式より

$-6\overrightarrow{\mathrm{AP}}+5(\overrightarrow{\mathrm{AB}}-\overrightarrow{\mathrm{AP}})+4(\overrightarrow{\mathrm{AC}}-\overrightarrow{\mathrm{AP}})=\vec{0}$

$15\overrightarrow{\mathrm{AP}}=5\overrightarrow{\mathrm{AB}}+4\overrightarrow{\mathrm{AC}}$

したがって，

$\overrightarrow{\mathrm{AP}}=\dfrac{1}{3}\overrightarrow{\mathrm{AB}}+\dfrac{4}{15}\overrightarrow{\mathrm{AC}}$

(2)　(1)より

$\overrightarrow{\mathrm{AP}}=\dfrac{5\overrightarrow{\mathrm{AB}}+4\overrightarrow{\mathrm{AC}}}{15}$

$=\dfrac{9}{15}\times\dfrac{5\overrightarrow{\mathrm{AB}}+4\overrightarrow{\mathrm{AC}}}{9}$

よって，点DはBCを4:5の比に内分する点で，点PはADを3:2の比に内分する点である。

△ABCの面積をSとすると，

$$(\triangle \mathrm{PAC}\text{の面積})=\frac{3}{5}\times\frac{5}{9}\times S=\frac{15}{45}\times S$$

$$(\triangle \mathrm{PBD}\text{の面積})=\frac{2}{5}\times\frac{4}{9}\times S=\frac{8}{45}\times S$$

したがって，

(△PACの面積):(△PBDの面積)=15:8

3

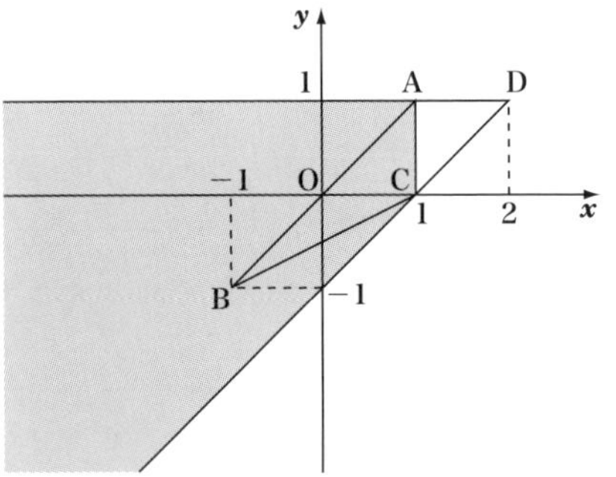

網目部分(境界線を含む)

解説

$$\overrightarrow{\mathrm{OP}}=a\overrightarrow{\mathrm{OA}}+b\overrightarrow{\mathrm{OB}}+c\overrightarrow{\mathrm{OC}}+(1-a-b-c)\overrightarrow{\mathrm{OD}}$$

$$=\overrightarrow{\mathrm{OD}}+a\overrightarrow{\mathrm{DA}}+b\overrightarrow{\mathrm{DB}}+c\overrightarrow{\mathrm{DC}}$$

$$=\overrightarrow{\mathrm{OD}}+k\left(\frac{a}{k}\overrightarrow{\mathrm{DA}}+\frac{b}{k}\overrightarrow{\mathrm{DB}}+\frac{c}{k}\overrightarrow{\mathrm{DC}}\right)$$

である。なお，$a+b+c=k$とおいた。

$k=a+b+c=1-d$で，いま$d\leqq 0$なので$k\geqq 1$であることに注意。

ここで，

$$\overrightarrow{\mathrm{DQ}}=\frac{a}{k}\overrightarrow{\mathrm{DA}}+\frac{b}{k}\overrightarrow{\mathrm{DB}}+\frac{c}{k}\overrightarrow{\mathrm{DC}}$$

として点Qを定めると，$\frac{a}{k}+\frac{b}{k}+\frac{c}{k}=1$かつ$\frac{a}{k}\geqq 0$，$\frac{b}{k}\geqq 0$，$\frac{c}{k}\geqq 0$なので，Qは三角形ABCの周および内部の任意の点を表す。すると，

$$\overrightarrow{\mathrm{OP}}=\overrightarrow{\mathrm{OD}}+k\overrightarrow{\mathrm{DQ}}\quad\cdots①$$

であり，いまkは1以上の値をとるので，求めるPの存在範囲は解答の網目部分(境界線を含む)である。

(補足)

①から，求める存在範囲を「Dを中心に△ABCをk倍相似拡大($k\geqq 1$)した三角形たちが通過する領域」とみるとわかりやすい。

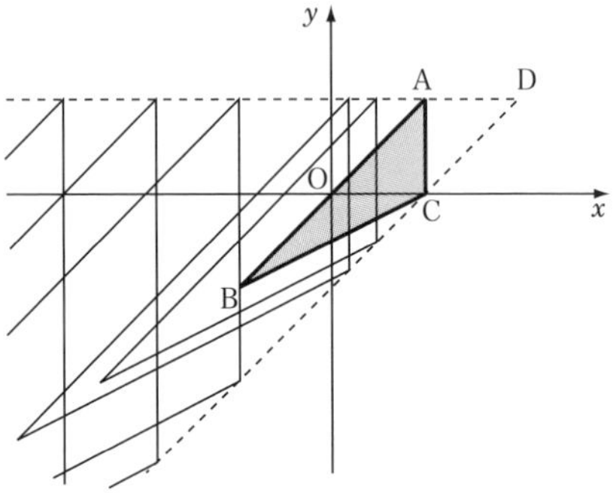

4

(1) $\overrightarrow{\mathrm{OH}}=\frac{1}{3}\vec{a}+\frac{2}{3}\vec{b}+\frac{1}{3}\vec{c}$

(2) $\overrightarrow{\mathrm{OL}}=\frac{1}{2}\vec{a}+\vec{b}+\frac{1}{2}\vec{c}$

解説

題意の立方体を，3点O, C, Eを通る平面で切ると，断面は長方形OCFEになる。また点Hおよび点Lはこの断面上にある。

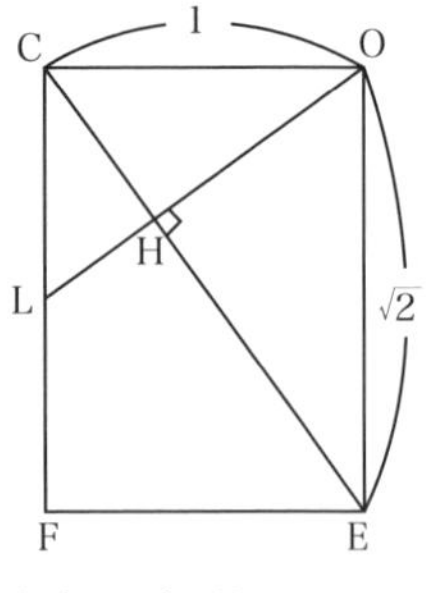

(1) 2つの直角三角形△COEと△CHOは∠Cを共有するので相似で，また△COEと

△OHEも∠Eを共有するので相似である。ゆえに△CHO∽△OHE∽△COEである。

すると，

$\mathrm{CH}:\mathrm{HO}=\mathrm{OH}:\mathrm{HE}=1:\sqrt{2}$

となるので，

$\mathrm{CH}:\mathrm{HE}=1:(\sqrt{2})^2=1:2$

よって，

$$\begin{aligned}\overrightarrow{\mathrm{OH}}&=\frac{2\overrightarrow{\mathrm{OC}}+\overrightarrow{\mathrm{OE}}}{3}\\&=\frac{2\vec{b}+(\vec{a}+\vec{c})}{3}\\&=\frac{1}{3}\vec{a}+\frac{2}{3}\vec{b}+\frac{1}{3}\vec{c}\end{aligned}$$

(2)　平行線の錯角により∠LCH＝∠OEHなので，2つの直角三角形△LCHと△OEHは相似であり，その相似比は$\mathrm{CH}:\mathrm{EH}=1:2$である。

ゆえに$\mathrm{LC}=\dfrac{1}{2}\mathrm{OE}$となり，LはCFの中点であることがわかる。よって，

$$\begin{aligned}\overrightarrow{\mathrm{OL}}&=\frac{\overrightarrow{\mathrm{OC}}+\overrightarrow{\mathrm{OF}}}{2}\\&=\frac{\vec{b}+(\vec{a}+\vec{b}+\vec{c})}{2}\\&=\frac{1}{2}\vec{a}+\vec{b}+\frac{1}{2}\vec{c}\end{aligned}$$

（別解）

（△LCHと△OEHが相似であることをおさえたあと）

$\mathrm{LH}:\mathrm{OH}=\mathrm{CH}:\mathrm{EH}=1:2$なので，

$\mathrm{OL}:\mathrm{OH}=3:2$となる。よって

$$\begin{aligned}\overrightarrow{\mathrm{OL}}&=\frac{3}{2}\overrightarrow{\mathrm{OH}}\\&=\frac{1}{2}\vec{a}+\vec{b}+\frac{1}{2}\vec{c}\end{aligned}$$

5

$$\boldsymbol{\overrightarrow{\mathrm{OF}}=\frac{(1-s)\overrightarrow{\mathrm{OA}}+s\overrightarrow{\mathrm{OB}}+s\overrightarrow{\mathrm{OC}}}{1+s}}$$

解説

$$\begin{cases}\mathrm{DF}:\mathrm{FC}=m:1-m\\\mathrm{EF}:\mathrm{FB}=n:1-n\end{cases}$$
とおく

$$\begin{aligned}\overrightarrow{\mathrm{OF}}&=m\overrightarrow{\mathrm{OC}}+(1-m)\overrightarrow{\mathrm{OD}}\\&=m\overrightarrow{\mathrm{OC}}+(1-m)\{s\overrightarrow{\mathrm{OB}}+(1-s)\overrightarrow{\mathrm{OA}}\}\\&=(1-m)(1-s)\overrightarrow{\mathrm{OA}}+(1-m)s\overrightarrow{\mathrm{OB}}\\&\qquad+m\overrightarrow{\mathrm{OC}}\quad\cdots①\end{aligned}$$

$$\begin{aligned}\overrightarrow{\mathrm{OF}}&=n\overrightarrow{\mathrm{OB}}+(1-n)\overrightarrow{\mathrm{OE}}\\&=n\overrightarrow{\mathrm{OB}}+(1-n)\{s\overrightarrow{\mathrm{OC}}+(1-s)\overrightarrow{\mathrm{OA}}\}\\&=(1-n)(1-s)\overrightarrow{\mathrm{OA}}+n\overrightarrow{\mathrm{OB}}\\&\qquad+(1-n)s\overrightarrow{\mathrm{OC}}\quad\cdots②\end{aligned}$$

$\overrightarrow{\mathrm{OA}}$, $\overrightarrow{\mathrm{OB}}$, $\overrightarrow{\mathrm{OC}}$は1次独立なので，①，②より

$$\begin{cases}(1-m)(1-s)=(1-n)(1-s)&\cdots③\\(1-m)s=n&\cdots④\\m=(1-n)s&\cdots⑤\end{cases}$$

$1-s\neq0$と③より，$m=n$

④より，

$(1-m)s=m$

$\therefore\quad m=\dfrac{s}{1+s}$

①へ代入すると，

$$\begin{aligned}\overrightarrow{\mathrm{OF}}&=\left(1-\frac{s}{1+s}\right)(1-s)\overrightarrow{\mathrm{OA}}\\&\qquad+\left(1-\frac{s}{1+s}\right)s\overrightarrow{\mathrm{OB}}+\frac{s}{1+s}\overrightarrow{\mathrm{OC}}\\&=\frac{(1-s)\overrightarrow{\mathrm{OA}}+s\overrightarrow{\mathrm{OB}}+s\overrightarrow{\mathrm{OC}}}{1+s}\end{aligned}$$

6

18

解説

$\dfrac{\alpha}{4}=a$, $\dfrac{\beta}{3}=b$とおくと，

$a+b\leqq1$，$a\geqq0$，$b\geqq0$　…①

であり，また

$\overrightarrow{\mathrm{OP}}=a(4\overrightarrow{\mathrm{OA}})+b(3\overrightarrow{\mathrm{OB}})$

と表される。$4\overrightarrow{\mathrm{OA}}=\overrightarrow{\mathrm{OA'}}$, $3\overrightarrow{\mathrm{OB}}=\overrightarrow{\mathrm{OB'}}$となるように点A′と点B′を定めると，

$\overrightarrow{\mathrm{OP}}=a\overrightarrow{\mathrm{OA'}}+b\overrightarrow{\mathrm{OB'}}$　…②

と表すことができる。

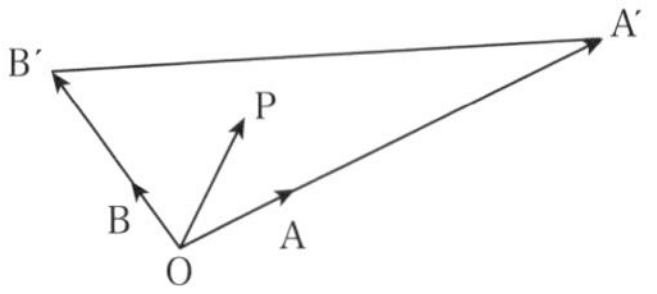

①のもとで，②で表される点Pの存在領域は「△OA′B′の周および内部」になる。いま$\overrightarrow{OA'}=(8,\ 4)$，$\overrightarrow{OB'}=(-3,\ 3)$なので，求める面積は

$$\frac{1}{2}|8\cdot3-4\cdot(-3)|=18$$

7

$$\boldsymbol{\frac{a}{a+b+c}\vec{a}+\frac{b}{a+b+c}\vec{b}+\frac{c}{a+b+c}\vec{c}}$$

解説

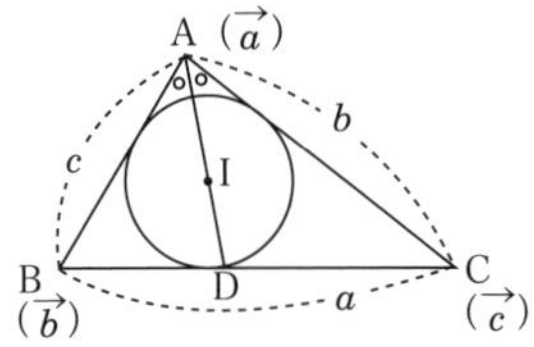

AIの延長と辺BCの交点をDとすると，
∠BAD＝∠CADだから，

$BD:DC=c:b$

よって，

$$\overrightarrow{AD}=\frac{b}{b+c}\overrightarrow{AB}+\frac{c}{b+c}\overrightarrow{AC}$$

同様に，

$$AI:ID=BA:BD=c:\ \frac{c}{b+c}\times a$$

よって，

$$\overrightarrow{AI}=\frac{c}{\dfrac{ca}{b+c}+c}\overrightarrow{AD}=\frac{b+c}{a+b+c}\overrightarrow{AD}$$

したがって，

$$\overrightarrow{AI}=\frac{b+c}{a+b+c}\left(\frac{b}{b+c}\overrightarrow{AB}+\frac{c}{b+c}\overrightarrow{AC}\right)$$
$$=\frac{b}{a+b+c}\overrightarrow{AB}+\frac{c}{a+b+c}\overrightarrow{AC}$$

$$\therefore\ \overrightarrow{OI}=\frac{b}{a+b+c}(\vec{b}-\vec{a})$$
$$+\frac{c}{a+b+c}(\vec{c}-\vec{a})+\vec{a}$$
$$=\frac{a}{a+b+c}\vec{a}+\frac{b}{a+b+c}\vec{b}+\frac{c}{a+b+c}\vec{c}$$

8

(1) $\overrightarrow{OD}=\frac{1}{2}\overrightarrow{OA}+\frac{1}{4}\overrightarrow{OB}+\frac{1}{4}\overrightarrow{OC}$

(2) $\overrightarrow{OE}=\frac{1}{3}\overrightarrow{OB}+\frac{1}{4}\overrightarrow{OC}$

(3) $\overrightarrow{OF}=-\overrightarrow{OA}+\frac{2}{3}\overrightarrow{OB}+\frac{1}{2}\overrightarrow{OC}$

(4) $\overrightarrow{OP}=\frac{7}{18}\overrightarrow{OB}+\frac{1}{3}\overrightarrow{OC}$

解説

Oを基準点として，点Rの位置ベクトルを$\vec{r}$のように，位置ベクトルを小文字を用いて表すことにする。

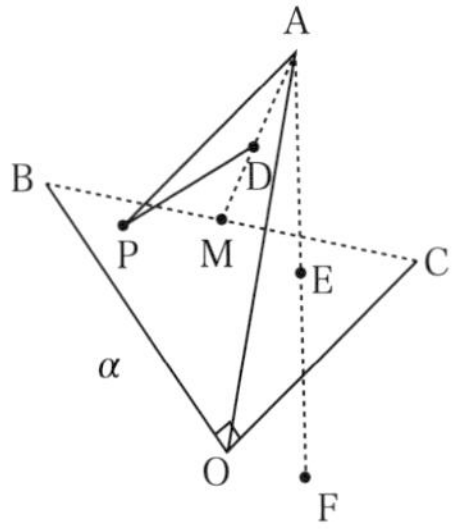

(1) $\overrightarrow{OD}=\frac{1}{2}\vec{a}+\frac{1}{2}\vec{m}$

$$=\frac{1}{2}\vec{a}+\frac{1}{2}\left(\frac{1}{2}\vec{b}+\frac{1}{2}\vec{c}\right)$$
$$=\frac{1}{2}\overrightarrow{OA}+\frac{1}{4}\overrightarrow{OB}+\frac{1}{4}\overrightarrow{OC}$$

(2) $\overrightarrow{OE}=k\vec{b}+l\vec{c}$（$k$, lは実数）とおく。

AE⊥αであるから，

AE⊥OB　…①，AE⊥OC　…②

が成り立つ。ここで

$\overrightarrow{AE}=\vec{e}-\vec{a}=k\vec{b}+l\vec{c}-\vec{a}$

であり，いま$\vec{b}\cdot\vec{c}=0$であることに注意すると，①より，

$(k\vec{b}+l\vec{c}-\vec{a})\cdot\vec{b}=0$

$k|\vec{b}|^2-\vec{a}\cdot\vec{b}=0$

$9k-3=0$

$$k=\frac{1}{3}$$

となり，また②より，

$$(k\vec{b}+l\vec{c}-\vec{a})\cdot\vec{c}=0$$

$$l|\vec{c}|^2-\vec{a}\cdot\vec{c}=0$$

$$4l-1=0$$

$$l=\frac{1}{4}$$

となるので

$$\overrightarrow{OE}=\frac{1}{3}\overrightarrow{OB}+\frac{1}{4}\overrightarrow{OC}$$

(3)　$\overrightarrow{EF}=\overrightarrow{AE}$であるから，

$$\overrightarrow{OF}=\overrightarrow{OE}+\overrightarrow{EF}$$

$$=\overrightarrow{OE}+\overrightarrow{AE}$$

$$=2\overrightarrow{OE}-\overrightarrow{OA}$$

$$=-\overrightarrow{OA}+\frac{2}{3}\overrightarrow{OB}+\frac{1}{2}\overrightarrow{OC}\quad(\because\ (2))$$

(4)　Fは平面αに関するAの対称点なので，平面α上の任意の点Xに対してAX＝FXが成り立ち，よってAX＋XD＝FX＋XDが成り立つ。

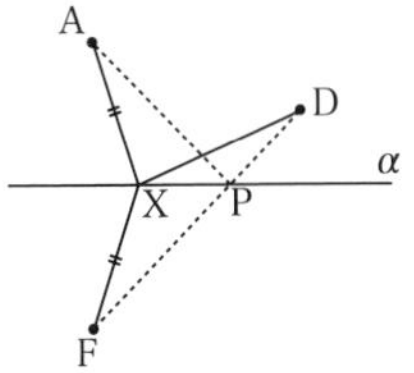

そして，これが最小になるのはXが「FDと平面αの交点」に一致するときである。つまりこの交点が題意の点Pにほかならない。

ここで直線FD上の任意の点の位置ベクトルは，tを実数として

$$(1-t)\vec{f}+t\vec{d}$$

$$=(1-t)\left(-\vec{a}+\frac{2}{3}\vec{b}+\frac{1}{2}\vec{c}\right)+t\left(\frac{1}{2}\vec{a}+\frac{1}{4}\vec{b}+\frac{1}{4}\vec{c}\right)$$

$$=\left(\frac{3}{2}t-1\right)\vec{a}+\left(\frac{2}{3}-\frac{5}{12}t\right)\vec{b}+\left(\frac{1}{2}-\frac{1}{4}t\right)\vec{c}$$

と表すことができる。そしてこの点が平面α上にあるのは$\vec{a}$の係数が0のとき，すなわち

$$\frac{3}{2}t-1=0\quad\therefore\quad t=\frac{2}{3}$$

のときである。よって，

$$\overrightarrow{OP}=\left(\frac{2}{3}-\frac{5}{12}\cdot\frac{2}{3}\right)\vec{b}+\left(\frac{1}{2}-\frac{1}{4}\cdot\frac{2}{3}\right)\vec{c}$$

$$=\frac{7}{18}\overrightarrow{OB}+\frac{1}{3}\overrightarrow{OC}$$

9

(ベクトルを用いた解法)

DF：FC＝(1－t)：t(tは実数)とすると，

$$\overrightarrow{AF}=t\overrightarrow{AD}+(1-t)\overrightarrow{AC}$$

$$=\frac{3}{4}t\overrightarrow{AB}+(1-t)\overrightarrow{AC}\quad\cdots①$$

$$\overrightarrow{AE}=\frac{3}{5}\overrightarrow{AB}+\frac{2}{5}\overrightarrow{AC}$$

また，$\overrightarrow{AF}=k\overrightarrow{AE}$($k$は実数)とすると，

$$\overrightarrow{AF}=\frac{3}{5}k\overrightarrow{AB}+\frac{2}{5}k\overrightarrow{AC}\quad\cdots②$$

$\overrightarrow{AB}$，$\overrightarrow{AC}$は1次独立だから，

①，②より，

$$\frac{3}{5}k=\frac{3}{4}t,\ \frac{2}{5}k=1-t$$

$$\therefore\quad k=\frac{5}{6},\ t=\frac{2}{3}$$

よって，

$$\overrightarrow{AF}=\frac{5}{6}\overrightarrow{AE}$$

だから，

AF：FE＝5：1

(ベクトルを用いない解法)

△ABEと直線CDでメネラウスの定理より

$$\frac{AF}{FE}\cdot\frac{EC}{CB}\cdot\frac{BD}{DA}=1$$

$$\frac{AF}{FE}\cdot\frac{3}{5}\cdot\frac{1}{3}=1$$

$$\therefore\quad\frac{AF}{FE}=5$$

よって，

AF：FE＝5：1

10

(1) $\overrightarrow{\mathrm{OC}}=\dfrac{3}{2}\overrightarrow{\mathrm{OD}}=\dfrac{1}{2}\overrightarrow{\mathrm{OA}}+\dfrac{1}{2}\overrightarrow{\mathrm{OB}}$

$\therefore\quad \overrightarrow{\mathrm{OD}}=\dfrac{1}{3}\overrightarrow{\mathrm{OA}}+\dfrac{1}{3}\overrightarrow{\mathrm{OB}}$ …①

また,

$\overrightarrow{\mathrm{OD}}=tk\overrightarrow{\mathrm{OA}}+(1-t)l\,\overrightarrow{\mathrm{OB}}$ …②

①, ②より

$t=\dfrac{1}{3k},\ 1-t=\dfrac{1}{3l}$

$\therefore\quad \dfrac{1}{k}+\dfrac{1}{l}=3$

(証明終わり)

(2) $k=\dfrac{7}{12},\ l=\dfrac{7}{9}$

解説

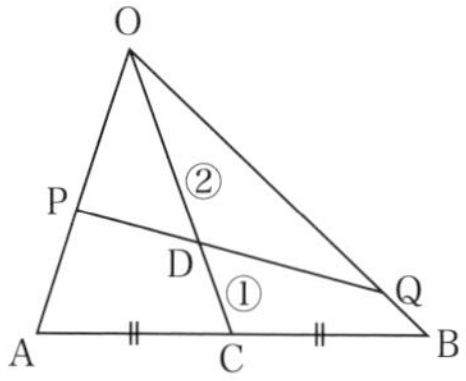

(2) 余弦定理より

$\mathrm{AB}^2=\mathrm{OA}^2+\mathrm{OB}^2-2\cdot\mathrm{OA}\cdot\mathrm{OB}\cdot\cos\theta$

$7=4+9-2\overrightarrow{\mathrm{OA}}\cdot\overrightarrow{\mathrm{OB}}$

$\therefore\quad \overrightarrow{\mathrm{OA}}\cdot\overrightarrow{\mathrm{OB}}=3$

$\overrightarrow{\mathrm{PQ}}\perp\overrightarrow{\mathrm{OA}}$ より

$(l\overrightarrow{\mathrm{OB}}-k\overrightarrow{\mathrm{OA}})\cdot\overrightarrow{\mathrm{OA}}=0$

$3l-4k=0$ …③

$\dfrac{1}{k}+\dfrac{1}{l}=3$ …④とすると, ③, ④を解いて,

$k=\dfrac{7}{12},\ l=\dfrac{7}{9}$

11

$\overrightarrow{\mathrm{AC}}=\dfrac{1+\sqrt{5}}{2}\vec{a}+\vec{b}$

解説

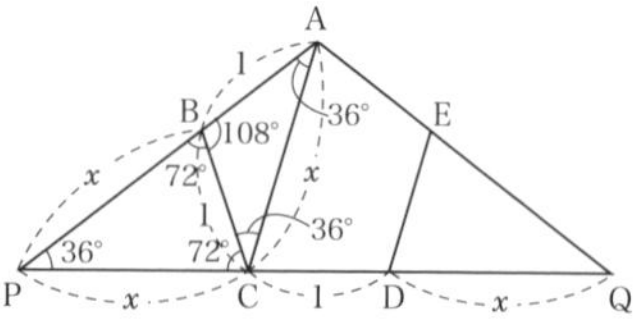

△CAP∽△BACだから, BP$=x$とすると,

$\dfrac{\mathrm{CA}}{\mathrm{BA}}=\dfrac{\mathrm{AP}}{\mathrm{AC}}$ より,

$\dfrac{x}{1}=\dfrac{x+1}{x}$

$x^2=x+1$

$x>0$ より, $x=\dfrac{1+\sqrt{5}}{2}$

点CはPQを$x:(x+1)$に内分する点だから,

$\overrightarrow{\mathrm{AC}}=\dfrac{x+1}{2x+1}\overrightarrow{\mathrm{AP}}+\dfrac{x}{2x+1}\overrightarrow{\mathrm{AQ}}$

$=\dfrac{x+1}{2x+1}(x+1)\overrightarrow{\mathrm{AB}}+\dfrac{x}{2x+1}(x+1)\overrightarrow{\mathrm{AE}}$

$=\dfrac{1+\sqrt{5}}{2}\vec{a}+\vec{b}$

12

$\dfrac{31}{8}$

解説

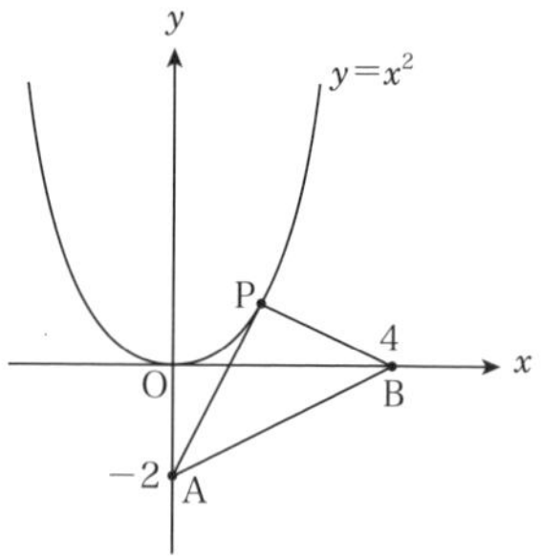

P$(t,\ t^2)$とおくと,

$\overrightarrow{\mathrm{AB}}=(4,\ 2)$, $\overrightarrow{\mathrm{AP}}=(t,\ t^2+2)$

なので,

$\triangle\mathrm{PAB}=\dfrac{1}{2}\left|4\cdot(t^2+2)-2\cdot t\right|$

$=\dfrac{1}{2}\left|4t^2-2t+8\right|$

$$=\frac{1}{2}\left|4\left(t-\frac{1}{4}\right)^2+\frac{31}{4}\right|$$

$$=2\left(t-\frac{1}{4}\right)^2+\frac{31}{8}$$

よって，△PABの面積は，

$t=\frac{1}{4}$のとき最小値$\frac{31}{8}$をとる。

13

(1)　$\sqrt{26}$　　　　(2)　26

解説

(1)　$|\overrightarrow{OA}|=\sqrt{3}$，$|\overrightarrow{OB}|=3$，

$\overrightarrow{OA}\cdot\overrightarrow{OB}=1$

だから，

$$S=\sqrt{|\overrightarrow{OA}|^2|\overrightarrow{OB}|^2-(\overrightarrow{OA}\cdot\overrightarrow{OB})^2}$$

$$=\sqrt{26}$$

(2)　2つのベクトル，$\overrightarrow{OA}$，$\overrightarrow{OB}$の両方に垂直なベクトルの1つが$\vec{v}=(3，-4，1)$だから，$\overrightarrow{OA}$，$\overrightarrow{OB}$で決定される平面の方程式は，

$3x-4y+z=0$　…①

点C$(7，-3，-7)$から，平面①までの距離は

$$\frac{|21+12-7|}{\sqrt{9+16+1}}=\frac{26}{\sqrt{26}}=\sqrt{26}$$

だから，平行六面体の体積は，

$V=Sh=\sqrt{26}\times\sqrt{26}=26$

(別解)

外積を使って次のように求めることもできる。

(1)　求める面積は

$|\overrightarrow{OA}\times\overrightarrow{OB}|$

$$=\left|\left(\begin{vmatrix}1&1\\1&-2\end{vmatrix},\ \begin{vmatrix}1&1\\-2&2\end{vmatrix},\ \begin{vmatrix}1&1\\2&1\end{vmatrix}\right)\right|$$

$$=\sqrt{(-3)^2+4^2+(-1)^2}=\sqrt{26}$$

(2)　$\overrightarrow{OC}$の$\overrightarrow{OB}\times\overrightarrow{OA}$への正射影が平行六面体の高さであることに注意して，求める体積は

$\overrightarrow{OC}\cdot(\overrightarrow{OB}\times\overrightarrow{OA})$

$=7\cdot3+(-3)\cdot(-4)+(-7)\cdot1$

$=26$

なお，内積および外積の定義から，3つのベクトルを並べた3次正方行列式

$$\begin{vmatrix}1&1&1\\2&1&-2\\7&-3&-7\end{vmatrix}$$

の絶対値として求めてもよい。

14

(1)　$\overrightarrow{OH}=\vec{a}+\frac{1}{5}\vec{c}$

(2)　$\overrightarrow{OP}=\frac{21-\sqrt{21}}{42}\vec{a}+\frac{4\sqrt{21}}{105}\vec{c}$

解説

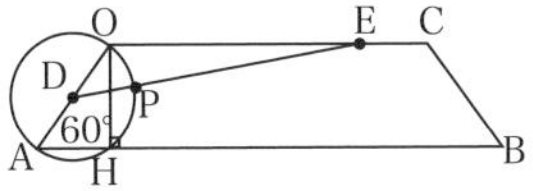

(1)　$\overrightarrow{OH}=\vec{a}+k\vec{c}$（$k$は実数）とすると，

OH⊥OCより

$(\vec{a}+k\vec{c})\cdot\vec{c}=0$

$\vec{a}\cdot\vec{c}+k|\vec{c}|^2=0$

$2\cdot5\cdot\cos120°+25k=0$

$\therefore\quad k=\frac{1}{5}$

よって，

$\overrightarrow{OH}=\vec{a}+\frac{1}{5}\vec{c}$

(2)　$\overrightarrow{OP}=\frac{1}{2}t\vec{a}+\frac{4}{5}(1-t)\vec{c}$　（tは実数）

とすると，DP＝1より

$|\overrightarrow{OP}-\overrightarrow{OD}|=1$

$$\left|\frac{1}{2}(t-1)\vec{a}+\frac{4}{5}(1-t)\vec{c}\right|=1$$

$$\frac{1}{4}(t-1)^2|\vec{a}|^2-\frac{4}{5}(t-1)^2\vec{a}\cdot\vec{c}$$

$$+\frac{16}{25}(t-1)^2|\vec{c}|^2=1$$

$(t-1)^2+4(t-1)^2+16(t-1)^2=1$

$(t-1)^2=\frac{1}{21}$

$0<t<1$　より

$t-1=-\frac{\sqrt{21}}{21}$　$\therefore$　$t=1-\frac{\sqrt{21}}{21}$

よって,

$$\overrightarrow{\mathrm{OP}}=\frac{1}{2}\left(1-\frac{\sqrt{21}}{21}\right)\vec{a}+\frac{4}{5}\cdot\frac{\sqrt{21}}{21}\vec{c}$$

$$=\frac{21-\sqrt{21}}{42}\vec{a}+\frac{4\sqrt{21}}{105}\vec{c}$$

15

$$\boldsymbol{\cos\theta=-\frac{\sqrt{2}}{2}}$$

解 説

$$\overrightarrow{\mathrm{NA}}=\overrightarrow{\mathrm{OA}}-\frac{1}{3}\overrightarrow{\mathrm{OB}},\ \overrightarrow{\mathrm{MB}}=\overrightarrow{\mathrm{OB}}-\frac{1}{2}\overrightarrow{\mathrm{OA}}$$

仮定より, $\overrightarrow{\mathrm{OA}}\cdot\overrightarrow{\mathrm{OB}}=0$, $|\overrightarrow{\mathrm{OA}}|=|\overrightarrow{\mathrm{OB}}|$ より

$$|\overrightarrow{\mathrm{NA}}|^2=|\overrightarrow{\mathrm{OA}}|^2-\frac{2}{3}\overrightarrow{\mathrm{OA}}\cdot\overrightarrow{\mathrm{OB}}+\frac{1}{9}|\overrightarrow{\mathrm{OB}}|^2$$

$$=\frac{10}{9}|\overrightarrow{\mathrm{OA}}|^2$$

$$\therefore\quad |\overrightarrow{\mathrm{NA}}|=\frac{\sqrt{10}}{3}|\overrightarrow{\mathrm{OA}}|$$

同様に,

$$|\overrightarrow{\mathrm{MB}}|=\frac{\sqrt{5}}{2}|\overrightarrow{\mathrm{OA}}|$$

また,

$$\overrightarrow{\mathrm{NA}}\cdot\overrightarrow{\mathrm{MB}}=\overrightarrow{\mathrm{OA}}\cdot\overrightarrow{\mathrm{OB}}-\frac{1}{2}|\overrightarrow{\mathrm{OA}}|^2-\frac{1}{3}|\overrightarrow{\mathrm{OB}}|^2+\frac{1}{6}\overrightarrow{\mathrm{OA}}\cdot\overrightarrow{\mathrm{OB}}$$

$$=-\frac{5}{6}|\overrightarrow{\mathrm{OA}}|^2$$

である。ここで $|\overrightarrow{\mathrm{NA}}|\,|\overrightarrow{\mathrm{MB}}|\cos\theta=\overrightarrow{\mathrm{NA}}\cdot\overrightarrow{\mathrm{MB}}$ だから,

$$\frac{5\sqrt{2}}{6}|\overrightarrow{\mathrm{OA}}|^2\cos\theta=-\frac{5}{6}|\overrightarrow{\mathrm{OA}}|^2$$

$$\therefore\quad \cos\theta=-\frac{1}{\sqrt{2}}=-\frac{\sqrt{2}}{2}$$

16

(1) $\boldsymbol{\frac{1}{2}}$　　(2) $\boldsymbol{\frac{\sqrt{7}}{4}}$

(3) **点Oは中線AMの中点**

(4) $\boldsymbol{\frac{\sqrt{7}}{2}}$

解 説

(1) $2\overrightarrow{\mathrm{OA}}=-\overrightarrow{\mathrm{OB}}-\overrightarrow{\mathrm{OC}}$ より

$$4|\overrightarrow{\mathrm{OA}}|^2=|\overrightarrow{\mathrm{OB}}|^2+2\overrightarrow{\mathrm{OB}}\cdot\overrightarrow{\mathrm{OC}}+|\overrightarrow{\mathrm{OC}}|^2$$

$$4=2+2\overrightarrow{\mathrm{OB}}\cdot\overrightarrow{\mathrm{OC}}+1$$

$$\therefore\quad \overrightarrow{\mathrm{OB}}\cdot\overrightarrow{\mathrm{OC}}=\frac{1}{2}$$

(2) 求める面積をSとおくと,

$$S=\frac{1}{2}\sqrt{|\overrightarrow{\mathrm{OB}}|^2|\overrightarrow{\mathrm{OC}}|^2-(\overrightarrow{\mathrm{OB}}\cdot\overrightarrow{\mathrm{OC}})^2}$$

$$=\frac{1}{2}\sqrt{2\times1-\frac{1}{4}}$$

$$=\frac{\sqrt{7}}{4}$$

(3) $2\overrightarrow{\mathrm{OA}}+\overrightarrow{\mathrm{OB}}+\overrightarrow{\mathrm{OC}}=\vec{0}$　より

$$\overrightarrow{\mathrm{OA}}+\frac{\overrightarrow{\mathrm{OB}}+\overrightarrow{\mathrm{OC}}}{2}=\vec{0}$$

$$\therefore\quad \overrightarrow{\mathrm{OA}}+\overrightarrow{\mathrm{OM}}=\vec{0}$$

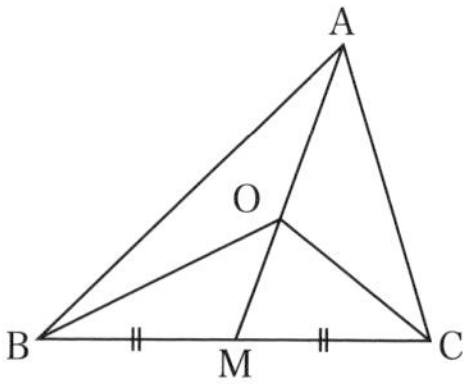

したがって，点Oは中線AMの中点(ただし，点Mは辺BCの中点)

(4) AM：OM＝2：1だから

△ABC：△OBC＝2：1

よって,

$$\triangle\mathrm{ABC}=2\times\frac{\sqrt{7}}{4}=\frac{\sqrt{7}}{2}$$

17

(1) $\boldsymbol{\frac{2}{3}(1-2\sqrt{6})\leqq\overrightarrow{\mathrm{OA}}\cdot\overrightarrow{\mathrm{OC}}\leqq\frac{2}{3}(1+2\sqrt{6})}$

(2) $\boldsymbol{\frac{4\sqrt{6}}{9}}$

解説

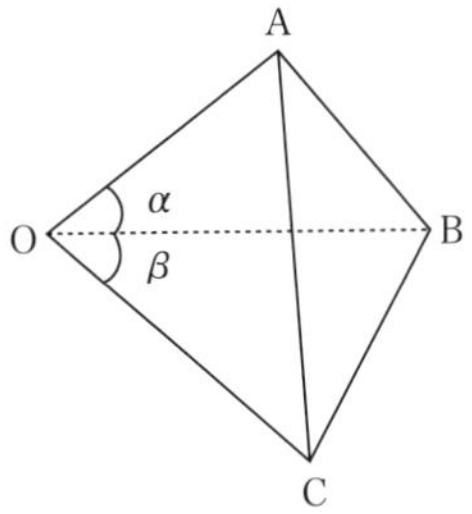

(1)　$\overrightarrow{OA}$と$\overrightarrow{OB}$のなす角をαとすると，

$$\cos\alpha=\frac{1}{2}\quad\left(よって\alpha=\frac{\pi}{3}\right)$$

$\overrightarrow{OB}$と$\overrightarrow{OC}$のなす角をβとすると，

$$\cos\beta=\frac{1}{3}$$

　よって，$\cos\alpha>\cos\beta$なので，$\alpha<\beta$である。

$\overrightarrow{OC}$と$\overrightarrow{OA}$のなす角をθとすると，

$$\beta-\alpha\leqq\theta\leqq\alpha+\beta$$

$$\therefore\quad \cos(\alpha+\beta)\leqq\cos\theta\leqq\cos(\beta-\alpha)$$

$$\cos\alpha=\frac{1}{2}より\quad \sin\alpha=\frac{\sqrt{3}}{2}$$

$$\cos\beta=\frac{1}{3}より\quad \sin\beta=\frac{2\sqrt{2}}{3}$$

だから，

$$\cos(\alpha+\beta)=\frac{1}{6}(1-2\sqrt{6})$$

$$\cos(\beta-\alpha)=\frac{1}{6}(1+2\sqrt{6})$$

よって，$\overrightarrow{OA}\cdot\overrightarrow{OC}=4\cos\theta$　だから，

$$\frac{2}{3}(1-2\sqrt{6})\leqq\overrightarrow{OA}\cdot\overrightarrow{OC}\leqq\frac{2}{3}(1+2\sqrt{6})$$

(2)　△OBCを固定し，△OBAをOBを軸として回転させると，四面体OABCの体積は，Aが平面OBCから最も離れたとき最大となる。このとき△OBAと平面OBCは直交するので，求める体積をVとすると

$$V=\frac{1}{3}(\triangle OBC)\cdot OA\sin\alpha$$

$$=\frac{1}{3}\cdot\frac{1}{2}\cdot OA\cdot OB\cdot OC\sin\alpha\sin\beta$$

$$=\frac{2^3}{3\cdot 2}\cdot\frac{\sqrt{3}}{2}\cdot\frac{2\sqrt{2}}{3}$$

$$=\frac{4\sqrt{6}}{9}$$

18

(1)　$\overrightarrow{OD}=(1-p)\vec{a}+p\vec{b}$

(2)　$\overrightarrow{DE}=-(1-p)\vec{a}-p\vec{b}+q\vec{c}$

(3)　$\frac{\sqrt{2}}{2}$　$\left(p=q=\frac{1}{2}のとき\right)$

解説

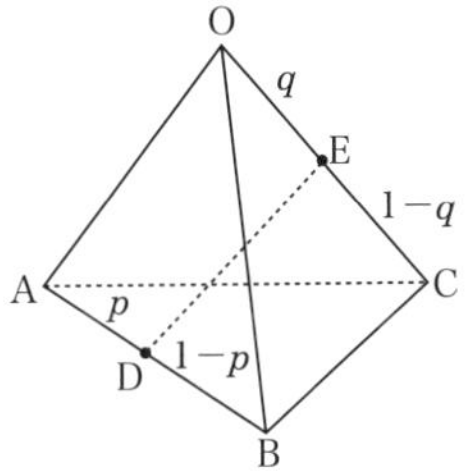

(2)　$\overrightarrow{OE}=q\vec{c}$　だから

$$\overrightarrow{DE}=\overrightarrow{OE}-\overrightarrow{OD}$$

$$=-(1-p)\vec{a}-p\vec{b}+q\vec{c}$$

(3)　$|\overrightarrow{DE}|^2=|-(1-p)\vec{a}-p\vec{b}+q\vec{c}|^2$

$$=(1-p)^2|\vec{a}|^2+p^2|\vec{b}|^2+q^2|\vec{c}|^2+2p(1-p)\vec{a}\cdot\vec{b}-2pq\vec{b}\cdot\vec{c}-2q(1-p)\vec{c}\cdot\vec{a}$$

$$=(1-p)^2+p^2+q^2+p(1-p)-pq-q(1-p)$$

$$=p^2+q^2-p-q+1$$

$$=\left(p-\frac{1}{2}\right)^2+\left(q-\frac{1}{2}\right)^2+\frac{1}{2}$$

$p=q=\frac{1}{2}$のとき　$|\overrightarrow{DE}|$は最小値$\frac{\sqrt{2}}{2}$

19

(1)　$\vec{e}=\pm\left(\frac{\sqrt{3}}{3},\ -\frac{\sqrt{3}}{3},\ -\frac{\sqrt{3}}{3}\right)$

(2)　**5**

(3)　**P(3，0，6)**

解説

(1)　$\overrightarrow{AB}=(-2,\ -4,\ 2)$，$\overrightarrow{AC}=(2,\ -1,\ 3)$

だから，両方に垂直なベクトルの1つが

$$\left(\det\begin{pmatrix}-4&2\\-1&3\end{pmatrix},\ -\det\begin{pmatrix}-2&2\\2&3\end{pmatrix},\ \det\begin{pmatrix}-2&-4\\2&-1\end{pmatrix}\right)$$

$=(-10,\ 10,\ 10)$

$=-10(1,\ -1,\ -1)$

よって，

$$\vec{e}=\pm\left(\frac{\sqrt{3}}{3},\ -\frac{\sqrt{3}}{3},\ -\frac{\sqrt{3}}{3}\right)$$

(2)

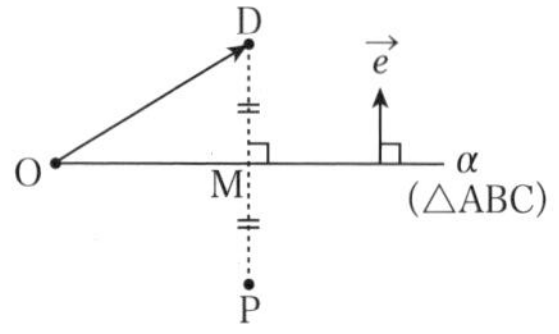

点Dと平面αとの距離は，

$|\overrightarrow{OD}\cdot\vec{e}|=\sqrt{3}$

また，△ABCの面積は，

$$S=\frac{1}{2}\sqrt{|\overrightarrow{AB}|^2|\overrightarrow{AC}|^2-(\overrightarrow{AB}\cdot\overrightarrow{AC})^2}$$

$$=\frac{1}{2}\sqrt{24\times14-36}$$

$=5\sqrt{3}$

よって，四面体ABCDの体積は，

$$\frac{1}{3}\times5\sqrt{3}\times\sqrt{3}=5$$

(3) 直線DPは，方向ベクトルが$(1,\ -1,\ -1)$で，点Dを通るので，

$P(p+5,\ -p-2,\ -p+4)$とすると，

DPの中点$M\left(\frac{p}{2}+5,\ \frac{-p}{2}-2,\ \frac{-p}{2}+4\right)$

が平面ABC上にあるので，$\overrightarrow{OM}\cdot\vec{e}=0$より

$$\left(\frac{p}{2}+5\right)-\left(-\frac{p}{2}-2\right)-\left(-\frac{p}{2}+4\right)=0$$

$\therefore\ p=-2$

よって，

$P(3,\ 0,\ 6)$

20

(1) $(\vec{p}-\vec{a})\cdot(\vec{b}-\vec{a})=0$より

$\overrightarrow{AP}\cdot\overrightarrow{AB}=0$

だから，

$\overrightarrow{AP}=\vec{0}$または$\overrightarrow{AP}\perp\overrightarrow{AB}$

よって，点Pの軌跡は，点Aを通り線分ABに垂直な直線である。

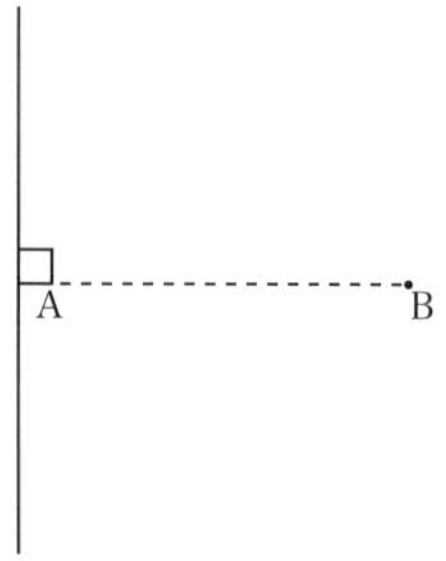

(2) $2|\vec{p}|^2+(\vec{b}-2\vec{a})\cdot\vec{p}-\vec{a}\cdot\vec{b}=0$

$\iff(\vec{p}-\vec{a})\cdot(2\vec{p}+\vec{b})=0$

$\iff(\vec{p}-\vec{a})\cdot\left\{\vec{p}-\left(-\frac{1}{2}\vec{b}\right)\right\}=0$

よってPは，線分BOを3：1に外分する点をCとして，線分ACを直径とする円周を描く。

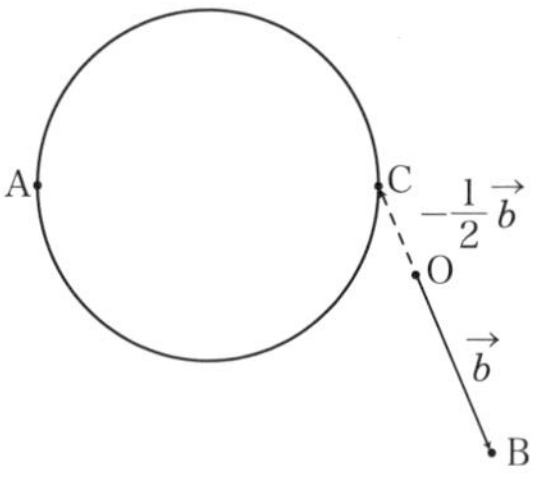

12 複素数

傾向と対策

方程式の解としての複素数，および，複素数平面における点としての複素数の問題が出題される。問題文に複素数が出てこなくても，座標平面における点の動きを，複素数平面における複素数の動きとしてとらえるとわかりやすいことがある。

この分野から出題される問題の主なキーワードとしては，次のものが挙げられる。

・四則演算，共役複素数，代数学の基本定理

・極形式，ド・モアブルの定理

・複素数平面，1次分数変換

要点Check!

1　数の集合

整数，有理数，実数，複素数の集合をそれぞれZ, Q, R, Cとし，ベン図で表すと次のようになる。

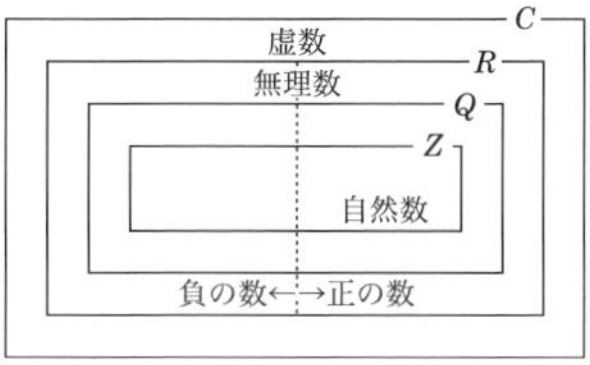

複素数は，Rに虚数単位iを付加して導入される。iは，2乗すると-1になる数の1つにとる。

$$C=\{x+iy \mid x\in R,\ y\in R\}$$

xを実部，yを虚部という。$y=0$の複素数を実数というのに対し，$y\neq 0$の複素数を虚数という。虚数は，実数と異なり，大小関係がないので，Cの要素を数直線上に並べることはできない。したがって，複素数平面上に点$(x,\ y)$として配置する。

数を複素数まで拡張することにより，「**n次方程式はn個の解をもつ**」ことが示せる。これを代数学の基本定理といい，証明はしないが暗黙のうちに使ってよい。

2 四則演算

複素数も数であり，iを文字とみて，i^2が出てきたら-1と置き換えることにより，実数同様に四則演算ができる。そして，交換，結合，分配法則が成り立ち，

x, yを実数とすると　$x+iy=0 \Longleftrightarrow x=y=0$

z_1, z_2を複素数とすると　$z_1z_2=0 \Longleftrightarrow z_1=0$または$z_2=0$

実数の範囲の公式でも，それが四則演算だけで得られたものならば，そのまま使える。例えば，$a\,(\neq 0)$, b, cを複素数とするとき，

$$az^2+bz+c=0 \Longleftrightarrow \left(z+\frac{b}{2a}\right)^2=\frac{b^2-4ac}{4a^2}$$

したがって，$D=b^2-4ac$とおくと，$D=0$ならば**複素数係数の2次方程式**は重解 $z=-\dfrac{b}{2a}$ をもつ。$\dfrac{D}{4a^2}$が実数の場合は，実数係数のときと同様な解の公式が成り立つ。$\dfrac{D}{4a^2}$が虚数の場合は，極形式を使うなどして虚数の平方根を求めることになる。なお，虚数に正負はなく，$D \gtrless 0$などは意味をなさない。

また，$z\neq 1$のとき，等比数列の和の公式が成り立つ。

$$1+z+z^2+\cdots+z^{n-1}=\frac{1-z^n}{1-z}$$

他に，除法の原理や，因数定理，解と係数の関係なども成り立つ。

また，複素数$x+iy$ (x, yは実数) と平面ベクトル $(x,\ y)$ は1対1に対応するので，複素数の和，差，実数倍は，平面ベクトルの和，差，実数倍と対応する。分点公式も平面ベクトルと同様である。

平面ベクトルと異なり，複素数は数なので，乗除もできる。複素数の乗除は，複素数平面で（拡大＋回転）を引き起こす。

例題1　複素数の計算（除法の原理の利用）

$x=\dfrac{5}{1-2i}$のとき，x^4-5x^2-14の値を求めよ。

〈茨城県〉

解答　$-6-44i$

解説　$\dfrac{5}{1-2i}$を解とする整数係数の2次方程式を作り，その2次式で与式を割る。

$$x=\frac{5}{1-2i}=\frac{5(1+2i)}{(1-2i)(1+2i)}=\frac{5(1+2i)}{1^2+2^2}=1+2i$$

$$\therefore\ (x-1)^2=(2i)^2 \quad \therefore\quad x^2-2x+5=0$$

$$(\text{与式})=(x^2-2x+5)(x^2-2x+6)-22x+16$$
$$=-22x+16$$
$$=-22(1+2i)+16$$
$$=-6-44i$$

	1	2	-6		
1 - 2 5)	1	0	-5	0	-14
	1	-2	5		
		2	-10	0	
		2	-4	10	
			-6	-10	-14
			-6	12	-30
				-22	16

補足　与式は整数係数の範囲で因数分解できることに着目すれば割算しなくてもよい。

$$(\text{与式})=(x^2+2)(x^2-7)=2(2x-3)(x-6)=2(2x^2-15x+18)$$
$$=2(-11x+8)=\cdots$$

3　極形式

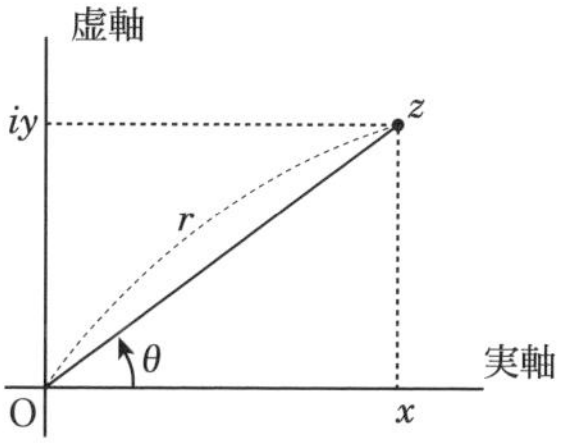

$z=x+iy$（x, yは実数）を複素数平面上にとったとき，点zは，直交座標で（x, y）と，極座標で（r, θ）と対応する。$z=r(\cos\theta+i\sin\theta)$を**極形式**という。また，$r$を$z$の**絶対値**といい，$|z|$と表し，$\theta$を$z$の**偏角**といい，$\arg z$と表す。

$z=x+iy$を極形式に直すには，

$$z=\sqrt{x^2+y^2}\left(\frac{x}{\sqrt{x^2+y^2}}+i\frac{y}{\sqrt{x^2+y^2}}\right)$$

として$\dfrac{x}{\sqrt{x^2+y^2}}=\cos\theta$，$\dfrac{y}{\sqrt{x^2+y^2}}=\sin\theta$となるように$\theta$を定めればよい。

以下が成り立つ。

$$|z|=\sqrt{x^2+y^2},\ x=r\cos\theta,\ y=r\sin\theta$$

$$|z_1z_2|=|z_1||z_2|$$

$$\left|\frac{z_1}{z_2}\right|=\frac{|z_1|}{|z_2|}$$

$$(\cos\alpha+i\sin\alpha)(\cos\beta+i\sin\beta)=\cos(\alpha+\beta)+i\sin(\alpha+\beta)$$

$$\frac{\cos\alpha+i\sin\alpha}{\cos\beta+i\sin\beta}=\cos(\alpha-\beta)+i\sin(\alpha-\beta)$$

（これらは，偏角argの言葉でいうと

$$\arg(z_1z_2)=\arg(z_1)+\arg(z_2)$$

$$\arg\left(\frac{z_1}{z_2}\right)=\arg(z_1)-\arg(z_2)$$

となる。）

$$(\cos\theta+i\sin\theta)^n=\cos n\theta+i\sin n\theta \qquad (\text{ド・モアブルの定理})$$

$$z^n=1 \Longleftrightarrow z=\cos\frac{2\pi k}{n}+i\sin\frac{2\pi k}{n} \qquad (k=0,\ 1,\ \cdots n-1)$$

例題2　複素数の回転

複素数平面上の点$\sqrt{3}-i$を，点$1+\sqrt{3}i$を中心に反時計まわりに135°回転した点を求めよ。

〈神奈川県・横浜市・川崎市改題〉

解答　$(1+\sqrt{2})+\sqrt{3}(1+\sqrt{2})i$

解説　求める点をw, $z=\sqrt{3}-i$, $\gamma=1+\sqrt{3}i$, $\alpha=\cos 135^\circ+i\sin 135^\circ=\dfrac{-1+i}{\sqrt{2}}$とおくと，

$$w-\gamma=(z-\gamma)\alpha$$

$$\therefore\quad w=(z-\gamma)\alpha+\gamma$$

$$=\{(\sqrt{3}-i)-(1+\sqrt{3}i)\}\frac{-1+i}{\sqrt{2}}+1+\sqrt{3}i$$

$$=\frac{2+2\sqrt{3}i}{\sqrt{2}}+1+\sqrt{3}i$$

$$=(1+\sqrt{2})+\sqrt{3}(1+\sqrt{2})i$$

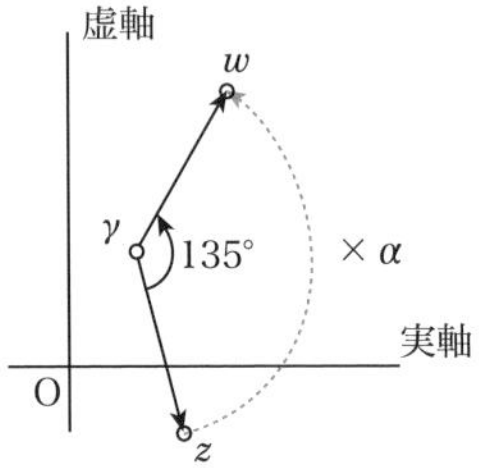

例題3　複素数の計算（極形式の利用）

$\dfrac{(1+\sqrt{3}i)^8}{(\sqrt{3}+i)^2}$を簡単にせよ。ただし，$i$は虚数単位とする。

〈愛知県〉

解答　$32(1+\sqrt{3}i)$

解説　分子と分母をそれぞれ極形式で表す。

$$1+\sqrt{3}i=2\left(\frac{1}{2}+\frac{\sqrt{3}}{2}i\right)=2(\cos 60^\circ+i\sin 60^\circ)$$

により，

$$(1+\sqrt{3}i)^8=2^8(\cos 60^\circ+i\sin 60^\circ)^8$$

$$=2^8(\cos 480^\circ+i\sin 480^\circ)$$

$$=2^8(\cos 120^\circ+i\sin 120^\circ)$$

である。また，

$$\sqrt{3}+i=2\left(\frac{\sqrt{3}}{2}+\frac{1}{2}i\right)=2(\cos 30^\circ+i\sin 30^\circ)$$

により，

$$(\sqrt{3}+i)^2=2^2(\cos 30^\circ+i\sin 30^\circ)^2=2^2(\cos 60^\circ+i\sin 60^\circ)$$

である。よって，

$$(\text{与式}) = \frac{2^8(\cos 120^\circ + i\sin 120^\circ)}{2^2(\cos 60^\circ + i\sin 60^\circ)}$$
$$= 2^6\{\cos(120^\circ - 60^\circ) + i\sin(120^\circ - 60^\circ)\}$$
$$= 64(\cos 60^\circ + i\sin 60^\circ)$$
$$= 32(1 + \sqrt{3}i)$$

を得る。

4　共役複素数

$z = x + iy$（x, yは実数）に対し，$x - iy$をzの共役複素数といい，$\overline{z}$と表す。複素数平面上で，zと$\overline{z}$は実軸に関して対称である。

$$(z\text{の実部}) = \frac{1}{2}(z + \overline{z}) \qquad \therefore \quad z\text{が純虚数} \Longleftrightarrow \overline{z} = -z$$

$$(z\text{の虚部}) = \frac{1}{2i}(z - \overline{z}) \qquad \therefore \quad z\text{が実数} \Longleftrightarrow \overline{z} = z$$

$$z\overline{z} = |z|^2$$

また，z_1，z_2を複素数とすると，

$$\overline{z_1 + z_2} = \overline{z_1} + \overline{z_2} \qquad \overline{z_1 - z_2} = \overline{z_1} - \overline{z_2}$$

$$\overline{z_1 z_2} = \overline{z_1}\ \overline{z_2} \qquad \overline{\left(\frac{z_1}{z_2}\right)} = \frac{\overline{z_1}}{\overline{z_2}}$$

したがって，実数係数のn次式$f(x) = a_0x^n + a_1x^{n-1} + \cdots + a_{n-1}x + a_n$で$f(\alpha) = 0$のとき

$$f(\overline{\alpha}) = a_0\overline{\alpha}^n + a_1\overline{\alpha}^{n-1} + \cdots + a_{n-1}\overline{\alpha} + a_n$$
$$= \overline{a_0\alpha^n + a_1\alpha^{n-1} + \cdots + a_{n-1}\alpha + a_n} = \overline{f(\alpha)} = \overline{0} = 0$$

すなわち，$f(x) = 0$が実数係数の方程式のときαが解ならば$\overline{\alpha}$も解である。これは，「方程式・不等式」で既に述べたように，高次方程式を解く手掛かりになる。

5　複素数平面の図形

主なものを次に示す。

点αを通り傾き$\tan\theta$の直線	$z = \alpha + t(\cos\theta + i\sin\theta)$　（t：実数）
2点z_1，z_2を通る直線	$z = (1 - t)z_1 + tz_2$　（t：実数）
点α中心，半径rの円	$\lvert z - \alpha \rvert = r$
2点z_1，z_2を直径の両端とする円	$\arg\frac{z_2 - z}{z_1 - z} = \pm\frac{\pi}{2}$

6 複素数平面での写像

複素数平面の点zに，複素数平面の点wを対応させる主な写像を次に示す。

$w=z+\alpha$	αだけ平行移動。
$w=\alpha z$	原点を中心に$\|\alpha\|$倍し，$\arg\alpha$回転。
$w=\dfrac{1}{z}$	$\|z\|\|w\|=1$なので，単位円の内外が入れ替わる。また，$w=\dfrac{\overline{z}}{z\overline{z}}=\dfrac{\overline{z}}{\|z\|^2}$なので，$z$と$w$の位置関係は図のようになる。 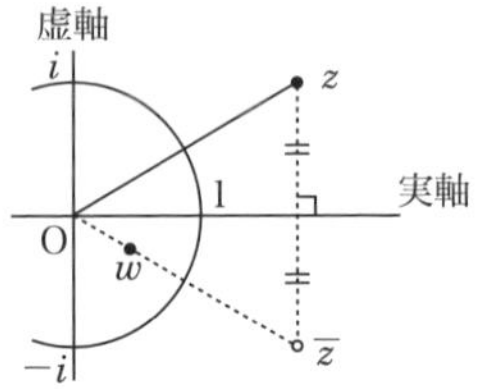
$w=\dfrac{\alpha z+\beta}{\gamma z+\delta}$ $(\alpha\delta-\beta\gamma\neq0)$	上記3つの変換の合成で，1次分数変換という。 逆変換は$z=\dfrac{\delta w-\beta}{-\gamma\omega+\alpha}$なので，特に$z$が円を描けば$w$はアポロニウスの円を描く。

例題4　複素数平面での折り返し

複素数平面上の点αを，原点と点$\cos\theta+i\sin\theta$を通る直線lに関して，対称移動した点βを求めよ。

解答　$(\cos2\theta+i\sin2\theta)\overline{\alpha}$

解説　αとlを原点中心に$-\theta$回転し，αはα'に移ったとする。このとき，lは実軸に重なる。よって，α'を実軸に関して対称移動し，さらに原点中心にθ回転した点がβである。

ここで，

・原点中心にθ回転……$\cos\theta+i\sin\theta$をかける

・実軸に関して対称移動……共役をとる

であることに注意すると，

$$\beta=(\cos\theta+i\sin\theta)\cdot\overline{\{\cos(-\theta)+i\sin(-\theta)\}\cdot\alpha}\quad\cdots①$$
$$=(\cos\theta+i\sin\theta)\cdot\overline{\{\cos(-\theta)+i\sin(-\theta)\}}\cdot\overline{\alpha}$$
$$=(\cos\theta+i\sin\theta)\cdot\overline{(\cos\theta-i\sin\theta)}\cdot\overline{\alpha}$$
$$=(\cos\theta+i\sin\theta)\cdot(\cos\theta+i\sin\theta)\cdot\overline{\alpha}$$
$$=(\cos2\theta+i\sin2\theta)\overline{\alpha}$$

となる。

（①は，「αに$\cos(-\theta)+i\sin(-\theta)$をかけ，次に共役をとり，次に$\cos\theta+i\sin\theta$をかける」という操作を行っている。）

補足　αの移動経路と，結果の式の意味を複素数平面で示すと次のようになる。

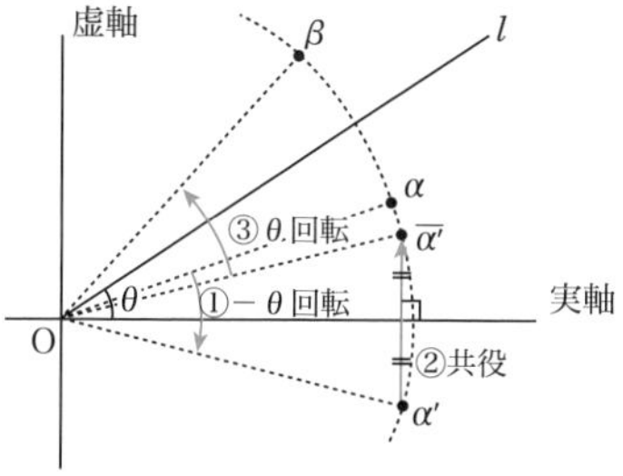

（移動経路：$\alpha \to \alpha' \to \overline{\alpha'} \to \beta$）

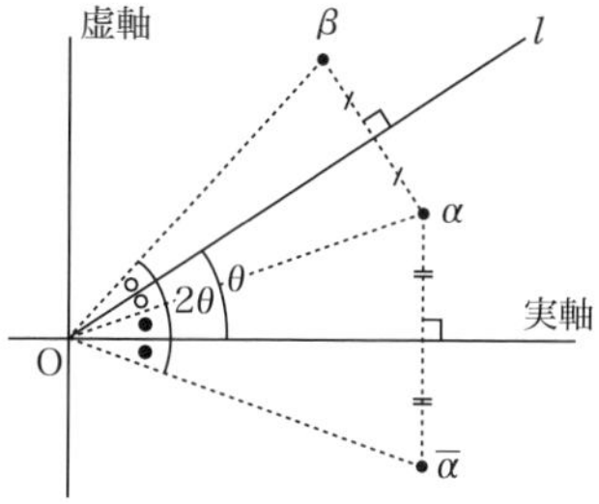

（βを表す式の意味）

演習問題

1 ★☆☆

iは虚数単位とする。等式$(1+i)a-(2i-\sqrt{3})b+\sqrt{3}c=2+4i$を満たすような有理数$a$, b, cの値を求めよ。

〈山口県〉

2 ★★☆

次の方程式を解け。

$(1-i)x^2-(5-i)x+(4+2i)=0 \quad (i=\sqrt{-1})$

〈広島県・広島市〉

3 ★☆☆

方程式 $z^2+i=0$を解け。ただし，iは虚数単位とする。

〈沖縄県〉

4 ★★☆

複素数zについて，次の各問いに答えよ。ただし，iは虚数単位とする。

(1) $(z-i)^4$を展開せよ。

(2) zの方程式 $z^3=4iz^2+6z-4i$を解け。

〈石川県〉

5 ★☆☆

3次方程式 $x^3+x^2+2x-4=0$の虚数解をz, $\overline{z}$とするとき，

$\dfrac{\overline{z}}{z}+\dfrac{z}{\overline{z}}$の値を求めよ。

〈神戸市〉

6 ★☆☆

方程式 $x^3+ax^2+bx-10=0$の1つの解が$1+2i$のとき，実数a, bの値と他の解を求めよ。ただし，iは虚数単位とする。

〈北海道・札幌市〉

7 ★★☆

複素数zについて$|z|=1$が成り立っているとき，$z^2+\dfrac{1}{z}$が実数となるようなzをすべて求めよ。

〈島根県〉

8 ★☆☆

0でない2つの複素数α，βが，$\alpha^2+2\beta^2=2\alpha\beta$を満たすとき，$\dfrac{\beta}{\alpha}$の偏角$\theta$を求めよ。ただし，$0^\circ \leqq \theta < 360^\circ$とする。

〈山形県〉

9 ★★☆

平面上の点$P_0(1, 0)$と原点Oについて，点P_1，P_2，…を以下のように定める。

$$\angle P_nOP_{n+1}=\frac{\pi}{6},\ OP_{n+1}=\frac{1}{2}OP_n \quad (n=0, 1, 2, 3, \cdots)$$

次の各問いに答えよ。

(1)　点P_nの座標をnで表せ。

(2)　線分の長さP_nP_{n+1}について，$(P_nP_{n+1})^2$をnの式で表せ。

〈島根県〉

10 ★★☆

z_1，z_2を$|z_1|=|z_2|=|z_1+z_2|=1$を満たす複素数とするとき，$z_1{}^3=z_2{}^3$であることを証明せよ。

〈大阪府・大阪市〉

11 ★★★

$z=\cos\dfrac{2}{5}\pi+i\sin\dfrac{2}{5}\pi$とするとき，次の各問いに答えよ。

(1)　$z^4+z^3+z^2+z+1=0$を満たすことを示せ。

(2)　(1)を利用して，①，②を証明せよ。

①　$\cos\dfrac{2}{5}\pi+\cos\dfrac{4}{5}\pi=-\dfrac{1}{2}$　　　②　$\cos\dfrac{2}{5}\pi\cos\dfrac{4}{5}\pi=-\dfrac{1}{4}$

(3)　(2)の結果から，$\cos 36^\circ$，$\cos 72^\circ$の値を求めよ。

〈鳥取県〉

12 ★★☆

次の文の空欄に当てはまる数値を答えよ。

0でない複素数zの絶対値をr，偏角をθ（$-\pi<\theta\leqq\pi$）としたとき，zの対数関数$\log z$を

$$\log z=\log r+i\theta$$ （iは虚数単位）

で定義する。ただし，$\log r$は自然対数とする。

このとき，

$$\log(1-i)=\frac{(\quad)}{(\quad)}\log(\qquad)-\frac{(\quad)}{(\quad)}i$$

である。

〈東京都〉

13 ★★★

kを実数とするとき，3次方程式 $x^3+(2k-1)x^2-2(k-2)x-4=0$は2つの異なる虚数解と1つの実数解をもつ。このとき，次の各問いに答えよ。

(1) kのとりうる値の範囲を求めよ。

(2) 虚数解の1つをαとするとき，$\alpha^{10}=2^{10}$となるような異なるkの値は全部でいくつあるか，答えよ。

〈京都府〉

14 ★★☆

点A(z)を複素数平面上の原点Oと異なる点とし，$z=a+bi$（aとbはともに実数）とする。

また，複素数$(\sqrt{3}+i)z$，$\dfrac{z}{\sqrt{3}+i}$を表す点をそれぞれB，Cとする。このとき，次の各問いに答えよ。ただし，iは虚数単位とする。

(1) 四角形OCABの面積をa，bを用いて表せ。

(2) 直線OAと直線BCの交点をDとするとき，点Dを表す複素数を求めよ。

〈岡山県〉

15 ★★☆

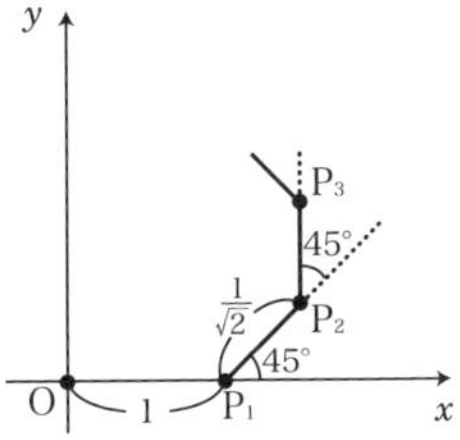

複素数平面上の原点Oに動点Pがある。右の図のように，動点Pは，はじめに，x軸の正の方向に1だけ進み，その点をP_1とする。次に，進行方向に向かって左へ45°だけ向きを変えて，$\dfrac{1}{\sqrt{2}}$だけ進み，その点をP_2とする。さらに，進行方向に向かって左へ45°だけ向きを変えて，$\left(\dfrac{1}{\sqrt{2}}\right)^2$だけ進み，その点を$P_3$とする。以下，同様に進行方向に向かって左へ45°だけ向きを変えて，$\left(\dfrac{1}{\sqrt{2}}\right)^{n-1}$だけ進み，その点を$P_n$とする。

点P_nを表す複素数をz_nとするとき，次の各問いに答えよ。

(1)　z_5を求めよ。

(2)　$\lim\limits_{n\to\infty} z_n$を求めよ。

〈栃木県〉

16 ★★☆

複素数平面上で，点P(z)が$|z|=1$を満たしながら動く。ただし，iは虚数単位とする。

次の文の空欄に当てはまるものを①～⑤の中からそれぞれ1つずつ選べ。

(1)　$w=2z+1+i$である点wは（　ア　）を描き，$|w|$の最小値は（　イ　）になる。

【（　ア　）の選択肢】

①　点$1+i$を中心とする半径1の円

②　点$-1-i$を中心とする半径1の円

③　点$1+i$を中心とする半径2の円

④　2点1，$-i$を結ぶ直線

⑤　①～④以外

【（　イ　）の選択肢】

①　$\sqrt{2}-1$　　②　$2-\sqrt{2}$　　③　$\sqrt{2}$　　④　$\sqrt{2}+1$　　⑤　①～④以外

(2)　$v=\dfrac{2z+i}{z+i}$である点vは（　ア　）を描き，$|v|$の最小値は（　イ　）になる。

【（　ア　）の選択肢】

①　点iを中心とする半径2の円　　②　点$-i$を中心とする半径2の円

③　点2を中心とする半径1の円　　④　2点1，2を結ぶ直線

⑤　①～④以外

【(　イ　)の選択肢】

① 1　② $\dfrac{3}{2}$　③ 2　④ $\dfrac{5}{2}$　⑤ ①～④以外

〈岐阜県〉

17 ★☆☆

複素数平面上で，A$(a-i)$，B$(2+i)$，C$(3-2i)$とする。2直線BC，CAが直交するように実数aの値を定めよ。

〈名古屋市〉

18 ★★☆

z_1，z_2，z_3は相異なる複素数とする。複素数平面上で，複素数z_1，z_2，z_3の表す点が正三角形の頂点となるための必要十分条件は，z_1，z_2，z_3の間に

$$z_1{}^2+z_2{}^2+z_3{}^2-z_1z_2-z_2z_3-z_3z_1=0$$

が成り立つことである。このことを証明せよ。

〈新潟県〉

19 ★★☆

zは複素数で，$z+\dfrac{1}{z}$が実数であるとき，点zの描く図形を複素数平面上に図示せよ。ただし，zは実数でない。

〈秋田県〉

20 ★★☆

zは複素数とする。$\dfrac{(i-1)z}{i(z-2)}$が実数になるようにかわるとき，点zは複素平面上でどんな図形を描くか。

〈茨城県〉

演習問題　解答・解説

1

$\boldsymbol{a=2,\ b=-1,\ c=1}$

解説

まず，a, b, cが実数という条件から関係式を導き，次に有理数という条件から関係式を導く。

$$(1+i)a-(2i-\sqrt{3})b+\sqrt{3}c=2+4i$$

$$(a+\sqrt{3}b+\sqrt{3}c)+(a-2b)i=2+4i$$

$$\begin{cases} a+(b+c)\sqrt{3}=2 \\ a-2b=4 \end{cases}$$

$$\begin{cases} a=2 \\ b+c=0 \\ a-2b=4 \end{cases}$$

よって，$a=2$，$b=-1$，$c=1$

2

$\boldsymbol{x=1+i,\ 2+i}$

解説

平方完成する。

$$(1-i)x^2-(5-i)x+(4+2i)=0$$

$$x^2-\frac{5-i}{1-i}x+\frac{2(2+i)}{1-i}=0$$

$$x^2-(3+2i)x+1+3i=0$$

$$\left(x-\frac{3+2i}{2}\right)^2-\left(\frac{3+2i}{2}\right)^2+1+3i=0$$

$$\left(x-\frac{3+2i}{2}\right)^2-\frac{1}{4}=0$$

$$\left(x-\frac{3+2i}{2}+\frac{1}{2}\right)\left(x-\frac{3+2i}{2}-\frac{1}{2}\right)=0$$

$$\{x-(1+i)\}\{x-(2+i)\}=0$$

$$x=1+i,\ 2+i$$

（補足）

定数項が$2(2+i)$なので，たすき掛けに気付いてもよい。

$$\begin{array}{cccc} 1-i & \times & -2 & =-2 \\ 1 & & -(2+i) & =-3+i \\ \hline 1-i & & 2(2+i) & -(5-i) \end{array}$$

よって，解は$\dfrac{2}{1-i}=1+i,\ 2+i$

3

$\boldsymbol{z=\dfrac{1}{\sqrt{2}}(-1+i),\ \dfrac{1}{\sqrt{2}}(1-i)}$

解説

$z=r(\cos\theta+i\sin\theta)\ (r>0,\ 0\leqq\theta<2\pi)$
とすると，

$$z^2=r^2(\cos 2\theta+i\sin 2\theta)$$

仮定より，$z^2=-i$だから，

$$\begin{cases} r^2=1 \\ \cos 2\theta=0 \\ \sin 2\theta=-1 \end{cases}$$

となり，ゆえに$r=1$で，また，$\theta=\dfrac{3}{4}\pi,\ \dfrac{7}{4}\pi$

(イ)　$\theta=\dfrac{3}{4}\pi$のとき　$z=\dfrac{1}{\sqrt{2}}(-1+i)$

(ロ)　$\theta=\dfrac{7}{4}\pi$のとき　$z=\dfrac{1}{\sqrt{2}}(1-i)$

4

(1)　$\boldsymbol{z^4-4z^3i-6z^2+4zi+1}$

(2)　$\boldsymbol{z=\pm1+i,\ 2i}$

解説

(2)　$(z-i)^4=z(z^3-4z^2i-6z+4i)+1$
$=1$

よって，

$$z-i=\pm1,\ \pm i$$

$z\neq0$より

$$z=\pm1+i,\ 2i$$

5

$\boldsymbol{\dfrac{\overline{z}}{z}+\dfrac{z}{\overline{z}}=-1}$

解説

$x^3+x^2+2x-4=0$より，

$$(x-1)(x^2+2x+4)=0$$

z, $\overline{z}$は$x^2+2x+4=0$の解だから，解と係数の関係より，

$$z+\overline{z}=-2,\ z\overline{z}=4$$

したがって,

$$\frac{\overline{z}}{z}+\frac{z}{\overline{z}}=\frac{z^2+\overline{z}^2}{z\overline{z}}$$
$$=\frac{(z+\overline{z})^2-2z\overline{z}}{z\overline{z}}$$
$$=\frac{(-2)^2-2\times 4}{4}$$
$$=-1$$

6

$\boldsymbol{a=-4}$, $\boldsymbol{b=9}$

他の解　$\boldsymbol{1-2i}$, $\boldsymbol{2}$

解説

実係数の方程式だから,他の解を $1-2i$, p とすると,解と係数の関係より,

$$\begin{cases}(1+2i)+(1-2i)+p=-a\\(1+2i)(1-2i)+(1+2i)p+(1-2i)p=b\\(1+2i)(1-2i)p=10\end{cases}$$

これを解いて,

$p=2$,　$a=-4$,　$b=9$

7

$\boldsymbol{\pm 1,\ \frac{1}{2}\pm\frac{\sqrt{3}}{2}i}$

解説

$z=x+yi$ (x, yは実数)とすると,$|z|=1$より,

$x^2+y^2=1$　…①

また,

$$z^2+\frac{1}{z}=(x+yi)^2+\frac{1}{x+yi}$$
$$=(x^2-y^2+x)+(2xy-y)i$$

が実数だから,

$2xy-y=0$

$\therefore$　$y(2x-1)=0$

よって,$y=0$　または　$x=\frac{1}{2}$

(i)　$y=0$のとき,①より,$x=\pm 1$

(ii)　$x=\frac{1}{2}$のとき,①より,$y=\pm\frac{\sqrt{3}}{2}$

よって,

$z=\pm 1$, $\frac{1}{2}\pm\frac{\sqrt{3}}{2}i$

(別解)

zを極形式で表してもよい。

$|z|=1$なので,$z=\cos\theta+i\sin\theta$ $(0\leqq\theta<2\pi)$とおける。すると,

$$z^2+\frac{1}{z}=(\cos 2\theta+i\sin 2\theta)+\{\cos(-\theta)+i\sin(-\theta)\}$$
$$=(\cos 2\theta+\cos\theta)+(\sin 2\theta-\sin\theta)i$$

となる。これが実数になるための条件は,

$\sin 2\theta-\sin\theta=0$

$\Leftrightarrow 2\cos\frac{3\theta}{2}\sin\frac{\theta}{2}=0$

$\Leftrightarrow \cos\frac{3\theta}{2}=0$または$\sin\frac{\theta}{2}=0$

$\Leftrightarrow \theta=0$または$\frac{1}{3}\pi$またはπまたは$\frac{5}{3}\pi$

である(以下略)。

8

$\boldsymbol{\theta=45^\circ,\ 315^\circ}$

解説

$\alpha^2+2\beta^2=2\alpha\beta$, $\alpha\neq 0$　より

$$1+2\left(\frac{\beta}{\alpha}\right)^2=2\left(\frac{\beta}{\alpha}\right)$$
$$\therefore\quad \frac{\beta}{\alpha}=\frac{1}{2}\pm\frac{1}{2}i$$
$$=\frac{\sqrt{2}}{2}\left(\frac{1}{\sqrt{2}}\pm\frac{1}{\sqrt{2}}i\right)$$

(i)　$\frac{\beta}{\alpha}=\frac{\sqrt{2}}{2}\left(\frac{1}{\sqrt{2}}+\frac{1}{\sqrt{2}}i\right)$のとき,

$$\frac{\beta}{\alpha}=\frac{\sqrt{2}}{2}(\cos 45^\circ+i\sin 45^\circ)$$

(ii)　$\frac{\beta}{\alpha}=\frac{\sqrt{2}}{2}\left(\frac{1}{\sqrt{2}}-\frac{1}{\sqrt{2}}i\right)$のとき,

$$\frac{\beta}{\alpha}=\frac{\sqrt{2}}{2}(\cos 315^\circ+i\sin 315^\circ)$$

よって,$\theta=45^\circ$, 315°

9

(1)　$\mathrm{P}_n\left(\dfrac{1}{2^n}\cos\dfrac{n}{6}\pi,\ \dfrac{1}{2^n}\sin\dfrac{n}{6}\pi\right)$

(2)　$\left(\dfrac{1}{2}\right)^{2n+2}(5-2\sqrt{3})$

解説

(1)

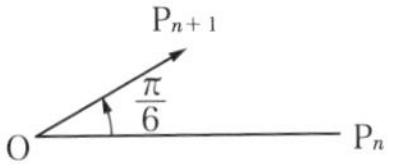

$\mathrm{P}_n(z_n)$，$\mathrm{P}_{n-1}(z_{n-1})$とすると，

$$z_n=\frac{1}{2}\left(\cos\frac{1}{6}\pi+i\sin\frac{1}{6}\pi\right)z_{n-1}$$
$$=\left(\frac{1}{2}\right)^n\left(\cos\frac{1}{6}\pi+i\sin\frac{1}{6}\pi\right)^n z_0$$
$$=\left(\frac{1}{2}\right)^n\left(\cos\frac{n}{6}\pi+i\sin\frac{n}{6}\pi\right)$$

だから，

$$\mathrm{P}_n\left(\frac{1}{2^n}\cos\frac{n}{6}\pi,\ \frac{1}{2^n}\sin\frac{n}{6}\pi\right)$$

(2)　$\mathrm{OP}_n=\left(\dfrac{1}{2}\right)^n$，$\mathrm{OP}_{n+1}=\left(\dfrac{1}{2}\right)^{n+1}$

だから，余弦定理より

$$(\mathrm{P}_n\mathrm{P}_{n+1})^2=\left(\frac{1}{2}\right)^{2n}+\left(\frac{1}{2}\right)^{2(n+1)}-2\cdot\left(\frac{1}{2}\right)^n\left(\frac{1}{2}\right)^{n+1}\cos\frac{\pi}{6}$$
$$=\left(\frac{1}{2}\right)^{2n}+\left(\frac{1}{2}\right)^{2n+2}-\sqrt{3}\left(\frac{1}{2}\right)^{2n+1}$$
$$=\left(\frac{1}{2}\right)^{2n+2}(4+1-2\sqrt{3})$$
$$=\left(\frac{1}{2}\right)^{2n+2}(5-2\sqrt{3})$$

10

$$z_1=\cos\theta_1+i\sin\theta_1$$
$$z_2=\cos\theta_2+i\sin\theta_2$$

とすると，$|z_1+z_2|=1$より，

$$(\cos\theta_1+\cos\theta_2)^2+(\sin\theta_1+\sin\theta_2)^2=1$$
$$\therefore\quad \cos(\theta_1-\theta_2)=-\frac{1}{2}$$

よって，

$$\theta_1-\theta_2=\pm\frac{2}{3}\pi$$

だから，

$$\theta_2=\theta_1\pm\frac{2}{3}\pi$$

ところで，

$$z_1{}^3=\cos3\theta_1+i\sin3\theta_1$$

また，

$$z_2{}^3=\cos3\theta_2+i\sin3\theta_2$$
$$=\cos(3\theta_1\pm2\pi)+i\sin(3\theta_1\pm2\pi)$$
$$=\cos3\theta_1+i\sin3\theta_1$$

だから

$$z_1{}^3=z_2{}^3$$

（証明終わり）

11

(1)　$z^5=1$だから，

$$z^5-1=0$$
$$(z-1)(z^4+z^3+z^2+z+1)=0$$

$z\neq1$より，

$$z^4+z^3+z^2+z+1=0$$

(2)　$z^4=\cos\dfrac{8}{5}\pi+i\sin\dfrac{8}{5}\pi$

$$=\cos\left(-\frac{2}{5}\pi\right)+i\sin\left(-\frac{2}{5}\pi\right)$$
$$=\cos\frac{2}{5}\pi-i\sin\frac{2}{5}\pi\quad\cdots①$$

同様に，

$$z^3=\cos\frac{4}{5}\pi-i\sin\frac{4}{5}\pi\quad\cdots②$$

また，

$$z^2=\cos\frac{4}{5}\pi+i\sin\frac{4}{5}\pi\quad\cdots③$$
$$z=\cos\frac{2}{5}\pi+i\sin\frac{2}{5}\pi\quad\cdots④$$

①～④より，

$$z^4+z^3+z^2+z+1$$
$$=2\left(\cos\frac{2}{5}\pi+\cos\frac{4}{5}\pi\right)+1$$

(1)から，

$$\cos\frac{2}{5}\pi+\cos\frac{4}{5}\pi=-\frac{1}{2}$$

また，

$$\cos\frac{2}{5}\pi\cos\frac{4}{5}\pi$$

$$=\frac{1}{2}\left(\cos\frac{6}{5}\pi+\cos\frac{2}{5}\pi\right)$$
$$=\frac{1}{2}\left(\cos\frac{4}{5}\pi+\cos\frac{2}{5}\pi\right)$$
$$=-\frac{1}{4}$$

（証明終わり）

(3)　$\cos 36^\circ=\frac{1+\sqrt{5}}{4}$，$\cos 72^\circ=\frac{-1+\sqrt{5}}{4}$

解 説

(3)　$\cos\frac{2}{5}\pi$，$\cos\frac{4}{5}\pi$は2次方程式

$$t^2+\frac{1}{2}t-\frac{1}{4}=0$$

の2つの解 $t=\frac{-1\pm\sqrt{5}}{4}$である。

$\cos\frac{2}{5}\pi>0$，$\cos\frac{4}{5}\pi<0$だから，

$$\cos\frac{2}{5}\pi=\cos 72^\circ=\frac{-1+\sqrt{5}}{4}$$

また，

$$\cos\frac{4}{5}\pi=\cos 144^\circ=-\frac{1+\sqrt{5}}{4}$$

より，

$$\cos 36^\circ=-\cos 144^\circ=\frac{1+\sqrt{5}}{4}$$

12

$\frac{1}{2}\log 2-\frac{\pi}{4}i$

解 説

$$1-i=\sqrt{2}\left\{\cos\left(-\frac{\pi}{4}\right)+i\sin\left(-\frac{\pi}{4}\right)\right\}$$

だから，$r=\sqrt{2}$，$\theta=-\frac{\pi}{4}$となるので，

$$\log(1-i)=\log\sqrt{2}-\frac{\pi}{4}i$$
$$=\frac{1}{2}\log 2-\frac{\pi}{4}i$$

13

(1)　$-2<k<2$

(2)　4個

解 説

(1)　$(x-1)(x^2+2kx+4)=0$

仮定より，2次方程式

$x^2+2kx+4=0$　…★が虚数解をもつので，

$$k^2-4<0$$
$$\therefore\quad -2<k<2$$

(2)　10乗すると2^{10}になる複素数は

$$\varepsilon_m=2\left(\cos\frac{m}{5}\pi+i\sin\frac{m}{5}\pi\right)$$
$$(m=0,\ 1,\ 2,\ \cdots,\ 9)$$

と表され，このうち虚数になるのは$m\neq 0$，5のときである。

ここで，ε_mとε_{10-m}($m=1,\ 2,\ 3,\ 4$)は共役である。そして一般に，実数係数の2次方程式が虚数βを解にもてば，その共役複素数$\overline{\beta}$も解にもつ。よってここでは，2次方程式★がε_1，ε_2，ε_3，ε_4のいずれかを解にもつようなkの値を考えればよい。

$m=1,\ 2,\ 3,\ 4$に対して，

$$\varepsilon_m+\overline{\varepsilon_m}=4\cos\frac{m}{5}\pi,$$
$$\varepsilon_m\overline{\varepsilon_m}=4$$

であるから，解と係数の関係により，★がε_m(と$\overline{\varepsilon_m}=\varepsilon_{10-m}$)を解にもつのは

$$-2k=4\cos\frac{m}{5}\pi$$

すなわち，$k=-2\cos\frac{m}{5}\pi$

のときである（そして$m=1,\ 2,\ 3,\ 4$に対してこの値はすべて異なる）。よって，

題意を満たす実数kの値は4つある。

14

(1)　$\frac{5}{8}(a^2+b^2)$

(2)　$\frac{2}{5}\sqrt{3}z$

解 説

(1)　$(\sqrt{3}+i)z=z\times 2\left(\cos\frac{\pi}{6}+i\sin\frac{\pi}{6}\right)$

$$\frac{z}{\sqrt{3}+i}=z\times\frac{1}{2}\left\{\cos\left(-\frac{\pi}{6}\right)+i\sin\left(-\frac{\pi}{6}\right)\right\}$$

だから，

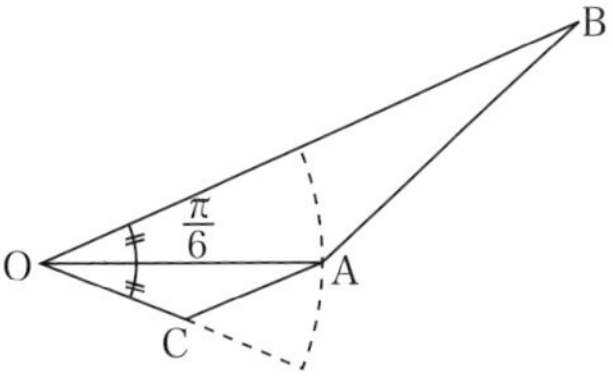

$$\triangle OAB=\frac{1}{2}\cdot|z|\cdot 2|z|\sin\frac{\pi}{6}$$
$$=\frac{1}{2}|z|^2=\frac{1}{2}(a^2+b^2)$$
$$\triangle OAC=\frac{1}{2}\cdot|z|\cdot\frac{1}{2}|z|\sin\frac{\pi}{6}$$
$$=\frac{1}{8}|z|^2=\frac{1}{8}(a^2+b^2)$$

だから，四角形OCABの面積は，

$$\frac{5}{8}(a^2+b^2)$$

(2)　∠AOB＝∠AOCだから，

BD：DC＝OB：OC＝4：1

となるので，点Dを表す複素数は

$$\frac{1}{5}\times(\sqrt{3}+i)z+\frac{4}{5}\times\frac{z}{\sqrt{3}+i}$$
$$=\frac{1}{5}(\sqrt{3}+i)z+\frac{1}{5}(\sqrt{3}-i)z$$
$$=\frac{2}{5}\sqrt{3}z$$

15

(1)　$\boldsymbol{z_5=1+\frac{5}{4}i}$

(2)　$\boldsymbol{\lim_{n\to\infty}z_n=1+i}$

解説

(1)　$\alpha=\frac{1}{\sqrt{2}}(\cos45^\circ+i\sin45^\circ)$とおくと

$\{z_n-z_{n-1}\}$は公比αの等比数列である。よって

$$z_n=z_1+\sum_{k=1}^{n-1}(z_{k+1}-z_k)$$
$$=z_1+\sum_{k=1}^{n-1}\alpha^k=\sum_{k=0}^{n-1}\alpha^k$$
$$=\frac{1-\alpha^n}{1-\alpha}$$

$n=5$のとき

$$\alpha^5=\frac{1}{(\sqrt{2})^5}(\cos225^\circ+i\sin225^\circ)$$
$$=\frac{1}{(\sqrt{2})^5}\left(-\frac{1}{\sqrt{2}}-\frac{1}{\sqrt{2}}i\right)$$

$=-\frac{1}{2^3}(1+i)$より

$$z_5=\frac{1+\frac{1}{2^3}(1+i)}{1-\frac{1}{2}(1+i)}$$
$$=\frac{9+i}{4(1-i)}=1+\frac{5}{4}i$$

(2)　$|\alpha^n|=\frac{1}{(\sqrt{2})^n}\to0\,(n\to\infty)$より

$\alpha^n\to0\,(n\to\infty)$，よって

$$\lim_{n\to\infty}z_n=\frac{1}{1-\alpha}=1+i$$

16

(1)　(ア)　③　　(イ)　②

(2)　(ア)　⑤　　(イ)　②

解説

(1)　$w=2z+1+i$より

$$z=\frac{1}{2}\{w-(1+i)\}$$

$|z|=1$より

$$\frac{1}{2}\left|w-(1+i)\right|=1$$
$$|w-(1+i)|=2$$

よって，点$1+i$を中心とする半径2の円となる。

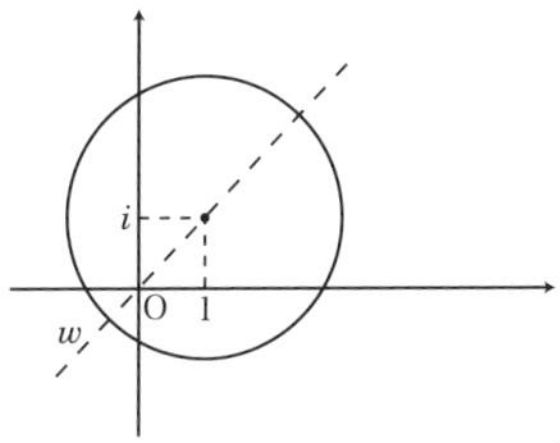

$|w|$の最小値は，上図の位置にwがくるときだから，$2-\sqrt{2}$。

(2)　$v=\frac{2z+i}{z+i}$より

$$(v-2)z=(-v+1)i$$
$$|v-2|\cdot|z|=|-v+1|$$

$|z|=1$より

$|v-2|=|v-1|$

だから, A(2), B(1)とすると, vは線分ABの垂直二等分線を描く。

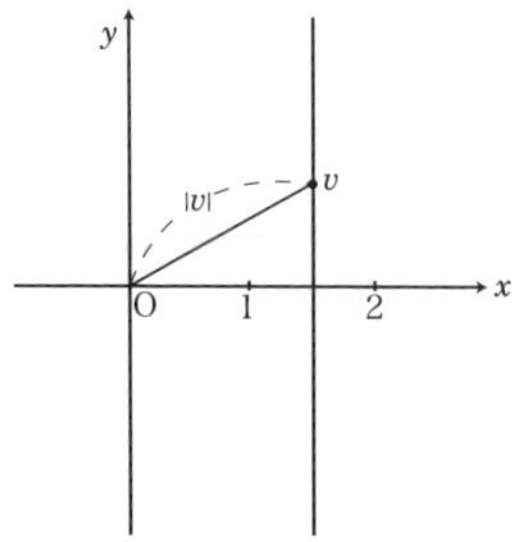

$|v|$が最小値をとるのは, $v=\dfrac{3}{2}$のときだから,

$$|v| \geqq \frac{3}{2}$$

17

$a=6$

解説

A(z_A), B(z_B), C(z_C)と表す。

BC⊥CAすなわち$(z_C-z_B)\perp(z_A-z_C)$となるのは, $(z_C-z_B)\cdot\overline{(z_A-z_c)}$が純虚数になるときである。

ここで

$z_C-z_B=1-3i$, $z_A-z_C=(a-3)+i$

なので,

$$\begin{aligned}&(z_C-z_B)\cdot\overline{(z_A-z_c)}\\&=(1-3i)\{(a-3)-i\}\\&=(a-6)+(8-3a)i\end{aligned}$$

これが純虚数になるので, $a=6$

(別解)

座標平面上のベクトルの話として考えれば, $\overrightarrow{BC}=(1,\ -3)$と$\overrightarrow{CA}=(a-3,\ 1)$が垂直になるための条件をみればよく, 内積をとることにより

$$\begin{aligned}(1,\ -3)\cdot(a-3,\ 1)&=0\\(a-3)-3&=0\\a&=6\end{aligned}$$

18

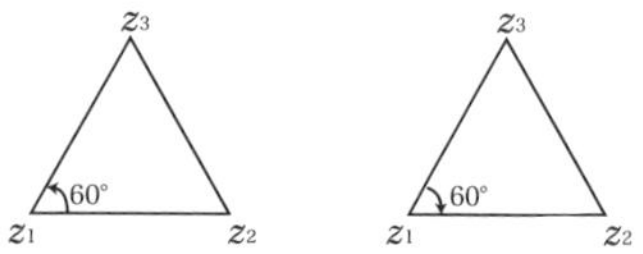

z_1, z_2, z_3は複素数平面上で上図のようになっているので,

$$\frac{z_3-z_1}{z_2-z_1}=\cos 60^\circ \pm i\sin 60^\circ$$

である。すなわち

$$\frac{z_3-z_1}{z_2-z_1}=\frac{1}{2}\pm\frac{\sqrt{3}}{2}i$$

これは, $\dfrac{z_3-z_1}{z_2-z_1}$が方程式

$z^2-z+1=0$の解であることと同値なので,

$$\left(\frac{z_3-z_1}{z_2-z_1}\right)^2-\frac{z_3-z_1}{z_2-z_1}+1=0$$

$$(z_3-z_1)^2-(z_3-z_1)(z_2-z_1)+(z_2-z_1)^2=0$$

展開して整理すると

$$z_1{}^2+z_2{}^2+z_3{}^2-z_1z_2-z_2z_3-z_3z_1=0$$

(証明終わり)

19

求める図形は, 原点を中心とし半径1の円周で, 点1, −1を除く部分である。

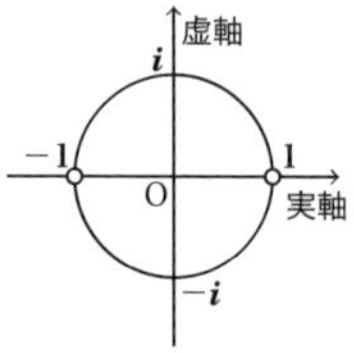

解説

$z=a+bi$(a, bは実数で, $b\neq 0$)とおける。

このとき,

$$\begin{aligned}z+\frac{1}{z}&=a+bi+\frac{1}{a+bi}\\&=a+bi+\frac{a-bi}{a^2+b^2}\\&=a\left(1+\frac{1}{a^2+b^2}\right)+b\left(1-\frac{1}{a^2+b^2}\right)i\end{aligned}$$

となるので,

$z+\dfrac{1}{z}$が実数

$\Longleftrightarrow b\left(1-\dfrac{1}{a^2+b^2}\right)=0$

$\Longleftrightarrow 1-\dfrac{1}{a^2+b^2}=0$　$(\because\ \ b\neq 0)$

$\Longleftrightarrow a^2+b^2=1$

である。

よって，点zの描く図形は原点を中心とする半径1の円から2点1，−1を除いたものである。

(別解)

$z+\dfrac{1}{z}$が実数

$\Longleftrightarrow z+\dfrac{1}{z}=\overline{\left(z+\dfrac{1}{z}\right)}$

$\Longleftrightarrow z+\dfrac{1}{z}=\overline{z}+\dfrac{1}{\overline{z}}$

$\Longleftrightarrow z-\overline{z}-\dfrac{z-\overline{z}}{z\overline{z}}=0$

$\Longleftrightarrow (z-\overline{z})\left(1-\dfrac{1}{|z|^2}\right)=0$

が成り立つ。仮定により，zは実数でないので，$z-\overline{z}\neq 0$だから，

$1-\dfrac{1}{|z|^2}=0$　$\therefore$　$|z|=1$

を得る。(以下略)

20

点$(1+i)$を中心とする半径$\sqrt{2}$の円

解説

$\dfrac{(i-1)z}{i(z-2)}=\overline{\left(\dfrac{(i-1)z}{i(z-2)}\right)}=\dfrac{(-i-1)\overline{z}}{-i(\overline{z}-2)}$

より，

$(i-1)z(\overline{z}-2)=(i+1)\overline{z}(z-2)$

$z\overline{z}+(i-1)z-(i+1)\overline{z}=0$

$\{z-(i+1)\}\{\overline{z}-(-i+1)\}=2$

$\{z-(i+1)\}\overline{\{z-(i+1)\}}=2$

$|z-(i+1)|^2=2$

$|z-(i+1)|=\sqrt{2}$

(別解)

$z=x+yi$ (x, yは実数)とおいて与式に代入すると，

$(\text{与式})=\dfrac{(x-2)(x-y)+y(x+y)+(x^2-2x+y^2-2y)i}{(x-2)^2+y^2}$

これが実数なので，

$x^2-2x+y^2-2y=0$

$(x-1)^2+(y-1)^2=(\sqrt{2})^2$

よって，点$(1+i)$を中心とする半径$\sqrt{2}$の円である。

13 図形と方程式

傾向と対策

平面，空間に座標を設定して，図形を計量する問題，条件を満たす点の座標，点の軌跡の方程式，点が存在する領域の不等式の問題が出題される。

この分野から出題される問題の主なキーワードとしては，次のものが挙げられる。

・直線の方程式，方向ベクトル，直線の媒介変数（パラメータ）表示
・平面の方程式，法線ベクトル
・円，接線，球，接平面
・2次曲線（放物線，楕円，双曲線）
・軌跡，領域

要点Check!

1 直線と平面

xy平面上の直線の公式を次に示す。

式	意味
$y=mx+b$	傾きm，y切片bの直線の方程式。x軸と直線のなす角をθとすると$m=\tan\theta$。
$y-y_0=m(x-x_0)$	点(x_0, y_0)を通り，傾きmの直線の方程式。
$\begin{cases} x=x_0+at \\ y=y_0+bt \end{cases}$ （t：実数）	点(x_0, y_0)を通り，ベクトル(a, b)に平行な直線の媒介変数表示。
$\dfrac{x}{a}+\dfrac{y}{b}=1$	x切片a，y切片bの直線の方程式。
$ax+by+c=0$	xy平面上の直線の一般的な方程式。(a, b)は法線ベクトル。$a:b:c$が同じ直線は同一。
$a(x-x_0)+b(y-y_0)=0$	点(x_0, y_0)を通り，(a, b)を法線ベクトルとする直線の方程式。
$\dfrac{\lvert ax_0+by_0+c\rvert}{\sqrt{a^2+b^2}}$	点(x_0, y_0)と直線$ax+by+c=0$との距離。

xyz空間の直線の公式を次に示す。

式	意味
$\dfrac{x-x_0}{a}=\dfrac{y-y_0}{b}=\dfrac{z-z_0}{c}$	点 (x_0, y_0, z_0) を通り，方向ベクトル (a, b, c) の直線の方程式。 2平面 $\dfrac{x-x_0}{a}=\dfrac{y-y_0}{b}$ と $\dfrac{y-y_0}{b}=\dfrac{z-z_0}{c}$ の交線。 「3　方程式・不等式」参照。
$\begin{cases} x=x_0+at \\ y=y_0+bt \\ z=z_0+ct \end{cases}$	上記直線の媒介変数表示。

xyz空間の平面の公式を次に示す。

式	意味
$\dfrac{x}{a}+\dfrac{y}{b}+\dfrac{z}{c}=1$	各軸上の3点 $(a, 0, 0)$，$(0, b, 0)$，$(0, 0, c)$ を通る平面の方程式。
$ax+by+cz+d=0$	平面の一般的な方程式。(a, b, c) は法線ベクトル。$a:b:c:d$が同じ平面は同一。
$a(x-x_0)+b(y-y_0)+c(z-z_0)=0$	点 (x_0, y_0, z_0) を通り，(a, b, c) を法線ベクトルとする平面の方程式。
$\dfrac{\lvert ax_0+by_0+cz_0+d\rvert}{\sqrt{a^2+b^2+c^2}}$	点 (x_0, y_0, z_0) と平面$ax+by+cz+d=0$との距離。

例題1　角の二等分線

xy平面上で，2直線$y=2x$，$y=0$のなす角を2等分する直線の方程式を求めよ。

〈佐賀県改題〉

解答　$y=\dfrac{1}{2}(-1\pm\sqrt{5})x$

解説　求める直線上の点 (x, y) から題意の2直線までの距離は等しいので，

$$\frac{|2x-y|}{\sqrt{2^2+(-1)^2}}=\frac{|y|}{\sqrt{0^2+1^2}}$$

$\therefore\quad (2x-y)^2=5y^2$

$\therefore\quad y^2+yx-x^2=0$

$\therefore\quad y=\dfrac{1}{2}(-1\pm\sqrt{5})x$

例題2　**2直線に直交する直線**

直交座標空間において，直線$\dfrac{x+1}{2}=\dfrac{y-2}{3}=\dfrac{z-1}{4}$と$y$軸のいずれにも垂直に交わる直線の方程式を求めよ。

〈秋田県改題〉

解答　$\dfrac{x}{2}=\dfrac{z}{-1}$かつ$y=\dfrac{17}{10}$

解説　2交点をP$(-1+2t,\ 2+3t,\ 1+4t)$，Q$(0,\ y_1,\ 0)$とすると，

$\overrightarrow{QP}$は直線$\dfrac{x+1}{2}=\dfrac{y-2}{3}=\dfrac{z-1}{4}$とも$y$軸とも垂直なので

$$\begin{cases}(-1+2t,\ 2+3t-y_1,\ 1+4t)\cdot(2,\ 3,\ 4)=0\\(-1+2t,\ 2+3t-y_1,\ 1+4t)\cdot(0,\ 1,\ 0)=0\end{cases}$$

$$\therefore\quad\begin{cases}29t-3y_1+8=0\\3t-y_1+2=0\end{cases}$$

これを解くと$t=-\dfrac{1}{10}$，$y_1=\dfrac{17}{10}$

よって，P$\left(-\dfrac{12}{10},\ \dfrac{17}{10},\ \dfrac{6}{10}\right)$，Q$\left(0,\ \dfrac{17}{10},\ 0\right)$

求める直線は$\overrightarrow{QP}=\left(-\dfrac{12}{10},\ 0,\ \dfrac{6}{10}\right)/\!/(2,\ 0,\ -1)$に平行で，点Qを通るので，その方程式は

$$\frac{x}{2}=\frac{z}{-1}\text{かつ}y=\frac{17}{10}$$

補足　答は「$x+2z=0$かつ$y=\dfrac{17}{10}$」などでもよい。この直線は平面$y=\dfrac{17}{10}$に含まれ，xz平面に正射影すると$z=-\dfrac{1}{2}x$となる。

2 円と球

xy平面上の円の公式を次に示す。

<table>
<tr><th>式</th><th>意味</th></tr>
<tr><td>$x^2+y^2=r^2$</td><td>原点中心，半径 $r\,(>0)$ の円の方程式。</td></tr>
<tr><td>$\begin{cases} x=r\cos\theta \\ y=r\sin\theta \end{cases}$　$(0\leqq\theta<2\pi)$</td><td>上記円の媒介変数表示。</td></tr>
<tr><td>$x_0x+y_0y=r^2$</td><td>上記円上の点 $(x_0,\ y_0)$ における接線の方程式。$x_0^2+y_0^2=r^2$。なお，点 $(x_0,\ y_0)$ が円の外部にあるときは，この点から円に引いた接線の2接点を結ぶ直線の方程式になる。
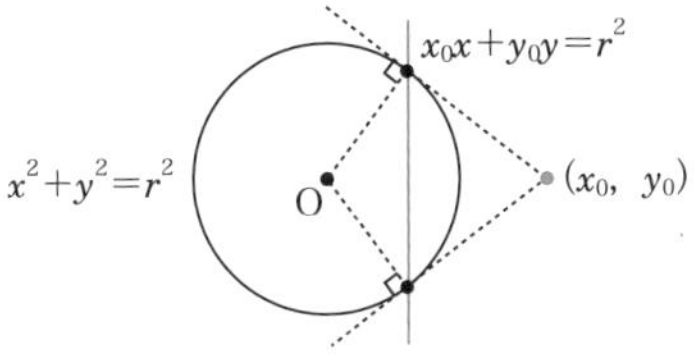
</td></tr>
<tr><td>$(x-a)^2+(y-b)^2=r^2$</td><td>点 $(a,\ b)$ 中心，半径 $r\,(>0)$ の円の方程式。</td></tr>
<tr><td>$(x_0-a)(x-a)+(y_0-b)(y-b)=r^2$</td><td>上記円上の点 $(x_0,\ y_0)$ における接線の方程式。$(x_0-a)^2+(y_0-b)^2=r^2$</td></tr>
<tr><td>$(x_0-a)(x-x_0)+(y_0-b)(y-y_0)=0$</td><td>同上。</td></tr>
</table>

xyz空間の球の公式を次に示す。

式	意味
$x^2+y^2+z^2=r^2$	原点中心，半径 $r\,(>0)$ の球面の方程式。円と同様，$(a,\ b,\ c)$ だけ平行移動すれば，$(a,\ b,\ c)$ 中心の球面の方程式となる。
$x_0x+y_0y+z_0z=r^2$	上記球面上の点 $(x_0,\ y_0,\ z_0)$ における接平面の方程式。$x_0^2+y_0^2+z_0^2=r^2$

例題3　正四面体

空間の点A$(1,\ -1,\ -3)$，B$(4,\ -1,\ 0)$，C$(1,\ 2,\ 0)$ に対して，四面体ABCDが正四面体のとき，頂点Dの座標を求めよ。

〈宮城県・仙台市改題〉

解答　D$(0,\ -2,\ 1)$ またはD$(4,\ 2,\ -3)$

解説　Dの座標を $(x,\ y,\ z)$ とする。条件からDA＝DB＝DC＝ABで
$AB^2=(1-4)^2+(-1+1)^2+(-3)^2=18$ より

$$\begin{cases}(x-1)^2+(y+1)^2+(z+3)^2=18 & \cdots① \\ (x-4)^2+(y+1)^2+z^2=18 & \cdots② \\ (x-1)^2+(y-2)^2+z^2=18 & \cdots③\end{cases}$$

①−②から $3(2x-5)+3(2z+3)=0 \quad \therefore \quad z=-x+1 \quad \cdots④$

②−③から $-3(2x-5)+3(2y-1)=0 \quad \therefore \quad y=x-2 \quad \cdots⑤$

④，⑤を①に代入すると

$$(x-1)^2+(x-1)^2+(-x+4)^2=18$$

$\therefore \quad x(x-4)=0 \quad \therefore \quad x=0$ または 4

よって，$\mathrm{D}(0,\ -2,\ 1)$ または $\mathrm{D}(4,\ 2,\ -3)$

補足 ①，②，③は互いに交わる球面の方程式で，例えば①−②から得られる方程式④は，2球面が共有する円を含む平面を表す。そして，連立方程式④，⑤は，2平面の交線を表す。

3 2次曲線の分類

円すいを平面で切ったときの切口として現れるので，円すい曲線ともいう。

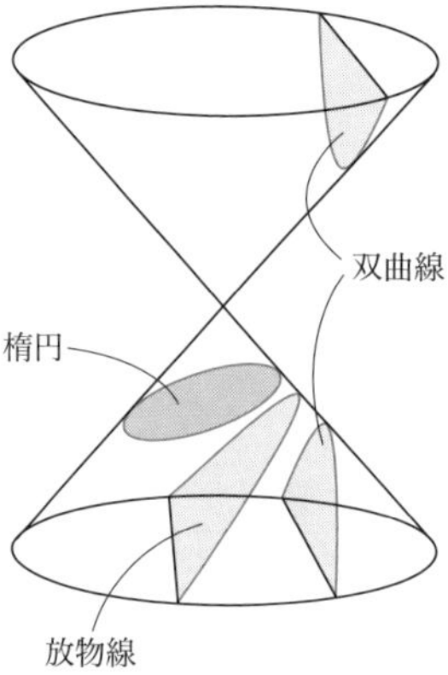

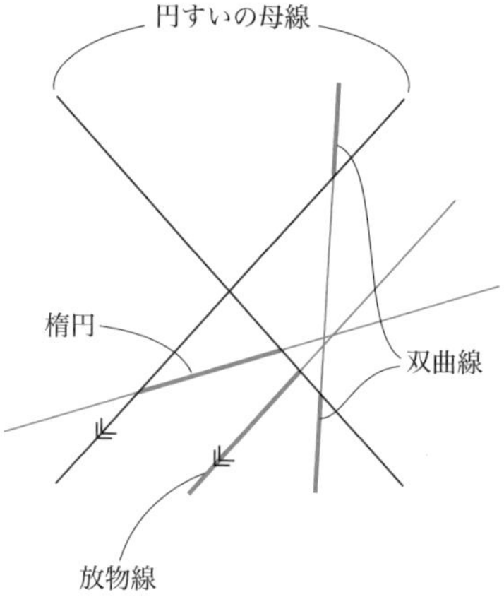

2次曲線の方程式の一般形は

$$Ax^2+2Bxy+Cy^2+Ex+Fy+G=0$$

である。原点を頂点とし，z軸を軸とする直円すいの方程式は$x^2+y^2=(kz)^2$なので，これと平面の方程式$ax+by+cz+d=0$から，z（または他の1変数）を消去した形になっている。

一般形は，平行移動と回転により標準形に変換できる。また，$D=AC-B^2$の符号により分類できる。

Dの符号	名称	標準形
$D=0$	放物線	$y^2=4px$
$D>0$	楕円	$\dfrac{x^2}{a^2}+\dfrac{y^2}{b^2}=1$
$D<0$	双曲線	$\dfrac{x^2}{a^2}-\dfrac{y^2}{b^2}=1$

例えば，$y=\sqrt{x}$は，$x\geqq 0$かつ$y^2-x=0$と同値なので2次曲線であり，$D=0$なので放物線（の一部）である。また，$y=x+\dfrac{1}{x}$は$x^2-xy+1=0$と変形できるので2次曲線であり，$D=1\cdot 0-\left(-\dfrac{1}{2}\right)^2<0$なので，双曲線（$x=0$と$y=x$が漸近線）であることがわかる。

4　放物線

定直線lと定点Fからの距離が等しい点の軌跡。lを準線，Fを焦点という。

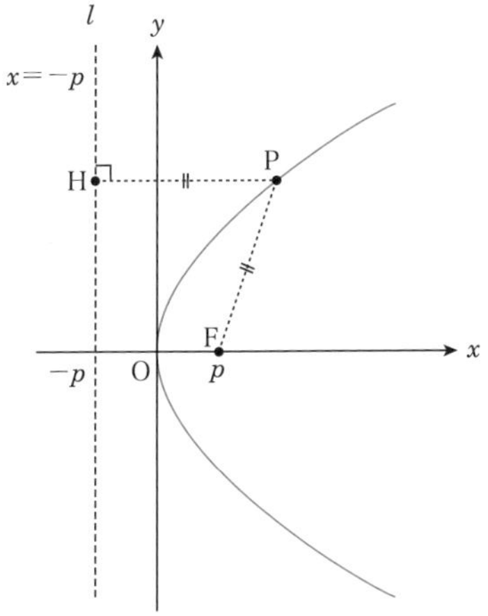

標準形：$y^2=4px$が表す放物線については

l：$x=-p$，F（p，0）

2次関数のグラフ$y=\dfrac{1}{4p}x^2$（$x^2=4py$）では

l：$y=-p$，F（0，p）

例題4　放物線となる軌跡

座標平面上で，定点A（0，1）を通り，直線$y=-1$に接する円の中心の軌跡の方程式を求めよ。

〈佐賀県改題〉

解答　$x^2=4y$

解説　円の中心から定点Aまでの距離と，直線$y=-1$までの距離は，ともに，そのときの円の半径に等しい。よって，その軌跡は，定点Aを焦点とし，直線$y=-1$を準線とする放物線である。よって，その方程式は，$x^2=4y$

5 楕円

2定点F, F′に対し，FP＋F′P＝$2a$（aは正の定数）を満たす（つまり**距離の和が一定である**）点Pの軌跡を楕円という。F, F′を**焦点**という。

(1) F（c, 0），F′（$-c$, 0）（$0<c<a$）とし，P（x, y）とすると

$$\frac{x^2}{a^2}+\frac{y^2}{b^2}=1\ (a>b>0)\quad\cdots(*)$$

と表される（ここで$c=\sqrt{a^2-b^2}$である）。これを楕円の方程式の標準形と言い，右図のような楕円を表す。$b>a>0$の場合は，焦点がy軸上にある縦長の楕円になる。

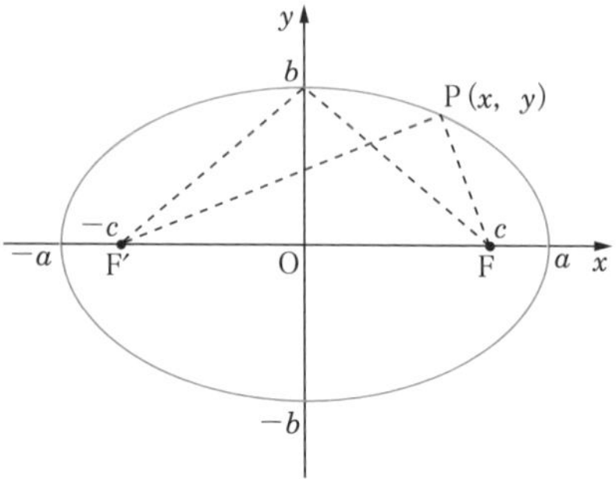

(2) FP＋F′P＝$2a$の長さは，楕円の長軸の長さに等しい。

(3) （＊）が表す楕円は，原点を中心とする半径aの円をy軸方向に$\dfrac{b}{a}$倍にしたものである。また，この楕円は

$x=a\cos\theta$

$y=b\sin\theta$

と媒介変数表示できる。ここでθは右図の∠xOP′である（∠xOPではない）ことに注意しよう。

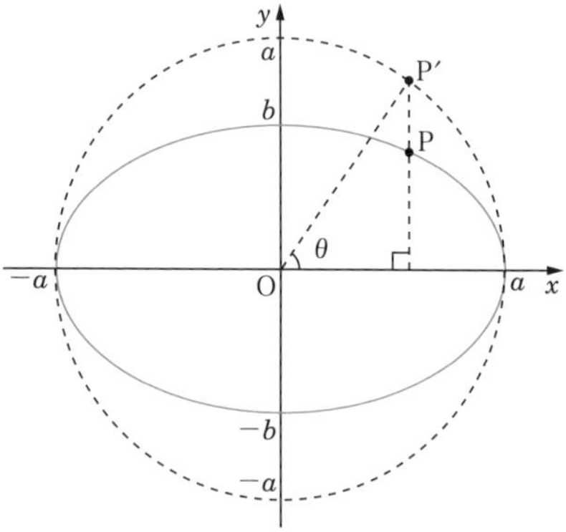

例題5　楕円の焦点

楕円$\dfrac{x^2}{5}+\dfrac{y^2}{3}=1$の焦点の座標を求めよ。

解答 （$\pm\sqrt{2}$, 0）

解説　題意の楕円は右図のようになり，焦点はx軸上にある。2つの焦点を$F(c,\ 0)$，$F'(-c,\ 0)$とおく$(c>0)$。

前述(1)の公式によれば，

$c=\sqrt{5-3}=\sqrt{2}$となるはずだが，ここではこれを確認してみよう。

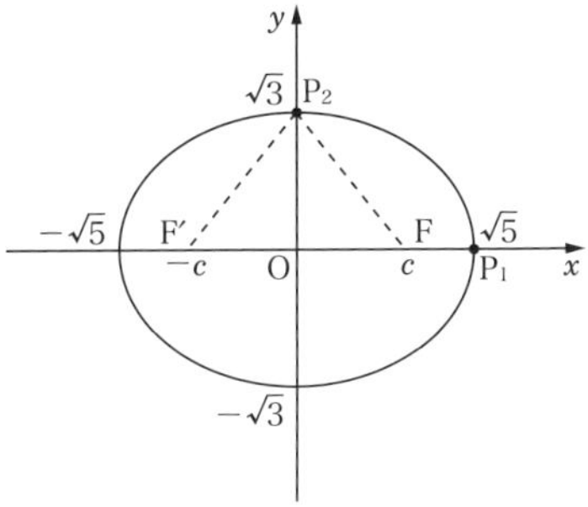

楕円の定義から，図のP_1とP_2に対して，

$$FP_1+F'P_1=FP_2+F'P_2$$

が成り立つので，

$$(\sqrt{5}-c)+(\sqrt{5}+c)=2\sqrt{c^2+3}$$

$$\therefore\quad \sqrt{5}=\sqrt{c^2+3}$$

$$\therefore\quad c^2=5-3=2$$

$$\therefore\quad c=\sqrt{2}\ (\because\quad c>0)$$

となる。よって求める焦点の座標は$(\pm\sqrt{2},\ 0)$である。

6　双曲線

2定点F, F′に対し，$|FP-F'P|=2a$（aは正の定数）を満たす（つまり距離の差が一定である）点Pの軌跡を双曲線という。F, F′を焦点という。

(1)　$F(c,\ 0)$，$F'(-c,\ 0)$ $(c>a)$とし，$P(x,\ y)$とすると

$$\frac{x^2}{a^2}-\frac{y^2}{b^2}=1\quad\cdots(*)$$

と表される（ここで$c=\sqrt{a^2+b^2}$である）。これを双曲線の方程式の標準形といい，右図のような双曲線を表す。

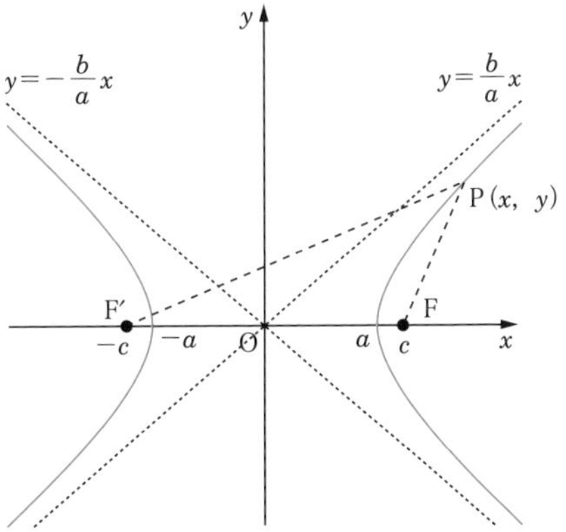

(2)　$(*)$に対して，

$$\frac{x^2}{a^2}-\frac{y^2}{b^2}=-1\quad\cdots(*)'$$

はy軸上に焦点をもつ双曲線を表す。

(3)　$(*)$および$(*)'$の双曲線は，

2直線$\dfrac{x^2}{a^2}-\dfrac{y^2}{b^2}=0$　すなわち　$y=\pm\dfrac{b}{a}x$

を漸近線にもつ。

7　軌跡，領域

平面上を一定の条件で動く点Pがあるとき，適当に座標を設定し，Pの座標を$(x,\ y)$とし，条件を関係式$f(x,\ y)=0$で表すことができれば，それは点Pの軌跡の方程式である。xまたはyの動く範囲に制限がつくこともある。場合によっては，媒介変数により，$x=f(t)$，$y=g(t)$と表される。

曲線$f(x,\ y)=0$により，平面全体を$P=\{(x,\ y)\mid f(x,\ y)>0\}$と$N=\{(x,\ y)\mid f(x,\ y)<0\}$に分けることができる。集合$P$，$N$をそれぞれ$f$の正領域，負領域という。$(0,\ 0)$など計算が簡単な点で$f(x,\ y)$の符号を調べれば，求める領域の見当がつく。例えば，$f(x,\ y)=\dfrac{x^2}{a^2}-\dfrac{y^2}{b^2}-1$とおくと，$f(x,\ y)=0$は双曲線だが，$f(0,\ 0)=-1<0$なので，原点は$f$の負領域にある。

よって，$f(x,\ y)<0$は双曲線の枝にはさまれた領域であり，$f(x,\ y)>0$はその両側の領域である。

例題6　円となる軌跡

点Qが円$x^2+y^2=4$上を動くとき，点A$(4,\ 0)$と点Qを結ぶ線分AQを$1:2$の比に内分する点Pの軌跡の方程式を求めよ。

〈京都府改題〉

解答　$\left(x-\dfrac{8}{3}\right)^2+y^2=\left(\dfrac{2}{3}\right)^2$

解説　Qの座標を$(X,\ Y)$とすると，$X^2+Y^2=4$　…①　Pの座標を$(x,\ y)$とおいて，xとyの関係を求める。

$x=\dfrac{2\cdot4+1\cdot X}{1+2}$，$y=\dfrac{2\cdot0+1\cdot Y}{1+2}$

$\therefore\ X=3x-8$，$Y=3y$

これらを①に代入して$(3x-8)^2+(3y)^2=4$

$\therefore\ \left(x-\dfrac{8}{3}\right)^2+y^2=\left(\dfrac{2}{3}\right)^2$

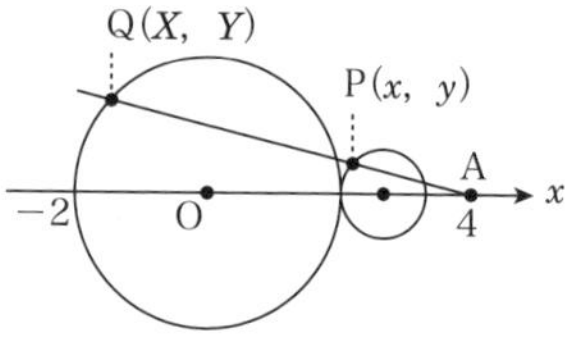

例題7　楕円となる軌跡

$\overrightarrow{\mathrm{OA}}=(2,\ 1)$，$\overrightarrow{\mathrm{OB}}=(-2,\ 1)$に対して，点Pが$\overrightarrow{\mathrm{OP}}=\cos\theta\,\overrightarrow{\mathrm{OA}}+\sin\theta\,\overrightarrow{\mathrm{OB}}$を満たしながら動くとき，点Pの描く図形をかけ。ただし，$0\leqq\theta<2\pi$とする。

〈石川県改題〉

解答

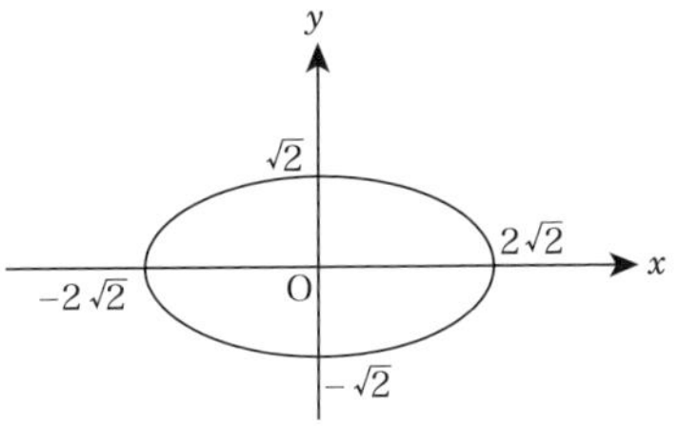

解説　Pの座標を $(x,\ y)$ とすると，ベクトル方程式を成分表示して

$$\begin{cases} x=2\cos\theta-2\sin\theta \\ y=\cos\theta+\sin\theta \end{cases} \quad \cdots① \qquad \therefore \quad \begin{cases} x=2\sqrt{2}\cos\left(\theta+\dfrac{\pi}{4}\right) \\ y=\sqrt{2}\sin\left(\theta+\dfrac{\pi}{4}\right) \end{cases}$$

これは長径 $2\sqrt{2}$，短径 $\sqrt{2}$ の楕円の媒介変数表示である。

また，$\dfrac{\pi}{4} \leqq \theta+\dfrac{\pi}{4} < 2\pi+\dfrac{\pi}{4}$ より，楕円上のすべての点を表す。

補足　θ を消去して $x,\ y$ の関係を得るには，三角関数の合成公式以外にも，①を $\cos\theta$，$\sin\theta$ についての連立方程式とみて解き，$\cos^2\theta+\sin^2\theta=1$ に代入する，あるいは，$\left(\dfrac{x}{2}\right)^2+y^2$ を計算してもよい。$0 \leqq \theta < 2\pi$ より，これらは同値変形であることに注意する。

演習問題

1 ★★☆

点P(x_1, y_1)と直線$ax+by+c=0$　…①がある。
a, b, cは定数とし，$a^2+b^2 \neq 0$とする。このとき，次の各問いに答えよ。

(1)　点Pと直線①の距離は$\dfrac{|ax_1+by_1+c|}{\sqrt{a^2+b^2}}$であることを証明せよ。

(2)　3点A$(-2, -4)$，B$(4, -1)$，C$(\sqrt{5}, -3)$があるとき，△ABCの面積を求めよ。

〈北海道・札幌市〉

2 ★☆☆

A$(-2, 10)$，B$(-4, 3)$，C$(3, 8)$を頂点とする△ABCの重心Gを通り，直線ACに垂直な直線の方程式を求めよ。

〈茨城県〉

3 ★☆☆

次の各問いに答えよ。

(1)　右の図のように，平面上に異なる2定点A, Bが定直線lに関して同じ側にある。lに関して点Bと対称な点Cをとり，2点A, Cを通る直線とlとの交点をDとする。

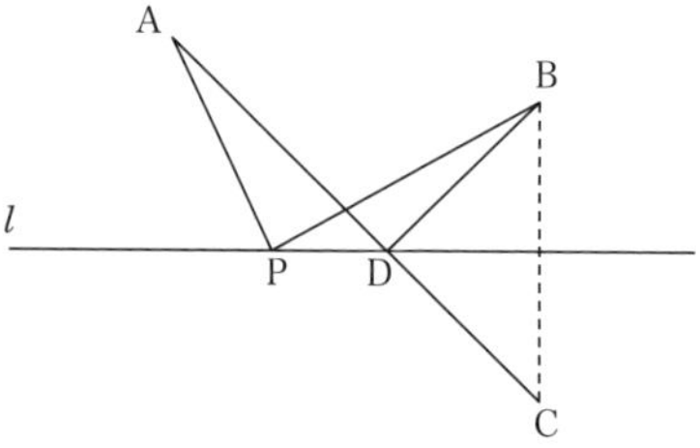

　このとき，l上の点Pについて，不等式AP＋BP≧AD＋BDが成り立つことを証明せよ。

(2)　関数$y=\sqrt{x^2+2x+2}+\sqrt{x^2-4x+13}$の最小値を求めよ。また，そのときの$x$の値を求めよ。

〈香川県〉

4 ★★☆

原点Oで互いに直交する3本の数直線を，それぞれx軸，y軸，z軸とする座標空間において，点A$(3, 3, 3)$を通り，ベクトル$\vec{a}=(2, 0, 1)$に平行な直線をl，点B$(8, 7, -4)$を通り，ベクトル$\vec{b}=(1, -2, 0)$に平行な直線をm

とする。このとき，次の各問いに答えよ。

(1)　2直線lとmは共有点を持たないことを証明せよ。

(2)　点Pを直線l上の点，点Qを直線m上の点とするとき，線分PQの長さの最小値を求めよ。

〈岡山県〉

5　★☆☆

点P(1，3)を通り，円$x^2+y^2=5$に接する直線の方程式の1つは，$2x+y=5$である。もうひとつの直線の方程式を求めよ。

〈岐阜県改題〉

6　★★☆

次の問題について，生徒に多様な解法を提示したい。

「A(4，0)，B(6，−4)，C(−3，−1)とするとき，△ABCの外接円の中心Pの座標を求めよ。」

この問題を2通りの方法で解け。ただし，2通りの解法のうちの1つはベクトルを用いる方法によるものとする。

〈大阪府・大阪市〉

7　★★☆

空間に2平面$\alpha: x-2y+2z+1=0$，$\beta: -2x+y+2z-2=0$がある。次の各問いに答えよ。

(1)　α，βの交線mの方程式を求めよ。

(2)　交線mを含み，αとβのなす角を2等分する平面の方程式を求めよ。

(3)　点(x, y, z)が2平面の交線m上を動くとき，$x^2+y^2+z^2$の最小値を求めよ。

〈埼玉県・さいたま市〉

8　★★☆

2平面$\alpha: 2x+y+z=1$，$\beta: x+2y+3z=2$の交線を含み，
平面$\pi: 3x-y+2z=3$に垂直な平面の方程式を求めよ。

〈広島県・広島市〉

9 ★☆☆

球面Sは点A$(2, 4, 4)$を中心とし，点$(4, 3, 2)$を通る。このとき，次の各問いに答えよ。

(1) Sの方程式を求めよ。

(2) 原点Oとの距離が最小となるS上の点Bを求めよ。

〈山形県〉

10 ★★☆

空間において，平面α：$x+y+z=k$（kは正の定数）とx軸，y軸，z軸との交点をそれぞれA, B, Cとする。このとき，次の各問いに答えよ。ただし，Oは原点とする。

(1) △ABCの重心を通り，平面αに垂直な直線の方程式を求めよ。

(2) 点$(1, 2, 3)$と平面αとの距離が$\sqrt{3}$となるとき，kの値を求めよ。

(3) 四面体OABCに内接する球の方程式を求めよ。

〈北海道・札幌市改題〉

11 ★☆☆

2次関数$y=-x^2+ax+b$のグラフがx軸と-3で交わり，直線$y=x+5$と接するとき，a, bの値を求めよ。

〈茨城県〉

12 ★☆☆

aは定数とする。放物線$y=x^2+2ax+a$　…①の頂点が直線$y=x+1$上にあるとき，次の各問いに答えよ。

(1) aの値を求めよ。

(2) aが(1)の値をとるとき，放物線①を原点に関して対称移動した放物線の方程式を求めよ。

〈高知県〉

13 ★☆☆

右の図のように，関数$y=\frac{1}{2}x^2$のグラフ上にx座標が2である点Aがある。また，四角形OABCが平行四辺形となるように，点Bと放物線上の点Cをとる。

ABの中点Mがy軸上にあるとき，次の各問いに答えよ。

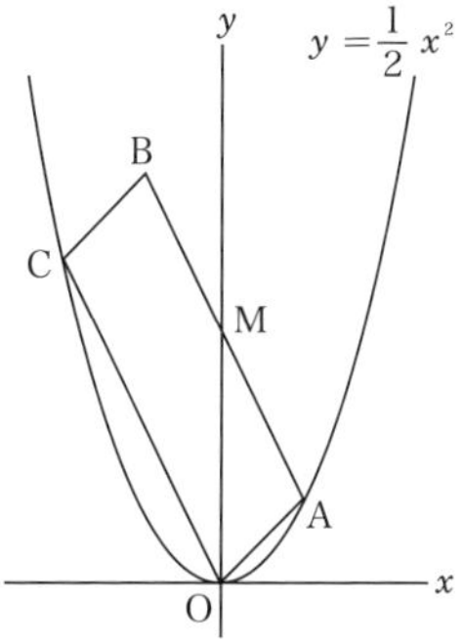

(1)　関数$y=\frac{1}{2}x^2$で，xの値が2から4まで増加するときの，yの値の変化の割合を求めよ。

(2)　平行四辺形OABCの面積を求めよ。

〈福岡県・福岡市・北九州市〉

14 ★☆☆

放物線$y=x^2$と直線$y=x+6$の2つの交点をA，Bとし，原点をOとする。O，A，Bを3つの頂点とする平行四辺形OACBをつくるとき，次の各問いに答えよ。

(1)　頂点Cの座標を求めよ。

(2)　直線$y=-x+b$が平行四辺形OACBの面積を2等分するとき，定数bの値を求めよ。

〈高知県〉

15 ★☆☆

下の図1のように，直線l上を動く点Qについて，点Qが定点Pと重なるように折っていく。この操作を繰り返し，折り目を残していくと図2のような放物線が浮かび上がる。

図3に示したように，定点Pの座標を$(0, a)$，直線lの式を$y=-a$，直線l上の点Qを通りy軸に平行な直線と折り目との交点をRとする。点Qが直線l上を動くとき，点Rはどのような曲線上を動くか。その曲線の式を求めよ。ただし，$a\neq0$とする。

図1

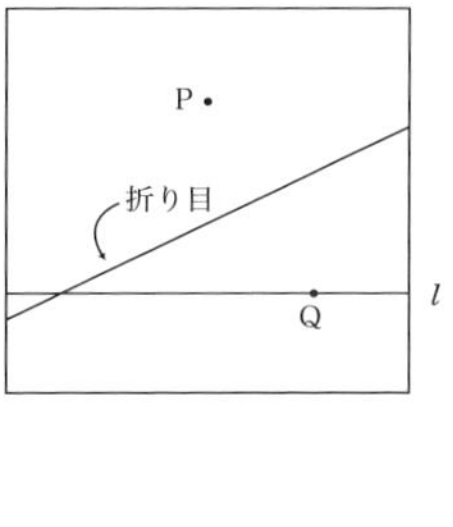

図2

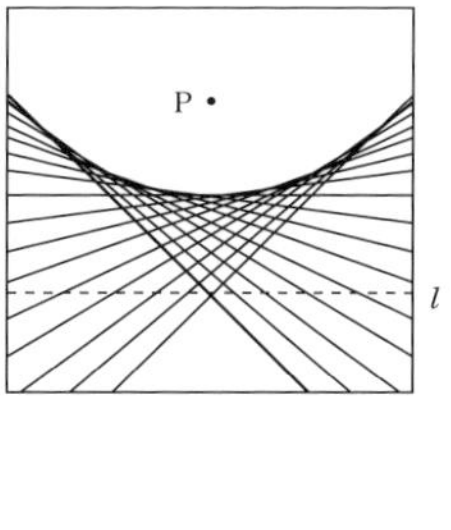

図3

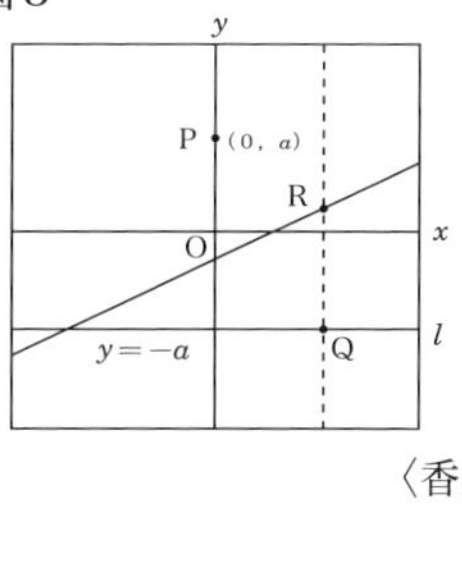

〈香川県〉

16 ★★☆

楕円C：$\frac{x^2}{4}+y^2=1$について，次の各問いに答えよ。

(1) 焦点の座標を求めよ。また，点$(0,\ 2)$から楕円Cに引いた接線の方程式を求めよ。

(2) 楕円Cと(1)で求めた接線を，y軸方向に2倍に拡大した図をかけ。

(3) 楕円Cと(1)で求めた接線とで囲まれた図形の面積を求めよ。

〈岩手県〉

17 ★★☆

2点$(1,\ 1)$，$(-1,\ -1)$からの距離の差が2である点Pの軌跡を表す方程式を求めよ。

〈茨城県〉

18 ★☆☆

不等式$x^2+y^2-2x<0$の表す領域が，不等式$2x+y<k$の表す領域に含まれるように，定数kの値の範囲を定めよ。

〈名古屋市〉

19 ★★☆

$p^2+q^2\leqq 8$を満たす実数p，qがある。

(1) $p+q=X$，$pq=Y$とするとき，点$(X,\ Y)$の存在する範囲を図示せよ。

(2) $p+q-pq$の最大値，最小値を求めよ。

〈大分県〉

20 ★★☆

座標平面上に2点A$(-2,\ 2)$，B$(3,\ 5)$がある。直線$y=x+1$上にあって，AP＋BPが最小となるような点Pの座標を求めよ。

〈広島県・広島市〉

演習問題　解答・解説

1

(1)

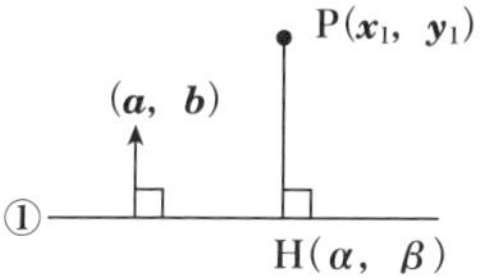

点Pから直線①に下ろした垂線の足をH(α, β)とすると,

$PH^2=(\alpha-x_1)^2+(\beta-y_1)^2$　…②

点Hは直線①上にあるので,

$a\alpha+b\beta+c=0$　…③

PH⊥直線①より

$$\frac{\beta-y_1}{\alpha-x_1}=\frac{b}{a}$$

よって, $\dfrac{\alpha-x_1}{a}=\dfrac{\beta-y_1}{b}=k$ とおくと,

$\alpha=ak+x_1$, $\beta=bk+y_1$　…④

④を③に代入すると,

$$k=-\frac{ax_1+by_1+c}{a^2+b^2}\quad\cdots⑤$$

②, ④, ⑤より

$$PH^2=(a^2+b^2)k^2=\frac{(ax_1+by_1+c)^2}{a^2+b^2}$$

$$\therefore\quad PH=\frac{|ax_1+by_1+c|}{\sqrt{a^2+b^2}}$$

(証明終わり)

(2) $\dfrac{3}{2}\sqrt{5}$

解説

(2) $AB=3\sqrt{5}$

点Cから直線AB($x-2y-6=0$)までの距離が

$$\frac{|\sqrt{5}+6-6|}{\sqrt{5}}=1$$

だから, △ABCの面積は

$$S=\frac{1}{2}\times3\sqrt{5}\times1=\frac{3}{2}\sqrt{5}$$

2

$5x-2y+19=0$

解説

$$\overrightarrow{OG}=\frac{\overrightarrow{OA}+\overrightarrow{OB}+\overrightarrow{OC}}{3}=(-1,\ 7)$$

また$\overrightarrow{AC}=(5,\ -2)$であるから, 求める直線の方程式は,

$5(x+1)-2(y-7)=0$

$\therefore\quad 5x-2y+19=0$

3

(1) 点Bと点Cは直線lに関して対称だから,

$BP=CP$　…①

$BD=CD$　…②

(i) 点Pが点Dと異なるとき,

△APCにおいて,

$AP+CP>AC$

(ii) 点Pが点Dと一致するとき,

$AP+CP=AD+CD=AC$

(i)(ii)より,

$AP+CP\geqq AC$

①より,

$AP+BP\geqq AC$

また,

$AC=AD+CD$

②より,

$AC=AD+BD$

したがって,

$AP+BP\geqq AD+BD$

(証明終わり)

(2) 最小値5, $x=-\dfrac{1}{4}$

解説

(2) $y=\sqrt{(x+1)^2+1}+\sqrt{(x-2)^2+9}$と変形でき, 3点A($-1$, 1), B(2, 3), P($x$, 0)とおくと,

$y=AP+BP$

となる。

2点A, Bはともにx軸より上側にあるので, (1)の結果より, 点Bとx軸に関して対称な点C(2, −3)について, AC＝5であることから, yの最小は5となる。

また, 直線ACの方程式は,

$$y=-\frac{4}{3}x-\frac{1}{3}$$

Pが直線ACとx軸との交点となるとき, yが最小となるので, 最小値を与えるxの値は

$x=-\dfrac{1}{4}$である。

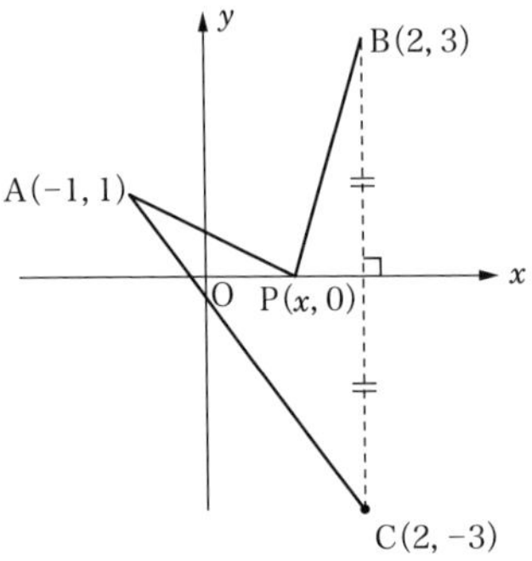

4

(1) 直線$\boldsymbol{l}$の方程式

$$\frac{x-3}{2}=z-3,\ y=3 \quad \cdots ①$$

直線$\boldsymbol{m}$の方程式

$$x-8=\frac{y-7}{-2},\ z=-4 \quad \cdots ②$$

$y=3$を②に代入すると, $x=10$だから, 点(10, 3, −4)が$\boldsymbol{m}$上の点

$z=-4$を①に代入すると, $x=-11$だから, 点(−11, 3, −4)が$\boldsymbol{l}$上の点

以上のことより, $\boldsymbol{l}$と$\boldsymbol{m}$は共有点を持たない。

（証明終わり）

(2) $2\sqrt{21}$

解説

(2) PQ⊥l, PQ⊥mのとき, 線分PQの長さが最小となる。

$P(2t+3,\ 3,\ t+3)$

$Q(s+8,\ -2s+7,\ -4)$

とすると,

$\overrightarrow{PQ}=(-2t+s+5,\ -2s+4,\ -t-7)$

$\overrightarrow{PQ}\perp\vec{a}$より,

$2(-2t+s+5)+(-t-7)=0$

$\therefore\quad -5t+2s+3=0 \quad \cdots ①$

$\overrightarrow{PQ}\perp\vec{b}$より,

$-2t+s+5-2(-2s+4)=0$

$\therefore\quad -2t+5s-3=0 \quad \cdots ②$

①, ②より $t=s=1$

このとき,

$\overrightarrow{PQ}=(4,\ 2,\ -8)$

だから,

$|\overrightarrow{PQ}|=\sqrt{16+4+64}=2\sqrt{21}$

5

$\boldsymbol{x-2y=-5}$

解説

求める直線の方程式を

$y-3=m(x-1)$

$\therefore\quad mx-y+3-m=0 \quad \cdots (*)$

とすると, 原点からの距離が$\sqrt{5}$だから,

$$\frac{|3-m|}{\sqrt{m^2+1}}=\sqrt{5}$$

$(3-m)^2=5(m^2+1)$

$4m^2+6m-4=0$

$(m+2)(2m-1)=0$

$\therefore\quad m=-2,\ \dfrac{1}{2}$

このうち, $m=-2$の場合は問題文に与えられている直線$2x+y=5$(傾き−2)に対応する。よって, $m=\dfrac{1}{2}$の場合を考えればよく, (*)より求める方程式は

$\dfrac{1}{2}x-y+3-\dfrac{1}{2}=0$

$\therefore\quad x-2y=-5$

である。

6

（解法Ⅰ）

Pの座標を$(x,\ y)$とする。

PA＝PB＝PCより，

$PA^2=PB^2=PC^2$

$(x-4)^2+y^2=(x-6)^2+(y+4)^2$

$=(x+3)^2+(y+1)^2$

だから，

$-8x+16=-12x+36+8y+16$

$=6x+9+2y+1$

$\begin{cases} x-2y=9 \\ 3x-y=7 \end{cases}$

これを解いて，$x=1$，$y=-4$

よって，P(1，−4)

（解法Ⅱ）

ABの中点M(5，−2)より，

$\overrightarrow{MP}=(x-5,\ y+2)$

$\overrightarrow{AB}=(2,\ -4)$

$\overrightarrow{MP}\perp\overrightarrow{AB}$より，$\overrightarrow{MP}\cdot\overrightarrow{AP}=0$だから

$2(x-5)-4(y+2)=0$

$x-2y-9=0$　…①

同様に，BCの中点$N\left(\frac{3}{2},\ -\frac{5}{2}\right)$より，

$\overrightarrow{NP}=\left(x-\frac{3}{2},\ y+\frac{5}{2}\right)$，

$\overrightarrow{BC}=(-9,\ 3)$

だから，$\overrightarrow{NP}\cdot\overrightarrow{BC}=0$より，

$-9\left(x-\frac{3}{2}\right)+3\left(y+\frac{5}{2}\right)=0$

$\therefore\ \ 3x-y-7=0$　…②

①，②を解いて，$x=1$，$y=-4$

よって，P(1，−4)

7

(1)　$\dfrac{x+1}{2}=\dfrac{y}{2}=z$

(2)　$x+y-4z+1=0$，$x-y+1=0$

(3)　最小値　$\dfrac{5}{9}$

解説

(1)　α：$x-2y+2z+1=0$　…①

β：$-2x+y+2z-2=0$　…②

①−②より，$3x-3y+3=0$

よって，$x-y+1=0$

$\therefore\ \ x=y-1$　…③

これを①に代入すると，

$y-1-2y+2z+1=0$

よって，$-y+2z=0$

$\therefore\ \ y=2z$　…④

よって，αとβの交線m上の点$(x,\ y,\ z)$は③と④を満たすので，求める方程式は

$\dfrac{x+1}{2}=\dfrac{y}{2}=z$

(2)　2等分する平面上の任意の点を$P(x,\ y,\ z)$とおくと，点Pと2平面α，βとの距離が等しいから，

$$\frac{|x-2y+2z+1|}{\sqrt{1^2+(-2)^2+2^2}}=\frac{|2x-y-2z+2|}{\sqrt{2^2+(-1)^2+(-2)^2}}$$

よって，

$x-2y+2z+1=\pm(2x-y-2z+2)$

$\therefore\ \ x+y-4z+1=0$，$x-y+1=0$

(3)　(1)より，m上の点は

$(x,\ y,\ z)=(2t-1,\ 2t,\ t)$

とおける（tは実数）。すると

$x^2+y^2+z^2=(2t-1)^2+(2t)^2+t^2$

$=9t^2-4t+1$

$=9\left(t-\dfrac{2}{9}\right)^2+\dfrac{5}{9}$

となるので，これは$t=\dfrac{2}{9}$のとき最小値$\dfrac{5}{9}$をとる。

8

$x-y-2z+1=0$

解説

平面πと平面βは垂直ではないので，求める平面の方程式は，kを実数として，

$2x+y+z-1+k(x+2y+3z-2)=0$

$(2+k)x+(1+2k)y+(1+3k)z$

$-1-2k=0$　…①

とおける。

平面πと垂直だから,

$3(2+k)-(1+2k)+2(1+3k)=0$

$\therefore\ \ k=-1$

①に代入して,

$x-y-2z+1=0$

9

(1) $\boldsymbol{(x-2)^2+(y-4)^2+(z-4)^2=9}$

(2) **B(1, 2, 2)**

解説

(1) 点A(2, 4, 4)と(4, 3, 2)の距離は

$\sqrt{2^2+(-1)^2+(-2)^2}=\sqrt{9}$

で,これがSの半径である。よって求める方程式は,

$(x-2)^2+(y-4)^2+(z-4)^2=9$

(2)

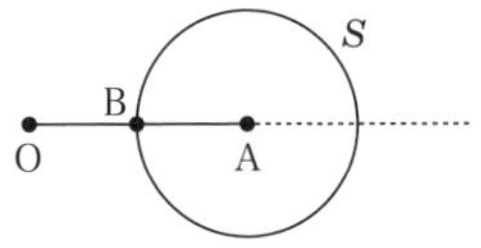

直線OAの方程式は　$x=\dfrac{y}{2}=\dfrac{z}{2}$

だから,直線OAとSの交点をP$(t,\ 2t,\ 2t)$とおくと,

$(t-2)^2+(2t-4)^2+(2t-4)^2=9$

$\therefore\ \ t=3,\ 1$

よって,P(3, 6, 6)またはP(1, 2, 2)だから,B(1, 2, 2)

10

(1) $\boldsymbol{x=y=z}$

(2) $\boldsymbol{k=3,\ 9}$

(3) $\boldsymbol{(x-p)^2+(y-p)^2+(z-p)^2=p^2}$

$\left(\text{ただし, } \boldsymbol{p=\dfrac{3-\sqrt{3}}{6}k}\right)$

解説

(1) A$(k,\ 0,\ 0)$, B$(0,\ k,\ 0)$, C$(0,\ 0,\ k)$であり,△ABCの重心をGとおくと,

$\overrightarrow{OG}=\dfrac{1}{3}(\overrightarrow{OA}+\overrightarrow{OB}+\overrightarrow{OC})$

$=\dfrac{k}{3}(1,\ 1,\ 1)$

となる。平面αはベクトル(1, 1, 1)を法線ベクトルにもつので,$\overrightarrow{OG}$は平面αに垂直であり,題意の直線は「原点を通りベクトル(1, 1, 1)に平行な直線」である。その方程式は$x=y=z$となる。

(2) 点と平面の距離の公式により,

$\dfrac{|1+2+3-k|}{\sqrt{1^2+1^2+1^2}}=\sqrt{3}$

$\Longleftrightarrow |6-k|=3$

$\Longleftrightarrow k=3$または9

(3) この内接球は,△OAB, △OBC, △OCAのすべてに接するので,その中心Iの座標は$(p,\ p,\ p)\ (p>0)$とおけ,その半径はpとなる。

そして,Iから平面αへの距離がpであり,かつIはαに関して原点Oと同じ側にあることから,

$\dfrac{|p+p+p-k|}{\sqrt{3}}=p$　…①

かつ　$p+p+p-k<0$　…②

となる。②のもとで①を同値変形すると,

①$\Longleftrightarrow k-3p=\sqrt{3}p$

$\Longleftrightarrow p=\dfrac{k}{3+\sqrt{3}}=\dfrac{3-\sqrt{3}}{6}k$

を得る。

以上により,求める内接球の方程式は

$(x-p)^2+(y-p)^2+(z-p)^2=p^2$

$\left(\text{ただし, } p=\dfrac{3-\sqrt{3}}{6}k\right)$

である。

11

$\boldsymbol{a=-5\pm2\sqrt{2},\ b=-6\pm6\sqrt{2}}$**(複号同順)**

解説

題意の2次関数のグラフは点$(-3,\ 0)$を通るので,

$0=-(-3)^2+a(-3)+b$

$\therefore\ \ b=3a+9$　…①

が成り立つ。また,直線$y=x+5$と接するこ

とから,

xの2次方程式

$$-x^2+ax+b=x+5$$

$$\Longleftrightarrow x^2+(1-a)x+5-b=0$$

は重解をもつので, 判別式を考えて,

$(1-a)^2-4(5-b)=0$　…②

が成り立つ。

②に①を代入すると,

$(1-a)^2-4(-4-3a)=0$

$\therefore\quad a^2+10a+17=0$

$\therefore\quad a=-5\pm2\sqrt{2}$

となり, これを①に代入して

$b=-6\pm6\sqrt{2}$(複号同順)

12

(1)　$\boldsymbol{a=1}$

(2)　$\boldsymbol{y=-x^2+2x-1}$

解説

(1)　$y=x^2+2ax+a$

$\quad=(x+a)^2-a^2+a$

頂点$(-a,\ -a^2+a)$が, 直線$y=x+1$上にあるので

$$-a^2+a=-a+1$$

$$a^2-2a+1=0$$

$$(a-1)^2=0$$

$$\therefore\quad a=1$$

(2)　放物線①の頂点$(-1,\ 0)$を, 原点に関して対称移動させると, 点$(1,\ 0)$に移るので, 求める放物線の方程式は,

$y=-(x-1)^2$

$\therefore\quad y=-x^2+2x-1$

(別解)

(2)　$a=1$のとき①は, $y=x^2+2x+1$

点$(x,\ y)$を原点に関して対称移動すると点$(-x,\ -y)$へ移るので,

xに$-x$を, yに$-y$を代入して,

$-y=(-x)^2+2(-x)+1$

$\therefore\quad y=-x^2+2x-1$

13

(1)　**3**　　(2)　**24**

解説

(1)　$$\frac{\frac{1}{2}\cdot4^2-\frac{1}{2}\cdot2^2}{4-2}=\frac{6}{2}=3$$

(2)　点Cのx座標をtとすると,

点Bのx座標は$t+2$,

点Mのx座標は$\dfrac{(t+2)+2}{2}$

これが0なので$t=-4$

よって,

A(2, 2), B(−2, 10), C(−4, 8)

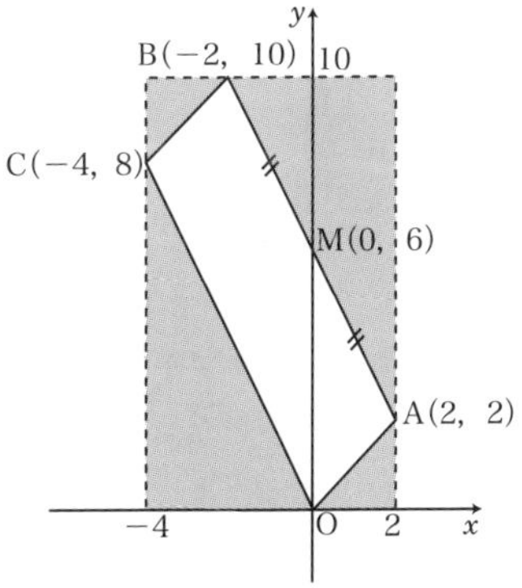

平行四辺形OABCの面積は,

$$6\cdot10-\left\{\frac{1}{2}\cdot2\cdot2+\frac{1}{2}\cdot4\cdot8+\frac{1}{2}\cdot2\cdot2+\frac{1}{2}\cdot4\cdot8\right\}$$

$=60-36$

$=24$

(別解)

$\triangle\mathrm{OAB}=\triangle\mathrm{OMA}+\triangle\mathrm{OMB}$

$\quad=\left(\frac{1}{2}\times6\times2\right)\times2=12$

求める面積は,

$2\times\triangle\mathrm{OAB}=2\times12=24$

または$\begin{vmatrix}2 & 2\\ -4 & 8\end{vmatrix}=24$

14

⑴ **(1, 13)**

⑵ $\boldsymbol{b=7}$

解説

⑴

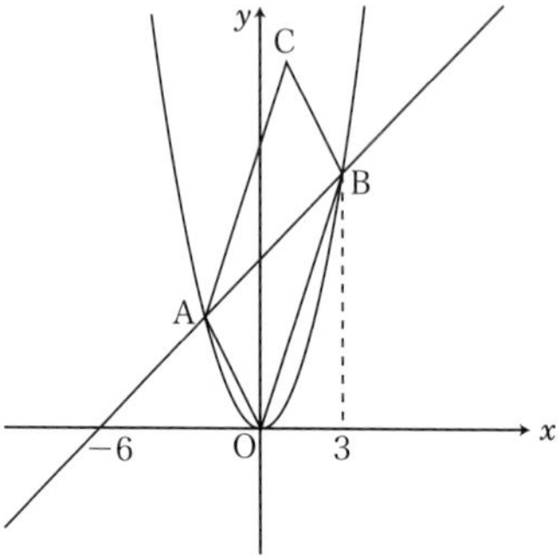

$$\begin{cases} y=x^2 \\ y=x+6 \end{cases}$$

を解いて，A$(-2, 4)$，B$(3, 9)$

対角線ABの中点は，$\left(\dfrac{1}{2}, \dfrac{13}{2}\right)$

平行四辺形OACBの２本の対角線の交点は各対角線の中点だから，対角線OCの中点も$\left(\dfrac{1}{2}, \dfrac{13}{2}\right)$である。よって，C$(1, 13)$

⑵ 直線$y=-x+b$が平行四辺形OACBの対角線の交点$\left(\dfrac{1}{2}, \dfrac{13}{2}\right)$を通るとき，題意を満たすので，

$$\frac{13}{2}=-\frac{1}{2}+b$$

$\therefore\ b=7$

15

$\boldsymbol{y=\dfrac{1}{4a}x^2}$

解説

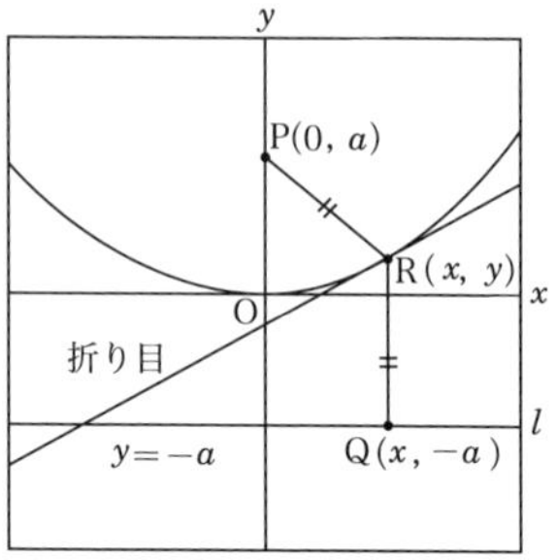

点Rの座標を(x, y)とおく。

点Pと点Qは折り目について対称だから

PR＝QR　…①

また，QR＝$|y+a|$，PR＝$\sqrt{x^2+(y-a)^2}$

ゆえに，$|y+a|^2=(\sqrt{x^2+(y-a)^2})^2$

$$\therefore\ y=\frac{1}{4a}x^2$$

逆に，曲線$y=\dfrac{1}{4a}x^2$上の点R(x, y)は条件①を満たすので，これが求める式である。

16

⑴ 焦点：$(\pm\sqrt{3}, 0)$

接線：$\boldsymbol{y=\pm\dfrac{\sqrt{3}}{2}x+2}$

⑵

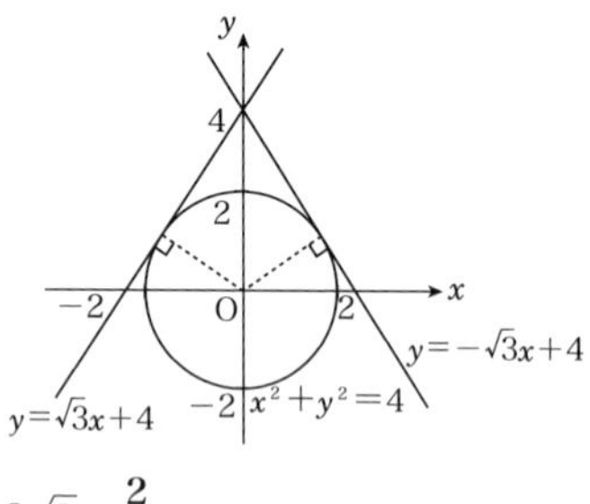

⑶ $\boldsymbol{2\sqrt{3}-\dfrac{2}{3}\pi}$

解説

(1)　焦点は，$(\pm\sqrt{3},\ 0)$

接線の傾きをmとすると，

$$\begin{cases}\dfrac{x^2}{4}+y^2=1\\ y=mx+2\end{cases}$$

が重解をもてばよいので，

$$\frac{x^2}{4}+(mx+2)^2=1$$

$$\left(\frac{1}{4}+m^2\right)x^2+4mx+3=0$$

より，

$$(2m)^2-3\left(\frac{1}{4}+m^2\right)=0$$

$$\therefore\quad m=\pm\frac{\sqrt{3}}{2}$$

したがって，接線の方程式は

$$y=\pm\frac{\sqrt{3}}{2}x+2$$

(3)　(2)より，求める図形をy軸方向に2倍したときの面積が，

$$2\left(\frac{1}{2}\times2\times2\sqrt{3}-\frac{1}{6}\times4\pi\right)$$

$$=4\sqrt{3}-\frac{4}{3}\pi$$

だから，求める図形の面積は，

$$2\sqrt{3}-\frac{2}{3}\pi$$

17

$$\boldsymbol{y=\frac{1}{2x}}$$

解説

P$(x,\ y)$とおく。与えられた条件から，

$$\left|\sqrt{(x-1)^2+(y-1)^2}-\sqrt{(x+1)^2+(y+1)^2}\right|=2\quad\cdots①$$

が成り立ち，ここで

$A=x^2+y^2+2,\ B=2(x+y)$

とおくと，①は

$$\left|\sqrt{A-B}-\sqrt{A+B}\right|=2$$

と書ける。この両辺を平方して整理すると，

$$2A-2\sqrt{A^2-B^2}=4$$

$$\iff A-2=\sqrt{A^2-B^2}$$

$$\iff A^2-4A+4=A^2-B^2\quad(\because\quad A\geqq2)$$

$$\iff B^2-4A+4=0$$

$$\iff 4(x+y)^2-4(x^2+y^2+2)+4=0$$

$$\iff 2xy-1=0$$

となるので，求める軌跡の方程式は

$y=\dfrac{1}{2x}$（双曲線）

18

$\boldsymbol{k\geqq2+\sqrt{5}}$

解説

$x^2+y^2-2x<0\quad\cdots①$

$2x+y<k\quad\cdots②$

とおく。

まず，

①$\iff(x-1)^2+y^2<1^2$

なので，①の表す領域は，点$(1,\ 0)$を中心とする半径1の円の内部である。

一方，$2x+y=k$が表す直線をL_kとおくと，②の表す領域は，直線L_kより下の部分になる。

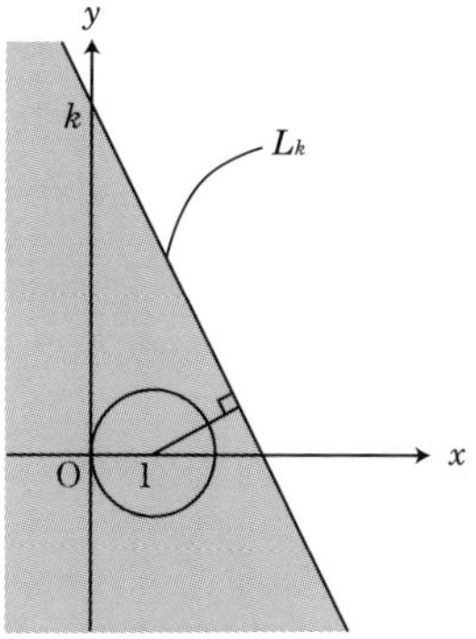

よって，①の表す領域が②の表す領域に含まれるのは，点$(1,\ 0)$が②の表す領域に含まれ，かつ点$(1,\ 0)$と直線L_kの距離が1以上のときである。

ここで，点$(1,\ 0)$が②を満たすのは

$2\cdot1+1\cdot0<k\quad\therefore\quad2<k\quad\cdots③$

のときで，また点$(1,\ 0)$と直線L_kの距離が1

以上になるのは

$$\frac{|2\cdot1+1\cdot0-k|}{\sqrt{2^2+1^2}}\geqq1$$

$\therefore\ \ |2-k|\geqq\sqrt{5}\quad\cdots④$

のときである。よって，求めるkの値の範囲は，

$③かつ④\Longleftrightarrow k-2\geqq\sqrt{5}$

$\Longleftrightarrow k\geqq2+\sqrt{5}$

(別解)(①と②は上の解と同じ)

①は，点$(1,0)$を中心とする半径1の円の内部を表すので，①を満たす点は

$(1+r\cos\theta,\ r\sin\theta)$

$(0\leqq r<1,\ 0\leqq\theta<2\pi)$

と表される。これが②を満たすのは，

$2(1+r\cos\theta)+r\sin\theta<k$

$\Longleftrightarrow 2r\cos\theta+r\sin\theta<k-2$

$\Longleftrightarrow\sqrt{5}r\cos(\theta-\alpha)<k-2\quad\cdots★$

(ここで，αは$\tan\alpha=\dfrac{1}{2}$を満たす鋭角)

が成り立つときである。

ここで，$0\leqq\theta<2\pi$のとき$\cos(\theta-\alpha)$の値域は-1以上1以下のすべての実数である。よって，さらに$0\leqq r<1$のときの★の左辺の値域は，

$-\sqrt{5}<\sqrt{5}r\cos(\theta-\alpha)<\sqrt{5}$

よって，rおよびθによらず常に★が成り立つための条件は，

$\sqrt{5}\leqq k-2$

$\therefore\ \ k\geqq2+\sqrt{5}$

19

(1)

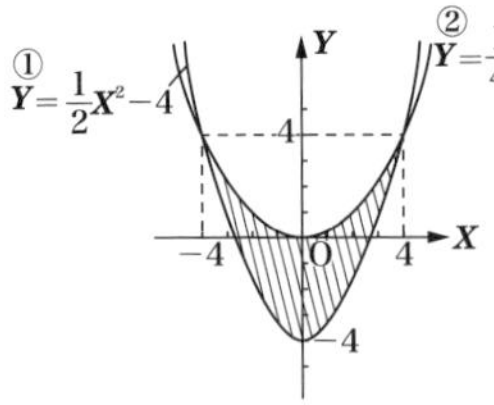

求める範囲は図の斜線部分。
ただし，境界線を含む。

(2) 最大値 $\dfrac{9}{2}$，最小値 -8

解説

(1) $p^2+q^2\leqq8$より

$(p+q)^2-2pq\leqq8$

よって，$X^2-2Y\leqq8$

$-2Y\leqq8-X^2$

$Y\geqq\dfrac{1}{2}X^2-4\quad\cdots①$

また，実数$p,\ q$は，2次方程式

$t^2-Xt+Y=0$の2つの解なので，$D\geqq0$

よって，$Y\leqq\dfrac{1}{4}X^2\quad\cdots②$

(2) $p+q-pq=X-Y=k$とおくと，

$Y=X-k\quad\cdots③$

③が点$(-4,\ 4)$を通るとき，Y切片$-k$の値が最大，つまり，kが最小となるので，

$k=-8$ (最小値)

③と$Y=\dfrac{1}{2}X^2-4$が接するときのkが最大だから，

$\dfrac{1}{2}X^2-4=X-k$として，

$X^2-2X-8+2k=0$

$\dfrac{D}{4}=1+8-2k=0$

$\therefore\ \ k=\dfrac{9}{2}$ (最大値)

このとき，

$X^2-2X+1=0$

$\therefore\ \ X=1$

よって，$Y=-\dfrac{7}{2}$

よって，

$p=\dfrac{1\pm\sqrt{15}}{2},\ q=\dfrac{1\mp\sqrt{15}}{2}$(複号同順)

最大値 $\dfrac{9}{2}\left(p=\dfrac{1\pm\sqrt{15}}{2},\ q=\dfrac{1\mp\sqrt{15}}{2}\right)$

(複号同順)

最小値 $-8(p=-2,\ q=-2)$

20

$P\left(\frac{5}{2},\ \frac{7}{2}\right)$

解説

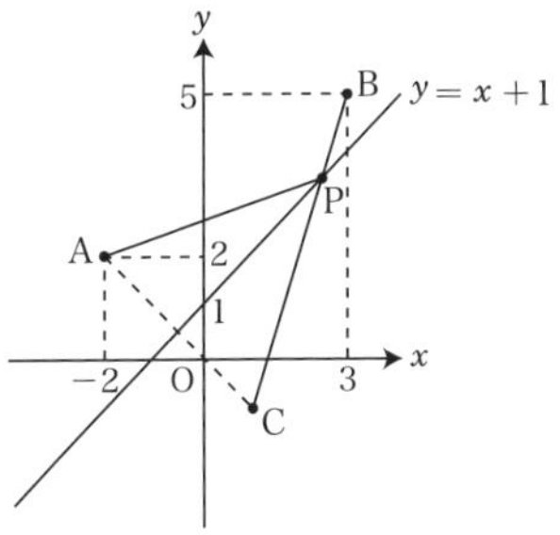

直線$y=x+1$に関して，点Aと対称な点Cの座標は，

C(1，−1)

だから，題意を満たす点Pは，$y=x+1$と直線BCとの交点なので，

$$\begin{cases} y=x+1 \\ y=3x-4 \end{cases}$$

を解くと，$(x,\ y)=\left(\frac{5}{2},\ \frac{7}{2}\right)$

14 行列

傾向と対策

実数を成分とする2次の正方行列が中心で，数との違いをテーマとする行列の計算や行列のn乗を問う出題が多い。

この分野から出題される問題の主なキーワードとしては，次のものが挙げられる。

- 行列式，逆行列，ケーリー・ハミルトンの定理
- 固有値，固有ベクトル，1次変換

要点Check!

1 記号

本章では，主に，実数を成分とする2次の正方行列を扱う。また，零行列$\begin{pmatrix} 0 & 0 \\ 0 & 0 \end{pmatrix}$，単位行列$\begin{pmatrix} 1 & 0 \\ 0 & 1 \end{pmatrix}$を，それぞれ$O$，$E$で表す。また，$\vec{x}$は縦ベクトル$\begin{pmatrix} x \\ y \end{pmatrix}$とする。

2 行列の積

・行列$A=\begin{pmatrix} a & b \\ c & d \end{pmatrix}$，$B=\begin{pmatrix} p & q \\ r & s \end{pmatrix}$に対して，積$AB$は

$$AB=\begin{pmatrix} a & b \\ c & d \end{pmatrix}\begin{pmatrix} p & q \\ r & s \end{pmatrix}=\begin{pmatrix} ap+br & aq+bs \\ cp+dr & cq+ds \end{pmatrix}$$

と定義される。行列の積に関して，

$A(B+C)=AB+AC$　（分配法則）

$(AB)C=A(BC)$　（結合法則）

が成り立つ。しかし，

$AB=BA$は必ずしも成りたたない

すなわち，**交換法則は一般には成り立たない**ことに注意しよう。

例：$\begin{pmatrix} 1 & 2 \\ 3 & 4 \end{pmatrix}\begin{pmatrix} 3 & 2 \\ 4 & 1 \end{pmatrix}=\begin{pmatrix} 11 & 4 \\ 25 & 10 \end{pmatrix}$，$\begin{pmatrix} 3 & 2 \\ 4 & 1 \end{pmatrix}\begin{pmatrix} 1 & 2 \\ 3 & 4 \end{pmatrix}=\begin{pmatrix} 9 & 14 \\ 7 & 12 \end{pmatrix}$

よって，例えば$(A+B)^2=A^2+AB+BA+B^2$を$A^2+2AB+B^2$のようにまとめることはできない（演習問題1参照）。

なお，$AB=BA$が成り立つとき，「AとBは交換可能」という。

・行列の積では，

　　$AB=O$であっても，「$A=O$または$B=O$」とは限らない

ということに注意しよう。

　例：$\begin{pmatrix}1&2\\0&0\end{pmatrix}\begin{pmatrix}2&-2\\-1&1\end{pmatrix}=\begin{pmatrix}0&0\\0&0\end{pmatrix}$

よって，例えば行列の方程式$(X-E)(X-2E)=O$において，ここから「$X=E,\ 2E$」と結論することはできない。

・$kE=\begin{pmatrix}k&0\\0&k\end{pmatrix}$の形の行列をスカラー行列という。行列にスカラー行列kEをかけることは数kをかけることと同じである。

　また，スカラー行列は任意の行列と交換可能である。

　$(kE)A=A(kE)=kA$

3 行列式と逆行列

$A=\begin{pmatrix}a&b\\c&d\end{pmatrix}$に対して，数$ad-bc$を，$A$の行列式といい，$\det A$と表す。

　$\det O=0$　　$\det E=1$　$\det(kA)=k^2\det A$　（kは数）

行列式は乗法的である。すなわち

　$\det(AB)=\det A\det B$　　特に$\det(A^n)=(\det A)^n$

　行列Aに対し，$AB=BA=E$を満たす行列Bが存在するとき，Aは正則であるといい，BをAの逆行列という。逆行列が存在するならば，それは1つだけであり，A^{-1}と表す。Aの逆行列が存在する条件は$\det A\neq 0$であり，$A=\begin{pmatrix}a&b\\c&d\end{pmatrix}$ならば，$A^{-1}=\dfrac{1}{\det A}\begin{pmatrix}d&-b\\-c&a\end{pmatrix}$と計算できる。

例題1　行列の計算

$A=\begin{pmatrix}2&4\\6&8\end{pmatrix}$，$B=\begin{pmatrix}4&12\\20&28\end{pmatrix}$とするとき$AX=B$を満たす行列$X$を求めよ。

〈埼玉県・さいたま市〉

解答　$\begin{pmatrix}6&2\\-2&2\end{pmatrix}$

解説　$X=A^{-1}B=-\dfrac{1}{8}\begin{pmatrix}8&-4\\-6&2\end{pmatrix}\begin{pmatrix}4&12\\20&28\end{pmatrix}=-\dfrac{2\cdot 4}{8}\begin{pmatrix}4&-2\\-3&1\end{pmatrix}\begin{pmatrix}1&3\\5&7\end{pmatrix}$

$=\begin{pmatrix}6&2\\-2&2\end{pmatrix}$

4　行列の多項式とケーリー・ハミルトンの定理

・多項式 $f(x)=a_nx^n+a_{n-1}x^{n-1}+\cdots+a_1x+a_0$ に行列Aを“代入”して得られる式 $f(A)=a_nA^n+a_{n-1}A^{n-1}+\cdots+a_1A+a_0E$を行列$A$の多項式とよぶことにする。

　AとEは交換可能なので，行列Aの多項式では，例えば

$$(A+5E)(A-3E)=A^2+2A-15E$$

$$(2A+E)^3=8A^3+12A^2+6A+E$$

のように，通常の数と同様の計算ができる。

・行列$A=\begin{pmatrix} a & b \\ c & d \end{pmatrix}$に対し，

$$\boldsymbol{A^2-(a+d)A+(ad-bc)E=O} \quad \cdots(*)$$

が成り立つ。これをケーリー・ハミルトンの定理という。

　ケーリー・ハミルトンの定理は，行列の多項式の次数下げに用いられる。特にこの定理により，行列Aの多項式$f(A)$はすべてAの1次(以下の)式$pA+qE$の形に表せる。実際，$f(x)$を2次式$x^2-(a+d)x+(ad-bc)$で割った余りは$px+q$とおくことができ，このとき，

$$f(x)=\{x^2-(a+d)x+(ad-bc)\}Q(x)+px+q$$

と書けるので，ここにAを“代入”すれば$f(A)=pA+qE$が得られる。

例題2　ケーリー・ハミルトンの定理

$A=\begin{pmatrix} 2 & 3 \\ 1 & -1 \end{pmatrix}$のとき，$A^5=\begin{pmatrix} a & b \\ c & d \end{pmatrix}$とすると，$a+d$の値を求めよ。

〈福岡県・福岡市・北九州市〉

解答　151

解説　ケーリー・ハミルトンの定理から$A^2-A-5E=O$

$$A^5=(A^2-A-5E)(A^3+A^2+6A+11E)+41A+55E$$

$$=41A+55E \quad \cdots(*)$$

$$=41\begin{pmatrix} 2 & 3 \\ 1 & -1 \end{pmatrix}+55\begin{pmatrix} 1 & 0 \\ 0 & 1 \end{pmatrix}$$

$$=\begin{pmatrix} 137 & 123 \\ 41 & 14 \end{pmatrix}$$

となるので，求める値は

$$a+d=137+14=151$$

である。

	1	1	6	11		
1 −1 −5)	1	0	0	0	0	0
	1	−1	−5			
		1	5	0		
		1	−1	−5		
			6	5	0	
			6	−6	−30	
				11	30	0
				11	−11	−55
					41	55

参考　一般に行列$A=\begin{pmatrix} a & b \\ c & d \end{pmatrix}$に対して，$\mathrm{tr}A=a+d$と書いて，これを$A$のトレースという。trについて$\mathrm{tr}(A+B)=\mathrm{tr}A+\mathrm{tr}B$や$\mathrm{tr}(kA)=k\cdot\mathrm{tr}A$が成り立つことは定義から明らかだろう。

そこで(＊)の後

$\mathrm{tr}(41A+55E)=41\cdot\mathrm{tr}A+55\cdot\mathrm{tr}E=41\cdot(2-1)+55\cdot(1+1)=151$

として答を得てもよい。

5　連立方程式と行列

x, yについての連立方程式$\begin{cases} ax+by=s \\ cx+dy=t \end{cases}$ は，$A=\begin{pmatrix} a & b \\ c & d \end{pmatrix}$, $\vec{x}=\begin{pmatrix} x \\ y \end{pmatrix}$，とおくと，$A\vec{x}=\begin{pmatrix} s \\ t \end{pmatrix}$と書ける。よって，$\det A\neq 0$ならば解は$\vec{x}=A^{-1}\begin{pmatrix} s \\ t \end{pmatrix}$と一意的に定まる。

そこで，連立方程式$A\vec{x}=\vec{0}$を考えると，$\det A\neq 0$ならば解は$\vec{x}=A^{-1}\vec{0}=\vec{0}$しかない。これに対し，

$A\vec{x}=\vec{0}$が$\vec{x}=\vec{0}$以外の解をもつ$\Longleftrightarrow \det A=0$　…★

が成り立つ。

6　固有値と固有ベクトル

行列Aに対して，$A\vec{x}=k\vec{x}$　…①を満たす$\vec{0}$でないベクトル$\vec{x}$が存在するとき，kをAの固有値といい，$\vec{x}$を固有値kに関する固有ベクトルという。

①は$(A-kE)\vec{x}=\vec{0}$と書けるので，kがAの固有値であるための条件は

$\det(A-kE)=0$が成り立つことである（「5 連立方程式と行列」の★参照）。

$A=\begin{pmatrix} a & b \\ c & d \end{pmatrix}$として成分表示すると，

$$\det\begin{pmatrix} a-k & b \\ c & d-k \end{pmatrix}=0$$

$$\Longleftrightarrow (a-k)(d-k)-bc=0$$

$$\Longleftrightarrow \boldsymbol{k^2-(a+d)k+(ad-bc)=0}$$

となる。つまりkは2次方程式

$$\boldsymbol{x^2-(a+d)x+(ad-bc)=0}$$

の解である。この方程式を$A=\begin{pmatrix} a & b \\ c & d \end{pmatrix}$の固有方程式という（この左辺を固有多項式という）。固有方程式とケーリー・ハミルトンの定理は同じ形をしていることに注意しよう。

固有値k_1，k_2に対し，1次独立な固有ベクトル$\overrightarrow{p_1}$，$\overrightarrow{p_2}$がとれれば，2つのベクトルの等式$A\overrightarrow{p_1}=k_1\overrightarrow{p_1}$と$A\overrightarrow{p_2}=k_2\overrightarrow{p_2}$は，1つの行列の等式$A\left(\overrightarrow{p_1}\ \overrightarrow{p_2}\right)=\left(\overrightarrow{p_1}\ \overrightarrow{p_2}\right)\begin{pmatrix} k_1 & 0 \\ 0 & k_2 \end{pmatrix}$にまとめられる。$\left(\overrightarrow{p_1}\ \overrightarrow{p_2}\right)$は2つの縦ベクトル$\overrightarrow{p_1}$と$\overrightarrow{p_2}$を横に並べた2次正方行列で，正則である。これを改めてPとおくと，

$$AP=P\begin{pmatrix} k_1 & 0 \\ 0 & k_2 \end{pmatrix} \qquad \therefore \quad P^{-1}AP=\begin{pmatrix} k_1 & 0 \\ 0 & k_2 \end{pmatrix}$$

この変形を行列の対角化という。任意の行列を対角化できるわけではないが，対角化できると，例えばA^nが計算できる。

$$(P^{-1}AP)^n=\overbrace{(P^{-1}AP)(P^{-1}AP)\cdots(P^{-1}AP)}^{n\text{個}}=P^{-1}A^nP$$

$$\therefore \quad P^{-1}A^nP=\begin{pmatrix} k_1 & 0 \\ 0 & k_2 \end{pmatrix}^n=\begin{pmatrix} {k_1}^n & 0 \\ 0 & {k_2}^n \end{pmatrix} \qquad \therefore \quad A^n=P\begin{pmatrix} {k_1}^n & 0 \\ 0 & {k_2}^n \end{pmatrix}P^{-1}$$

例題3　行列の対角化

行列$A=\begin{pmatrix} 1 & -4 \\ -2 & 3 \end{pmatrix}$の固有値を求めよ。また，$P^{-1}AP$が対角行列になるような行列$P$を1つ求めよ。

〈長崎県〉

解答　固有値　-1，5

$$P=\begin{pmatrix} 2 & 1 \\ 1 & -1 \end{pmatrix}$$

解説　固有方程式は$k^2-4k-5=0$

（左辺）$=(k+1)(k-5)$なので，固有値は-1と5である。固有ベクトルを$\begin{pmatrix} x \\ y \end{pmatrix}$とすると，

$$\begin{pmatrix} 1-k & -4 \\ -2 & 3-k \end{pmatrix}\begin{pmatrix} x \\ y \end{pmatrix}=\begin{pmatrix} 0 \\ 0 \end{pmatrix}$$

$k=-1$のとき$x-2y=0$なので固有ベクトルとして$\begin{pmatrix} 2 \\ 1 \end{pmatrix}$が，$k=5$のとき$x+y=0$なので$\begin{pmatrix} 1 \\ -1 \end{pmatrix}$がとれる。よって，$P=\begin{pmatrix} 2 & 1 \\ 1 & -1 \end{pmatrix}$とすれば$P^{-1}AP=\begin{pmatrix} -1 & 0 \\ 0 & 5 \end{pmatrix}$となる。

7　n乗計算

対角行列については$\begin{pmatrix} a & 0 \\ 0 & b \end{pmatrix}^n=\begin{pmatrix} a^n & 0 \\ 0 & b^n \end{pmatrix}$となるので問題ないが，一般の行列についてはこのように単純にはいかない。主な手法を挙げておこう。

(a)　推測→数学的帰納法：A^2，A^3，…を具体的に計算し，A^nの形が推測できれば，あとは数学的帰納法で示せばよい。$\begin{pmatrix} * & * \\ 0 & * \end{pmatrix}$や$\begin{pmatrix} * & 0 \\ * & * \end{pmatrix}$の形の行列（三角行列という）では有効。

(b)　ケーリー・ハミルトンの定理の利用：行列$A=\begin{pmatrix} a & b \\ c & d \end{pmatrix}$に対して，その固有多項式$x^2-(a+d)x+(ad-bc)$で$x^n$を割った余りを$px+q$とすれば，

$$x^n=\{x^2-(a+d)x+(ad-bc)\}Q(x)+px+q \quad \cdots①$$

$$\therefore \quad A^n=pA+qE$$

となる。Aが異なる2つの固有値α，βをもつ場合（つまり$x^2-(a+d)x+(ad-bc)=(x-\alpha)(x-\beta)$のとき）は，①に$\alpha$，$\beta$を代入して$p$，$q$を求めればよい。

一方，Aが重解固有値αをもつ場合は，$(A-\alpha E)^2=O$となるので，二項定理により

$$\begin{aligned} A^n &= \{\alpha E+(A-\alpha E)\}^n \\ &= \alpha^n E+n\alpha^{n-1}(A-\alpha E)+{}_n\mathrm{C}_2\,\alpha^{n-2}(A-\alpha E)^2+\cdots+(A-\alpha E)^n \\ &= \alpha^n E+n\alpha^{n-1}(A-\alpha E) \end{aligned}$$

となる。

(c)　対角化：「6 固有値と固有ベクトル」で述べた手法。ただし，問題文で「対角化→n乗計算」の流れが指示されている場合は仕方ないが，そうでなければ対角化によるn乗計算はあまり奨められない（行列の積の計算は一般に手間がかかるため）。

例題4　行列のn乗

行列$A=\begin{pmatrix} 1 & 0 \\ 1 & a \end{pmatrix}$$(a\neq 1)$について，$A^2$，$A^3$を求め，さらに$A^n$$(n=1,\ 2,\ 3,\ \cdots)$を求めよ。

〈愛知県改題〉

解答　$A^2=\begin{pmatrix} 1 & 0 \\ 1+a & a^2 \end{pmatrix}$

$A^3=\begin{pmatrix} 1 & 0 \\ 1+a+a^2 & a^3 \end{pmatrix}$

$$A^n=\begin{pmatrix} 1 & 0 \\ \dfrac{1-a^n}{1-a} & a^n \end{pmatrix}$$

解説

$$A^2=\begin{pmatrix} 1 & 0 \\ 1 & a \end{pmatrix}\begin{pmatrix} 1 & 0 \\ 1 & a \end{pmatrix}=\begin{pmatrix} 1 & 0 \\ 1+a & a^2 \end{pmatrix}$$

$$A^3=\begin{pmatrix} 1 & 0 \\ 1+a & a^2 \end{pmatrix}\begin{pmatrix} 1 & 0 \\ 1 & a \end{pmatrix}=\begin{pmatrix} 1 & 0 \\ 1+a+a^2 & a^3 \end{pmatrix}$$

である。これより，

$$A^n=\begin{pmatrix} 1 & 0 \\ \sum_{k=1}^{n} a^{k-1} & a^n \end{pmatrix} \quad \cdots (*)$$

と推測できる。

実際，$n=1$のときは仮定から（＊）は成り立つ。また$n=m$のとき（＊）が成り立つとすると，

$$A^{m+1}=A^mA=\begin{pmatrix} 1 & 0 \\ \sum_{k=1}^{m} a^{k-1} & a^m \end{pmatrix}\begin{pmatrix} 1 & 0 \\ 1 & a \end{pmatrix}=\begin{pmatrix} 1 & 0 \\ \sum_{k=1}^{m} a^{k-1}+a^m & a^{m+1} \end{pmatrix}$$

$$=\begin{pmatrix} 1 & 0 \\ \sum_{k=1}^{m+1} a^{k-1} & a^{m+1} \end{pmatrix}$$

となり，$n=m+1$のときも（＊）は成り立つ。これで，数学的帰納法により（＊）がすべての自然数nについて成り立つことが示された。

ゆえに，

$$A^n=(*)=\begin{pmatrix} 1 & 0 \\ \dfrac{1-a^n}{1-a} & a^n \end{pmatrix} \quad (\because \quad a\neq 1)$$

8　1次変換

◉ベクトル$\begin{pmatrix} x \\ y \end{pmatrix}$にベクトル$\begin{pmatrix} x' \\ y' \end{pmatrix}$を対応させる変換$f$で，

$$\begin{cases} x'=ax+by \\ y'=cx+dy \end{cases} \quad \cdots ★$$

と書けるものを1次変換という。★は行列$\begin{pmatrix} a & b \\ c & d \end{pmatrix}$を用いると，

$$\begin{pmatrix} x' \\ y' \end{pmatrix}=\begin{pmatrix} a & b \\ c & d \end{pmatrix}\begin{pmatrix} x \\ y \end{pmatrix}$$

と表される。このときfを「行列$\begin{pmatrix} a & b \\ c & d \end{pmatrix}$が表す1次変換」という。

◉1次変換fに対して，

$$\begin{cases} f(\overrightarrow{x_1}+\overrightarrow{x_2})=f(\overrightarrow{x_1})+f(\overrightarrow{x_2}) \\ f(k\overrightarrow{x})=kf(\overrightarrow{x}) \end{cases} \quad \cdots (*)$$

が成り立つ（つまりfは線型性をもつ）。これは行列の積の性質から直ちにわかる。逆に（＊）の性質をもつ変換は必ず1次変換になる（つまり行列を用いて書ける）ことが示される。

◉fが1次変換であるとき，1次独立な2つのベクトルのfによる像がわかればfは決定する。実際，1次独立なベクトル$\begin{pmatrix} p \\ q \end{pmatrix}$と$\begin{pmatrix} r \\ s \end{pmatrix}$がそれぞれ$\begin{pmatrix} p' \\ q' \end{pmatrix}$と$\begin{pmatrix} r' \\ s' \end{pmatrix}$に写るとき，$f$を表す行列を$A$とおけば，

$$A\begin{pmatrix} p \\ q \end{pmatrix}=\begin{pmatrix} p' \\ q' \end{pmatrix},\ A\begin{pmatrix} r \\ s \end{pmatrix}=\begin{pmatrix} r' \\ s' \end{pmatrix} \qquad \therefore\ A\begin{pmatrix} p & r \\ q & s \end{pmatrix}=\begin{pmatrix} p' & r' \\ q' & s' \end{pmatrix}$$

となるので，両辺右から$\begin{pmatrix} p & r \\ q & s \end{pmatrix}^{-1}$をかければ$A$が決定する。

◉行列Aが表す1次変換について，

・原点は原点に写る。

・$\det A \neq 0$のとき，

直線は直線に写る。楕円・双曲線・放物線はそれぞれ楕円・双曲線・放物線に写る。

線分の比，直線が交わるor交わらない，図形の内部or外部という関係は保存される。しかし長さや角度は一般に保存されない。

・$\det A=0$かつ$A \neq O$のとき，平面全体が，原点を通る1直線上に写る。

・$A=O$のとき，平面全体は原点に写る。

例題5　回転を表す1次変換

直線$x-y=1$を原点のまわりに120°回転させた直線の方程式を求めよ。

〈栃木県〉

解答 $(\sqrt{3}-1)x+(\sqrt{3}+1)y-2=0$

解説 原点中心のθ回転は，行列$\begin{pmatrix} \cos\theta & -\sin\theta \\ \sin\theta & \cos\theta \end{pmatrix}$で表される1次変換である。

直線は，それが通る2点を決めれば確定する。そこで，直線$x-y=1$上の2点を適当にとり，その像を求めればよい。

直線$x-y=1$は点A$(1，0)$，B$(0，-1)$を通る。これら2点は，

$$\begin{pmatrix} \cos 120^\circ & -\sin 120^\circ \\ \sin 120^\circ & \cos 120^\circ \end{pmatrix}\begin{pmatrix} 1 \\ 0 \end{pmatrix}=\frac{1}{2}\begin{pmatrix} -1 & -\sqrt{3} \\ \sqrt{3} & -1 \end{pmatrix}\begin{pmatrix} 1 \\ 0 \end{pmatrix}=\frac{1}{2}\begin{pmatrix} -1 \\ \sqrt{3} \end{pmatrix}$$

$$\begin{pmatrix} \cos 120^\circ & -\sin 120^\circ \\ \sin 120^\circ & \cos 120^\circ \end{pmatrix}\begin{pmatrix} 0 \\ -1 \end{pmatrix}=\frac{1}{2}\begin{pmatrix} -1 & -\sqrt{3} \\ \sqrt{3} & -1 \end{pmatrix}\begin{pmatrix} 0 \\ -1 \end{pmatrix}=\frac{1}{2}\begin{pmatrix} \sqrt{3} \\ 1 \end{pmatrix}$$

により，それぞれA$'\left(-\frac{1}{2}，\frac{\sqrt{3}}{2}\right)$，B$'\left(\frac{\sqrt{3}}{2}，\frac{1}{2}\right)$に写る。求める直線はこの2

点A′, B′を通る直線であり，その方程式は

$$y-\frac{\sqrt{3}}{2}=\frac{\frac{1}{2}-\frac{\sqrt{3}}{2}}{\frac{\sqrt{3}}{2}+\frac{1}{2}}\left(x+\frac{1}{2}\right)$$

$$\therefore\quad (\sqrt{3}-1)x+(\sqrt{3}+1)y-2=0$$

となる。

補足　解では「2点の像」を考えたが，「1点と方向ベクトルの像」を求めるのもよい。また，回転変換は角度を保存する（よって法線ベクトルは法線ベクトルに写る）ので，いまの場合は「1点と法線ベクトルの像」を求めるのもよい（一般の1次変換では，法線ベクトルは法線ベクトルに写るとはいえないので注意）。

例題6　1次変換による直線の像

行列$A=\begin{pmatrix} a & a \\ b & 2b \end{pmatrix}$で表される1次変換によって，直線$2x-y-2=0$が直線$5x-3y-2=0$に移されるとき，行列$A$を求めよ。

〈宮城県・仙台市〉

解答　$A=\begin{pmatrix} 1 & 1 \\ 1 & 2 \end{pmatrix}$

解説　直線をそれぞれl, l'とする。

l上の2点$\begin{pmatrix} 1 \\ 0 \end{pmatrix}$, $\begin{pmatrix} 0 \\ -2 \end{pmatrix}$の$A$による像$\begin{pmatrix} a \\ b \end{pmatrix}$, $-2\begin{pmatrix} a \\ 2b \end{pmatrix}$が，$l'$上にあるとして

$\begin{cases} 5a-3b-2=0 \\ 5a-6b+1=0 \end{cases}$　これを解いて$a=b=1$　$\therefore$　$A=\begin{pmatrix} 1 & 1 \\ 1 & 2 \end{pmatrix}$

補足　lを媒介変数表示し，その像が常にl'上にあるようにa, bを定める解法もある。

l上の任意の点を$\begin{pmatrix} t \\ 2(t-1) \end{pmatrix}$とすると，その$A$による像は

$$\begin{pmatrix} a & a \\ b & 2b \end{pmatrix}\begin{pmatrix} t \\ 2(t-1) \end{pmatrix}=\begin{pmatrix} a(3t-2) \\ b(5t-4) \end{pmatrix}$$

これが常にl'上にある条件は

$$5a(3t-2)-3b(5t-4)-2=0$$

$$\therefore\quad 15(a-b)t-2(5a-6b+1)=0$$

がtについての恒等式となることである。すなわち，

$$\begin{cases} a-b=0 \\ 5a-6b+1=0 \end{cases}$$

以下同様。

9　3次の行列と行列式

ここでは，Aの行列式を$|A|$で表すことにする。

3次正方行列の逆行列は，掃き出し法で計算する。行列Aの行基本変形

①1つの行に0でない数を掛ける

②1つの行の定数倍を他の行に加える

③2つの行を入れ替える

は，行列Aの左から正則なある行列を掛けることと同じなので，$A=EA$の左辺のAと右辺のEに同じ行基本変形を施して$E=BA$と変形できれば，BがAの逆行列である。行を列に，$A=AE$を$E=AB$と変形してもよい（このとき左は右になる）。

$$\begin{pmatrix} a & b & c \\ d & e & f \\ g & h & i \end{pmatrix} = \begin{pmatrix} 1 & 0 & 0 \\ 0 & 1 & 0 \\ 0 & 0 & 1 \end{pmatrix} A \xrightarrow{\text{行基本変形}} \begin{pmatrix} 1 & 0 & 0 \\ 0 & 1 & 0 \\ 0 & 0 & 1 \end{pmatrix} = \overbrace{\begin{pmatrix} a' & b' & c' \\ d' & e' & f' \\ g' & h' & i' \end{pmatrix}}^{\text{逆行列}} A$$

$$\begin{pmatrix} a & b & c \\ d & e & f \\ g & h & i \end{pmatrix} = A \begin{pmatrix} 1 & 0 & 0 \\ 0 & 1 & 0 \\ 0 & 0 & 1 \end{pmatrix} \xrightarrow{\text{列基本変形}} \begin{pmatrix} 1 & 0 & 0 \\ 0 & 1 & 0 \\ 0 & 0 & 1 \end{pmatrix} = A \overbrace{\begin{pmatrix} a' & b' & c' \\ d' & e' & f' \\ g' & h' & i' \end{pmatrix}}^{\text{逆行列}}$$

例題7　逆行列の計算

行列$\begin{pmatrix} 1 & 2 & 3 \\ 2 & 4 & 5 \\ 3 & 7 & 10 \end{pmatrix}$の逆行列を求めよ。

〈秋田県〉

解答 $\begin{pmatrix} 5 & 1 & -2 \\ -5 & 1 & 1 \\ 2 & -1 & 0 \end{pmatrix}$

解説　第1行第1列の成分が1なので，第1行の2，3倍をそれぞれ第2，3行から引くことから始めて，行基本変形を繰り返す。

$$\left(\begin{array}{ccc|ccc} 1 & 2 & 3 & 1 & 0 & 0 \\ 2 & 4 & 5 & 0 & 1 & 0 \\ 3 & 7 & 10 & 0 & 0 & 1 \end{array}\right) \overset{②}{\to} \left(\begin{array}{ccc|ccc} 1 & 2 & 3 & 1 & 0 & 0 \\ 0 & 0 & -1 & -2 & 1 & 0 \\ 0 & 1 & 1 & -3 & 0 & 1 \end{array}\right) \overset{③}{\to} \left(\begin{array}{ccc|ccc} 1 & 2 & 3 & 1 & 0 & 0 \\ 0 & 1 & 1 & -3 & 0 & 1 \\ 0 & 0 & -1 & -2 & 1 & 0 \end{array}\right) \overset{②}{\to}$$

$$\left(\begin{array}{ccc|ccc} 1 & 0 & 1 & 7 & 0 & -2 \\ 0 & 1 & 1 & -3 & 0 & 1 \\ 0 & 0 & -1 & -2 & 1 & 0 \end{array}\right) \overset{①}{\to} \left(\begin{array}{ccc|ccc} 1 & 0 & 1 & 7 & 0 & -2 \\ 0 & 1 & 1 & -3 & 0 & 1 \\ 0 & 0 & 1 & 2 & -1 & 0 \end{array}\right) \overset{②}{\to} \left(\begin{array}{ccc|ccc} 1 & 0 & 0 & 5 & 1 & -2 \\ 0 & 1 & 0 & -5 & 1 & 1 \\ 0 & 0 & 1 & 2 & -1 & 0 \end{array}\right)$$

よって，求める逆行列は$\begin{pmatrix} 5 & 1 & -2 \\ -5 & 1 & 1 \\ 2 & -1 & 0 \end{pmatrix}$

3次の行列式は公式

$$\begin{vmatrix} a & b & c \\ d & e & f \\ g & h & i \end{vmatrix} = a\begin{vmatrix} e & f \\ h & i \end{vmatrix} - b\begin{vmatrix} d & f \\ g & i \end{vmatrix} + c\begin{vmatrix} d & e \\ g & h \end{vmatrix}$$ (第1行に関する余因子展開)

$$= aei + bfg + cdh - afh - bdi - ceg$$ (サラスの方法)

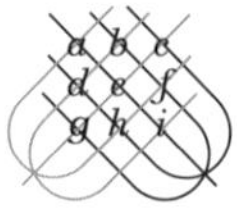

を使うか，多重線形性を利用して変形する。多重線形性とは，例えば，第2列が$\overrightarrow{x_2} = a\overrightarrow{y_2} + b\overrightarrow{z_2}$のとき

$$|\overrightarrow{x_1} \quad a\overrightarrow{y_2} + b\overrightarrow{z_2} \quad \overrightarrow{x_3}| = a|\overrightarrow{x_1} \quad \overrightarrow{y_2} \quad \overrightarrow{x_3}| + b|\overrightarrow{x_1} \quad \overrightarrow{z_2} \quad \overrightarrow{x_3}|$$

という性質である。この性質は，行列式の値は，ある列の定数倍を他の列に加えても，変わらないことを示す（「列」は「行」でもよい）。この性質を利用して，行列式を上三角（または下三角）に変形できれば，その値は対角成分の積になる。

$$\begin{vmatrix} \alpha & * & * \\ 0 & \beta & * \\ 0 & 0 & \gamma \end{vmatrix} = \alpha\beta\gamma, \quad \begin{vmatrix} \alpha & 0 & 0 \\ * & \beta & 0 \\ * & * & \gamma \end{vmatrix} = \alpha\beta\gamma$$ （＊は任意の値）

例題8　3次の固有方程式

連立方程式

$$\begin{cases} 4x - y - z = kx \\ 2x - 4y + z = ky \\ 2x + 3y - 2z = kz \end{cases}$$

が$x = y = z = 0$以外の解をもつときのkの値を求めよ。

〈東京都改題〉

解答　$k = -5, 0, 3$

解説　連立方程式を行列で表すと$A\vec{x} = k\vec{x}$という形なので，kはAの固有値である。kの3次方程式

$$\begin{vmatrix} 4-k & -1 & -1 \\ 2 & -4-k & 1 \\ 2 & 3 & -2-k \end{vmatrix} = 0$$

を解く。

$$(\text{左辺}) = \begin{vmatrix} 4-k & -1 & -1 \\ 2 & -4-k & 1 \\ 0 & 7+k & -3-k \end{vmatrix}$$

$$= (4-k)\begin{vmatrix} -4-k & 1 \\ 7+k & -3-k \end{vmatrix} - 2\begin{vmatrix} -1 & -1 \\ 7+k & -3-k \end{vmatrix}$$

$$= (4-k)\{(4+k)(3+k) - (7+k)\} - 2\{(3+k) + (7+k)\}$$

$$= (4-k)(k^2+6k+5) - 4(k+5) = (k+5)\{(4-k)(k+1)-4\}$$
$$= -(k+5)k(k-3)$$

$\therefore \quad k = -5,\ 0,\ 3$

演習問題

1 ★☆☆

行列$A=\begin{pmatrix}0 & 2\\ 4 & a\end{pmatrix}$，$B=\begin{pmatrix}3 & 4\\ b & 5\end{pmatrix}$が等式$(A+B)^2=A^2+2AB+B^2$を満たすように$a$，$b$の値を求めよ。

〈茨城県〉

2 ★★★

２次の正方行列Aに対し，(１，１)成分と(２，２)成分の和を$\mathrm{tr}A$で定義するとき，次の各問いに答えよ。

⑴　２次の正方行列A，Bに対して，$\mathrm{tr}(AB-BA)=0$となることを示せ。

⑵　２次の正方行列C，Dが，$CD-DC=\begin{pmatrix}0 & 1\\ 0 & 0\end{pmatrix}$を満たすとき，

$C^2D-DC^2=\begin{pmatrix}0 & \mathrm{tr}C\\ 0 & 0\end{pmatrix}$となることを示せ。

〈山形県〉

3 ★★☆

行列$M=\begin{pmatrix}3 & 2\\ 1 & 2\end{pmatrix}$について，次の各問いに答えよ。ただし，$E=\begin{pmatrix}1 & 0\\ 0 & 1\end{pmatrix}$とする。

⑴　$M^2-5M+4E$を計算せよ。

⑵　行列A，Bが$M=A+4B$，$M^2=A+4^2B$を満たすとき，すべての自然数nについて，$M^n=A+4^nB$が成り立つことを証明せよ。

〈愛知県〉

4 ★★★

２つの行列$A=\begin{pmatrix}a & b\\ c & 4\end{pmatrix}$，$O=\begin{pmatrix}0 & 0\\ 0 & 0\end{pmatrix}$がある。$A^2=O$かつ，$A$の成分を並べかえて得られる行列が，どれも逆行列をもたないとき，a，b，cの値を求めよ。

〈京都市〉

5 ★★☆

行列$A=\begin{pmatrix} a & b \\ c & d \end{pmatrix}$が，$A^2-3A+2E=O$を満たすとき，$a+d$，$ad-bc$の値を求めよ。ただし，$E$は単位行列，$O$は零行列とする。

〈千葉県・千葉市〉

6 ★★☆

$A=\begin{pmatrix} a & 2a \\ 1 & 2 \end{pmatrix}$とするとき，次の各問いに答えよ。ただし，$O$は零行列を表す。

(1)　$A^2=O$となるときのaの値を求めよ。

(2)　$A+A^2+\cdots+A^{2n}=O$（nは自然数）となるときのaの値を求めよ。

〈熊本県〉

7 ★★☆

直線$y=ax$に関する対称変換を表す行列を求めよ。

〈福岡県・福岡市・北九州市〉

8 ★☆☆

行列$A=\begin{pmatrix} \cos\theta & -\sin\theta \\ \sin\theta & \cos\theta \end{pmatrix}$（ただし，$0\leqq\theta<2\pi$とする）が，$A^2=A^{-1}$を満たすとき，$\theta$の値を求めよ。

〈名古屋市〉

9 ★★☆

行列$M(\theta)=\begin{pmatrix} \cos\theta & -\sin\theta \\ \sin\theta & \cos\theta \end{pmatrix}$，$A=\dfrac{1}{2}\begin{pmatrix} -1 & -\sqrt{3} \\ \sqrt{3} & -1 \end{pmatrix}$について，次の各問いに答えよ。

(1)　行列$M(\theta)$には逆行列が存在することを示せ。

(2)　$M(\alpha+\beta)=M(\alpha)M(\beta)$が成り立つことを示せ。

(3)　A^3を求めよ。

(4)　$\displaystyle\sum_{k=1}^{3n+1}A^k$を求めよ。

〈静岡県〉

10 ★★☆

次の各問いに答えよ。

⑴　行列$A=\begin{pmatrix}-2 & 2\\ 2 & 1\end{pmatrix}$について，$A\begin{pmatrix}x\\ 1\end{pmatrix}=\lambda\begin{pmatrix}x\\ 1\end{pmatrix}$（ただし，$\lambda$，$x$は実数）が成り立っている。この式を満たす$\lambda$と$x$の値の組を求めよ。

また，A^n（nは自然数）を求めよ。

⑵　行列$B=\begin{pmatrix}3 & 1 & 1\\ 1 & 2 & 0\\ 1 & 0 & 2\end{pmatrix}$について，$B\begin{pmatrix}x\\ 1\\ z\end{pmatrix}=\lambda\begin{pmatrix}x\\ 1\\ z\end{pmatrix}$（ただし，$\lambda$，$x$，$z$は実数）が成り立っている。この式を満たす$\lambda$，$x$，$z$の値の組を求めよ。

〈富山県〉

11 ★☆☆

$A=\begin{pmatrix}1 & -1\\ 2 & 4\end{pmatrix}$，$P=\begin{pmatrix}1 & -1\\ -1 & x\end{pmatrix}$のとき，$P^{-1}AP$が対角行列になるような$x$の値を求めよ。また，$A^n$を求めよ。

〈茨城県〉

12 ★★☆

行列$P=\begin{pmatrix}a & b\\ c & d\end{pmatrix}$に対し，$s(P)=a+b+c+d$とおく。

行列$A=\begin{pmatrix}1 & -2\\ 1 & 4\end{pmatrix}$，$B=\begin{pmatrix}1 & 2\\ -1 & -1\end{pmatrix}$とするとき，次の各問いに答えよ。

⑴　$s(AB)$を求めよ。

⑵　$B^{-1}AB$を計算し，A^nを求めよ。ただし，nは自然数とする。

⑶　無限級数$\sum_{n=1}^{\infty}\frac{s(A^n)}{5^n}$の和を求めよ。

〈神戸市〉

13 ★☆☆

行列$A=\begin{pmatrix}3 & 4\\ 1 & 3\end{pmatrix}$を変換行列$P$を用いて，対角化せよ。また$A^n$を求めよ。ただし，変換行列$P$とは，行列$P^{-1}AP$が対角行列になる行列とする。

〈奈良県〉

14 ★☆☆

次の各問いに答えよ。

(1)　行列$A=\begin{pmatrix} 2 & 3 \\ 1 & 4 \end{pmatrix}$について，$A^2-6A+5E$を求めよ。ただし，$E$は単位行列である。

(2)　xの整式x^nを２次式x^2-6x+5で割った余りを求めよ。ただし，nは自然数とする。

(3)　(1)のAについて，A^nを求めよ。ただし，nは自然数とする。

〈新潟県〉

15 ★☆☆

行列$A=\begin{pmatrix} 2 & 1 \\ 0 & 3 \end{pmatrix}$に対して，$A$の$n$乗を，$A^n=\begin{pmatrix} a_n & b_n \\ 0 & c_n \end{pmatrix}$とおく。ただし，$n$は自然数とする。このとき，次の各問いに答えよ。

(1)　数列$\{a_n\}$, $\{c_n\}$の一般項を求めよ。

(2)　数列$\{b_n\}$の一般項を求めよ。

〈千葉県・千葉市〉

16 ★★☆

$A=\begin{pmatrix} 1 & -1 \\ 0 & 1 \end{pmatrix}$とし，$A+A^2+\cdots\cdots\cdots\cdots+A^n=\begin{pmatrix} a_n & b_n \\ c_n & d_n \end{pmatrix}$とおく。$b_n$を求めよ。

〈茨城県〉

17 ★★☆

行列$A=\begin{pmatrix} 3 & 2 \\ 1 & 4 \end{pmatrix}$について，次の各問いに答えよ。

(1)　行列式$|A|$の値を求めよ。

(2)　Aで表される１次変換をfとするとき，直線$l:x+y=1$のfによる像を求めよ。

(3)　Aの固有値k_1, k_2 $(k_1<k_2)$を求めよ。また，k_1, k_2に関する固有ベクトルをそれぞれ１つ求めよ。

(4)　nを自然数とするとき，A^nを求めよ。

〈北海道・札幌市〉

18 ★★☆

次の3次の正方行列Aについて考える。

$$A=\begin{pmatrix} 1 & x & 1 \\ x & 4 & 2 \\ 2 & 4 & x \end{pmatrix} \quad (x\text{は実数})$$

以下の文の空欄に当てはまる数または式を答えよ。

行列Aの行列式は,(　ア　)であり,

　$x=$(　イ　)のとき,行列Aの階数は1,

　$x=$(　ウ　)のとき,階数は2である。

また,$x=1$のとき行列Aの逆行列は,(　エ　)である。

〈富山県〉

19 ★★☆

次の行列をAとするとき,A^nを求めよ。

$$\begin{pmatrix} 2 & 1 & 0 \\ 0 & 2 & 1 \\ 0 & 0 & 2 \end{pmatrix}$$

〈広島県・広島市〉

演習問題 解答・解説

1

$a=1$, $b=8$

解説

$(A+B)^2=A^2+AB+BA+B^2$ より，

これが，$A^2+2AB+B^2$ と等しくなるには，$AB=BA$ となればよいので，

$$\begin{pmatrix}0&2\\4&a\end{pmatrix}\begin{pmatrix}3&4\\b&5\end{pmatrix}=\begin{pmatrix}3&4\\b&5\end{pmatrix}\begin{pmatrix}0&2\\4&a\end{pmatrix}$$

$$\therefore\quad \begin{pmatrix}2b&10\\12+ab&16+5a\end{pmatrix}=\begin{pmatrix}16&6+4a\\20&5a+2b\end{pmatrix}$$

$$\therefore\quad \begin{cases}2b=16\\10=6+4a\\12+ab=20\\16+5a=5a+2b\end{cases}$$

これを解いて，

$a=1$, $b=8$

2

(1) $\boldsymbol{A}=\begin{pmatrix}\boldsymbol{a}_1&\boldsymbol{a}_2\\\boldsymbol{a}_3&\boldsymbol{a}_4\end{pmatrix}$, $\boldsymbol{B}=\begin{pmatrix}\boldsymbol{b}_1&\boldsymbol{b}_2\\\boldsymbol{b}_3&\boldsymbol{b}_4\end{pmatrix}$ とすると，

$$\boldsymbol{AB}=\begin{pmatrix}\boldsymbol{a}_1\boldsymbol{b}_1+\boldsymbol{a}_2\boldsymbol{b}_3&\boldsymbol{a}_1\boldsymbol{b}_2+\boldsymbol{a}_2\boldsymbol{b}_4\\\boldsymbol{a}_3\boldsymbol{b}_1+\boldsymbol{a}_4\boldsymbol{b}_3&\boldsymbol{a}_3\boldsymbol{b}_2+\boldsymbol{a}_4\boldsymbol{b}_4\end{pmatrix}$$

$$\boldsymbol{BA}=\begin{pmatrix}\boldsymbol{a}_1\boldsymbol{b}_1+\boldsymbol{a}_3\boldsymbol{b}_2&\boldsymbol{a}_2\boldsymbol{b}_1+\boldsymbol{a}_4\boldsymbol{b}_2\\\boldsymbol{a}_1\boldsymbol{b}_3+\boldsymbol{a}_3\boldsymbol{b}_4&\boldsymbol{a}_2\boldsymbol{b}_3+\boldsymbol{a}_4\boldsymbol{b}_4\end{pmatrix}$$

$\therefore\quad \boldsymbol{AB}-\boldsymbol{BA}$

$$=\begin{pmatrix}\boldsymbol{a}_2\boldsymbol{b}_3-\boldsymbol{a}_3\boldsymbol{b}_2&\boldsymbol{a}_1\boldsymbol{b}_2+\boldsymbol{a}_2\boldsymbol{b}_4-\boldsymbol{a}_2\boldsymbol{b}_1-\boldsymbol{a}_4\boldsymbol{b}_2\\\boldsymbol{a}_3\boldsymbol{b}_1+\boldsymbol{a}_4\boldsymbol{b}_3-\boldsymbol{a}_1\boldsymbol{b}_3-\boldsymbol{a}_3\boldsymbol{b}_4&\boldsymbol{a}_3\boldsymbol{b}_2-\boldsymbol{a}_2\boldsymbol{b}_3\end{pmatrix}$$

よって，

$\mathrm{tr}(\boldsymbol{AB}-\boldsymbol{BA})$

$=(\boldsymbol{a}_2\boldsymbol{b}_3-\boldsymbol{a}_3\boldsymbol{b}_2)+(\boldsymbol{a}_3\boldsymbol{b}_2-\boldsymbol{a}_2\boldsymbol{b}_3)=0$

（証明終わり）

(2) $\boldsymbol{C}=\begin{pmatrix}\boldsymbol{c}_1&\boldsymbol{c}_2\\\boldsymbol{c}_3&\boldsymbol{c}_4\end{pmatrix}$ とすると，

$$\boldsymbol{CD}-\boldsymbol{DC}=\begin{pmatrix}0&1\\0&0\end{pmatrix}$$

だから，

$$\boldsymbol{C}(\boldsymbol{CD}-\boldsymbol{DC})=\boldsymbol{C}\begin{pmatrix}0&1\\0&0\end{pmatrix}$$

$$\therefore\quad \boldsymbol{C}^2\boldsymbol{D}-\boldsymbol{CDC}=\begin{pmatrix}0&\boldsymbol{c}_1\\0&\boldsymbol{c}_3\end{pmatrix}\quad\cdots①$$

また，

$$(\boldsymbol{CD}-\boldsymbol{DC})\boldsymbol{C}=\begin{pmatrix}0&1\\0&0\end{pmatrix}\boldsymbol{C}$$

$$\therefore\quad \boldsymbol{CDC}-\boldsymbol{DC}^2=\begin{pmatrix}\boldsymbol{c}_3&\boldsymbol{c}_4\\0&0\end{pmatrix}\quad\cdots②$$

①＋②より

$$\boldsymbol{C}^2\boldsymbol{D}-\boldsymbol{DC}^2=\begin{pmatrix}\boldsymbol{c}_3&\boldsymbol{c}_1+\boldsymbol{c}_4\\0&\boldsymbol{c}_3\end{pmatrix}$$

$\boldsymbol{C}^2\boldsymbol{D}$, $\boldsymbol{DC}^2$ は2次の正方行列だから，

$\mathrm{tr}(\boldsymbol{C}^2\boldsymbol{D}-\boldsymbol{DC}^2)=0$

$2\boldsymbol{c}_3=0$

$\therefore\quad \boldsymbol{c}_3=0$

以上より，

$$\boldsymbol{C}^2\boldsymbol{D}-\boldsymbol{DC}^2=\begin{pmatrix}0&\boldsymbol{c}_1+\boldsymbol{c}_4\\0&0\end{pmatrix}=\begin{pmatrix}0&\mathrm{tr}\boldsymbol{C}\\0&0\end{pmatrix}$$

（証明終わり）

3

(1) $\boldsymbol{M}^2-5\boldsymbol{M}+4\boldsymbol{E}=\boldsymbol{O}$

(2) まず仮定より

$\boldsymbol{A}+4\boldsymbol{B}=\boldsymbol{M}\quad\cdots①$

である。一方(1)から $\boldsymbol{M}^2=5\boldsymbol{M}-4\boldsymbol{E}$ なので，仮定 $\boldsymbol{A}+4^2\boldsymbol{B}=\boldsymbol{M}^2$ より

$\boldsymbol{A}+4^2\boldsymbol{B}=5\boldsymbol{M}-4\boldsymbol{E}\quad\cdots②$

となる。(1)と①を連立して $\boldsymbol{A}$ と $\boldsymbol{B}$ について解くと，

$$\boldsymbol{A}=-\frac{1}{3}(\boldsymbol{M}-4\boldsymbol{E})\quad\cdots③$$

$$\boldsymbol{B}=\frac{1}{3}(\boldsymbol{M}-\boldsymbol{E})\quad\cdots④$$

を得る。

そこで，$\boldsymbol{M}^n=\boldsymbol{A}+4^n\boldsymbol{B}\quad\cdots(*)$ が成り立つことを数学的帰納法により証明する。

まず $n=1$ のとき，仮定①より $(*)$ は成り立つ。

次に $n=k$ のとき $(*)$ が成り立つとすると，

$$\boldsymbol{M}^{k+1}=(\boldsymbol{A}+4^k\boldsymbol{B})(\boldsymbol{A}+4\boldsymbol{B})$$
$$=\boldsymbol{A}^2+4\boldsymbol{AB}+4^k\boldsymbol{BA}+4^{k+1}\boldsymbol{B}^2 \quad \cdots⑤$$

となるが，ここで③と④から

$$\boldsymbol{A}^2=\frac{1}{9}(\boldsymbol{M}^2-8\boldsymbol{M}+16\boldsymbol{E})$$
$$=\frac{1}{9}\{(5\boldsymbol{M}-4\boldsymbol{E})-8\boldsymbol{M}+16\boldsymbol{E}\}\ (\because(1))$$
$$=\frac{1}{9}(-3\boldsymbol{M}+12\boldsymbol{E})$$
$$=-\frac{1}{3}(\boldsymbol{M}-4\boldsymbol{E})=\boldsymbol{A}$$

$$\boldsymbol{B}^2=\frac{1}{9}(\boldsymbol{M}^2-2\boldsymbol{M}+\boldsymbol{E})$$
$$=\frac{1}{9}\{(5\boldsymbol{M}-4\boldsymbol{E})-2\boldsymbol{M}+\boldsymbol{E}\}\ (\because(1))$$
$$=\frac{1}{9}(3\boldsymbol{M}-3\boldsymbol{E})$$
$$=\frac{1}{3}(\boldsymbol{M}-\boldsymbol{E})=\boldsymbol{B}$$

であり，また$\boldsymbol{A}$と$\boldsymbol{B}$はともに$\boldsymbol{M}$の多項式なので交換可能で，

$$\boldsymbol{AB}=\boldsymbol{BA}=-\frac{1}{9}(\boldsymbol{M}-\boldsymbol{E})(\boldsymbol{M}-4\boldsymbol{E})$$
$$=-\frac{1}{9}(\boldsymbol{M}^2-5\boldsymbol{M}+4\boldsymbol{E})=\boldsymbol{O}\ (\because(1))$$

となるので，

$⑤=\boldsymbol{A}+\boldsymbol{O}+\boldsymbol{O}+4^{k+1}\boldsymbol{B}=\boldsymbol{A}+4^{k+1}\boldsymbol{B}$

が得られ，よって$\boldsymbol{n}=\boldsymbol{k}+1$のときも（＊）が成り立つ。

以上により，すべての自然数$\boldsymbol{n}$について（＊）が成り立つことが示された。

（証明終わり）

解説

(1) $M^2-5M+4E$

$$=\begin{pmatrix}3&2\\1&2\end{pmatrix}^2-5\begin{pmatrix}3&2\\1&2\end{pmatrix}+4\begin{pmatrix}1&0\\0&1\end{pmatrix}$$
$$=\begin{pmatrix}11&10\\5&6\end{pmatrix}-\begin{pmatrix}15&10\\5&10\end{pmatrix}+\begin{pmatrix}4&0\\0&4\end{pmatrix}$$
$$=\begin{pmatrix}0&0\\0&0\end{pmatrix}$$

よって，$M^2-5M+4E=O$

（別解）

ケーリー・ハミルトンの定理より，

$M^2-5M+4E=O$

4

$(\boldsymbol{a},\ \boldsymbol{b},\ \boldsymbol{c})=(-4,\ 4,\ -4),\ (-4,\ -4,\ 4)$

解説

A^{-1}が存在しないので，$\det A=0$だから，ケーリー・ハミルトンの定理より，

$A^2=(a+4)A$

$A^2=O$により$(a+4)A=O$となり，いま$A\neq O$なので，$a+4=0$

$\therefore\ \ a=-4$

したがって，

$A=\begin{pmatrix}-4&b\\c&4\end{pmatrix}$のとき，

A^{-1}が存在しないので，

$-16-bc=0$

$\therefore\ \ bc=-16 \quad \cdots①$

ここで，Aの成分を並べかえて得られる行列として$A_2=\begin{pmatrix}b&-4\\c&4\end{pmatrix}$をとると，$A_2{}^{-1}$が存在しないので，

$4b+4c=0 \quad \therefore\ \ b+c=0 \quad \cdots②$

①，②より，b，cは2次方程式

$t^2-16=0$の解だから，

$t=\pm 4$

よって，

$(a,\ b,\ c)=(-4,\ 4,\ -4),\ (-4,\ -4,\ 4)$

このとき，

$A=\begin{pmatrix}-4&4\\-4&4\end{pmatrix},\ \begin{pmatrix}-4&-4\\4&4\end{pmatrix}$

は条件を満たす。

5

$(\boldsymbol{a}+\boldsymbol{d},\ \boldsymbol{ad}-\boldsymbol{bc})=(3,\ 2),\ (2,\ 1),\ (4,\ 4)$

解説

$A^2-3A+2E=O \quad \cdots①$

とする。

ケーリー・ハミルトンの定理より，

$$A^2-(a+d)A+(ad-bc)E=O \quad \cdots ②$$

①－②より,

$$(a+d-3)A=(ad-bc-2)E \quad \cdots ③$$

(ア)　$A\neq kE$（kは実数）のとき,

$a+d-3\neq 0$とすると, ③の両辺を$a+d-3$で割ることによりAがスカラー行列になるので不適。

よって, $a+d-3=0$であり, そのとき$ad-bc-2=0$である。

$$\therefore \quad (a+d,\ ad-bc)=(3,\ 2)$$

(イ)　$A=kE$（kは実数）のとき,

①に代入して,

$$(k^2-3k+2)E=O$$

$$\therefore \quad k=1,\ 2$$

$k=1$のとき, $A=E$より,

$$a+d=2,\ ad-bc=1$$

$k=2$のとき, $A=2E$より,

$$a+d=4,\ ad-bc=4$$

$$\therefore \quad (a+d,\ ad-bc)=(2,\ 1),\ (4,\ 4)$$

これらにより,

$$(a+d,\ ad-bc)=(3,\ 2),\ (2,\ 1),\ (4,\ 4)$$

6

(1)　**$a=-2$**　　(2)　**$a=-3$**

解説

(1)　$\mathrm{tr}A=a+2$, $\det A=0$より, ケーリー・ハミルトンの定理から

$$A^2-(a+2)A=O$$

$$\therefore \quad A^2=(a+2)A$$

となる。いま$A\neq O$なので,

$$A^2=O \iff a+2=0$$

$$\iff a=-2$$

である。

(2)

$$A+A^2+\cdots\cdots+A^{2n}$$

$$=A+(a+2)A+(a+2)^2A+\cdots\cdots+(a+2)^{2n-1}A$$

$$=\{1+(a+2)+(a+2)^2+\cdots\cdots+(a+2)^{2n-1}\}A \quad \cdots ①$$

(i)　$a+2\neq 1$つまり, $a\neq -1$のとき,

$$A+A^2+\cdots\cdots+A^{2n}$$

$$=\frac{1-(a+2)^{2n}}{1-(a+2)}A=\frac{(a+2)^{2n}-1}{a+1}A=O$$

より,

$$a=-3$$

(ii)　$a=-1$のとき, ①より, 与式$=2nA\neq O$

よって, $a=-1$は不適。

(i)(ii)より, $a=-3$

7

$$\begin{pmatrix} \dfrac{\boldsymbol{1-a^2}}{\boldsymbol{1+a^2}} & \dfrac{\boldsymbol{2a}}{\boldsymbol{1+a^2}} \\ \dfrac{\boldsymbol{2a}}{\boldsymbol{1+a^2}} & -\dfrac{\boldsymbol{1-a^2}}{\boldsymbol{1+a^2}} \end{pmatrix}$$

解説

平面上の点$P_0(x_0,\ y_0)$の直線$y=ax$に関する対称点を$P'(x',\ y')$とする。直線$y=ax$の方向ベクトルの1つは$\vec{v}=(1,\ a)$であるから, $\overrightarrow{P_0P'}\perp\vec{v}$より,

$$x'-x_0+a(y'-y_0)=0$$

$$\therefore \quad x'+ay'=x_0+ay_0 \quad \cdots ①$$

また, 線分P_0P'の中点は直線$y=ax$上にあるので,

$$\frac{y_0+y'}{2}=a\cdot\frac{x_0+x'}{2}$$

$$\therefore \quad ax'-y'=-ax_0+y_0 \quad \cdots ②$$

①②より,

$$\begin{pmatrix} 1 & a \\ a & -1 \end{pmatrix}\begin{pmatrix} x' \\ y' \end{pmatrix}=\begin{pmatrix} 1 & a \\ -a & 1 \end{pmatrix}\begin{pmatrix} x_0 \\ y_0 \end{pmatrix}$$

$$\begin{pmatrix} x' \\ y' \end{pmatrix}=\begin{pmatrix} 1 & a \\ a & -1 \end{pmatrix}^{-1}\begin{pmatrix} 1 & a \\ -a & 1 \end{pmatrix}\begin{pmatrix} x_0 \\ y_0 \end{pmatrix}$$

$$=\frac{1}{1+a^2}\begin{pmatrix} 1-a^2 & 2a \\ 2a & -1+a^2 \end{pmatrix}\begin{pmatrix} x_0 \\ y_0 \end{pmatrix}$$

8

$$\boldsymbol{\theta=0,\ \frac{2\pi}{3},\ \frac{4\pi}{3}}$$

解説

$A^2=A^{-1}$より,

$$A^3=\begin{pmatrix} 1 & 0 \\ 0 & 1 \end{pmatrix}$$

$$\begin{pmatrix}\cos3\theta & -\sin3\theta\\ \sin3\theta & \cos3\theta\end{pmatrix}=\begin{pmatrix}1 & 0\\ 0 & 1\end{pmatrix}$$

$3\theta=2n\pi$ (nは整数)

$0\leqq\theta<2\pi$ なので，求める θ の値は

$$\theta=0,\ \frac{2\pi}{3},\ \frac{4\pi}{3}$$

9

(1) $\det(\boldsymbol{M}(\boldsymbol{\theta}))=\cos^2\boldsymbol{\theta}+\sin^2\boldsymbol{\theta}=1\neq0$

なので，$\boldsymbol{M}(\boldsymbol{\theta})$には逆行列が存在する。

(2) $\boldsymbol{M}(\boldsymbol{\alpha})\boldsymbol{M}(\boldsymbol{\beta})$

$$=\begin{pmatrix}\cos\alpha & -\sin\alpha\\ \sin\alpha & \cos\alpha\end{pmatrix}\begin{pmatrix}\cos\beta & -\sin\beta\\ \sin\beta & \cos\beta\end{pmatrix}$$

$$=\begin{pmatrix}\cos\alpha\cos\beta-\sin\alpha\sin\beta & -\sin\alpha\cos\beta-\cos\alpha\sin\beta\\ \sin\alpha\cos\beta+\cos\alpha\sin\beta & \cos\alpha\cos\beta-\sin\alpha\sin\beta\end{pmatrix}$$

$$=\begin{pmatrix}\cos(\alpha+\beta) & -\sin(\alpha+\beta)\\ \sin(\alpha+\beta) & \cos(\alpha+\beta)\end{pmatrix}$$

$$=\boldsymbol{M}(\boldsymbol{\alpha}+\boldsymbol{\beta})$$

(3) $\begin{pmatrix}1 & 0\\ 0 & 1\end{pmatrix}$

(4) $\boldsymbol{A}$

解説

(3) $$A=\begin{pmatrix}-\frac{1}{2} & -\frac{\sqrt{3}}{2}\\ \frac{\sqrt{3}}{2} & -\frac{1}{2}\end{pmatrix}$$

$$=\begin{pmatrix}\cos120^\circ & -\sin120^\circ\\ \sin120^\circ & \cos120^\circ\end{pmatrix}$$

$$=M(120^\circ)$$

$$A^3=A\cdot A\cdot A=M(120^\circ\times3)$$

$$=M(360^\circ)=\begin{pmatrix}1 & 0\\ 0 & 1\end{pmatrix}$$

(4) ケーリー・ハミルトンの定理より，

$A^2+A+E=O$だから，

$A+A^2+A^3=O$

よって，

$$\sum_{k=1}^{3n+1}A^k=A+A^2+A^3+A^4+A^5+A^6+\cdots+A^{3n}+A^{3n+1}$$

$$=(A+A^2+A^3)+A^3(A+A^2+A^3)+\cdots+A^{3n-3}(A+A^2+A^3)+A^{3n+1}$$

$$=A^{3n+1}$$

$$=(A^3)^nA=A$$

10

(1) $(\boldsymbol{\lambda},\ \boldsymbol{x})=\left(2,\ \frac{1}{2}\right),\ (-3,\ -2)$

$$\boldsymbol{A}^n=\frac{1}{5}\begin{pmatrix}2^n+4\cdot(-3)^n & 2^{n+1}-2\cdot(-3)^n\\ 2^{n+1}-2\cdot(-3)^n & 2^{n+2}+(-3)^n\end{pmatrix}$$

(2) $(\boldsymbol{\lambda},\ \boldsymbol{x},\ \boldsymbol{z})=(1,\ -1,\ 1),\ (2,\ 0,\ -1),\ (4,\ 2,\ 1)$

解説

(1) $\det(A-\lambda E)=0$ より

$(-2-\lambda)(1-\lambda)-4=0$

$\lambda^2+\lambda-6=0$

$(\lambda-2)(\lambda+3)=0$

$\therefore\ \ \lambda=2,\ -3$

(イ) $\lambda=2$ のとき

$$\begin{pmatrix}-4 & 2\\ 2 & -1\end{pmatrix}\begin{pmatrix}x\\ 1\end{pmatrix}=\begin{pmatrix}0\\ 0\end{pmatrix}$$

$\therefore\ \ x=\frac{1}{2}$

(ロ) $\lambda=-3$ のとき

$$\begin{pmatrix}1 & 2\\ 2 & 4\end{pmatrix}\begin{pmatrix}x\\ 1\end{pmatrix}=\begin{pmatrix}0\\ 0\end{pmatrix}$$

$\therefore\ \ x=-2$

よって，$(\lambda,\ x)=\left(2,\ \frac{1}{2}\right),\ (-3,\ -2)$

また，$P=\begin{pmatrix}\frac{1}{2} & -2\\ 1 & 1\end{pmatrix}$とすると，

$$P^{-1}AP=\begin{pmatrix}2 & 0\\ 0 & -3\end{pmatrix}$$

だから，

$$A^n=P\begin{pmatrix}2^n & 0\\ 0 & (-3)^n\end{pmatrix}P^{-1}$$

$$=\frac{2}{5}\begin{pmatrix}\frac{1}{2} & -2\\ 1 & 1\end{pmatrix}\begin{pmatrix}2^n & 0\\ 0 & (-3)^n\end{pmatrix}\begin{pmatrix}1 & 2\\ -1 & \frac{1}{2}\end{pmatrix}$$

$$=\frac{1}{5}\begin{pmatrix}2^n+4\cdot(-3)^n & 2^{n+1}-2\cdot(-3)^n\\ 2^{n+1}-2\cdot(-3)^n & 2^{n+2}+(-3)^n\end{pmatrix}$$

(2) $\det(B-\lambda E)=0$ より

$(3-\lambda)(2-\lambda)^2-2(2-\lambda)=0$

$(2-\lambda)(\lambda^2-5\lambda+4)=0$

$(2-\lambda)(\lambda-1)(\lambda-4)=0$

$\therefore\ \ \lambda=1,\ 2,\ 4$

(イ) $\lambda=1$のとき

$$\begin{pmatrix}2&1&1\\1&1&0\\1&0&1\end{pmatrix}\begin{pmatrix}x\\1\\z\end{pmatrix}=\begin{pmatrix}0\\0\\0\end{pmatrix}$$

$\therefore\ x=-1,\ z=1$

(ロ) $\lambda=2$のとき

$$\begin{pmatrix}1&1&1\\1&0&0\\1&0&0\end{pmatrix}\begin{pmatrix}x\\1\\z\end{pmatrix}=\begin{pmatrix}0\\0\\0\end{pmatrix}$$

$\therefore\ x=0,\ z=-1$

(ハ) $\lambda=4$のとき

$$\begin{pmatrix}-1&1&1\\1&-2&0\\1&0&-2\end{pmatrix}\begin{pmatrix}x\\1\\z\end{pmatrix}=\begin{pmatrix}0\\0\\0\end{pmatrix}$$

$\therefore\ x=2,\ z=1$

よって，

$(\lambda,x,z)=(1,-1,1),(2,0,-1),(4,2,1)$である。

11

$\boldsymbol{x=2}$，$\boldsymbol{A^n=\begin{pmatrix}2^{n+1}-3^n & 2^n-3^n\\-2^{n+1}+2\cdot3^n & -2^n+2\cdot3^n\end{pmatrix}}$

解説

$\det P=x-1$なので，P^{-1}が存在するための条件は$x\neq1$である。そこで，$x\neq1$のもとで考えると，

$$P^{-1}=\frac{1}{x-1}\begin{pmatrix}x&1\\1&1\end{pmatrix}$$

となり，よって

$$\begin{aligned}&P^{-1}AP\\&=\frac{1}{x-1}\begin{pmatrix}x&1\\1&1\end{pmatrix}\begin{pmatrix}1&-1\\2&4\end{pmatrix}\begin{pmatrix}1&-1\\-1&x\end{pmatrix}\\&=\frac{1}{x-1}\begin{pmatrix}2x-2&-x^2+3x-2\\0&3x-3\end{pmatrix}\end{aligned}$$

となる。これが対角行列になるのは

$$-x^2+3x-2=0$$

$$(x-1)(x-2)=0$$

$x\neq1$だから，

$$x=2$$

また，$x=2$のとき，

$$P^{-1}AP=\begin{pmatrix}2&0\\0&3\end{pmatrix}$$

であり，よって

$$(P^{-1}AP)^n=P^{-1}A^nP=\begin{pmatrix}2^n&0\\0&3^n\end{pmatrix}$$

となるので，

$$\begin{aligned}A^n&=P\begin{pmatrix}2^n&0\\0&3^n\end{pmatrix}P^{-1}\\&=\begin{pmatrix}1&-1\\-1&2\end{pmatrix}\begin{pmatrix}2^n&0\\0&3^n\end{pmatrix}\begin{pmatrix}2&1\\1&1\end{pmatrix}\\&=\begin{pmatrix}2^{n+1}-3^n&2^n-3^n\\-2^{n+1}+2\cdot3^n&-2^n+2\cdot3^n\end{pmatrix}\end{aligned}$$

(前半の別解)

行列Pの第1列および第2列を

$$v_1=\begin{pmatrix}1\\-1\end{pmatrix},\ v_2=\begin{pmatrix}-1\\x\end{pmatrix}$$

とおく。

$P^{-1}AP$が対角行列$\begin{pmatrix}\alpha&0\\0&\beta\end{pmatrix}$になるとき，

$$AP=P\begin{pmatrix}\alpha&0\\0&\beta\end{pmatrix}$$

$$A(v_1\ v_2)=(v_1\ v_2)\begin{pmatrix}\alpha&0\\0&\beta\end{pmatrix}$$

$$A(v_1\ v_2)=(\alpha v_1\ \beta v_2)$$

$$Av_1=\alpha v_1\text{かつ}Av_2=\beta v_2$$

により，v_1とv_2はAの固有ベクトルになることがわかる(αとβが固有値)。

Aの固有方程式は

$$t^2-5t+6=0$$

$$(t-2)(t-3)=0$$

となるので，Aの固有値は2と3である。

ここで，

$$Av_1=\begin{pmatrix}2\\-2\end{pmatrix}=2v_1$$

であるので，v_2が固有値3に属する固有ベクトルになればよい。

よって，

$$Av_2=\begin{pmatrix}-1-x\\-2+4x\end{pmatrix}=3\begin{pmatrix}-1\\x\end{pmatrix}$$

により，$x=2$

12

(1) 2

(2) $B^{-1}=\begin{pmatrix}-1&-2\\1&1\end{pmatrix}$

$$B^{-1}AB=\begin{pmatrix}-1&-2\\1&1\end{pmatrix}\begin{pmatrix}3&4\\-3&-2\end{pmatrix}$$
$$=\begin{pmatrix}3&0\\0&2\end{pmatrix}\quad\cdots①$$

ここで,

$$(B^{-1}AB)^n$$
$$=(B^{-1}AB)(B^{-1}AB)(B^{-1}AB)\cdots(B^{-1}AB)$$
$$=B^{-1}A^nB\quad\cdots②$$

①②より, $B^{-1}A^nB=\begin{pmatrix}3^n&0\\0&2^n\end{pmatrix}$

したがって,

$$A^n=B\begin{pmatrix}3^n&0\\0&2^n\end{pmatrix}B^{-1}$$
$$=\begin{pmatrix}1&2\\-1&-1\end{pmatrix}\begin{pmatrix}3^n&0\\0&2^n\end{pmatrix}\begin{pmatrix}-1&-2\\1&1\end{pmatrix}$$
$$=\begin{pmatrix}-3^n+2^{n+1}&-2\cdot3^n+2^{n+1}\\3^n-2^n&2\cdot3^n-2^n\end{pmatrix}$$

(3) $\dfrac{4}{3}$

解説

(1) $AB=\begin{pmatrix}1&-2\\1&4\end{pmatrix}\begin{pmatrix}1&2\\-1&-1\end{pmatrix}$
$$=\begin{pmatrix}3&4\\-3&-2\end{pmatrix}$$
$\therefore\ s(AB)=2$

(3) (2)より　$s(A^n)=2^{n+1}$

$$\therefore\ \frac{s(A^n)}{5^n}=\frac{2^{n+1}}{5^n}=\frac{4}{5}\cdot\left(\frac{2}{5}\right)^{n-1}$$

よって,

$$\sum_{n=1}^{\infty}\frac{s(A^n)}{5^n}=\frac{\frac{4}{5}}{1-\frac{2}{5}}=\frac{4}{3}$$

13

$P=\begin{pmatrix}2&2\\-1&1\end{pmatrix}$とすると$P^{-1}AP=\begin{pmatrix}1&0\\0&5\end{pmatrix}$

$$A^n=\begin{pmatrix}\frac{1}{2}(1+5^n)&-1+5^n\\\frac{1}{4}(-1+5^n)&\frac{1}{2}(1+5^n)\end{pmatrix}$$

解説

$A\begin{pmatrix}x\\y\end{pmatrix}=\lambda\begin{pmatrix}x\\y\end{pmatrix}$とすると$(A-\lambda E)\begin{pmatrix}x\\y\end{pmatrix}=\begin{pmatrix}0\\0\end{pmatrix}$

$$\det(A-\lambda E)=0$$
$$\Longleftrightarrow(3-\lambda)(3-\lambda)-4=0$$
$$\Longleftrightarrow(\lambda-1)(\lambda-5)=0$$

となるので, Aの固有値は$\lambda=1$, 5である。

(イ) $\lambda=1$のとき

$$\begin{pmatrix}2&4\\1&2\end{pmatrix}\begin{pmatrix}x\\y\end{pmatrix}=\begin{pmatrix}0\\0\end{pmatrix}$$
$$\therefore\ x+2y=0$$

となるので, $\lambda=1$に関する固有ベクトルとして

$$\begin{pmatrix}x\\y\end{pmatrix}=\begin{pmatrix}2\\-1\end{pmatrix}$$

をとれる。

(ロ) $\lambda=5$のとき

$$\begin{pmatrix}-2&4\\1&-2\end{pmatrix}\begin{pmatrix}x\\y\end{pmatrix}=\begin{pmatrix}0\\0\end{pmatrix}$$
$$\therefore\ x-2y=0$$

となるので, $\lambda=5$に関する固有ベクトルとして

$$\begin{pmatrix}x\\y\end{pmatrix}=\begin{pmatrix}2\\1\end{pmatrix}$$

をとれる。

$P=\begin{pmatrix}2&2\\-1&1\end{pmatrix}$とすると$P^{-1}AP=\begin{pmatrix}1&0\\0&5\end{pmatrix}$

だから,

$$A^n=P\begin{pmatrix}1&0\\0&5^n\end{pmatrix}P^{-1}$$
$$=\frac{1}{4}\begin{pmatrix}2&2\\-1&1\end{pmatrix}\begin{pmatrix}1&0\\0&5^n\end{pmatrix}\begin{pmatrix}1&-2\\1&2\end{pmatrix}$$
$$=\begin{pmatrix}\frac{1}{2}(1+5^n)&-1+5^n\\\frac{1}{4}(-1+5^n)&\frac{1}{2}(1+5^n)\end{pmatrix}$$

14

(1) $A^2-6A+5E=O$

(2) $\dfrac{5^n-1}{4}x+\dfrac{5-5^n}{4}$

(3) $A^n=\dfrac{1}{4}\begin{pmatrix}5^n+3&3(5^n-1)\\5^n-1&3\cdot5^n+1\end{pmatrix}$

解説

(1) $\mathrm{tr}A=6$，$\det A=5$なので，ケーリー・ハミルトンの定理から，$A^2-6A+5E=O$である。

(2) x^nをx^2-6x+5で割った商を$Q(x)$，余りを$ax+b$とおくと，

$$x^n=(x^2-6x+5)Q(x)+ax+b$$
$$=(x-1)(x-5)Q(x)+ax+b$$

と書ける。ここに$x=1$および$x=5$を代入することにより，

$$1=a+b$$
$$5^n=5a+b$$

となり，これを連立して解くと，

$$a=\frac{5^n-1}{4},\ b=\frac{5-5^n}{4}$$

となる。よって求める余りは

$$\frac{5^n-1}{4}x+\frac{5-5^n}{4}$$

(3) (2)で，xにAを代入すると，(1)の結果と合わせて

$$A^n=(A^2-6A+5E)Q(A)+aA+bE$$
$$=aA+bE$$
$$=\frac{5^n-1}{4}\begin{pmatrix}2&3\\1&4\end{pmatrix}+\frac{5-5^n}{4}\begin{pmatrix}1&0\\0&1\end{pmatrix}$$
$$=\frac{1}{4}\begin{pmatrix}5^n+3&3(5^n-1)\\5^n-1&3\cdot5^n+1\end{pmatrix}$$

15

(1) $\boldsymbol{a_n=2^n,\ c_n=3^n}$

(2) $\boldsymbol{b_n=3^n-2^n}$

解説

$$A^{n+1}=A^nA=\begin{pmatrix}a_n&b_n\\0&c_n\end{pmatrix}\begin{pmatrix}2&1\\0&3\end{pmatrix}$$
$$=\begin{pmatrix}2a_n&a_n+3b_n\\0&3c_n\end{pmatrix}$$

により，

$$\begin{cases}a_{n+1}=2a_n & \cdots① \\ b_{n+1}=a_n+3b_n & \cdots② \\ c_{n+1}=3c_n & \cdots③\end{cases}$$

が成り立つ。また

$$A^{n+1}=AA^n=\begin{pmatrix}2&1\\0&3\end{pmatrix}\begin{pmatrix}a_n&b_n\\0&c_n\end{pmatrix}$$
$$=\begin{pmatrix}2a_n&2b_n+c_n\\0&3c_n\end{pmatrix}$$

により，

$$b_{n+1}=2b_n+c_n \quad \cdots④$$

が成り立つ。

(1) ①と③から，$\{a_n\}$と$\{c_n\}$はそれぞれ公比2，公比3の等比数列であり，また$a_1=2$，$c_1=3$により，

$$a_n=2\cdot2^{n-1}=2^n$$
$$c_n=3\cdot3^{n-1}=3^n$$

(2) ②から④を辺々引いて，

$$0=b_n+a_n-c_n$$
$$\therefore\quad b_n=c_n-a_n=3^n-2^n$$

16

$$\boldsymbol{b_n=-\frac{n(n+1)}{2}}$$

解説

ケーリー・ハミルトンの定理から

$$A^2-2A+E=O$$
$$\therefore\ (A-E)^2=O$$

である。すると，$A-E$とEは交換可能なので，

$$A^n=\{(A-E)+E\}^n=\sum_{k=0}^{n}{}_n\mathrm{C}_k(A-E)^k$$
$$=E+{}_n\mathrm{C}_1(A-E)^1$$
$$(\because\ \ k\geqq2\text{のとき}(A-E)^k=O)$$
$$=nA+(1-n)E$$
$$=\begin{pmatrix}1&-n\\0&1\end{pmatrix}$$

となる。

よって，

$$b_n=(-1)+(-2)+\cdots+(-n)$$
$$=-(1+2+\cdots+n)$$
$$=-\frac{n(n+1)}{2}$$

(別解)

対角成分が等しい上三角行列のn乗は比較的きれいな行列になる。それを見越して，試しにA^2，A^3を求めてみると，

$$A^2=AA=\begin{pmatrix}1&-1\\0&1\end{pmatrix}\begin{pmatrix}1&-1\\0&1\end{pmatrix}=\begin{pmatrix}1&-2\\0&1\end{pmatrix}$$
$$A^3=AA^2=\begin{pmatrix}1&-1\\0&1\end{pmatrix}\begin{pmatrix}1&-2\\0&1\end{pmatrix}=\begin{pmatrix}1&-3\\0&1\end{pmatrix}$$

により，

$A^n=\begin{pmatrix}1 & -n\\ 0 & 1\end{pmatrix}$　…(＊)

となることが推測できる。(あとは数学的帰納法で示せばよい。)

17

(1)　**10**

(2)　$\boldsymbol{3x+y=10}$

(3)　$\boldsymbol{k_1=2,\ k_2=5}$

$\boldsymbol{k_1}:\begin{pmatrix}-2\\ 1\end{pmatrix},\ \boldsymbol{k_2}:\begin{pmatrix}1\\ 1\end{pmatrix}$

(4)　$\boldsymbol{A^n=\dfrac{1}{3}\begin{pmatrix}2^{n+1}+5^n & -2^{n+1}+2\cdot5^n\\ -2^n+5^n & 2^n+2\cdot5^n\end{pmatrix}}$

解説

(1)　$3\cdot4-2\cdot1=10$

(2)　fによって直線は直線に写される。

直線 $l:x+y=1$ 上の点 $(1,0)$, $(0,1)$ は，fによってそれぞれ $(3,1)$, $(2,4)$ に写る。よって求める像はこれら2点を通る直線であり，その方程式は

$$y-1=\frac{4-1}{2-3}(x-3)\quad\therefore\quad 3x+y=10$$

である。

(参考)

直線は2点で決まるので，2点の像が決まれば直線の像も決まってしまう。しかし，「放物線$y=x^2$のfによる像を求めよ」という問題では当然この手法は使えない。そこで，一般的に像を求める手法を別解として紹介しておこう。

(別解)

l上の点$(x,\ y)$が，fによって点$(x',\ y')$に写るとする。

$$\begin{pmatrix}x'\\ y'\end{pmatrix}=A\begin{pmatrix}x\\ y\end{pmatrix}$$

$$\therefore\quad\begin{pmatrix}x\\ y\end{pmatrix}=A^{-1}\begin{pmatrix}x'\\ y'\end{pmatrix}=\frac{1}{10}\begin{pmatrix}4 & -2\\ -1 & 3\end{pmatrix}\begin{pmatrix}x'\\ y'\end{pmatrix}=\frac{1}{10}\begin{pmatrix}4x'-2y'\\ -x'+3y'\end{pmatrix}$$

$$x=\frac{1}{10}(4x'-2y'),\ y=\frac{1}{10}(-x'+3y')$$

を$x+y=1$に代入して，

$3x'+y'=10$

よって，求める像は，

直線$3x+y=10$

(3)　Aの固有方程式は，

$$\det\begin{pmatrix}3-k & 2\\ 1 & 4-k\end{pmatrix}=0$$
$$\Longleftrightarrow(3-k)(4-k)-2=0$$
$$\Longleftrightarrow k^2-7k+10=0$$
$$\Longleftrightarrow(k-2)(k-5)=0$$

となるので，求める固有値は

$k_1=2,\ k_2=5$

である。

すると，

$$\begin{pmatrix}3 & 2\\ 1 & 4\end{pmatrix}\begin{pmatrix}x\\ y\end{pmatrix}=2\begin{pmatrix}x\\ y\end{pmatrix}$$
$$\Longleftrightarrow\begin{pmatrix}1 & 2\\ 1 & 2\end{pmatrix}\begin{pmatrix}x\\ y\end{pmatrix}=\begin{pmatrix}0\\ 0\end{pmatrix}\Longleftrightarrow x+2y=0$$

なので，固有値$k_1=2$に関する固有ベクトルとして$\begin{pmatrix}-2\\ 1\end{pmatrix}$がとれる。また，

$$\begin{pmatrix}3 & 2\\ 1 & 4\end{pmatrix}\begin{pmatrix}x\\ y\end{pmatrix}=5\begin{pmatrix}x\\ y\end{pmatrix}$$
$$\Longleftrightarrow\begin{pmatrix}-2 & 2\\ 1 & -1\end{pmatrix}\begin{pmatrix}x\\ y\end{pmatrix}=\begin{pmatrix}0\\ 0\end{pmatrix}\Longleftrightarrow x-y=0$$

なので，固有値$k_2=5$に関する固有ベクトルとして$\begin{pmatrix}1\\ 1\end{pmatrix}$がとれる。

(4)　$P=\begin{pmatrix}-2 & 1\\ 1 & 1\end{pmatrix}$とすると

$$P^{-1}AP=\begin{pmatrix}2 & 0\\ 0 & 5\end{pmatrix}$$

だから，

$$A^n=P\begin{pmatrix}2^n & 0\\ 0 & 5^n\end{pmatrix}P^{-1}=\frac{1}{3}\begin{pmatrix}2^{n+1}+5^n & -2^{n+1}+2\cdot5^n\\ -2^n+5^n & 2^n+2\cdot5^n\end{pmatrix}$$

18

ア．$|\boldsymbol{A}|=-(\boldsymbol{x}-2)^2(\boldsymbol{x}+4)$

イ．2　　ウ．-4

エ．$\dfrac{1}{5}\begin{pmatrix}4&-3&2\\-3&1&1\\4&2&-3\end{pmatrix}$

解説

Aに行基本変形を施して

$$A=\begin{pmatrix}1&x&1\\x&4&2\\2&4&x\end{pmatrix}$$
$$\to\begin{pmatrix}1&x&1\\0&4-x^2&2-x\\0&4-2x&x-2\end{pmatrix}\quad\cdots(*)$$

とできるので，

$$|A|=1\cdot\begin{vmatrix}4-x^2&2-x\\4-2x&x-2\end{vmatrix}$$
$$=(4-x^2)(x-2)-(2-x)(4-2x)$$
$$=-(x-2)^2(x+4)$$

である。

よって，$x\neq 2$かつ$x\neq -4$のときは$|A|\neq 0$なのでAの階数は3である。また$x=2$のときは

$$(*)=\begin{pmatrix}1&2&1\\0&0&0\\0&0&0\end{pmatrix}$$

となるので階数は1である。さらに$x=-4$のときは，$(*)$にさらに行基本変形を施して，

$$(*)=\begin{pmatrix}1&-4&1\\0&-12&6\\0&12&-6\end{pmatrix}$$
$$\to\begin{pmatrix}1&0&-1\\0&1&-\frac{1}{2}\\0&0&0\end{pmatrix}$$

とできる（第2行を$-\dfrac{1}{12}$倍し，それを4倍したものを第1行に加え，12倍したものを第3行から引く）ので階数は2である。よって，

Aの階数が1になるのは$x=2$のとき

Aの階数が2になるのは$x=-4$のとき

である。

最後に，$x=1$のとき，$A=\begin{pmatrix}1&1&1\\1&4&2\\2&4&1\end{pmatrix}$に掃き出し法を用いて逆行列を求める。

$$\left(\begin{array}{ccc|ccc}1&1&1&1&0&0\\1&4&2&0&1&0\\2&4&1&0&0&1\end{array}\right)$$
$$\to\left(\begin{array}{ccc|ccc}1&1&1&1&0&0\\0&3&1&-1&1&0\\0&2&-1&-2&0&1\end{array}\right)\quad\cdots①$$
$$\to\left(\begin{array}{ccc|ccc}1&0&\frac{2}{3}&\frac{4}{3}&-\frac{1}{3}&0\\0&1&\frac{1}{3}&-\frac{1}{3}&\frac{1}{3}&0\\0&0&-\frac{5}{3}&-\frac{4}{3}&-\frac{2}{3}&1\end{array}\right)\quad\cdots②$$
$$\to\left(\begin{array}{ccc|ccc}1&0&0&\frac{4}{5}&-\frac{3}{5}&\frac{2}{5}\\0&1&0&-\frac{3}{5}&\frac{1}{5}&\frac{1}{5}\\0&0&1&\frac{4}{5}&\frac{2}{5}&-\frac{3}{5}\end{array}\right)\quad\cdots③$$

①　第2行から第1行を引き，第3行から第1行の2倍を引く。

②　第2行を$\dfrac{1}{3}$倍し，それを第1行から引き，また2倍したものを第3行から引く。

③　第3行を$-\dfrac{3}{5}$倍し，それを$\dfrac{2}{3}$倍したものを第1行から引き，$\dfrac{1}{3}$倍したものを第2行から引く。

よって，$x=1$のときAの逆行列は，

$$\frac{1}{5}\begin{pmatrix}4&-3&2\\-3&1&1\\4&2&-3\end{pmatrix}$$

19

$$\begin{pmatrix}2^n&n\cdot 2^{n-1}&n(n-1)\cdot 2^{n-3}\\0&2^n&n\cdot 2^{n-1}\\0&0&2^n\end{pmatrix}$$

解説

$$A=\begin{pmatrix}0&1&0\\0&0&1\\0&0&0\end{pmatrix}+2E$$

$B=\begin{pmatrix}0&1&0\\0&0&1\\0&0&0\end{pmatrix}$とすると，

$$B^2=\begin{pmatrix}0&0&1\\0&0&0\\0&0&0\end{pmatrix},\ B^3=\begin{pmatrix}0&0&0\\0&0&0\\0&0&0\end{pmatrix}$$

またBとEは交換可能なので，$n\geqq 2$のとき，

$$\begin{aligned}A^n&=(B+2E)^n\\&=\sum_{k=0}^{n}{}_n\mathrm{C}_kB^k(2E)^{n-k}\\&=\sum_{k=0}^{2}{}_n\mathrm{C}_k2^{n-k}B^k\\&=2^nE+n\cdot2^{n-1}B+\frac{n(n-1)}{2}\cdot2^{n-2}B^2\\&=2^n\begin{pmatrix}1&0&0\\0&1&0\\0&0&1\end{pmatrix}+n\cdot2^{n-1}\begin{pmatrix}0&1&0\\0&0&1\\0&0&0\end{pmatrix}\\&\qquad+n(n-1)\cdot2^{n-3}\begin{pmatrix}0&0&1\\0&0&0\\0&0&0\end{pmatrix}\\&=\begin{pmatrix}2^n&n\cdot2^{n-1}&n(n-1)\cdot2^{n-3}\\0&2^n&n\cdot2^{n-1}\\0&0&2^n\end{pmatrix}\end{aligned}$$

となる(これは$n=1$のときも成り立つ)。

15 微分

傾向と対策

極限値や微分の計算，微分の応用の仕方を問う出題がある。また，定義に基づいて導関数を求めるというような問題もある。

この分野から出題される問題の主なキーワードとしては，次のものが挙げられる。

- 収束，発散，極限値，無限級数
- 連続，平均変化率（変化の割合），微分係数，導関数，平均値の定理
- 接線・法線の方程式，関数のグラフ，最大・最小，不等式

要点Check!

1 数列の極限

数列 $\{a_n\}$ において，n を限りなく大きくすると a_n がある一定の値 α に限りなく近づくとき，$\{a_n\}$ は α に収束するといい，

$$\lim_{n\to\infty} a_n=\alpha \quad \text{あるいは} \quad a_n\to\alpha\ (n\to\infty)$$

と表す。α を数列 $\{a_n\}$ の極限値という。

収束しない数列は発散するという。特に n が限りなく大きくなると a_n も限りなく大きくなるとき，$\{a_n\}$ は正の無限大に発散するといい，$\lim_{n\to\infty} a_n=\infty$ あるいは $a_n\to\infty\ (n\to\infty)$ と表す。

2 数列の極限の公式と定理

数列の極限を求める際，

k を自然数として，$\lim_{n\to\infty} n^k=\infty,\ \lim_{n\to\infty}\dfrac{1}{n^k}=0$

$$-1<r\text{ に対して，}\lim_{n\to\infty} r^n=\begin{cases}0\ (-1<r<1)\\ 1\ (r=1)\\ \infty\ (r>1)\end{cases}$$

（e の定義）　$\lim_{n\to\infty}\left(1+\dfrac{1}{n}\right)^n=e$

は基本公式といえる。また k を自然数として，

$$\lim_{n\to\infty} n^k r^n=0\ (-1<r<1)$$

も準公式として扱われる。また，次の定理も基本である。

○ $\{a_n\}$, $\{b_n\}$ が収束するとき，次が成り立つ。

・$\displaystyle\lim_{n\to\infty}(a_n+b_n)=\lim_{n\to\infty}a_n+\lim_{n\to\infty}b_n$

・$\displaystyle\lim_{n\to\infty}(ka_n)=k\lim_{n\to\infty}a_n$　(kは定数)

・$\displaystyle\lim_{n\to\infty}(a_nb_n)=(\lim_{n\to\infty}a_n)(\lim_{n\to\infty}b_n)$

・$\displaystyle\lim_{n\to\infty}\frac{a_n}{b_n}=\frac{\lim_{n\to\infty}a_n}{\lim_{n\to\infty}b_n}$　(ただし$b_n\neq 0$，$\displaystyle\lim_{n\to\infty}b_n\neq 0$)

○ (はさみうちの原理) 数列 $\{a_n\}$, $\{b_n\}$, $\{c_n\}$ において，

$a_n\leqq c_n\leqq b_n$ ($n=1, 2, 3, \cdots$) で，かつ$\displaystyle\lim_{n\to\infty}a_n=\lim_{n\to\infty}b_n=\alpha$ならば，$\displaystyle\lim_{n\to\infty}c_n=\alpha$

また，数列の収束性の判定に次の事実がしばしば用いられる。
上に(下に)有界な単調増加(減少)数列は収束する。

数列 $\{a_n\}$ の項を初項から順に無限に加えたもの

$a_1+a_2+a_3+\cdots$

を無限級数といい，$\displaystyle\sum_{n=1}^{\infty}a_n$と表す。最初の$n$項の和$S_n=\displaystyle\sum_{k=1}^{n}a_k$を部分和といい，$\{S_n\}$ が収束するとき，無限級数は収束するといい，その極限値を無限級数の和という。また，$\{S_n\}$ が発散するとき，無限級数は発散するという。

なお，

無限級数$\displaystyle\sum_{n=1}^{\infty}a_n$が収束する$\Longrightarrow\displaystyle\lim_{n\to\infty}a_n=0$

が成り立つが，ここで逆は成り立たないことに注意せよ。

$\{a_n\}$ が初項 ($a\neq 0$)，公比rの等比数列のとき

$$S_n=\begin{cases} na & (r=1\text{のとき}) \\ \dfrac{a(1-r^n)}{1-r} & (r\neq 1\text{のとき}) \end{cases}$$
なので　$|r|<1$のとき$\displaystyle\sum_{n=1}^{\infty}a_n=\frac{a}{1-r}$

$|r|\geqq 1$のとき発散する

例題1　無限級数

次の無限級数①，②の収束・発散を調べ，収束するならば，その和を求めよ。

① $1-\dfrac{1}{2}+\dfrac{1}{2}-\dfrac{2}{3}+\dfrac{2}{3}-\dfrac{3}{4}+\cdots$

② $\left(1-\dfrac{1}{2}\right)+\left(\dfrac{1}{2}-\dfrac{2}{3}\right)+\left(\dfrac{2}{3}-\dfrac{3}{4}\right)+\cdots$

〈青森県〉

解答　① 発散　② 0

解説　級数の最初のn項の和をS_nとする。②では(　)を1項と数える。

① $S_n=\begin{cases}1 & (n\text{が奇数のとき})\\ \dfrac{1}{m+1} & (n=2m\text{のとき})\end{cases}$　よって，発散

② $S_n=\left(1-\dfrac{1}{2}\right)+\displaystyle\sum_{k=1}^{n-1}\left(\dfrac{k}{k+1}-\dfrac{k+1}{k+2}\right)=\dfrac{1}{2}+\dfrac{1}{2}-\dfrac{n}{n+1}\to 0\ (n\to\infty)$

例題2　lim記号を含む関数

関数 $y=\lim_{n\to\infty}\dfrac{x(1-x^n)}{1+x^n}$　$(x\neq-1)$ のグラフをかけ。

〈三重県〉

解答

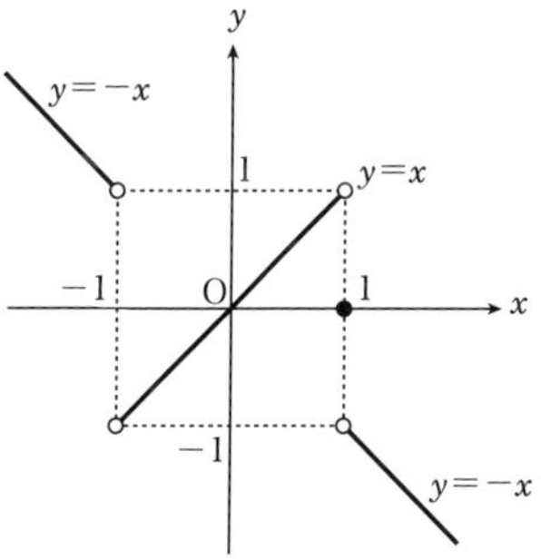

$y=\begin{cases}x & (|x|<1\text{のとき})\\ 0 & (x=1\text{のとき})\\ -x & (|x|>1\text{のとき})\end{cases}$

解説

yはxの関数である。

$|x|<1$のとき，$x^n\to 0\ (n\to\infty)$ より $\dfrac{x(1-x^n)}{1+x^n}\to x\ (n\to\infty)$

$x=1$のとき，$\dfrac{x(1-x^n)}{1+x^n}=0$

$|x|>1$のとき，$\dfrac{1}{x^n}\to 0\ (n\to\infty)$ より $\dfrac{x(1-x^n)}{1+x^n}=\dfrac{x\left(\dfrac{1}{x^n}-1\right)}{\dfrac{1}{x^n}+1}\to -x\ (n\to\infty)$

3　関数の極限

xが，aと異なる値をとりながらaに限りなく近づくと，関数$f(x)$の値が一定値bに限りなく近づくとき，

$\lim_{x\to a}f(x)=b$　あるいは　$f(x)\to b\ (x\to a)$

と表す。aとして∞や$-\infty$を考えることもある（その場合は，「xが，aと異なる値をとりながらaに限りなく近づく」というのは不自然なので「xを限りなく大きくする」などと考える）。

4 関数の極限の公式と定理

関数の極限についても，数列の極限と同様の定理が成り立つ。すなわち，「2 数列の極限の公式と定理」の枠内の定理で，

$\lim\limits_{n \to \infty}$を$\lim\limits_{x \to a}$に，「数列」を「関数」におきかえたもの

が成り立つ。また，基本公式として

① $\lim\limits_{x \to \infty} \boldsymbol{x^n} = \infty$, $\lim\limits_{x \to \infty} \dfrac{\mathbf{1}}{\boldsymbol{x^n}} = \mathbf{0}$ (nは自然数)

② $\lim\limits_{x \to 0} \dfrac{\sin \boldsymbol{x}}{\boldsymbol{x}} = 1$

③ $\lim\limits_{x \to \infty} \left(\mathbf{1} + \dfrac{\mathbf{1}}{\boldsymbol{x}}\right)^x = \boldsymbol{e}$, $\lim\limits_{x \to 0} (\mathbf{1} + \boldsymbol{x})^{\frac{1}{x}} = \boldsymbol{e}$

をおさえよう。証明なしに安心して使えるのはこれくらいであり，特に三角関数の極限では②に持ち込むしかないと考えてよい。また

$$\lim_{x \to 0} \frac{\tan x}{x} = 1\text{ , } \lim_{x \to 0} \frac{1 - \cos x}{x^2} = \frac{1}{2}$$

$$\lim_{x \to 0} \frac{\log(1 + x)}{x} = 1\text{ , } \lim_{x \to 0} \frac{e^x - 1}{x} = 1$$

は②と③から直ちに導かれるので，これも基本公式扱いしてよいだろう。さらに

$$\lim_{x \to \infty} \frac{x^n}{e^x} = 0\text{ , } \lim_{x \to \infty} \frac{\log x}{x} = 0\text{ , } \lim_{x \to +0} x \log x = 0$$

などはしばしば準公式として扱われる。

5 不定形の解消

機械的に極限をとると$\infty - \infty$, $\dfrac{0}{0}$, $\dfrac{\infty}{\infty}$の形になってしまう場合を不定形という。この場合，次のように変形して不定形を解消することになる。

$\infty - \infty$型…例えば無理式の場合は

$$\sqrt{A} - \sqrt{B} = \frac{A - B}{\sqrt{A} + \sqrt{B}}\text{ と変形する。}$$

$\dfrac{\infty}{\infty}$型…分母の主要項で分母分子を割る。

例えば，$\lim\limits_{x \to \infty} \dfrac{2x^2 + x + 1}{x^2 + x + 2}$であれば分母分子を$x^2$で割る。

$\dfrac{0}{0}$型

- 分母分子を因数分解し，0になる因子で分母分子を割る。
- 三角・指数・対数関数の公式を用いて，②や③が使える形に持ち込む。
- 微分係数の定義式に持ち込む。

・次のロピタルの定理を用いる。

$f(x)$，$g(x)$ が $x=a$ の近くで微分可能で，$f(a)=g(a)=0$ であり，
かつ $x \neq a$ では $g'(x) \neq 0$ であるとき，$\lim_{x \to a}\dfrac{f'(x)}{g'(x)}$ が存在するなら，

$$\lim_{x \to a}\frac{f(x)}{g(x)}=\lim_{x \to a}\frac{f'(x)}{g'(x)}$$

$\dfrac{\infty}{\infty}$ の不定形でも使える。また，$x \to a$ は $x \to \infty$ または $x \to -\infty$ でもよい。

例題3　**不定形の極限値**

極限 $\lim_{x \to 0}\dfrac{\tan x-\sin x}{x^3}$ を求めよ。

〈富山県改題〉

解答　$\dfrac{1}{2}$

解説　三角関数の公式で変形する。

$$\frac{\tan x-\sin x}{x^3}=\frac{\dfrac{\sin x}{\cos x}-\sin x}{x^3}=\frac{\sin x}{x}\cdot\frac{1}{\cos x}\cdot\frac{1-\cos x}{x^2}$$

$$=\frac{\sin x}{x}\cdot\frac{1}{\cos x}\cdot\frac{1}{2}\left(\frac{\sin\dfrac{x}{2}}{\dfrac{x}{2}}\right)^2 \to 1\cdot\frac{1}{1}\cdot\frac{1}{2}\cdot 1^2=\frac{1}{2}\ (x \to 0)$$

例題4　**不定形の極限値（ロピタルの定理の利用）**

極限 $\lim_{x \to \pi}\dfrac{1+\cos x}{(x-\pi)^2}$ を求めよ。

〈沖縄県〉

解答　$\dfrac{1}{2}$

解説　ロピタルの定理を用いてみよう。

$f(x)=1+\cos x$，$g(x)=(x-\pi)^2$ とおく。まず

$f(\pi)=0$，$g(\pi)=0$　…①

である。

次に $f'(x)=-\sin x$，$g'(x)=2(x-\pi)$ であり，よって

$x \neq \pi$ では $g'(x) \neq 0$…①′かつ　$f'(\pi)=0$, $g'(\pi)=0$　…②

である。

さらに $f''(x)=-\cos x$, $g''(x)=2$ であり，よって

$$g''(x) \neq 0 \quad \text{…②}' \text{かつ} \quad \lim_{x\to\pi}\frac{f''(x)}{g''(x)}=\lim_{x\to\pi}\frac{-\cos x}{2}=\frac{1}{2} \quad \text{…③}$$

である。

よって，

$$(\text{与式})=\lim_{x\to\pi}\frac{f(x)}{g(x)}=\lim_{x\to\pi}\frac{f'(x)}{g'(x)}=\lim_{x\to\pi}\frac{f''(x)}{g''(x)}=\frac{1}{2}$$

を得る。

最後の部分を丁寧に述べると，まず③と②′と②から，ロピタルの定理より $\lim_{x\to\pi}\frac{f'(x)}{g'(x)}=\lim_{x\to\pi}\frac{f''(x)}{g''(x)}=\frac{1}{2}$ がわかり，よって $\lim_{x\to\pi}\frac{f'(x)}{g'(x)}$ が存在することがわかったので，①′と①とあわせて再びロピタルの定理より $\lim_{x\to\pi}\frac{f(x)}{g(x)}=\lim_{x\to\pi}\frac{f'(x)}{g'(x)}$ が成り立つ，ということである。

補足1　ロピタルの定理を用いて答案を書くならば，上のように，定理の仮定が成り立っていることを確認しなければならず意外に面倒である。ただし，穴埋め問題や検算用に使うのであれば，次々微分して

$$\lim_{x\to\pi}\frac{1+\cos x}{(x-\pi)^2}=\lim_{x\to\pi}\frac{-\sin x}{2(x-\pi)}=\lim_{x\to\pi}\frac{-\cos x}{2}=\frac{1}{2}$$

とするのが実情である。

補足2　三角関数の公式で不定形を解消するには，$x-\pi=t$ とおいて $t\to 0$ とする。

$$\frac{1+\cos x}{(x-\pi)^2}=\frac{1-\cos t}{t^2}=\frac{(1-\cos t)(1+\cos t)}{t^2(1+\cos t)}=\left(\frac{\sin t}{t}\right)^2\frac{1}{1+\cos t}$$

$$\to 1^2\cdot\frac{1}{1+1}=\frac{1}{2}\ (t\to 0)$$

6　微分法に関連する定義・公式

連続	$\lim_{x\to a}f(x)=f(a)$（左辺の極限値が存在し右辺と一致する）
微分可能	極限値 $\lim_{h\to 0}\frac{f(a+h)-f(a)}{h}$ が存在するとき，$f(x)$ は $x=a$ で微分可能という。この極限値を $f(x)$ の $x=a$ における微分係数といい，$f'(a)$ と表す。$x=a$ で微分可能ならば連続。逆は必ずしも成り立たない。
導関数	$f'(x)=\lim_{h\to 0}\frac{f(x+h)-f(x)}{h}$

平均値の定理	$f(x)$が閉区間$[a,\ b]$で連続，開区間$(a,\ b)$で微分可能なとき $\dfrac{f(b)-f(a)}{b-a}=f'(c)\quad(a<c<b)$ を満たすcが少なくとも1つ存在する。 等式の左辺を平均変化率（変化の割合）という。
主な関数の導関数	$(x^a)'=ax^{a-1}$（a：実数） $(\sin x)'=\cos x$，$(\cos x)'=-\sin x$，$(\tan x)'=\dfrac{1}{\cos^2 x}$ $(e^x)'=e^x$，$(a^x)'=a^x\log a\quad(0<a\neq 1)$ $(\log x)'=\dfrac{1}{x}$，$(\log_a x)'=\dfrac{1}{x\log a}\quad(0<a\neq 1)$
微分の線形性	$(f+g)'=f'+g'$，$(kf)'=kf'$　（kは定数）
積と商の微分法	$(fg)'=f'g+fg'$，$\left(\dfrac{f}{g}\right)'=\dfrac{f'g-fg'}{g^2}$
合成関数の微分法	$y=f(x)$，$x=x(t)$のとき$\dfrac{dy}{dt}=\dfrac{dy}{dx}\dfrac{dx}{dt}$
媒介変数表示の微分法	$x=f(t)$，$y=g(t)\Longrightarrow\dfrac{dy}{dx}=\dfrac{\frac{dy}{dt}}{\frac{dx}{dt}}$
逆関数の微分法	$y=f(x)$すなわち$x=f^{-1}(y)$のとき$\dfrac{dx}{dy}=\dfrac{1}{\frac{dy}{dx}}$
陰関数の微分法	例えば楕円の方程式$\dfrac{x^2}{a^2}+\dfrac{y^2}{b^2}=1$の両辺を$x$で微分すると $\dfrac{2x}{a^2}+\dfrac{2y}{b^2}\cdot y'=0$より$y'=-\dfrac{b^2}{a^2}\dfrac{x}{y}$
対数微分法	$y=f(x)$の両辺の対数をとってから微分して$\dfrac{y'}{y}=(\log f(x))'$

例題5　不等式の証明（平均値の定理の利用）

平均値の定理を用いて，$\dfrac{x}{x+1}<\log(x+1)<x\quad(x>0)$を証明せよ。

〈青森県〉

解答　平均値の定理で，$f(x)=\log x$，$a=1$，$b=1+x$とおくと，示すべき不等式の形に近付く。

$f(x)=\log x$とおくと$f'(x)=\dfrac{1}{x}$なので，平均値の定理から

$$\frac{\log(1+x)-\log 1}{(1+x)-1}=\frac{1}{c} \quad \therefore \quad \frac{\log(x+1)}{x}=\frac{1}{c} \quad \cdots①$$

を満たすcが，$1<c<1+x$の範囲に存在する。

ここで，$\frac{1}{x+1}<\frac{1}{c}<1$なので，①から

$$\frac{1}{x+1}<\frac{\log(x+1)}{x}<1 \qquad \therefore \quad \frac{x}{x+1}<\log(x+1)<x$$

となり，よって題意の不等式は示された。

（証明終わり）

例題６　多項式関数の微分

多項式関数$f(x)$が$xf'(x)-2f(x)=x-4$，$f(-1)=5$を満たすとき，$f(x)$を求めよ。

〈佐賀県改題〉

解答 $f(x)=2x^2-x+2$

解説 微分方程式の形をしているが，多項式関数という条件があるので，$f(x)$の形を適当に仮定して両辺の係数を比較する。

$f(x)$が定数関数だと，与方程式の左辺が１次式とならないので，$f(x)$は１次式以上である。$f(x)$をn次式として，n次の項の係数を$a\,(\neq 0)$とすると

$$\begin{aligned}(\text{左辺}) &= x\cdot anx^{n-1}-2ax^n+\{(n-1)\text{次式以下}\}\\ &= a(n-2)x^n+\{(n-1)\text{次式以下}\}\end{aligned}$$

よって，$n=1$または２である。

(i)　$n=1$のとき，$f(x)=ax+b$とおくと$-ax-2b=x-4$がxの恒等式になるには，$a=-1$，$b=2$。よって，$f(x)=-x+2$。しかし，これは$f(-1)=5$を満たさないので不適。

(ii)　$n=2$のとき，$f(x)=ax^2+bx+c$とおくと，$-bx-2c=x-4$がxの恒等式になるには，$b=-1$，$c=2$。よって，$f(x)=ax^2-x+2$。これが$f(-1)=5$を満たすようにaを決めればよい。$a-(-1)+2=5$より，$a=2$。

よって，$f(x)=2x^2-x+2$

7　接線・法線の方程式

$y=f(x)$の$x=x_0$における接線および法線の方程式は次のように与えられる。

接線の方程式：$y-f(x_0)=f'(x_0)(x-x_0)$

法線の方程式：$y-f(x_0)=-\dfrac{1}{f'(x_0)}(x-x_0)$

２次曲線の接線については，(判別式)＝0や公式を利用する方法もある。

例題7　接線の方程式（接点の座標が与えられている場合）

曲線$y=\log x$上の点$(e,1)$における接線の方程式を求めよ。

〈名古屋市〉

解答 $y=\dfrac{1}{e}x$

解説　接点の x座標がわかっているケースなので，公式に値を代入する。

$y'=\dfrac{1}{x}$ より，求める方程式は$y=\dfrac{1}{e}(x-e)+1$，すなわち$y=\dfrac{1}{e}x$

例題8　接線の方程式（接点以外の座標が与えられている場合）

曲線$y=\log x$に原点$(0,\ 0)$から引いた接線の方程式を求めよ。

〈香川県〉

解答 $y=\dfrac{1}{e}x$

解説　接点の座標がわかっていないケースなので，接点の座標を変数として方程式を立て，それを解く（つまり,「接線が点$(0,\ 0)$を通るように接点を決める」という方針で考える）。

$y'=\dfrac{1}{x}$ より，接点のx座標をx_0とすると接線の方程式は

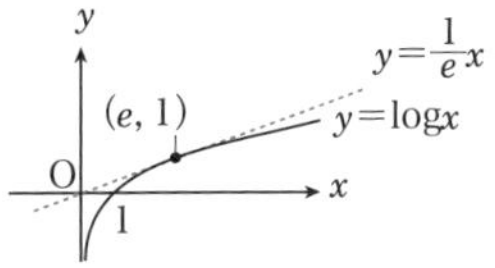

$$y=\frac{1}{x_0}(x-x_0)+\log x_0$$

これが原点を通るので，$(x,\ y)=(0,\ 0)$として，$0=-1+\log x_0$

よって$x_0=e$

よって求める方程式は$y=\dfrac{1}{e}x$

8　応用問題

主なものを次に示す。

➤ 関数のグラフ

◉定義域，対称性（偶関数，奇関数）を調べる。また，可能な範囲で，x，y軸との交点，周期性，漸近線や$x\to\pm\infty$での様子も調べる。

◉導関数$f'(x)$を求め，増減を調べる。$f'(x)\gtrless 0$の区間でそれぞれ，単調増加，単調減少となる。$f'(x)$の符号が正から負に変わる点で**極大値**，負から正に変わる点で**極小値**をとる。$f'(x)=0$となる点が**極値**の候補だが，例えば

・$y=x^3$ は $x=0$ で $y'=0$ だが，前後の y' の符号は正なので極値ではない。

・$y=|x|$ は $x=0$ で微分できないが，$x=0$ で極小値をとる。

◉グラフの凹凸も要求されている場合は，第2次導関数まで計算し，$f''(x) \gtrless 0$ でそれぞれ下に凸，上に凸を判断する。$f''(x)$ の符号が変わる点を変曲点という。特に3次関数は変曲点に関して対称である。

➤ 最大値・最小値

関数の定義域（変数の変域）に注意して，関数のグラフをかけばよい。増減表だけで済む場合もある。

➤ 不等式

「すべての x について $f(x) \geqq g(x)$」を証明するには，$F(x)=f(x)-g(x)$ とおいて，$F(x)$ の最小値が0以上であることを示せばよい。そこで，$F(x)$ を微分して増減を調べることになる。

例題9　3次関数のグラフ

ある3次関数のグラフの変曲点の座標が（1，1)，極小となる点の座標が（4，−53）のとき，この関数の極大値を求めよ。

〈東京都改題〉

解答 55

解説 題意の3次関数を $f(x)$ とおき，極大となる点の x 座標を α とすると，求める値は $f(\alpha)$ で，グラフの対称性から，極大となる点と極小となる点の中点が変曲点である。よって

$$\frac{f(\alpha)+f(4)}{2}=f(1)$$

$$\therefore\quad f(\alpha)=2f(1)-f(4)=55$$

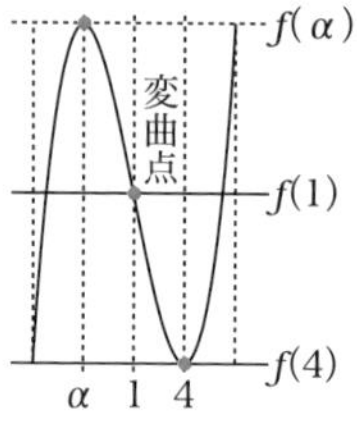

例題10　関数の最小値

関数 $y=2\sin x+\sqrt{3}\sin 2x\left(\dfrac{\pi}{2} \leqq x \leqq \pi\right)$ の最小値を求めよ。

〈神戸市〉

解答 $-\dfrac{1}{2}$

解説　与式を$\sin x$だけで表そうとすると無理式になるので，このままxで微分して増減を調べる。

$$y'=2\cos x+2\sqrt{3}\cos 2x=2\left(2\sqrt{3}\cos^2 x+\cos x-\sqrt{3}\right)$$
$$=2\left(\sqrt{3}\cos x-1\right)\left(2\cos x+\sqrt{3}\right)$$

$\dfrac{\pi}{2}\leqq x\leqq\pi$より$-1\leqq\cos x\leqq 0$なので，$\cos x=-\dfrac{\sqrt{3}}{2}$すなわち，$x=\dfrac{5\pi}{6}$のとき$y'=0$で，増減表は

x	$\dfrac{\pi}{2}$	…	$\dfrac{5\pi}{6}$	…	π
y'		$-$	0	$+$	
y		↘	極小	↗	

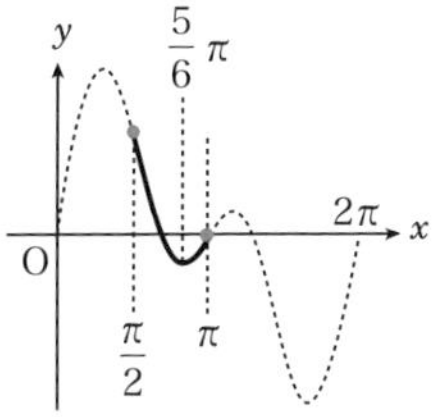

よって，求める最小値は$2\sin\dfrac{5}{6}\pi+\sqrt{3}\sin\dfrac{5}{3}\pi=-\dfrac{1}{2}$

例題11　不等式（微分の利用）

$e^x\geqq ax+b$がすべての実数xについて成り立つとき，実数a，bの条件を求めよ。ただし，eは自然対数の底とする。

〈秋田県〉

解答　「$a=0$かつ$b\leqq 0$」　または　「$a>0$かつ$a(1-\log a)-b\geqq 0$」

解説　不等式の左辺は指数関数，右辺は1次関数または定数なので，指数関数のグラフが直線より上方にある条件を求めればよい。この指数関数は右上がりなので，直線の傾きaの符号で場合を分ける。

(i)　$a<0$のとき，xが負で$|x|$を十分大きくすると，左辺は0に近付き，右辺はいくらでも大きくなるので，不等式は成り立たない。

(ii)　$a=0$のとき，直線はx軸に平行で，指数関数の値域は正の実数なので，求める条件は$b\leqq 0$

(iii)　$a>0$のとき，$f(x)=e^x-(ax+b)$とおいて，$f(x)$の増減を調べる。

$f'(x)=e^x-a$より増減表は

x	…	$\log a$	…
$f'(x)$	$-$	0	$+$
$f(x)$	↘	極小	↗

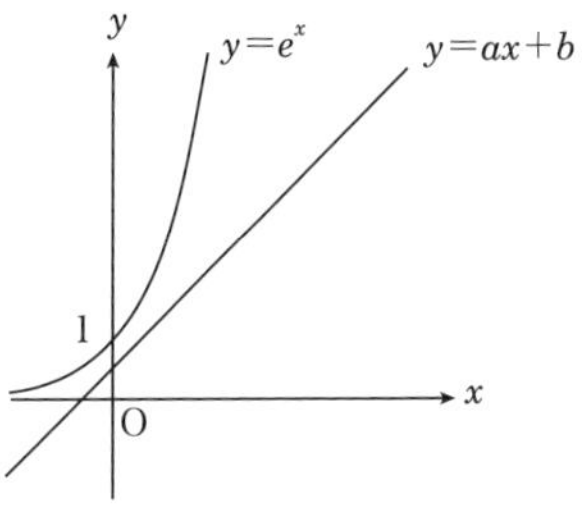

よって，求める条件は$f(\log a)\geqq 0\Longleftrightarrow a-a\log a-b\geqq 0$

(i), (ii), (iii)より求める条件は，

「$a=0$かつ$b\leqq 0$」または「$a>0$かつ$a(1-\log a)-b\geqq 0$」

9　$\varepsilon-N$論法，$\varepsilon-\delta$論法

高校数学では，極限に関して「限りなく近づく」「限りなく大きくなる」という表現が用いられる。これは直感的にわかりやすいが，ある意味ではあいまいな表現である。そこで，数列や関数の極限に関して厳密な定義を与えるのがいわゆる$\varepsilon-N$論法および$\varepsilon-\delta$論法である。

数列の収束性については次のように定義される。

> 数列$\{a_n\}$に対して，任意の正の数εに対し，適当な番号Nを定めると，
>
> 　　$n>N$を満たすすべての自然数nに対して$|a_n-\alpha|<\varepsilon$
>
> となるとき，$\{a_n\}$はαに収束するという。

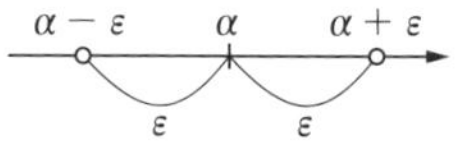

実数αと正の数εに対して，開区間$(\alpha-\varepsilon,\ \alpha+\varepsilon)$を$\alpha$の$\varepsilon$－近傍という。すると，$|a_n-\alpha|<\varepsilon$とは「$a_n$が$\alpha$の$\varepsilon$－近傍に入っている」という意味になる。

数列$\{a_n\}$に対して，n回目に数直線上のa_nの位置に跳んでくるノミを想像しよう。すると，数列$\{a_n\}$がαに収束するというのは，

　　αのまわりにどんなに狭いエリアを設定しても，ある回以降はずっとノミはそのエリアに入ったままになる

という状況である，というのが，上の定義のイメージである。

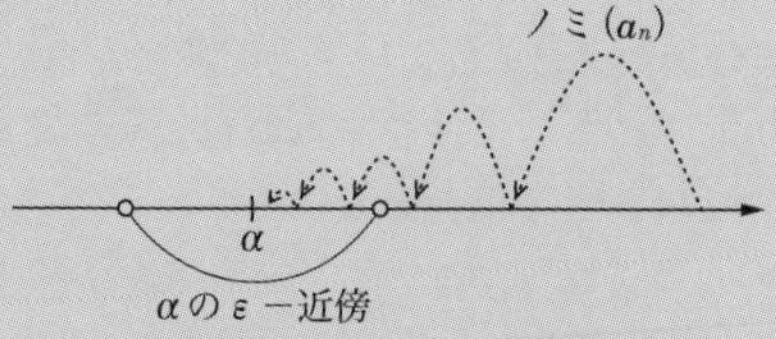

ここで，「狭いエリア」がε－近傍のことで，「ある回」が定義におけるNである。もちろん，εが小さいほど（つまりエリアが狭くなるほど）「ある回」はずっと先になるだろうが，εに応じて十分大きな番号NをとればノミはN回目以降ε－近傍に入ったままになるとき，ノミはαに収束する，というわけである。

なお，「数列$\{a_n\}$が正の無限大に発散する」ということは

　　任意の正数Mに対して，適当な番号Nを定めると

　　　$n>N$を満たすすべての自然数nに対して$a_n>M$

　となる

と定義される。

関数の極限については次のように定義される。

> $x=a$の近くで定義された関数$f(x)$において，任意の正の数εに対して，適当な正の数δを定めると，
>
> 　$0<|x-a|<\delta$を満たすすべてのxに対して$|f(x)-b|<\varepsilon$
>
> となるとき，$f(x)$は$x\to a$のときbに収束するという。

例題12　$\varepsilon-N$論法

数列$\left\{\dfrac{n}{n+1}\right\}$は1に収束することを$\varepsilon-N$論法により証明せよ。

解答　正の数εを任意にとる。

$$\left|\frac{n}{n+1}-1\right|<\varepsilon\iff\left|\frac{1}{n+1}\right|<\varepsilon\iff n>\frac{1}{\varepsilon}-1$$

だから，$\dfrac{1}{\varepsilon}-1$より大きな自然数Nを1つとる$\left(例えばN=\left[\dfrac{1}{\varepsilon}\right]\right)$と，$n>N$を満たすすべての自然数$n$に対し$\left|\dfrac{n}{n+1}-1\right|<\varepsilon$となる。

よって$\left\{\dfrac{n}{n+1}\right\}$は1に収束することが示された。

（証明終わり）

演習問題

1 ★★☆

次の各問いに答えよ。

(1) 「関数 $f(x)$ が $x=a$ で連続である」ことの定義を高校の教科書に即して示せ。

(2) (1)で示した定義を用いて，関数

$$f(x)=\begin{cases}\dfrac{a}{x^2+1} & (x\geqq 0)\\[2mm] \dfrac{\sin 2x}{x} & (x<0)\end{cases}$$

がすべての x で連続であるように定数 a の値を定めよ。

(3) 「関数 $f(x)$ が $x=a$ で連続である」ことについて $\varepsilon-\delta$ 法を用いて，次のように定義する。

〈定義〉

> 関数 $f(x)$ において $f(a)$ が定義されており，
> 任意の正の数 ε に対して，ある正の数 δ をとると，
> $|x-a|<\delta$ を満たす任意の x に対して，$|f(x)-f(a)|<\varepsilon$ が成り立つとき
> 関数 $f(x)$ は $x=a$ で連続である。

この定義に従って，
関数 $f(x)=\sqrt{x}$ が $x=a\ (a>0)$ において連続であることを示せ。

〈長崎県〉

2 ★★☆

実数上で定義された関数 $f(x)$ が，点 $x=c$ で連続で，$f(c)>0$ のとき，c の十分近くの x では，$f(x)$ は $f(c)$ と同符号になることを，イプシロン・デルタ論法によって証明せよ。$\left(\varepsilon=\dfrac{f(c)}{2}\text{ とすること}\right)$

〈沖縄県〉

3 ★★☆

定理Ⅰが成り立つものとして，次の各問いに答えよ。

【定理Ⅰ】

実数値をとる関数 $f(x)$，$g(x)$ は区間 $[a,\ b]$ で連続，$(a,\ b)$ で微分可能で，かつ，この区間内で常に $g'(x)\neq 0$ のとき，

$\dfrac{f(b)-f(a)}{g(b)-g(a)}=\dfrac{f'(c)}{g'(c)}$ $(a<c<b)$ を満たす c が少なくとも1つ存在する。

(1)　定理Ⅰを用いて，次の定理Ⅱを証明せよ。

【定理Ⅱ】

　$x=a$ およびそれに十分近い x について，実数値をとる関数 $f(x)$，$g(x)$ は微分可能で，$g'(x)\neq 0$ $(x\neq a)$ であるとする。

$f(a)=g(a)=0$ のとき，$\displaystyle\lim_{x\to a}\frac{f'(x)}{g'(x)}$ が存在すれば，

$\displaystyle\lim_{x\to a}\frac{f(x)}{g(x)}=\lim_{x\to a}\frac{f'(x)}{g'(x)}$ である。

(2)　$\displaystyle\lim_{x\to 0}\frac{x-\log(1+x)}{x^2}$ を求めよ。

〈奈良県〉

4 ★☆☆

　関数 $f(x)=xe^{ax}$ $(a\neq 0)$ について，次の各問いに答えよ。

(1)　第3次導関数 $f^{(3)}(x)$ を求めよ。

(2)　第 n 次導関数 $f^{(n)}(x)$ を求めよ。

〈福島県〉

5 ★★☆

　x を超えない最大の整数を $[x]$ で表すとき，$f(x)=\displaystyle\lim_{n\to\infty}\frac{x^n[x]+x^2}{x^n+1}$ は（　　）

　（　　）に当てはまるものをア～オの中から1つ選べ。

ア．$x=1$ で連続であり，微分係数 $f'(1)=0$ である。

イ．$x=1$ で連続であり，微分係数 $f'(1)=1$ である。

ウ．$x=1$ で連続であり，微分係数 $f'(1)=2$ である。

エ．$x=1$ で連続であり，微分係数 $f'(1)$ は存在しない。

オ．$x=1$ で不連続であり，微分係数 $f'(1)$ は存在しない。

〈三重県〉

6 ★☆☆

　$\displaystyle\lim_{h\to 0}(1+h)^{\frac{1}{h}}=e$ を用いて，次の各問いに答えよ。

(1)　$\displaystyle\lim_{h\to\infty}\left(1-\frac{e}{h}\right)^h$ の極限値を求めよ。

(2)　$y=\log x$ の導関数を定義に従って求めよ。　〈沖縄県〉

7 ★☆☆

次の各問いに答えよ。

(1) $\lim_{x \to 0} \dfrac{\sin x}{x} = 1$ を証明せよ。

(2) $\sin x$の導関数を，導関数の定義に従って求めよ。

〈山梨県〉

8 ★☆☆

水面から4mの高さの岸壁のくいと，水面上の船が綱でつながれている。この綱を毎秒1mの速さでたぐるとすると，綱の長さが20mになったときの船の速さを求めよ。

〈茨城県〉

9 ★☆☆

$y = (\sin x)^x$を微分せよ。

〈茨城県〉

10 ★★☆

x軸に沿って，半径aの動円板Dが滑ることなくx軸の正の方向に毎秒1の速さで転がる（Dは$y \geqq 0$の部分にある）。Dの周上に固定された点Pがあり，最初Pは原点に一致している。Dは，最初から$2\pi a$秒の間だけ転がるとして，次の各問いに答えよ。

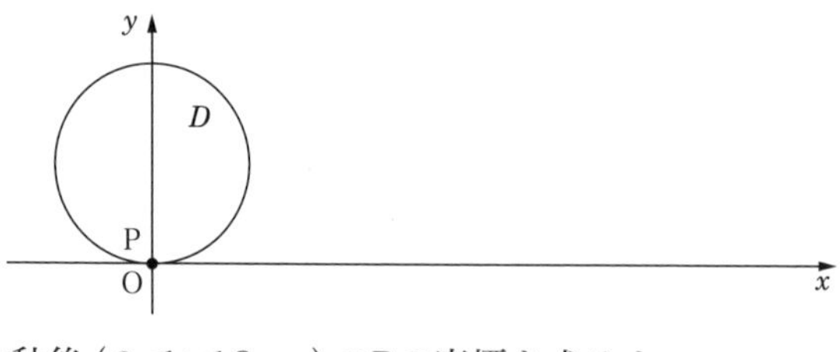

(1) 最初からt秒後（$0 \leqq t \leqq 2\pi a$）のPの座標を求めよ。

(2) Pの速さの最大値を求めよ。

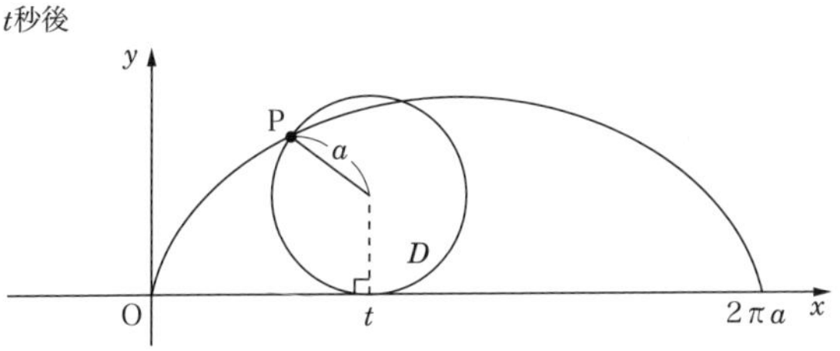

〈鳥取県〉

11 ★★☆

pを，$0 \leqq p \leqq 1$とする。次の各問いに答えよ。

(1)　$x \geqq 0$のとき$(1+x)^p \geqq 1+px+\dfrac{p(p-1)}{2}x^2$を証明せよ。

(2)　$|x|$が十分小さいとき，近似式$(1+x)^p \fallingdotseq 1+px+\dfrac{p(p-1)}{2}x^2$（$p$は定数）が成り立つ。この近似式を用いて$\sqrt[3]{1060}$の近似値を求めよ。

〈福井県〉

12 ★★☆

次の各問いに答えよ。ただし，nは自然数，eは自然対数の底とする。

(1)　$x>0$のとき，$e^x>1+\dfrac{x}{1!}+\dfrac{x^2}{2!}$を示せ。

(2)　$x>0$のとき，次の不等式が成立することを示せ。

$$e^x>1+\frac{x}{1!}+\frac{x^2}{2!}+\cdots\cdots+\frac{x^n}{n!}+\frac{x^{n+1}}{(n+1)!}$$

(3)　$\displaystyle\lim_{x\to\infty}\frac{x^n}{e^x}$を求めよ。

〈徳島県〉

13 ★☆☆

xの関数$y=ax^3+bx^2+cx+d$のグラフが，$x=0$で放物線$y=x^2-2x+3$に接し，$x=2$で直線$y=4x-6$に接するとき，定数a，b，c，dの値を求めよ。

〈茨城県〉

14 ★★☆

関数$y=\dfrac{2x^2+|x|+2}{x^2+1}$について，次の各問いに答えよ。

(1) 極値および変曲点を求め，グラフをかけ。

(2) $x=0$で微分可能でないことを証明せよ。

(3) aを定数とする方程式$a(x^2+1)=2x^2+|x|+2$が実数解をもつとき，aの値の範囲を求めよ。

〈富山県〉

15 ★★★

関数$f(x)=\dfrac{\sin 2x}{e^{2x}}$に関して，空欄に当てはまる数を答えよ。

(1) $0<x<\pi$の範囲で，関数$f(x)$の極値を求めると，

$x=\dfrac{(\qquad)}{(\qquad)}$のとき，極大になり，極大値は$\dfrac{\sqrt{(\qquad)}}{(\qquad)e^{a}}$である。

ただし，$a=\dfrac{(\qquad)}{(\qquad)}$である。

また，$x=\dfrac{(\qquad)}{(\qquad)}$のとき，極小になり，極小値は$-\dfrac{\sqrt{(\qquad)}}{(\qquad)e^{b}}$である。

ただし，$b=\dfrac{(\qquad)}{(\qquad)}$である。

(2) $x>0$のとき，関数$f(x)$のすべての極小値の和をSとすると，

$S=\dfrac{\sqrt{(\qquad)}e^{c}}{(\qquad)((\qquad)-e^{d})}$である。

ただし，$c=\dfrac{(\qquad)}{(\qquad)}$，$d=(\qquad)$である。

〈東京都〉

16 ★★☆

半径Rの円に内接するAB＝ACの二等辺三角形ABCがある。∠BAC＝θとするとき，次の各問いに答えよ。

(1) △ABCの面積Sを，R，θで表せ。

(2) Sの最大値とそのときのθの値を，$\dfrac{dS}{d\theta}$を計算し増減表を用いて求めよ。

〈福井県〉

17 ★★☆

半径aの円Oから中心角θラジアンの扇形を切り取り，残りの部分で直円すいを作る。この直円すいの体積が最大となるときのθを求めよ。

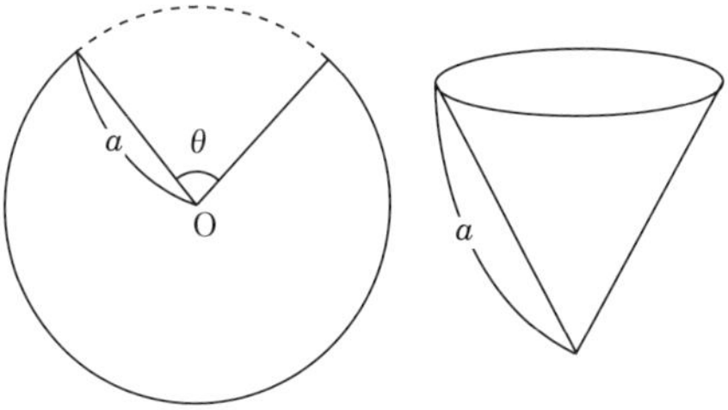

〈愛知県〉

18 ★★☆

右図のように，OA＝OB＝OC＝OD＝1，∠AOB＝θの正四角すいのO－ABCDがある。

正四角すいO－ABCDの体積をVとして，次の各問いに答えよ。

ただし，$0<\theta<\dfrac{\pi}{2}$とする。

(1)　Vをθの式で表せ。

(2)　Vが最大になるときの$\cos\theta$の値を求めよ。

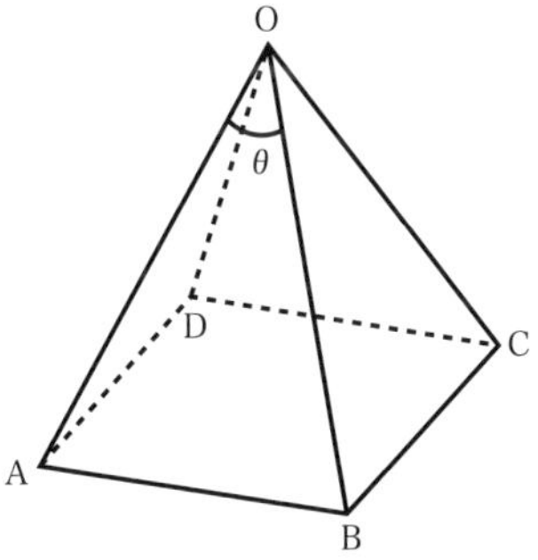

〈大阪府・大阪市〉

19 ★★☆

第１象限の定点A$(a,\ b)$を通り，傾きが$-m\ (m>0)$の直線lがある。この直線lとx軸，y軸との交点をそれぞれP，Qとする。

次の各問いに答えよ。

(1)　２点P，Qの座標を求めよ。

(2)　△OPQの面積が最小になるときの△OPQの面積を求めよ。

(3)　PQの長さが最小になるときのmの値と，そのときのPQの長さを求めよ。

〈福島県〉

20 ★★☆

座標平面上に３点A（－１，１），B（１，２），C（２，１）があるとき，次の各問いに答えよ。

⑴　３点A, B, Cからそれぞれ，直線$y=mx$への距離を求め，それらの平方の和Sをmの式で表せ。

⑵　Sをmの関数とするとき，Sの最大値と最小値を求めよ。

〈千葉県・千葉市〉

演習問題　解答・解説

1

(1)　極限値$\lim\limits_{x\to a} f(x)$が存在し，かつ，

$$\lim_{x\to a} f(x) = f(a)$$

のとき，$f(x)$は$x=a$で連続である。

(2)　$a=2$

(3)　εを任意に与えられた1つの正数とする。このとき，

$$|\sqrt{x}-\sqrt{a}| = \frac{|x-a|}{\sqrt{x}+\sqrt{a}} \leqq \frac{|x-a|}{\sqrt{a}}$$

だから，εに対して$\delta=\sqrt{a}\,\varepsilon$とおけば$|x-a|<\delta$を満たす任意の$x$について

$$|\sqrt{x}-\sqrt{a}| < \frac{\delta}{\sqrt{a}} = \frac{\sqrt{a}\,\varepsilon}{\sqrt{a}} = \varepsilon$$

よって，$f(x)=\sqrt{x}$は，$x=a$において連続である。

（証明終わり）

解説

(2)　まず，$x>0$および$x<0$では$f(x)$は連続である。

$$\lim_{x\to+0} f(x) = \lim_{x\to+0} \frac{a}{x^2+1} = a$$

$$\lim_{x\to-0} f(x) = \lim_{x\to-0} \frac{\sin 2x}{x} = \lim_{x\to-0} \frac{2\sin 2x}{2x} = 2$$

$\lim\limits_{x\to 0} f(x)$が存在するので$a=2$が必要。

このとき$f(0)=a=2$なので，$f(x)$は$x=0$でも連続である。

よって，$a=2$

2

$f(x)$は$x=c$で連続なので，任意の正数εに対して，

$$|x-c|<\delta \Rightarrow |f(x)-f(c)|<\varepsilon$$

が成り立つような正数δが存在する。

特に$\varepsilon=\dfrac{f(c)}{2}\ (>0)$とすれば，

$$|x-c|<\delta' \Rightarrow |f(x)-f(c)|<\frac{f(c)}{2}$$

が成り立つような正数δ'が存在する。ここで，

$$|f(x)-f(c)|<\frac{f(c)}{2}$$

$$\iff (0<)\ \frac{1}{2}f(c) < f(x) < \frac{3}{2}f(c)$$

であるから，$|x-c|<\delta'$において$f(x)$の符号は$f(c)$と同じく正になる。

（証明終わり）

3

(1)　aに十分近い値Xをとる。

(i)　$X>a$とすると，仮定より$f(a)=g(a)=0$であることおよび$a<x<X$において$g'(x)\neq 0$であることから，定理Ⅰより

$$\frac{f(X)}{g(X)} = \frac{f(X)-f(a)}{g(X)-g(a)} = \frac{f'(c)}{g'(c)} \quad (a<c<X)$$

を満たすcが存在する。

(ii)　$X<a$ならば，同様に

$$\frac{f(X)}{g(X)} = \frac{-f(X)}{-g(X)} = \frac{f(a)-f(X)}{g(a)-g(X)} = \frac{f'(c)}{g'(c)} \quad (X<c<a)$$

を満たすcが存在する。

(i)の場合でも(ii)の場合でも，$X\to a$とすれば$c\to a$となる。そしていま極限値$\lim\limits_{c\to a}\dfrac{f'(c)}{g'(c)}$の存在が仮定されているので，

$$\lim_{X\to a}\frac{f(X)}{g(X)} = \lim_{c\to a}\frac{f'(c)}{g'(c)}$$

である。この左辺でXをxに，右辺でcをxに書き直せば，示すべき等式が得られる。

（証明終わり）

(2) $\dfrac{1}{2}$

解説

(2) $f(x)=x-\log(1+x)$, $g(x)=x^2$ とおく。まず

$$f(0)=0-\log 1=0\,,\ g(0)=0 \quad \cdots ①$$

である。

また, $f'(x)=1-\dfrac{1}{1+x}=\dfrac{x}{1+x}$, $g'(x)=2x$

である。すると$x\neq 0$では$g'(x)\neq 0$で, さらに

$$\frac{f'(x)}{g'(x)}=\frac{\dfrac{x}{1+x}}{2x}=\frac{1}{2(1+x)}\to\frac{1}{2}\ (x\to 0)$$

となる。これと①をあわせて, 定理IIから

$$(与式)=\lim_{x\to 0}\frac{f(x)}{g(x)}=\lim_{x\to 0}\frac{f'(x)}{g'(x)}=\frac{1}{2}$$

を得る。

4

(1) $\boldsymbol{f^{(3)}(x)=a^2(3+ax)e^{ax}}$

(2) $\boldsymbol{f^{(n)}(x)=a^{n-1}(n+ax)e^{ax}}$

解説

(1) $f'(x)=(1+ax)e^{ax}$

$f''(x)=a(2+ax)e^{ax}$

$f^{(3)}(x)=a^2(3+ax)e^{ax}$

(2) (1)の過程から,

$$f^{(n)}(x)=a^{n-1}(n+ax)e^{ax} \quad \cdots ①$$

と推測できるので, これを数学的帰納法で証明する。

(イ) $n=1$ のとき①は成り立つ。

(ロ) $n=k$ のとき$f^{(k)}(x)=a^{k-1}(k+ax)e^{ax}$ (kは自然数)が成り立つとすると,

$$\begin{aligned}f^{(k+1)}(x)&=a^{k-1}\cdot a\cdot e^{ax}\\&\quad+a^{k-1}(k+ax)\cdot ae^{ax}\\&=a^k(k+1+ax)e^{ax}\end{aligned}$$

だから, $n=k+1$ のときも成り立つ。

(ハ) よって, (イ), (ロ)より, すべての自然数nについて

$$f^{(n)}(x)=a^{n-1}(n+ax)e^{ax}$$

が成り立つ。

5

エ

解説

$x>1$ のとき,

$$f(x)=\lim_{n\to\infty}\frac{[x]+\dfrac{1}{x^{n-2}}}{1+\dfrac{1}{x^n}}=[x]\text{だから,}$$

$\displaystyle\lim_{x\to 1+0}f(x)=\lim_{x\to 1+0}[x]=1 \quad \cdots$①である。

$0<x<1$ のとき,

$$f(x)=\lim_{n\to\infty}\frac{x^n[x]+x^2}{x^n+1}=x^2\text{だから,}$$

$\displaystyle\lim_{x\to 1-0}f(x)=\lim_{x\to 1-0}x^2=1 \quad \cdots$②である。

また$\displaystyle f(1)=\lim_{n\to\infty}\frac{[1]+1}{1+1}=1 \quad \cdots$③である。

①=②=③より, $f(x)$ は$x=1$で連続である。

一方,

$$\begin{aligned}\lim_{h\to +0}\frac{f(1+h)-f(1)}{h}&=\lim_{h\to +0}\frac{[1+h]-1}{h}\\&=\lim_{h\to +0}\frac{1-1}{h}=0 \quad \cdots ④\end{aligned}$$

で, また

$$\begin{aligned}\lim_{h\to -0}\frac{f(1+h)-f(1)}{h}&=\lim_{h\to -0}\frac{(1+h)^2-1}{h}\\&=\lim_{h\to -0}(2+h)=2 \quad \cdots ⑤\end{aligned}$$

である。④と⑤が一致しないので, 微分係数$f'(1)$は存在しない。

よって, 答はエになる。

6

(1) $\boldsymbol{e^{-e}}$　　(2) $\boldsymbol{y'=\dfrac{1}{x}}$

解説

(1) $-\dfrac{e}{h}=t$とすると, $h=-\dfrac{e}{t}$

$h\to\infty$のとき, $t\to 0$だから,

$$\begin{aligned}(与式)&=\lim_{t\to 0}(1+t)^{-\frac{e}{t}}\\&=\lim_{t\to 0}\{(1+t)^{\frac{1}{t}}\}^{-e}\\&=e^{-e}\end{aligned}$$

(2) $y'=\lim_{h\to 0}\dfrac{\log(x+h)-\log x}{h}$

$=\lim_{h\to 0}\dfrac{1}{h}\log\left(1+\dfrac{h}{x}\right)$

$\dfrac{h}{x}=t$とすると$h\to 0$のとき$t\to 0$

だから，

$y'=\lim_{t\to 0}\dfrac{1}{tx}\log(1+t)$

$=\lim_{t\to 0}\dfrac{1}{x}\log(1+t)^{\frac{1}{t}}$

$=\dfrac{1}{x}\log e$

$=\dfrac{1}{x}$

7

(1)

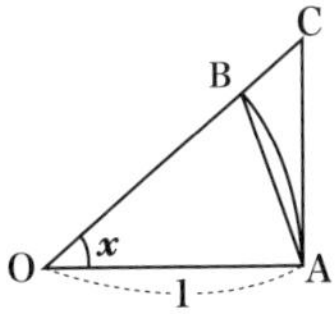

$\boldsymbol{x}$は正で$\dfrac{\pi}{2}$より小さい値とする。半径1，中心角$\boldsymbol{x}$ラジアンの扇形OABの面積は$\dfrac{1}{2}\boldsymbol{x}$であり，△OABの面積は$\dfrac{1}{2}\sin\boldsymbol{x}$である。また，図のようにOAの垂線とOBとの交点をCとするとき，△OACの面積は$\dfrac{1}{2}\tan\boldsymbol{x}$である。これらの面積の間には，次の大小関係がある。

$\dfrac{1}{2}\sin\boldsymbol{x}<\dfrac{1}{2}\boldsymbol{x}<\dfrac{1}{2}\tan\boldsymbol{x}$

よって，

$\sin\boldsymbol{x}<\boldsymbol{x}<\tan\boldsymbol{x}$

$\sin\boldsymbol{x}<\boldsymbol{x}<\dfrac{\sin\boldsymbol{x}}{\cos\boldsymbol{x}}$

$\cos\boldsymbol{x}<\dfrac{\sin\boldsymbol{x}}{\boldsymbol{x}}<1$

したがって，$\boldsymbol{x}\to+0$のとき，$\cos\boldsymbol{x}\to 1$より，

$\dfrac{\sin\boldsymbol{x}}{\boldsymbol{x}}\to 1$

$-\dfrac{\pi}{2}<\boldsymbol{x}<0$のとき，$\boldsymbol{t}=-\boldsymbol{x}$とすれば，

$\boldsymbol{x}\to-0$のとき$\boldsymbol{t}\to+0$となり，

$\lim_{x\to-0}\dfrac{\sin\boldsymbol{x}}{\boldsymbol{x}}=\lim_{t\to+0}\dfrac{\sin(-\boldsymbol{t})}{-\boldsymbol{t}}$

$=\lim_{t\to+0}\dfrac{\sin\boldsymbol{t}}{\boldsymbol{t}}=1$

よって，$\lim_{x\to 0}\dfrac{\sin\boldsymbol{x}}{\boldsymbol{x}}=1$

（証明終わり）

(2) $\cos\boldsymbol{x}$

解説

(2) $f(x)=\sin x$とおく。すると

$$\frac{f(x+h)-f(x)}{h}=\frac{\sin(x+h)-\sin x}{h}$$

$$=\frac{2\cos\left(x+\frac{h}{2}\right)\sin\frac{h}{2}}{h}$$

$$=\cos\left(x+\frac{h}{2}\right)\cdot\frac{\sin\frac{h}{2}}{\frac{h}{2}}$$

であり，$h\to 0$のとき$\dfrac{h}{2}\to 0$であるから，(1)の結果とあわせて，

$$f'(x)=\lim_{h\to 0}\frac{f(x+h)-f(x)}{h}$$

$$=\lim_{h\to 0}\left\{\cos\left(x+\frac{h}{2}\right)\cdot\frac{\sin\frac{h}{2}}{\frac{h}{2}}\right\}$$

$$=\cos(x+0)\cdot 1=\cos x$$

を得る。

8

$\dfrac{5}{12}\sqrt{6}$ m/秒

解説

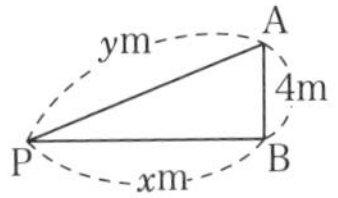

$x^2+4^2=y^2$

x, yは時刻tの関数だから,

$$2x\frac{dx}{dt}=2y\frac{dy}{dt}$$

$$\therefore\quad \frac{dx}{dt}=\frac{y}{x}\cdot\frac{dy}{dt}$$

となり, いま$\dfrac{dy}{dt}=-1$なので,

$$\frac{dx}{dt}=-\frac{y}{x}$$

である。

$y=20$のとき, $x=\sqrt{20^2-4^2}=8\sqrt{6}$なので,

$$\frac{dx}{dt}=-\frac{20}{8\sqrt{6}}=-\frac{5}{12}\sqrt{6}$$

したがって, 岸壁に向かって$\dfrac{5}{12}\sqrt{6}$ m/秒

9

$$\boldsymbol{(\sin x)^x\left\{\log(\sin x)+\frac{x\cos x}{\sin x}\right\}}$$

解説

両辺の対数をとると,

$\log y=\log(\sin x)^x$

$\quad=x\log(\sin x)$

となり, この両辺をxで微分すると,

$$\frac{y'}{y}=\log(\sin x)+x\cdot\frac{\cos x}{\sin x}$$

$$\therefore\quad y'=(\sin x)^x\left\{\log(\sin x)+\frac{x\cos x}{\sin x}\right\}$$

10

(1) $\mathbf{P}\left(\boldsymbol{t-a\sin\frac{t}{a},\ a-a\cos\frac{t}{a}}\right)$

(2) **2**

解説

(1) 動円板Dの中心をCとし, またDとx軸の接点をTとする。最初からt秒後には, OT$=t$となる。

また, Pからx軸に下ろした垂線の足をHとおく。

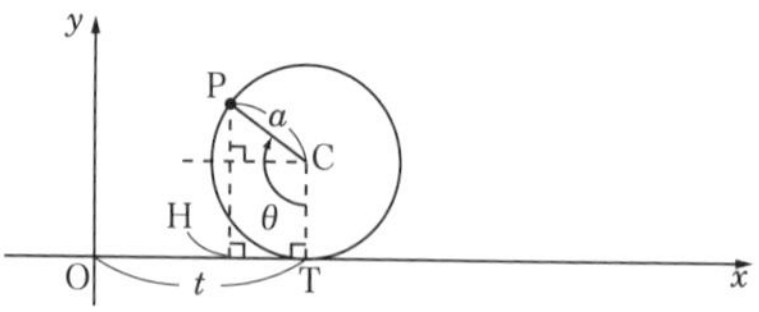

CTから時計回りにCPまで測った角をθとおくと$\theta=\dfrac{t}{a}$である。すると,

$$(\text{P の}x\text{座標})=\text{OH}=\text{OT}-\text{CP}\cos\left(\theta-\frac{\pi}{2}\right)$$

$$=t-a\cos\left(\theta-\frac{\pi}{2}\right)$$

$$=t-a\sin\theta$$

$$=t-a\sin\frac{t}{a}$$

であり, また

$$(\text{P の}y\text{座標})=\text{PH}=\text{CT}+\text{CP}\sin\left(\theta-\frac{\pi}{2}\right)$$

$$=a+a\sin\left(\theta-\frac{\pi}{2}\right)$$

$$=a-a\cos\theta$$

$$=a-a\cos\frac{t}{a}$$

となる。よって求めるPの座標は

$\left(t-a\sin\dfrac{t}{a},\ a-a\cos\dfrac{t}{a}\right)$である。

(2) P(x, y)とおくと, Pの速度ベクトル$\vec{v}$は,

$$\vec{v}=\left(\frac{dx}{dt},\ \frac{dy}{dt}\right)=\left(1-\cos\frac{t}{a},\ \sin\frac{t}{a}\right)$$

となり, よって

$$|\vec{v}|^2=\left(1-\cos\frac{t}{a}\right)^2+\sin^2\frac{t}{a}=2-2\cos\frac{t}{a}$$

となるので, $|\vec{v}|^2$は$t=a\pi$のとき最大値$2-(-2)=4$をとる。よって$|\vec{v}|$の最大値は$\sqrt{4}=2$である。

11

(1) $\boldsymbol{f(x)=(1+x)^p-1-px-\frac{p(p-1)}{2}x^2}$

とおくと,

$\boldsymbol{f'(x)=p(1+x)^{p-1}-p-p(p-1)x}$

$\boldsymbol{f''(x)=p(p-1)(1+x)^{p-2}-p(p-1)}$

$\boldsymbol{f'''(x)=p(p-1)(p-2)(1+x)^{p-3}}$

となる。

以下$\boldsymbol{x}\geqq 0$とする。

仮定により$\boldsymbol{p}\geqq 0$，$\boldsymbol{p}-1\leqq 0$，$\boldsymbol{p}-2<0$より，$\boldsymbol{p}(\boldsymbol{p}-1)(\boldsymbol{p}-2)\geqq 0$だから，$\boldsymbol{f}'''(\boldsymbol{x})\geqq 0$となるので，$\boldsymbol{f}''(\boldsymbol{x})$は増加関数になる。したがって，$\boldsymbol{f}''(\boldsymbol{x})\geqq \boldsymbol{f}''(0)=0$

すると$\boldsymbol{f}'(\boldsymbol{x})$も増加関数であり，$\boldsymbol{f}'(\boldsymbol{x})\geqq \boldsymbol{f}'(0)=0$により$\boldsymbol{f}(\boldsymbol{x})$も増加関数である。

よって$\boldsymbol{f}(\boldsymbol{x})\geqq \boldsymbol{f}(0)=0$となるので題意は示された。

（証明終わり）

(2)　**10.196**

解説

(2)　$\sqrt[3]{1060}=10\sqrt[3]{1.06}$

$$=10(1+0.06)^{\frac{1}{3}}$$

と変形できる。ここで与えられた近似式を$x=0.06$，$p=\dfrac{1}{3}$として用いることにより，

$$(1+0.06)^{\frac{1}{3}}$$

$$\fallingdotseq 1+\frac{1}{3}\cdot 0.06+\frac{\frac{1}{3}\left(-\frac{2}{3}\right)}{2}\cdot 0.0036$$

$$=1+0.02-0.0004$$

$$=1.0196$$

となるので，求める近似値は

$10\times 1.0196=10.196$　である。

12

(1)　$\boldsymbol{f}(\boldsymbol{x})=\boldsymbol{e}^{\boldsymbol{x}}-\left(1+\dfrac{\boldsymbol{x}}{1!}+\dfrac{\boldsymbol{x}^2}{2!}\right)$とすると，

$$\boldsymbol{f}'(\boldsymbol{x})=\boldsymbol{e}^{\boldsymbol{x}}-(1+\boldsymbol{x})$$

$$\boldsymbol{f}''(\boldsymbol{x})=\boldsymbol{e}^{\boldsymbol{x}}-1$$

すると，$\boldsymbol{x}>0$において，$\boldsymbol{f}''(\boldsymbol{x})>0$となるので，$\boldsymbol{f}'(\boldsymbol{x})$は$\boldsymbol{x}\geqq 0$において単調増加であり，さらに$\boldsymbol{f}'(0)=0$なので，$\boldsymbol{x}>0$において$\boldsymbol{f}'(\boldsymbol{x})>0$である。

すると$\boldsymbol{f}(\boldsymbol{x})$ は$\boldsymbol{x}\geqq 0$において単調増加であり，さらに$\boldsymbol{f}(0)=0$なので，$\boldsymbol{x}>0$において$\boldsymbol{f}(\boldsymbol{x})>0$である。

よって，$\boldsymbol{x}>0$において

$$\boldsymbol{e}^{\boldsymbol{x}}>1+\frac{\boldsymbol{x}}{1!}+\frac{\boldsymbol{x}^2}{2!}$$

が成り立つ。

(2)　$$\boldsymbol{g}_{\boldsymbol{n}}(\boldsymbol{x})=\boldsymbol{e}^{\boldsymbol{x}}-\left(1+\frac{\boldsymbol{x}}{1!}+\frac{\boldsymbol{x}^2}{2!}+\cdots+\frac{\boldsymbol{x}^{\boldsymbol{n}}}{\boldsymbol{n}!}+\frac{\boldsymbol{x}^{\boldsymbol{n}+1}}{(\boldsymbol{n}+1)!}\right)$$

とおく。$\boldsymbol{x}>0$において$\boldsymbol{g}_{\boldsymbol{n}}(\boldsymbol{x})>0$　…(＊)を数学的帰納法により示す。

$\boldsymbol{n}=1$のとき，(1)より(＊)は成り立つ。

$\boldsymbol{n}=\boldsymbol{k}$（$\boldsymbol{k}$は自然数）のとき，(＊)が成り立つと仮定すると，

$$\boldsymbol{g}_{\boldsymbol{k}+1}(\boldsymbol{x})=\boldsymbol{e}^{\boldsymbol{x}}-\left(1+\frac{\boldsymbol{x}}{1!}+\frac{\boldsymbol{x}^2}{2!}+\cdots+\frac{\boldsymbol{x}^{\boldsymbol{k}+1}}{(\boldsymbol{k}+1)!}+\frac{\boldsymbol{x}^{\boldsymbol{k}+2}}{(\boldsymbol{k}+2)!}\right)$$

より，

$$\boldsymbol{g}'_{\boldsymbol{k}+1}(\boldsymbol{x})=\boldsymbol{e}^{\boldsymbol{x}}-\left(1+\frac{\boldsymbol{x}}{1!}+\frac{\boldsymbol{x}^2}{2!}+\cdots+\frac{\boldsymbol{x}^{\boldsymbol{k}}}{\boldsymbol{k}!}+\frac{\boldsymbol{x}^{\boldsymbol{k}+1}}{(\boldsymbol{k}+1)!}\right)$$

$$=\boldsymbol{g}_{\boldsymbol{k}}(\boldsymbol{x})>0$$

また，$\boldsymbol{g}_{\boldsymbol{k}+1}(0)=0$だから，$\boldsymbol{x}>0$において$\boldsymbol{g}_{\boldsymbol{k}+1}(\boldsymbol{x})>0$となり，よって$\boldsymbol{n}=\boldsymbol{k}+1$のときも(＊)は成り立つ。

以上より，すべての自然数$\boldsymbol{n}$に対して

$$\boldsymbol{e}^{\boldsymbol{x}}>1+\frac{\boldsymbol{x}}{1!}+\frac{\boldsymbol{x}^2}{2!}+\cdots+\frac{\boldsymbol{x}^{\boldsymbol{n}}}{\boldsymbol{n}!}+\frac{\boldsymbol{x}^{\boldsymbol{n}+1}}{(\boldsymbol{n}+1)!}$$

が成り立つ。

(3)　**0**

解説

(3)　(2)より，$x>0$のとき，

$$e^x>\frac{x^{n+1}}{(n+1)!}$$

となるので，

$$0<\frac{1}{e^x}<\frac{(n+1)!}{x^{n+1}}$$

$$\therefore\quad 0<\frac{x^n}{e^x}<\frac{(n+1)!}{x}$$

$\displaystyle\lim_{x\to\infty}\frac{(n+1)!}{x}=0$だから，はさみうちの原

理により

$$\lim_{x \to \infty} \frac{x^n}{e^x} = 0$$

となる。

(補足)

本問では(1)があるので，出題者が(2)の証明で帰納法を示唆していることが読める。そのためそれに応じた解答としたが，もし(2)だけを示すのであれば，帰納法によらず次のような方法もある。

((2)の別証明)

示すべき不等式の両辺をe^xで割ると

$$1 > e^{-x}\left(1 + \frac{x}{1!} + \frac{x^2}{2!} + \cdots + \frac{x^n}{n!} + \frac{x^{n+1}}{(n+1)!}\right)$$

となる。そこで，この右辺を$F(x)$とおくと，示すべきことは「$x > 0$において$F(x) < 1$」である。

ここで，

$$\begin{aligned} F'(x) &= -e^{-x}\left(1 + \frac{x}{1!} + \frac{x^2}{2!} + \cdots + \frac{x^n}{n!} + \frac{x^{n+1}}{(n+1)!}\right) \\ &\quad + e^{-x}\left(1 + \frac{x}{1!} + \frac{x^2}{2!} + \cdots + \frac{x^n}{n!}\right) \\ &= -e^{-x} \cdot \frac{x^{n+1}}{(n+1)!} \end{aligned}$$

で，これは$x > 0$において負なので，$F(x)$は$x \geqq 0$において単調減少である。よって$x > 0$において

$F(0) > F(x)$　　$\therefore$　$1 > F(x)$

が成り立つことが示された。

13

$\boldsymbol{a = \frac{3}{4}}$，$\boldsymbol{b = -\frac{3}{4}}$，$\boldsymbol{c = -2}$，$\boldsymbol{d = 3}$

解説

$f(x) = ax^3 + bx^2 + cx + d$

$g(x) = x^2 - 2x + 3$

とすると，$x = 0$で共通接線をもつので，

$f(0) = g(0)$，$f'(0) = g'(0)$

より，

$d = 3$，$c = -2$

また，$y = f(x)$のグラフの$x = 2$における接線が$y = 4x - 6$であることから，

$f(2) = 2$，$f'(2) = 4$

が成り立つ。よって，

$$\begin{cases} 8a + 4b + 2c + d = 2 \\ 12a + 4b + c = 4 \end{cases}$$

$\therefore$　$a = \frac{3}{4}$，$b = -\frac{3}{4}$

14

(1)　極大値$\frac{5}{2}$，極小値2

変曲点$\left(\pm\sqrt{3},\ \frac{8+\sqrt{3}}{4}\right)$

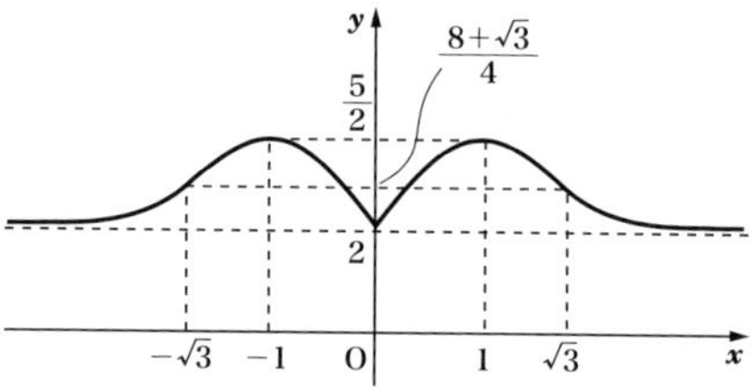

(2)　$$\boldsymbol{\frac{f(h) - f(0)}{h} = \frac{1}{h}\left(\frac{2h^2 + |h| + 2}{h^2 + 1} - 2\right) = \frac{1}{h} \cdot \frac{|h|}{h^2 + 1}}$$

なので，

$$\boldsymbol{\lim_{h \to +0} \frac{f(h) - f(0)}{h} = \lim_{h \to +0} \frac{1}{h} \cdot \frac{h}{h^2 + 1} = 1}$$

$$\boldsymbol{\lim_{h \to -0} \frac{f(h) - f(0)}{h} = \lim_{h \to -0} \frac{1}{h} \cdot \frac{-h}{h^2 + 1} = -1}$$

となる。よって$\boldsymbol{x = 0}$における右微分係数と左微分係数が一致しないので，微分可能ではない。

(証明終わり)

(3)　$\boldsymbol{2 \leqq a \leqq \frac{5}{2}}$

解説

(1)　$f(x) = \dfrac{2x^2 + |x| + 2}{x^2 + 1}$とすると$f(-x) = f(x)$だから，まず$x \geqq 0$において考える。

$$f'(x)=\frac{-(x+1)(x-1)}{(x^2+1)^2}$$

$$f''(x)=\frac{2x(x+\sqrt{3})(x-\sqrt{3})}{(x^2+1)^3}$$

だから，$f(x)$ の増減及び凹凸は次表のようになる。

x	0	$\cdots$	1	$\cdots$	$\sqrt{3}$	$\cdots$
$f'(x)$		$+$	0	$-$	$-$	$-$
$f''(x)$		$-$	$-$	$-$	0	$+$
$f(x)$	2	↗	極大	↘	変曲点	↘

さらに，

$$\lim_{x\to\infty}f(x)=\lim_{x\to\infty}\frac{2x^2+x+2}{x^2+1}$$

$$=\lim_{x\to\infty}\frac{2+\frac{1}{x}+\frac{2}{x^2}}{1+\frac{1}{x^2}}=2$$

であり，また $\lim\limits_{x\to+0}f'(x)=1$ である。

よって $x\leqq 0$ の部分も考えると，$f(x)$ は，$x=\pm 1$ のとき極大値 $\frac{5}{2}$，$x=0$ のとき極小値2をとり，変曲点は

$\left(\pm\sqrt{3},\ \frac{8+\sqrt{3}}{4}\right)$ である。

$y=f(x)$ のグラフは解答のようになる。

(3)　$a(x^2+1)=2x^2+|x|+2$

$$\iff a=\frac{2x^2+|x|+2}{x^2+1}$$

であるから，与えられた方程式は $a=f(x)$ と同値である。ゆえに，与えられた方程式が実数解をもつことは，$y=f(x)$ のグラフと直線 $y=a$ が共有点をもつことと同値である。

よって(1)のグラフから，求める a の値の範囲は $2\leqq a\leqq\frac{5}{2}$ である。

15

(1)　$\boldsymbol{x=\frac{\pi}{8}}$ のとき，極大値 $\boldsymbol{\frac{\sqrt{2}}{2e^a}}$

$\left(\text{ただし，}\boldsymbol{a=\frac{\pi}{4}}\right)$

$\boldsymbol{x=\frac{5\pi}{8}}$ のとき，極小値 $\boldsymbol{-\frac{\sqrt{2}}{2e^b}}$

$\left(\text{ただし，}\boldsymbol{b=\frac{5\pi}{4}}\right)$

(2)　$\boldsymbol{S=\frac{\sqrt{2}e^c}{2(1-e^d)}}$

$\left(\text{ただし，}\boldsymbol{c=\frac{3}{4}\pi,\ d=2\pi}\right)$

解説

(1)　$f(x)=e^{-2x}\sin 2x$

$$f'(x)=-2e^{-2x}\sin 2x+2e^{-2x}\cos 2x$$

$$=2\sqrt{2}e^{-2x}\sin\left(2x+\frac{3}{4}\pi\right)\quad\cdots(*)$$

$0<x<\pi$ より，

$$\frac{3}{4}\pi<2x+\frac{3}{4}\pi<\frac{11}{4}\pi$$

だから，$f'(x)=0$ とすると，

$$x=\frac{\pi}{8},\ \frac{5\pi}{8}$$

増減表は次のようになる。

x	0	$\cdots$	$\frac{\pi}{8}$	$\cdots$	$\frac{5\pi}{8}$	$\cdots$	π
$f'(x)$	0	$+$	0	$-$	0	$+$	
$f(x)$		↗	極大	↘	極小	↗	

よって，

$x=\frac{\pi}{8}$ のとき，極大値　$\frac{\sqrt{2}}{2e^{\frac{\pi}{4}}}$

$x=\frac{5\pi}{8}$ のとき，極小値　$-\frac{\sqrt{2}}{2e^{\frac{5}{4}\pi}}$

をとる。

(2)　(1)の $(*)$ より，$x>0$ において $f'(x)$ の符号が負から正に変わるのは

$$2x+\frac{3}{4}\pi=2k\pi\quad\text{すなわち}x=k\pi-\frac{3}{8}\pi$$

$(k=1,2,3,\cdots)$ のときである。よって $x>0$ における $f(x)$ の極小値は，

$k=1,2,3,\cdots$ として

$$y_k=f\left(k\pi-\frac{3}{8}\pi\right)$$
$$=e^{-2k\pi+\frac{3}{4}\pi}\sin\left(2k\pi-\frac{3}{4}\pi\right)$$
$$=-\frac{\sqrt{2}}{2}e^{\frac{3}{4}\pi}(e^{-2\pi})^k$$

で与えられる。これは公比$e^{-2\pi}$の等比数列をなし，ここで$0<e^{-2\pi}<1$なので，求める無限級数Sは収束し，その和は

$$S=\frac{y_1}{1-e^{-2\pi}}=-\frac{\sqrt{2}}{2}\cdot\frac{e^{-\frac{5}{4}\pi}}{1-e^{-2\pi}}$$
$$=\frac{\sqrt{2}}{2}\cdot\frac{e^{\frac{3}{4}\pi}}{1-e^{2\pi}}$$

である（最後は，分子分母に$-e^{2\pi}$をかけた）。

16

(1) $\boldsymbol{S=R^2\sin\theta(1+\cos\theta)}$

(2) $$\boldsymbol{\frac{dS}{d\theta}=R^2\{\cos\theta(1+\cos\theta)+\sin\theta(-\sin\theta)\}}$$
$$\boldsymbol{=R^2(2\cos^2\theta+\cos\theta-1)}$$
$$\boldsymbol{=R^2(\cos\theta+1)(2\cos\theta-1)}$$

θ	(0)	$\cdots$	$\frac{\pi}{3}$	$\cdots$	(π)
$\frac{dS}{d\theta}$		$+$	0	$-$	0
S		↗		↘	

増減表より$\boldsymbol{\theta=\frac{\pi}{3}}$のとき，最大値

$$\boldsymbol{S=R^2\sin\frac{\pi}{3}\left(1+\cos\frac{\pi}{3}\right)}$$
$$\boldsymbol{=\frac{3\sqrt{3}}{4}R^2}$$

解説

(1) 二等辺三角形の底角の大きさは，

$\frac{\pi}{2}-\frac{\theta}{2}$　だから，正弦定理より

$$\frac{\mathrm{AB}}{\sin\left(\frac{\pi}{2}-\frac{\theta}{2}\right)}=2R$$

$$\therefore\quad \mathrm{AB}=2R\cos\frac{\theta}{2}$$

よって，

$$S=\frac{1}{2}\left(2R\cos\frac{\theta}{2}\right)^2\sin\theta$$
$$=2R^2\cos^2\frac{\theta}{2}\sin\theta$$
$$=R^2\sin\theta(1+\cos\theta)$$

17

$$\boldsymbol{\theta=2\pi\left(1-\sqrt{\frac{2}{3}}\right)}\textbf{ラジアン}$$

解説

円すいの底面の半径をr，高さをh，体積をVとする。

円すいの底面の円周は残った扇形の弧長に等しいので，

$$2\pi r=(2\pi-\theta)a$$
$$\theta=2\pi\left(1-\frac{r}{a}\right)\quad\cdots①$$

$h=\sqrt{a^2-r^2}$であるから，

$$V=\frac{\pi}{3}r^2h=\frac{\pi}{3}r^2\sqrt{a^2-r^2}$$

よって，$V^2=\left(\frac{\pi}{3}\right)^2r^4(a^2-r^2)$

そこで，$r^2=x$とおき，$0<x<a^2$において$f(x)=x^2(a^2-x)$の最大を考える。

$f'(x)=x(2a^2-3x)$

これより，$f(x)$の増減は次のようになる。

x	0	$\cdots$	$\frac{2}{3}a^2$	$\cdots$	a^2
$f'(x)$		$+$	0	$-$	
$f(x)$		↗		↘	

したがって，$x=\frac{2}{3}a^2$のとき，$f(x)$は最大となる。

$r=\sqrt{\frac{2}{3}}a$を①に代入して，

$$\theta=2\pi\left(1-\sqrt{\frac{2}{3}}\right)\text{ラジアン}$$

18

(1)　$V=\dfrac{2}{3}(1-\cos\theta)\sqrt{\cos\theta}$

(2)　$\cos\theta=\dfrac{1}{3}$

解説

(1)　ABの中点をMとすると，
△OAMは∠OMA＝90°の直角三角形で，
$\angle\mathrm{AOM}=\dfrac{\theta}{2}$であるから

$$\mathrm{AM}=\mathrm{OA}\sin\frac{\theta}{2}=\sin\frac{\theta}{2}$$

$$\mathrm{AB}=2\mathrm{AM}=2\sin\frac{\theta}{2}$$

よって，ACとBDの交点をHとすると，

$$\mathrm{AH}=\frac{1}{\sqrt{2}}\mathrm{AB}=\frac{1}{\sqrt{2}}\times 2\sin\frac{\theta}{2}=\sqrt{2}\sin\frac{\theta}{2}$$

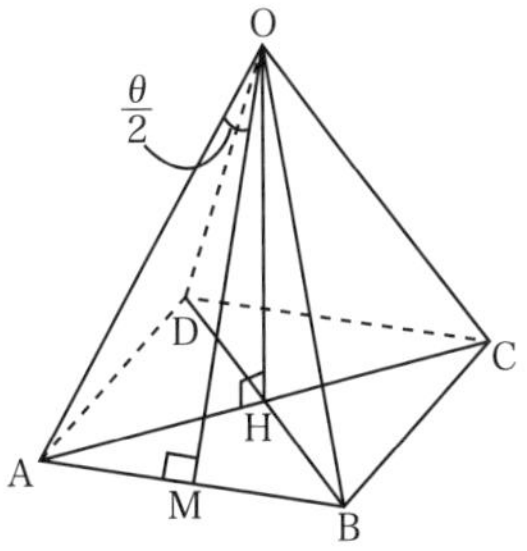

△OAHは∠OHA＝90°の直角三角形であるから，三平方の定理により，

$$\begin{aligned}\mathrm{OH}&=\sqrt{\mathrm{OA}^2-\mathrm{AH}^2}\\&=\sqrt{1^2-\left(\sqrt{2}\sin\frac{\theta}{2}\right)^2}\\&=\sqrt{1-2\sin^2\frac{\theta}{2}}\\&=\sqrt{\cos\theta}\end{aligned}$$

したがって，

$$\begin{aligned}V&=\frac{1}{3}\times\mathrm{AB}^2\times\mathrm{OH}\\&=\frac{1}{3}\times\left(2\sin\frac{\theta}{2}\right)^2\times\sqrt{\cos\theta}\\&=\frac{4}{3}\sin^2\frac{\theta}{2}\sqrt{\cos\theta}\\&=\frac{4}{3}\cdot\frac{1-\cos\theta}{2}\cdot\sqrt{\cos\theta}\\&=\frac{2}{3}(1-\cos\theta)\sqrt{\cos\theta}\end{aligned}$$

(2)　$\sqrt{\cos\theta}=t$とおくと，$0<\theta<\dfrac{\pi}{2}$より
$0<t<1$であり，このとき

$$V=\frac{2}{3}(1-t^2)t$$

と表される。すると，

$$\begin{aligned}\frac{dV}{dt}&=\frac{2}{3}(1-3t^2)\\&=-\frac{2}{3}(\sqrt{3}t+1)(\sqrt{3}t-1)\end{aligned}$$

となるので，Vの増減は次のようになる。

t	(0)	…	$\dfrac{1}{\sqrt{3}}$	…	(1)
$\dfrac{dV}{dt}$		＋	0	－	
V		↗		↘	

よって，Vが最大になるのは

$t=\sqrt{\cos\theta}=\dfrac{1}{\sqrt{3}}$のとき，

すなわち$\cos\theta=\dfrac{1}{3}$のときである。

19

(1)　$\mathrm{P}\left(a+\dfrac{b}{m},\ 0\right)$，$\mathrm{Q}(0,\ ma+b)$

(2)　$2ab$

(3)　$m=\sqrt[3]{\dfrac{b}{a}}$，$\mathrm{PQ}=\left(a^{\frac{2}{3}}+b^{\frac{2}{3}}\right)^{\frac{3}{2}}$

解説

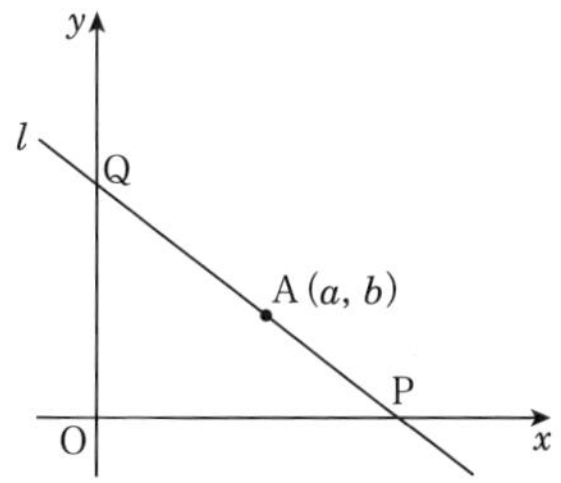

(1)　直線lの方程式は$y=-m(x-a)+b$であり，このx切片とy切片を考えることにより，

$$\mathrm{P}\left(a+\frac{b}{m},\ 0\right),\ \mathrm{Q}(0,\ ma+b)$$

を得る。

(2) △OPQの面積は

$$\frac{1}{2}\cdot \mathrm{OP}\cdot \mathrm{OQ}=\frac{1}{2}\left(a+\frac{b}{m}\right)(ma+b)$$

$$=ab+\frac{1}{2}\left(a^2m+\frac{b^2}{m}\right)$$

で与えられる。ここで相加・相乗平均の関係により，

$$\frac{1}{2}\left(a^2m+\frac{b^2}{m}\right)\geqq\sqrt{a^2m\cdot\frac{b^2}{m}}=ab$$

であり，等号は

$a^2m=\dfrac{b^2}{m}$ すなわち $m=\dfrac{b}{a}$

のときに成立する。よって，△OPQの面積の最小値は

$ab+ab=2ab$

(3) $\mathrm{PQ}^2=\left(a+\dfrac{b}{m}\right)^2+(ma+b)^2$

$$=(1+m^2)\left(a+\frac{b}{m}\right)^2$$

である。これを $f(m)$ とおくと，

$$f'(m)=2m\left(a+\frac{b}{m}\right)^2+(1+m^2)\cdot 2\left(a+\frac{b}{m}\right)\left(-\frac{b}{m^2}\right)$$

$$=2\left(a+\frac{b}{m}\right)\left(\frac{am^3-b}{m^2}\right)$$

となり，ゆえに $f(m)$ の増減は次のようになる。

m	(0)	$\cdots$	$\sqrt[3]{\dfrac{b}{a}}$	$\cdots$
$f'(m)$		$-$	0	$+$
$f(m)$		↘		↗

よって，$f(m)$ は $m=\sqrt[3]{\dfrac{b}{a}}$ のときに極小かつ最小となり，その最小値は

$$f\left(\sqrt[3]{\frac{b}{a}}\right)=\left(1+\left(\frac{b}{a}\right)^{\frac{2}{3}}\right)(a+a^{\frac{1}{3}}b^{\frac{2}{3}})^2$$

$$=a^{-\frac{2}{3}}(a^{\frac{2}{3}}+b^{\frac{2}{3}})\cdot\{a^{\frac{1}{3}}(a^{\frac{2}{3}}+b^{\frac{2}{3}})\}^2$$

$$=(a^{\frac{2}{3}}+b^{\frac{2}{3}})^3$$

よって，PQの長さが最小になるのは

$m=\sqrt[3]{\dfrac{b}{a}}$ のときで，その最小値は

$(a^{\frac{2}{3}}+b^{\frac{2}{3}})^{\frac{3}{2}}$

20

(1) $\boldsymbol{S=6-\dfrac{6m}{m^2+1}}$

(2) 最大値9($\boldsymbol{m=-1}$)，最小値3($\boldsymbol{m=1}$)

解説

(1) $S=\dfrac{(-m-1)^2}{m^2+1}+\dfrac{(m-2)^2}{m^2+1}+\dfrac{(2m-1)^2}{m^2+1}$

$$=\frac{6m^2-6m+6}{m^2+1}$$

$$=6-\frac{6m}{m^2+1}$$

(2) $S'=-\dfrac{6(m^2+1)-6m\cdot 2m}{(m^2+1)^2}$

$$=\frac{6m^2-6}{(m^2+1)^2}$$

m	$\cdots$	-1	$\cdots$	1	$\cdots$
S'	$+$	0	$-$	0	$+$
S	↗	9	↘	3	↗

また，$\lim\limits_{m\to\pm\infty}S=6$ である。

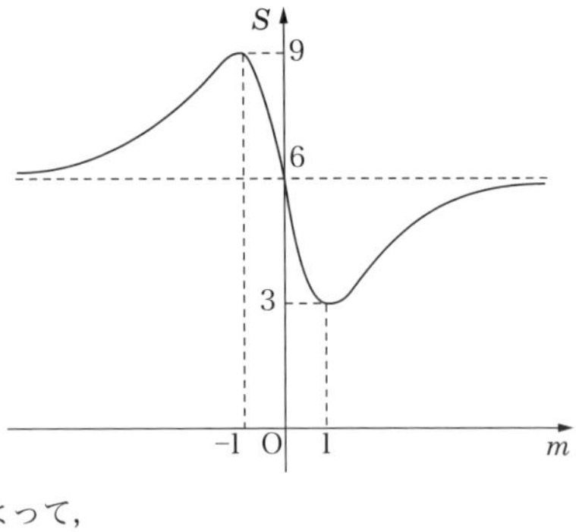

よって，

S の最大値9($m=-1$)

S の最小値3($m=1$)

16 積分

傾向と対策

置換積分や部分積分を用いた積分の計算や，図形の計量（平面で曲線が囲む領域の面積，回転体の体積，曲線の長さ）の問題が中心となる。また，複合問題が多い。積分は微分の逆演算であるし，被積分関数が三角関数・指数関数・対数関数のときはこれら関数の公式をよく使う。また，計量では図形と方程式の知識が必要になる。

この分野から出題される問題の主なキーワードとしては，次のものが挙げられる。

- 不定積分，定積分
- 置換積分，部分積分
- 曲線の長さ，曲線が囲む面積，立体の体積
- 微分方程式

要点Check!

1 不定積分と定積分

微分すると$f(x)$になる関数を$f(x)$の**原始関数**という。原始関数は1つには定まらず，例えば$f(x)=x^2$の原始関数は$\frac{1}{3}x^3$，$\frac{1}{3}x^3+4$，$\frac{1}{3}x^3-\sqrt{2}$，…など無数にある。これらは定数項の違いにすぎないので，あえて定数項を定めずに文字でおいたものを$f(x)$の**不定積分**といい，$\int f(x)\,dx$と表す。例えば，

$\int x^2dx=\frac{1}{3}x^3+C$である。この$C$を**積分定数**という。

xとは無関係な数という意味で「定数」であるが，値は何でもよい。

導関数の計算と異なり，こうすれば必ず積分できるという方法はなく，微分を知っていてはじめて不定積分を計算できる。置換積分や部分積分も，それぞれ，合成関数の微分や関数の積の微分を積分の形で表したものにほかならない。

$f(x)$の原始関数の1つを$F(x)$とすると，$F(b)-F(a)$は図の網目部分の**面積**を表す。これを**定積分**といい，次のように表記する。

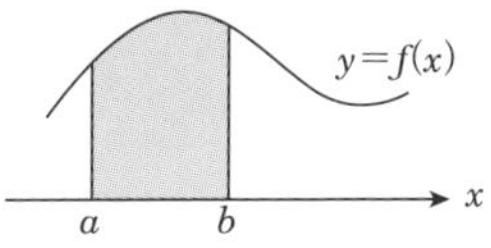

$$\int_a^b f(x)\,dx=\Big[F(x)\Big]_a^b=F(b)-F(a)$$

証明は，積分の下端 aはそのままに，積分の上端bを変数xにしたときの面積

を$S(x)$とおき，微小区間$[x,\ x+h]$の面積を評価する。すなわち

$hf(x) \geqq S(x+h)-S(x) \geqq hf(x+h)$ または

$hf(x) \leqq S(x+h)-S(x) \leqq hf(x+h)$ から

$$\frac{S(x+h)-S(x)}{h} \to f(x)\ (h \to 0)$$

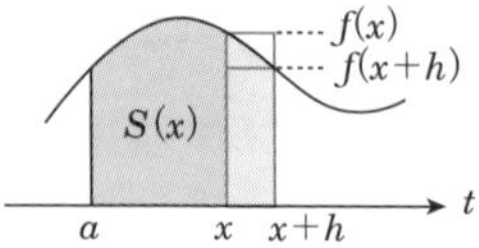

よって，$S'(x)=f(x)$ すなわち$S(x)=F(x)+C$であり，$S(a)=0$から$C=-F(a)$なので，$S(x)=F(x)-F(a)$を得る。

証明に出てくる$S'(x)=f(x)$により，微分と積分の関係は次のように書ける。

$$\frac{d}{dx}\int_a^x f(t)\,dt=f(x)$$ ……微積分学の基本定理

定積分は面積なので，次のような定義もできる。これを区分求積法という。

$$\int_0^1 f(x)\,dx=\lim_{n\to\infty}\frac{1}{n}\sum_{k=1}^{n} f\left(\frac{k}{n}\right)$$

$$\int_a^b f(x)\,dx=\lim_{n\to\infty}\frac{b-a}{n}\sum_{k=1}^{n} f\left(a+\frac{b-a}{n}k\right)$$

$\left(\sum_{k=1}^{n}\right.$ は $\left.\sum_{k=0}^{n-1}\right.$ でもよい$)$

これを利用して，数列の極限値を求めたり，不等式を証明したりする問題も出題される。

例題 1　**定積分の定義**

$\displaystyle\lim_{x\to 0}\frac{1}{x}\int_0^x \cos^3\theta\,d\theta$ を求めよ。

〈佐賀県改題〉

解答　1

解説　$\cos^3\theta$の原始関数の1つを$F(\theta)$とおくと（つまり$F'(\theta)=\cos^3\theta$）

$$(\text{与式})=\lim_{x\to 0}\frac{F(x)-F(0)}{x}=F'(0)=\cos^3 0=1$$

例題2 自分自身の定積分を含む関数

$f(x)=3x^2-x+\int_{-1}^{1}f(t)\,dt$を満たす関数$f(x)$を求めよ。

〈沖縄県〉

解答 $f(x)=3x^2-x-2$

解説 定積分は定数なので$f(x)$は2次式である。

$\int_{-1}^{1}f(t)\,dt=C$とおくと，$f(x)=3x^2-x+C$なので

$$\int_{-1}^{1}(3t^2-t+C)\,dt=C$$

このCについての1次方程式を解く。積分区間が原点に関して対称なことに注意して

$$2\left[t^3+Ct\right]_0^1=C \qquad 2(1+C)=C \qquad \therefore\ \ C=-2$$

よって，$f(x)=3x^2-x-2$

例題3 区分求積法

極限値 $\lim_{n\to\infty}\left(\dfrac{1}{n+1}+\dfrac{1}{n+2}+\dfrac{1}{n+3}+\cdots+\dfrac{1}{n+n}\right)$を求めよ。

〈長崎県〉

解答 log2

解説

$$(\text{与式})=\lim_{n\to\infty}\frac{1}{n}\left(\frac{1}{1+\frac{1}{n}}+\frac{1}{1+\frac{2}{n}}+\frac{1}{1+\frac{3}{n}}+\cdots+\frac{1}{1+\frac{n}{n}}\right)$$

$$=\lim_{n\to\infty}\frac{1}{n}\sum_{k=1}^{n}\frac{1}{1+\frac{k}{n}}=\int_0^1\frac{dx}{1+x}=\Big[\log(1+x)\Big]_0^1=\log2$$

補足 $\int_1^2\dfrac{dx}{x}$とまとめてもよい。

2 積分の公式

導関数とともに不定積分一覧をまとめる。Cは積分定数。

導関数y'	関数y	不定積分$\int ydx$
ax^{a-1}	$x^a\ (a\neq-1)$	$\dfrac{x^{a+1}}{a+1}+C$
$-\dfrac{1}{x^2}$	$\dfrac{1}{x}$	$\log\lvert x\rvert+C$
e^x	e^x	e^x+C
$a^x\log a$	$a^x\ (0<a\neq1)$	$\dfrac{a^x}{\log a}+C$
$\dfrac{1}{x}$	$\log x$	$x\log x-x+C$
$\cos x$	$\sin x$	$-\cos x+C$
$-\sin x$	$\cos x$	$\sin x+C$
$\dfrac{1}{\cos^2 x}$	$\tan x$	$-\log\lvert\cos x\rvert+C$
$-\dfrac{\cos x}{\sin^2 x}$	$\dfrac{1}{\sin x}$	$\log\left\lvert\tan\dfrac{x}{2}\right\rvert+C$
$\dfrac{\sin x}{\cos^2 x}$	$\dfrac{1}{\cos x}$	$\log\left\lvert\tan\left(\dfrac{x}{2}+\dfrac{\pi}{4}\right)\right\rvert+C$
$-\dfrac{1}{\sin^2 x}$	$\dfrac{1}{\tan x}$	$\log\lvert\sin x\rvert+C$
$\dfrac{1}{\sqrt{1-x^2}}$	$\sin^{-1}x$	$x\sin^{-1}x+\sqrt{1-x^2}+C$
$-\dfrac{1}{\sqrt{1-x^2}}$	$\cos^{-1}x$	$x\cos^{-1}x-\sqrt{1-x^2}+C$
$\dfrac{1}{x^2+1}$	$\tan^{-1}x$	$x\tan^{-1}x-\dfrac{1}{2}\log(x^2+1)+C$

三角関数の逆数や逆関数が出題される場合は通常ヒントがつくが，$\displaystyle\int_0^1\frac{dx}{1+x^2}=\frac{\pi}{4}$ は，ノーヒントのこともある。

積分の性質と公式を定積分の形でまとめる。不定積分には積分の区間というものがないことを除けば，公式は同様である。

線形性	$\int_a^b \{f(x)+g(x)\}dx=\int_a^b f(x)dx+\int_a^b g(x)dx$ $\int_a^b \{kf(x)\}dx=k\int_a^b f(x)dx$
区間の加法性	$\int_a^a f(x)dx=0$，$\int_b^a f(x)dx=-\int_a^b f(x)dx$ $\int_a^c f(x)dx+\int_c^b f(x)dx=\int_a^b f(x)dx$ $f(x)$ が偶関数のとき $\int_{-a}^a f(x)dx=2\int_0^a f(x)dx$ $f(x)$ が奇関数のとき $\int_{-a}^a f(x)dx=0$
置換積分	$x=g(t)$，$a=g(\alpha)$，$b=g(\beta)$ のとき $\int_a^b f(x)dx=\int_\alpha^\beta f(g(t))g'(t)dt$
部分積分	$\int_a^b f(x)g'(x)dx=\Big[f(x)g(x)\Big]_a^b-\int_a^b f'(x)g(x)dx$

なお，次の公式はしばしば重宝するのでおさえておくとよい。

$$\int \{f(x)\}^n f'(x)dx=\frac{1}{n+1}\{f(x)\}^{n+1}+C \quad (n\neq -1)$$

$$\int \frac{f'(x)}{f(x)}dx=\log|f(x)|+C$$

例えば，以下のように使用する。

$$\int_1^2 \frac{(\log x)^2}{x}dx=\int_1^2 (\log x)^2(\log x)'dx=\left[\frac{1}{3}(\log x)^3\right]_1^2=\frac{1}{3}(\log 2)^3$$

$$\int \frac{1}{\tan x}dx=\int \frac{\cos x}{\sin x}dx=\int \frac{(\sin x)'}{\sin x}dx=\log|\sin x|+C$$

$$\int \frac{x}{(1-x^2)^3}dx=-\frac{1}{2}\int \frac{(1-x^2)'}{(1-x^2)^3}dx$$

$$=-\frac{1}{2}\int (1-x^2)^{-3}(1-x^2)'dx=\frac{1}{4}(1-x^2)^{-2}+C$$

例題4　三角関数の積分（半角の公式）

$\displaystyle\int_0^{\pi}\sqrt{1-\cos x}\,dx$を求めよ。

〈福岡県・福岡市・北九州市改題〉

解答 $2\sqrt{2}$

解説 三角関数の半角の公式を使って根号を外す。

$$(\text{与式})=\int_0^{\pi}\sqrt{2\sin^2\frac{x}{2}}\,dx=\sqrt{2}\int_0^{\pi}\sin\frac{x}{2}\,dx=\sqrt{2}\left[-2\cos\frac{x}{2}\right]_0^{\pi}=2\sqrt{2}$$

例題5　三角関数の積分（２倍角の公式）

$\displaystyle\int\sin x\cos x\,dx$を求めよ。

解答

$$\int\sin x\cos x\,dx=\int\sin x\,(\sin x)'\,dx=\frac{1}{2}\sin^2 x+C\quad\cdots①$$

２倍角の公式を用いてもよい。

$$\int\sin x\cos x\,dx=\frac{1}{2}\int\sin 2x\,dx=-\frac{1}{4}\cos 2x+C\quad\cdots②$$

解説 「①と②で結果が違う」が，両者は実は“定数の差”の違いでしかない。実際，②で$\cos 2x=1-2\sin^2 x$として$C-\dfrac{1}{4}$を改めてCと取り直せば①と一致する（不定積分ではCは“不定の”定数だったことを思い出そう）。定積分を計算する場合，①でも②でも結果は（当然ながら）同じになる。

例題6　置換積分

定積分$\displaystyle\int_0^{1}\frac{dx}{e^x+1}$を求めよ。

〈福岡県・福岡市・北九州市改題〉

解答 $\log\dfrac{2e}{e+1}$

解説 $e^x+1=t$とおくと

$$e^x=\frac{dt}{dx}\quad\therefore\quad dx=\frac{dt}{e^x}=\frac{dt}{t-1}$$

また
$$\begin{array}{c|cc} x & 0\to & 1 \\ \hline t & 2\to & e+1 \end{array}$$

$$\therefore\quad(\text{与式})=\int_2^{e+1}\frac{dt}{t(t-1)}=\int_2^{e+1}\left(\frac{1}{t-1}-\frac{1}{t}\right)dt=\left[\log\frac{t-1}{t}\right]_2^{e+1}$$

$$=\log\frac{e}{e+1}-\log\frac{1}{2}=\log\frac{2e}{e+1}$$

例題7　部分積分

定積分$\int_1^e(\log x)^2dx$の値を計算せよ。ただし，eは自然対数の底とする。

〈長崎県改題〉

解答 $e-2$

解説

$$(\text{与式})=\Big[x(\log x)^2\Big]_1^e-\int_1^e x\cdot 2(\log x)\frac{1}{x}dx=e-2\Big[x(\log x-1)\Big]_1^e=e-2$$

例題8　$(x-\alpha)^m(\beta-x)^n$のαからβまでの定積分

定積分$\int_\alpha^\beta(x-\alpha)^2(x-\beta)dx$を求めよ。

〈鳥取県〉

解答 $-\frac{1}{12}(\beta-\alpha)^4$

解説 被積分関数が定積分の下端と上端で0になることに着目して式変形する。

$$\begin{aligned}(\text{与式})&=\int_\alpha^\beta(x-\alpha)^2\{x-\alpha-(\beta-\alpha)\}dx\\&=\int_\alpha^\beta\{(x-\alpha)^3-(\beta-\alpha)(x-\alpha)^2\}dx\\&=\Big[\frac{1}{4}(x-\alpha)^4\Big]_\alpha^\beta-(\beta-\alpha)\Big[\frac{1}{3}(x-\alpha)^3\Big]_\alpha^\beta=-\frac{1}{12}(\beta-\alpha)^4\end{aligned}$$

補足

一般に$\int_\alpha^\beta(x-\alpha)^m(\beta-x)^ndx=\frac{m!n!}{(m+n+1)!}(\beta-\alpha)^{m+n+1}$が成り立つ。

特に$\int_\alpha^\beta(x-\alpha)(x-\beta)dx=-\frac{1}{6}(\beta-\alpha)^3$はよく使われる。

3　積分による計量

まず，図形の概形を把握する。図形が複数あるときは，相互の位置関係（上下または左右）や交点の座標（積分区間）を計算する。主な公式を次に示す。

曲線が囲む面積：$S=\int_a^b |f(x)-g(x)|dx$

回転体の体積：（ア）x軸まわり$V=\pi\int_a^b \{f(x)\}^2 dx$

（イ）y軸まわり$V=2\pi\int_a^b \{xf(x)\}dx$

（ア）

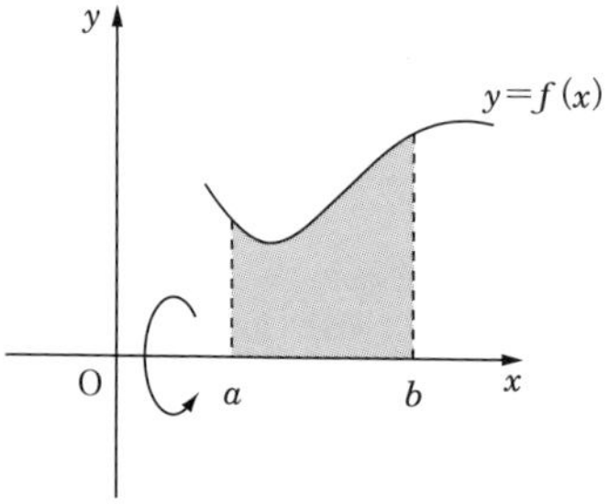

（イ）

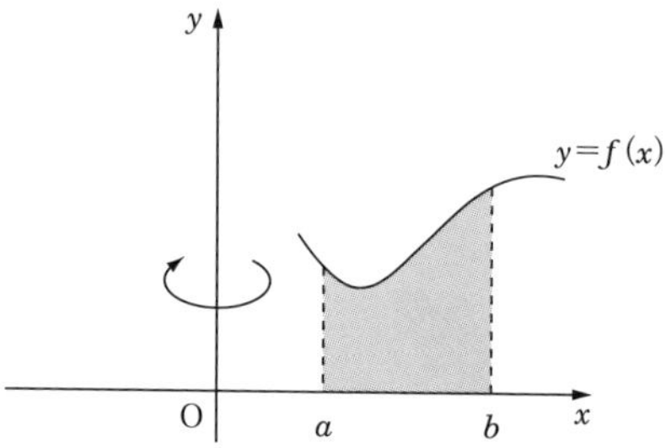

曲線の長さ：$L=\int_a^b \sqrt{1+\{f'(x)\}^2}\,dx$　（曲線$y=f(x)$）

$L=\int_\alpha^\beta \sqrt{\left(\frac{dx}{dt}\right)^2+\left(\frac{dy}{dt}\right)^2}\,dt$　（媒介変数表示）

例題9　2曲線に囲まれる図形の面積

2曲線$y=x^2$，$x=y^2$によって囲まれる図形の面積を求めよ。

〈福島県〉

解答　$\frac{1}{3}$

解説　交点のx座標は$x=x^4$より$x=0$，1で，この区間では$\sqrt{x}\geqq x^2$である。

よって，求める面積をSとすると

$$S=\int_0^1 (\sqrt{x}-x^2)dx=\left[\frac{2}{3}x^{\frac{3}{2}}-\frac{1}{3}x^3\right]_0^1=\frac{1}{3}$$

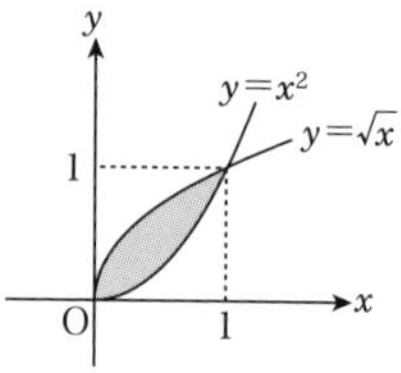

補足　両曲線は直線$y=x$に関して対称なので$S=2\int_0^1 (x-x^2)dx$としてもよい。

例題10　回転体の体積

曲線$\dfrac{x^2}{9}+y^2=1$で囲まれた図形を，x軸の周りに1回転してできる立体の体積を求めよ。

〈高知県〉

解答　4π

解説　図形は，長径3，短径1の横長の楕円である。求める体積をVとすると

$$V=\pi\int_{-3}^{3}y^2dx=\pi\int_{-3}^{3}\left(1-\frac{x^2}{9}\right)dx$$
$$=2\pi\left[x-\frac{x^3}{27}\right]_0^3=4\pi$$

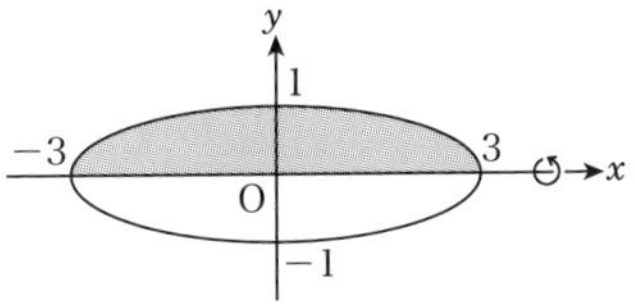

4　微分方程式

1階(線形)微分方程式で，変数分離形(例えばyを左辺にxを右辺に集めることができる形)の問題が多い。問題によっては，与えられた微分方程式をさらに微分すると，y'についての簡単な微分方程式になるので，いったんy'を求め，それを積分する。このとき得られた解は必要条件であることに注意する。すなわち，もとの方程式に戻って十分性を確認すること。

例題11　変数分離形の微分方程式

微分方程式$2x\dfrac{dy}{dx}=y$を満たす曲線のうち，点(1，1)を通るものを求めよ。

〈鹿児島県〉

解答　$y^2=x$

解説　変数を分離して積分する。

$$\frac{2}{y}\frac{dy}{dx}=\frac{1}{x}\quad\therefore\quad\int\frac{2}{y}\frac{dy}{dx}dx=\int\frac{dx}{x}\quad\therefore\quad 2\int\frac{dy}{y}=\int\frac{dx}{x}$$

$\therefore\quad 2\log|y|=\log|x|+C$　(Cは積分定数)

$\therefore\quad y^2=e^C|x|\qquad\therefore\quad y^2=\pm e^Cx$

$\pm e^C$を改めてCとおくと，$y^2=Cx$

これが，点(1，1)を通るので，$C=1$

よって，求める曲線の方程式は$y^2=x$(放物線)

5　2重積分

xy平面上の領域Dで関数$z=f(x,\ y)$が定義されているとき

$$D=\{(x,\ y)\mid g(x)\leqq y\leqq f(x),\ a\leqq x\leqq b\}$$

$$\Rightarrow\iint_D f(x,\ y)\,dxdy=\int_a^b\left(\int_{g(x)}^{f(x)}f(x,\ y)\,dy\right)dx$$

特に，極座標$\begin{cases}x=r\cos\theta\\ y=r\sin\theta\end{cases}$を用いて$D$を

$$E=\{(r,\ \theta)\mid a\leqq r\leqq b,\ \alpha\leqq\theta\leqq\beta\}$$

と表せるときは，次の公式が使える（実践問題28参照）。

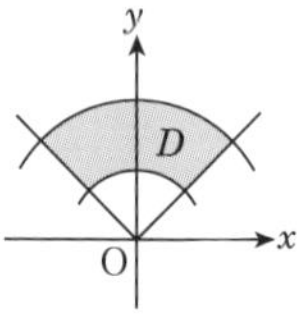

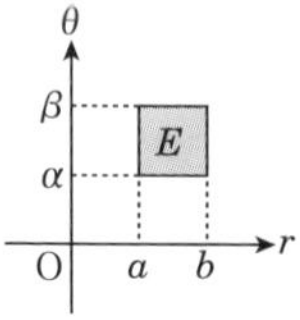

$$\iint_D f(x,\ y)\,dxdy=\iint_E f(r\cos\theta,\ r\sin\theta)\,r\,drd\theta$$

$$=\int_a^b\left(\int_\alpha^\beta f(r\cos\theta,\ r\sin\theta)\,d\theta\right)rdr$$

一般に，写像

$$\Phi:\ \begin{array}{ccc}E&\to&D\\ \Cup&&\Cup\\ (u,\ v)&\to&(x,\ y)\end{array}\qquad\begin{cases}x=x(u,\ v)\\ y=y(u,\ v)\end{cases}$$

によりEとDが1対1に対応するならば

$$\iint_D f(x,\ y)\,dxdy=\iint_E f(x(u,\ v),\ y(u,\ v))\,|J_\Phi|\,dudv\quad J_\Phi=\det\begin{pmatrix}\dfrac{\partial x}{\partial u}&\dfrac{\partial x}{\partial v}\\ \dfrac{\partial y}{\partial u}&\dfrac{\partial y}{\partial v}\end{pmatrix}$$

例題12　三角形領域上での積分

領域Dを$\{(x,\ y)\mid x\geqq 0$かつ$y\geqq 0$かつ$x+y\leqq 1\}$とするとき，

$\displaystyle\iint_D(1-x-y)\,dxdy$を求めよ。

〈岐阜県改題〉

解答　$\dfrac{1}{6}$

解説　Dはxy平面の直角二等辺三角形の内部である。xを固定する，つまりy軸に平行な直線でDを切ると，$D=\{(x,\ y)\mid 0\leqq y\leqq 1-x$かつ$0\leqq x\leqq 1\}$と表せるので

(与式) $=\displaystyle\int_0^1\left(\int_0^{1-x}(1-x-y)\,dy\right)dx$

$\displaystyle=\int_0^1\left[(1-x)y-\frac{1}{2}y^2\right]_0^{1-x}dx$

$\displaystyle=\int_0^1\frac{1}{2}(1-x)^2dx=\left[-\frac{1}{6}(1-x)^3\right]_0^1=\frac{1}{6}$

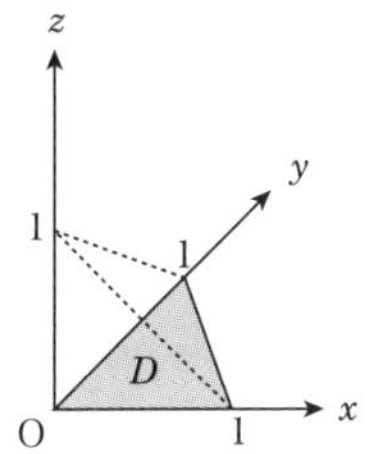

補足　$z=1-x-y$ とおくと，これは xyz 空間の3点A(1，0，0)，B(0，1，0)，C(0，0，1)を通る平面なので，与式は三角すい（四面体）OABCの体積を表す。

例題13　一般的な領域上での積分

$D=\left\{(x,\ y)\ \middle|\ \sqrt{\dfrac{x}{4}}+\sqrt{\dfrac{y}{3}}\leqq 1,\ x\geqq 0,\ y\geqq 0\right\}$ のとき，$\displaystyle\iint_D x\,dxdy$ を求めよ。

〈愛知県改題〉

解答　$\dfrac{8}{5}$

解説

$D=\left\{(x,\ y)\ \middle|\ 0\leqq y\leqq 3\left(1-\sqrt{\dfrac{x}{4}}\right)^2,\ 0\leqq x\leqq 4\right\}$ と表せるので

(与式) $\displaystyle=\int_0^4\left(\int_0^{3\left(1-\sqrt{x}+\frac{x}{4}\right)}x\,dy\right)dx=\int_0^4 3\left(1-\sqrt{x}+\frac{x}{4}\right)x\,dx$

$\displaystyle=3\left[\frac{1}{2}x^2-\frac{2}{5}x^{\frac{5}{2}}+\frac{1}{4\cdot 3}x^3\right]_0^4=3\left(\frac{4^2}{2}-\frac{2\cdot 4^2\cdot 2}{5}+\frac{4^3}{4\cdot 3}\right)$

$=\dfrac{8}{5}$

補足

$\sqrt{\dfrac{x}{4}}=u,\ \sqrt{\dfrac{y}{3}}=v$ と置換すると，$\begin{cases}x=4u^2\\ y=3v^2\end{cases}$ で，

D は $E=\{(u,\ v)\mid u+v\leqq 1,\ u\geqq 0,\ v\geqq 0\}$ と対応する。よって

$J_\Phi=\det\begin{pmatrix}8u & 0\\ 0 & 6v\end{pmatrix}=48uv$　より

(与式) $\displaystyle=\iint_E(4u^2)\,|48uv|\,dudv=\int_0^1\left(\int_0^{1-u}4\cdot 48u^3v\,dv\right)du$

$\displaystyle=\int_0^1\left[2\cdot 48u^3v^2\right]_0^{1-u}du=2\cdot 48\int_0^1 u^3(1-u)^2du$

$=2\cdot 48\cdot\dfrac{3!2!}{(3+2+1)!}=\dfrac{8}{5}$

演習問題

1 ★☆☆

$\int_x^a f(t)\,dt = x^2 + 2x - 3$ を満たす関数 $f(x)$ と定数 a の値を求めよ。

〈沖縄県〉

2 ★☆☆

x の関数 $y = f(x) = \int_0^1 |2t - x|\,dt$ のグラフをかけ。

〈青森県〉

3 ★★☆

$\tan\dfrac{\theta}{2} = t$ とおくとき，次の各問いに答えよ。

(1)　t を用いて，$\sin\theta = \dfrac{2t}{1+t^2}$，$\cos\theta = \dfrac{1-t^2}{1+t^2}$ をそれぞれ導け。

(2)　次の不定積分を求めよ。ただし，積分定数 C はつけなくてよい。

$$\int \frac{\sin\theta}{1+\sin\theta}\,d\theta$$

〈青森県〉

4 ★★☆

次の各問いに答えよ。

(1)　不定積分 $\int \sqrt{x^2+1}\,dx$ を $\sqrt{x^2+1} + x = t$ と置き換えることによって求めよ。

(2)　放物線 $y = \dfrac{1}{2}x^2 + \dfrac{1}{2}$ の $0 \leqq x \leqq 2$ の部分の曲線の長さを求めよ。

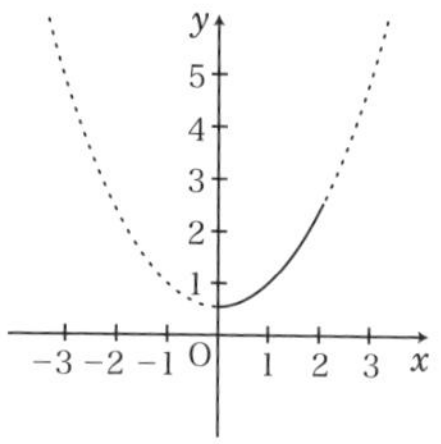

〈福井県〉

5 ★★☆

定積分 $a_n = \int_0^1 x^{2n}\sqrt{1-x^2}\,dx$ $(n = 0, 1, 2, \cdots\cdots)$ について，次の各問いに答えよ。

(1)　a_0の値を求めよ。

(2)　a_1の値を求めよ。

(3)　$a_n < \dfrac{1}{2n+1}$ $(n=0,\ 1,\ 2,\ \cdots\cdots)$ が成り立つことを証明し，$\lim_{n\to\infty} a_n$を求めよ。

〈埼玉県・さいたま市〉

6 ★☆☆

次の各問いに答えよ。

(1)　$\displaystyle\int \frac{dx}{\cos x} = \frac{1}{2}\log\left(\frac{1+\sin x}{1-\sin x}\right) + C$ (Cは積分定数) が成り立つことを，置換積分法を用いて証明せよ。

(2)　$\displaystyle\frac{d}{dx}\left\{\log\left|\frac{1+\sin x}{\cos x}\right|\right\} = \frac{1}{\cos x}$が成り立つことを導き，

$\displaystyle\int \frac{dx}{\cos x} = \log\left|\frac{1+\sin x}{\cos x}\right| + C$ (Cは積分定数) が成り立つことを証明せよ。

(3)　(1), (2)の結果から，ある生徒が$\dfrac{1}{2}\log\left(\dfrac{1+\sin x}{1-\sin x}\right)$と$\log\left|\dfrac{1+\sin x}{\cos x}\right|$は等しくなるのかどうかを質問に来た。

　このとき，$\dfrac{1}{2}\log\left(\dfrac{1+\sin x}{1-\sin x}\right) = \log\left|\dfrac{1+\sin x}{\cos x}\right|$であることを，あなたが生徒に示す解答を書け。

〈香川県〉

7 ★★☆

次の各問いに答えよ。

(1)　関数$y = \sin^{-1}x$ $(-1 < x < 1)$ を微分せよ。また，不定積分$\displaystyle\int \sin^{-1}x\,dx$を求めよ。

(2)　$\displaystyle\int (\sin^{-1}x)^n dx = x(\sin^{-1}x)^n + n\sqrt{1-x^2}\,(\sin^{-1}x)^{n-1} - n(n-1)\int (\sin^{-1}x)^{n-2}dx$を証明せよ。

〈岡山県〉

8 ★☆☆

$\displaystyle\lim_{n\to\infty}\frac{1}{n}\left(\sqrt{3} + \sqrt{3+\frac{1}{n}} + \sqrt{3+\frac{2}{n}} + \cdots\cdots + \sqrt{3+\frac{n-1}{n}}\right)$の値を求めよ。

〈広島県・広島市〉

9 ★★☆

自然数n（ただし，$n \geqq 2$である）について，次の各問いに答えよ。

(1) $\displaystyle\int_1^n \log x\, dx$を求めよ。

(2) 不等式$n^{\frac{n-1}{2}} < n^n e^{-n+1} < n!$が成り立つことを示せ。

〈島根県〉

10 ★★☆

点P$(-2,\ 1)$から放物線$y^2 = 4x$へ2本の接線を引き，その接点をA, Bとする。このとき，2点A, Bを通る直線lと放物線とで囲まれた部分の面積を求めよ。

〈広島県・広島市〉

11 ★★☆

原点をOとし，放物線C：$y=x^2$上に2点P$(p,\ p^2)$，Q$(q,\ q^2)$を$\angle$POQ$=90°$となるようにとる。（ただし，$p<0<q$とする。）

直線PQの傾きをmとするとき，次の各問いに答えよ。

(1) $pq=-1$を示せ。

(2) △OPQの面積をmを用いて表せ。

(3) 点Pにおける曲線Cの接線，点Qにおける曲線Cの接線および曲線Cとで囲まれた図形の面積が，△OPQの面積と等しくなるように傾きmの値を定めよ。

〈佐賀県〉

12 ★★☆

点$(1,\ 3)$を通り，傾きがmの直線と放物線C：$y=x^2$の2つの交点をP, Qとする。放物線CのP, Qにおける接線をそれぞれg, hとするとき，次の各問いに答えよ。

(1) 点P, 点Qのx座標をα，β $(\alpha<\beta)$とする。$\alpha+\beta$および$\alpha\beta$をmで表せ。

(2) 2つの接線g, hの交点をRとするとき，点Rのx座標をα，βで表せ。

(3) 2つの接線g, hと放物線Cで囲まれる部分の面積を最小にするmの値を求めよ。

〈香川県〉

13 ★★☆

曲線$y=\dfrac{2}{x}$の第1象限の部分をCとする。曲線C上にAB＝3となる2点A, Bをとると，線分OA, OBおよび曲線Cで囲まれた図形の面積が$\log 16$になった。このとき，2点A, Bの座標を求めよ。ただし，(Aのx座標)＜(Bのx座標)とし，また，点Oは原点，対数は自然対数とする。

〈千葉県・千葉市改題〉

14 ★★☆

xy平面上に点A$(\sqrt{3},\ 1)$がある。原点を通る曲線C上の任意の点P$(x,\ y)$における法線の傾きは直線APの傾きの3倍である。このとき，次の各問いに答えよ。

(1)　曲線Cの方程式を求めよ。

(2)　直線$y=2$が曲線Cと交わる点をそれぞれ点B, Dとする。
(ただし(Bのx座標)＜(Dのx座標))
曲線C上の2点B, Dにおける接線と，曲線Cで囲まれる図形の面積を求めよ。

〈北海道・札幌市〉

15 ★☆☆

連立不等式$0\leqq x\leqq \pi$, $\sin x\leqq y\leqq \sin 2x$の表す領域の面積を求めよ。

〈福岡県・福岡市・北九州市〉

16 ★★☆

次の各問いに答えよ。

(1)　$I_n=\displaystyle\int_0^{\frac{\pi}{2}}\sin^n x\,dx\ (n=0,\ 1,\ 2,\ \cdots\cdots)$とおくとき，$I_{n+2}=\dfrac{n+1}{n+2}I_n$が成り立つことを証明せよ。

(2)　曲線$x=\cos^3 t,\ y=\sin^3 t\quad\left(0\leqq t\leqq\dfrac{\pi}{2}\right)$と$x$軸および$y$軸とで囲まれた図形の面積を求めよ。

〈京都府〉

17 ★★☆

図のように，半径a ($a>0$) の円の円周上に１点Pがあり，中心Cが点 $(0, a)$ と一致し，点Pが原点と一致するように座標平面上に置かれている。いま，この円が，x軸上を正の方向に滑ることなく１回転するとき，点Pが描く曲線について，次の各問いに答えよ。

⑴　この曲線の名称を答えよ。また，円がx軸と接する点をTとするとき，CPが回転した角度すなわち∠TCPをθ（ラジアン）とする。このとき，曲線の方程式をθを媒介変数として求めよ。

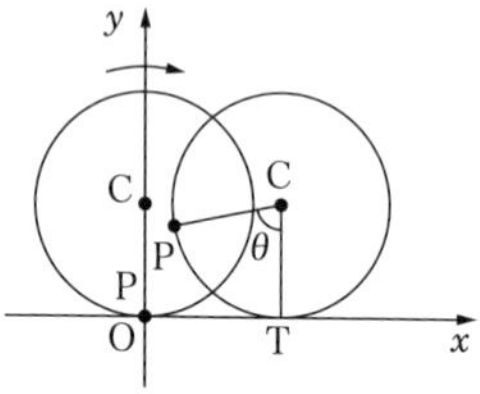

⑵　この曲線とx軸とで囲まれた部分の面積を求めよ。

〈山梨県〉

18 ★★☆

次の媒介変数tを用いて表される曲線について，次の各問いに答えよ。

$$\begin{cases} x=\sin t \\ y=\sin 2t \end{cases}$$

⑴　曲線のグラフをかけ。

⑵　曲線で囲まれた図形の面積を求めよ。

〈愛媛県〉

19 ★★☆

xy平面において，放物線$y=x^2$と直線$y=x$によって囲まれた図形を，直線$y=x$のまわりに回転させてできる回転体の体積を求めよ。

〈京都市〉

20 ★☆☆

２つの曲線$y=2\sin x\left(0\leqq x\leqq\dfrac{\pi}{2}\right)$，$y=\tan x\left(0\leqq x<\dfrac{\pi}{2}\right)$で囲まれる図形をAとするとき，次の各問いに答えよ。

⑴　$y=\tan x$を微分せよ。

⑵　図形Aの面積を求めよ。

⑶　図形Aをx軸の周りに一回転させてできる立体の体積を求めよ。

〈山形県〉

21 ★★★

次の各問いに答えよ。

(1) $\int e^{ax}\cos bx dx$を求めよ。ただし，$a \neq 0$とする。

(2) 関数$y=e^{-x}\sin x$ $(x \geqq 0)$のグラフをx軸のまわりに回転してできる立体の体積を求めよ。

〈静岡県・静岡市〉

22 ★☆☆

$x=2\cos^3 t$, $y=2\sin^3 t$ $(0 \leqq t \leqq 2\pi)$で表されている曲線の長さを求めよ。

〈愛知県〉

23 ★☆☆

$y=\log(x+\sqrt{x^2-1})$ $(\sqrt{2} \leqq x \leqq 5)$の曲線の長さを求めよ。

〈茨城県〉

24 ★★☆

x軸上に２点P，Qがあり，それぞれの座標は，$x=2$，$x=-2$である。この２点が同時に出発してx軸上を動く。出発してからt秒後の速度をそれぞれV_p，V_qとすると，

$V_p=3t^2-12t+9$　　$V_q=3t^2-16t+18$

である。このとき，次の各問いに答えよ。

(1) 初めて２点が重なるのは，出発してから何秒後か求めよ。

(2) 出発してから最後に２点が重なるまでに，点Pが動いた道のりを求めよ。

〈山梨県〉

25 ★★☆

微分方程式$x\dfrac{dy}{dx}-x-y=0$を解け。

〈沖縄県〉

26 ★☆☆

点(1，1)を通る曲線$y=f(x)$上の任意の点P(x, y)における接線がx軸と交わる点をQ，Pからx軸に下ろした垂線の足をRとする。線分QRの長さが常に1となるとき，この曲線の方程式を求めよ。

〈岡山県〉

演習問題　解答・解説

1

$\boldsymbol{f(x)=-2x-2}$

$\boldsymbol{a=1,\ -3}$

解説

$$\int_a^x f(t)\,dt=-x^2-2x+3$$

$$\frac{d}{dx}\int_a^x f(t)\,dt=-2x-2$$

$$\therefore\quad f(x)=-2x-2$$

与式で$x=a$とすると，

$$0=a^2+2a-3$$

$$\therefore\quad a=1,\ -3$$

2

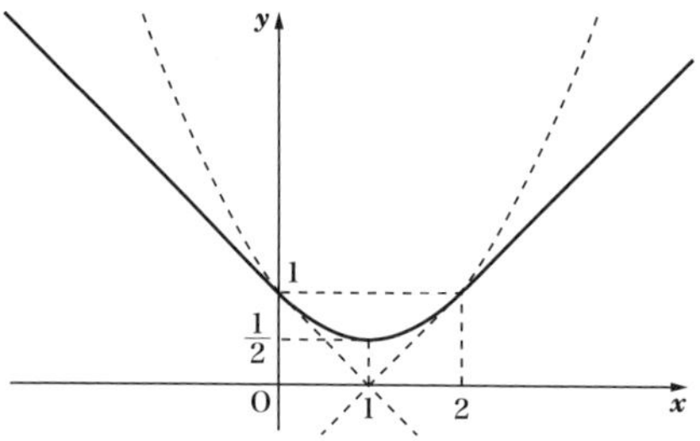

解説

$f(x)=\int_0^1 |2t-x|\,dt$の値は，ty平面における$y=|2t-x|$のグラフとt軸と2直線$t=0$，$t=1$が囲む部分の面積である。

図1

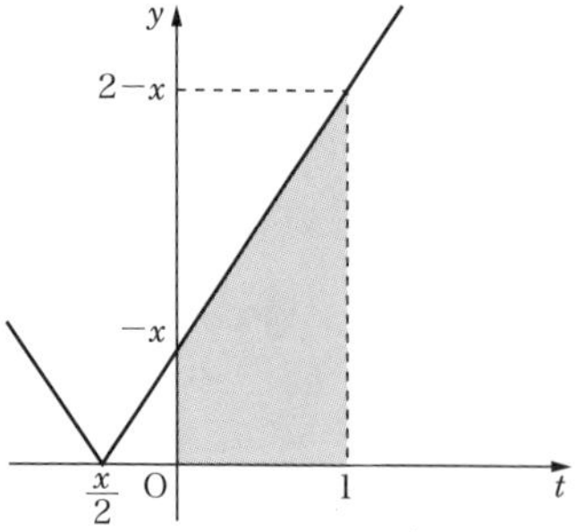

図2

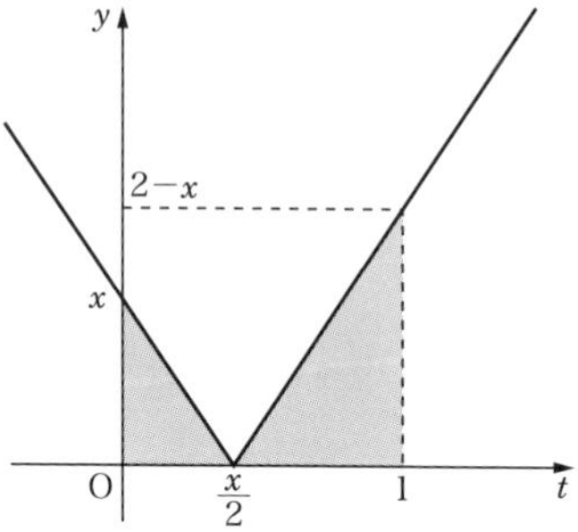

図3

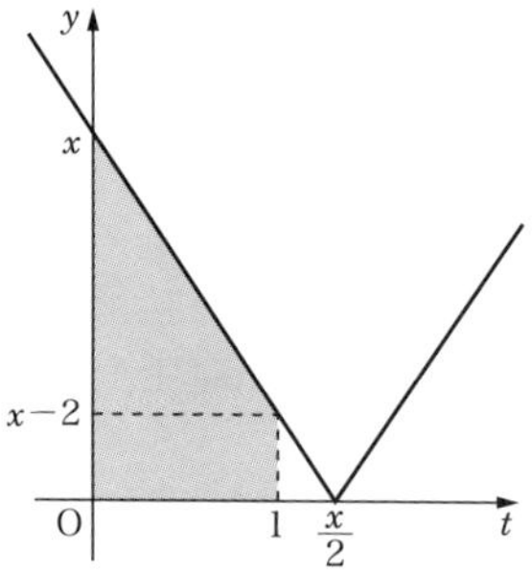

(ア)　$x\leqq 0$のとき

$f(x)$の値は図1の網目部分(台形)の面積であるから，

$$f(x)=\frac{1}{2}\{(-x)+(2-x)\}\cdot 1=1-x$$

となる。

(イ)　$0<x<2$のとき

$f(x)$の値は図2の網目部分の面積であるから，

$$f(x)=\frac{1}{2}\cdot\frac{x}{2}\cdot x+\frac{1}{2}\cdot\left(1-\frac{x}{2}\right)\cdot(2-x)$$

$$=\frac{1}{2}x^2-x+1$$

となる。

(ウ)　$2\leqq x$のとき

$f(x)$の値は図3の網目部分の面積である

から，

$$f(x)=\frac{1}{2}\{x+(x-2)\}\cdot 1=x-1$$

3

(1) $$\boldsymbol{\sin\theta=2\sin\frac{\theta}{2}\cos\frac{\theta}{2}}$$

$$\boldsymbol{=\frac{2\sin\frac{\theta}{2}\cos\frac{\theta}{2}}{\cos^2\frac{\theta}{2}+\sin^2\frac{\theta}{2}}}$$

$$\boldsymbol{=\frac{2\tan\frac{\theta}{2}}{1+\tan^2\frac{\theta}{2}}}$$

$$\boldsymbol{=\frac{2t}{1+t^2}}$$

$$\boldsymbol{\cos\theta=\cos^2\frac{\theta}{2}-\sin^2\frac{\theta}{2}}$$

$$\boldsymbol{=\frac{\cos^2\frac{\theta}{2}-\sin^2\frac{\theta}{2}}{\cos^2\frac{\theta}{2}+\sin^2\frac{\theta}{2}}}$$

$$\boldsymbol{=\frac{1-\tan^2\frac{\theta}{2}}{1+\tan^2\frac{\theta}{2}}}$$

$$\boldsymbol{=\frac{1-t^2}{1+t^2}}$$

(2) $$\boldsymbol{\theta+\frac{2}{\tan\frac{\theta}{2}+1}}$$

解説

(2) $\tan\frac{\theta}{2}=t$とおき，この両辺をtで微分すると，

$$\frac{1}{\cos^2\frac{\theta}{2}}\cdot\frac{1}{2}\cdot\frac{d\theta}{dt}=1$$

$$\therefore\quad d\theta=2\cos^2\frac{\theta}{2}dt=\frac{2}{1+\tan^2\frac{\theta}{2}}dt$$

$$=\frac{2}{1+t^2}dt$$

よって，

$$(\text{与式})=\int\frac{\frac{2t}{1+t^2}}{1+\frac{2t}{1+t^2}}\cdot\frac{2}{1+t^2}dt$$

$$=\int\frac{4t}{(1+t^2)(1+2t+t^2)}dt$$

$$=2\int\left(\frac{1}{t^2+1}-\frac{1}{t^2+2t+1}\right)dt$$

$$=2\int\frac{1}{t^2+1}dt-2\int\frac{1}{(t+1)^2}dt$$

$$=2\int\frac{1}{t^2+1}\cdot\frac{1+t^2}{2}d\theta+\frac{2}{t+1}$$

$$=\int d\theta+\frac{2}{t+1}$$

$$=\theta+\frac{2}{\tan\frac{\theta}{2}+1}$$

4

(1) $$\boldsymbol{\frac{1}{2}\{x\sqrt{x^2+1}+\log|x+\sqrt{x^2+1}|\}+C}$$

（$\boldsymbol{C}$は積分定数）

(2) $$\boldsymbol{\sqrt{5}+\frac{1}{2}\log(2+\sqrt{5})}$$

解説

(1) $\sqrt{x^2+1}+x=t$　より

$x^2+1=(t-x)^2$

$2tx=t^2-1$

よって，

$$x=\frac{t^2-1}{2t}$$

$$\frac{dx}{dt}=\frac{4t^2-2(t^2-1)}{4t^2}=\frac{t^2+1}{2t^2}\quad\cdots①$$

また，

$$\sqrt{x^2+1}=t-x=\frac{t^2+1}{2t}\quad\cdots②$$

したがって，①，②より，

$$(\text{与式})=\int\frac{t^2+1}{2t}\times\frac{t^2+1}{2t^2}dt$$

$$=\frac{1}{4}\int\left(t+\frac{2}{t}+\frac{1}{t^3}\right)dt$$

$$=\frac{1}{4}\left(\frac{1}{2}t^2+2\log|t|-\frac{1}{2}t^{-2}\right)+C$$

$$=\frac{1}{8}t^2+\frac{1}{2}\log|t|-\frac{1}{8}t^{-2}+C$$

（Cは積分定数）

ところで,

$$t^2=(\sqrt{x^2+1}+x)^2$$
$$=2x^2+1+2x\sqrt{x^2+1}$$

より,

$$\frac{1}{t^2}=\frac{1}{2x^2+1+2x\sqrt{x^2+1}}$$
$$=\frac{2x^2+1-2x\sqrt{x^2+1}}{(2x^2+1)^2-(2x\sqrt{x^2+1})^2}$$
$$=2x^2+1-2x\sqrt{x^2+1}$$

したがって,

（与式）

$$=\frac{1}{2}\{x\sqrt{x^2+1}+\log|x+\sqrt{x^2+1}|\}+C$$

（Cは積分定数）

(2) $y'=x$ だから, 求める曲線の長さをLとすると,

$$L=\int_0^2\sqrt{1+x^2}\,dx$$
$$=\left[\frac{1}{2}\{x\sqrt{x^2+1}+\log|x+\sqrt{x^2+1}|\}\right]_0^2$$
$$=\sqrt{5}+\frac{1}{2}\log(2+\sqrt{5})$$

5

(1) $a_0=\dfrac{\pi}{4}$　　(2) $a_1=\dfrac{\pi}{16}$

(3) $0<x<1$で$0<\sqrt{1-x^2}<1$であるから,

$$a_n=\int_0^1 x^{2n}\sqrt{1-x^2}\,dx<\int_0^1 x^{2n}dx$$
$$=\left[\frac{1}{2n+1}x^{2n+1}\right]_0^1=\frac{1}{2n+1}$$
$$\therefore\quad 0<a_n<\frac{1}{2n+1}$$

ここで, $n\to\infty$のとき$\dfrac{1}{2n+1}\to 0$なので, はさみうちの原理から

$$\lim_{n\to\infty}a_n=0$$

（証明終わり）

解説

(1) $a_0=\int_0^1\sqrt{1-x^2}\,dx$は, 単位円のうち第1象限にある部分の面積に等しいので, その値は$\dfrac{\pi}{4}$である。

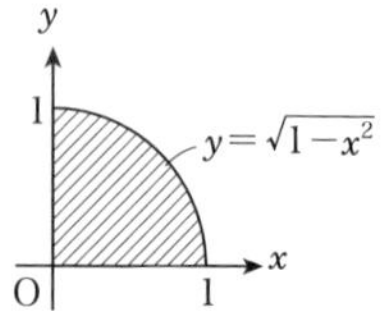

(2) $a_1=\int_0^1 x^2\sqrt{1-x^2}\,dx$

$x=\sin\theta$とおくと, $dx=\cos\theta\,d\theta$

$$a_1=\int_0^{\frac{\pi}{2}}\sin^2\theta\sqrt{1-\sin^2\theta}\cos\theta\,d\theta$$
$$=\int_0^{\frac{\pi}{2}}\sin^2\theta\cos^2\theta\,d\theta$$
$$=\frac{1}{4}\int_0^{\frac{\pi}{2}}\sin^2 2\theta\,d\theta$$
$$=\frac{1}{4}\cdot\frac{1}{2}\int_0^{\frac{\pi}{2}}(1-\cos 4\theta)\,d\theta$$
$$=\frac{1}{8}\left[\theta-\frac{1}{4}\sin 4\theta\right]_0^{\frac{\pi}{2}}$$
$$=\frac{1}{8}\left(\frac{\pi}{2}-\frac{1}{4}\sin 2\pi\right)=\frac{\pi}{16}$$

6

(1) $\boldsymbol{I=\int\dfrac{dx}{\cos x}}$とおくと

$$I=\int\frac{\cos x}{\cos^2 x}dx=\int\frac{\cos x}{1-\sin^2 x}dx$$

$t=\sin x$とおくと, $dt=\cos x\,dx$より,

$$I=\int\frac{1}{1-t^2}dt$$
$$=\frac{1}{2}\int\left(\frac{1}{1+t}+\frac{1}{1-t}\right)dt$$
$$=\frac{1}{2}\{\log|1+t|-\log|1-t|\}+C$$
$$=\frac{1}{2}\log\left|\frac{1+\sin x}{1-\sin x}\right|+C$$
$$=\frac{1}{2}\log\left(\frac{1+\sin x}{1-\sin x}\right)+C$$

（Cは積分定数）

（証明終わり）

(2) $\dfrac{d}{dx}\left\{\log\left|\dfrac{1+\sin x}{\cos x}\right|\right\}$

$=\dfrac{d}{dx}\{\log|1+\sin x|-\log|\cos x|\}$

$=\dfrac{\cos x}{1+\sin x}+\dfrac{\sin x}{\cos x}$

$=\dfrac{\cos^2 x+\sin x(1+\sin x)}{\cos x(1+\sin x)}$

$=\dfrac{1+\sin x}{\cos x(1+\sin x)}=\dfrac{1}{\cos x}$

したがって，

$\displaystyle\int\frac{dx}{\cos x}=\log\left|\frac{1+\sin x}{\cos x}\right|+C$

（Cは積分定数）

（証明終わり）

(3) $\dfrac{1}{2}\log\left(\dfrac{1+\sin x}{1-\sin x}\right)=\log\sqrt{\dfrac{1+\sin x}{1-\sin x}}$

$=\log\sqrt{\dfrac{(1+\sin x)^2}{1-\sin^2 x}}$

$=\log\sqrt{\dfrac{(1+\sin x)^2}{\cos^2 x}}$

$=\log\sqrt{\left(\dfrac{1+\sin x}{\cos x}\right)^2}$

$=\log\left|\dfrac{1+\sin x}{\cos x}\right|$

ゆえに，

$\dfrac{1}{2}\log\left(\dfrac{1+\sin x}{1-\sin x}\right)=\log\left|\dfrac{1+\sin x}{\cos x}\right|$

7

(1) $y'=\dfrac{1}{\sqrt{1-x^2}}$

$\displaystyle\int\sin^{-1}x\,dx=x\sin^{-1}x+\sqrt{1-x^2}+C$

（Cは積分定数）

(2) $f'(x)=1$，$g(x)=(\sin^{-1}x)^n$とすると，

$f(x)=x,\ g'(x)=\dfrac{n(\sin^{-1}x)^{n-1}}{\sqrt{1-x^2}}$

だから，

$\displaystyle\int(\sin^{-1}x)^n dx$

$\displaystyle=x(\sin^{-1}x)^n-n\int\frac{x}{\sqrt{1-x^2}}(\sin^{-1}x)^{n-1}dx$

ここで，

$f(x)=(\sin^{-1}x)^{n-1}$

$g'(x)=\dfrac{x}{\sqrt{1-x^2}}$

とすると，

$f'(x)=(n-1)(\sin^{-1}x)^{n-2}\times\dfrac{1}{\sqrt{1-x^2}}$

$g(x)=-\sqrt{1-x^2}$

だから，

$\displaystyle\int\frac{x}{\sqrt{1-x^2}}(\sin^{-1}x)^{n-1}dx$

$=-\sqrt{1-x^2}(\sin^{-1}x)^{n-1}$

$\displaystyle\qquad+(n-1)\int(\sin^{-1}x)^{n-2}dx$

以上より，

$\displaystyle\int(\sin^{-1}x)^n dx$

$=x(\sin^{-1}x)^n+n\sqrt{1-x^2}(\sin^{-1}x)^{n-1}$

$\displaystyle\qquad-n(n-1)\int(\sin^{-1}x)^{n-2}dx$

（証明終わり）

解説

(1) $y=\sin^{-1}x$より，$x=\sin y$　…①

$\dfrac{dx}{dy}=\cos y$　$\therefore$　$\dfrac{dy}{dx}=\dfrac{1}{\cos y}$　…②

$-1<x<1$より$\cos y>0$だから，

$\sin^2 y+\cos^2 y=1$より

$\cos y=\sqrt{1-\sin^2 y}=\sqrt{1-x^2}$

よって，②より，

$\dfrac{dy}{dx}=\dfrac{1}{\sqrt{1-x^2}}$

次に，$f'(x)=1$，$g(x)=\sin^{-1}x$とすると，

$f(x)=x,\ g'(x)=\dfrac{1}{\sqrt{1-x^2}}$

よって，

$\displaystyle\int\sin^{-1}x\,dx$

$\displaystyle=x\sin^{-1}x-\int\frac{x}{\sqrt{1-x^2}}dx$

ところで，$1-x^2=t$とすると，$-2x\,dx=dt$

だから，

$\displaystyle\int\sin^{-1}x\,dx=x\sin^{-1}x+\int\frac{1}{2\sqrt{t}}dt$

$=x\sin^{-1}x+\sqrt{t}+C$

$=x\sin^{-1}x+\sqrt{1-x^2}+C$

（Cは積分定数）

8

$\dfrac{16}{3}-2\sqrt{3}$

解説

区分求積法より，

$$(\text{与式})=\int_0^1\sqrt{3+x}\,dx$$
$$=\left[\frac{2}{3}(3+x)^{\frac{3}{2}}\right]_0^1$$
$$=\frac{2}{3}(8-3\sqrt{3})$$
$$=\frac{16}{3}-2\sqrt{3}$$

9

(1)　$\boldsymbol{n}\log\boldsymbol{n}-\boldsymbol{n}+1$

(2)

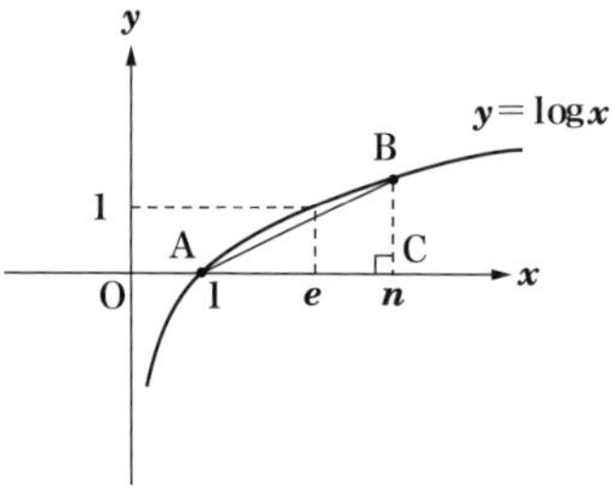

$\triangle$ABCの面積$<\displaystyle\int_1^n\log x\,dx$より，

$$\frac{1}{2}(n-1)\log n<\int_1^n\log x\,dx$$
$$\log n^{\frac{1}{2}(n-1)}<n\log n-n+1$$
$$=\log n^n+\log e^{-n+1}$$
$$=\log n^ne^{-n+1}$$

したがって

$$n^{\frac{n-1}{2}}<n^ne^{-n+1}$$

また，次図のように

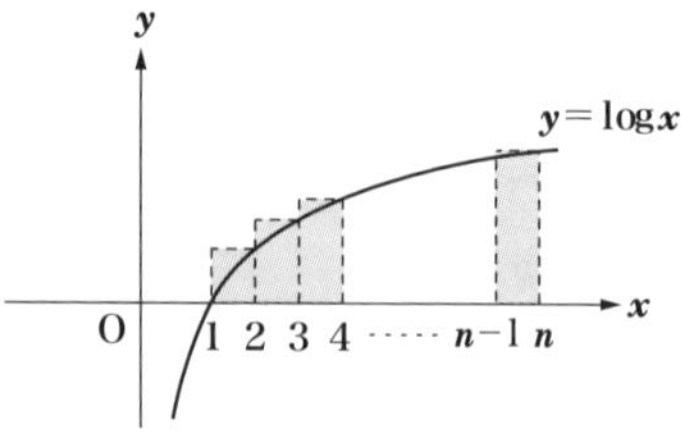

$\displaystyle\int_1^n\log x\,dx<$（網目部分の長方形の面積の和）より，

$$\int_1^n\log x\,dx<\sum_{k=2}^{n}\log k$$
$$n\log n-n+1<\log 2+\log 3+\cdots+\log n$$
$$\log n^ne^{-n+1}<\log(1\times2\times3\times\cdots\times n)$$
$$\therefore\quad n^ne^{-n+1}<n!$$

よって，$n^{\frac{n-1}{2}}<n^ne^{-n+1}<n!$が示された。

10

9

解説

$2yy'=4$より，接点T$\left(\dfrac{t^2}{4},\ t\right)$における接線の方程式は，

$$y-t=\frac{2}{t}\left(x-\frac{t^2}{4}\right)$$

これが点$(-2,\ 1)$を通るので

$$1-t=\frac{2}{t}\left(-2-\frac{t^2}{4}\right)$$
$$t^2-2t-8=0$$
$$\therefore\quad t=-2,\ 4$$
$$\therefore\quad \mathrm{A}(1,\ -2),\ \mathrm{B}(4,\ 4)$$

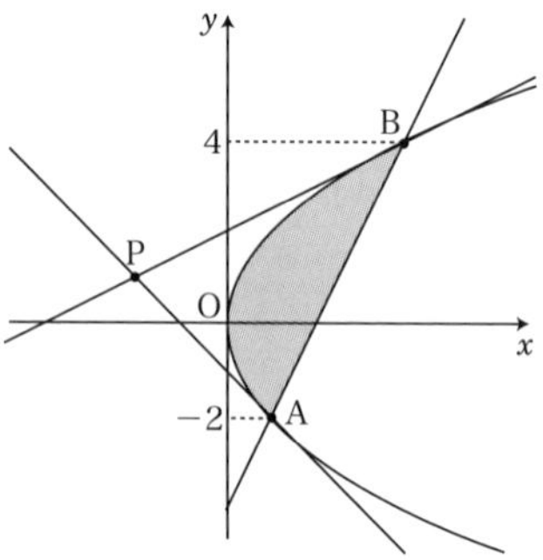

よって，直線ABの方程式は，

$y=2x-4$

$\therefore\quad x=\dfrac{1}{2}y+2$

求める面積Sは，

$$S=\int_{-2}^{4}\left(\frac{1}{2}y+2-\frac{1}{4}y^2\right)dy$$

$$=\frac{1}{4}\cdot\frac{1}{6}\{4-(-2)\}^3$$

$$=9$$

11

(1)　直線OPの傾き$\boldsymbol{p}$，直線OQの傾き$\boldsymbol{q}$で，$\angle$POQ＝90°だから，$\boldsymbol{pq=-1}$

(2)　$\boldsymbol{\dfrac{1}{2}\sqrt{m^2+4}}$

(3)　$\boldsymbol{m=\pm\sqrt{2}}$

解説

(2)　$\triangle\mathrm{OPQ}=\dfrac{1}{2}|pq^2-p^2q|$

$$=\frac{1}{2}|pq(q-p)|$$

$$=\frac{1}{2}(q-p)\quad(\because\ pq=-1,\ p<q)$$

である。

ここで　$m=\dfrac{q^2-p^2}{q-p}=p+q$により

$$(q-p)^2=(p+q)^2-4pq=(p+q)^2+4$$

$$=m^2+4$$

$\therefore\quad q-p=\sqrt{m^2+4}\quad\cdots①$

となるので，

$$\triangle\mathrm{OPQ}=\frac{1}{2}\sqrt{m^2+4}$$

(3)　放物線Cの，点Pおよび点Qにおける接線をそれぞれl, nとおくと，

$l:y=2px-p^2$

$n:y=2qx-q^2$

である。

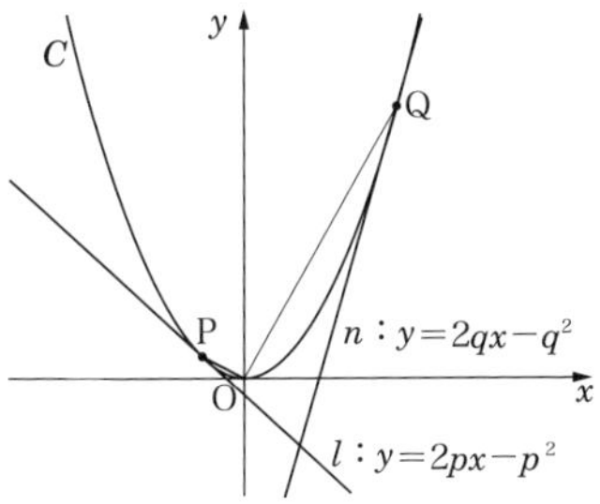

接線lとnの交点は$\left(\dfrac{p+q}{2},\ -1\right)$だから，

2つの接線と曲線Cで囲む部分の面積は，

$$\int_{p}^{\frac{p+q}{2}}\{x^2-(2px-p^2)\}dx+\int_{\frac{p+q}{2}}^{q}\{x^2-(2qx-q^2)\}dx$$

$$=\int_{p}^{\frac{p+q}{2}}(x-p)^2dx+\int_{\frac{p+q}{2}}^{q}(x-q)^2dx$$

$$=\left[\frac{1}{3}(x-p)^3\right]_{p}^{\frac{p+q}{2}}+\left[\frac{1}{3}(x-q)^3\right]_{\frac{p+q}{2}}^{q}$$

$$=\frac{1}{3}\left(\frac{-p+q}{2}\right)^3-\frac{1}{3}\left(\frac{p-q}{2}\right)^3$$

$$=\frac{1}{12}(q-p)^3$$

$$=\frac{1}{12}(m^2+4)\sqrt{m^2+4}\quad(\because\ (2)の①)$$

題意より，

$$\frac{1}{12}(m^2+4)\sqrt{m^2+4}=\frac{1}{2}\sqrt{m^2+4}$$

$\therefore\quad m=\pm\sqrt{2}$

12

(1) $\boldsymbol{\alpha+\beta=m,\ \alpha\beta=m-3}$

(2) $\dfrac{\boldsymbol{\alpha+\beta}}{\boldsymbol{2}}$

(3) $\boldsymbol{m=2}$

解説

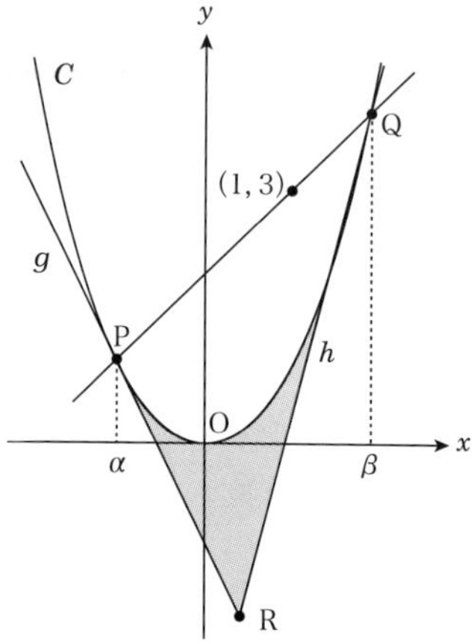

(1) $\begin{cases} y=m(x-1)+3 & \cdots① \\ y=x^2 & \cdots② \end{cases}$

①, ②より,

$x^2-mx+m-3=0\quad\cdots③$

③の判別式をDとすると,

$D=(m-2)^2+8>0$

したがって, 異なる2つの点P, Qで交わる。

③において解と係数の関係から,

$\alpha+\beta=m,\ \alpha\beta=m-3$

(2) $(x^2)'=2x$より

接線 $g: y=2\alpha x-\alpha^2\quad\cdots④$

接線 $h: y=2\beta x-\beta^2\quad\cdots⑤$

④, ⑤からyを消去すると

$x=\dfrac{\alpha+\beta}{2}$

となるので, 点Rのx座標は, $\dfrac{\alpha+\beta}{2}$

(3) 題意の部分の面積を$S(m)$とする。

$S(m)$

$=\displaystyle\int_{\alpha}^{\frac{\alpha+\beta}{2}}(x-\alpha)^2dx+\int_{\frac{\alpha+\beta}{2}}^{\beta}(x-\beta)^2dx$

$=\dfrac{1}{3}\Big[(x-\alpha)^3\Big]_{\alpha}^{\frac{\alpha+\beta}{2}}+\dfrac{1}{3}\Big[(x-\beta)^3\Big]_{\frac{\alpha+\beta}{2}}^{\beta}$

$=\dfrac{2}{3}\cdot\dfrac{(\beta-\alpha)^3}{8}$

$=\dfrac{(\beta-\alpha)^3}{12}$

ところで,

$(\beta-\alpha)^2=(\alpha+\beta)^2-4\alpha\beta$

$=m^2-4m+12$

$=(m-2)^2+8$

$\alpha<\beta$より, $\beta-\alpha>0$だから

$\beta-\alpha=\sqrt{(m-2)^2+8}$

したがって, $\beta-\alpha$は$m=2$のとき最小となり, $(\beta-\alpha)^3$も最小となる。

ゆえに, 面積$S(m)$を最小にするのは, $m=2$のとき

13

$\mathbf{A}\left(\dfrac{\sqrt{2}}{2},\ 2\sqrt{2}\right),\ \mathbf{B}\left(2\sqrt{2},\ \dfrac{\sqrt{2}}{2}\right)$

解説

2点A, Bのx座標を, それぞれa, b(ただし, $0<a<b$)とする。

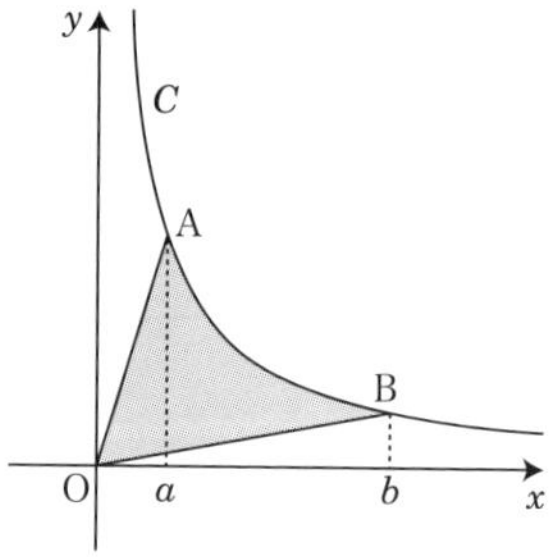

まず, 線分OA, OBおよび曲線Cで囲まれた図形の面積Sは,

$S=\dfrac{1}{2}\times a\times\dfrac{2}{a}+\displaystyle\int_a^b\dfrac{2}{x}dx-\dfrac{1}{2}\times b\times\dfrac{2}{b}$

$=1+2\Big[\log x\Big]_a^b-1=2\log\dfrac{b}{a}$

題意より,

$2\log\dfrac{b}{a}=\log 16$

$\log\frac{b}{a}=\frac{1}{2}\log 16$

$\frac{b}{a}=16^{\frac{1}{2}}=4$

よって，$b=4a$　…①

次に，AB＝3より，$(b-a)^2+\left(\frac{2}{b}-\frac{2}{a}\right)^2=9$

①を代入して，

$(4a-a)^2+\left(\frac{2}{4a}-\frac{2}{a}\right)^2=9$

$9a^2+\frac{9}{4a^2}=9$

$4a^4-4a^2+1=0$

$(2a^2-1)^2=0$

$a^2=\frac{1}{2}$　$a>0$だから　$a=\frac{\sqrt{2}}{2}$

このとき，①より，　$b=2\sqrt{2}$

したがって，A$\left(\frac{\sqrt{2}}{2},\ 2\sqrt{2}\right)$，B$\left(2\sqrt{2},\ \frac{\sqrt{2}}{2}\right)$

14

(1)　$\boldsymbol{x^2+3y^2-2\sqrt{3}x-6y=0}$

(2)　$\boldsymbol{2\sqrt{3}-\frac{\sqrt{3}}{2}\pi}$

解説

(1)　法線の傾きは，$-\frac{dx}{dy}$

直線APの傾きは，$\frac{y-1}{x-\sqrt{3}}$

だから，

$$-\frac{dx}{dy}=\frac{y-1}{x-\sqrt{3}}\times 3$$

$$\int(x-\sqrt{3})\,dx=\int 3(1-y)\,dy$$

$$x^2+3y^2-2\sqrt{3}x-6y+k=0$$

（kは積分定数）

原点を通るので，$k=0$

よって，Cの方程式は

$$x^2+3y^2-2\sqrt{3}x-6y=0$$

(2)　$\begin{cases}x^2+3y^2-2\sqrt{3}x-6y=0\\ y=2\end{cases}$

を解いて，　B$(0,\ 2)$，D$(2\sqrt{3},\ 2)$

(1)より，$\frac{dy}{dx}=-\frac{x-\sqrt{3}}{3(y-1)}$だから，

点B$(0,\ 2)$における接線の方程式は，

$y=\frac{\sqrt{3}}{3}x+2$　…①

点D$(2\sqrt{3},\ 2)$における接線の方程式は，

$y=-\frac{\sqrt{3}}{3}x+4$　…②

2つの接線①，②の交点は$(\sqrt{3},\ 3)$

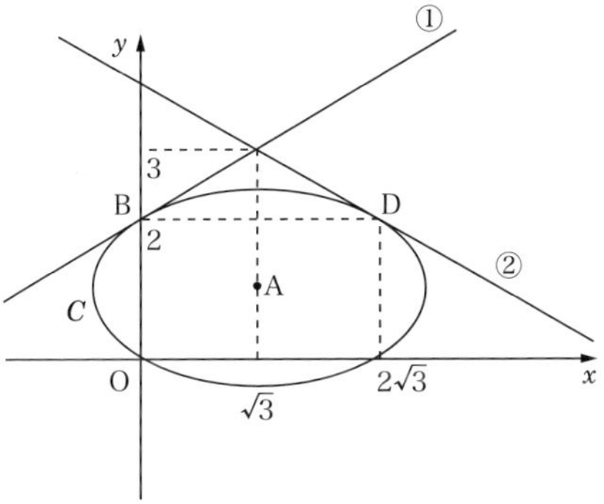

図形は，直線$x=\sqrt{3}$に関して対称であり，y軸方向に$\sqrt{3}$倍すると，次の図のようになる。

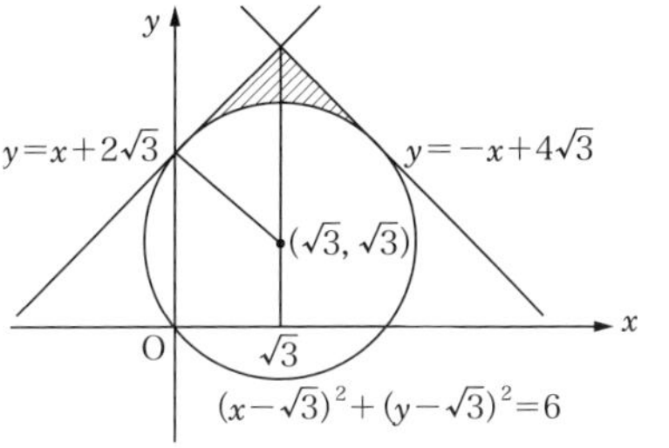

斜線部分の面積は，

$$2\left\{\frac{1}{2}\times(\sqrt{6})^2-\frac{1}{8}\times\pi\times(\sqrt{6})^2\right\}$$

$$=6-\frac{3}{2}\pi$$

y軸方向に，$\frac{1}{\sqrt{3}}$倍に縮小してもとに戻すと，求める面積Sは

$$S=\frac{1}{\sqrt{3}}\left(6-\frac{3}{2}\pi\right)$$

$$=2\sqrt{3}-\frac{\sqrt{3}}{2}\pi$$

15

$\dfrac{1}{4}$

解説

$\begin{cases} y=\sin x & \cdots① \\ y=\sin 2x & \cdots② \end{cases}$

①，②の$0 \leqq x \leqq \pi$における共有点のx座標は，$\sin x=\sin 2x$とおくと，

$\sin 2x-\sin x=0$

$2\sin x\cos x-\sin x=0$

$\sin x(2\cos x-1)=0$

$\sin x=0$，$\cos x=\dfrac{1}{2}$

$0 \leqq x \leqq \pi$より

$x=0$，$\dfrac{\pi}{3}$，π

よって，連立不等式

$\begin{cases} 0 \leqq x \leqq \pi \\ \sin x \leqq y \leqq \sin 2x \end{cases}$

の表す領域は，下のグラフの斜線部分（境界線を含む）である。

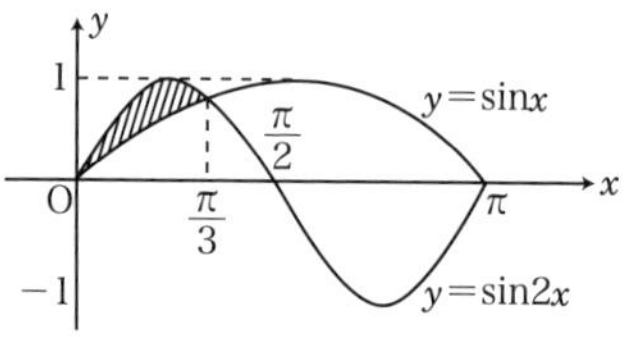

ゆえに，求める面積をSとすると，

$$S=\int_0^{\frac{\pi}{3}}(\sin 2x-\sin x)\,dx$$
$$=\left[-\frac{1}{2}\cos 2x+\cos x\right]_0^{\frac{\pi}{3}}$$
$$=\left(\frac{1}{4}+\frac{1}{2}\right)-\left(-\frac{1}{2}+1\right)$$
$$=\frac{1}{4}$$

16

(1) $$\boldsymbol{I_{n+2}=\int_0^{\frac{\pi}{2}}\sin^{n+2}x\,dx}$$
$$\boldsymbol{=\int_0^{\frac{\pi}{2}}\sin x\cdot\sin^{n+1}x\,dx}$$
$$\boldsymbol{=\int_0^{\frac{\pi}{2}}(-\cos x)'\cdot\sin^{n+1}x\,dx}$$
$$\boldsymbol{=\Big[-\cos x\cdot\sin^{n+1}x\Big]_0^{\frac{\pi}{2}}}$$
$$\boldsymbol{+\int_0^{\frac{\pi}{2}}\cos x\cdot(n+1)\sin^n x\cos x\,dx}$$
$$\boldsymbol{=(n+1)\int_0^{\frac{\pi}{2}}\sin^n x\cos^2 x\,dx}$$
$$\boldsymbol{=(n+1)\int_0^{\frac{\pi}{2}}\sin^n x(1-\sin^2 x)\,dx}$$
$$\boldsymbol{=(n+1)\int_0^{\frac{\pi}{2}}\sin^n x\,dx}$$
$$\boldsymbol{-(n+1)\int_0^{\frac{\pi}{2}}\sin^{n+2}x\,dx}$$
$$\boldsymbol{=(n+1)I_n-(n+1)I_{n+2}}$$

よって，

$\boldsymbol{(n+2)I_{n+2}=(n+1)I_n}$

$\therefore\ \boldsymbol{I_{n+2}=\dfrac{n+1}{n+2}I_n}$

（証明終わり）

(2) $\dfrac{3}{32}\pi$

解説

(2)

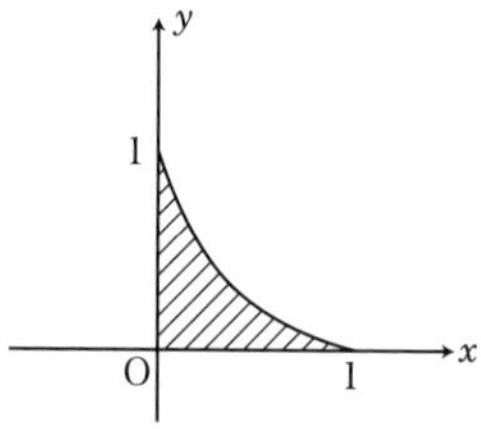

$x=\cos^3 t$より

$$\frac{dx}{dt}=-3\sin t\cdot\cos^2 t$$

$$S=\int_0^1 y\,dx$$
$$=\int_{\frac{\pi}{2}}^0 \sin^3 t\cdot(-3\sin t\cos^2 t)\,dt$$

$=3\int_0^{\frac{\pi}{2}}(\sin^4 t-\sin^6 t)\,dt$

$=3(I_4-I_6)$　(∵　(1))

$I_4=\frac{3}{4}I_2=\frac{3}{4}\cdot\frac{1}{2}\cdot I_0$

$I_6=\frac{5}{6}I_4=\frac{5}{6}\cdot\frac{3}{4}\cdot\frac{1}{2}\cdot I_0$

$I_0=\int_0^{\frac{\pi}{2}}\sin^0 x\,dx=\frac{\pi}{2}$ より

$S=3\left(\frac{3}{4}\cdot\frac{1}{2}\cdot\frac{\pi}{2}-\frac{5}{6}\cdot\frac{3}{4}\cdot\frac{1}{2}\cdot\frac{\pi}{2}\right)$

$=\frac{3}{32}\pi$

17

(1)　名称：サイクロイド

曲線の方程式：

$$\begin{cases} x=a(\theta-\sin\theta) \\ y=a(1-\cos\theta) \end{cases}\quad (0\leqq\theta\leqq 2\pi)$$

(2)　$3\pi a^2$

解説

(1)

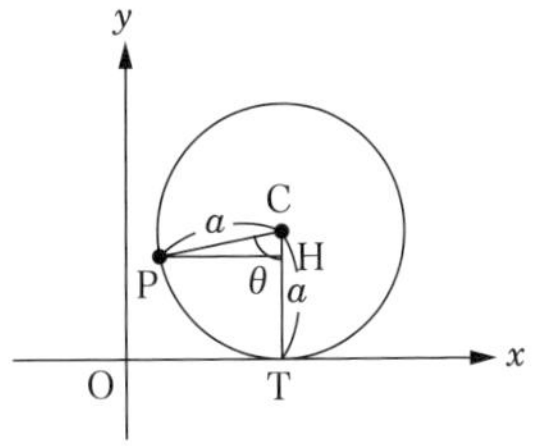

点Pのx座標は,

$\mathrm{OT}-\mathrm{PH}=\overset{\frown}{\mathrm{PT}}-\mathrm{PH}$

$=a\theta-a\sin\theta$

$=a(\theta-\sin\theta)$

点Pのy座標は,

$\mathrm{CT}-\mathrm{CH}=a-a\cos\theta$

$=a(1-\cos\theta)$

よって求める方程式は

$$\begin{cases} x=a(\theta-\sin\theta) \\ y=a(1-\cos\theta) \end{cases}\quad (0\leqq\theta\leqq 2\pi)$$

(2)　$S=\int_0^{2\pi a}y\,dx$

$=\int_0^{2\pi}y\frac{dx}{d\theta}d\theta$

$=\int_0^{2\pi}a(1-\cos\theta)a(1-\cos\theta)\,d\theta$

$=a^2\int_0^{2\pi}(1-2\cos\theta+\cos^2\theta)\,d\theta$

$=3\pi a^2$

18

(1)

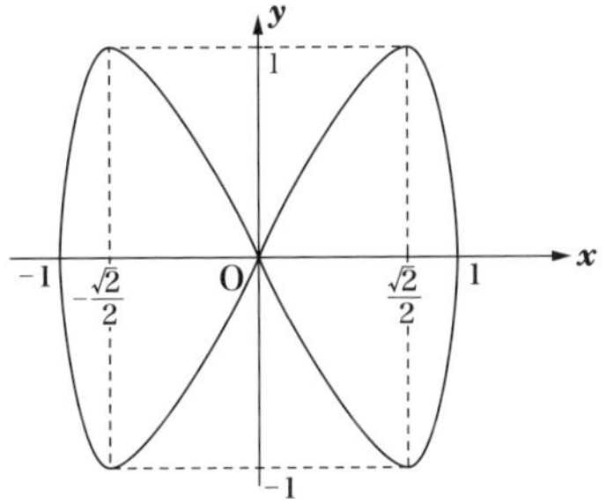

(2)　$\frac{8}{3}$

解説

(1)　関数の周期性より$-\pi\leqq t\leqq\pi$で調べればよい。

tの符号を変えると，x, yともに符号のみ変わることより，グラフは原点対称である。また，tのかわりに$\pi-t$を代入すると，xは変わらずyの符号のみ変わることにより，グラフはx軸対称である。

よって，グラフはx軸，y軸について対称である。

以上のことより，$x\geqq 0$，$y\geqq 0$の範囲，すなわち$0\leqq t\leqq\frac{\pi}{2}$の範囲について調べる。

$\frac{dx}{dt}=\cos t$,　$\frac{dy}{dt}=2\cos 2t$より,

$\frac{dy}{dx}=\frac{2\cos 2t}{\cos t}$

$\frac{d^2y}{dx^2}=\frac{-2\sin t(2\cos^2 t+1)}{\cos^3 t}\leqq 0$

$\frac{dy}{dx}=0$とすると，$t=\frac{\pi}{4}$

t	0	$\cdots$	$\frac{\pi}{4}$	$\cdots$	$\frac{\pi}{2}$
x	0	$\cdots$	$\frac{\sqrt{2}}{2}$	$\cdots$	1
y'	2	$+$	0	$-$	
y''	0	$-$	$-$	$-$	
y	0	↗	1	↘	0

$$\lim_{t\to\frac{\pi}{2}-0}\frac{dy}{dx}=-\infty$$

よって，曲線のグラフは解答のようになる。

(2) $S=4\int_0^1 ydx$

$x=\sin t$より，

$$\frac{dx}{dt}=\cos t$$

x	$0\to1$
t	$0\to\frac{\pi}{2}$

だから，

$$S=4\int_0^{\frac{\pi}{2}}\sin 2t\cos t dt$$

$$=8\int_0^{\frac{\pi}{2}}\sin t\cos^2 t dt$$

$$=-\frac{8}{3}\Big[\cos^3 t\Big]_0^{\frac{\pi}{2}}$$

$$=\frac{8}{3}$$

19

$\frac{\sqrt{2}}{60}\pi$

解説

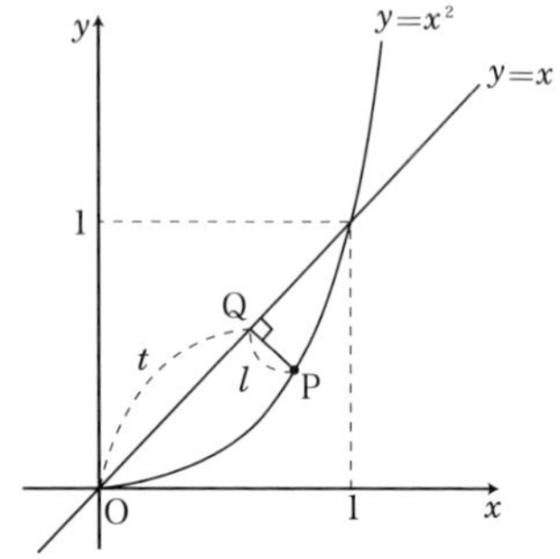

放物線上の点P$(x,\ x^2)$から直線$y=x$に下ろした垂線の足をQとして，PQ$=l$，OQ$=t$とすると，

$$\mathrm{Q}\left(\frac{x+x^2}{2},\ \frac{x+x^2}{2}\right)$$

したがって

$$l=\sqrt{\left(\frac{x+x^2}{2}-x\right)^2+\left(\frac{x+x^2}{2}-x^2\right)^2}$$

$$=\frac{x-x^2}{\sqrt{2}}$$

また，$t=\frac{x+x^2}{\sqrt{2}}$

求める体積をVとすると，

$$V=\pi\int_0^{\sqrt{2}} l^2 dt$$

$\frac{dt}{dx}=\frac{1+2x}{\sqrt{2}}$，

t	$0\to\sqrt{2}$
x	$0\to1$

より，

$$V=\pi\int_0^1\frac{(x-x^2)^2}{2}\cdot\frac{1+2x}{\sqrt{2}}dx$$

$$=\frac{\pi}{2\sqrt{2}}\int_0^1(2x^5-3x^4+x^2)dx$$

$$=\frac{\sqrt{2}}{60}\pi$$

20

(1)　$y'=\dfrac{1}{\cos^2 x}$

(2)　$1-\log 2$

(3)　$\pi^2-\dfrac{3\sqrt{3}}{2}\pi$

解説

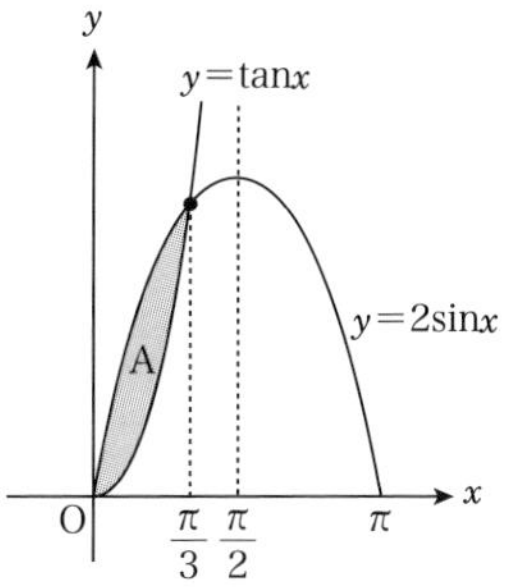

(2)　$0\leqq x\leqq\dfrac{\pi}{2}$，$\tan x=2\sin x$　より

$x=0$，$\dfrac{\pi}{3}$

だから，

$$S=\int_0^{\frac{\pi}{3}}(2\sin x-\tan x)\,dx$$
$$=\Big[-2\cos x+\log|\cos x|\Big]_0^{\frac{\pi}{3}}$$
$$=1-\log 2$$

(3)　$V=\pi\displaystyle\int_0^{\frac{\pi}{3}}\{(2\sin x)^2-(\tan x)^2\}dx$

$$=\pi\int_0^{\frac{\pi}{3}}\left(2-2\cos 2x-\frac{1}{\cos^2 x}+1\right)dx$$
$$=\pi\Big[3x-\sin 2x-\tan x\Big]_0^{\frac{\pi}{3}}$$
$$=\left(\pi-\sin\frac{2}{3}\pi-\tan\frac{\pi}{3}\right)\pi$$
$$=\left(\pi-\frac{\sqrt{3}}{2}-\sqrt{3}\right)\pi$$
$$=\pi^2-\frac{3\sqrt{3}}{2}\pi$$

21

(1)　$\dfrac{e^{ax}}{a^2+b^2}(a\cos bx+b\sin bx)+C$

（Cは積分定数）

(2)　$\dfrac{\pi}{8}$

解説

(1)　$I=\displaystyle\int e^{ax}\cos bx\,dx$とすると，

$$I=\frac{1}{a}e^{ax}\cos bx+\frac{b}{a}\int e^{ax}\sin bx\,dx$$
$$=\frac{1}{a}e^{ax}\cos bx$$
$$+\frac{b}{a}\left(\frac{1}{a}e^{ax}\sin bx-\frac{b}{a}\int e^{ax}\cos bx\,dx\right)$$
$$=\frac{1}{a}e^{ax}\cos bx+\frac{b}{a^2}e^{ax}\sin bx-\frac{b^2}{a^2}I$$

よって，

$$\left(1+\frac{b^2}{a^2}\right)I=\frac{1}{a}e^{ax}\cos bx+\frac{b}{a^2}e^{ax}\sin bx+C'$$

（C'は積分定数）

$$\therefore\quad I=\frac{e^{ax}}{a^2+b^2}(a\cos bx+b\sin bx)+C$$

（Cは積分定数）

(2)

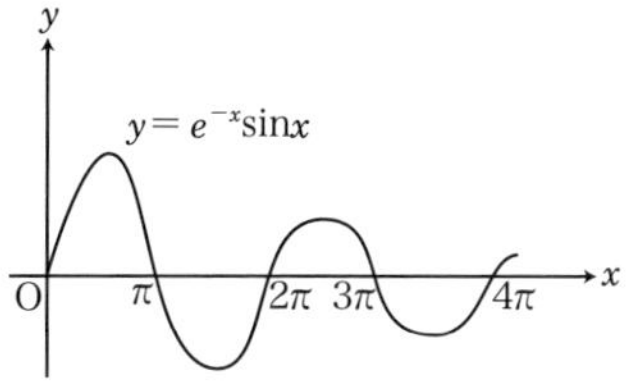

$k\pi\leqq x\leqq(k+1)\pi$ ($k=0$，1，2，…)において，$y=e^{-x}\sin x$をx軸のまわりに回転して得られる立体の体積をV_kとする。

$$V_k=\pi\int_{k\pi}^{(k+1)\pi}(e^{-x}\sin x)^2dx$$
$$=\frac{\pi}{2}\int_{k\pi}^{(k+1)\pi}e^{-2x}(1-\cos 2x)\,dx$$
$$=\frac{\pi}{2}\int_{k\pi}^{(k+1)\pi}e^{-2x}dx$$
$$-\frac{\pi}{2}\int_{k\pi}^{(k+1)\pi}e^{-2x}\cos 2x\,dx$$
$$=\frac{\pi}{2}\left[-\frac{1}{2}e^{-2x}\right]_{k\pi}^{(k+1)\pi}$$

$$-\frac{\pi}{2}\left[\frac{1}{8}e^{-2x}(2\sin 2x-2\cos 2x)\right]_{k\pi}^{(k+1)\pi}$$

$$=\frac{\pi}{8}e^{-2k\pi}(1-e^{-2\pi})$$

求める体積をVとすると,

$$V=\sum_{k=0}^{\infty}V_k$$

Vは,初項$\frac{\pi}{8}(1-e^{-2\pi})$,公比$e^{-2\pi}$の無限等比級数の和だから,

$$V=\frac{\frac{\pi}{8}(1-e^{-2\pi})}{1-e^{-2\pi}}=\frac{\pi}{8}$$

22

12

解説

題意の曲線

$C:(x(t),\ y(t))=(2\cos^3 t,\ 2\sin^3 t)$

$(0\leqq t\leqq 2\pi)$

において,$0\leqq t\leqq\frac{\pi}{2}$,$\frac{\pi}{2}\leqq t\leqq\pi$,$\pi\leqq t\leqq\frac{3\pi}{2}$,$\frac{3\pi}{2}\leqq t\leqq 2\pi$の部分をそれぞれ$C_1$,$C_2$,$C_3$,$C_4$とおく。

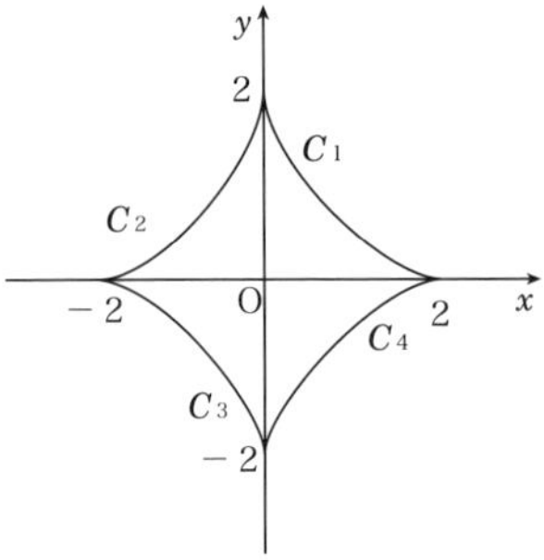

すると,いま

$x(2\pi-t)=x(t)$,$y(2\pi-t)=-y(t)$

なので,C_1とC_4はx軸に関して対称の位置にあり,C_2とC_3もx軸に関して対称の位置にある。さらに

$x(\pi-t)=-x(t)$,$y(\pi-t)=y(t)$

なので,C_1とC_2はy軸に関して対称の位置にある。

よって,求める曲線の長さはC_1の長さの4倍である。

いま

$$\frac{dx}{dt}=6\cos^2 t(-\sin t)$$

$$\frac{dy}{dt}=6\sin^2 t(\cos t)$$

であり,$0\leqq t\leqq\frac{\pi}{2}$のもとでは

$$\sqrt{\left(\frac{dx}{dt}\right)^2+\left(\frac{dy}{dt}\right)^2}$$

$$=6\sqrt{\cos^4 t\sin^2 t+\sin^4 t\cos^2 t}$$

$$=6\sqrt{\cos^2 t\sin^2 t(\cos^2 t+\sin^2 t)}$$

$$=6\sqrt{\cos^2 t\sin^2 t}$$

$$=6\cos t\sin t$$

よって,C_1の長さは

$$\int_0^{\frac{\pi}{2}}6\cos t\sin t\,dt$$

$$=3\int_0^{\frac{\pi}{2}}\sin 2t\,dt$$

$$=3\left[\frac{-\cos 2t}{2}\right]_0^{\frac{\pi}{2}}$$

$$=3$$

となるので,求める曲線の長さは

$4\times 3=12$

23

$2\sqrt{6}-1$

解説

$f(x)=\log(x+\sqrt{x^2-1})$とすると,

$$f'(x)=\frac{1+\frac{1}{2}(x^2-1)^{-\frac{1}{2}}\cdot 2x}{x+\sqrt{x^2-1}}$$

$$=\frac{1}{\sqrt{x^2-1}}$$

よって,

$$\sqrt{1+\{f'(x)\}^2}=\frac{x}{\sqrt{x^2-1}}$$

したがって,求める曲線の長さlは,

$$l=\int_{\sqrt{2}}^{5}\frac{x}{\sqrt{x^2-1}}dx$$

$$=\frac{1}{2}\int_{\sqrt{2}}^{5}\frac{(x^2-1)'}{\sqrt{x^2-1}}dx$$
$$=\frac{1}{2}\int_{\sqrt{2}}^{5}(x^2-1)^{-\frac{1}{2}}(x^2-1)'dx$$
$$=\frac{1}{2}\left[2(x^2-1)^{\frac{1}{2}}\right]_{\sqrt{2}}^{5}$$
$$=2\sqrt{6}-1$$

24

(1) $\frac{1}{2}$秒後

(2) **12**

解説

(1) t秒後の点P，Qの座標をそれぞれX_p，X_qとすると，

$$X_p=2+\int_0^t(3t^2-12t+9)dt$$
$$=t^3-6t^2+9t+2$$
$$X_q=-2+\int_0^t(3t^2-16t+18)dt$$
$$=t^3-8t^2+18t-2$$

2点が重なるから，

$$t^3-6t^2+9t+2=t^3-8t^2+18t-2$$
$$2t^2-9t+4=0$$
$$(2t-1)(t-4)=0$$
$$t=\frac{1}{2},\ 4$$

したがって，初めて重なるのは$\frac{1}{2}$秒後。

(2) (1)より，最後に2点が重なるのは出発してから4秒後だから，点Pが動いた道のりは，

$$\int_0^4|3t^2-12t+9|dt$$
$$=\int_0^1(3t^2-12t+9)dt-\int_1^3(3t^2-12t+9)dt+\int_3^4(3t^2-12t+9)dt$$
$$=\Big[t^3-6t^2+9t\Big]_0^1-\Big[t^3-6t^2+9t\Big]_1^3+\Big[t^3-6t^2+9t\Big]_3^4$$
$$=4+4+4$$
$$=12$$

25

$y=x\log|x|+Cx$ （Cは積分定数）

解説

$xy'-x-y=0$の両辺をxで微分すると，

$$y'+xy''-1-y'=0$$
$$\therefore\quad y''=\frac{1}{x}$$

よって，

$$y'=\log|x|+C_1$$
$$y=x\log|x|-\int dx+C_1x$$
$$=x\log|x|+(C_1-1)x+C_2$$

これをもとの微分方程式$x\frac{dy}{dx}-x-y=0$に代入すると，$C_2=0$となり，

$$y=x\log|x|+(C_1-1)x$$

$C_1-1=C$とおくと，

$$y=x\log|x|+Cx$$

(補足)

微分方程式の問題では，場合によっては少し技巧的な解法が必要なものもある。

$xy'+y$があったらこれを$(xy)'$とみる

$xy'-y$があったらこれを$x^2\left(\frac{y}{x}\right)'$とみる

という見方を覚えておくとよい。

(別解)

$\frac{dy}{dx}=y'$と書く。与えられた微分方程式は，

$$xy'-x-y=0$$
$$\iff xy'-y=x$$

で，この左辺は$x^2\left(\frac{y}{x}\right)'$と書けるので，

$$x^2\left(\frac{y}{x}\right)'=x$$
$$\therefore\quad\left(\frac{y}{x}\right)'=\frac{1}{x}$$
$$\therefore\quad\frac{y}{x}=\log|x|+C$$
$$\therefore\quad y=x\log|x|+Cx\quad(C\text{は積分定数})$$

を得る。

26

$\boldsymbol{y=e^{-x+1}}$ **または** $\boldsymbol{y=e^{x-1}}$

解説

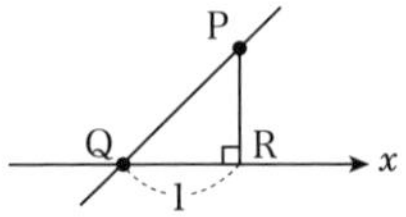

点P$(x,\ y)$における接線の方程式は，

$Y-y=f'(x)(X-x)$

だから，

$$\mathrm{Q}\left(-\frac{y}{f'(x)}+x,\ 0\right)$$

また，R$(x,\ 0)$だから，QR$=1$より，

$$\left|-\frac{y}{f'(x)}\right|=1$$

(イ)　$-\dfrac{y}{f'(x)}=1$のとき

$$\int\frac{1}{y}dy=-\int dx$$

$\log|y|=-x+C_1$　(C_1は積分定数)

$y=\pm e^{-x+C_1}$

点$(1,\ 1)$を通るので，符号は$+$で$C_1=1$

よって，$y=e^{-x+1}$

(ロ)　$-\dfrac{y}{f'(x)}=-1$のとき

$$\int\frac{1}{y}dy=\int dx$$

$y=\pm e^{x+C_2}$　(C_2は積分定数)

点$(1,\ 1)$を通るので，符号は$+$で$C_2=-1$

よって，$y=e^{x-1}$

17 実践問題

1 ★★☆

$a \geqq b \geqq c \geqq d \geqq 0$を満たす4つの実数$a$, b, c, dがある。$a+b+c+d=6$のとき，次の各問いに答えよ。

(1) $b \leqq 3$，$c \leqq 2$であることをそれぞれ証明せよ。

(2) $b+c$の最大値を求めよ。

〈香川県〉

2 ★★☆

xの２次方程式$x^2+2mx+2m+3=0$　…①について，次の各問いに答えよ。

(1) 方程式①が実数解をもつような定数mの値の範囲を求めよ。

(2) $m<-2$のとき，方程式①の実数解のとりうる値の範囲を求めよ。

〈静岡県・静岡市〉

3 ★★☆

右の図において，放物線①は関数$y=\dfrac{1}{2}x^2$のグラフであり，放物線②は関数$y=-x^2$のグラフである。また，直線③は，放物線②上の点A$(-2,\ -4)$を通る正比例のグラフであり，点Bは，直線③と放物線①との原点以外の交点である。

このとき，次の各問いに答えよ。

(1) 点Bの座標を求めよ。

(2) 直線③と放物線①とで囲まれた部分の面積を求めよ。

(3) ２点A，Bを通る円がx軸と交わる点を，左から順にP，Qとするとき，OP×OQの値を求めよ。

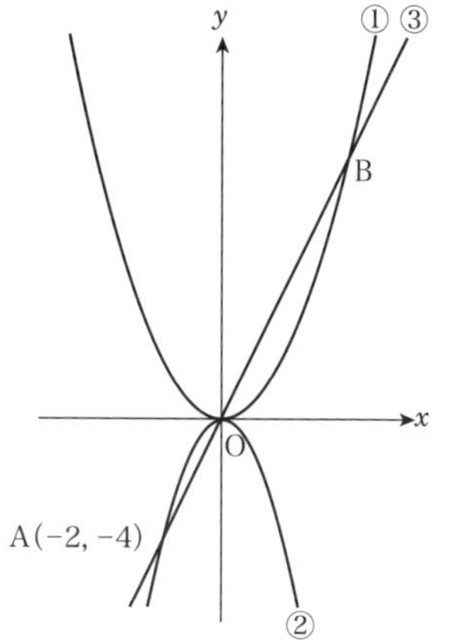

〈愛媛県〉

4 ★★★

数直線上にある動点Pは，さいころをふって，出た目の数だけ順に，1回目は正の方向，2回目は負の方向，3回目は正の方向，4回目は負の方向に動くものとする。ただし，はじめ動点Pは原点にあるものとする。このとき，次の確率を求めよ。

(1) 動点Pが2回目に原点に戻る確率

(2) 動点Pが3回目に原点に戻る確率

(3) 動点Pが4回目に原点に戻る確率

〈茨城県〉

5 ★★☆

下の表は，全校生徒644名のJ中学校における生徒会役員選挙書記候補の開票率75％段階での途中開票結果である。候補者8名に対し3名が当選する。棄権，無効投票はないものとして次の各問いに答えよ。

候補者	得票数
新井君	115
井上さん	12
碓氷君	5
江原さん	118

候補者	得票数
大木君	13
柿沼さん	100
木下君	10
毛塚さん	110

(1) 江原さんの当選は確実といえるかどうか，答えよ。また，そう判断した理由を具体的に説明せよ。

(2) 一般に投票者がa人，当選者がb人，当選確実の最低票数をc票として，当選確実の判断基準となる式をa，b，cを用いて表し，考え方を説明せよ。

〈群馬県〉

6 ★★★

大小2つのさいころをふって，大きい方のさいころの出た目をx，小さい方のさいころの出た目をyとし，右の図のような座標平面上に点(x, y)をとるようにする。

大小2つのさいころを2回ふったときにとった2点と原点Oが一直線上にある確率を求めよ。

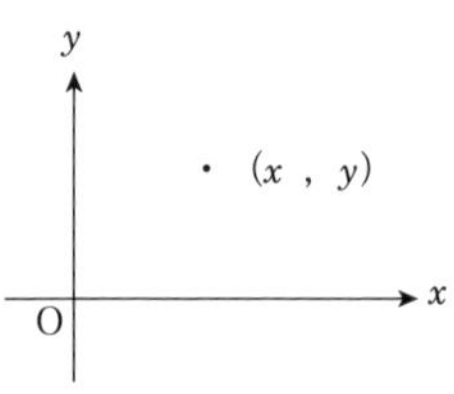

〈静岡県・静岡市〉

7 ★★★

右の図のように2点A, Bを直径の両端とする円があり，AB＝3とする。この円周上に，AC＝1である定点Cをとる。さらに，直径AB上に動点Pをとり，直線CPがこの円と点C以外で交わる点をQとする。∠ACQ＝θとするとき，次の各問いに答えよ。

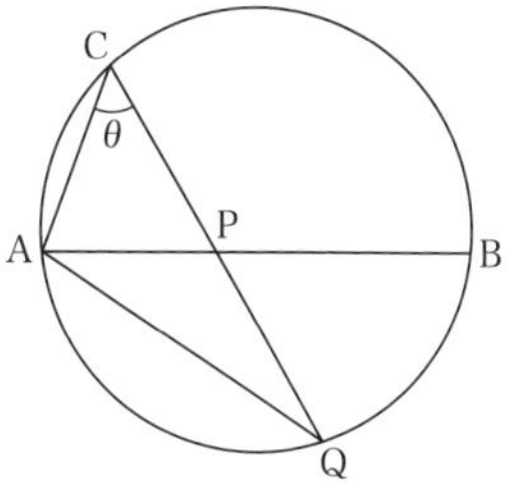

(1) sin∠AQCの値を求めよ。

(2) 線分PQの長さを，θを用いた式で表せ。

(3) 線分PQの長さの最大値と，そのときのsin θおよびcos θの値を求めよ。

〈兵庫県〉

8 ★★☆

右の図のように，∠ABC＝90°のBA, BCに∠ABC内で接する半径$a$cmの円O_1がある。

円O_1と半直線BA, BCに接する円をO_2とする（O_2の半径をbとすると，$b<a$）。また，円O_2と半直線BA, BCに接する円をO_3とする（O_3の半径をcとすると，$c<b$）。このようにして円O_nと半直線BA, BCに接する円を円O_{n+1}とする。

次の各問いに答えよ。

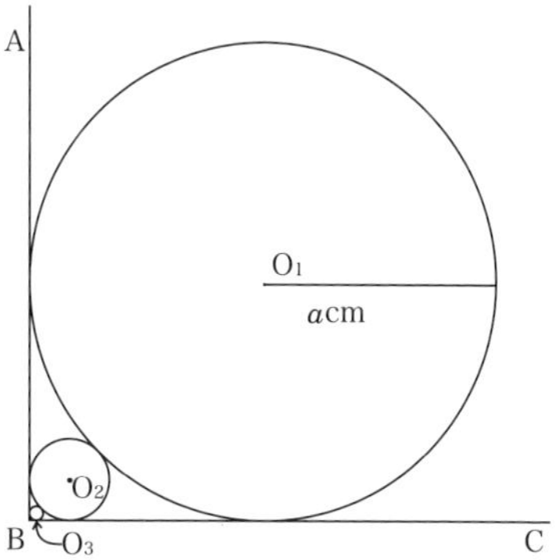

(1) 円O_2の半径bをaを用いて表せ。

(2) 円O_3の半径cをaを用いて表せ。

(3) 円O_nの半径をaを用いて表せ。

(4) 半直線BA, BCと，円O_1に接する円Oの半径fをaを用いて表せ。($f>a$)

(5) ∠ABC＝60°の半直線BA, BCに半径$a$cmの円Oが接している。また，円O′が，半直線BA, BCと円Oに接しているとき，この円O′の半径gを求めよ。($g<a$)

(6) ∠ABC＝2θのとき，円O_nの半径をaを用いて表せ。

〈鳥取県〉

9 ★★☆

数列$\{a_n\}$の第n項が，$a_n=1+\dfrac{1}{2}+\dfrac{1}{3}+\cdots+\dfrac{1}{n}-\log n$で表されるとき，次の各問いに答えよ。ただし，$\log x$は自然対数とする。

(1) すべての自然数nに対して，$a_n>0$であることを示せ。

(2) 数列$\{a_n\}$は単調減少であることを示せ。

〈千葉県・千葉市〉

10 ★★★

$f(\theta)=\sin\theta(\sin\theta+\sqrt{3}\cos\theta)+a(\sqrt{3}\sin\theta+\cos\theta)$について，次の各問いに答えよ。ただし，$0°\leqq\theta\leqq 180°$とする。

(1) $t=\sqrt{3}\sin\theta+\cos\theta$とするとき，$f(\theta)$を$t$の式で表せ。

(2) 方程式$f(\theta)=0$が相異なる3つの解をもつときの定数aの値の範囲を求めよ。

〈京都市〉

11 ★★☆

座標平面上において，3つの頂点がすべて格子点である正三角形は存在しないことを加法定理を用いて証明せよ。

〈広島県・広島市〉

12 ★★☆

大きさ1の定ベクトル$\vec{a}$に対し，ベクトル$\vec{p}$が内積$\vec{a}\cdot(\vec{p}-\vec{a})=0$を満たして変わるとき，ベクトル$\vec{q}$を$\vec{q}=k\vec{p}\,(k>0)$，$|\vec{q}|=1$と定める。

次の各問いに答えよ。

(1) $\vec{r}=(1-t)\vec{a}+t\vec{p}$ (tは実数) で表されたベクトル$\vec{r}$が，内積$\vec{q}\cdot(\vec{r}-\vec{q})=0$を満たすとき，$\vec{r}$を$\vec{a}$, $\vec{p}$, $|\vec{p}|$を用いて表せ。

(2) $|\vec{r}|$の値の範囲を求めよ。

〈群馬県〉

13 ★★☆

空間内の2直線 l_1；$x\cos\theta+y\sin\theta=1$，$z=0$ および
l_2；$y\cos\theta+z\sin\theta=1$，$x=0$ について，次の各問いに答えよ。ただし，$0\leqq\theta<2\pi$ とする。

(1) 2直線 l_1，l_2 のなす角の大きさを ϕ とするとき，$|\cos\phi|$ の値の範囲を求めよ。

(2) 2直線 l_1，l_2 が交わるとき，l_1，l_2 の交点をP，l_1 と x 軸との交点をQ，l_2 と z 軸との交点をRとする。このとき，θ の値を求め，四面体OPQRの体積を求めよ。

〈群馬県〉

14 ★★☆

次の各問いに答えよ。

(1) 同一平面上に1辺の長さが5の正三角形ABCと半径 r の円Oがある。円Oの中心が正三角形ABCの周上を一周するとき，円Oが通過する部分の面積を求めよ。ただし，$0<r\leqq 1$ とする。

(2) 同一空間内に1辺の長さが5の正三角形ABCと半径 r の球O′がある。球O′の中心が正三角形ABCの周上を一周するとき，球O′が通過する部分の体積を求めよ。ただし，$0<r\leqq 1$ とする。

〈宮城県・仙台市〉

15 ★★☆

円 $x^2+y^2=1$ …①と関数 $y=|x-t|$ …②のグラフがある。ただし，t は定数であり，$t\geqq 0$ とする。次の各問いに答えよ。

(1) $t=0$ のとき，①と②の交点の x 座標を求めよ。

(2) ①と②が共有点をもたないような t の値の範囲を求めよ。

(3) ①と②が相異なる2つの共有点をもつとき，その共有点の座標を求めよ。

〈福島県〉

16 ★★☆

曲線 C：$\dfrac{x^2}{9}+\dfrac{y^2}{4}=1$ について，次の各問いに答えよ。

(1) 曲線 C の概形をかけ。

(2) 曲線 C 上の点 $\left(\dfrac{3}{2},\ \sqrt{3}\right)$ における接線を l とするとき，l の方程式を求め

よ。また，曲線C上の点をP$(3\cos\theta,\ 2\sin\theta)$$(0 \leqq \theta < 2\pi)$とおくとき，$l$と点Pの距離$d$の最大値とそのときの$\theta$の値を求めよ。

⑶　曲線C上の点P$(3\cos\theta,\ 2\sin\theta)$$\left(0 < \theta < \dfrac{\pi}{2}\right)$に対し，点Pにおける曲線$C$の接線と$y$軸との交点をQ，点Pにおける曲線$C$の法線と$y$軸との交点をRとする。このとき，線分QRの長さの最小値とそのときの点Pの座標を求めよ。

〈岩手県〉

17　★★☆

集合$M = \left\{ \begin{pmatrix} a & -b \\ b & a \end{pmatrix} \middle| \, a,\ b\text{は実数},\ a^2 + b^2 \neq 0 \right\}$について，次の各問いに答えよ。

⑴　集合Mは乗法について閉じていることを示せ。

⑵　集合Mは乗法に関して可換群となることを示せ。

⑶　$E = \begin{pmatrix} 1 & 0 \\ 0 & 1 \end{pmatrix}$とする。$A \in M$について，$A^3 = E$となるとき，$A$を求めよ。

〈岩手県〉

18　★★☆

次の各問いに答えよ。ただし，eは自然対数の底とする。

⑴　$x > 0$のとき，不等式$e^x > \dfrac{x^2}{2}$を証明せよ。

⑵　⑴の結果を用いて，$\displaystyle\lim_{n \to \infty} \frac{x}{e^x} = 0$を示せ。

⑶　増減，極値，凹凸を調べ，関数$y = xe^x$のグラフの概形をかけ。

⑷　関数$y = xe^x$と直線$x = 1$，$x = -1$，x軸で囲まれた部分の面積を求めよ。

〈群馬県〉

19　★★☆

次の各問いに答えよ。

⑴　定積分$\displaystyle\int_{\frac{1}{\sqrt{2}}}^{\sqrt{2}} \sqrt{2 - x^2}\, dx$を求めよ。

⑵　関数$f(x) = \dfrac{1}{2}\left(x + \sqrt{2 - x^2}\right)$の増減および極値を調べ，グラフの概形をかけ。

⑶　不等式$x^2 - 2xy + 2y^2 \leqq 1$かつ$x \geqq \dfrac{1}{\sqrt{2}}$で表される領域の面積$S$を求めよ。

〈大分県〉

20 ★★★

関数$f_n(x)=x^n e^{1-x}$ $(n=1, 2, 3, \cdots)$に対して，数列$a_n=\int_0^1 f_n(x)\,dx$とおくとき，次の各問いに答えよ。ただし，eは自然対数の底とする。

(1)　$0<x<1$のとき，$0<f_n(x)<1$であることを示し，それを用いて$0<a_n<1$であることを証明せよ。

(2)　$n \geqq 2$のとき，a_nとa_{n-1}の関係を表す式をつくれ。

(3)　$a_n=n!\left(e-\sum_{k=0}^{n}\frac{1}{k!}\right)$と表されることを示せ。

(4)　eが無理数であることを示せ。

〈宮城県・仙台市〉

21 ★★☆

2つの曲線$y=x^3-x$と$y=x^2-a$の共有点Pにおける接線が一致する。このとき，次の各問いに答えよ。ただし，aは定数とする。

(1)　aの値と点Pの座標を求めよ。

(2)　この2つの曲線によって囲まれる図形の面積を求めよ。

〈北海道・札幌市〉

22 ★★★

次の各問いに答えよ。

(1)　$a_1 \geqq a_2 \geqq a_3 \geqq \cdots\cdots\cdots \geqq a_n \geqq \cdots\cdots\cdots \geqq 0$なる減少数列$\{a_n\}$は収束し，$\lim_{n\to\infty} a_n=0$を満たしている。

交代級数　$a_1-a_2+a_3-a_4+a_5-\cdots\cdots$　$\cdots$①

の第n項までの部分和をS_nとするとき，次の各問いに答えよ。

(i)　奇数番目までの部分和S_{2n-1}の数列

$S_1, S_3, S_5, \cdots\cdots\cdots, S_{2n-1}, \cdots\cdots$

は，減少数列であるか増加数列であるか，理由をつけて答えよ。

(ii)　交代級数①は収束することを示せ。

(2)　無限級数　$a_1+a_2+a_3+\cdots\cdots\cdots+a_n+\cdots\cdots$

が収束するとき，次の各問いに答えよ。

(i)　$\lim_{n\to\infty}(a_{n+1}+a_{n+2}+a_{n+3}+\cdots\cdots\cdots+a_{2n})=0$であることを示せ。

(ii)　$a_1 \geqq a_2 \geqq a_3 \geqq \cdots\cdots\cdots \geqq a_n \geqq \cdots\cdots\cdots \geqq 0$ならば，$\lim_{n\to\infty} na_n=0$であることを示せ。

〈福島県〉

23 ★★★

次の各問いに答えよ。

(1) 関数$f(x)$は，すべての実数で定義された連続関数で，常に$f(x)>0$を満たしている。

また，$F(x)=\int_0^x f(t)\,dt+\int_1^x f(t)\,dt$とするとき，次の①，②の問いに答えよ。

① $F(c)=0$かつ$0<c<1$を満たす実数cがただ1つ存在することを証明せよ。

② $G(x)=\int_0^1 |t-x|f(t)\,dt$とおく。このとき，$G(x)$を最小にする$x$の値は，$F(c)=0$かつ$0<c<1$を満たす実数$c$に等しいことを証明せよ。

(2) aは実数で，2つの関数$y=xe^{-x}$，$y=ae^{-x}$のグラフおよび2直線$x=0$，$x=1$で囲まれる部分の面積を$S(a)$とする。

このとき，$S(a)$を最小にするaの値を求めよ。

〈香川県〉

24 ★★☆

次の各問いに答えよ。

(1) $0\leqq x\leqq 2\pi$において，$y=e^{-x}\sin x$の増減，凹凸の表をつくり，グラフの概形をかけ。

(2) nを0以上の整数とする。次のS_nを求めよ。

$$S_n=\int_{n\pi}^{(n+1)\pi}|e^{-x}\sin x|\,dx$$

(3) 数列$\{a_n\}$を次のように定義する。

$$a_n=\sum_{k=0}^{n}S_k$$

このとき，$\lim_{n\to\infty}a_n$を求めよ。

〈福岡県・福岡市・北九州市〉

25 ★★★

底の半径4，高さ2の円柱の容器に水が満たしてある。底の平面が水平面と45°をなすまで傾けたとき，容器内に残っている水の体積を求めよ。

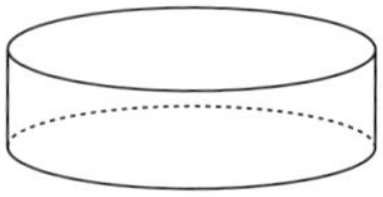

〈福井県〉

26 ★★☆

関数$f(x)=\int_1^e |\log t-x|\,dt$とするとき，次の各問いに答えよ。ただし，$e$は自然対数の底とする。

(1)　$f(x)$を求めよ。

(2)　$f(x)$の最小値を求めよ。

〈三重県〉

27 ★★★

nは0以上の整数で，$I_n=\int_0^{\frac{\pi}{4}} \tan^n x\,dx$とする。このとき，次の各問いに答えよ。

(1)　$0<x<\dfrac{\pi}{4}$のとき，不等式$0<\tan x<\dfrac{4}{\pi}x$が成り立つことを証明せよ。

(2)　不等式$0<I_n \leqq \dfrac{\pi}{4(n+1)}$が成り立つことを証明せよ。

(3)　I_n+I_{n+2}を求めよ。

(4)　$\displaystyle\sum_{n=0}^{\infty}(-1)^n\frac{1}{2n+1}$を求めよ。

〈香川県〉

28 ★★★

4つの不等式$x^2+y^2\leqq 4$，$(x-1)^2+y^2\geqq 1$，$y\leqq\sqrt{3}x$，$y\geqq\dfrac{1}{\sqrt{3}}x$を同時に満たす$xy$平面上の領域を$D$とする。このとき，次の各問いに答えよ。

(1)　領域Dを図示し，領域Dの面積を求めよ。

(2)　2重積分$\iint_D xy\,dxdy$を求めよ。

〈京都府〉

29 ★★★

2以上の整数に対して「奇数なら1を引き，偶数なら2で割る」という操作を1になるまで繰り返すことにする。例えば，46なら，46　23　22　11　10　5　4　2　1と，8回の操作で1になる。8回の操作で1になる整数は全部で何個あるか。

〈岩手県〉

30 ★★☆

右のプログラムについて，次の各問いに答えよ。ただし，Aには自然数を入力するものとする。

行番号	プログラムの実行内容
10	Aの値を入力する
20	Bに1を，Gに0をそれぞれ代入する
30	AがBで割り切れるときは，Gの値を1増やす
40	BとAが等しいときは，行番号60へ行く
50	Bの値を1増やし，行番号30へ行く
60	Gの値を表示する
70	おわり

(1) Aに12を入力したとき，表示されるGの値を答えよ。

(2) このプログラムにおいて，表示されるGの値は何を表すか。Aを用いて答えよ。

(3) Aに2000を入力したとき，表示されるGの値を答えよ。

〈兵庫県〉

31 ★★★

$\boxed{1}$, $\boxed{2}$, $\boxed{3}$, $\boxed{4}$の4枚のカードがあり，下図のI, L, M, Nはこの4枚のカードを並べ替える4つの変換を表している。

I	L	M	N
$\boxed{1}\to\boxed{1}$	$\boxed{1}\to\boxed{2}$	$\boxed{1}\to\boxed{4}$	$\boxed{1}\to\boxed{3}$
$\boxed{2}\to\boxed{2}$	$\boxed{2}\to\boxed{1}$	$\boxed{2}\to\boxed{3}$	$\boxed{2}\to\boxed{4}$
$\boxed{3}\to\boxed{3}$	$\boxed{3}\to\boxed{4}$	$\boxed{3}\to\boxed{2}$	$\boxed{3}\to\boxed{1}$
$\boxed{4}\to\boxed{4}$	$\boxed{4}\to\boxed{3}$	$\boxed{4}\to\boxed{1}$	$\boxed{4}\to\boxed{2}$

I, L, M, Nの中の2つの変換A, Bについて，変換Bに続いて変換Aを行うことを，$A\circ B$と書くことにする。このとき，次の各問いに答えよ。

(1) $L\circ M=N$であることを示せ。

(2) 右の表は，変換$A\circ B$を表すものである。この表を完成せよ。

(3) 集合$G=\{I, L, M, N\}$は演算$\circ$について，群をなすことを示せ。

(4) 群$G=\{I, L, M, N\}$はG以外に4つの部分群をもつことを示せ。

【$A\circ B$の表】

A \ B	I	L	M	N
I				
L			N	
M				
N				

〈岩手県〉

実践問題　解答・解説

1

(1)　$\boldsymbol{b}>3$とすると，

$\boldsymbol{a+b+c+d}>3+3+\boldsymbol{c+d}\geqq 6$

一方，$\boldsymbol{a+b+c+d}=6$　…①より，

$6>6$となり矛盾する。

背理法により，$\boldsymbol{b}\leqq 3$

また，$\boldsymbol{c}>2$とすると，

$\boldsymbol{a+b+c+d}>2+2+2+\boldsymbol{d}\geqq 6$

①より，$6>6$となり矛盾するので，$\boldsymbol{c}\leqq 2$

（証明終わり）

(2)　4

解 説

(2)　$b+c=6-(a+d)$であるので，

$a+d$の最小値を求めればよい。

ここで，

$3a+d\geqq a+b+c+d=6$だから，

$a\geqq \dfrac{6-d}{3}$

（等号成立は，$a=b=c$のとき）

ゆえに，$a+d\geqq \dfrac{6+2d}{3}$

$d\geqq 0$だから，$d=0$のとき

$a+d$は最小値2をとる。

したがって，$a=b=c=2$，$d=0$のとき

$b+c$の最大値は，$6-2=4$

2

(1)　$\boldsymbol{m}\leqq -1$，$3\leqq \boldsymbol{m}$

(2)　$-1<\boldsymbol{x}<2-\sqrt{5}$，$2+\sqrt{5}<\boldsymbol{x}$

解 説

(1)　$\dfrac{D}{4}\geqq 0$より，

$m^2-(2m+3)\geqq 0$

$\therefore$　$m\leqq -1$，$3\leqq m$

(2)　①をmについて解くと，

$m=\dfrac{-x^2-3}{2x+2}$

$=-\dfrac{1}{2}x+\dfrac{1}{2}-\dfrac{4}{2x+2}$

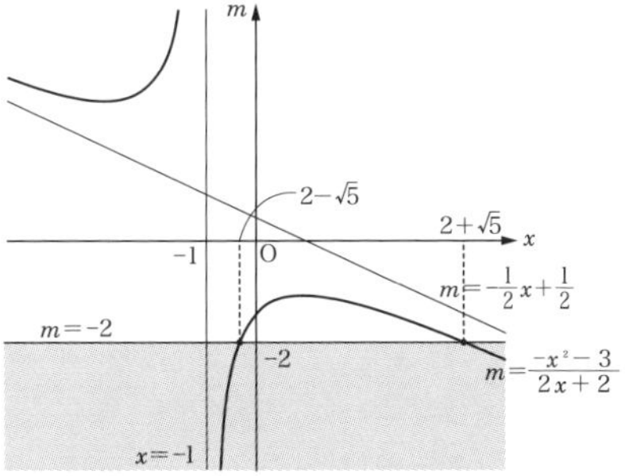

また，

$\dfrac{-x^2-3}{2x+2}=-2$

を解いて，

$x=2\pm\sqrt{5}$

よって，図より，

$-1<x<2-\sqrt{5}$，$2+\sqrt{5}<x$

3

(1)　$(\boldsymbol{4},\ \boldsymbol{8})$　　　　(2)　$\dfrac{\boldsymbol{16}}{\boldsymbol{3}}$

(3)　**40**

解 説

(1)　直線③の方程式を$y=kx$とすると，

A$(-2,\ -4)$を通るので，

$-4=-2k$

$\therefore$　$k=2$

よって，直線③の方程式は$y=2x$となる。

Bは，放物線①と直線③の交点だから，そのx座標は

$$\begin{cases} y=\dfrac{1}{2}x^2 & \cdots ㋐ \\ y=2x & \cdots ㋑ \end{cases}$$

㋐㋑より，

$\dfrac{1}{2}x^2=2x$

$$x(x-4)=0$$

$x\neq 0$ より

$$x=4$$

㋑より, $y=8$ だから,

B(4, 8)

(2) 求める面積を S とすると,

$$S=\int_0^4\left(2x-\frac{1}{2}x^2\right)dx$$
$$=-\frac{1}{2}\int_0^4 x(x-4)\,dx$$
$$=\frac{1}{2}\cdot\frac{(4-0)^3}{6}$$
$$=\frac{16}{3}$$

(3) 方べきの定理により

$$\mathrm{OP}\times\mathrm{OQ}=\mathrm{OA}\times\mathrm{OB}$$
$$=\sqrt{2^2+4^2}\cdot\sqrt{4^2+8^2}$$
$$=2\sqrt{5}\cdot 4\sqrt{5}$$
$$=40$$

4

(1) $\mathbf{\frac{1}{6}}$　　(2) $\mathbf{\frac{5}{72}}$

(3) $\mathbf{\frac{73}{648}}$

解説

さいころを2回続けてふるとき, (1回目の出目) − (2回目の出目) が m となる確率を $Q(m)$ $(-5\leqq m\leqq 5)$ とおく。下の表から,

$$Q(m)=\frac{6-|m|}{36}$$

であることがわかる。

2回目

1回目 \ 差	1	2	3	4	5	6
1	0	−1	−2	−3	−4	−5
2	1	0	−1	−2	−3	−4
3	2	1	0	−1	−2	−3
4	3	2	1	0	−1	−2
5	4	3	2	1	0	−1
6	5	4	3	2	1	0

(1) 求める確率は,

$$Q(0)=\frac{1}{6}$$

(2) 求める確率は,

$Q(-k)\times$(3回目に k が出る確率)

を $k=1, 2, 3, 4, 5$ について和をとることにより得られる。よってその値は

$$\sum_{k=1}^{5}\frac{6-k}{36}\cdot\frac{1}{6}$$
$$=\frac{1}{36\cdot 6}(5+4+3+2+1)$$
$$=\frac{5}{72}$$

(3) 求める確率は,

$$\sum_{m=-5}^{5}\{Q(m)\times Q(-m)\}$$

により与えられる。ここで,

$$Q(m)\times Q(-m)=\frac{6-|m|}{36}\cdot\frac{6-|-m|}{36}$$
$$=\frac{(6-|m|)^2}{36^2}$$

であるから,

$$\sum_{m=-5}^{5}\{Q(m)\times Q(-m)\}$$
$$=\frac{1}{36^2}\sum_{m=-5}^{5}(6-|m|)^2$$
$$=\frac{6^2}{36^2}+\frac{2}{36^2}\sum_{m=1}^{5}(6-m)^2$$
$$=\frac{6^2}{36^2}+\frac{2}{36^2}(5^2+4^2+3^2+2^2+1^2)$$
$$=\frac{36}{36^2}+\frac{110}{36^2}$$
$$=\frac{146}{36^2}$$
$$=\frac{73}{648}$$

5

(1) 当選確実とは言えない。

理由：残り161票が江原33，新井36，毛塚41，柿沼51とすると，4人とも151票となる。

(2) $\boldsymbol{c>\frac{a}{b+1}}$

（考え方）

最低票数cで当選するためには，c以上の票数の人がb人いなければよいので

$\boldsymbol{a-c<bc}$

$\therefore \quad \boldsymbol{c>\dfrac{a}{b+1}}$

6

$\dfrac{43}{648}$

解説

$(x,\ y)$の1回の目の出方は$6\times6=36$（通り）

そのうち，

(i)　$x=y$……6通り

(ii)　$x<y$
(iii)　$x>y$　}……同じなので各15通り

(i)のとき

すべて同じ$y=x$上にあるので，2回ともこの直線にあるのは，

$\dfrac{6}{36}\times\dfrac{6}{36}=\dfrac{36}{36^2}$

(ii)のとき

同じ直線上で異なる点は，

$(x,\ y)=(1,\ 2)(2,\ 4)(3,\ 6)\to\dfrac{3}{36}$

$(1,\ 3)(2,\ 6)\to\dfrac{2}{36}$

$(2,\ 3)(4,\ 6)\to\dfrac{2}{36}$

これ以外は，1，2回目の座標が同じときのみ（8通り）。よって，求める確率は，

$\left(\dfrac{3}{36}\right)^2+\left(\dfrac{2}{36}\right)^2+\left(\dfrac{2}{36}\right)^2+\left(\dfrac{1}{36}\right)^2\times8$

$=\dfrac{25}{36^2}$

(iii)のときは(ii)と同じなので（$x,\ y$が逆のとき）

(i)～(iii)の合計より，

$\dfrac{36}{36^2}+\dfrac{25}{36^2}+\dfrac{25}{36^2}=\dfrac{43}{648}$

（別解）

（傾き）	x 1	2	3	4	5	6
y 1	1	$\frac{1}{2}$	$\frac{1}{3}$	$\frac{1}{4}$	$\frac{1}{5}$	$\frac{1}{6}$
2	2	1	$\frac{2}{3}$	$\frac{1}{2}$	$\frac{2}{5}$	$\frac{1}{3}$
3	3	$\frac{3}{2}$	1	$\frac{3}{4}$	$\frac{3}{5}$	$\frac{1}{2}$
4	4	2	$\frac{4}{3}$	1	$\frac{4}{5}$	$\frac{2}{3}$
5	5	$\frac{5}{2}$	$\frac{5}{3}$	$\frac{5}{4}$	1	$\frac{5}{6}$
6	6	3	2	$\frac{3}{2}$	$\frac{6}{5}$	1

(i)　2回とも，点$(x,\ y)$が直線$y=x$（傾き1）上にくる確率は，

$\left(\dfrac{6}{36}\right)^2=\dfrac{36}{36^2}$

(ii)　2回とも，点$(x,\ y)$が直線$y=\dfrac{1}{2}x$または$y=2x$上にくる確率は，

$\left(\dfrac{3}{36}\right)^2\times2=\dfrac{18}{36^2}$

(iii)　2回とも，点$(x,\ y)$が直線$y=\dfrac{1}{3}x,\ y=\dfrac{2}{3}x,\ y=\dfrac{3}{2}x$または$y=3x$上にくる確率は，

$\left(\dfrac{2}{36}\right)^2\times4=\dfrac{16}{36^2}$

(iv)　2回とも，$y=\dfrac{1}{4}x,\ y=\dfrac{1}{5}x,\ y=\dfrac{1}{6}x,$

$y=\dfrac{2}{5}x,\ y=\dfrac{3}{4}x,\ y=\dfrac{3}{5}x,\ y=4x,$

$y=\dfrac{4}{3}x,\ y=\dfrac{4}{5}x,\ y=5x,\ y=\dfrac{5}{2}x,$

$y=\dfrac{5}{3}x,\ y=\dfrac{5}{4}x,\ y=\dfrac{5}{6}x,\ y=6x,$

$y=\dfrac{6}{5}x$上にくる確率は，

$\left(\dfrac{1}{36}\right)^2\times16$

以上より，求める確率は，

$$\frac{1}{36^2}(36+18+16+16)=\frac{43}{648}$$

7

(1) $\boldsymbol{\frac{1}{3}}$

(2) $\mathbf{PQ}=\boldsymbol{\frac{9\sin\theta\cos\theta}{2\sqrt{2}\cos\theta+\sin\theta}\left(0<\theta<\frac{\pi}{2}\right)}$

(3) **最大値**$\boldsymbol{\sqrt{3}}$，$\boldsymbol{\sin\theta=\frac{\sqrt{6}}{3}}$，$\boldsymbol{\cos\theta=\frac{\sqrt{3}}{3}}$

解説

(1)

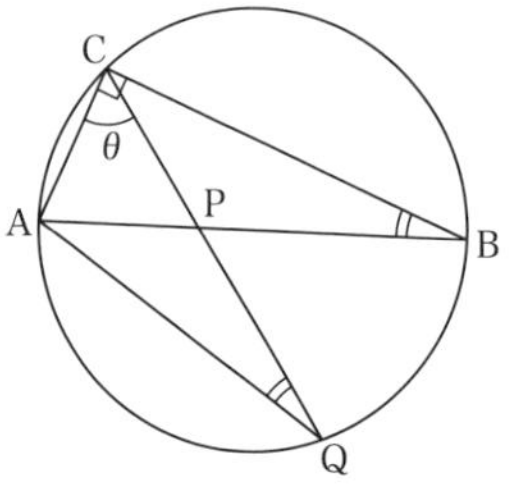

$\angle \mathrm{AQC}=\angle \mathrm{ABC}$(円周角)

$\triangle \mathrm{ABC}$は$\angle \mathrm{C}=90^\circ$の直角三角形で

$\mathrm{AB}=3$，$\mathrm{AC}=1$より，

$$\sin\angle \mathrm{AQC}=\sin\angle \mathrm{ABC}=\frac{1}{3}$$

(2) $\angle \mathrm{ABQ}=\angle \mathrm{ACQ}$(円周角)，

$\angle \mathrm{AQB}=\frac{\pi}{2}$より，$\mathrm{AQ}=3\sin\theta$であるから，

$\triangle \mathrm{APQ}$で，正弦定理より，

$$\frac{\mathrm{PQ}}{\sin\angle \mathrm{PAQ}}=\frac{3\sin\theta}{\sin\angle \mathrm{APQ}}$$

また，$\angle \mathrm{PAQ}=\frac{\pi}{2}-\theta$

$\angle \mathrm{AQC}=\alpha$とすると，

$$\angle \mathrm{APQ}=\pi-\left(\frac{\pi}{2}-\theta\right)-\alpha$$

$$=\frac{\pi}{2}+(\theta-\alpha)$$

このとき，

$$\sin\angle \mathrm{APQ}=\sin\left\{\frac{\pi}{2}+(\theta-\alpha)\right\}$$

$$=\cos(\theta-\alpha)$$

$$\therefore\ \mathrm{PQ}=\frac{3\sin\theta\sin\left(\frac{\pi}{2}-\theta\right)}{\cos(\theta-\alpha)}$$

$$=\frac{3\sin\theta\cos\theta}{\cos(\theta-\alpha)}$$

$\sin\alpha=\frac{1}{3}$，$\cos\alpha=\frac{2\sqrt{2}}{3}$より，

$$\mathrm{PQ}=\frac{3\sin\theta\cos\theta}{\frac{2\sqrt{2}}{3}\cos\theta+\frac{1}{3}\sin\theta}$$

$$=\frac{9\sin\theta\cos\theta}{2\sqrt{2}\cos\theta+\sin\theta}\left(0<\theta<\frac{\pi}{2}\right)$$

(3) $\frac{1}{\mathrm{PQ}}=\frac{2\sqrt{2}}{9\sin\theta}+\frac{1}{9\cos\theta}=f(\theta)$とおく。

$$f'(\theta)=\frac{2\sqrt{2}}{9}\cdot\frac{-\cos\theta}{\sin^2\theta}+\frac{1}{9}\cdot\frac{\sin\theta}{\cos^2\theta}$$

$$=\frac{\sin^3\theta-2\sqrt{2}\cos^3\theta}{9\sin^2\theta\cos^2\theta}$$

$f'(\theta)=0$とすると，

$\sin^3\theta-(\sqrt{2}\cos\theta)^3=0$より，

$\sin\theta-\sqrt{2}\cos\theta=0$

$0<\theta<\frac{\pi}{2}$より，

$\sin\theta=\frac{\sqrt{2}}{\sqrt{3}}$，$\cos\theta=\frac{1}{\sqrt{3}}$を満たす$\theta$を

θ_0とすると，

θ	(0)	$\cdots$	θ_0	$\cdots$	$\left(\frac{\pi}{2}\right)$
$f'(\theta)$		$-$	0	$+$	
$f(\theta)$	$(+\infty)$	↘	最小	↗	$(+\infty)$

$\theta=\theta_0$のとき，$f(\theta)$は最小となるから，

$\mathrm{PQ}>0$より，PQは最大となる。

このとき，最大値は

$$\frac{9\times\frac{\sqrt{2}}{\sqrt{3}}\times\frac{1}{\sqrt{3}}}{2\sqrt{2}\times\frac{1}{\sqrt{3}}+\frac{\sqrt{2}}{\sqrt{3}}}=\frac{3\sqrt{2}\times\sqrt{3}}{3\sqrt{2}}=\sqrt{3}$$

このとき，$\sin\theta=\frac{\sqrt{6}}{3}$，$\cos\theta=\frac{\sqrt{3}}{3}$

8

(1) $\boldsymbol{b=(\sqrt{2}-1)^2a}$

(2) $\boldsymbol{c=(\sqrt{2}-1)^4a}$

(3) $\boldsymbol{(\sqrt{2}-1)^{2(n-1)}a}$

(4) $\boldsymbol{f=(\sqrt{2}+1)^2a}$

(5) $\boldsymbol{g=\frac{1}{3}a}$

(6) $\boldsymbol{\left(\frac{1-\sin\theta}{1+\sin\theta}\right)^{n-1}a}$

解説

(1) $BO_1=\sqrt{2}a$, $BO_2=\sqrt{2}b$,

$BO_1=BO_2+a+b$より，

$(\sqrt{2}+1)b=(\sqrt{2}-1)a$

$\therefore\quad b=(\sqrt{2}-1)^2a$

(2) $BO_3=\sqrt{2}c$, (1)と同様に考えて，

$BO_2=BO_3+b+c$より，

$(\sqrt{2}+1)c=(\sqrt{2}-1)b$

$$c=(\sqrt{2}-1)^2b$$
$$=(\sqrt{2}-1)^2(\sqrt{2}-1)^2a$$

((1)より)

$$=(\sqrt{2}-1)^4a$$

(3) 円O_nの半径は

$n=1$のときa

$n=2$のとき$(\sqrt{2}-1)^2a$

$n=3$のとき$(\sqrt{2}-1)^4a$

一般に$(\sqrt{2}-1)^{2(n-1)}a\quad(n\geqq 1)$

(4) (1)〜(3)と同様に考えると，

$a=(\sqrt{2}-1)^2f$

$\therefore\quad f=(\sqrt{2}+1)^2a$

(5) $BO=2a$, $BO'=2g$

$\left(\because\quad \frac{a}{BO}=\sin 30^\circ,\ \frac{g}{BO'}=\sin 30^\circ\right)$

$BO=BO'+a+g$

$3g=a$

$\therefore\quad g=\frac{1}{3}a$

(6) $\frac{a}{BO_1}=\sin\theta$ より，$BO_1=\frac{a}{\sin\theta}$

円O_2の半径をbとすると，

$$BO_2=\frac{b}{\sin\theta}$$

$BO_1=BO_2+a+b$より，

$$\left(\frac{1}{\sin\theta}+1\right)b=\left(\frac{1}{\sin\theta}-1\right)a$$

$$b=\frac{1-\sin\theta}{1+\sin\theta}a\quad\cdots(*)$$

円O_3の半径をcとすると，

$$BO_3=\frac{c}{\sin\theta}$$

同様に考えて，$c=\frac{1-\sin\theta}{1+\sin\theta}b$

$(*)$を代入して，$c=\left(\frac{1-\sin\theta}{1+\sin\theta}\right)^2a$

よって，円O_nの半径は，一般に

$$\left(\frac{1-\sin\theta}{1+\sin\theta}\right)^{n-1}a$$

9

(1)

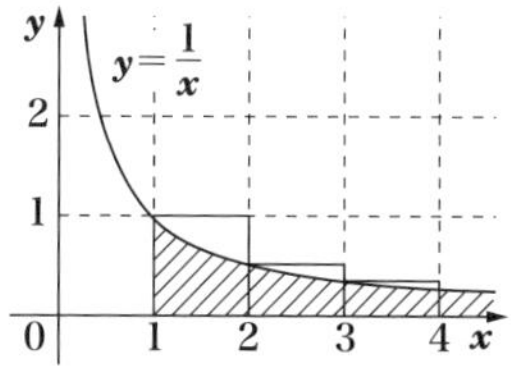

$\boldsymbol{x>0}$で$\boldsymbol{y=\frac{1}{x}}$のグラフを考える。

図より明らかに，

$$1+\frac{1}{2}+\cdots+\frac{1}{n}>\int_1^{n+1}\frac{1}{x}dx$$

$$1+\frac{1}{2}+\cdots+\frac{1}{n}>\log(n+1)$$

また，$\boldsymbol{y=\log x}$は単調増加だから，

$$\log(n+1)>\log n$$

$$\therefore\quad a_n=1+\frac{1}{2}+\cdots+\frac{1}{n}-\log n>0$$

(2) 自然数$\boldsymbol{n}$に対して，

$$a_n-a_{n+1}$$
$$=\left(1+\frac{1}{2}+\cdots+\frac{1}{n}-\log n\right)$$
$$-\left\{1+\frac{1}{2}+\cdots+\frac{1}{n}+\frac{1}{n+1}-\log(n+1)\right\}$$

$$=\log(n+1)-\log n-\frac{1}{n+1}$$

区間$[n,\ n+1]$において，関数$\dfrac{1}{x}$の定積分を考えると，

$$\int_n^{n+1}\frac{1}{x}dx>\frac{1}{n+1}$$

$$\therefore\quad \log(n+1)-\log n>\frac{1}{n+1}$$

したがって，$a_n>a_{n+1}$であるから，数列$\{a_n\}$は単調減少である。

解説

(1)と(2)の結果から，数列$\{a_n\}$は下に有界な単調減少数列なので，収束する。その極限値はオイラーの定数(0.577…)とよばれる。

10

(1) $f(\theta)=\dfrac{1}{2}t^2+at-\dfrac{1}{2}$

(2) $-\dfrac{3}{4}<a\leqq 0$

解説

(1) $t^2=(\sqrt{3}\sin\theta+\cos\theta)^2$

$$=3\sin^2\theta+2\sqrt{3}\sin\theta\cos\theta+\cos^2\theta$$

$$=1+2\sin\theta(\sin\theta+\sqrt{3}\cos\theta)$$

$$\therefore\quad \sin\theta(\sin\theta+\sqrt{3}\cos\theta)=\frac{1}{2}t^2-\frac{1}{2}$$

よって，

$$f(\theta)=\frac{1}{2}t^2+at-\frac{1}{2}$$

(2) $t=2\sin(\theta+30°)$

このグラフを直線で近似すると

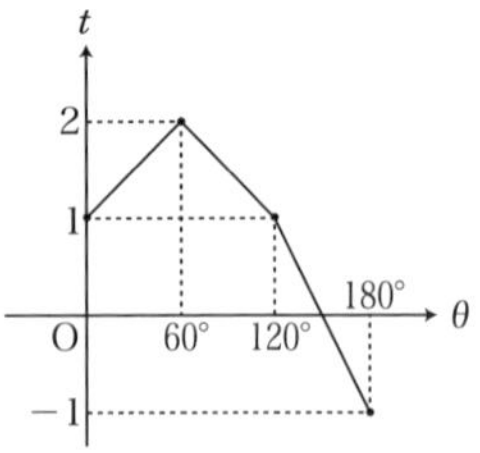

$0°\leqq\theta\leqq 180°$において，tとθの対応関係は，

・$\theta=60°$，$120°<\theta\leqq 180°$のとき，
1つのtに1つのθが対応する。

・$0°\leqq\theta<60°$，$60°<\theta\leqq 120°$のとき，
1つのtに2つのθが対応する。

よって，$f(\theta)=0$が異なる3つの解をもつのは

$g(t)=t^2+2at-1$

とおいたとき$(-1\leqq t\leqq 2)$，$g(t)=0$が，

$$\begin{cases}t=2\\1\leqq t<2\end{cases}\quad または$$

$$\begin{cases}-1\leqq t<1\\1\leqq t<2\end{cases}$$

の範囲で解を1つずつもてばよい。

(i) $t=2$を解にもつとき

$g(2)=4a+3=0$で$a=-\dfrac{3}{4}$

となり，このときもう1つの解は

$$g(t)=t^2-\frac{3}{2}t-1$$

$$=(t-2)\left(t+\frac{1}{2}\right)=0$$

より，$t=-\dfrac{1}{2}$となり，不適である。

(ii) $-1\leqq t<1$に1つの解をもち，
$1\leqq t<2$にもう1つの解をもつとき

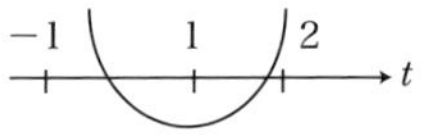

$$\begin{cases}g(-1)=-2a\geqq 0\\g(1)=2a\leqq 0\\g(2)=4a+3>0\end{cases}$$

$$\therefore\quad -\frac{3}{4}<a\leqq 0$$

(i)(ii)より，$-\dfrac{3}{4}<a\leqq 0$

11

3つの頂点がすべて格子点である正三角形が存在するとしてそれをTとおく。

Tの1つの頂点が原点Oにくるように平行移動しても，残りの2頂点はやはり格子点になるので，初めからTの1つの頂点が原点であると仮定しても一般性を失わない。

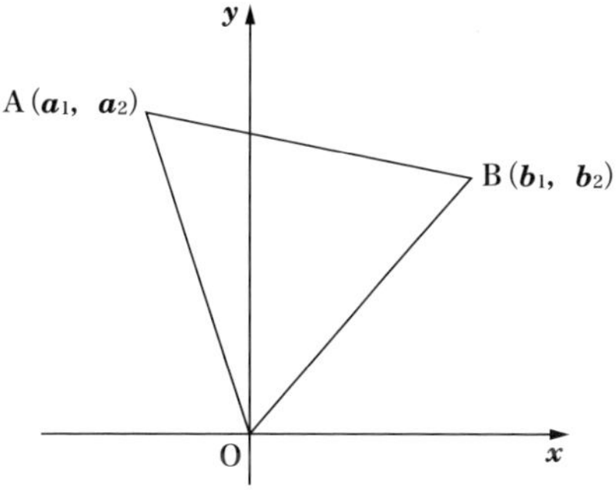

そこでTの頂点をO, A(a_1, a_2), B(b_1, b_2)とおく(a_1, a_2, b_1, b_2は整数)。ここで$a_1\neq0$かつ$b_1\neq0$と仮定しても一般性を失わない。実際，もしA, Bの一方のx座標が0なら，他方の点が原点にくるように平行移動して点を取り直せばよい(AとBの両方のx座標が0になることはありえない)。

ここで，x軸の正の方向からOAおよびOBに反時計回りに測った角をα，βとおくと，

$\tan\alpha=\dfrac{a_2}{a_1}$，$\tan\beta=\dfrac{b_2}{b_1}$であり，すると

$$\tan(\alpha-\beta)=\frac{\tan\alpha-\tan\beta}{1+\tan\alpha\tan\beta}$$

$$=\frac{\dfrac{a_2}{a_1}-\dfrac{b_2}{b_1}}{1+\dfrac{a_2}{a_1}\dfrac{b_2}{b_1}}$$

$$=\frac{a_2b_1-a_1b_2}{a_1b_1+a_2b_2}\quad\cdots(*)$$

となる。

一方，$\alpha-\beta=\pm60°$なので，$\tan(\alpha-\beta)=\pm\sqrt{3}$であり，この値は無理数である。しかし(＊)は有理数なのでこれは不合理である。

よって，3つの頂点がすべて格子点である正三角形は存在しないことが示された。

（証明終わり）

12

(1) $\vec{r}=\dfrac{\vec{p}+|\vec{p}|\vec{a}}{1+|\vec{p}|}$

(2) $1\leqq|\vec{r}|<\sqrt{2}$

解説

(1) Oを基準点として，位置ベクトル$\vec{a}$, $\vec{p}$, $\vec{q}$の表す点をそれぞれA, P, Qとおく。

すると，条件$\vec{a}\cdot(\vec{p}-\vec{a})=0$は，点Pが「Aを通りOAに垂直な直線(これを$l$とおく)」上にあることを意味する。

そして，$\vec{q}=k\vec{p}\,(k>0)$かつ$|\vec{q}|=1$により，Qは半直線OP上の点でOQ＝1を満たす(Qは，Oを中心とする半径1の円周上にある)。

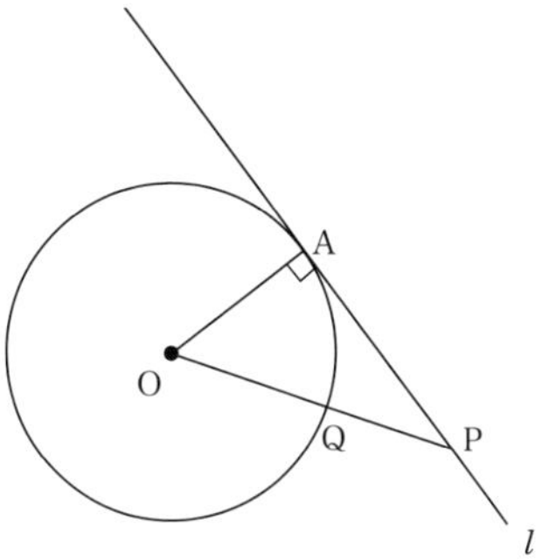

特に，$|\vec{p}|=1$のときはPはAに一致し，このときQもAに一致する。

まず，$|\vec{p}|=1$の場合を考えると，このときP＝A＝Q(つまり$\vec{p}=\vec{a}=\vec{q}$)となるので，

$\vec{r}=(1-t)\vec{a}+t\vec{a}=\vec{a}$

である(なおこのとき，条件$\vec{q}\cdot(\vec{r}-\vec{p})=0$も成り立っている)。

そこで今度は$|\vec{p}|\neq1$の場合を考えよう。

位置ベクトル$\vec{r}$が表す点をRとおく。条件$\vec{r}=(1-t)\vec{a}+t\vec{p}$によりRは直線$l$上の点であり(かつR≠A)，また条件$\vec{q}\cdot(\vec{r}-\vec{q})=0$に

よりRは「Qを通りOQに垂直な直線」上にある。

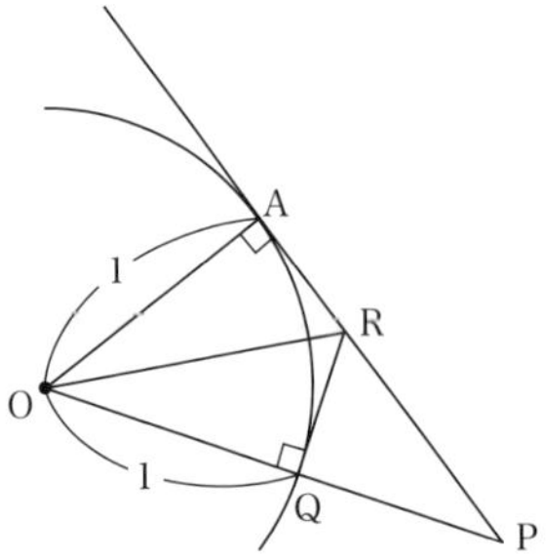

このとき，△ORA≡△ORQだから，

∠AOR＝∠QOR

角の二等分線の性質から，

$\mathrm{AR}:\mathrm{PR}=\mathrm{OA}:\mathrm{OP}=1:|\vec{p}|$

が成り立つので，よって

$$\vec{r}=\frac{|\vec{p}|}{1+|\vec{p}|}\vec{a}+\frac{1}{1+|\vec{p}|}\vec{p}$$

を得る（これは$|\vec{p}|=1$の場合を含んでいる）。

(2)　次図のように点Q_∞と点R_∞をとる（このとき$\mathrm{OQ}_\infty\mathrm{R}_\infty\mathrm{A}$は正方形になる）。

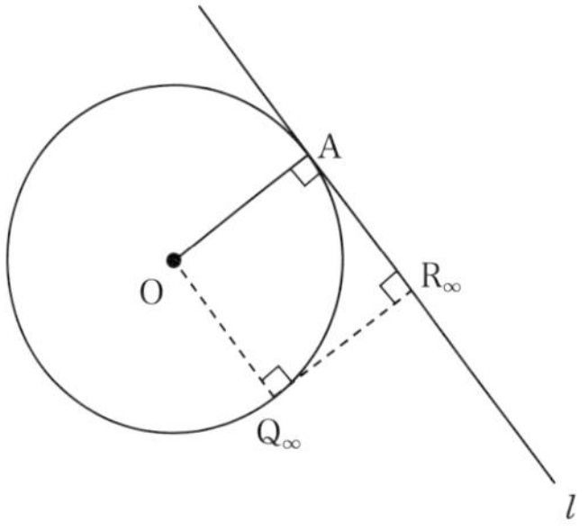

点Pが直線l上を，Aから右下方向へP_1，P_2，P_3…と動くとする（対称性から，左上方向に動く場合もまったく同様）と，点Qは円周上をAからQ_∞に向かって動く（Q_∞に達することはない。Pが無限遠方に行ったときの極限の位置がQ_∞である）。そしてこのとき点Rは，点AからR_∞に向かって図のようにR_1，R_2，R_3…と動くことになる。

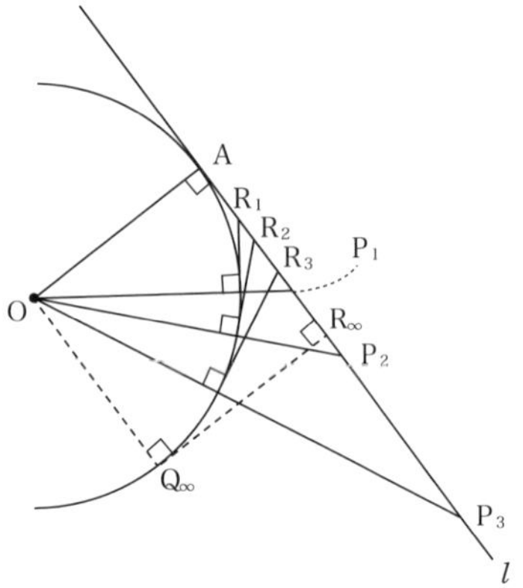

よって，$|\vec{r}|=\mathrm{OR}$のとりうる値の範囲は，

$\mathrm{OA}\leqq|\vec{r}|<\mathrm{OR}_\infty$

$\therefore\quad 1\leqq|\vec{r}|<\sqrt{2}$

である。

（別解）

次のように計算主体で解くこともできる。

(1)　仮定により，

$\vec{a}\cdot(\vec{p}-\vec{a})=0$

$\Rightarrow\vec{a}\cdot\vec{p}=1\quad\cdots①$

$(\because\quad|\vec{a}|=1)$

である。同様に

$\vec{q}\cdot(\vec{r}-\vec{q})=0$

$\Rightarrow\vec{q}\cdot\vec{r}=1\quad\cdots②$

$(\because\quad|\vec{q}|=1)$

である。またQの定義から，$\vec{q}=\dfrac{1}{|\vec{p}|}\vec{p}$と表されるので，②は

$\vec{p}\cdot\vec{r}=|\vec{p}|\quad\cdots②'$

と書ける。

いま$\vec{r}=(1-t)\vec{a}+t\vec{p}$を②′に代入すると，

$(1-t)\vec{p}\cdot\vec{a}+t|\vec{p}|^2=|\vec{p}|$

$\therefore\quad(1-t)+t|\vec{p}|^2=|\vec{p}|\quad(\because\quad ①)$

$\therefore\quad(|\vec{p}|^2-1)t=|\vec{p}|-1$

となる。

よって，$|\vec{p}|\neq1$の場合は，

$$t=\frac{|\vec{p}|-1}{|\vec{p}|^2-1}=\frac{1}{|\vec{p}|+1}$$

となるので,

$\vec{r}=(1-t)\vec{a}+t\vec{p}$

$=\dfrac{|\vec{p}|}{|\vec{p}|+1}\vec{a}+\dfrac{1}{|\vec{p}|+1}\vec{p}$　…③

を得る。

また, $|\vec{p}|=1$ の場合は, ①から$\vec{p}=\vec{a}$となる（なぜなら$\vec{p}$と$\vec{a}$のなす角を θ とおけば, ①から$\cos\theta=1$ すなわち $\theta=0^\circ$ となるため）。よってこの場合は

$\vec{r}=(1-t)\vec{a}+t\vec{a}=\vec{a}$

となる(これは③に含まれる)。

(2) $\vec{p}$と$\vec{a}$のなす角を θ とおくと, ①から

$|\vec{p}|\cos\theta=1$

$\therefore\quad |\vec{p}|=\dfrac{1}{\cos\theta}$

となるので, $|\vec{p}|$のとりうる値の範囲は $|\vec{p}|\geqq 1$ である。

ここで, $|\vec{p}|=x$とおくと, (1)の結果から,

$|\vec{r}|^2=\left(\dfrac{x}{x+1}\right)^2+\dfrac{2x}{(x+1)^2}+\left(\dfrac{1}{x+1}\right)^2x^2$

$(\because\quad |\vec{a}|=1,\ \vec{a}\cdot\vec{p}=1)$

$=\dfrac{2x^2+2x}{(x+1)^2}$

$=\dfrac{2x}{x+1}$

$=2-\dfrac{2}{x+1}$

となる。これはxの増加関数であり, $x=1$ のときの値は1で, $x\to\infty$において2に収束するので, $|\vec{r}|^2$のとりうる値の範囲は,

$1\leqq|\vec{r}|^2<2$

となる。よって$|\vec{r}|$のとりうる値の範囲は

$1\leqq|\vec{r}|<\sqrt{2}$

13

(1)　$\mathbf{0\leqq|\cos\phi|\leqq\dfrac{1}{2}}$

(2)　$\boldsymbol{\theta=\dfrac{\pi}{4},\ \dfrac{5\pi}{4}}$

OPQRの体積：$\dfrac{\sqrt{2}}{3}$

解 説

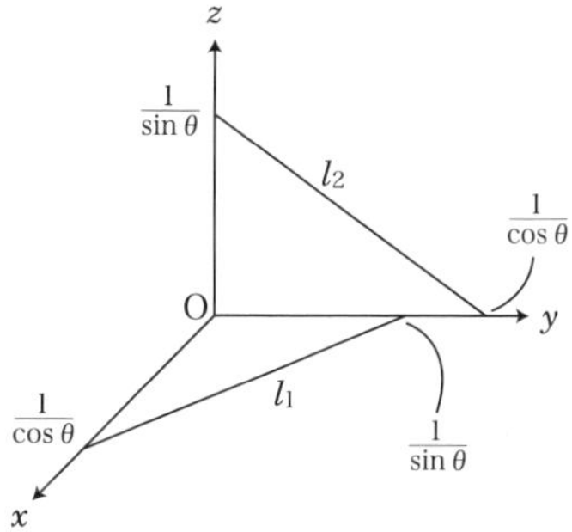

(1) l_1とl_2の方向ベクトルとして, それぞれ

$\vec{l_1}=(-\sin\theta,\ \cos\theta,\ 0)$

$\vec{l_2}=(0,\ \sin\theta,\ -\cos\theta)$

をとり, $\vec{l_1}$と$\vec{l_2}$のなす角をϕ'とおく。

このとき,

$$\phi=\begin{cases}\phi' & \left(0\leqq\phi'\leqq\dfrac{\pi}{2}\text{のとき}\right)\\ \pi-\phi' & \left(\dfrac{\pi}{2}\leqq\phi'\leqq\pi\text{のとき}\right)\end{cases}$$

となるが, $|\cos(\pi-\phi')|=|\cos\phi'|$であるので, ここでは$|\cos\phi'|$のとりうる値の範囲を調べればよい。

すると,

$\cos\phi'=\dfrac{\vec{l_1}\cdot\vec{l_2}}{|\vec{l_1}||\vec{l_2}|}$

$=\dfrac{\cos\theta\sin\theta}{1\cdot1}$

$=\dfrac{1}{2}\sin2\theta$

で, いま$0\leqq\theta<2\pi$なので, 求める範囲は

$0\leqq|\cos\phi|\leqq\dfrac{1}{2}$

(2) l_1はxy平面上の直線で, l_2はyz平面上の

直線なので，これらが交わるならばその交点はy軸上にある。

ここで，

l_1とy軸の交点は$P_1\left(0,\ \dfrac{1}{\sin\theta},\ 0\right)$

（ただし$\theta\neq 0$，$\theta\neq\pi$のとき）

l_2とy軸の交点は$P_2\left(0,\ \dfrac{1}{\cos\theta},\ 0\right)$

$\left(ただし\ \theta\neq\dfrac{\pi}{2}\pi,\ \theta\neq\dfrac{3\pi}{2}のとき\right)$

であり，l_1とl_2が交わるのはP_1とP_2が一致するとき（つまり$\sin\theta=\cos\theta$のとき）である。よってそのときのθの値は，

$$\theta=\frac{\pi}{4},\ \frac{5\pi}{4}$$

(i)　$\theta=\dfrac{\pi}{4}$のとき

このとき，$P(0,\ \sqrt{2},\ 0)$であり，またl_1とx軸の交点は$Q(\sqrt{2},\ 0,\ 0)$，l_2とz軸の交点は$R(0,\ 0,\ \sqrt{2})$となるので，四面体OPQRの体積は

$$\frac{1}{3}\cdot\triangle OPQ\cdot OR$$
$$=\frac{1}{3}\cdot\left(\frac{1}{2}\cdot\sqrt{2}\cdot\sqrt{2}\right)\cdot\sqrt{2}$$
$$=\frac{\sqrt{2}}{3}$$

(ii)　$\theta=\dfrac{5\pi}{4}$のとき

このときは$P(0,\ -\sqrt{2},\ 0)$であり，またl_1とx軸の交点は$Q(-\sqrt{2},\ 0,\ 0)$，l_2とz軸の交点は$R(0,\ 0,\ -\sqrt{2})$となる。

これは，原点に関して先の(i)の場合と対称な位置関係にある。よってこの場合の四面体OPQRの体積は，(i)と同じで

$$\frac{\sqrt{2}}{3}$$

14

(1)　$(\pi-3\sqrt{3})r^2+30r$

(2)　$\left(\dfrac{4}{3}\pi-4\sqrt{3}\right)r^3+15\pi r^2$

解説

(1)

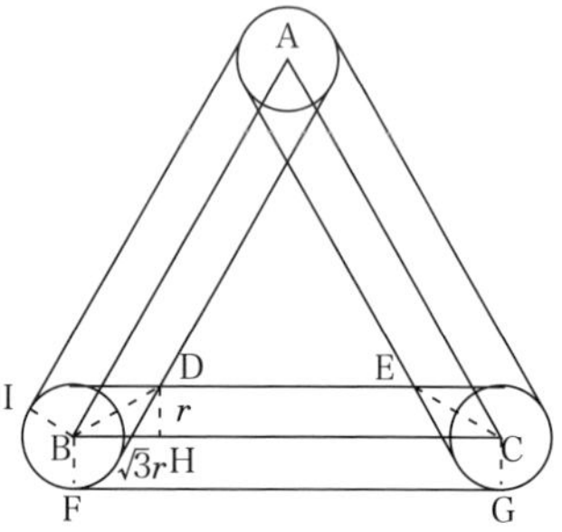

台形DBCEの面積は，

$DE=5-2\times\sqrt{3}r$，$BC=5$，$DH=r$

だから，

$$\frac{1}{2}(10-2\sqrt{3}r)\cdot r=5r-\sqrt{3}r^2$$

長方形BFGCの面積は，$5r$

扇形BIFの面積は，$\dfrac{1}{3}\pi r^2$

よって，円Oが通過する部分の面積は，

$$3\left(5r-\sqrt{3}r^2+5r+\frac{1}{3}\pi r^2\right)$$
$$=(\pi-3\sqrt{3})r^2+30r$$

(2)　題意の立体の体積をV，(1)で求めた面積を$S(r)$で表すことにする。正三角形ABCを含む平面からの距離が$z(0\leqq z\leqq r)$の平面で題意の立体を切ったときの断面積は$S(\sqrt{r^2-z^2})$となる。よって

$$V=2\int_0^r S(\sqrt{r^2-z^2})\,dz$$
$$=2\int_0^r\{(\pi-3\sqrt{3})(r^2-z^2)+30\sqrt{r^2-z^2}\}\,dz$$
$$=2(\pi-3\sqrt{3})\left[r^2z-\frac{z^3}{3}\right]_0^r+60\cdot\frac{1}{4}\pi r^2$$
$$=\left(\frac{4}{3}\pi-4\sqrt{3}\right)r^3+15\pi r^2$$

15

(1)　$x=\pm\frac{\sqrt{2}}{2}$　　　(2)　$t>\sqrt{2}$

(3)　$0\leqq t\leqq 1$のとき

$\left(\frac{t\pm\sqrt{2-t^2}}{2},\ \frac{\mp t+\sqrt{2-t^2}}{2}\right)$(複号同順)

$1<t<\sqrt{2}$のとき

$\left(\frac{t\pm\sqrt{2-t^2}}{2},\ \frac{t\mp\sqrt{2-t^2}}{2}\right)$(複号同順)

解説

(1)　(3)の図1より，円①と半直線Rの交点のx座標は，「①かつ$y=x\geqq 0$」を満たす実数xとして得られる。①に$y=x$を代入すると，

$$x^2+x^2=1 \quad \therefore \quad x^2=\frac{1}{2}$$

となるので，円①と半直線Rの交点のx座標は$\frac{1}{\sqrt{2}}$である。

半直線Lと半直線Rはy軸に関して対称の位置にあり，円①はy軸対称なので，円①と半直線Lの交点のx座標は$-\frac{1}{\sqrt{2}}$となる。

よって①と②の交点のx座標は$\pm\frac{1}{\sqrt{2}}=\pm\frac{\sqrt{2}}{2}$である。

(2)　①と②が共有点をもたないのは，次図のように，円①が半直線Lの左側にある場合であり，これはLと原点の距離dが1より大きい場合である。

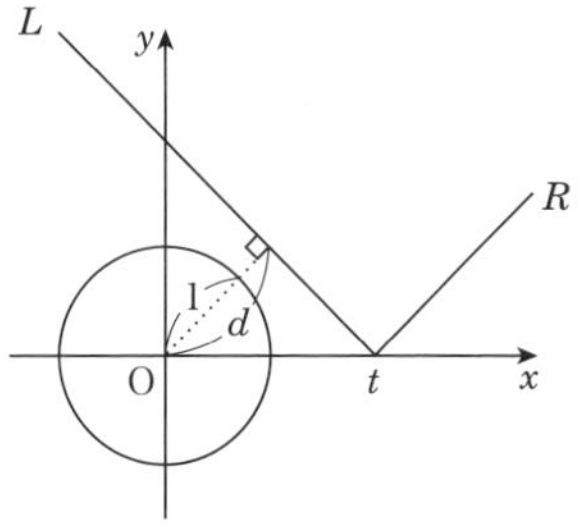

図から，$t=\sqrt{2}d$が成り立つこと（∵Lとx軸のなす角は45°）がわかるので，求めるtの範囲は$t>\sqrt{2}$である。

(3)
$$|x-t|=\begin{cases} x-t & (x\geqq t\text{のとき}) \\ -(x-t) & (x<t\text{のとき})\end{cases}$$

であり，②のグラフは次のようになる。

図1

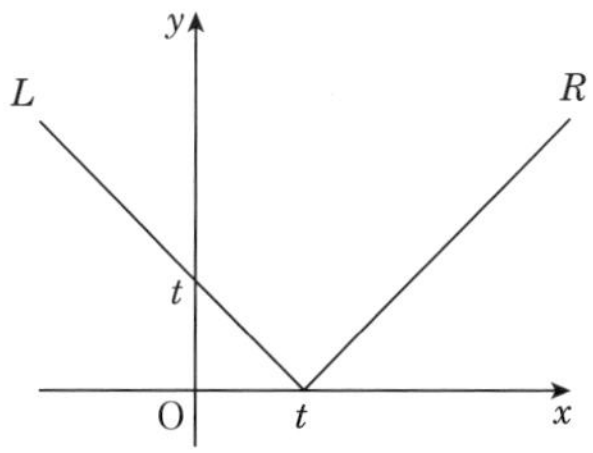

このグラフのうち，$x\geqq t$の部分の半直線をR，$x<t$の部分の半直線をLとおく。

①と②が相異なる2つの共有点をもつのは，

(i)　LとRが円①と1つずつ共有点をもつとき

(ii)　Lが円①と2つの共有点をもつとき

のいずれかである。(i)は$0\leqq t\leqq 1$のときで，(ii)は$1<t<\sqrt{2}$のときである。

(i)　$0\leqq t\leqq 1$のとき

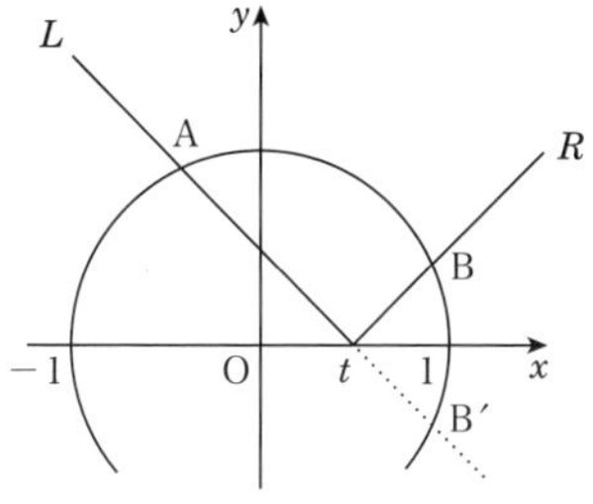

このとき，円①と半直線L，半直線Rとの交点をそれぞれ$A(x_A,\ y_A)$，$B(x_B,\ y_B)$とおく。Aのx座標x_Aは，方程式①と$y=-x+t$からyを消去して得られる方程式

$$x^2+(-x+t)^2=1$$

$$2x^2-2tx+t^2-1=0 \quad \cdots★$$

の解のうち$x\leqq t$を満たすものとして得られるので，

$$x_A = \frac{t-\sqrt{2-t^2}}{2}$$

となり，よって

$$y_A = -x_A + t = \frac{t+\sqrt{2-t^2}}{2}$$

となる。

ここで，「直線$y=-x+t$と円①の交点のうち$x \geqq t$を満たすもの（図の点B'）」と点Bはx軸に関して対称の位置にあることから，★の解で$x \geqq t$を満たすものがBのx座標にほかならない。よって

$$x_B = \frac{t+\sqrt{2-t^2}}{2}$$

$$y_B = x_B - t = \frac{-t+\sqrt{2-t^2}}{2}$$

(ii) $1<t<\sqrt{2}$のとき

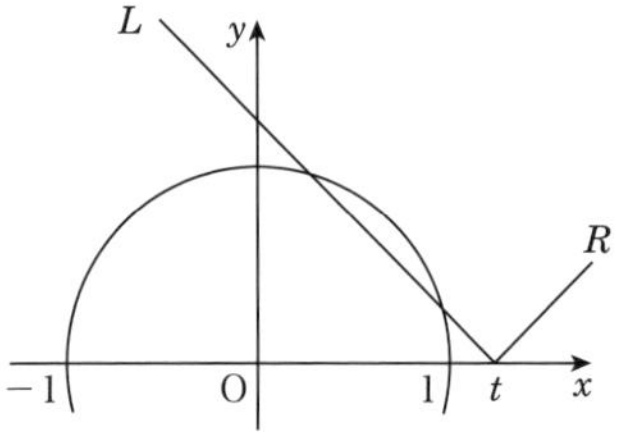

このとき，2つの共有点のx座標は★の2解

$$x = \frac{t\pm\sqrt{2-t^2}}{2}$$

であり，y座標は

$$y = -\frac{t\pm\sqrt{2-t^2}}{2} + t$$

$$= \frac{t\mp\sqrt{2-t^2}}{2}$$

となる（複号同順）。

以上により，2つの共有点の座標は，

$0 \leqq t \leqq 1$のとき

$$\left(\frac{t\pm\sqrt{2-t^2}}{2},\ \frac{\mp t+\sqrt{2-t^2}}{2}\right)\text{（複号同順）}$$

$1<t<\sqrt{2}$のとき

$$\left(\frac{t\pm\sqrt{2-t^2}}{2},\ \frac{t\mp\sqrt{2-t^2}}{2}\right)\text{（複号同順）}$$

16

(1)

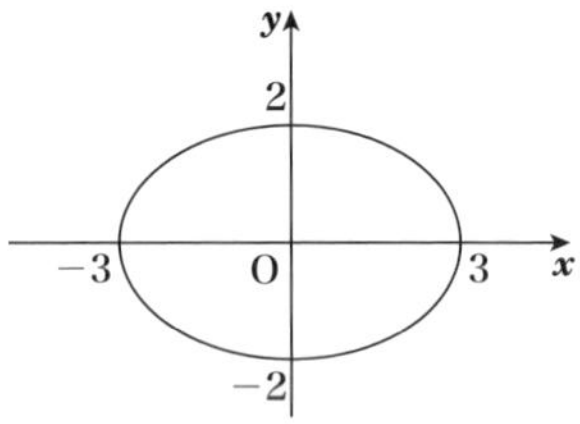

(2) **$l: 2x+3\sqrt{3}y=12$**

$\theta = \frac{4}{3}\pi$のとき最大値$\frac{24\sqrt{31}}{31}$

(3) **P$\left(\frac{3\sqrt{5}}{5},\ \frac{4\sqrt{5}}{5}\right)$のとき最小値$2\sqrt{5}$**

解説

(2) 直線lの方程式は，

$$\frac{1}{9}\cdot\frac{3}{2}\cdot x + \frac{1}{4}\cdot\sqrt{3}\cdot y = 1$$

$$\therefore\quad 2x+3\sqrt{3}y=12$$

である。

また，点P$(3\cos\theta,\ 2\sin\theta)$と直線$l$の距離$d$は，

$$d = \frac{|2\cdot 3\cos\theta + 3\sqrt{3}\cdot 2\sin\theta - 12|}{\sqrt{2^2+(3\sqrt{3})^2}}$$

$$= \frac{6|\cos\theta+\sqrt{3}\sin\theta-2|}{\sqrt{31}}$$

$$= \frac{6}{\sqrt{31}}\left|2\sin\left(\theta+\frac{\pi}{6}\right)-2\right|$$

$$= \frac{12}{\sqrt{31}}\left\{1-\sin\left(\theta+\frac{\pi}{6}\right)\right\}$$

と表される。これが最大になるのは

$\sin\left(\theta+\frac{\pi}{6}\right)$の値が$-1$のときであり，それは

$$\theta+\frac{\pi}{6} = \frac{3}{2}\pi \qquad \therefore\quad \theta = \frac{4}{3}\pi$$

のときである。

よってdは，$\theta=\frac{4}{3}\pi$のとき最大値

$$\frac{12}{\sqrt{31}}\{1-(-1)\} = \frac{24}{\sqrt{31}} = \frac{24\sqrt{31}}{31}$$

（後半の別解）

だ円Cは原点に関して対称なので，求めた

直線lを原点対称移動したものをl'とおくと，l'は点$\left(-\dfrac{3}{2},\ -\sqrt{3}\right)$においてCに接する。

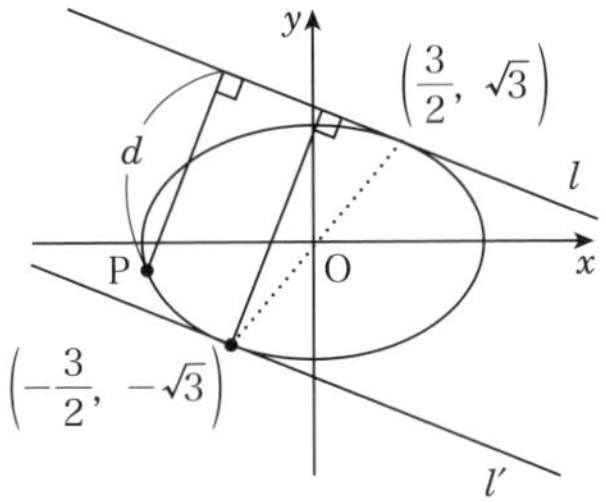

すると，C上の点Pに対して，点Pと直線lの距離dが最大になるのは，Pが点$\left(-\dfrac{3}{2},\ -\sqrt{3}\right)$に一致するときであることが上図からわかる。よって，

$$(d\text{の最大値})=\left(l\text{と}\left(-\frac{3}{2},\ -\sqrt{3}\right)\text{の距離}\right)$$

$$=\cdots=\frac{24}{\sqrt{31}}$$

である。また，

$$\left(-\frac{3}{2},\ -\sqrt{3}\right)=\left(3\cos\frac{4\pi}{3},\ 2\sin\frac{4\pi}{3}\right)$$

なので，dが最大になるのは$\theta=\dfrac{4\pi}{3}$のときである。

(3)

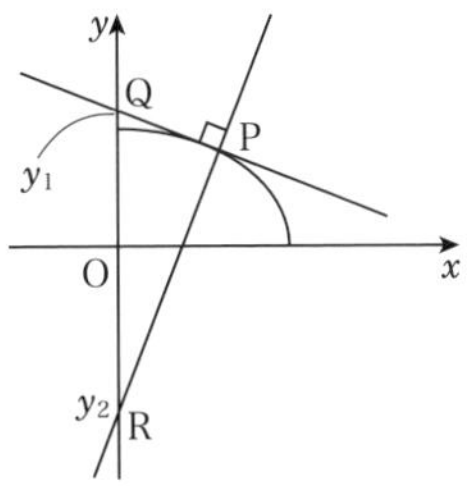

点PにおけるCの接線の方程式は，

$$\frac{3\cos\theta}{9}x+\frac{2\sin\theta}{4}y=1$$

$$\therefore\quad \frac{\cos\theta}{3}x+\frac{\sin\theta}{2}y=1 \quad \cdots①$$

と表され，よってこの接線のy切片をy_1とおくと，

$$y_1=\frac{2}{\sin\theta}$$

となる。

一方，点PにおけるCの法線は，直線①に垂直で点Pを通るので，その方程式は

$$-\frac{\sin\theta}{2}(x-3\cos\theta)+\frac{\cos\theta}{3}(y-2\sin\theta)=0$$

と書け，この法線のy切片をy_2とおくと，

$$-\frac{\sin\theta}{2}(0-3\cos\theta)+\frac{\cos\theta}{3}(y_2-2\sin\theta)=0$$

$$\therefore\quad y_2=-\frac{5}{2}\sin\theta$$

となる。

ここで，$\sin\theta>0$により$y_2<0<y_1$であることに注意して，

$$\begin{aligned}&(\text{線分QRの長さ})\\&=y_1-y_2\\&=\frac{2}{\sin\theta}+\frac{5}{2}\sin\theta\\&\geqq 2\sqrt{\frac{2}{\sin\theta}\cdot\frac{5}{2}\sin\theta}\\&=2\sqrt{5}\end{aligned}$$

を得る。ここで等号が成立するのは，

$\dfrac{2}{\sin\theta}=\dfrac{5}{2}\sin\theta$のとき，

すなわち$\sin\theta=\dfrac{2\sqrt{5}}{5}\ (<1)$のときである。よって，線分QRの長さの最小値は$2\sqrt{5}$である。

また，$\sin\theta=\dfrac{2\sqrt{5}}{5}$のとき，

$$\cos\theta=\sqrt{1-\left(\frac{2}{\sqrt{5}}\right)^2}=\frac{\sqrt{5}}{5}$$

$$\left(\because\quad 0<\theta<\frac{\pi}{2}\text{により}\cos\theta>0\right)$$

なので，QRの長さの最小値を与える点Pの座標は，$\left(\dfrac{3\sqrt{5}}{5},\ \dfrac{4\sqrt{5}}{5}\right)$である。

17

(1) $\boldsymbol{M}$の任意の2つの要素$\begin{pmatrix} a & -b \\ b & a \end{pmatrix}$, $\begin{pmatrix} x & -y \\ y & x \end{pmatrix}$に対し,

$$\begin{pmatrix} a & -b \\ b & a \end{pmatrix}\begin{pmatrix} x & -y \\ y & x \end{pmatrix}$$
$$=\begin{pmatrix} ax-by & -ay-bx \\ bx+ay & -by+ax \end{pmatrix}$$
$$=\begin{pmatrix} ax-by & -(ay+bx) \\ ay+bx & ax-by \end{pmatrix} \quad \cdots ①$$

であり, ここで

$$(ax-by)^2+(ay+bx)^2$$
$$=(a^2+b^2)(x^2+y^2)\neq 0$$

であるから, ①$\in\boldsymbol{M}$である。よって題意は示された。

(証明終わり)

(2) (1)により$\boldsymbol{M}$は乗法について閉じており, また乗法について結合則を満たす(行列の積は結合則を満たす)。さらに

・$\begin{pmatrix} 1 & 0 \\ 0 & 1 \end{pmatrix}$は$\boldsymbol{M}$の元なので, $\boldsymbol{M}$は乗法に関する単位元をもつ。

・$\boldsymbol{M}$の元$A=\begin{pmatrix} a & -b \\ b & a \end{pmatrix}$は$\det A=a^2+b^2\neq 0$より逆行列をもち,

$$A^{-1}=\frac{1}{a^2+b^2}\begin{pmatrix} a & b \\ -b & a \end{pmatrix}$$
$$=\begin{pmatrix} \dfrac{a}{a^2+b^2} & -\dfrac{-b}{a^2+b^2} \\ \dfrac{-b}{a^2+b^2} & \dfrac{a}{a^2+b^2} \end{pmatrix}$$

で, ここで

$$\left(\frac{a}{a^2+b^2}\right)^2+\left(\frac{-b}{a^2+b^2}\right)^2=\frac{1}{a^2+b^2}\neq 0$$

なので$A^{-1}\in\boldsymbol{M}$である。

ということから, $\boldsymbol{M}$は群をなす。

そして, $\boldsymbol{M}$の任意の2つの要素

$\begin{pmatrix} a & -b \\ b & a \end{pmatrix}$, $\begin{pmatrix} x & -y \\ y & x \end{pmatrix}$に対し,

$$\begin{pmatrix} x & -y \\ y & x \end{pmatrix}\begin{pmatrix} a & -b \\ b & a \end{pmatrix}$$
$$=\begin{pmatrix} ax-by & -(ay+bx) \\ ay+bx & ax-by \end{pmatrix}$$

でありこれは①に一致するので, $\boldsymbol{M}$は乗法に関して可換群をなす。

(証明終わり)

(3) $A=\begin{pmatrix} 1 & 0 \\ 0 & 1 \end{pmatrix}$, $\begin{pmatrix} -\dfrac{1}{2} & -\dfrac{\sqrt{3}}{2} \\ \dfrac{\sqrt{3}}{2} & -\dfrac{1}{2} \end{pmatrix}$,

$$\begin{pmatrix} -\dfrac{1}{2} & \dfrac{\sqrt{3}}{2} \\ -\dfrac{\sqrt{3}}{2} & -\dfrac{1}{2} \end{pmatrix}$$

解 説

(3) 点$(a,\ b)$の極座標を$(r,\ \theta)$ $(r>0,\ 0\leqq\theta<2\pi)$とすると,

$$A=\begin{pmatrix} a & -b \\ b & a \end{pmatrix}=r\begin{pmatrix} \cos\theta & -\sin\theta \\ \sin\theta & \cos\theta \end{pmatrix}$$

なので, $A^3=E$ならば

$$r^3\begin{pmatrix} \cos 3\theta & -\sin 3\theta \\ \sin 3\theta & \cos 3\theta \end{pmatrix}=\begin{pmatrix} 1 & 0 \\ 0 & 1 \end{pmatrix}$$

両辺の行列式を考えれば$r=1$。また, 成分を比較して,

$$\begin{cases} \cos 3\theta=1 \\ \sin 3\theta=0 \end{cases}$$

よって, $\theta=0,\ \dfrac{2}{3}\pi,\ \dfrac{4}{3}\pi$

したがって,

$$A=\begin{pmatrix} 1 & 0 \\ 0 & 1 \end{pmatrix},\ \begin{pmatrix} -\dfrac{1}{2} & -\dfrac{\sqrt{3}}{2} \\ \dfrac{\sqrt{3}}{2} & -\dfrac{1}{2} \end{pmatrix},$$
$$\begin{pmatrix} -\dfrac{1}{2} & \dfrac{\sqrt{3}}{2} \\ -\dfrac{\sqrt{3}}{2} & -\dfrac{1}{2} \end{pmatrix}$$

18

(1) $f(x)=e^x-\dfrac{x^2}{2}$とおく。$x>0$において$f(x)>0$であることを示せばよい。

このとき,

$$f'(x)=e^x-x$$
$$f''(x)=e^x-1$$

$f'''(x) = e^x > 0$

となる。

よって，$f''(x)$は増加関数であり，$x > 0$において$f''(x) > f''(0) = 1 - 1 = 0$である。

すると，$f'(x)$は$x \geqq 0$において増加関数になるので，$x > 0$において

$f'(x) > f'(0) = 1 > 0$である。

よって，$f(x)$も$x \geqq 0$において増加関数であり，$x > 0$において$f(x) > f(0) = 1 > 0$が成り立つ。

（証明終わり）

(2) $x > 0$において，(1)の不等式の両辺は正であり，その逆数をとることにより

$$0 < \frac{1}{e^x} < \frac{2}{x^2}$$

$$\therefore \quad 0 < \frac{x}{e^x} < \frac{2}{x}$$

が成り立つ。

この右辺は$x \to \infty$のとき0に収束するので，はさみうちの原理により

$$\lim_{x \to \infty} \frac{x}{e^x} = 0$$

を得る。

（証明終わり）

(3)

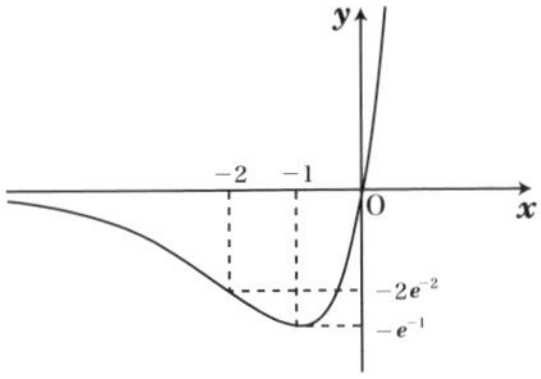

(4) $2 - 2e^{-1}$

解説

(3) $g(x) = xe^x$とおく。このとき

$g'(x) = e^x + xe^x = (x+1)e^x$

$g''(x) = e^x + (x+1)e^x = (x+2)e^x$

であるから，$g(x)$の増減・凹凸は次のようになる。

x		-2		-1	
$g'(x)$	$-$	$-$	$-$	0	$+$
$g''(x)$	$-$	0	$+$	$+$	$+$
$g(x)$	↘	$-2e^{-2}$	↘	$-e^{-1}$	↗

よって$g(x)$は$x = -1$で極小値$-e^{-1}$をとる。

また，$\lim_{x \to \infty} g(x) = \infty$であり，さらに

$$\begin{aligned}\lim_{x \to -\infty} g(x) &= \lim_{t \to \infty} g(-t)\\ &= -\lim_{t \to \infty} \frac{t}{e^t}\\ &= 0 \quad (\because \ (2))\end{aligned}$$

であることから，$y = g(x)$のグラフは解答のようになる。

(4) 求める面積は

$$\begin{aligned}&-\int_{-1}^{0} xe^x dx + \int_{0}^{1} xe^x dx\\ &= -(G(0) - G(-1)) + G(1) - G(0)\\ &= G(1) - 2G(0) + G(-1)\end{aligned}$$

（$G(x)$はxe^xの原始関数の1つ）で与えられる。いま，

$$\begin{aligned}\int xe^x dx &= xe^x - \int e^x dx\\ &= xe^x - e^x + C \quad (C\text{は積分定数})\end{aligned}$$

なので，$G(x) = (x-1)e^x$ととれる。

よって求める面積は，

$$\begin{aligned}&G(1) - 2G(0) + G(-1)\\ &= 0 - 2(-1) + (-2e^{-1})\\ &= 2 - 2e^{-1}\end{aligned}$$

19

(1)　$\dfrac{\pi}{3}-\dfrac{\sqrt{3}}{4}$

(2)

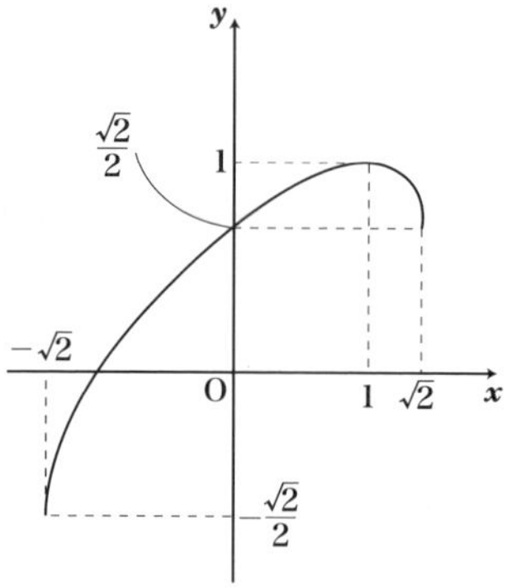

(3)　$S=\dfrac{\pi}{3}-\dfrac{\sqrt{3}}{4}$

解説

(1)　与えられた定積分の値は次図斜線部分の面積。

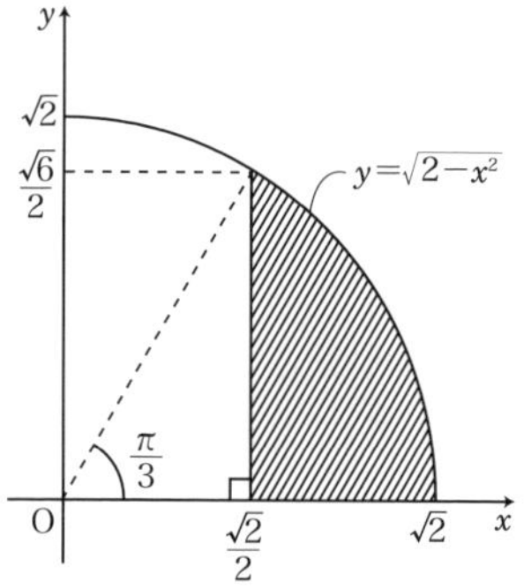

よって求める値は，

$$\frac{1}{2}\cdot(\sqrt{2})^2\cdot\frac{\pi}{3}-\frac{1}{2}\cdot\frac{\sqrt{2}}{2}\cdot\frac{\sqrt{6}}{2}$$

$$=\frac{\pi}{3}-\frac{\sqrt{3}}{4}$$

(2)　$f'(x)$を求めると，

$$f'(x)=\frac{1}{2}\left(1+\frac{-2x}{2\sqrt{2-x^2}}\right)$$

$$=\frac{1}{2}\cdot\frac{\sqrt{2-x^2}-x}{\sqrt{2-x^2}}$$

となる。ここで，$y=\sqrt{2-x^2}$ と$y=x$のグラフは次のようになるので，

$f'(x)$は$-\sqrt{2}<x<a$で正で，

$a<x<\sqrt{2}$では負である。

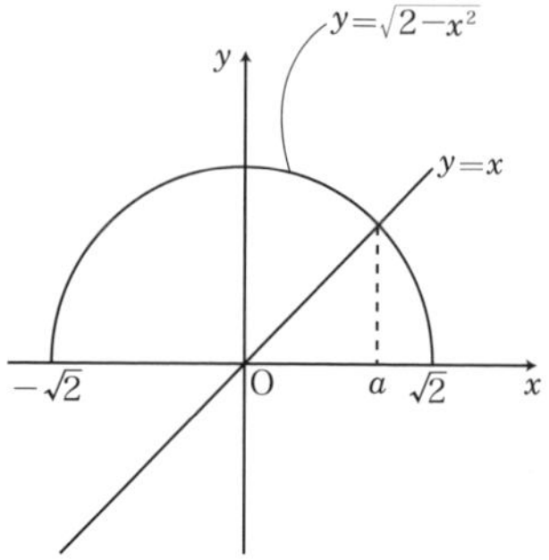

ここでaは，

$$\sqrt{2-x^2}=x$$

$$\Rightarrow 2-x^2=x^2$$

の正の解であるから，$a=1$である。

よって$f(x)$の増減は次のようになる。

x	$-\sqrt{2}$		1		$\sqrt{2}$
$f'(x)$	(∞)	$+$	0	$-$	$(-\infty)$
$f(x)$	$-\dfrac{\sqrt{2}}{2}$	↗	1	↘	$\dfrac{\sqrt{2}}{2}$

よって，$f(x)$ は$x=1$で極大値1をとる。また，$f(x)$のグラフは解答のようになる。

(3)　$x^2-2xy+2y^2=1$　…①をyについて解くと，

$$y=\frac{1}{2}\left(x\pm\sqrt{2-x^2}\right)$$

となる。

ここで，$g(x)=\dfrac{1}{2}\left(x-\sqrt{2-x^2}\right)$とおくと，

$$g(-x)=\frac{1}{2}\left(-x-\sqrt{2-(-x)^2}\right)$$

$$=-\frac{1}{2}\left(x+\sqrt{2-x^2}\right)$$

$$=-f(x)$$

となるので，$y=g(x)$のグラフは $y=f(x)$のグラフを原点に関して対称移動したものになる。よって，①が表す曲線は次のようになり，与えられた不等式が表す領域は図の

斜線部分になる。

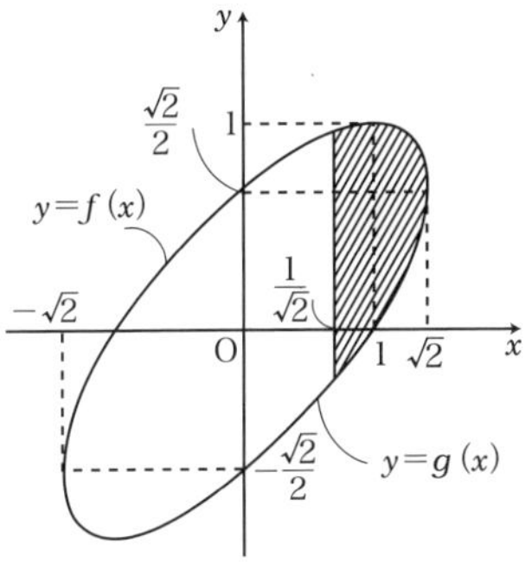

ゆえに求める面積は，

$$\int_{\frac{1}{\sqrt{2}}}^{\sqrt{2}}(f(x)-g(x))\,dx=\int_{\frac{1}{\sqrt{2}}}^{\sqrt{2}}\sqrt{2-x^2}\,dx$$

により与えられ，これは(1)の定積分そのものなので，求める面積は

$$S=\frac{\pi}{3}-\frac{\sqrt{3}}{4}$$

20

(1)　$f_n'(x)=x^{n-1}e^{1-x}(n-x)$ より，

$0<x<1$ において，$f_n'(x)>0$ だから，$f_n(x)$ は $0\leqq x\leqq 1$ において増加関数である。

よって，$0<x<1$ において，

$$f(0)<f(x)<f(1)$$

$$\therefore\quad 0<f(x)<1$$

である。

また，

$$0<\int_0^1 f_n(x)\,dx<\int_0^1 dx$$

$$\therefore\quad 0<a_n<1$$

（証明終わり）

(2)　$a_n=na_{n-1}-1$

(3)　$a_n=n!\left(e-\sum_{k=0}^{n}\frac{1}{k!}\right)$　…★が成り立つことを数学的帰納法により示す。

まず

$$a_1=\int_0^1 xe^{1-x}dx$$

$$=e\int_0^1 xe^{-x}dx$$

$$=e\left\{\left[-xe^{-x}\right]_0^1+\int_0^1 e^{-x}dx\right\}$$

$$=e\left\{-e^{-1}+\left[-e^{-x}\right]_0^1\right\}$$

$$=e(-e^{-1}-e^{-1}+1)$$

$$=e-2$$

$$=1!\left(e-\frac{1}{0!}-\frac{1}{1!}\right)$$

と表されるので，$n=1$ のとき★は成り立つ。

$n=m-1\,(m\geqq 2)$ のとき★が成り立つと仮定すると，①により

$$a_m=ma_{m-1}-1$$

$$=m\cdot(m-1)!\left(e-\sum_{k=0}^{m-1}\frac{1}{k!}\right)-1$$

$$=m!\left(e-\sum_{k=0}^{m}\frac{1}{k!}+\frac{1}{m!}\right)-1$$

$$=m!\left(e-\sum_{k=0}^{m}\frac{1}{k!}\right)$$

となるので，$n=m$ のときも★が成り立つ。

以上により，★が任意の正整数 n について成り立つことが示された。

(4)　背理法により示す。

いま e が有理数であるとして，$e=\frac{p}{q}$（p，q は整数で，$q>0$）とおく。(3)は任意の正整数 n について成り立つので，特に $n=q$ として，

$$a_q=q!\left(e-\sum_{k=0}^{q}\frac{1}{k!}\right)$$

$$=q!\left(\frac{p}{q}-\sum_{k=0}^{q}\frac{1}{k!}\right)$$

$$=p(q-1)!-\sum_{k=0}^{q}\frac{q!}{k!}\quad\cdots②$$

が成り立つ。ここで $p(q-1)!$ と $\sum_{k=0}^{q}\frac{q!}{k!}$ はともに整数であるから，②の右辺は整数になる。しかしそれは $0<a_q<1$ であること（∵　(1)）に矛盾する。

よって e が無理数であることが示された。

解説

(2)　$n \geqq 2$のとき，a_{n-1}の式を部分積分することにより，

$$a_{n-1}=\int_0^1 x^{n-1}e^{1-x}dx$$

$$=\left[\frac{1}{n}x^n e^{1-x}\right]_0^1-\frac{1}{n}\int_0^1 x^n(-e^{1-x})\,dx$$

$$=\frac{1}{n}+\frac{1}{n}a_n$$

となるので，求める関係式として

$a_n=na_{n-1}-1$　…①

を得る。

21

(1)　**$a=1$，P$(1，0)$**

$a=-\frac{5}{27}$，P$\left(-\frac{1}{3},\ \frac{8}{27}\right)$

(2)　**$\frac{4}{3}$**

解説

(1)　点Pのx座標をpとおく。

点Pは2曲線の共有点なので，

$p^3-p=p^2-a$　…①

である。また，

$(x^3-x)'=3x^2-1$

$(x^2-a)'=2x$

であり，いま2曲線が点Pで共通の接線をもつことから，

$3p^2-1=2p$

$(p-1)(3p+1)=0$

$p=1，-\frac{1}{3}$

(i)　$p=1$のとき①より

$a=1$

$y=x^3-x$と$y=x^2-1$の共有点を調べると，

$(x+1)(x-1)^2=0$

なので，2曲線は$x=-1$で交わり$p=1$の点で接している。

このときP$(1，0)$である。

(ii)　$p=-\frac{1}{3}$のとき，①より，

$a=-\frac{5}{27}$

$y=x^3-x$と$y=x^2+\frac{5}{27}$の共有点を調べると，

$x^3-x=x^2+\frac{5}{27}$より，

$\left(x+\frac{1}{3}\right)^2\left(x-\frac{5}{3}\right)=0$

つまり，2曲線は$p=-\frac{1}{3}$の点で接している。

このときP$\left(-\frac{1}{3},\ \frac{8}{27}\right)$である。

以上により，求める答えは

$a=1$，P$(1，0)$

または

$a=-\frac{5}{27}$，P$\left(-\frac{1}{3},\ \frac{8}{27}\right)$

(2)(i)　$a=1$のとき，2曲線は$x=-1$で交わり$x=1$で接し，次のようになる。

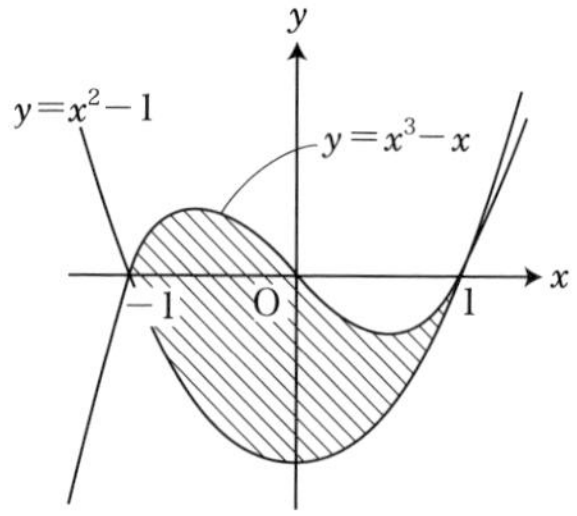

よって求める面積は，

$$\int_{-1}^1\{x^3-x-(x^2-1)\}dx$$

$$=2\int_0^1(-x^2+1)\,dx$$

$$=2\left[-\frac{x^3}{3}+x\right]_0^1$$

$$=\frac{4}{3}$$

(ii)　$a=-\frac{5}{27}$のとき，2曲線は$x=-\frac{1}{3}$で接し，$x=\frac{5}{3}$で交わり，次のようになる。

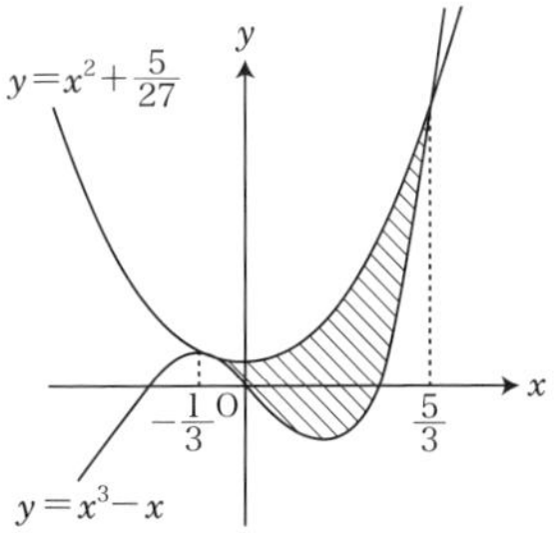

よって，求める面積は，

$$\int_{-\frac{1}{3}}^{\frac{5}{3}}\left\{\left(x^2+\frac{5}{27}\right)-(x^3-x)\right\}dx$$

$$=\frac{1}{12}\left\{\frac{5}{3}-\left(-\frac{1}{3}\right)\right\}^4$$

$$=\frac{4}{3}$$

22

(1)(i)　$\{a_n\}$は減少数列なので常に

$a_{2n}-a_{2n+1}\geqq 0$が成り立ち，すると

$S_{2n+1}=S_{2n-1}-(a_{2n}-a_{2n+1})\leqq S_{2n-1}$

となるので，数列$\{S_{2n-1}\}$は減少数列である。

(ii)　$S_{2n+1}=\sum_{k=1}^{n}(a_{2k-1}-a_{2k})+a_{2n+1}$

であり，いま$a_{2k-1}-a_{2k}\geqq 0$，$a_{2n+1}\geqq 0$であるから，常に$S_{2n+1}\geqq 0$が成り立つ。つまり数列$\{S_{2n+1}\}$は下に有界である。下に有界な減少数列は収束するので，(i)の結果と合わせて，数列$\{S_{2n+1}\}$は収束することがわかる（その極限値をαとおく）。

また，

$$\lim_{n\to\infty}S_{2n}=\lim_{n\to\infty}(S_{2n-1}+a_{2n})$$
$$=\alpha+0=\alpha$$

となるので，数列$\{S_{2n}\}$もαに収束する。

以上により，数列$\{S_n\}$（すなわち交代級数①）が収束することが示された。

(2)(i)　与えられた無限級数の和をβとし，またこの級数のn項部分和をT_nとおくと，

$$\lim_{n\to\infty}(a_{n+1}+a_{n+2}+a_{n+3}+\cdots+a_{2n})$$
$$=\lim_{n\to\infty}(T_{2n}-T_n)$$
$$=\beta-\beta$$
$$=0$$

となる。よって題意は示された。

(ii)　まず，

$$0\leqq 2na_{2n}=2(a_{2n}+a_{2n}+\cdots+a_{2n})$$
$$\leqq 2(a_{n+1}+a_{n+2}+\cdots+a_{2n})$$
$$\to 0\ (n\to\infty)\quad(\because\ (1))$$

により$\lim_{n\to\infty}2na_{2n}=0$　…①

がいえる。また

$$0\leqq(2n+1)a_{2n+1}$$
$$\leqq(2n+1)a_{2n}$$
$$=\frac{2n+1}{2n}\cdot 2na_{2n}$$
$$\to 1\cdot 0=0\ (n\to\infty)\quad(\because\ ①)$$

により

$$\lim_{n\to\infty}(2n+1)a_{2n+1}=0\quad\cdots②$$

がいえる。

①と②により，$\lim_{n\to\infty}na_n=0$が成り立つことが示された。

23

(1)①　$F(x)=\int_0^x f(t)\,dt+\int_1^x f(t)\,dt$より，

$$F'(x)=f(x)+f(x)=2f(x)>0$$

よって，$F(x)$は単調増加であり，

$$F(0)=\int_1^0 f(t)\,dt=-\int_0^1 f(t)\,dt<0,$$

$$F(1)=\int_0^1 f(t)\,dt>0$$

また，$F(x)$はすべての実数で連続であるから，$F(c)=0$かつ$0<c<1$を満たす実数cがただ1つ存在する。

（証明終わり）

②(i)　$x\leqq 0$のとき

$$G(x)=\int_0^1(t-x)f(t)\,dt$$
$$=\int_0^1 tf(t)\,dt-x\int_0^1 f(t)\,dt$$

$\displaystyle\int_0^1 f(t)\,dt>0$ より $G(x)$ は単調減少。

(ii) $0<x<1$ のとき

$$G(x)=\int_0^x (x-t)f(t)\,dt+\int_x^1 (t-x)f(t)\,dt$$

$$=x\left\{\int_0^x f(t)\,dt+\int_1^x f(t)\,dt\right\}-\left\{\int_0^x tf(t)\,dt+\int_1^x tf(t)\,dt\right\}$$

$$\therefore\quad G'(x)=\int_0^x f(t)\,dt+\int_1^x f(t)\,dt+x2f(x)-2xf(x)=F(x)$$

①の結果より $G'(c)=0$

$0<c<1$ となる c がただ1つ存在するから，増減表は次のようになる。

x	0	$\cdots$	c	$\cdots$	1
$G'(x)$		$-$	0	$+$	
$G(x)$		↘	$G(c)$	↗	

(iii) $x\geqq 1$ のとき

$$G(x)=-\int_0^1 (t-x)f(t)\,dt$$

$$=-\int_0^1 tf(t)\,dt+x\int_0^1 f(t)\,dt$$

$\displaystyle\int_0^1 f(t)\,dt>0$ より，$G(x)$ は単調増加。

(i)〜(iii)より $G(x)$ を最小にする x の値は，$F(c)=0$ かつ

$0<c<1$ を満たす c に等しい。

(証明終わり)

(2) $\log\left(\dfrac{2e}{e+1}\right)$

解説

(2) $\displaystyle S(a)=\int_0^1 |xe^{-x}-ae^{-x}|\,dx$

$$=\int_0^1 |x-a|e^{-x}dx$$

ここで，$f(x)=e^{-x}$ とおくと，$f(x)$ は，すべての実数で定義され，常に $f(x)>0$ を満たす。

$$F(a)=\int_0^a f(t)\,dt+\int_1^a f(t)\,dt$$

とおくと，

$$F(a)=\int_0^a e^{-t}dt+\int_1^a e^{-t}dt$$

$$=\Big[-e^{-t}\Big]_0^a+\Big[-e^{-t}\Big]_1^a$$

$$=-2e^{-a}+1+\frac{1}{e}$$

となり，(1)の結果より $F(a)=0$ を満たす a が $S(a)$ を最小にする a の値である。

$F(a)=0$ より，

$$2e^{-a}=\frac{e+1}{e}$$

$$e^a=\frac{2e}{e+1}$$

$$\therefore\quad a=\log\left(\frac{2e}{e+1}\right)$$

24

(1) $\begin{cases} y'=\sqrt{2}e^{-x}\cos\left(x+\dfrac{\pi}{4}\right) \\ y''=-2e^{-x}\cos x \end{cases}$ より

x	0	$\cdots$	$\frac{1}{4}\pi$	$\cdots$	$\frac{1}{2}\pi$	$\cdots$
y'		$+$	0	$-$	$-$	$-$
y''		$-$	$-$	$-$	0	$+$
y	0	↗	$\frac{1}{\sqrt{2}}e^{-\frac{\pi}{4}}$	↘	$e^{-\frac{1}{2}\pi}$	↘

x	$\frac{5}{4}\pi$	$\cdots$	$\frac{3}{2}\pi$	$\cdots$	2π
y'	0	$+$	$+$	$+$	
y''	$+$	$+$	0	$-$	
y	$-\frac{1}{\sqrt{2}}e^{-\frac{5}{4}\pi}$	↗	$-e^{-\frac{3}{2}\pi}$	↗	0

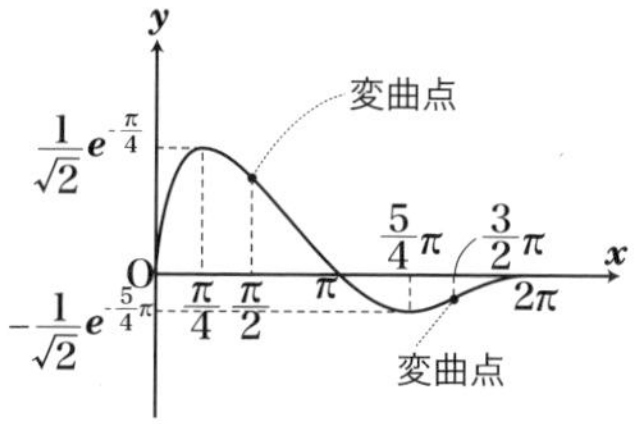

(2) $\boldsymbol{S_n=\frac{1}{2}e^{-n\pi}(e^{-\pi}+1)}$

(3) $\boldsymbol{\lim_{n\to\infty}a_n=\frac{e^{\pi}+1}{2(e^{\pi}-1)}}$

解説

(2) 区間$[n\pi,(n+1)\pi]$において$\sin x$は符号を変えず，またe^{-x}は常に正なので，この区間では$e^{-x}\sin x$も符号を変えない。よって

$$S_n=\int_{n\pi}^{(n+1)\pi}|e^{-x}\sin x|dx$$
$$=\left|\int_{n\pi}^{(n+1)\pi}e^{-x}\sin xdx\right|$$

が成り立つ。

ここで，部分積分により

$$\int e^{-x}\sin xdx$$
$$=-e^{-x}\cos x-\int e^{-x}\cos xdx$$
$$=-e^{-x}\cos x-\left\{e^{-x}\sin x+\int e^{-x}\sin xdx\right\}$$

であり，これより

$$\int e^{-x}\sin xdx=-\frac{1}{2}e^{-x}(\cos x+\sin x)$$

が得られる(積分定数省略)ので，

$$\int_{n\pi}^{(n+1)\pi}e^{-x}\sin xdx$$
$$=\left[-\frac{1}{2}e^{-x}(\cos x+\sin x)\right]_{n\pi}^{(n+1)\pi}$$
$$=-\frac{1}{2}\{e^{-(n+1)\pi}(-1)^{n+1}-e^{-n\pi}(-1)^n\}$$
$$=\frac{(-1)^n}{2}e^{-n\pi}(e^{-\pi}+1)\quad\cdots①$$

となる。よって，

$$S_n=|①|=\frac{1}{2}e^{-n\pi}(e^{-\pi}+1)$$

(3) $\{S_n\}(n=0,1,2,\cdots)$は初項$\frac{1}{2}(e^{-\pi}+1)$，公比$e^{-\pi}$の等比数列で，$0<e^{-\pi}<1$であるから，題意の無限級数は収束し，

$$\lim_{n\to\infty}a_n=\frac{\frac{1}{2}(e^{-\pi}+1)}{1-e^{-\pi}}=\frac{e^{\pi}+1}{2(e^{\pi}-1)}$$

25

$24\sqrt{3}-\frac{32}{3}\pi$

解説

容器の底面に生じる水の汀線《ていせん》をABとおき，直線ABをx軸とする(ABの中点を原点Oとする)。

そして，x軸上でx座標がt($|t|<2\sqrt{3}$)である点をPとし，点Pを通りx軸に垂直な平面による水の断面(図1における△PQR)の面積を$S(t)$とおく。

図1

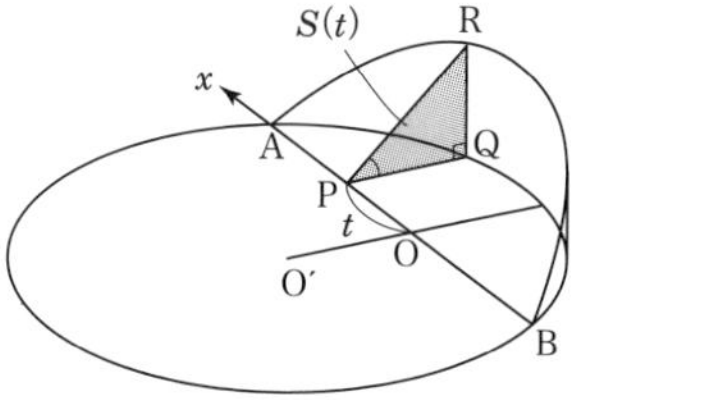

(O′は底面の中心)

図2

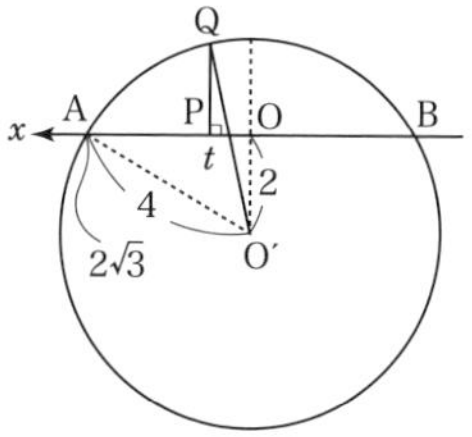

ここで△PQRは直角二等辺三角形であり，

$$PQ=\sqrt{4^2-t^2}-2$$

であるから，

$$S(t)=\frac{1}{2}(\sqrt{4^2-t^2}-2)^2$$
$$=\frac{1}{2}(20-t^2-4\sqrt{4^2-t^2})$$

となる。よって求める体積をVとおくと，

$$V=2\int_0^{2\sqrt{3}}S(t)dt$$

$$=\int_0^{2\sqrt{3}}(20-t^2)\,dt-4\int_0^{2\sqrt{3}}\sqrt{4^2-t^2}\,dt$$
$$=\left[20t-\frac{t^3}{3}\right]_0^{2\sqrt{3}}-4\int_0^{2\sqrt{3}}\sqrt{4^2-t^2}\,dt$$
$$=32\sqrt{3}-4\int_0^{2\sqrt{3}}\sqrt{4^2-t^2}\,dt$$

となる。この第2項の定積分は次の図3の斜線部分の面積に等しく，その値は

$$\frac{1}{2}\cdot 4^2\cdot\frac{\pi}{3}+\frac{1}{2}\cdot 2\sqrt{3}\cdot 2=\frac{8}{3}\pi+2\sqrt{3}$$

図3

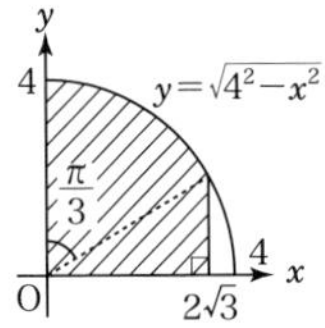

である。よって，

$$V=32\sqrt{3}-4\left(\frac{8}{3}\pi+2\sqrt{3}\right)$$
$$=24\sqrt{3}-\frac{32}{3}\pi$$

となる。

(別解)

底面の中心O′を原点とし，ABに垂直な直線をy軸として，このy軸に垂直な平面による断面を考えてもよい。

y軸上でy座標が$u\,(2<u<4)$である点を通りy軸に垂直な平面による水の断面(図4の長方形KLMN)の面積を$T(u)$とおく。

図4

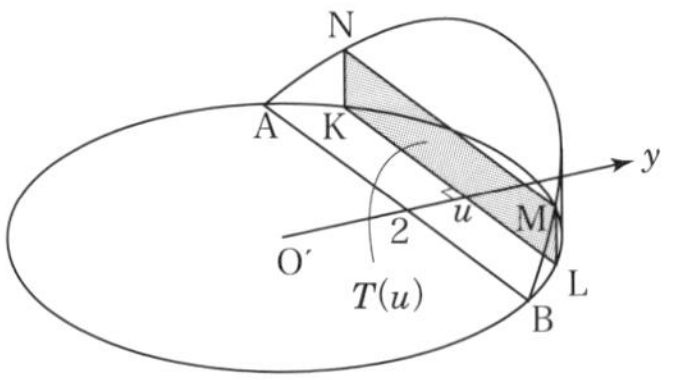

図5

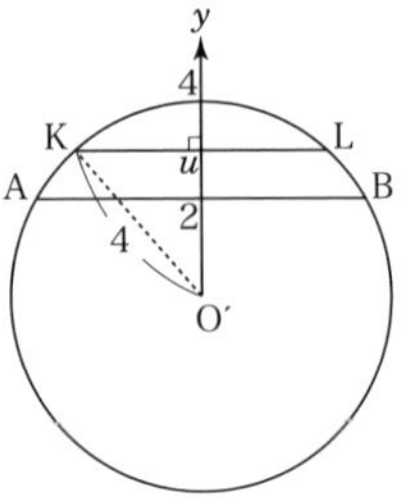

すると

$KL=2\sqrt{4^2-u^2}$，$KN=u-2$

であるから，

$$T(u)=(u-2)\cdot 2\sqrt{4^2-u^2}$$
$$=2u\sqrt{4^2-u^2}-4\sqrt{4^2-u^2}$$

となる。よって求める体積Vは，

$$V=\int_2^4 T(u)\,du$$
$$=2\int_2^4 u\sqrt{4^2-u^2}\,du-4\int_2^4\sqrt{4^2-u^2}\,du$$

で与えられる。この第1項の積分は，

$$\int_2^4 u\sqrt{4^2-u^2}\,du$$
$$=-\frac{1}{2}\int_2^4\sqrt{4^2-u^2}\cdot(4^2-u^2)'\,du$$
$$=-\frac{1}{2}\left[\frac{2}{3}(4^2-u^2)^{\frac{3}{2}}\right]_2^4$$
$$=-\frac{1}{2}\cdot(-16\sqrt{3})$$
$$=8\sqrt{3}$$

であり，また第2項の積分は次の図6の斜線部分の面積に等しく，その値は

$$\frac{1}{2}\cdot 4^2\cdot\frac{\pi}{3}-\frac{1}{2}\cdot 2\cdot 2\sqrt{3}=\frac{8}{3}\pi-2\sqrt{3}$$

図6

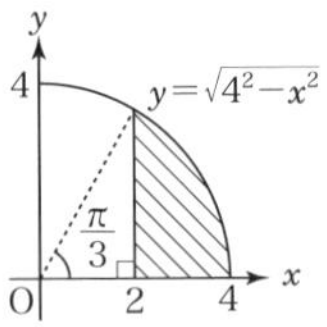

である。よって求める体積は，

$$V=2\cdot 8\sqrt{3}-4\cdot\left(\frac{8}{3}\pi-2\sqrt{3}\right)$$
$$=24\sqrt{3}-\frac{32}{3}\pi$$

26

⑴
$$\boldsymbol{f(x)}=\begin{cases}\boldsymbol{(1-e)x+1} & \textbf{(}\boldsymbol{x}\boldsymbol{\leqq 0}\textbf{のとき)}\\ \boldsymbol{2e^x-(e+1)x-1} & \\ & \textbf{(}\boldsymbol{0<x<1}\textbf{のとき)}\\ \boldsymbol{(e-1)x-1} & \textbf{(}\boldsymbol{x\geqq 1}\textbf{のとき)}\end{cases}$$

⑵　$\boldsymbol{x=\log\frac{e+1}{2}}$**のとき**

最小値　$\boldsymbol{e-(e+1)\log\frac{e+1}{2}}$

解説

⑴　$\log t$はtの増加関数で，$t=1$のとき$\log t=0$，$t=e$のとき$\log t=1$なので，

$x\leqq 0$のときは常に$\log t-x\geqq 0$

$x\geqq 1$のときは常に$\log t-x\leqq 0$

よって$x\leqq 0$のときは

$$f(x)=\int_1^e(\log t-x)\,dt$$
$$=\Big[t\log t-t-xt\Big]_1^e$$
$$=(1-e)x+1$$

$x\geqq 1$のときは

$$f(x)=\int_1^e(x-\log t)\,dt$$
$$=\Big[xt-t\log t+t\Big]_1^e$$
$$=(e-1)x-1$$

また，$0<x<1$のときは次図のように$t=e^x$の前後で$\log t-x$の符号が変わる。

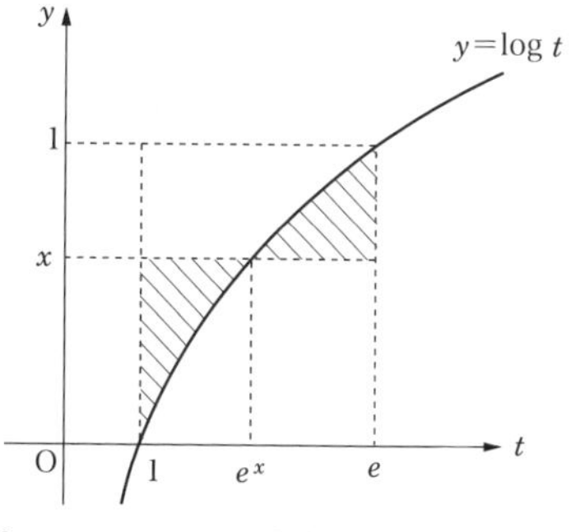

よって$0<x<1$のときは，

$$f(x)=\int_1^{e^x}(x-\log t)\,dt+\int_{e^x}^{e}(\log t-x)\,dt$$
$$=\Big[xt-t\log t+t\Big]_1^{e^x}+\Big[t\log t-t-xt\Big]_{e^x}^{e}$$
$$=2e^x-(e+1)x-1$$

以上をまとめて，

$$f(x)=\begin{cases}(1-e)x+1 & (x\leqq 0\text{のとき})\\ 2e^x-(e+1)x-1 & \\ & (0<x<1\text{のとき})\\ (e-1)x-1 & (x\geqq 1\text{のとき})\end{cases}$$

⑵　$f(x)$は，$x\leqq 0$では減少関数であり，$x\geqq 1$では増加関数である。また$0<x<1$のときは，

$$f'(x)=2e^x-(e+1)$$

なので，$f(x)$は$0<x<\log\frac{e+1}{2}$では減少し，$\log\frac{e+1}{2}<x<1$では増加する。

$\left(0<\log\frac{e+1}{2}<1\text{に注意}\right)$

x	$\cdots$	$\log\frac{e+1}{2}$	$\cdots$
$f(x)$	↘	最小	↗

よって$f(x)$が最小値をとるのは$x=\log\frac{e+1}{2}$のときであり，その値は

$$f\left(\log\frac{e+1}{2}\right)=(e+1)-(e+1)\log\frac{e+1}{2}-1$$
$$=e-(e+1)\log\frac{e+1}{2}$$

27

⑴　$\boldsymbol{0\leqq x<\frac{\pi}{2}}$**の範囲では，**$\boldsymbol{y=\tan x}$**のグラフと直線**$\boldsymbol{y=\frac{4}{\pi}x}$**は原点と**$\boldsymbol{\left(\frac{\pi}{4},\ 1\right)}$**を共有点にもち，またこの範囲では**$\boldsymbol{y=\tan x}$**のグラフは下に凸**$\boldsymbol{\left(\because\ \ (\tan x)''=\frac{2\sin x}{\cos^3 x}>0\right)}$**である。よって**$\boldsymbol{0<x<\frac{\pi}{4}}$**の範囲では**$\boldsymbol{y=\tan x}$**のグラフは常に**$\boldsymbol{y=\frac{4}{\pi}x}$**より下側にあり，またこの範囲では**$\boldsymbol{\tan x>0}$**である。**

よって題意の不等式は示された。

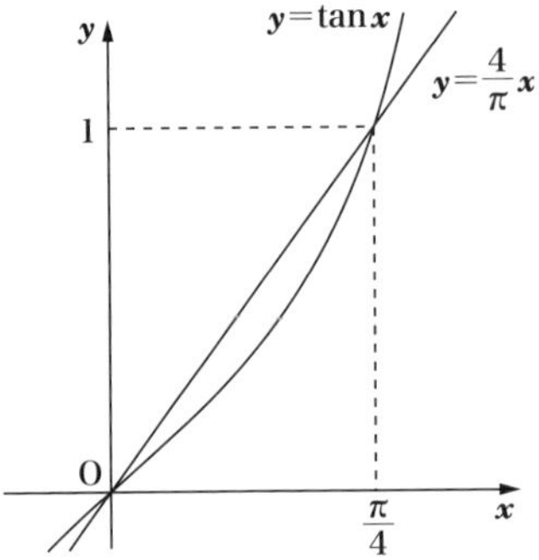

（証明終わり）

(2)(i)　$\boldsymbol{n=0}$のとき，

$$I_0=\int_0^{\frac{\pi}{4}} 1dx=\Big[x\Big]_0^{\frac{\pi}{4}}=\frac{\pi}{4}$$

これは与えられた不等式を満たす。

(ii)　$\boldsymbol{n\geqq 1}$のとき，

(1)より，$0<\tan x<\dfrac{4}{\pi}x$だから

$$0<\tan^n x<\left(\frac{4}{\pi}x\right)^n$$

$$\therefore\quad 0<\int_0^{\frac{\pi}{4}}\tan^n x dx$$

$$<\left(\frac{4}{\pi}\right)^n\int_0^{\frac{\pi}{4}}x^n dx\quad\cdots①$$

ここで，

$$\left(\frac{4}{\pi}\right)^n\int_0^{\frac{\pi}{4}}x^n dx$$

$$=\left(\frac{4}{\pi}\right)^n\left[\frac{1}{n+1}x^{n+1}\right]_0^{\frac{\pi}{4}}$$

$$=\frac{\pi}{4(n+1)}$$

①より，$0<I_n<\dfrac{\pi}{4(n+1)}$

(i)，(ii)より，

$$0<I_n\leqq\frac{\pi}{4(n+1)}$$

（証明終わり）

(3)　$I_n+I_{n+2}=\dfrac{1}{n+1}$

(4)　$\displaystyle\sum_{n=0}^{\infty}(-1)^n\frac{1}{2n+1}=\frac{\pi}{4}$

解説

(3)　I_n+I_{n+2}

$$=\int_0^{\frac{\pi}{4}}(\tan^n x+\tan^{n+2}x)dx$$

$$=\int_0^{\frac{\pi}{4}}\tan^n x(1+\tan^2 x)dx$$

$$=\int_0^{\frac{\pi}{4}}\tan^n x\frac{1}{\cos^2 x}dx$$

$$=\left[\frac{1}{n+1}\tan^{n+1}x\right]_0^{\frac{\pi}{4}}$$

$$=\frac{1}{n+1}$$

(4)　(3)より，$I_{2n}+I_{2n+2}=\dfrac{1}{2n+1}$だから，

$$\sum_{n=0}^{N}(-1)^n\frac{1}{2n+1}$$

$$=\sum_{n=0}^{N}(-1)^n\cdot(I_{2n}+I_{2n+2})$$

$$=(I_0+I_2)-(I_2+I_4)+(I_4+I_6)-\cdots\cdots$$

$$+(-1)^N(I_{2N}+I_{2N+2})$$

$$=I_0+(-1)^N I_{2N+2}$$

ここで，(2)の結果より

$$0<I_{2N+2}\leqq\frac{\pi}{4(2N+3)}$$

が成り立つので，

$$|(-1)^N I_{2N+2}|\leqq\frac{\pi}{4(2N+3)}$$

したがって，

$$\lim_{N\to\infty}(-1)^N I_{2N+2}=0$$

ゆえに，

$$\lim_{N\to\infty}\sum_{n=0}^{N}(-1)^n\frac{1}{2n+1}=I_0=\frac{\pi}{4}$$

$$\therefore\quad\sum_{n=0}^{\infty}(-1)^n\frac{1}{2n+1}=\frac{\pi}{4}$$

（補足）

(1)は解答のようにグラフの上下関係を考えれば十分だが，微分を使った証明を次に示す。

[(1)の別証明(右側の不等式)]

$f(x)=\frac{4}{\pi}x-\tan x \quad \left(0\leqq x\leqq\frac{\pi}{4}\right)$ とおく。

すると $f'(x)=\frac{4}{\pi}-\frac{1}{\cos^2 x}$ である。ここで

$\frac{1}{\cos^2 x}$ は $0\leqq x\leqq\frac{\pi}{4}$ で単調増加で,

$\frac{1}{\cos^2 0}=1$, $\frac{1}{\cos^2\frac{\pi}{4}}=2$ であり,

また $1<\frac{4}{\pi}<2$ であるから,

$\frac{1}{\cos^2\alpha}=\frac{4}{\pi}\left(0<\alpha<\frac{\pi}{4}\right)$ を満たす α が1つだけ存在する。

よって $f(x)$ の増減は次のようになるので, $0<x<\frac{\pi}{4}$ において $f(x)>0$ であることが示された。

x	0		α		$\frac{\pi}{4}$
$f'(x)$		+	0	−	
$f(x)$	0	↗	極大	↘	0

28

(1)

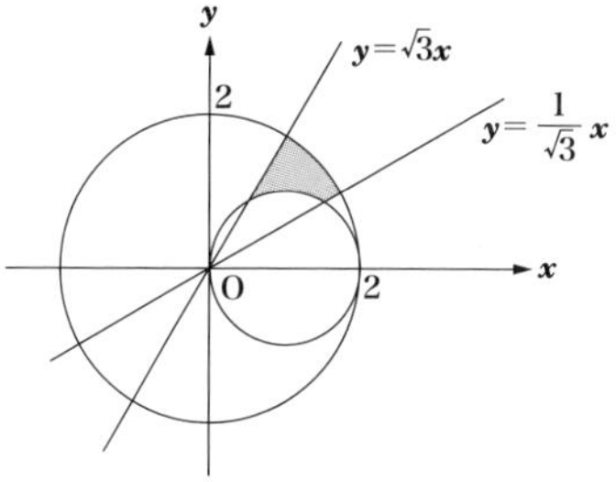

(網目部分の境界線を含む)

面積 $\frac{1}{6}\pi$

(2) $\frac{35}{48}$

解説

(1) 領域 D は次の図1の斜線部分(境界線を含む)になる。

図1

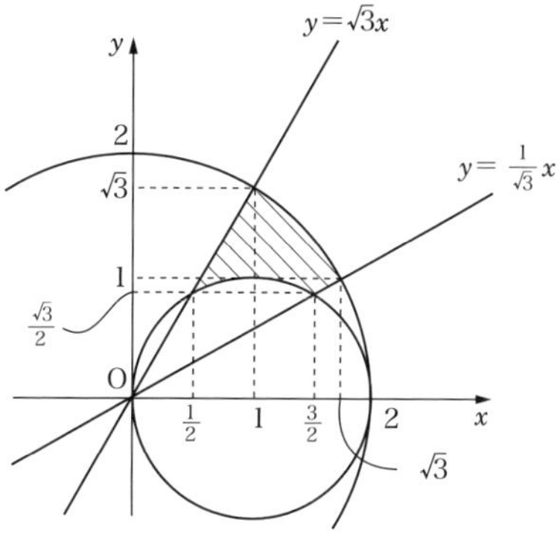

次に, 領域 D の面積を求めよう。いま次の図2のように点A〜Eをとる。すると D の面積は, 扇形 $\overset{\frown}{OAB}$ の面積から網目部分の面積を引いて得られる。

図2

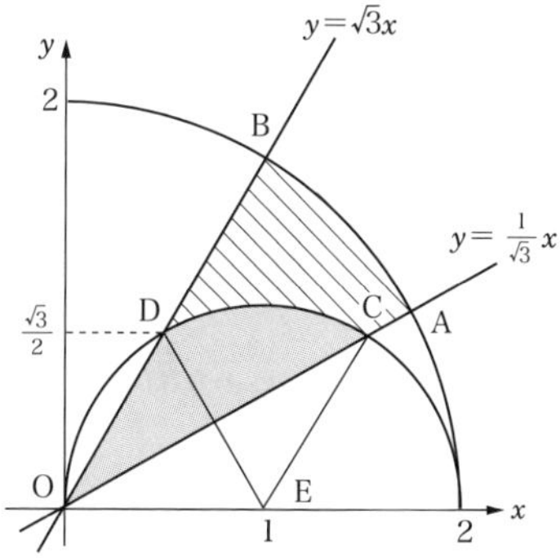

ここでまず, 直線 $y=\sqrt{3}x$ と x 軸のなす角は $60°$ ($\because$ $\tan 60°=\sqrt{3}$) で, 直線 $y=\frac{1}{\sqrt{3}}x$ と x 軸のなす角は $30°$ ($\because$ $\tan 30°=\frac{1}{\sqrt{3}}$) であるから, $\angle AOB=30°$ になる。よって,

$$(\text{扇形}\overset{\frown}{OAB})=2^2\times\frac{30}{360}\times\pi=\frac{1}{3}\pi$$

である。そして, いま△CODと△CEDの面積が等しいことに注目すると,

(網目部分の面積) = (扇形 $\overset{\frown}{ECD}$ の面積)

$$=1^2\times\frac{60}{360}\times\pi$$

（∠CED＝2∠CODに注意）

$$=\frac{1}{6}\pi$$

となるので，よって領域Dの面積は

$$\frac{1}{3}\pi-\frac{1}{6}\pi=\frac{1}{6}\pi$$

(2) 領域Dは極座標で

$$E=\left\{(r,\theta)\mid 2\cos\theta\leqq r\leqq 2,\ \frac{\pi}{6}\leqq\theta\leqq\frac{\pi}{3}\right\}$$

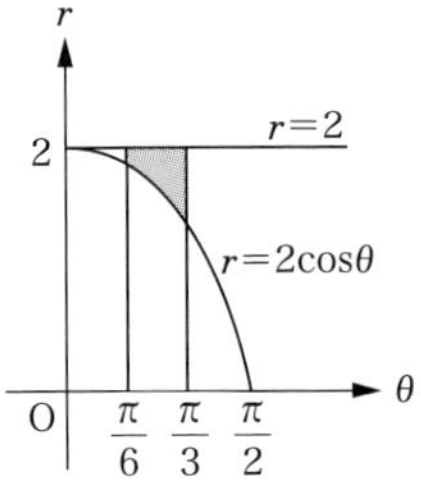

と表せるので

$$\iint_D xydxdy$$

$$=\iint_E(r\cos\theta)(r\sin\theta)r\,drd\theta$$

$$=\int_{\frac{\pi}{6}}^{\frac{\pi}{3}}\left(\int_{2\cos\theta}^{2}r^3dr\right)\cos\theta\sin\theta\,d\theta$$

$$=\int_{\frac{\pi}{6}}^{\frac{\pi}{3}}\left[\frac{r^4}{4}\right]_{2\cos\theta}^{2}\cos\theta\sin\theta\,d\theta$$

$$=\frac{2^4}{4}\int_{\frac{\pi}{6}}^{\frac{\pi}{3}}(1-\cos^4\theta)\cos\theta\sin\theta\,d\theta$$

$$=2^2\left[-\frac{\cos^2\theta}{2}+\frac{\cos^6\theta}{6}\right]_{\frac{\pi}{6}}^{\frac{\pi}{3}}$$

$$=-\frac{2^2}{2}\left\{\left(\frac{1}{2}\right)^2-\left(\frac{\sqrt{3}}{2}\right)^2\right\}$$

$$+\frac{2^2}{6}\left\{\left(\frac{1}{2}\right)^6-\left(\frac{\sqrt{3}}{2}\right)^6\right\}$$

$$=1-\frac{13}{6\cdot 2^3}=\frac{35}{48}$$

29

34個

解説

題意の操作をfとおく。そして，fをn回施すと1になる自然数の集合をA_nとおき，そのうち奇数であるものの集合をD_n，偶数であるものの集合をE_nとおく。また，これらの集合の元の個数をそれぞれa_n，d_n，e_nとおく。

A_{n+1}の元は，fによりA_nに写される。特に，

・D_{n+1}の元は，fによってすべてE_nに写される。

・E_{n+1}の元のうち，4の倍数はfによってE_nに写され，4の倍数でないものはfによってD_nに写される。

ということがいえる。よって，

$d_{n+1}=e_n$ …①

$e_{n+1}=d_n+e_n$ …②

が成り立つ。

$a_n=d_n+e_n$であるから，

$$\begin{aligned}a_{n+2}&=d_{n+2}+e_{n+2}\\&=e_{n+1}+(d_{n+1}+e_{n+1})\quad(\because\ ①,\ ②)\\&=(d_n+e_n)+(d_{n+1}+e_{n+1})\quad(\because\ ②)\\&=a_{n+1}+a_n\quad\cdots③\end{aligned}$$

となる。そして，

$A_1=\{2\}$，$A_2=\{3,4\}$

により，$a_1=1$，$a_2=2$であるから，③をくり返し用いて，

$a_3=2+1=3$

$a_4=3+2=5$

$a_5=5+3=8$

$a_6=8+5=13$

$a_7=13+8=21$

$a_8=21+13=34$

を得る。

よって求める答は34個である。

30

⑴　**6**

⑵　**Aの(正の)約数の個数**

⑶　**20**

解説

⑴, ⑵

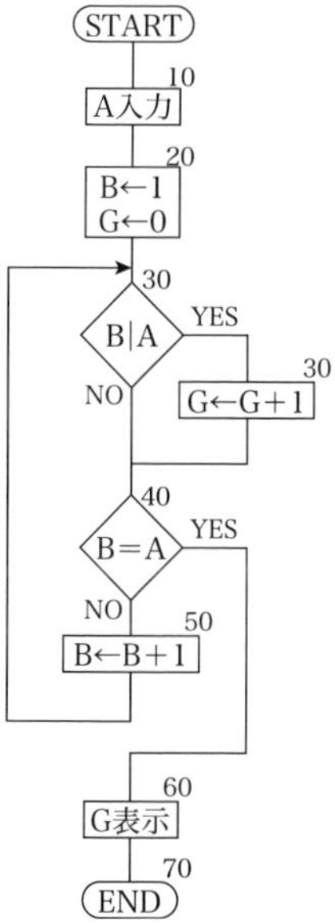

B＝1，2，3，…と1つずつ増やし，AがBで割り切れるとき（すなわち，BがAの約数であるとき），Gを1増やしていくので，

Gは「Aの正の約数の個数」

である。

A＝12のとき，その約数は

1，2，3，4，6，12

の6個なので

G＝6

⑶　$2000=2^4\times 5^3$

⑵より，Gの値はAの(正の)約数の個数を表すので，

$G=(4+1)(3+1)=20$

31

⑴　変換$\boldsymbol{L}\circ\boldsymbol{M}$により，1，2，3，4は

$1\longmapsto 4\longmapsto 3$

$2\longmapsto 3\longmapsto 4$

$3\longmapsto 2\longmapsto 1$

$4\longmapsto 1\longmapsto 2$

と写される。よって$\boldsymbol{L}\circ\boldsymbol{M}=\boldsymbol{N}$が成り立つ。

⑵

A \ B	I	L	M	N
I	$\boldsymbol{I}$	$\boldsymbol{L}$	$\boldsymbol{M}$	$\boldsymbol{N}$
L	$\boldsymbol{L}$	$\boldsymbol{I}$	N	$\boldsymbol{M}$
M	$\boldsymbol{M}$	$\boldsymbol{N}$	$\boldsymbol{I}$	$\boldsymbol{L}$
N	$\boldsymbol{N}$	$\boldsymbol{M}$	$\boldsymbol{L}$	$\boldsymbol{I}$

⑶　まず⑵の結果から，$\boldsymbol{G}$は演算$\circ$について閉じている。特に，$\boldsymbol{I}$は単位元になり，また$\boldsymbol{G}$の任意の元$\boldsymbol{A}$に対して，$\boldsymbol{A}\circ\boldsymbol{A}=\boldsymbol{I}$が成り立つので，$\boldsymbol{A}$自身が$\boldsymbol{A}$の逆元となる。

さらに，$\boldsymbol{G}$の任意の元$\boldsymbol{A}$，$\boldsymbol{B}$，$\boldsymbol{C}$に対して，

$$(\boldsymbol{A}\circ(\boldsymbol{B}\circ\boldsymbol{C}))(\boldsymbol{i})=\boldsymbol{A}((\boldsymbol{B}\circ\boldsymbol{C})(\boldsymbol{i}))$$
$$=\boldsymbol{A}(\boldsymbol{B}(\boldsymbol{C}(\boldsymbol{i}))),$$
$$((\boldsymbol{A}\circ\boldsymbol{B})\circ\boldsymbol{C})(\boldsymbol{i})=(\boldsymbol{A}\circ\boldsymbol{B})(\boldsymbol{C}(\boldsymbol{i}))$$
$$=\boldsymbol{A}(\boldsymbol{B}(\boldsymbol{C}(\boldsymbol{i})))$$
$$(\boldsymbol{i}=1,\ 2,\ 3,\ 4)$$

となるので，$\boldsymbol{A}\circ(\boldsymbol{B}\circ\boldsymbol{C})=(\boldsymbol{A}\circ\boldsymbol{B})\circ\boldsymbol{C}$が成り立つ。すなわち演算$\circ$は結合法則を満たす。

以上により，集合$\boldsymbol{G}$が演算$\circ$について群をなすことが示された。

⑷　まず位数1の部分群として自明な部分群$\{\boldsymbol{I}\}$がある。

位数2の部分群が存在するとすれば，単位元$\boldsymbol{I}$ともう1つの元からなるが，ここで

$\{\boldsymbol{I},\ \boldsymbol{L}\}$，$\{\boldsymbol{I},\ \boldsymbol{M}\}$，$\{\boldsymbol{I},\ \boldsymbol{N}\}$

はいずれも$\boldsymbol{G}$の部分群になる。実際，これらはいずれも演算$\circ$について閉じており，さらに$\boldsymbol{L}^{-1}=\boldsymbol{L}$，$\boldsymbol{M}^{-1}=\boldsymbol{M}$，$\boldsymbol{N}^{-1}=\boldsymbol{N}$である。

位数3の部分群は存在しない。実際，単位元$\boldsymbol{I}$と「$\boldsymbol{L}$，$\boldsymbol{M}$，$\boldsymbol{N}$のいずれか異なる2つの元」からなる集合$\boldsymbol{H}$を考えると，⑵で得

た表から，$\boldsymbol{L}$，$\boldsymbol{M}$，$\boldsymbol{N}$のうち異なる2つの元の積は残りの1つになるので，$\boldsymbol{H}$は積について閉じていないので群にならない。

よって，群$\boldsymbol{G}$の$\boldsymbol{G}$以外の部分群は，

$\{\boldsymbol{I}\}$，$\{\boldsymbol{I},\ \boldsymbol{L}\}$，$\{\boldsymbol{I},\ \boldsymbol{M}\}$，$\{\boldsymbol{I},\ \boldsymbol{N}\}$

の4つであることが示された。

解説

(2)　Iは恒等変換なので，

$I\circ A=A,\ A\circ I=A$

が任意の変換Aについて成り立つ。

また，L，M，Nはいずれも「2文字ずつの入れ替え」になっている（例えばMは，$1\longleftrightarrow 4$の入れ替えと$2\longleftrightarrow 3$の入れ替えである）。よって，L，M，Nはいずれも，続けて2回行うと恒等変換になる。すなわち

$L\circ L=M\circ M=N\circ N=I$

が成り立つ。

変換$M\circ N$によって，

$1\longmapsto 3\longmapsto 2$

$2\longmapsto 4\longmapsto 1$

$3\longmapsto 1\longmapsto 4$

$4\longmapsto 2\longmapsto 3$

と写されるので，

$M\circ N=L$

が成り立つ。また変換$N\circ L$によって

$1\longmapsto 2\longmapsto 4$

$2\longmapsto 1\longmapsto 3$

$3\longmapsto 4\longmapsto 2$

$4\longmapsto 3\longmapsto 1$

と写されるので，

$N\circ L=M$

が成り立つ。

同様にして，

$L\circ N=M,\ M\circ L=N,\ N\circ M=L$

であることが確かめられるので，題意の表は解答のように完成される。

(4)　位数3の部分群が存在しないことを，「Gの位数は4なので，ラグランジュの定理によりGの真部分群の位数は1または2である」として述べてもよい。

教員採用試験対策　オープンセサミシリーズ

ステップアップ問題集④　専門教科　中学・高校　数学

発　行　2023 年 10 月 20 日　第 1 版第 1 刷

編　著　東京アカデミー
発行人　佐川泰宏
発行所　株式会社ティーエーネットワーク
〒 450-6306 名古屋市中村区名駅 1-1-1
ＪＰタワー名古屋６Ｆ
電話 ：052-586-7805㈹
FAX：052-563-2109
発売元　東京アカデミー七賢出版株式会社
〒 171-0021 東京都豊島区西池袋 1-11-1
メトロポリタンプラザビル 13F
電話 ：03-6852-0803
FAX：03-6852-0180

ISBN978-4-86455-622-4　C7337